中国卫生年鉴

1995

《中国卫生年鉴》编辑委员会　编

人民卫生出版社

《中国卫生年鉴》(1995)编委会

《中国卫生年鉴》(1995)

主　　编：支峻波　刘益清

特约编审：董绵国

责任编辑：程舜乾　李　珣　唐　欣

《中国卫生年鉴》(1995)特约编辑

毛群安	卫生部办公厅	马晓月	卫生部政策法规司
樊　娟	卫生部人事司	王玉洵	卫生部计划财务司
孙爱明	卫生部医政司	邵瑞太	卫生部疾病控制司
朱宝铎	卫生部卫生监督司	张　立	卫生部地方病防治办公室
史解放	卫生部科技教育司	金春田	卫生部科技教育司
夏雪红	卫生部妇幼卫生司	金慧薇	卫生部药政管理局
蔡纪明	卫生部国际合作司	毛嘉文	卫生部统计信息中心
陶　金	全国爱国卫生运动委员会办公室	郑国辰	国家医药管理局
沙凤桐	国家中医药管理局	郭　进	解放军总后卫生部
宋明昌	中华人民共和国卫生检疫总所	陈清森	中华医学会
刘静湖	中国红十字会总会	张丽霞	北京市卫生局
艾克林	天津市卫生局	赵学诚	河北省卫生厅
李　洪	山西省卫生厅	乔建东	内蒙古自治区卫生厅
韩明惠	辽宁省卫生厅	杨明信	吉林省卫生厅
尹冀源	黑龙江省卫生厅	张　钢	上海市卫生局
周传章	江苏省卫生厅	沈家贤	浙江省卫生厅
费勤福	安徽省卫生厅	鲁建成	福建省卫生厅
陶　曦	江西省卫生厅	张忠田	山东省卫生厅
曾繁玉	河南省卫生厅	钟国坤	湖北省卫生厅
薛天剑	湖南省卫生厅	胡荣枢	广东省卫生厅
叶传城	广西壮族自治区卫生厅	杨才绩	海南省卫生厅
郑世凡	四川省卫生厅	王蓓蓓	贵州省卫生厅
胡松谋	云南省卫生厅	刘同祥	西藏自治区卫生厅
杨智海	陕西省卫生厅	乔公先	甘肃省卫生厅
曹正逵	青海省卫生厅	舒　流	宁夏回族自治区卫生厅
邓克中	新疆维吾尔自治区卫生厅		

④国务委员彭珮云、卫生部副部长何界生听取全国卫生执法检查团工作汇报

（卫生监督司　供稿）

⑤在全国卫生监督执法检查中，卫生部部长陈敏章在北京长安商场检查化妆品标签和说明书

（卫生监督司　供稿）

⑥全国寄生虫病防治工作会议于 1994 年 10 月 27～29 日在安徽省召开，在大会上殷大奎副部长宣布我国丝虫病已达到基本消灭标准。图为会议场景

（疾病控制司　供稿）

⑦湖南省湘潭市食品卫生监督员在商场副食品柜进行检查监测

（李习贤　摄）

⑧公共场所卫生监督员正在对卡拉OK歌舞厅进行风速检测

（卫生监督司　供稿）

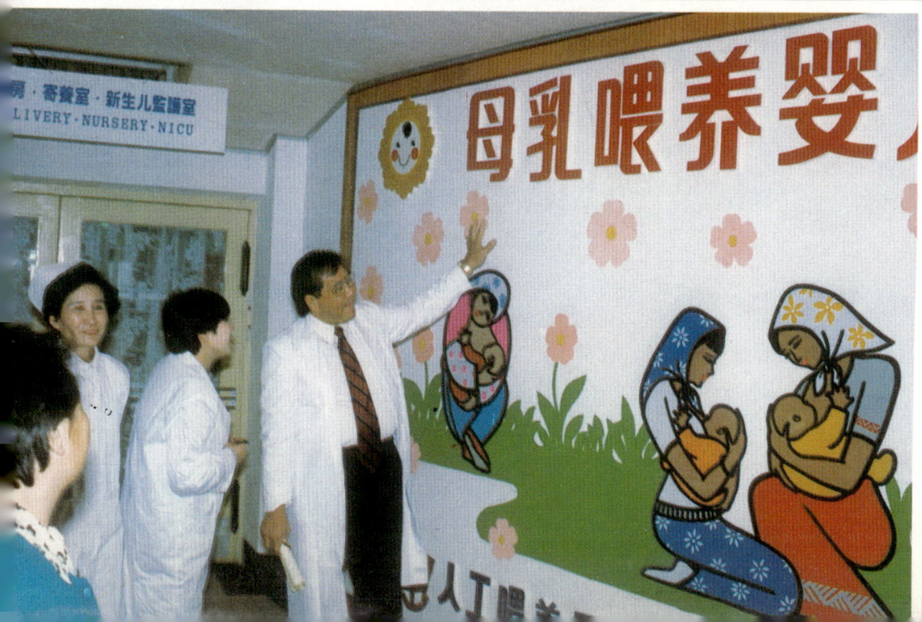

⑨天津市第一中心医院被世界卫生组织、联合国儿童基金会、卫生部评为“爱婴医院”先进单位。图为世界卫生组织“爱婴医院”评估组组长冈萨雷斯先生在该院进行评估

（天津市卫生局　供稿）

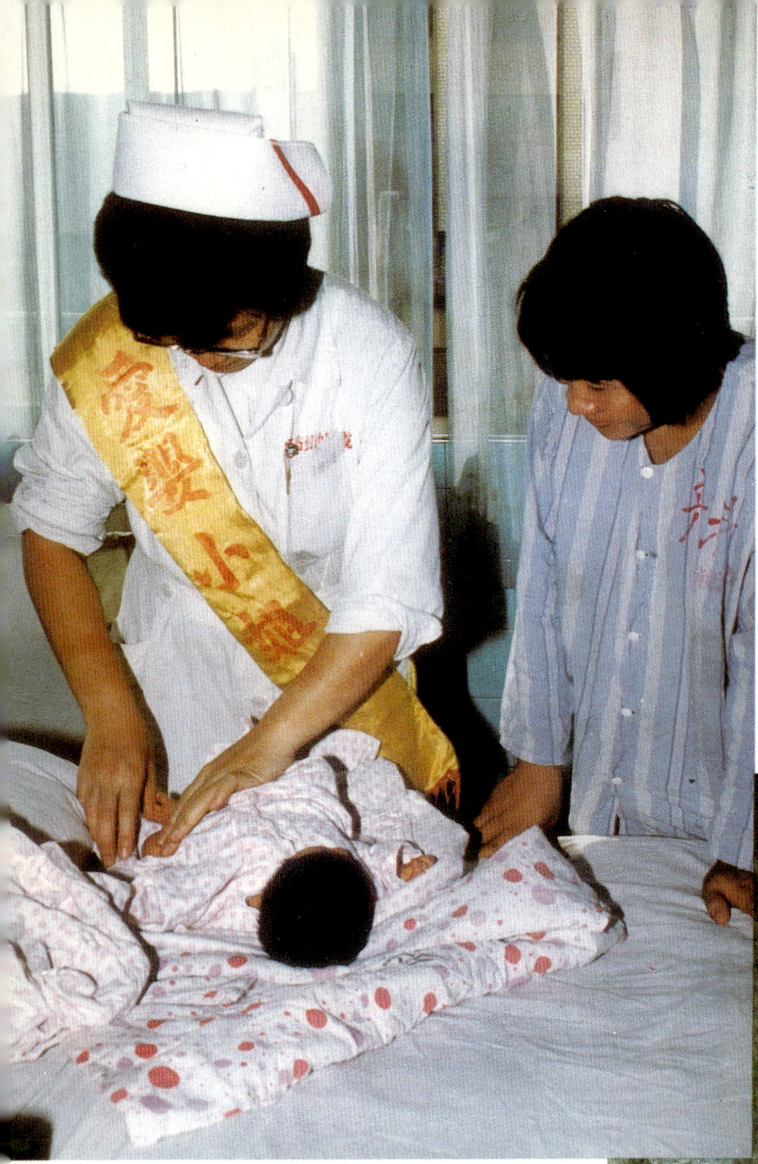

⑩"爱婴医院"中的爱婴小姐正为新生儿和产妇服务

（广东省妇幼保健院　供稿）

⑪经过妇幼卫生项目培训后的女乡医定期到农民家为孩子做系统体检

（妇幼司　供稿）

⑫通过「加强中国基层妇幼卫生·计划生育服务」项目的开展，西藏的孕产妇死亡率、婴儿死亡率有明显下降。图为一对健康的藏族母子

（妇幼司　供稿）

⑬湖南省湘潭市和平小学认真坚持学校卫生制度。这是班级卫生值日员在检查同学们的个人卫生

（李习贤　摄）

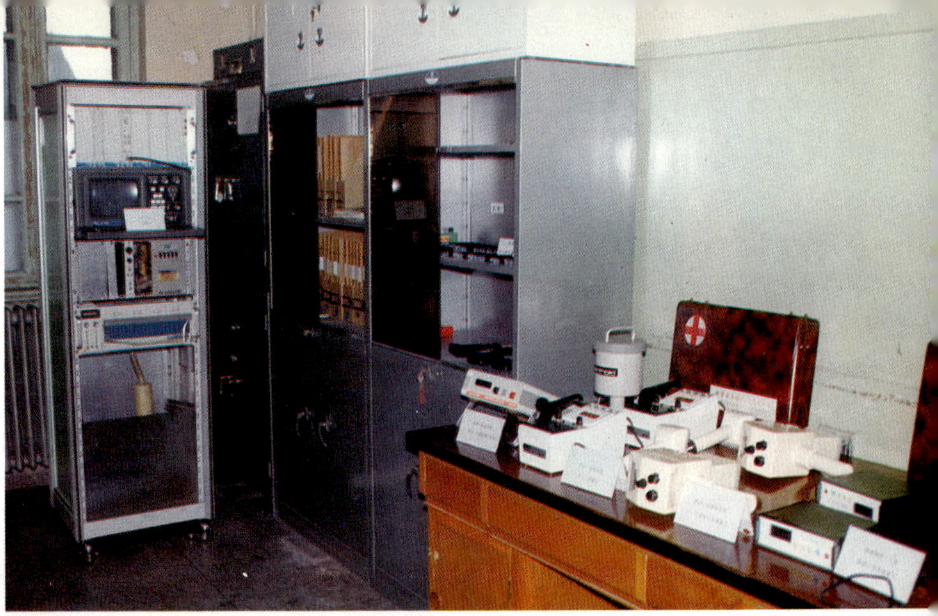

⑭卫生部核事故医学应急救援中心应急剂量监测设施

（卫生监督司　供稿）

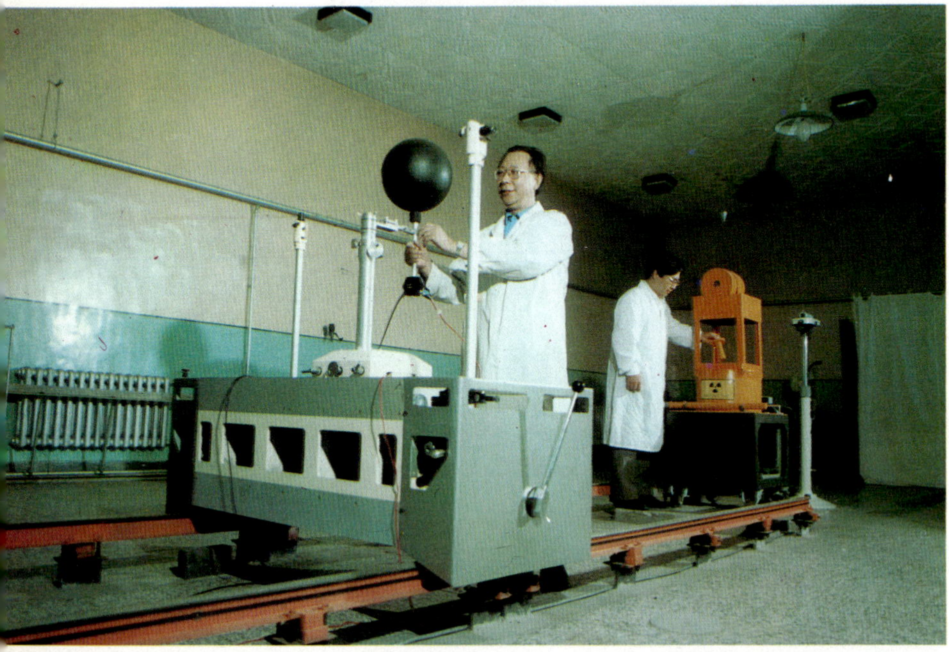

⑮IAEA-WHO 成员网次级标准实验室

（卫生监督司　供稿）

⑯国务委员、全国爱卫会主任彭珮云，卫生部部长、全国爱卫会副主任陈敏章和世界卫生组织西太区主任韩相泰视察中央电视台“世界无烟日”活动

（赵瑞清　摄）

⑰1994 年 5 月 31 日，世界卫生组织授予我国 1994 年烟草和健康奖。图为世界卫生组织西太区主任韩相泰向翁心植教授颁奖

（赵瑞清　摄）

⑱图为获奖奖章及证书

⑲1994 年 4 月 7 日为“世界卫生日”，主题为：健康的卫生需要口腔卫生。图为当日街头宣传点

（国际合作司　供稿）

⑳1994年3月26日在北京举行吴阶平医学研究奖、保罗·杨森药学研究奖成立大会。图为大会主席台场景

（国际合作司　供稿）

㉑吴阶平副委员长、陈敏章部长、张文康副部长等有关领导人参加卫生部组织的北京医科大学、上海医科大学"211工程"部门预审会议。

（科技教育司　供稿）

㉒长春中医学院药剂科认真执行《药品管理法》，严把药品质量关，做到假伪劣药品不购、不入库，是中药材调剂信得过单位。图为工作人员正在鉴别药材真伪

（刘云鹏　摄）

㉓湖南省湘潭市第二人民医院加强职业道德建设，在住院大楼电梯前贴上拒收红包和礼物的大幅标语

（李习贤　摄）

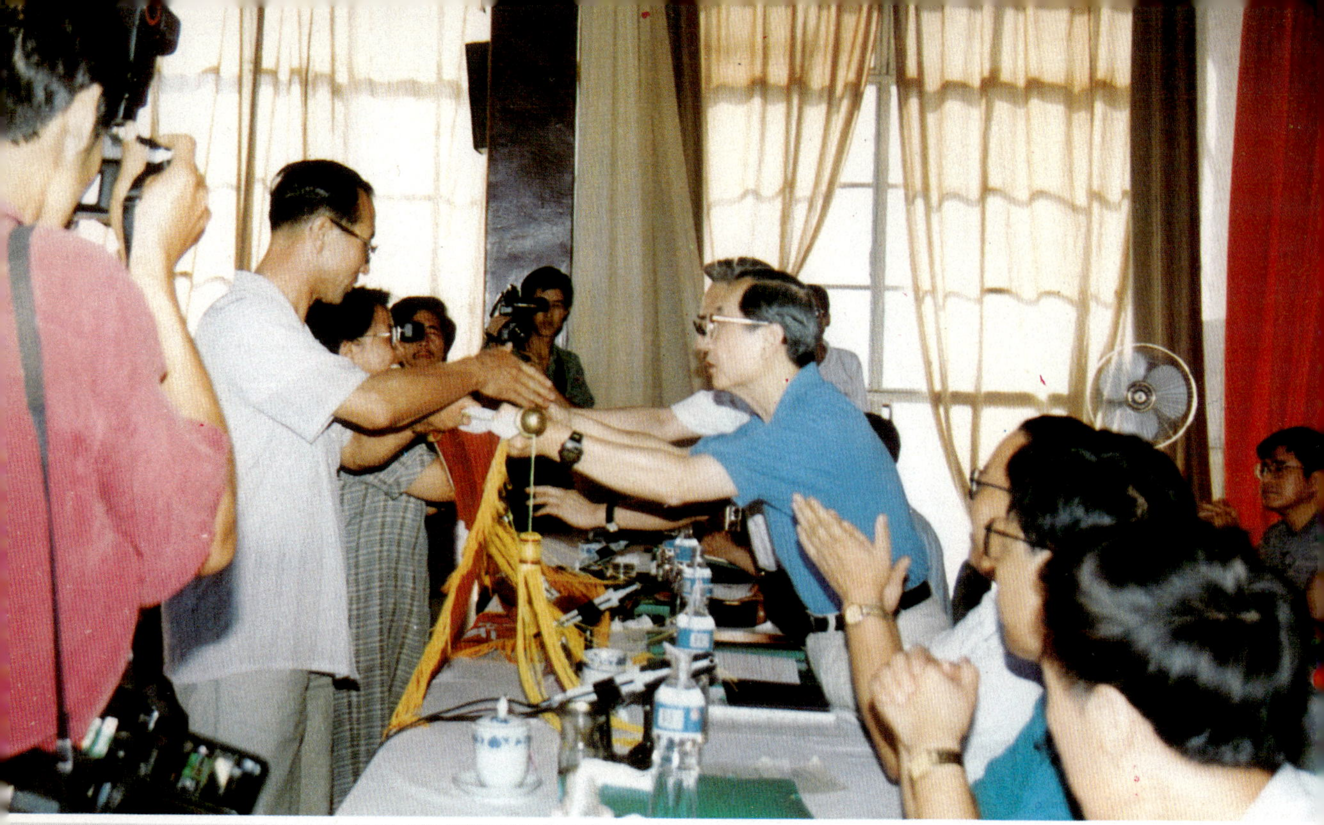

㉔山西省各级人民政府坚持实施初级卫生保健目标，逐步改善了农村居民的就医条件。图为卫生部部长陈敏章 1994 年 5 月 25 日在山西省初级卫生保健工作现场会上为实现初级卫生保健目标的市、县颁发锦旗

（左彤　摄）

㉕洪水期间，湖南省湘潭市发动直属医疗卫生单位组成救灾防疫医疗队，深入灾区为群众防治疾病

（李习贤　摄）

a·中日友好医院副院长左焕琮正在讲解台湾东吴大学校长章孝慈先生的病情。左起为海协会常务副会长唐树备，政协副秘书长、北京大学副校长罗豪才，政协副主席，国务院台湾事务办公室主任王兆国，台湾东吴大学法学院副院长程家瑞，中日友好医院副院长左焕琮

㉖1994年11月14～24日，中日友好医院成功地完成抢救台湾东吴大学校长章孝慈先生的工作，并护送其安全抵达台北

（陈念　摄）

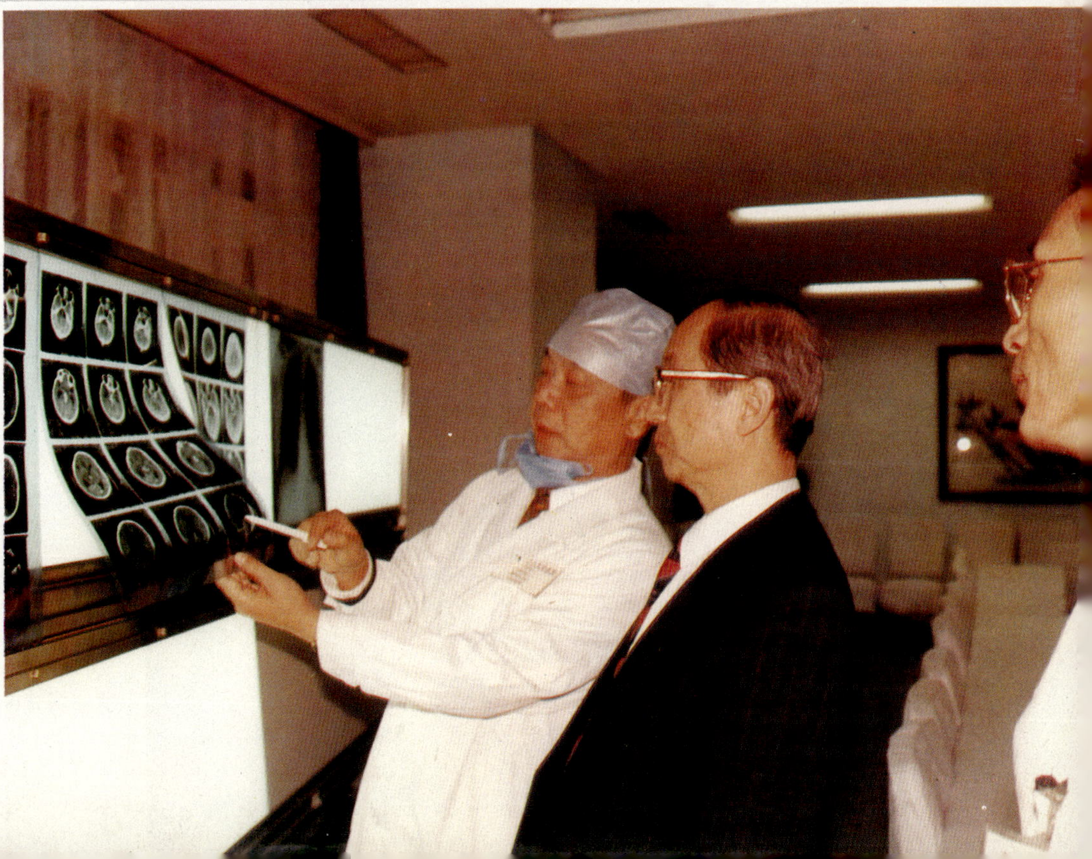

b·卫生部部长陈敏章和中日友好医院副院长左焕琮、杨秉贤共同研究章孝慈先生的病情。左起为左焕琮、陈敏章、杨秉贤

㉗1994年7月20日奥比斯眼科飞机DC-10首航北京。图为彭珮云、陈敏章等领导人在飞机上

（国际合作司　供稿）

㉘1994年4月23日，国家人事部、卫生部在人民大会堂召开表彰大会，授予山西省长治市人民医院妇产科主任赵雪芳首枚"白求恩奖章"。图为会议主席台场景

（人事司　供稿）

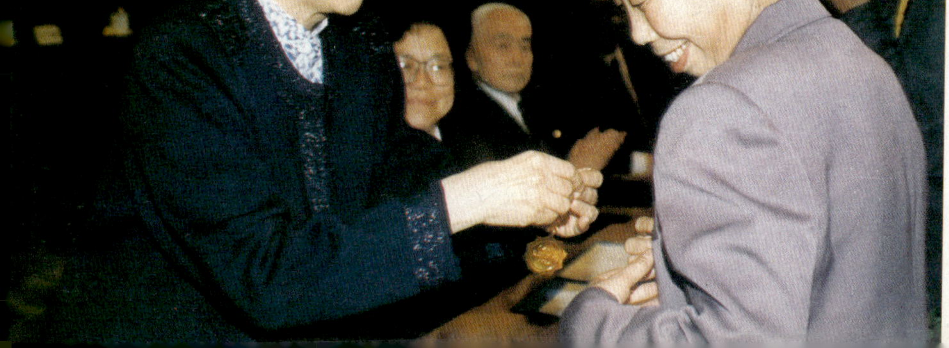

㉙全国政协副主席钱正英给赵雪芳佩戴奖章

（岳　峰　摄）

㉚1994年11月7日在北京人民大会堂举行第4届诸福棠奖颁奖大会。图为领奖时场景

（国际合作司　供稿）

㉛曾获国家科技成果奖的吉林省中医中药研究院张树臣研究员多年从事人参研究，为我国人参开发应用和提高我国人参的国际地位做出贡献

（刘云鹏　摄）

㉜1994年11月25日在北京人民大会堂举行《世界卫生组织合作指南》首发式暨庆祝联合国成立50周年

（国际合作司　供稿）

③1994年3月29日至4月4日，大陆图书展览在台湾台北市“中央”图书馆举行，境内80多家出版社展出各类图书1 700余种。图为人民卫生出版社展台

（郭有声　提供）

㉞食品添加剂亚洲协调会于1994年5月24～27日在我国召开。图为会议场景

（卫生监督司　供稿）

㉟1994年9月3日陈敏章部长、孙隆椿副部长会见印度尼西亚外长。图为签署两国卫生合作协议场景

（国际合作司　供稿）

㊱1994 年 9 月 6 日卫生部殷大奎副部长会见加逢外长时场景

（国际合作司　供稿）

㊲1994 年 10 月 15～17 日，第 14 届亚洲职业卫生大会在北京国际会议中心召开，卫生部副部长何界生出席会议。图为会议主席台场景

（卫生监督司　供稿）

㊳1994 年 12 月 1 日陈敏章部长参加巴黎艾滋病首脑会议。图为陈部长与法国总理巴拉迪尔握手问候时场景

（国际合作司　供稿）

㊴1994 年 3 月 20 日日本首相夫人细川佳代子参观中国预防医学科学院，图为座谈时场景。前排左五为细川佳代子，左六为卫生部副部长何界生

（杨立森　摄）

㊵广州宝洁有限公司，创建于1988年8月，是由广州肥皂厂、美国P&G公司、香港和记黄埔(中国)有限公司和广州开发区进出口贸易公司共同投资1000万美元兴建的一家生产洗涤、化妆品用品的大型中外合资企业，1994年被评为中国轻工业200强企业。企业职工不到1000人，平均年龄28岁。6年中该公司不断推出海飞丝、飘柔、潘婷、玉兰油、田七人参、舒肤佳、护舒宝、碧浪等新产品。1994年销售超过19亿，全员劳动生产率超过200万，上交税金2.8亿。该公司支持社会公益事业，已投入近600万元，用于教育、体育、美化环境方面；投入近1100万元资助科技卫生。

（高瑞欣　供稿）

a. 花园式企业—广州宝洁有限公司外景

b. 赞助广州市政兴建的人行天桥

c. 捐助广州市科技进步基金

a.

b.

c.

a. 上海最佳经济效益工业企业—上海旁氏有限公司

b. 一流的品质离不开科学管理与先进技术。图为车间控制台

c. 副总经理毛惕正说：我们的优势最主要的是在于与全球策略同步的品牌管理

㊶上海旁氏有限公司建于1989年8月，由英国联合利华公司、上海日化二厂、上海日化工业开发公司共同投资兴建而成，投资总额达1137万美元。从1991年起，该公司连续三年被列入全国500家最大的工业企业和上海最佳经济效益工业企业。1994年销售额近1.5亿元，比1993年增长60%，资金回收率达100%，人均创利税达20余万元。“符合市场需求，生产满足顾客需要的产品”，是该公司创办以来的企业宗旨。多年来，该公司不断引进和采用高科技开发一流产品，推出了旁氏、凡士林、梨牌等名牌护肤品，并连续三年荣获最畅销国产商品“金桥奖”。

该公司依靠高科技和人才的优势，凭着先进的管理方式，利用电脑网络强化产品质量监控手段，确保了产品质量的国际先进标准。

（焦晨星　供稿）

⑫环境优美的港城—张家港市

张家港市区风景一角

张家港市政府夜景

（张家港市爱卫办　供稿）

⑬江阴市夜景

（全国爱卫办　供稿）

建设中的江阴市

目　录

传染病防治

地方病防治

寄生虫病防治

国境卫生检疫

劳动卫生与职业病防治

环境卫生监督

放射卫生防护

食品营养与卫生监督

学校卫生监督

卫生标准

爱国卫生运动

妇幼卫生

中医药事业管理

医政管理

医学教育

高等医学教育

中等医学教育

医学成人教育

医学研究生教育与学位工作

医学科学技术

药 政 管 理

计划财务管理与审计监督

健康教育与新闻出版

国际交流合作与外资利用

军队卫生工作

省、自治区、直辖市卫生工作

学术团体和群众团体

中国红十字会

人事与干部

卫生界人物

卫生部系统

全国爱国卫生运动委员会系统

国家中医药管理局系统

国家医药管理局系统

军队卫生系统

学术团体和群众团体

中国红十字会

表彰人物

卫生工作纪事

卫生统计工作

卫生统计信息工作

卫生统计

卫生机构、床位、人员

医疗服务

人口自然变动及死亡原因

传染病报告

农村改水

妇幼卫生

地方病防治

医学教育和科研

卫生经费

附　录

索　引

重要会议报告

重要会议报告

国家主席江泽民在接见中国红十字会第六次全国会员代表大会代表时的讲话

（1994年4月23日）

同志们：

今天我很高兴与大家见面。值此中国红十字会成立90周年及第六次全国会员代表大会开幕之际，我代表党中央、国务院向这次会议表示热烈的祝贺！向你们并通过你们向辛勤工作在全国红十字战线上的干部和2 000万会员，表示亲切的问候和崇高的敬意！

中国红十字会作为国际性的从事人道主义工作的社会救助团体，按照国际红十字与红新月运动的七项基本原则，90年来为人民做了大量好事，为国家的发展做出了不少贡献，以实际行动赢得了广大群众的尊敬和支持。

改革开放以来，在党和政府的关怀支持下，中国红十字会根据新的实践要求，开展了卓有成效的人道主义工作，充分发挥了政府的助手作用，在社会上产生了广泛而良好的影响，走出了有中国特色的发展红十字事业的新路。

红十字事业是一项崇高的社会事业，对建设社会主义物质文明和精神文明有着积极的促进作用。可以坚信，随着改革的深化和社会主义市场经济的发展，中国红十字事业的发展前景将会越来越广阔。

希望各级政府和社会各界都要积极支持红十字会的工作。红十字会各级组织和广大会员要努力宣传和贯彻实施《中华人民共和国红十字会法》，注意借鉴国外经验，紧密结合我国实际，解放思想，实事求是，开拓进取，勤奋工作，为开创有中国特色的红十字事业的新局面，为促进世界和平与人类进步事业做出更大的贡献！

国务院总理李鹏致中国红十字会成立90周年暨第六次全国会员代表大会的贺信

时值中国红十字会成立90周年及第六次全国会员代表大会召开之际，我代表党中央、国务院向大会表示祝贺，并向所有为红十字事业做出贡献的人们表示亲切的问候。

中国红十字会是一个很重要的人道主义组织，90年来，特别是新中国成立以来，在中国人民与世界人民交往中发挥重要的作用。红十字会人道、公正、独立、统一、自愿、普遍和中立的七项基本原则，在国内外已有广泛的群众基础。我相信，在我国改革开放的形势下，红十字会必将在两个文明建设中发挥更大的作用。

我衷心希望我国的红十字事业更加蓬勃发展，希望全社会和各级政府都来关心、支持这项崇高的事业，认真实施《中华人民共和国红十字会法》，为红十字运动做出更大的贡献！

李　鹏

1994年4月23日

国务委员彭珮云在1994年全国卫生工作会议上的讲话(摘要)

一、坚决贯彻执行卫生工作的基本方针

五十年代初,毛泽东同志和周恩来同志亲自为我国的卫生工作制定了正确的方针,提出了卫生工作要面向和依靠广大人民,实行预防为主,团结中西医等项明确要求。我国在人口多、底子薄的条件下,经过几十年坚持不懈的努力,卫生工作以几乎是世界上人均最低的投入,在防治传染性疾病等方面取得了重大的胜利,疾病谱发生明显变化,人口平均期望寿命和婴儿死亡率等人口健康指标,由十分落后的状态上升到发展中国家的前列。这被国际社会视为低收入国家中举世无双的成就。

1991年,在七届全国人大四次会议上通过的我国《国民经济和社会发展十年规划和"八五"计划》中,在总结建国以来卫生工作宝贵经验的基础上,根据国际国内卫生工作的新发展,确定我国新时期卫生工作应"贯彻预防为主,依靠科技进步,动员全社会参与,中西医并重,为人民健康服务的方针,同时把医疗卫生工作的重点放在农村"。这是五十年代制定的卫生工作方针的继承和发展,对于新时期卫生工作的发展和改革,具有重要的指导意义。

去年11月,世界银行副行长卡基先生在"中国与世界银行卫生合作十年"研讨会上指出,中国卫生部门所面临的三个最严峻的挑战是:第一,新中国建立以来与疾病作斗争所取得的部分成果有丧失的危险。第二,疾病谱的转变给中国带来了困难的选择——人口老化面临的疾病问题。第三,因为那些依然生活在绝对贫困中的约一亿中国人口的基本卫生需求尚未得到满足而带来的特殊挑战。我认为他的这一分析基本上符合我国的实际情况。我们应该迎接挑战,通过改革,走出一条具有中国特色的社会主义卫生事业的发展道路,努力实现2000年人人享有卫生保健的目标。为此,必须继续坚定不移地贯彻执行我国卫生工作的基本方针,并且在实践中使之不断完善。

在新的历史时期,医疗卫生工作必须更好地为人民健康服务。我国宪法规定:"国家发展医疗卫生事业,发展现代医药和我国传统医药;鼓励和支持农村集体组织、国家企业事业组织和街道组织举办各种医疗卫生设施,开展群众性的卫生活动,保护人民健康"。我认为,这些规定明确地指出了我国发展医疗卫生事业的目的、主体和途径,也是我们把握卫生改革方向的根本依据。世界卫生组织制定了"2000年人人享有卫生保健"的全球目标,要求做到公民平等地享有卫生保健。我们是社会主义国家,卫生工作更应该坚持为全国人民提供基本的医疗卫生服务,努力把公平与效率很好地结合起来。当前,我国公费、劳保医疗制度还很不完善,农村合作医疗制度的发展面临着许多困难,城乡卫生条件还有很大差距,有些老少边穷地区缺医少药状况较为严重。卫生部门应该把更好地为绝大多数人服务作为制订改革政策与措施的出发点,同时也要注意满足随着经济发展与人民生活水平提高日益增长的不同层次的医疗卫生需求。在一些经济比较发达的地区,一部分人在医疗卫生方面有特殊的需求,医院可以适当地为这部分人开展特需服务,并可适当放开价格。但是,特需服务应该在保证基本医疗卫生服务的前提下开展,二者的比例要适当,服务质量和服务态度应当一视同仁。

二、积极探索如何适应建立社会主义市场经济体制的新形势,深化卫生改革

党的十四大确定我国经济体制改革的目标是建立社会主义市场经济体制。十四届三中全会通过的《中共中央关于建立社会主义市场经济体制若干问题的决定》,又把十四大确定的目标和基本原则加以系统化、具体化,是九十年代我国进行经济体制改革的行动纲领。社会主义市场经济体制的建立,必将对发展社会生产力,增强我国的综合国力,提高人民生活水平,提供经济体制上的保证。它对卫生工作也提出了新的要求。我们应该认真总结这些年来卫生改革的经验,积极探索如何适应建立社会主义市场经济体制的新形势,深化卫生改革,增强主动适应经济和社会发展的活力,走出卫生发展的新路子。

十四届三中全会的决定指出:建立多层次的社会保障制度,为城乡居民提供同我国国情相适应的社会保障,促进经济发展和社会稳定,是建立社会主义市场经济体制的一个主要环节。城镇职工的医疗保险制度和农村合作医疗制度,是社会保障制度的重要组成部分,必须积极、稳妥地进行改革并以此带动和促进卫生工作其它方面的改革。

我国现行的职工公费医疗和劳保医疗制度,几十年来对于保障职工健康、促进经济发展、维护社会安定,发挥了重要作用。但是,这一制度也存在着一些严重的缺陷,主要是:医疗经费由国家和企业包揽,缺乏有效的制约机制,造成严重的浪费,缺乏合理的医疗经费筹措机制和稳定的医疗费用来源,部分企业经营发生困难时,职工得不到应有的基本医疗保障;医疗保险的覆盖面窄,管理和服务的社会化程度低,不利于劳动力的流动和减轻企业的社会负担。这种制度不仅不能

适应建立社会主义市场经济新体制的需要，而且本身也难以继续运转下去。近年来，一些地方和许多企业已经进行了多种形式的改革探索，取得了一定成效。

十四届三中全会决定中指出，城镇职工医疗保险要实行社会统筹医疗基金与个人医疗帐户相结合的新制度；社会保障的水平要与我国社会生产力发展水平以及各方面的承受能力相适应。根据全会决定精神，国务院有关部门草拟了关于建立职工医疗保险制度的试点意见。由于职工医疗保障制度的改革是一项涉及广大职工切身利益的重大改革，改革的难度大，现在还没有比较完整和成熟的经验，加上今年出台的经济方面的改革措施比较多，影响也比较大，考虑到各方面的承受能力，国务院决定先选两个中等城市进行试点。为确保职工医疗保障制度改革的顺利实施，卫生部门要积极进行配套改革，探索在新形势下如何为人民群众提供优质的基本医疗卫生服务，合理利用卫生资源，建立对医、患双方的制约机制，最大限度地减少浪费。

小平同志曾经明确指出："思想文化教育卫生部门，都要以社会效益为一切活动的唯一准则，他们所属的企业也要以社会效益为最高准则"。根据小平同志这一指示，卫生部门必须把社会效益放在首位，在这个基本前提下，努力实现社会效益和经济效益的统一，在社会效益与经济效益发生矛盾时，自觉地把社会效益放在首位。卫生工作的社会效益包括向人民群众公平地提供基本医疗卫生服务，确保医疗卫生服务的质量，提高卫生资源的利用效率，合理控制医疗费用等等，卫生改革应该以不断提高卫生工作的社会效益为主要目标。各级政府应该根据卫生事业发展的实际需要和财力的可能条件，逐步增加卫生投入，并帮助医疗卫生机构逐步完善补偿运行机制，使它们不仅能维持正常的运行，还能不断得到发展，更好地发挥社会效益。强调把社会效益放在首位，并不是说医疗卫生机构不应该讲求经济效益。医疗卫生机构也必须加强经营管理，进行成本效益分析，加强经济核算，努力降低成本和消耗，这是卫生改革的重要组成部分。

要积极推进医疗卫生机构内部管理体制和人事、分配制度的改革。改革的核心在于运用正确的政策导向、思想教育和物质激励的手段，进一步克服平均主义，充分调动广大卫生人员的积极性。

救死扶伤，实行人道主义，是古今中外为医之本。要教育广大医务人员坚持发扬优良的医德传统，反对"一切向钱看"的拜金主义，纠正以医谋私、乱收费的行业不正之风，坚决贯彻执行《医务人员医德规范和实施办法》。绝对不允许以商品交易的"买卖关系"取代人道主义的真诚的医患关系，要以良好的医德医风，维护医务工作的形象和荣誉，也为社会主义制度的优越性添彩增色。

要继续改革卫生管理体制，提高卫生服务的整体效能，积极推行区域卫生发展规划，建立并完善分级管理体系，为此各级政府要加强对卫生工作的统一管理和宏观调控。

总之，卫生改革一定要有利于促进卫生工作更好地为保护人民健康服务。医疗服务不能"市场化"，因为它与我国社会主义医疗卫生事业的根本宗旨相悖，不适合我国人口多、卫生资源有限的国情，也不符合医疗卫生事业的自身规律。大多数西方国家也没有完全依赖市场机制来管理他们的医疗卫生领域。经验证明，"医疗服务市场化"不能解决卫生资源的筹集和合理配置，不能解决人人公平地享有基本医疗卫生服务，不能有效地控制医疗费用。

三、坚持把医疗卫生工作的重点放到农村

党中央、国务院反复强调农业、农村和农民问题，始终是一个关系到我们党和国家全局的根本性问题。如果农业没有更大的发展，农村经济不能登上新的台阶，我国现代化建设的第二步和第三步发展目标就不可能胜利实现。没有农民小康，就不可能有全国人民的小康。同样，如果 2000 年在农村不能实现人人享有卫生保健，就不可能在全国实现人人享有卫生保健。最近，李鹏总理在听取卫生部汇报时再一次指出：农村卫生工作确实应该引起极大重视，当成一件重要的事情认真对待。我们一定要从战略高度认识搞好农村卫生工作的重要意义，把医疗卫生工作的重点放到农村去。

去年 6 月，我在全国农村卫生建设经验交流会上已经就农村卫生工作讲了一些意见。针对当前农村卫生工作存在的问题，我想再着重强调以下几点：

搞好农村卫生工作首先是各级政府义不容辞的责任。各级政府和卫生部门都要坚决贯彻"把医疗卫生工作的重点放到农村"的战略方针，在政策上、经费投入上都要向农村倾斜。

自 1983 年以来，我国政府已多次向世界卫生组织承诺我国到 2000 年实现"人人享有卫生保健"的全球目标。1990 年，卫生部、国家计委、农业部、国家环保局和全国爱卫会联合发布了《关于我国农村实现"2000 年人人享有卫生保健"的规划目标》，并且把实施初级卫生保健作为实现这一目标的基本策略。近三年试点工作的成功，表明《规划目标》的十三项指标概括了当前我国农村卫生事业各方面的主要工作，符合我国社会主义初级阶段的国情。实施初级卫生保健是以较少的投入改变农村落后的卫生面貌，提高农民健康水平，减轻因疾病带来的经济和身心负担的有效途径。我们应该努力实现这一规划目标。实现这个规划目标是各级政府的责任。各级政府要继续加强对初级卫生保健的领导与支持。对于某些不切合当地实际的具体指标和工作进度可以适当调整。要因地制宜，采取切实的措施，改进工作方法，使这一工作更有成效。

农村三级医疗预防保健网、乡村医生队伍和合作医疗制度是我国农村卫生工作的三大支柱。它来自群众的创造，具有中国特色，被国际上公认为发展中国家农村卫生事业的重大成就。最近，李鹏同志指出：农村三级医疗预防保健网建起来很不容易，应该逐步加强与改善。要大力培养农村能留得住、用得起的中级卫生技术人才，还要充分发挥中医、中药的作用。中国农村

的情况很复杂，合作医疗制度的形式不能千篇一律，要因地制宜，进行多种形式的探索。我们要认真贯彻执行李鹏同志的指示，把巩固发展三级医疗预防保健网，稳定、充实、提高乡村医生队伍，稳步发展和完善合作医疗制度作为农村卫生工作的重点，切实抓好。要经过认真的调查研究，制定切实可行的计划，采取具体的措施，扎扎实实地把农村卫生工作向前推进。

要多渠道筹措农村卫生基金。各级政府要逐年增加对农村卫生工作的投入。要按照国务院发布的《农民承担费用和劳务管理条例》的规定，在农民缴纳的村提留公益金中安排一部分用于农村卫生事业。对乡村医生从事无偿的预防保健和社会卫生服务，要给予劳务补贴。要积极提倡、引导农民采取自愿和互助相结合的办法发展合作医疗制度。

要在大中城市的卫生部门开展城市支援农村、巩固工农联盟的再教育，发动城市医疗卫生机构大力支援农村卫生事业的建设。地、市以上医疗卫生机构都有支援农村的义务，都有责任为农村医疗卫生机构培养技术骨干，加强业务技术指导，帮助他们提高业务技术水平和管理水平。要以加强县级医疗卫生机构和中心卫生院的建设作为重点，订出规划，有计划、分期分批地进行，力争两三年内做出显著成效。要恢复和发扬五十年代、六十年代卫生支农的好传统、好作风，不给基层增加额外负担。在支农的形式上可以多样化，并及时总结推广好的经验。

搞好农村卫生工作是一项长期的、艰巨的任务。我们一定要认真地研究和解决当前农村卫生工作中出现的新情况、新问题，下定决心，坚定信心，克服困难，开拓前进。

四、加强各级卫生行政部门的自身建设

卫生事业是国民经济和社会发展的重要组成部分，它对于保护公民的劳动能力，提高人民的健康水平，促进经济发展，维护社会稳定，都有重要的作用。当前卫生事业发展和改革的任务很繁重，面临的困难和问题不少。各级卫生行政部门要完成自己肩负的繁重而艰巨的任务，就必须切实加强自身的建设。

首先，要认真学习《邓小平文选》第三卷，用邓小平同志建设有中国特色社会主义的理论武装自己的头脑，提高自己的政治水平、思想水平和领导水平，提高执行党的基本路线的自觉性和坚定性。要发扬理论联系实际的学风，认真研读原著，掌握精神实质，结合本部门、本地区的实际情况加以贯彻。卫生行政部门担负着领导卫生改革的重任，必须有正确的理论指导，才能在改革中始终把握正确的方向。

其次，要按照中央的要求搞好机构改革，达到转变职能、理顺关系、精兵简政、提高效率的目的。要紧紧抓住转变职能这个关键，改变对具体事务干预过多的管理方式。该下放的权力要下放，该加强的职能要加强，真正做到微观放开放活，宏观管住管好。要抓紧卫生立法工作，加快建立比较完整的卫生法律、法规体系。要进一步明确和加强卫生行政部门的监督执法职能，健全卫生监督执法体系。

第三，要抓好队伍建设。按照干部队伍革命化、年轻化、知识化、专业化的方针和德才兼备的要求，选好人、用好人。要坚持两手抓两手都要硬的方针，继续深入开展反腐败斗争，加强廉政建设。要努力改进工作作风和思想方法，深入基层，认真进行调查研究，及时发现问题，总结经验。江泽民同志在党的十四届三中全会上要求各级领导干部要多挤点时间学习，少搞一点应酬，多做些调查研究，少一些主观主义，多干实事，少说空话。我们都要按照这个要求去做。

（马晓月　摘）

卫生部部长陈敏章在1994年全国卫生工作会议上的报告（摘要）

一、1993年卫生工作回顾

（一）积极探索社会主义市场经济体制下卫生事业发展的政策思路，抓住有利时机，加快卫生改革的步伐。

——医疗卫生单位进一步改革内部管理体制。许多省市在人事与分配制度方面采取了一些新办法，如广州市试行工资总额同综合效益挂钩的结构工资、职级工资或效绩工资制等多种形式，更好地体现按劳分配原则。

——医疗价格体制改革取得新的进展。一些省市如上海、江苏、湖南等，不失时机地对长期偏低的、体现技术劳务价值的挂号费、住院费和手术费等进行了适当的调整；同时，有10多个省市实行了按医院等级收费，向医疗服务按成本收费前进了一步。

——根据社会医疗卫生服务需求变化的新趋势，许多医疗卫生机构主动拓宽服务领域，提供多层次医疗卫生服务。部分地市以上医院在保证基本医疗服务的同时，因地制宜地开展了一些特殊医疗服务，既满足了社会多层次需求，又部分改善了医疗单位的补偿困境。

——医院分级管理正从试点阶段向实施阶段过渡，全国已有22个省市的近4000所医院分别通过了审评，促进了医院综合水平的提高。去年在全国范围组织了卫生服务总调查，加强了卫生信息管理。

——公费医疗制度改革纳入社会保障制度总体改革规划，在国家体改委牵头下，积极参与制订公费、劳保医疗制度改革试点方案。各地公费医疗管理机构进一步健全，普遍推行医疗费用与个人适当挂钩的办法。开展了国家基本药物目录的制订工作，既保证干部职工基本医疗，又控制医药费用的不合理增长。

——"以工助医、以副补主"政策进一步实施，各地医疗卫生机构开发利用现有的各种资源，积极发展产业实体，卫生系统的工副业在部分省市已初具规模。全国有15个省、自治区、直辖市、计划单列市成立了卫生产业企业管理协会。

——国际交流与对外合作进一步扩大。各地多渠道引进海外资金，采取多种合作方式发展卫生事业，初步形成了全方位对外开放的格局。

（二）在新形势下确保卫生工作的战略重点，农村卫生和预防保健工作进一步加强。

——认真贯彻中共中央、国务院关于减轻农民负担的指示精神，统一认识，顾全大局，扎实工作。在潍坊会议上及时传达贯彻李鹏总理、朱镕基副总理对农村卫生工作的批示，以坚定信心、因地制宜地抓好"初保"工作，本着积极、稳妥、求实的精神，继续推进我国农村"2000年人人享有卫生保健"规划目标的实施。

——各地继续开拓农村卫生筹资渠道，搞好农村"三项建设"，据初步统计，去年中央、省、市（地）、县、乡各级政府和社会有关单位和个人共同筹集资金16.8亿元，完成改造项目4096个。许多地市从农民人均年收入5%的乡统筹、村提留经费中安排一定的比例用于卫生工作，河北邯郸等地还建立了"卫生保健基金"。

——多种急、慢性传染病、地方病和非传染性疾病的防治工作取得新的成效。计划免疫工作的成果进一步巩固和扩大，全国3/5左右的乡镇达到计划免疫覆盖率85%的目标。去年截止11月底，全国脊髓灰质炎发病仅400多例，是历史上最低的。乙肝疫苗的免疫接种工作普遍得到重视，在城市新生儿中已达85%以上，在部分农村也已推开。

——"十年百项"重大科技成果向农村、向基层推广计划正在落实，又有"新生儿缺氧缺血性脑病的诊断与治疗"等10项科技成果向农村和基层推广。

——各省、市、自治区普遍重视农村卫生人力的预测和规划工作，努力为农村培养适宜、合格人才，并把教育培训工作的重点转移到提高卫生人力质量上来。

——各地积极推行妇幼保健适宜技术，促进住院分娩，创建爱婴医院，宣传母乳喂养，加强计划生育技术指导工作。

——爱国卫生以创建卫生城市为动力，推进市容市貌、绿化美化、环境卫生、健康教育全面发展，在农村，坚持改厕改水与环境治理。河南省以每年递增100万座的速度推广双瓮漏斗式厕所。

（三）卫生法制建设和精神文明建设进一步加强。

——卫生法律法规体系正在逐步形成。去年《红十字会法》正式颁布实施；《优生保健法》草案已提交全国人大常委会审议；《医师法》草案正在由国务院法制局审议修订，即将提交全国人大常委会审议；《职业病防治法》草案也已报送国务院法制局。各地加快地方卫生立法的步伐，据24个省、自治区、直辖市统计，省人大、政府制定发布的有关公共卫生领域的地方性法规和规章已有170余件。

——卫生监督执法工作进一步强化。卫生部与国务院法制局联合在全国范围内开展卫生监督执法检查，有力地促进社会公共卫生领域"一法五条例"的贯彻执行。药品打假工作取得新进展。国境卫生检疫机构认真贯彻江泽民主席"依法检疫，严把国门"的指示，改革执法模式，努力与国际惯例接轨。

——根据中央关于反腐倡廉的精神，从卫生行业的实际出发，加强对医疗卫生人员的职业道德教育，认真解决群众意见较大的"红包"、回扣和乱收费等问题，取得了阶段性成果。

中医药和中西医结合工作取得很大成绩，在明确政府机构领导新体制后，部党组加强了对振兴中医药这一卫生发展战略重点的领导。

总之，去年是卫生事业继续取得发展和进步的一年，也是卫生改革继续深化的一年，卫生发展与改革的形势和我们这支队伍的主流在总体上是好的。诚然，当前的卫生工作确实存在不少不容忽视的困难与问题，主要是：作为卫生发展两大重点的农村卫生和预防保健工作还存在许多薄弱环节，特别是投入不足。在减轻农民负担的前提下，如何拓宽农村卫生投资渠道，还缺少便于操作和普遍推行的政策和办法；在"三保三放"过程中，对医疗服务的特殊性研究不够，基本服务与特殊服务未能进一步规范化；在处理两个文明一起抓的关系上，还存在不同程度的一手硬一手软现象。

二、面对新情况，研究新问题，切实加强农村卫生工作

农业、农村和农民问题，是我国经济发展和现代化建设的根本问题。农村卫生是加强农业和农村工作的重要组成部分，是卫生工作的三个战略重点之一。最近，李鹏总理指示说，农民的医疗卫生问题要引起我们极大的重视。在新的一年里要扎扎实实推进农村卫生事业，应当抓好以下几方面工作：

第一，继续加深对农村卫生工作重要性的认识，各级卫生部门要主动向政府和有关部门宣传农村卫生对社会经济发展的意义与作用，加大宣传的力度。国务院领导同志明确指示："减轻农民负担，决不是要减少政府对卫生、防疫保健工作的投入，更不是要削弱这些工作，而是相反，应该根据财政承受能力，在少花钱多办事的原则下，增加投入，加强农村初级卫生保健和疾病预防、社会卫生及妇幼保健工作。"中医中药深受广大农民欢迎，广大农村是振兴中医药的用武之地。各级卫生部门要广泛宣传国务院领导同志指示的精神，主动争取计划、财政、农业等有关部门的理解、支持和配合，增加对农村卫生的资金投入和政策扶持，为农村卫生发展创造更好的大环境。

第二、要坚持实施《我国农村实现“2000年人人享有卫生保健”的规划目标》。初级卫生保健目标的全面实施，可使我国农村卫生的整体水平上一个新台阶，同小康生活相适应。去年国务院作出减轻农民负担的重大举措，我们要正确理解和宣传李鹏、朱镕基、彭珮云等领导同志的重要指示，农村“初保”工作只能加强，不能削弱，取消那些增加农民负担的达标活动，绝不是放弃推动农村卫生事业发展的综合目标管理的内容和要求。今年是《规划目标》的实施从试点阶段进到普及阶段的关键一年，农村各项卫生工作都应当围绕规划目标全面展开，对于某些不切合当地实际的具体指标和工作进度可以适当调整，工作方法也可以通过改革不断改进，使农村“初保”工作更具实效。

第三、总结经验，因势利导，发展和完善多种形式的农村合作医疗制度。农村合作医疗制度符合在农村经济发展中建立社会保障体系的方向，十四届三中全会《决定》中再次予以肯定。对于合作医疗，在新的历史条件下如何发展和完善，要根据农村市场经济体制改革带来的新情况，在筹资、管理、运行机制等方面改革、创新，进行多种形式的探索，使之能适应农村经济改革和发展的新形势，更好地为保障农民基本医疗需要、为实现农民共同富裕服务。

第四，进一步动员全社会参与，实行国家、集体、个人多渠道筹措农村卫生资源。当前农村卫生资金投入主要有以下几条渠道：一是各级政府的投入，这是主渠道，除中央设立的专项资金外，主要靠地方各级政府，特别是县、乡两级政府预算内、外的投入；二是鼓励社会团体、企事业单位、国家职工和海外同胞自愿捐助；三是按照国务院发布的《农民承担费用和劳务管理条例》规定，在农民缴纳的村提留公益金中安排一部分，用于农村卫生事业；四是加强对农民的健康教育，引导农民在提高自我保健意识和对社会公益性事业责任感的基础上，自觉自愿地增加卫生保健投入，尤其是经济逐步富裕的地区；五是卫生部门统筹一点，卫生单位自筹一点；此外，还可以争取国内外贷款等。由于我国各地经济发展不平衡，对不同地区的农村卫生建设必须区别对待，因地制宜，不搞“一刀切”。今后中央专项经费对发达地区主要实行以奖代补，对同等条件下搞得好的给予奖励性资金；对经济尚不发达的老、少、边、山、穷地区，主要采取奖、补结合的形式，加以重点扶持。经济尚不发达地区的政府也要努力增加投入，并且要把有限的资金管好用好，发挥更大的效益。

第五，深化农村卫生管理体制改革，以适应社会主义市场经济体制。建设农村三级医疗预防保健网应当重点加强综合功能，优化结构，卫生机构布局和资源配置不应局限于行政区划，尤其是新建的行政体制，要从实际出发，适当调整结构。乡镇卫生院继续实行乡政府直接管理或县、乡分级管理的体制。吉林省四平市和其他一些省市在集体办医基础上，试行“乡、村联办，一体化管理”；浙江等地有些乡镇卫生院试行股份合作制等。这些改革措施都在探索中，通过试点，及时总结经验。要正确引导乡镇卫生院转换运行机制，改变坐等病人的作风，实行多种形式的管理责任制，增强乡镇卫生院的活力。

三、深化卫生改革，努力适应社会主义市场经济体制，更好地为经济建设和人民健康服务

医疗卫生服务如何适应社会主义市场经济，是一个包含丰富内容的大课题。首先，建立多层次的社会保障体系，对于深化企业和事业单位改革，保持社会稳定，促进社会主义市场经济体制建设具有重要意义。医疗服务作为医疗保障制度中的重要内容，如何实现保证基本医疗和控制医疗费用不合理增长，需要医疗服务机构深化改革，以配合医疗保险制度改革，顺应建立社会保障体系的需要，这也是适应社会主义市场经济体制的需要。其次，社会主义市场经济体制的建立和完善，必须有完备的法制来规范和保障。卫生部门负有对全社会实施卫生监督执法的职责，因此，加强卫生法制建设，发展和完善卫生监督包括食品、药品等，以保证社会主义市场经济健康发展，这也是卫生工作适应社会主义市场经济的重要内容。再次，医疗卫生服务机构本身处在市场经济的大环境中，也需要主动地、经常地分析社会医疗需求变化趋势，拓宽便民服务领域，理顺医疗服务价格体系，保证基本医疗服务，逐步开展特需服务，这也是适应社会主义市场经济的具体内容。因此，对于医疗卫生服务适应市场经济的问题，我们要全面理解，把握住医疗卫生事业自身的特点和规律，对医疗卫生事业各个子系统的不同性质特征进行具体分析，研究提出具体政策措施，决不能简单化或一刀切。

1992年9月卫生部下发的《关于深化卫生改革的几点意见》(第34号文件)和去年全国卫生工作会议上提出的“三保三放”政策措施在总体上是符合党的十四大和三中全会《决定》的精神，在新的一年里，在贯彻落实中，继续推进卫生改革，使不完善、不规范的内容在改革中不断完善和规范化。当前。要着重抓好以下几个方面：

第一，继续深化医疗卫生机构内部管理体制和人事、分配制度改革，完善微观运行机制。医疗卫生机构在确保国有资产不流失的前提下，内部搞的“一院两制”或“一院多制”的试点，作为国有医疗卫生机构改善补偿状况的一种补充形式，以提高其自身生存和发展的能力，也可以为国有制医疗机构改革提供一些思路。

在劳动人事制度上，要逐步形成医疗卫生单位与医疗卫生劳动者之间双向选择、优化组合的机制；在分配制度上要贯彻效率优先、兼顾公平原则，进一步克服平均主义，充分体现医疗卫生服务作为高技术劳动的价值，按贡献大小合理拉开分配差距，建立一种能有效稳定卫生队伍、调动卫生技术人才积极性和创造精神的分配制度。

第二，坚持“预防为主”方针，进一步落实加强预防保健的改革政策。当前应当加快改革投入机制，调整资源结构，向预防保健倾斜。预防保健工作面向社会群体，更为集中地体现卫生事业的公益性和福利性，防保机构还承担着卫生监督执法的任务，各级政府的投入应是防保投入的主渠道，防保经费的增长速度，应当高于卫生事业的增长比例。这里再一次重申，对预防保健机构应当继续实行全额预算补助，所谓“断粮断奶”、“自收自支”的观点和做法，则必削弱防保工作，造成严重后果，既不符合国情，也有损于人民健康利益。

预防保健领域已经出台的一些改革政策应当继续实施，不断完善。防保机构开展部分有偿服务，是行之有效的举措，有偿服务收入只是对防保机构预算投入不足的一种必要补充，不应冲抵财政拨款。各类防保机构要正确处理无偿服务与有偿服务的关系，有偿服务的收费要合理，有偿服务的纯收入要按有关规定分配使用。承担卫生监督执法任务的预防机构要逐步实现收、支分开。

儿童计划免疫和妇幼保健保偿制也是一项成功的改革措施，保偿制具有有计划提供服务与分担疾病风险的双重性质，有利于保障妇女儿童的健康，要坚持群众自愿的原则；保偿收费是合理的技术劳务收入，绝不是加重农民负担的乱摊派行为。各地应当总结经验，进一步巩固和完善。

第三，改革医疗卫生服务价格体系，完善医疗卫生机构的补偿机制。解决多年来医疗服务补偿不足的问题，首先要改革医疗服务价格体系，逐步实现按成本收费。去年有些省市在物价等部门的支持下，及时出台了一些调整医疗服务价格的政策和措施，缓解了一些补偿不足的矛盾。有些省市的调整方案已成熟，但顾全大局，未能及时出台，今年应当抓住有利时机，取得有关部门的理解和支持，及时调整并加强管理。预防保健领域一部分有偿服务项目的收费标准偏低，也应当争取及时调整。

要积极调整医院的服务收入结构，提高业务收入的比重。由于技术劳务的收费标准偏低，因而在医疗业务总收入中，药费收入的比重过高，这种局面一定要逐步扭转。要在重点调整技术性服务收费标准的基础上，努力提高技术劳务收入在业务总收入中的比重。同时，积极执行国家基本药物目录，控制不合理用药，减轻国家、单位和患者个人不合理的医药费用负担。

第四，推进医院分级管理，搞好分层次服务，促进质量、效益全面提高。医院分级管理要按照“积极稳妥、因地制宜、循序渐进、由点到面”的原则，以提高医疗质量和技术水平、强化科学管理和医德医风建设为重点，切实处理好“硬件”与“软件”的关系，抓好“软件”建设，走内涵发展之路。坚决杜绝等级评审中的弄虚作假现象和形式主义做法。

医院开展多层次服务，在保证基本医疗服务前提下，开展特殊医疗服务，是深化卫生改革的一个重要举措。它是适应社会不同层次的医疗需求，是分步实施医疗服务价格体系改革，承认和尊重技术劳务价值的一项具体措施。所谓特殊服务，前提是患者有特殊需求，主要是指由医疗消费者自愿选择的医疗保健项目，为便于患者接受和社会理解，今后可以统一称为“特需服务”。在开展多层次服务过程中，必须把握好几个环节：一是基本服务与特需服务的内容要规范，不能把基本服务项目随意转换为特需服务，特需服务项目要经卫生行政部门确认；二是要在保证基本医疗服务的前提下开设特需服务，“基本”与“特需”的比例要适度；三是特需服务的价格应当逐步放开，但同样不能乱提价、乱收费；四是不论基本服务还是特需服务，服务质量和服务态度应当一视同仁，服务要到位，服务要保质保量，坚决防止“特需服务热情温暖，基本服务生冷僵硬”的现象；五是加强法制化管理，各地可以出台一些地方性行政规章和严格的技术规范，进行宏观调控。

第五，改革和健全卫生监督体制，进一步转变卫生行政管理职能。今年，要在总结几年来卫生监督执法实践和体制改革试点经验的基础上，统一认识，统一政策，在理顺卫生监督体制方面取得实质性进展，提高卫生监督力度和执法水平。各地在机构改革过程中，可以通过内部调整编制，充实卫生行政执法队伍，强化卫生行政部门对社会公共卫生的监督管理职能。卫生监督执法是政府管理社会公共卫生的具体行政行为，对卫生监督工作应当实行全额预算拨款，专项列支，并根据卫生监督任务日益加重而逐年增拨经费。当前要尽快改善卫生监督执法所必须的取证工具，检测设备和交通工具等基本条件，争取三、五年内改变卫生监督执法基本装备的落后面貌。要大力提高卫生监督员的素质和业务水平，加强法律知识培训，提高卫生执法水平和行政诉讼应诉能力，加强廉政、勤政教育，建立卫生监督员稽查制度以及对执法违法的追究制度。

第六，积极推进公费医疗制度改革，抓好社会医疗保险制度的改革试点。我国医疗保障制度改革的方向和目标，是建立适合我国国情的、多形式、多层次的医疗保障制度，逐步扩大医疗保险的覆盖面，使人民群众都能获得基本医疗保健，提高健康水平。对城乡居民要按照不同对象的具体情况，确定其医疗保险经费的来源和保障方式。城镇职工的医疗保险基金由单位和个人共同筹集，实行社会统筹和个人帐户相结合的原则，通过试点，稳步过渡。国务院已决定现行公费医疗和劳保医疗的管理体系不变，由卫生部、劳动部联合组成试点领导小组，抓好职工医疗保险制度改革的试点工作。卫生部门要主动参与改革方案的调研、论证，搞好试点。特别要注意医疗保险制度改革将对现行医疗机构管理体制、结构布局和补偿机制带来深刻的影响，医院改革要配合医疗保险制度改革同步进行。各地要调整、充实现有公费医疗管理队伍，提高管理人员的素质，改善必要的管理装备，为向新型的社会医疗保险制度过渡创造条件。

四、坚持“两手抓，两手都要硬”的方针，进一步搞好卫生系统精神文明建设

要认真学习毛泽东思想，当前尤其要学好《邓小平文选》第三卷，用邓小平同志建设有中国特色的社会主义理论武装卫生系统全体干部、职工的头脑。各级卫生部门要组织广大干部认真研读原文，正确把握其核心思想,联系卫生改革和发展的实际,紧紧抓住和深入领会解放思想、实事求是的思想路线。要学习邓小平同志运用马克思主义的立场、观点和方法研究新情况、解决新问题的科学态度和开创、求实的精神,认真总结卫生改革的经验教训,抓住本质,理清思路,勇于探索,不断提高整个卫生队伍的素质和政治、思想水平。要实事求是就必须深入基层调查研究,改进领导方法和工作方法,提高政策水平,以适应不断发展和变革的客观世界。部党组决定党组全体成员在今年上半年都要带领部分司局负责同志蹲到农村基层第一线,扎扎实实地搞点调查研究,与当地干部共同研究探讨农村卫生改革与发展的前景。

精神文明建设一定要密切结合形势和任务,从实际出发,讲求实效。建立社会主义市场经济体制是一场深刻的社会革命,必然要引起社会经济利益关系的重大调整。如何引导医务卫生工作人员正确认识市场经济的利和弊,坚持卫生工作的宗旨,加强职业道德建设,纠正行业不正之风,为人民群众提供优质、高效的医疗卫生保健服务。 (马晓月 摘)

卫生部副部长孙隆椿在1994年全国卫生工作会议上的总结讲话(摘要)

一、关于深化卫生改革问题

江泽民总书记最近指出,抓住机遇,深化改革,扩大开放,促进发展,保持稳定,是全党工作的大局,我们卫生工作必须认清这个大局,服从和服务于这个大局,全面理解发展是目的,改革是动力,稳定是基础的关系,振奋精神,知难而进,全面做好卫生工作,为人民健康服务。

从全局来看,今年在财税、金融、投资、计划、外贸等方面都有许多重大改革方案出台,是十几年来改革措施出台最多的一年,必然对卫生发展与改革带来有利的影响和新的问题。为了保证以财税金融体制为重点的改革在全国顺利推进,国家对医疗卫生工作暂时不可能有重大的改革措施同时出台,但是这绝不意味着卫生改革可以停顿下来,而是要在新的形势下深化改革,不断完善已经出台的改革措施,并且用改革的精神来解决改革中出现的问题。从国务院1985年62号文件,到国务院1989年10号文件,到卫生部1992年34号文件,都贯穿了一条主线,就是卫生工作必须坚持为人民健康服务的宗旨,卫生事业要在改革中求发展。这些文件中所规定的改革政策,以及去年全国卫生工作会议上确定的“三保三放”思路,在总体上都是正确的,应当继续实施。在具体贯彻过程中,还有许多不完善、不规范的地方,也要求我们在改革实践中加以规范,不断完善。要适应市场经济、深化卫生改革这一命题,已成为社会服务部门所共同面临的重大课题。卫生系统出台的三个改革文件已经朝这个方向迈出了一大步,但这还不够。如何探索进一步改革措施,如何解决卫生事业发展及改革中诸多困难问题,还要我们各级领导和从事卫生管理的理论工作者、在第一线的实际工作者同心协力,进一步解放思想,大胆创新,深入探索有中国特色的社会主义卫生事业的路子,做好这篇大文章。

深化卫生改革必须坚持社会主义的方向,坚持以社会效益为首位的原则。检验我们卫生改革的成功与否的标志,应当是有利于卫生事业的发展,更好地满足人民群众不断增长的多层次的卫生保健需求,保障人民身体健康,促进社会经济发展;有利于增加医疗卫生机构的活力和调动广大医务工作者的积极性和创造性,出成果,出人才;有利于提高医德医风水平,进一步发扬救死扶伤精神,改善服务态度与提高服务水平。

为了适应建立社会主义市场经济新体制的需要,必须加快建立包括医疗保险在内的社会保障体系,这也是深化卫生改革的一项重要内容。改革现行公费、劳保医疗制度势在必行,发展和完善农村合作医疗制度的重任也在我们身上。十四届三中全会《决定》指出职工医疗保险制度要由单位和个人共同筹资,实行社会统筹与个人帐户相结合的模式。随着职工医疗保险制度改革的试点和逐步推行,必然对现行医疗机构管理体制和运行机制发生深刻的影响。其一,职工的医疗消费需求将受一定程度的制约,医疗服务的供需关系也将发生变化,必然要求我们搞好区域卫生规划,调整医疗结构布局,优化卫生资源配置,各级各类医疗机构都必须走内涵发展的道路;其二,医疗单位的补偿构成中,药品收入比重将相对下降,迫切要求我们加快理顺医疗服务价格体系,抓住适当时机,及时调整技术性劳务的收费标准;其三,职工对医疗服务的选择性和分层次需求将逐步增大,客观要求医疗单位改革微观机制,加强科学管理,以优质服务、合理收费来赢得患者的信任,适应群众的选择,满足多层次的需求。我们希望各地在这方面创造更多的经验,以医疗保险制度改革为契机来深化卫生管理体制和运行机制的改革。近几个月来,一些医院接连发生了几起重大的医疗事件和事故,在社会上造成很大的反响。必须引起我们各级领导的高度重视,切实认真地抓一下医疗质量管理和医院感染的控制,查找漏洞和薄弱环节,及时采取措施加以纠正。

二、关于加强农村卫生工作

国务院领导同志对当前农村卫生工作作了一系列重要指示，其基本精神归结起来主要有四个方面：一是农村卫生工作和农民的医疗预防保健必须引起各级政府的极大重视；二是我国农村卫生工作有许多好经验、好方法，如三级医疗预防保健网、合作医疗制度，还有中西医结合、中西药结合等，都是来之不易，要大力发展和完善；三是要培养综合的、多能的适应农村需要的卫生人才；四是要看到中国经济文化发展的不平衡性，必须因地制宜，不能千篇一律。我们一定要全面贯彻这些精神。

今年的农村卫生工作要上下同心，左右协力，继续贯彻去年潍坊农村工作会议精神，坚定地按照“初保”规划扎扎实实地向前推进。首先是要争取各级政府增加对农村卫生的投入，同时也要多渠道筹集资源，国务院制定的农民负担《条例》中明确规定，合作医疗是农村“乡统筹、村提留”资金用途的项目之一，应当安排一定的比例，用于农村卫生事业和发展合作医疗制度。有条件的地区可以根据自愿、受益、适度的原则，引导和鼓励农民群众为保障自身健康、提高生活质量而增加投入。

农村卫生政策要落实到健全和调整三级医疗预防保健网、发展和完善合作医疗制度、培养和提高乡村医生队伍这三大支柱的建设并不断完善。乡镇卫生院的管理体制，集体办医为主、多种形式并存的方针，乡村医生报酬的分配政策等等都应当稳定，并在实践中不断完善。在增加投入、落实政策的同时，要在农村继续推广适宜技术，继续为农村培养适用人才。

三、关于加强预防保健

在新的一年里，要使预防保健这一战略重点进一步规范化和法制化，今年将制定全国卫生防疫站等级评审办法和标准，以推动全国卫生防疫机构的规范化科学管理工作。要做好重点急性传染病的防治和加强疾病监测，继续做好全国145个监测点的疫情分析预测报告工作。计划免疫工作要以消灭脊髓灰质炎为重点，做好94/95强化免疫日的准备与实施工作，同常规免疫有机结合起来，使四岁以下所有儿童均能获得免疫，确保如期实现消灭脊髓灰质炎目标。血防工作要结合农业结构调整和农田水利建设，加快灭螺治本，优先改水改厕，阻断传染源，坚持易感地区灭螺，控制急感病人，同时注意研究三峡水利工程对血防工作的影响，坚持血防工作的普查制度。妇幼卫生要围绕实施《九十年代儿童发展纲要》，重点面向农村，继续围绕降低婴儿死亡率、孕产妇死亡率及改善儿童营养等主要目标开展工作。爱国卫生运动要继续做好创建卫生城市的活动。要继续抓好农村改水改厕工作，对已建的农村55万个水厂要完善管理制度，在保证饮用安全水的前提下，提高饮水质量。同时，积极推广适用于不同地区的多种类型的农村卫生厕所，加快农村的改厕和粪管工作。各地都要从实际出发，努力探索农村改水改厕、环境卫生和健康教育综合治理的模式。

四、关于科技与教育工作

依靠科技进步是新时期卫生工作基本方针之一。国家级医学科技攻关项目课题立项要注意为防病治病服务；已获得科技成果进步奖的课题，要尽快地推广应用。高科技和适宜技术成果可以采取科研、生产、使用三方签订合同的办法，把成果尽快地转变成生产力。可以组织科技成果支农小组深入农村边缘地区，开展科技扶贫活动。对“八五”国家科技攻关项目要加强管理，坚持研究与推广并重，科研单位要积极探索科研成果的开发和有偿转让办法，不断提高自我发展能力。

要继续优化医学教育结构，培养各类合格的、适用的卫生技术人才。医学教育的总体构想应该是提供社会急需的人才，保持供需大致平衡。今年要认真抓好部属高校创建“211工程”的工作，制定滚动实施方案，建立卫生部重点学科发展基金。高等医学教育要确定“三定向”比例，中等医学教育要注重三年制专科教育，研究“通科”和“实用型”人才的培养，加紧对医学成人高考和自学考试科目的改革。要把乡村医生教育培训十年规划与在职轮训、进修教育结合起来，培养与培训并重，注重人才质量，使乡村医生培训逐步走上系统化和正规化教育的轨道，稳定基层卫生队伍，同时，要鼓励城市卫生技术人员以多种形式支援农村。

五、关于卫生法制建设

今年的卫生立法任务繁重。《食品卫生法(试行)》已经试行十年，今年要完成修订“转正”任务。《医师法》、《医疗机构管理条例》都将分别由人大常委会和国务院审议通过后颁布，医疗领域的法律法规的主干部分可以基本确立。《优生保健法》经过修改后也争取今年出台。《职业病防治法》要抓紧论证并与有关部门协调。这样，预防、医疗、保健三个子系统的法律法规相互配套，整个卫生立法体系将初具规模。

要大力加强卫生执法工作。今年要组织一次全国范围的《传染病防治法》执法大检查，以加强消毒监测管理、病情报告、疫苗供应渠道等方面为突破口，来推动《传染病防治法》的进一步贯彻落实。要继续以《药品管理法》为武器，坚持不懈地打击制售假劣药品，加强对医药市场的法制化管理，配合有关部门严厉查处制售假劣药品和非法种植、贩运、销售、滥用毒品等违法犯罪活动。社会公共卫生领域的监督执法要进一步加强，卫生监督执法体制要尽快理顺。同时，要抓紧卫生监督执法队伍的专业培训，提高执法队伍廉洁执法的政治业务素质，加强卫生监督的力度。

六、关于对外交流合作

要进一步扩大与世界卫生组织、世界银行、联合国儿童基金会的合作，利用官方和民间的渠道引进外资，合作开发一些科研、临床等项目，积极开展国际间的学术交流，从中探索如何发展我国的卫生事业，提高我国的医学科技水平。要吸收发达国家可用的经验，改进我们的工作，同时也使国外的同行对我国卫生工作的成就和医学科技水平有更客观的了解。积极动员在国外的留学人员学成归来报效祖国，各级卫生行政部门要帮助用人单位妥善安排归国人员的工作和生活。

关于卫生行政管理体制的改革,我们要根据转变职能、精简机构的精神,按照国务院的统一部署认真贯彻执行,卫生部的“三定”方案已经基本确定。今年地方的行政体制改革将提到议事日程,关于卫生行政机构的设置,不强调上下对口,关键在于转变职能,加强宏观调控。希望各级卫生行政领导努力从具体事务中脱出身来,多搞调查研究,为各级政府提供决策依据、改革思路和政策措施,为保障人民健康多办实事。

卫生系统的精神文明建设要重在学习,重在正面教育,“扶正祛邪”。我们卫生队伍的主流是好的。对大多数医疗卫生人员要充分肯定主流,关心他们的切身利益,保护他们的积极性,多帮助,少指责;对有这样那样缺点错误的医务卫生人员要加强正面教育,既热情引导,又严格管理;对少数害群之马则应依法严肃处理。要把医德教育与社会公德教育、法制教育、市场经济理论教育紧密结合起来。树立正确的人生观、价值观,自觉发扬奉献精神,为群众提供优质、高效、文明的服务。

(马晓月　摘)

国务委员、全国爱卫会主任彭珮云在全国爱卫会第十次委员会扩大会议上的讲话(摘要)

(1994年2月25日)

一、充分认识、大力宣传爱国卫生运动的重大意义,深入、持久地开展爱国卫生运动

我国到2000年要实现社会主义现代化建设第二步奋斗目标,使国民生产总值再增长一倍,人民生活达到小康水平;第三步,到下个世纪中叶,使人均国民生产总值达到中等发达国家水平,人民生活比较富裕,基本实现现代化。这个奋斗目标不仅仅要求发展经济,提高人民生活水平,还要求社会全面进步,提高全民族的素质,其中就包括了提高全民族的卫生素质和健康水平;改造城乡环境,提高环境质量。只有把开展爱国卫生运动与实现社会主义现代化建设的宏伟目标联系起来,我们才能对它的重大意义有足够的认识。

社会主义初级阶段爱国卫生工作的任务是十分繁重的。目前城市的卫生状况参差不齐,农村的卫生工作十分薄弱,不少地区“四害”密度还比较高,一些传染病尚未得到有效地控制。鉴于社会卫生和除害防病任务的长期性、艰巨性和复杂性,我们一定要把爱国卫生运动深入持久地开展下去。既要继承和发扬爱国卫生运动的好传统,坚持过去一切行之有效的做法并加以完善;又要积极探索在建立社会主义市场经济体制的新形势下,如何进一步搞好爱国卫生工作。

二、进一步做好爱国卫生工作

1. 继续开展创建卫生城市活动　城市爱国卫生活动仍要以创建卫生城市为推动力,全面推动城市卫生基础设施建设和环境卫生综合治理,以提高城市环境质量和卫生水平。要进一步修改和完善城市卫生检查评比的标准和方法,加强分类指导。爱卫会既要抓卫生城市的巩固和提高,要求这些城市把创建成果向周围的集镇辐射,又要抓其他城市的创建规划及实施,争取有更多的城市成为清洁、优美、文明、空气清新的卫生城市。各委员部门要密切配合全国爱卫办,把城市卫生检查评比工作搞好。

2. 爱国卫生工作的重点在农村　农村的爱国卫生工作要坚持以改水改厕为重点,带动环境卫生的整治。各地要把农村改水改厕工作纳入社会发展规划,予以落实。在有条件的地方,要积极引导农民因地制宜,采取各种适宜技术,用自己的财力、自己的物力改善饮水和厕所卫生。在还没有解决温饱问题的地区,各级政府应该按照中共中央、国务院《关于当前农业和农村经济发展若干政策措施》的规定,把改水改厕列入扶贫重点项目,利用中央和地方财政的投入,分期分批地解决。

3. 深入开展健康教育,加强应用科学研究　各级政府要给予足够的重视,把这项工作纳入宣传、教育规划和社会发展规划,认真抓好。进行健康教育,要从娃娃抓起,把健康教育内容列入中小学教育计划;要坚持面向农村、面向九亿农民,改变农村卫生知识贫乏的状况。在城市也要面向基层,根据不同人群的特点,普及卫生科学知识。宣传、教育、文化、卫生等有关部门和团体,要紧密配合,利用多种形式,通过各种渠道,进行健康教育。各级爱卫会要组织力量撰写出通俗易懂的教材和各种宣传材料,供大家使用。

要重视依靠科技进步,各级爱卫会要协调有关部门,组织科技工作者,针对一些急需解决的问题,开展应用科学研究与软科学研究,以加强对爱国卫生工作的科学指导。

4. 加强法制建设　全国应抓紧制定一个爱国卫生条例,在全国的条例未出台前,各地不要等,要积极创造条件,制定本省、自治区、直辖市的条例。像吉林、辽宁两省先后制定了《爱国卫生条例》,效果就很好。

5. 切实加强领导　各级政府要把爱国卫生工作纳入本地的经济建设和社会发展规划,切实加强领导。每年至少要召开一两次会议,专门研究爱国卫生工作。要制订符合本地实际情况的工作计划和具体措施,并加强督促检查，逐项落实。对于开展爱国卫生工作所需的人力、物力、财力，要给予应有的支持。

希望各级爱卫会都能很好发挥政府议事协调机构的作用，积极协调各委员部门，共同做好爱国卫生工作，当好各级政府的参谋和助手。各委员部门也要根据职责分工，把本部门应该承担的任务列入工作计划，尽职尽责，认真完成。爱卫会办事机构，在机构改革中，只能加强，不能削弱。不论是单独设立或者是合并在哪个部门，其业务都有相对的独立性。各级政府要根据新时期对爱国卫生工作的要求，为其配备与工作任务相适应的人员，不断提高他们的政治素质和业务素质，并为他们提供必要的工作条件。 （陶 全 摘）

全国爱卫会副主任、卫生部部长陈敏章在全国爱卫会第十次委员会扩大会议上的工作报告（摘要）

（1994年2月25日）

一、爱国卫生工作取得了很大成绩

1. 深入开展创建卫生城市活动　在全国507个城市中，共查了479个城市（新建市除外）。评出“十佳卫生城市”和“卫生城市”，并予以命名和表彰。威海、三明、烟台、莱州、滨州、深圳、珠海、佛山、马鞍山、大连、成都市等城市进入“国家卫生城市”行列，荣获“卫生城市”、“十佳卫生城市”和“国家卫生城市”称号的城市已达100个，约占全国城市的1/5。创建卫生城市活动的开展，得到各级政府的重视和大力支持。据1992年不完全统计，北京等16个大城市用于城市基础设施建设的投资达85.38亿元。广东、山东、江苏、四川等13个省（区）的96个地级市和162个县级城市基础设施建设的投资分别达41.55亿元和32.24亿元。上海、南京、杭州、成都等25个大城市投资兴建了64个垃圾处理场和44个粪便处理场，有14个城市投资34.9亿元兴建污水处理厂。山东等6个省（区）的41个地级市和115个县级市分别兴建粪便处理场39个和81个。江苏等11个省（区）的94个地级城市和139个县级市分别兴建105个和133个垃圾处理场。很多城市人口密集流动地区积极建设垃圾转运站，新建和改建数千座高标准的水冲式公共厕所。中国人民解放军广泛开展创建“卫生营院”活动。到1993年底，已有108个建制师，155个军以上机关、院校达到卫生营院标准。其中，有64个单位被三总部授予卫生营院建设先进单位。全国爱卫会、铁道部、交通部、民航总局还联合开展了命名表彰卫生车站、客运列车、客机、机场、客轮、港口活动。上海、天津等11个火车站、12列列车，大连、宁波等5个港口、8艘客轮，北京首都机场等12个机场、10架客机荣获命名和表彰。

2. 以灭鼠为重点的除四害工作有新进展　各地坚持科学除害和开展有偿服务，打破了多年徘徊的局面，有效覆盖面进一步扩大。全国所有城市和70%的县都开展了群众性灭鼠活动。35个直辖市、省会市和计划单列市（拉萨市除外）全部通过灭鼠考核，并且做到经常性捕杀，有效地控制了鼠害密度的上升。部分中小城市、县城和近千个车站、港口、机场、大中型企业、部队单位分别达到灭鼠、蚊、蝇、蟑螂先进单位标准。吉林、佛山、赤峰市在灭鼠、蚊、蝇、蟑螂等病媒生物全面防制工作方面走在全国的前面。

3. 农村改水工作取得新成绩　“八五”计划的前两年，农村饮用自来水人口新增5 738万，累计农村饮用自来水人口已占农村总人口数的35.7%。到1992年底，农村改水受益人口总数（各种改水形式总计）已达74 057万人，占农村总人口的80.78%，比“七五”末提高了5.2个百分点。

4. 农村改厕粪管和环境综合整治工作有较快的发展　制定了《农村卫生厕所建设先进县和普及县标准及考评办法》。全国确定了44个卫生厕所建设和粪便管理试点县，37个农村卫生示范村镇，农村中小学厕所改造和环境建设得到重视。各地坚持因地制宜、卫生便利、经济实用、建管并重、资源利用，加强社会化服务，积极推广和普及适合于当地情况的双瓮漏斗式三缸组合式、三格节水式、沼气池式和北方防寒式等多种卫生厕所类型，新建卫生厕所、沼气厕所数量有较大幅度的增加。据不完全统计，到1993年6月底，全国已有40多个县卫生厕所普及农户达80%以上。全国爱卫会命名表彰了38个农村卫生厕所建设先进县和普及县。各地还开展了创建卫生县城和卫生先进村镇活动。全国已有近百个县城和上千个村镇获省级爱卫会命名表彰。

5. 健康教育工作有新进展　在机构队伍方面，目前全国省级专业机构已建30所，其中独立建制的有19所，健康教育专业人员有7 600人，其他卫生单位兼职从事健康教育工作的有8 515人。在健康教育专业人员中，大中专学历的占90.9%。有7所高、中等医学院校每年招收健康教育专业学生约200人。制定下发了全国农村健康教育指标评价方法和实施计划。针对广大人群日常生活中的卫生问题，进行了社区健康教育试点。黑、吉、晋、冀及沈阳等省市，开展了健康教育年活动。人民解放军建立健教体系，完善方案、教材，培训教员骨干，健康教育普及率已达70%。全国举办了第二届“白鹤杯”卫生影视片评奖活动，200多部卫生影视片获奖。全国统编出版了小学、幼儿园健康教育课本和高等医学院校健康教育专业教材。健康教育已列入全国中、小学教学大纲内容。全国卫生科普报刊已有180余种，其中有蒙、藏、维、哈、朝、壮等少数民族文字报刊近10种，每年发行总量已达1 500万份。广播、电视、电影、报刊、出版等新闻文化宣传媒介积极开设栏目，传播卫生科普知识。

6. 在救灾防病工作中爱国卫生运动发挥了巨大作用　在突发的灾害面前，灾区各级爱卫会行动迅速，发动广大群众广泛开展以健康教育、环境清理、粪便垃圾管理、饮水卫生、蚊蝇鼠消杀为重点的爱国卫生运动。为保障灾区人民身体健康发挥了巨大作用。

7. 依靠科学技术，推动爱国卫生工作　全国爱卫会办公室组织专家和工程技术人员抓紧制订、完善卫生标准、技术监测考评方法、手册、设施图选，开展现状调查研究、授课培训、咨询、信息交流等活动，从而提高了爱国卫生工作决策的科学化程度，大大提高了爱国卫生工作的质量和水平。

8. 发挥协会等机构作用，围绕爱国卫生中心任务开展工作　根据工作需要，相继成立了中国农村改水技术中心、中日友好农村改水协会、中国吸烟与健康协会、中国健康教育协会、中国鼠害与卫生虫害防制协会等机构。各协会在不同的工作领域组织有关方面专家，围绕社会大卫生问题，发挥专家密集的优势，研究探讨爱国卫生发展趋势及工作决策，进行信息交流、咨询调查、学术交流等多种形式的活动，支持和辅助各级爱卫会，作了大量工作，发挥了很好的作用。

二、1994年爱国卫生工作任务

1. 继续开展创建卫生城市活动，在城市现代化建设中提高城市卫生管理水平　城市爱国卫生工作要紧紧围绕城市改革开放和经济建设这个中心，努力创造一个清洁、优美、空气清新的卫生环境。在硬件建设上，要把城市卫生基础设施纳入城市发展规划。一要把厕所问题解决好，在建设符合标准水冲式厕所、沼气厕所的同时，搞好经常性管理和维护；二要抓好窗口单位的卫生问题，要有明显的改观；三要进一步治理垃圾、粪便、污水、烟尘等重点社会卫生问题，每年应有所改进，同时搞好绿化、美化，防止或减少城市环境污染。在软件建设方面，要根据各自的实际情况，制定完善地方爱国卫生工作条例、办法和创建卫生城市实施细则，使创建工作做到有的放矢和经常化、制度化。

2. 坚持以改水改厕为重点，带动农村环境卫生整治工作的开展　农村改水，要继续坚持"政府领导、部门协调、民办公助、多方集资、因地制宜、形式多样、以水养水、科学管理"的方针，坚持巩固、发展、提高相结合的原则，加强管理，提高质量，发挥效益，使广大农民真正能饮用卫生水。在全国进行"百家优秀水厂"评比活动，推动农村55万座水厂的科学管理。选择沿海、内陆、边远三个不同经济发展水平地域，帮助建立农村供水、环境卫生和健康教育三位一体综合试验区，探索不同地区发展模式。抓好世界银行改水项目工作。

贯彻全国农村改厕经验交流会精神，坚持"统筹规划、部门协调、因地制宜、卫生便利、经济实用、建管并重、资源利用、分类指导、依靠科技"方针，大力推广、普及适用于不同地区的农村卫生厕所类型，开展农村改厕粪管先进县和普及县争创活动。积极建立和完善社会化服务，加快农村改厕粪管工作的步伐。继续抓好农村中小学的改厕与环境卫生建设。制定小康村和卫生先进村镇卫生标准，结合新农村建设，切实抓好村镇规划卫生、住宅卫生，改善农村卫生面貌。

3. 抓好以灭鼠为重点的除四害工作　坚持科学灭鼠，因地制宜地开展春秋两季大面积灭鼠活动。在出血热和鼠疫高发区，要采取坚决措施降低鼠密度，控制鼠传疾病的发生和流行。坚持突击消杀和经常消杀相结合，治标与治本相结合，化学防制、生物防制、物理防制、环境防制相结合，不断提高科学除害水平。要采取巩固措施，防止四害密度回升。认真解决好杀虫、灭鼠药的供应和经费问题。各地要加强除四害药械生产和销售的管理，杜绝假冒伪劣药械上市。

4. 继续加强健康教育工作　各级爱卫、工、青、妇、宣传、文化、广播、新闻、出版等传播媒介部门和单位都要把这项工作纳入自己的工作计划，充分利用各种形式，把卫生科普知识教给群众。积极提倡健康文明的生活方式，摒弃封建迷信和愚昧习俗。针对我国卫生工作的重点，积极开展农民健康教育。贯彻实施《2000年人人享有卫生保健规划目标》中的健康教育指标评价方法，落实各项任务。继续抓好中小学校（包括成人教育学校和技校）健康教育，抓好社区健康教育试点工作。各地在"爱国卫生月"、"世界卫生日"、"世界无烟日"等活动中，要组织健康教育专业人员和卫生科技工作者，开展内容多样、形式新颖活泼的卫生宣传教育活动。抓紧健康教育人才培养，继续办好高校健教专业班，有计划地扩大中专及函授教育。根据联合国儿基会、世界卫生组织94——95周期健康教育、控制吸烟项目要求，落实本年度项目计划。

5. 进一步加强爱国卫生立法工作　加强卫生法制建设和法规管理，以法治脏乱，以法管社会卫生，是行之有效的一项治本措施。认真贯彻国务院《决定》，加快制定《爱国卫生工作条例》的步伐。目前吉林省、辽宁省已经颁布地方《爱国卫生工作条例》，河北省也加强了爱国卫生法制监督。

6. 巩固和加强各级爱卫会及其办事机构的建设，充分发挥他们的统筹协调作用　新形势下爱国卫生工作面临不少新的课题，其任务也更为繁重艰巨。各级政府要认真贯彻国务院《关于加强爱国卫生工作的决定》，继续加强对爱国卫生工作的领导，加强爱卫会机构的建设，并充分发挥它的统筹协调治理社会性大卫生的职能。要保证机构、编制、人员、经费、任务五落实。

（陶　金　摘）

国务委员彭珮云在全国加强药品管理工作电话会议上的讲话(摘要)

(1994年10月31日)

国务院很重视药品管理工作,今年7月以来曾多次召开会议研究,并于9月29日发出了《国务院关于进一步加强药品管理工作的紧急通知》,现在各地区、各有关部门正在贯彻执行。

国务院召开这次会议,就是要动员各省、自治区、直辖市和国务院有关部门,结合本地区、本部门的实际,针对药品管理工作中存在的问题,采取有效措施,认真贯彻执行国务院的文件精神,切实加强药品管理工作,严厉查处制售假劣药品的违法犯罪行为。现在我代表国务院讲几点意见:

一、提高对加强药品管理工作必要性和紧迫性的认识,增强贯彻执行《紧急通知》的自觉性

建国以来,特别是改革开放以来,为保证人民群众用药方便、及时、安全、有效,党中央、国务院十分重视医药工作,采取了许多措施促进医药事业的发展。现在我国已能生产24类1 300多种化学原料药和3 500多种制剂产品、5 000多种中成药,基本满足了医疗用药的需要。为加强药品管理,国家制定了《中华人民共和国药品管理法》及一系列配套的行政法规和法规性文件,多次组织力量对医药管理方面存在的问题进行检查、整顿,对制售假劣药品的违法犯罪行为进行了集中打击,取得了一定成效。这些成绩是应该充分肯定的。但是,必须清醒地看到,近年来在药品管理方面还存在不少问题,主要是药品生产、经营比较混乱,乱办药品生产、经营企业,造成药品生产、经营企业过多、过滥;许多药材集贸市场违反《药品管理法》的规定,经营中西成药;药品质量问题较多,有的问题还相当严重。特别应当指出的是,制售假劣药品的违法犯罪活动屡禁不止,甚至还有蔓延的趋势。一是制售假劣药品的品种多、数量大。据统计,自1985年至1993年查处制售假劣药品案件8万多起,其中1993年查处2.45万起。假劣药品从过去紧缺贵细的中药材,发展到治疗性化学药品、中成药、注射剂、原料药和进口成药、甚至毒性药品等。二是制售假劣药品的地域广。据了解,不少地方都存在这类问题,有的省涉及十多个县(市)。有的药材集贸市场中假劣药品曾一度泛滥。有些地方至今没有彻底解决问题。三是制售假劣药品的危害严重,已有多人因服用假劣药品而死亡、致残。制售这类假劣药品实际上是谋财害命的行为。

产生上述严重问题的原因是多方面的,主要是,①一些地方政府和有关部门,对这项人命关天的工作没有认真管理,有法不依,执法不严,给制售假劣药品的违法犯罪活动以可乘之机。②一些地方政府、部门和单位片面追求本地区、本部门和本单位的局部利益,存在地方保护主义、部门保护主义以及党风不正和腐败问题,助长了制售假劣药品之风。③现有药品管理法律、法规不够完善,难以适应社会主义市场经济发展的需要。

各地区、各有关部门,要充分认识药品管理工作中存在问题的严重性和解决这一问题的紧迫性。药品是关系到人民群众健康的特殊商品,切实保证药品的质量,使人民群众用药方便、及时、安全、有效,不仅关系到人民群众的身体健康和生命安危,也关系到社会稳定及改革开放与经济建设的顺利进行,是各级人民政府和有关部门义不容辞的责任。有些同志认为建立社会主义市场经济体制,就可以放松甚至放弃对药品的管理,就可以无视国家的有关法律、法规任其随意发展,这是完全错误的。实际上,在社会主义市场经济条件下,更需要有完备的法律、法规和配套措施来规范药品的生产和经营。如果听任制售假劣药品之风蔓延,危害人民身体健康,那就是一种严重的失职行为。邹家华副总理最近指出,对药品管理,必须贯彻严格、严厉、严肃、严密的精神。我们要认真领会《紧急通知》的精神,增强贯彻执行《紧急通知》的自觉性,采取坚决、有力的措施,切实加强药品管理工作,保证人民用药安全。

二、全面检查整顿,切实加强药品管理

国家有关药品管理的法律、行政法规,对药品生产、经营的条件及审批办法,对药品质量及管理办法等方面,都有明确的规定,《紧急通知》对有关问题又进一步加以明确。因此,加强药品管理工作,首先就是要加强检查监督,认真、严格地执行国家的有关法律、法规,坚决制止和纠正违法违纪的行为。国务院要求各地区、各有关部门在这次会议以后,按照《紧急通知》的各项规定,对当前的药品管理状况进行一次全面的检查、整顿,切实解决存在的问题。

检查、整顿可以采取自查自纠和自上而下的抽查相结合的办法,要求各药品生产、经营企业,中药材专业市场和医疗机构,以及其他有关单位,都要进行自查自纠,并将结果报当地人民政府和主管部门。个体工商户也要自查自纠,并接受执法单位的检查。各省、自治区、直辖市人民政府应根据《紧急通知》的要求,制订本地区的检查、整顿计划,作出具体安排。各级人民政府要派出调查组,采取抽查等形式,进行认真、严格的检查，绝不允许走过场。国务院有关部门将组成调查组，并邀请全国人大和全国政协的同志参加，到一些省(区、市)检查，协助做好这项工作。

必须指出，做好药品管理工作，绝不是一次检查、整顿就可以做到的。因此，在这次全面检查、整顿之后，各地区、各有关部门对药品管理工作要常抓不懈，这样才能保证有关药品管理的法律、法规贯彻落实。

三、深入开展“打假”活动，依法查处违法违纪案件，制止药品购销活动中的不正之风

社会各界和人民群众对制售假劣药品的违法犯罪活动，对药品生产经营秩序混乱和购销活动中不正之风盛行的现象深恶痛绝，反映强烈，确实到了非下大气力解决不可的时候。各地区、各有关部门要进一步深入开展打击制售假劣药品的违法犯罪活动。全国和地方各级“打假”协调机构要组织卫生、医药、工商、技术监督、公安等有关部门，把严厉查处制售假劣药品的违法犯罪行为列为“打假”工作的重点，并把它与反腐败斗争结合起来。要抓紧查办大案要案。对制售假劣药品的违法犯罪分子，要依法从重从快予以惩治，还要选择有影响的典型案例公开曝光。

各级监察部门要加强对执法人员的监督。对在工作中滥用职权、玩忽职守、徇私舞弊，参与制售假劣药品的人，必须严肃处理。对包庇纵容违法犯罪活动，给人民群众造成重大损失的，也要依法追究责任；情节严重构成犯罪的，须依法追究刑事责任。

四、加强领导，通力协作，落实好《紧急通知》

各级政府、各有关部门要真正负起责任，加强对本地区、本部门药品管理工作的领导，加强对这次检查、整顿工作的领导。各级政府领导班子和主要负责同志要以对国家对人民群众高度负责的态度，明大义、顾大局，统一认识，下决心整顿好本地区的药品生产经营秩序。要支持和督促各有关部门依法行使对药品监督管理的职权。各地不得以本地区或本部门有特殊性为借口，而拒不执行国家的法律、法规。国务院重申：各级人民政府要建立领导任期内药品管理状况的目标考核制度，加强执法监督的力度，对药品管理混乱的地区和部门，要追究其领导人员的责任。

各有关部门要各负其责，互相支持，通力协作，依法办事。要在各级政府领导下认真搞好全面检查、整顿工作，切实加强对药品生产和经营的管理。各级工商行政管理、技术监督、公安等部门要按照各自职责，协同卫生行政部门和药品生产经营行业主管部门，加强药品管理工作。

五、加强法制宣传，完善法律、法规

要通过深入宣传，不断提高广大干部、群众的认识，增强以法管药的法制观念，动员大家积极参与对药品管理的监督，以创造良好的社会环境，更有力地打击制售假劣药品的犯罪活动。

要逐步建立健全药品管理工作的法律、法规和制度，把加强药品管理工作进一步纳入法制管理的轨道。国务院将组织有关部门针对这次检查、整顿中暴露出来的问题，深入研究修改和完善有关药品管理的法律、法规。

我们正在建立社会主义市场经济体制，各项工作都要逐步纳入规范化、法制化的轨道。国务院要求各省、自治区、直辖市和有关部门，立即行动起来，坚决贯彻执行《紧急通知》，制订切实可行的工作计划，采取有力的措施，迅速整顿本地区、本部门的药品生产经营秩序，并按照《紧急通知》的规定，按时将检查、整顿情况报告国务院。

为了保障人民群众用药方便、及时、安全、有效，保护人民群众的健康和生命，提高医药管理水平，促进医药事业的健康发展，让我们大家齐心协力，进一步加强药品管理工作。 (郑国辰 摘)

国家医药管理局局长郑筱萸在全国医药管理局长会议上的讲话(摘要)

(1994年12月26日)

一、1994年医药工作回顾

1. 医药经济运行呈现新特点　1994年是我国经济体制改革深化发展的一年。在全国经济环境并不宽松的情况下，国家适时推出了财税、金融、外汇、投资、价格等一系列重大改革举措。在此背景下，全行业广大职工辛勤工作、共同努力，医药经济发展取得了较好成绩。预计，医药工业总产值855亿元，比去年增长14.9%；医药工业销售产值783亿元，医药工业产销率为93.8%；化学原料药产量31万吨；医药商业销售总额净值550亿元；实现工商利税总额105亿元，其中工业85亿元，商业20亿元；基本建设和技术改造项目计139项，完成国家固定资产投资近20亿元。医药经济运行出现了不同于往年的特点：

医药经济稳步增长。1990年以来，受国内外市场需求的强烈牵动，医药经济持续四年以年均23.3%的速度增长，1992年医药工业总产值比1980年翻了三番。在连续几年的高速增长之后，医药经济于去年开始增速趋缓。今年一季度呈负增长，从四月份起逐月上升，产销形势逐月好转。目前的增长速度，应该说是接近合理水平。这种起伏调整是有其必然性的，同时也要看到调整对医药经济发展来说，未必不是一件好事。调整不仅为解决医药经济存在的诸多矛盾提供了时间和机遇，同时，使我们从实践中重新认识速度、质量和效益的关系，这对医药经济的长远发展是大有裨益的。

国有大中型企业继续发挥骨干作用，部分中外合资企业成为医药经济新的增长点。占企业总数22%左右的国有大中型骨干企业，其工业总产值、产品销售收入、实现销售收入、实现利税额分别占全国的65%、68%、81%和91.3%。1994年全国按销售收入排序的最大500家工业企业中，医药行业有9家榜上有名。国有大中型医药骨干企业已成为推进医药经济发展的基本力量。一些早期兴办的"三资"企业发展比较快，经济效益比较好，成为医药经济新的增长点。大型骨干企业如华药、东药、山东新华、哈医药、济抗、北京医用射线机厂，大的合资企业如西安杨森、无锡华瑞、苏州胶囊等，既有较好的产品结构和自己的拳头产品，又有适宜的经济规模以及先进技术，因此能够承受各种风浪的考验。大中型骨干企业的稳步发展，代表了我国医药工业的主体，说明我国医药经济出现了良好的发展势头，显示出规模经济的强大优势。这也说明我们"七五"以来所采取的鼓励和支持国有大中型企业和坚持对外开放的政策是正确的，大力发展企业集团、发展规模经济的政策是正确的。

医药出口大幅度增长。1994年医药出口预计交货值达120亿元，比去年增长50%。原料药出口量第一次超出国内耗用量。这不仅是我国医药工业发展进程中的又一次新突破，而且是我国医药企业勇于开拓，积极参与国际医药大市场竞争的又一个新开端。出口额较高的前7名省市依次为江苏、上海、辽宁、浙江、四川、山东、湖北。

2. 国家医药管理局和各地医药管理部门进行机构改革，转变政府职能　国家医药管理局"三定"工作从今年6月初国务院下达批准方案开始，到9月底结束。新的"三定"方案，国家医药管理局的职能在两个方面得到了强化：一是强化了综合、协调、规划等行业管理和宏观调控职能；二是强化了对医疗器械的行政监督职能。

目前，各地正在进行机构改革。9月份国家经贸委发出了《关于稳定各地医药管理机构问题的通知》，这对理顺医药管理体制、加强医药行业管理起到了重要作用。广东、湖南、浙江、山东、安徽等省政府十分重视加强医药行业的管理工作，将省医药管理机构作为一级局列入政府序列。这也是这些省局抓住时机、积极争取、努力工作的结果。

3. 积极贯彻国务院《紧急通知》，规范医药生产经营秩序　针对当前药品生产经营中存在的制售假劣药品屡禁不止、医药市场比较混乱等问题，国务院于今年9月发布了《关于进一步加强药品管理工作的紧急通知》，召开了全国贯彻落实《紧急通知》的电话会议。

为认真贯彻落实《紧急通知》，我局成立了协调领导小组，下发了"关于学习贯彻《紧急通知》的紧急通知"，并与卫生部、国家中医药管理局等部门密切合作，联合发了"关于做好换证工作的紧急通知"的两个传真电报和"关于贯彻《紧急通知》的意见"，对贯彻《紧急通知》工作作了统一部署安排。11月中旬我局又组织了5个调查组，由局领导带队分别到山东、广东、内蒙、江西、吉林、辽宁6个省、区19个地、市和6个县进行检查。

《紧急通知》发出后，各地党政领导十分重视，一般都指定由一位副省长(副市长)负责此项工作。山东、内蒙古、安徽、甘肃、浙江等十几个省区成立了由医药、卫生、工商、公安、技监等有关部门组成的协调领导小组。大部分省市级医药管理局成立了领导小组和办事机构。同时各地政府及医药、卫生等部门，充分利用各种传媒，广泛宣传《紧急通知》，全国基本形成贯彻落实《紧急通知》的良好气氛。制售假劣药品的违法行为正在受到严厉打击，药品集贸市场正在按规定进行清理整顿，在一些地区，已取得明显成效。例如，山东省政府领导重视，决心大，行动快，到11月中旬已清理整顿临沂和荷泽康庄两个药品集贸市场，226户违法经营药品者被吊销了执照，全部清理出场。黑龙江省10月中旬清理了肇东市宋站药品集贸市场，严厉打击非法药贩，取缔20多户非法经药摊位。内蒙古自治区1992年7月开始在全区开展药品专 营试点工作，《紧急通知》下发后，抓住时机，查封了土右旗敕勒川医药市场，取缔非法经营户140多家。总的来看，全国贯彻《紧急通知》工作正在全面展开，并取得了初步成效。

4. 在改革实践中加强了医药行业管理　从实际出发深化企业改革，推进医药经济的发展。由于新旧体制交替过程中出现的矛盾，给医药经济的发展带来了暂时的困难。医药企业通过"转机制、抓管理、练内功、增效益"活动，承受了下来，通过降低消耗、增收节支、技术革新等，消化了上游产品涨价造成的减利因素，不仅保持了医药生产的稳步发展，同时保持了医药产品价格的基本稳定。国有医药企业实行公司制，是建立现代企业制度的有益探索。医药行业已有河北华药、哈医药等12家股份制企业成为上市公司。今年先后召开了Vc、β——内酰胺类、氨基酸、激素类药物发展战略研讨会，对战略品种的发展方针、布局原则和市场趋势进行重点分析。

医药科研加速从仿制向创制转轨。建立以企业为主体的科技投入激励机制和技术中心，为逐步形成研究开发体系进行积极探索。山东新华制药厂与中国药科大学共建的"新中新药研究开发中心"体现了科研与企业相结合的精神，为解决新药研究投入问题开辟了很好的途径，值得倡导。"八五"科技攻关计划进展情况良好。新药开发研究项目按时完成年度计划的占83%，新型医疗器械开发研究项目按时完成年度计划的占92.8%，有的填补了国内空白或取得专利，并获得了较明显的经济效益。

医药教育按照《中国教育改革和发展纲要》的要求，在调整医药教育结构方面取得了进展。以岗位培训为主，把教学重点放在提高层次和培养高级科技人才和高级技术工人上来，尽快满足医药高技术产业发展对人才的需要。同时，积极争取中国药科大学和沈阳药科大学进入“211”工程。今年9月，在北京隆重召开了全国医药教育先进集体、先进工作者表彰暨教师节庆祝大会，评选出101个先进集体和103名先进个人。与人事部共同制定了《执业药师资格制度暂行规定》。

加强了医疗器械行业管理和行政监督工作。国务院批准的国家医药管理局“三定”方案中，继续明确了国家医药管理局负责对全国医疗器械实行行政管理，批准增设了医疗器械行政监督司。为切实执行医疗器械行政管理，我们加快了医疗器械立法的步伐，正配合有关部门，促使《医疗器械管理条例》尽早出台；已经建立了医疗器械认证体系。目前各省市也正根据本地区的实际，设置相应机构和配备一定的工作人员，医疗器械行业管理和行政监督正在逐步地开展起来。

医药对外开放进一步发展。鼓励有实力和优势的企业在国外建立销售网点、投资或合资建厂。经国家外经贸部和国务院港澳办批准，国家医药管理局所属的中国医药对外贸易总公司在香港成立了一个窗口公司，我国与周边国家和港台地区的医药贸易蓬勃开展。目前医药行业共兴办三资企业1 000多家。

加强了质量管理工作。为了加强质量管理，实施GMP认证工作，经国家技术监督局批准，由卫生部、国家医药管理局等9个部门组建了中国药品认证委员会，将逐步开展工作。根据《药品管理法》规定，今年是第三次换发药品生产、经营企业“合格证”。为此，制定了《药品生产、经营企业“合格证”的申请与核发程序》，规范了发证工作。制定、修订了医药国家标准和行业标准62项。

在肯定成绩的同时，我们也清醒地认识到当前我国医药行业还面临许多困难和问题，突出表现在：

一是产品结构性矛盾越来越突出，新产品开发速度缓慢；二是资金拖欠问题严重，企业亏损面大；三是管理滑坡，不少企业的领导放松管理，以包代管，出现了消耗上升，效益下降，四是贯彻国务院《紧急通知》工作进展不平衡，有些地方贯彻不力，对取缔药品集贸市场的决心不大，还在等待观望。明年的形势将更加严峻，由于药品国家定价，而原辅料、能源等涨价，尤其是粮食涨价，将大幅度提高生产成本，企业将难以承受，大中型医药企业在激烈的市场竞争中，迫切需要国家在药品价格、新药开发、GMP改造等方面从政策上给予支持；合资企业出现的一些新情况，也急需从政策上予以规范解决。

二、1995年医药工作部署

1995年国家经济体制改革将以企业为重点，着力提高经济增长的质量与效益。根据中央经济工作会议精神，结合医药行业的特点，1995年医药工作的指导思想是：认真贯彻党的十四届三中、四中全会精神，转变职能，探讨加强医药宏观管理的手段与措施，深化改革，转变国有医药企业经营机制，搞好现代企业制度的试点工作，进一步落实国务院《关于进一步加强药品管理工作的紧急通知》，依法规范医药生产经营秩序，制定切实可行的“九五”医药发展规划，促进医药经济持续、快速、健康发展。

主要任务是：

1. 进一步贯彻落实国务院《紧急通知》，为医药发展创造良好的环境　国务院《紧急通知》充分体现了党和国家对广大人民群众切身利益的关怀和坚决打击假劣药品的决心，我们要把《紧急通知》的贯彻实施作为1995年工作重点。

整顿好医药职工队伍。《紧急通知》的贯彻落实要求全行业有一支纪律严明，素质高的职工队伍。广大医药职工和干部要进一步提高对加强药品管理工作重要性的认识，严肃认真纠正一切不规范行为。特别是在市场经济体制改革逐步深入的情况下，国有医药生产经营企业一定要摆正眼前利益与长远利益、企业利益和国家利益的关系，不给犯罪分子的违法行为提供滋生的土壤。生产经营企业要切实加强企业基础管理，加强职业道德教育，增强职工的法制观念，严格质量管理工作，以高效优质的工作来确保产品质量和经营服务质量，做到万无一失。要在医药行业广泛推行执业药师制度，规范医药市场秩序。

整顿好医药市场，切实履行国家赋予的医药生产经营行业管理与监督职能。目前，在一些省市，医药管理体制还有待于进一步理顺。根据医药管理局的职能和《紧急通知》赋予的任务，一方面要继续积极地向当地政府和有关部门汇报，争取领导的支持；另一方面要积极与有关部门密切配合，形成合力。对所有的药品生产经营企业，按照中编委《关于生化制药管理职能问题的复函》精神，不论其行政隶属关系，一律纳入医药行业管理中，依法实施药品生产（经营）企业“合格证”的统一发放与管理，按时完成1995年度的换（发）证工作。要按照国家医药发展规划和产业政策，结合人口、地域、交通、医疗卫生与消费水平等情况，加强对药品生产、经营企业的宏观调控，组织制订对新开办药品生产经营企业管理办法，遏制药品生产经营企业过多、过滥、低水平重复的状况。要坚决取缔无证非法生产经营的医药企业和个体工商户。

抓住重点，抓住典型，攻破一两个堡垒，以总结经验、完善措施。各级医药管理部门要下定决心，不要等待观望，组织药品生产经营企业开展自查自纠。从对广大人民群众生命健康高度负责出发，在各级政府领导下，坚决取缔除中药材以外的所有医药集贸市场，对全国反映较大的沈阳南站、成都荷花池、武汉汉西路、南昌洛阳路医药市场等要进行重点整顿清理，狠狠打击违法犯罪行为，对地方保护主义和自由主义倾向要作坚决斗争。

把打假治劣、整顿市场作为医药行业管理的重要内容，常抓不懈。对制造和经营假劣药品的企业和单位，一经发现，即予吊销“合格证”，依法清理。要反对各种不正当竞争，将市场竞争方式纳入法制化轨道，既要疏导搞活，又要管住管好。

理顺关系，加强管理。随着社会主义市场经济体制的逐步建立和医疗制度的改革，现有医药商品流通模式已难以适应市场的变化，我们要逐步理顺关系，积极探索适应社会主义市场经济的医药商品流通模式。要既能促进生产经营企业逐渐向规模经济发展，又能促进有效竞争。要大胆借鉴先进的医药营销经验，采用总经销、总代理等各种经营方式，培育医药经营企业开发市场的能力。对一些地区如四川绵阳地区采用的“人民政府推市场不办市场，医药主管部门助经营不搞经营，经营企业求发展不盲目发展”的经营模式要认真总结。

搞好医药产品的供应工作。特别是要大力发展和加强农村和城镇流动人口密集区医药网点的建设，保障农民用药安全及时有效。近年来，我国自然灾害有增加趋势，搞好防灾、救灾的医药供应储备是医药行业义不容辞的责任，要探讨和建立在社会主义市场经济条件下的灾情、疫情、战备等医药应急机制。

加强药品管理是一项长期艰巨的任务，不是权宜之计，国务院《紧急通知》治理整顿医药市场的目的就在于促进医药经济的健康发展，我们要进一步提高认识、一抓到底、抓出成效，为医药经济的健康发展创造良好的环境。

2. 调整结构，提高医药经济增长的质量与效益

在今年中央经济工作会议上，江泽民总书记指出，“从明年起，全国上下都要用很大的注意力作好提高经济增长的质量和效益这篇大文章，促进整个经济的良性循环”。1995 年，我们要结合调整结构，努力提高医药经济的质量与效益。

当前从总量来看，医药工业总产值、销售收入、出口创汇、利税总额等，已提前完成“八五”计划指标，但经济效益、产品结构、出口结构、产品质量与创新机制等方面还与“八五”规划和国家对医药产业的要求有较大差距。在新的一年里，我们要以经济效益为中心，进一步强化医药科研体制改革，积极创造条件，建立国家级医药企业技术中心，形成以企业为主体的创制新产品、新技术开发机制。要以技术进步为动力，推进企业经济规模的发展壮大，不断开发新产品和新工艺，促进产品结构的优化和调整。与此同时，要积极进行市场开拓，这对大中型国有医药企业尤其重要。有了好的产品，不努力开拓市场，就形不成规模经济，产品在生命周期中还未成长就萎缩了，不能获得应有的规模经济效益，这样开发新产品投入费用大，而得到的回报却很少。要抓住医疗制度改革带来的发展机遇，扩大国有医药企业产品在城镇市场的占有率，要特别注意开辟广大农村市场，为巩固农业的基础地位作出贡献。

占领国际市场已成为我国医药发展最重要的目标之一，欧美地区贸易集团形成后，我们已很难增加欧美市场份额，竞争会非常激烈。与此同时，在医药劳动密集型产品市场上，又受到与我国产业结构基本相似的第三世界国家的挑战。我们要根据具体情况，开发各种档次的新产品、新市场，比如中亚、中东、拉美特别是东欧、原苏联地区、非洲大陆医药市场与我们有一定的互补性，要及早进入，不要坐失良机。目前医药“三资”企业开办势头很猛，进口医药产品速度增长很快，我们要提高民族自信心，要实施出口导向和进口替代相结合的利用外资战略，认真抓好国产化工作。其一是自我开发新产品，其二是通过建立合资企业移植新产品。在千方百计占领国内十二亿人口的大市场的同时，不断开拓国际市场，不断提高高附加值医药产品出口比例。农村、城镇、国际这三块市场互有关联，各地区要统筹兼顾，各有分工和侧重，重点培养具有经济规模优势的技工贸相结合的出口型企业集团。

在调整产品结构和企业结构时，要自觉贯彻实施 GMP、GSP、GB/T19000 等技术法规和标准，确保产品质量，提高经济增长的总体效益和质量。要发展洁净工艺，创建清洁工厂，搞好节能降耗，提高环保质量，促进医药经济的持续发展。医药产品价格合理上涨的政策性抑制与资源价格的刚性增涨将长期成为医药经济一对尖锐的矛盾，我们要加强经营成本管理，将各种涨价因素尽量在医药企业内部消化吸收，为明年国家抑制通货膨胀作出贡献。各地对长期亏损、扭亏无望的企业要在明确产权、债权的基础上，实施关停并转直至破产，达到资源的优化配置，并做好关停并转和破产企业职工的培训和再就业工作，保持医药生产经营环境的稳定。

1995 年要继续做好固定资产投资工作，全面完成“八五”计划。当前和今后一个时期我们必须下功夫调整结构和提高效益，把扩大再生产的重点放在技术改造上，重点实施技改“双加”工程即加大投资力度，加快改造步伐。“双加”工程很符合当前医药经济增长速度趋缓、结构性矛盾突出的形势需要，各地医药部门应按“双加”工程要求，调整投资结构和企业组织结构，衔接好“八五”计划与“九五”计划，并为“九五”计划开个好头，提高医药行业整体投资效益。

通过转换经营机制促进企业产品结构调整和效益提高，把深化国有企业改革作为明年经济体制改革的重点。中央和地方医药企业，都要认真贯彻执行《企业法》、《公司法》、《劳动法》、《转机条例》、《监管条例》，围绕产权清晰、权责明确、政企分开、管理科学这一方针来开展“转机制、抓管理、练内功、增效益”活动，逐步创建企业的自我创新机制、激励机制、约束机制、淘汰机制、产权流动机制，把《条例》规定的各项权力落到实处，保证国有资产的保值增值，为现代企业制度的建立创造条件并做好充分的准备。医药工程设计单位要自觉贯彻国家有关方针政策，尽快由事业单位向企业化转变，逐步形成适应市场经济能力的勘察设计新机制。

建立现代企业制度反映了社会化大生产的特点，是市场经济发展的要求和企业改革的必然结果，对我国经济的发展具有深远意义。今年“全国建立现代企业制度试点工作会议”确定了“国家试点规划”，中国医药对外贸易总公司、上海三维制药公司被列入进行现代企业制度试点的 100 家大中型国有企业中；华北制药

集团、东北制药集团被列入进行现代企业制度试点的55家企业集团中。我们要积极配合有关部门做好医药行业现代企业制度的试点工作。要成立现代企业制度试点工作领导小组；组成医药行业建立现代企业制度试点网络；细化国家试点方案规定的试点内容；以试点为契机，转换企业经营机制，转变政府职能，指导股份制、公司制的改革，使医药企业的改革方向、发展方向符合社会主义市场经济体制的客观要求。

3. 转变职能，加强调研，提高医药宏观调控能力

随着新旧经济体制转换过程的逐步深入，医药经济的发展也面临着一系列陌生的、复杂的问题和矛盾，需要我们在工作中全面、系统地学习邓小平文选第三卷，学习邓小平同志关于建设有中国特色的社会主义理论，加强理解，提高理论水平，加强学习和运用市场经济的新思想、新知识、新方法，转变观念。各级医药管理部门要自觉按社会主义市场经济体制的要求，在集中精力继续贯彻执行国务院《紧急通知》，抓好国有医药企业改革的同时，切实转变职能，政企分开，根据《紧急通知》的要求，进一步理顺管理体制，加强医药行业统一管理。认真贯彻党和国家的方针政策，维护医药市场的正常秩序，保障人民不受假劣医药产品的威胁。要大胆吸收和借鉴经济发达国家医药管理的法规、法律，促进现有医药法规体系的完善。要积极配合《药品管理法》的修改，积极主动抓紧《药师法》的立项准备，促进《医疗器械管理条例》等早日出台。同时，要认真贯彻实施《专利法》，强化知识产权保护，不断促进技术进步。要尽快建立和完善医疗器械行政监督体制。在全国形成一支具备一定专业技术素质的医疗器械行政监督的队伍，加快医疗器械法制建设工作，健全和完善与市场经济相适应的医疗器械标准体系和技术保障体系，以使医疗器械行政监督做到依法行政、依法监督。

加强调查研究工作，积极探索加强医药宏观管理的手段与措施。要深入基层，深入实际进行系统的、有代表性的科学调查，掌握第一手材料，并对调查的材料进行分析、整理、研究，提出可供宏观决策和制定产业政策的意见和建议。明年的调研重点是医药管理体制和法制建设、新药研究开发机制、医药流通模式、实施GMP政策、宏观调控的政策手段措施、建立现代企业制度和支持国有大中型企业发展以及如何对医药“三资”企业的发展进行宏观管理等。围绕这些题目，各级领导要亲自动手，切实组织落实。

各级管理部门在转变职能中，要加强信息统计网络的建设，稳定和健全医药信息统计机构。要充实统计力量，加强医药统计信息软件的开发，尽快提高医药统计信息自动化系统的整体功能，积极开展信息统计分析工作，按时、高质完成信息统计传递工作，充分发挥各种信息统计机构，中介机构的智囊参谋作用。加强行业协会的建设和领导，为基层企业服务，达到政府协调和监督医药经济运行的目的。

4. 高屋建瓴，抓紧制定医药行业“九五”发展规划

制定和实施医药发展规划是国家宏观调控的重要职能和手段。要搜集全面准确的经济科技信息，对国内外医药经济的发展历史和现状进行科学分析，揭示和预见医药经济的发展趋势和规律。要发动全行业广大职工和企事业单位、各种中介评估机构的专家学者参与规划工作，真正实现民主、科学的决策。在1995年适当的时候，我们要召开一次高层次医药发展战略研讨会，构造崭新的医药发展战略体系。

各地区和全行业“九五”规划的制定要瞻顾全局、扬长避短、坚持面向市场，坚持技术进步、发展规模经济、发挥区域优势的原则，把发展放在首要地位。“九五”规划要摆正局部和全局的关系，地区规划要服从于全国规划；要搞好GMP改造、GSP改造、战略产品、出口产品、重点企业及医药科技、教育等专项发展规划，最终形成全行业“九五”发展战略和固定资产投资计划，将各种投资主体和投资来源纳入全行业统筹规划。

“九五”规划的制定要与细化《国家九十年代产业政策》相结合。争取在明年以国务院名义下发《国家医药产业政策》，增强国家宏观调控力度，遏制低水平重复生产建设。医药行业是外商投资热点之一，目前，吸收外资已达到相当数量和规模。我们要积极稳妥地开展利用外资工作，避免短期行为及局部利益行为，无论是外商直接投资，还是通过各种投资基金操作的间接投资，都要纳入医药总体发展规划之中；特别要注意提高利用外资的质量和效益，把吸收外资与实际效果统一起来。要及时总结利用外资的经验教训，坚决反对利用外资工作中的虚假空浮行为如假合资、假亏损、盲目攀比等，打击偷税漏税等违法犯罪行为。今后外资应主要用于老企业的设备更新改造、产品的升级换代和企业结构的调整上。兴建“三资”企业，要继续坚持新技术、新产品、外向型原则，我局已拟订《医药行业利用外资政策》草案，待报国务院批准后实施，以积极引导和规范外商投资行为，促进医药产业结构优化、技术水平的提高和规模经济的形成，提高我国医药产品国际市场占有率。

我们初拟了医药行业“九五”发展规划的目标：即争取在本世纪末实现医药工业总产值翻第四番，达到1 600亿元左右，进出口贸易60亿美元，约占全行业销售产值的1/3，年平均递增10%左右；工商利税超过200亿元，销售利润率约15%左右；医药工业整体素质基本达到国际90年代初期先进水平，医药经济总量名列世界前茅，全面实施GMP、GSP、GB/T19000的质量保证体系，与国际经济接轨，从质量、数量和品种上保证国家基本药物的有效及时供应，达到小康水平和“人人享有医疗卫生保健”的要求。形成创仿结合，并逐步加大创制药品和医疗器械新品种的力度，初步建立起社会主义医药市场新体制和现代医药企业制度，为21世纪医药工业现代化作好人才、技术准备，把医药行业发展成为21世纪国民经济的高技术、外向型主导产业。

（郑国辰 摘）

政策法规

政策法规

中华人民共和国母婴保健法

（1994年10月27日第八届全国人民代表大会常务委员会第十次会议通过）

第一章　总　　则

第一条　为了保障母亲和婴儿健康，提高出生人口素质，根据宪法，制定本法。

第二条　国家发展母婴保健事业，提供必要条件和物质帮助，使母亲和婴儿获得医疗保健服务。

国家对边远贫困地区的母婴保健事业给予扶持。

第三条　各级人民政府领导母婴保健工作。

母婴保健事业应当纳入国民经济和社会发展计划。

第四条　国务院卫生行政部门主管全国母婴保健工作，根据不同地区情况提出分级分类指导原则，并对全国母婴保健工作实施监督管理。

国务院其他有关部门在各自职责范围内，配合卫生行政部门做好母婴保健工作。

第五条　国家鼓励、支持母婴保健领域的教育和科学研究，推广先进、实用的母婴保健技术，普及母婴保健科学知识。

第六条　对在母婴保健工作中做出显著成绩和在母婴保健科学研究中取得显著成果的组织和个人，应当给予奖励。

第二章　婚前保健

第七条　医疗保健机构应当为公民提供婚前保健服务。

婚前保健服务包括下列内容：

（一）婚前卫生指导：关于性卫生知识、生育知识和遗传病知识的教育；

（二）婚前卫生咨询：对有关婚配、生育保健等问题提供医学意见；

（三）婚前医学检查：对准备结婚的男女双方可能患影响结婚和生育的疾病进行医学检查。

第八条　婚前医学检查包括对下列疾病的检查：

（一）严重遗传性疾病；

（二）指定传染病；

（三）有关精神病；

经婚前医学检查，医疗保健机构应当出具婚前医学检查证明。

第九条　经婚前医学检查，对患指定传染病在传染期内或者有关精神病在发病期内的，医师应当提出医学意见；准备结婚的男女双方应当暂缓结婚。

第十条　经婚前医学检查，对诊断患医学上认为不宜生育的严重遗传性疾病的，医师应当向男女双方说明情况，提出医学意见；经男女双方同意，采取长效避孕措施或者施行结扎手术后不生育的，可以结婚。但《中华人民共和国婚姻法》规定禁止结婚的除外。

第十一条　接受婚前医学检查的人员对检查结果持有异议的，可以申请医学技术鉴定，取得医学鉴定证明。

第十二条　男女双方在结婚登记时，应当持有婚前医学检查证明或者医学鉴定证明。

第十三条　省、自治区、直辖市人民政府根据本地区的实际情况，制定婚前医学检查制度实施办法。

省、自治区、直辖市人民政府对婚前医学检查应当规定合理的收费标准，对边远贫困地区或者交费确有困难的人员应当给予减免。

第三章　孕产期保健

第十四条　医疗保健机构应当为育龄妇女和孕产妇提供孕产期保健服务。

孕产期保健服务包括下列内容：

（一）母婴保健指导：对孕育健康后代以及严重遗传性疾病和碘缺乏病等地方病的发病原因、治疗和预防方法提供医学意见；

（二）孕妇、产妇保健：为孕妇、产妇提供卫生、营养、心理等方面的咨询和指导以及产前定期检查等医疗保健服务；

（三）胎儿保健：为胎儿生长发育进行监护，提供咨询和医学指导；

（四）新生儿保健：为新生儿生长发育、哺乳和护理提供医疗保健服务。

第十五条 对患严重疾病或者接触致畸物质，妊娠可能危及孕妇生命安全或者可能严重影响孕妇健康和胎儿正常发育的，医疗保健机构应当予以医学指导。

第十六条 医师发现或者怀疑患严重遗传性疾病的育龄夫妻，应当提出医学意见。育龄夫妻应当根据医师的医学意见采取相应的措施。

第十七条 经产前检查，医师发现或者怀疑胎儿异常的，应当对孕妇进行产前诊断。

第十八条 经产前诊断，有下列情形之一的，医师应当向夫妻双方说明情况，并提出终止妊娠的医学意见：

(一)胎儿患严重遗传性疾病的；

(二)胎儿有严重缺陷的；

(三)因患严重疾病，继续妊娠可能危及孕妇生命安全或者严重危害孕妇健康的。

第十九条 依照本法规定施行终止妊娠或者结扎手术，应当经本人同意，并签署意见。本人无行为能力的，应当经其监护人同意，并签署意见。

依照本法规定施行终止妊娠或者结扎手术的，接受免费服务。

第二十条 生育过严重缺陷患儿的妇女再次妊娠前，夫妻双方应当到县级以上医疗保健机构接受医学检查。

第二十一条 医师和助产人员应当严格遵守有关操作规程，提高助产技术和服务质量，预防和减少产伤。

第二十二条 不能住院分娩的孕妇应当由经过培训合格的接生人员实行消毒接生。

第二十三条 医疗保健机构和从事家庭接生的人员按照国务院卫生行政部门的规定，出具统一制发的新生儿出生医学证明；有产妇和婴儿死亡以及新生儿出生缺陷情况的，应当向卫生行政部门报告。

第二十四条 医疗保健机构为产妇提供科学育儿、合理营养和母乳喂养的指导。

医疗保健机构对婴儿进行体格检查和预防接种，逐步开展新生儿疾病筛查、婴儿多发病和常见病防治等医疗保健服务。

第四章 技术鉴定

第二十五条 县级以上地方人民政府可以设立医学技术鉴定组织，负责对婚前医学检查、遗传病诊断和产前诊断结果有异议的进行医学技术鉴定。

第二十六条 从事医学技术鉴定的人员，必须具有临床经验和医学遗传学知识，并具有主治医师以上的专业技术职务。

医学技术鉴定组织的组成人员，由卫生行政部门提名，同级人民政府聘任。

第二十七条 医学技术鉴定实行回避制度。凡与当事人有利害关系，可能影响公正鉴定的人员，应当回避。

第五章 行政管理

第二十八条 各级人民政府应当采取措施，加强母婴保健工作，提高医疗保健服务水平，积极防治由环境因素所致严重危害母亲和婴儿健康的地方性高发性疾病，促进母婴保健事业的发展。

第二十九条 县级以上地方人民政府卫生行政部门管理本行政区域内的母婴保健工作。

第三十条 省、自治区、直辖市人民政府卫生行政部门指定的医疗保健机构负责本行政区域内的母婴保健监测和技术指导。

第三十一条 医疗保健机构按照国务院卫生行政部门的规定，负责其职责范围内的母婴保健工作，建立医疗保健工作规范，提高医学技术水平，采取各种措施方便人民群众，做好母婴保健服务工作。

第三十二条 医疗保健机构依照本法规定开展婚前医学检查、遗传病诊断、产前诊断以及施行结扎手术和终止妊娠手术的，必须符合国务院卫生行政部门规定的条件和技术标准，并经县级以上地方人民政府卫生行政部门许可。

严禁采用技术手段对胎儿进行性别鉴定，但医学上确有需要的除外。

第三十三条 从事本法规定的遗传病诊断、产前诊断的人员，必须经过省、自治区、直辖市人民政府卫生行政部门的考核，并取得相应的合格证书。

从事本法规定的婚前医学检查、施行结扎手术和终止妊娠手术的人员以及从事家庭接生的人员，必须经过县级以上地方人民政府卫生行政部门的考核，并取得相应的合格证书。

第三十四条 从事母婴保健工作的人员应当严格遵守职业道德，为当事人保守秘密。

第六章 法律责任

第三十五条 未取得国家颁发的有关合格证书的，有下列行为之一，县级以上地方人民政府卫生行政部门应当予以制止，并可以根据情节给予警告或者处以罚款：

(一)从事婚前医学检查、遗传病诊断、产前诊断或者医学技术鉴定的；

(二)施行终止妊娠手术的；

(三)出具本法规定的有关医学证明的。

上款第(三)项出具的有关医学证明无效。

第三十六条 未取得国家颁发的有关合格证书，施行终止妊娠手术或者采取其他方法终止妊娠，致人死亡、残疾、丧失或者基本丧失劳动能力的，依照刑法第一百三十四条、第一百三十五条的规定追究刑事责任。

第三十七条 从事母婴保健工作的人员违反本法规定，出具有关虚假医学证明或者进行胎儿性别鉴定的，由医疗保健机构或者卫生行政部门根据情节给予行政处分；情节严重的，依法取消执业资格。

第七章 附 则

第三十八条 本法下列用语的含义：

指定传染病，是指《中华人民共和国传染病防治法》中规定的艾滋病、淋病、梅毒、麻风病以及医学上认为影响结婚和生育的其他传染病。

严重遗传性疾病，是指由于遗传因素先天形成，患者全部或者部分丧失自主生活能力，后代再现风险高，医学上认为不宜生育的遗传性疾病。

有关精神病，是指精神分裂证、躁狂抑郁型精神病以及其他重型精神病。

产前诊断，是指对胎儿进行先天性缺陷和遗传性疾病的诊断。

第三十九条 本法自1995年6月1日起施行。

附： 刑法有关条款

第一百三十四条 故意伤害他人身体的，处三年以下有期徒刑或者拘役。

犯前款罪，致人重伤的，处三年以上七年以下有期徒刑；致人死亡的，处七年以上有期徒刑或者无期徒刑。本法另有规定的，依照规定。

第一百三十五条 过失伤害他人致人重伤的，处二年以下有期徒刑或者拘役；情节特别恶劣的，处二年以上七年以下有期徒刑。本法另有规定的，依照规定。

医疗机构管理条例

（1994年2月26日国务院第149号令发布）

第一章 总 则

第一条 为了加强对医疗机构的管理，促进医疗卫生事业的发展，保障公民健康，制定本条例。

第二条 本条例适用于从事疾病诊断、治疗活动的医院、卫生院、疗养院、门诊部、诊所、卫生所（室）以及急救站等医疗机构。

第三条 医疗机构以救死扶伤，防病治病，为公民的健康服务为宗旨。

第四条 国家扶持医疗机构的发展，鼓励多种形式兴办医疗机构。

第五条 国务院卫生行政部门负责全国医疗机构的监督管理工作。

县级以上地方人民政府卫生行政部门负责本行政区域内医疗机构的监督管理工作。

中国人民解放军卫生主管部门依照本条例和国家有关规定，对军队的医疗机构实施监督管理。

第二章 规划布局和设置审批

第六条 县级以上地方人民政府卫生行政部门应当根据本行政区域内的人口、医疗资源、医疗需求和现有医疗机构的分布状况，制定本行政区域医疗机构设置规划。

机关、企业和事业单位可以根据需要设置医疗机构，并纳入当地医疗机构的设置规划。

第七条 县级以上地方人民政府应当把医疗机构设置规划纳入当地的区域卫生发展规划和城乡建设发展总体规划。

第八条 设置医疗机构应当符合医疗机构设置规划和医疗机构基本标准。

医疗机构基本标准由国务院卫生行政部门制定。

第九条 单位或者个人设置医疗机构，必须经县级以上地方人民政府卫生行政部门审查批准，并取得设置医疗机构批准书，方可向有关部门办理其他手续。

第十条 申请设置医疗机构，应当提交下列文件：

（一）设置申请书；

（二）设置可行性研究报告；

（三）选址报告和建筑设计平面图。

第十一条 单位或者个人设置医疗机构，应当按照以下规定提出设置申请：

（一）不设床位或者床位不满100张的医疗机构，向所在地的县级人民政府卫生行政部门申请；

（二）床位在100张以上的医疗机构和专科医院按照省级人民政府卫生行政部门的规定申请。

第十二条 县级以上地方人民政府卫生行政部门应当自受理设置申请之日起30日内，作出批准或者不批准的书面答复；批准设置的，发给设置医疗机构批准书。

第十三条 国家统一规划的医疗机构的设置，由国务院卫生行政部门决定。

第十四条 机关、企业和事业单位按照国家医疗机构基本标准设置为内部职工服务的门诊部、诊所、卫生所（室），报所在地的县级人民政府卫生行政部门备案。

第三章 登 记

第十五条 医疗机构执业，必须进行登记，领取《医疗机构执业许可证》。

第十六条 申请医疗机构执业登记，应当具备下列条件：

（一）有设置医疗机构批准书；

（二）符合医疗机构的基本标准；

(三)有适合的名称、组织机构和场所；

(四)有与其开展的业务相适应的经费、设施、设备和专业卫生技术人员；

(五)有相应的规章制度；

(六)能够独立承担民事责任。

第十七条 医疗机构的执业登记，由批准其设置的人民政府卫生行政部门办理。

按照本条例第十三条规定设置的医疗机构的执业登记，由所在地的省、自治区、直辖市人民政府卫生行政部门办理。

机关、企业和事业单位设置的为内部职工服务的门诊部、诊所、卫生所(室)的执业登记，由所在地的县级人民政府卫生行政部门办理。

第十八条 医疗机构执业登记的主要事项：

(一)名称、地址、主要负责人；

(二)所有制形式；

(三)诊疗科目、床位；

(四)注册资金。

第十九条 县级以上地方人民政府卫生行政部门自受理执业登记申请之日起45日内，根据本条例和医疗机构基本标准进行审核。审核合格的，予以登记，发给《医疗机构执业许可证》；审核不合格的，将审核结果以书面形式通知申请人。

第二十条 医疗机构改变名称、场所、主要负责人、诊疗科目、床位，必须向原登记机关办理变更登记。

第二十一条 医疗机构歇业，必须向原登记机关办理注销登记。经登记机关核准后，收缴《医疗机构执业许可证》。

医疗机构非因改建、扩建、迁建原因停业超过1年的，视为歇业。

第二十二条 床位不满100张的医疗机构，其《医疗机构执业许可证》每年校验1次；床位在100张以上的医疗机构，其《医疗机构执业许可证》每3年校验1次。校验由原登记机关办理。

第二十三条 《医疗机构执业许可证》不得伪造、涂改、出卖、转让、出借。

《医疗机构执业许可证》遗失的，应当及时申明，并向原登记机关申请补发。

第四章 执　业

第二十四条 任何单位或者个人，未取得《医疗机构执业许可证》，不得开展诊疗活动。

第二十五条 医疗机构执业，必须遵守有关法律、法规和医疗技术规范。

第二十六条 医疗机构必须将《医疗机构执业许可证》、诊疗科目、诊疗时间和收费标准悬挂于明显处所。

第二十七条 医疗机构必须按照核准登记的诊疗科目开展诊疗活动。

第二十八条 医疗机构不得使用非卫生技术人员从事医疗卫生技术工作。

第二十九条 医疗机构应当加强对医务人员的医德教育。

第三十条 医疗机构工作人员上岗工作，必须佩带载有本人姓名、职务或者职称的标牌。

第三十一条 医疗机构对危重病人应当立即抢救。对限于设备或者技术条件不能诊治的病人，应当及时转诊。

第三十二条 未经医师(士)亲自诊查病人，医疗机构不得出具疾病诊断书、健康证明书或者死亡证明书等证明文件；未经医师(士)、助产人员亲自接产，医疗机构不得出具出生证明书或者死产报告书。

第三十三条 医疗机构施行手术、特殊检查或者特殊治疗时，必须征得患者同意，并应当取得其家属或者关系人同意并签字；无法取得患者意见时，应当取得家属或者关系人同意并签字；无法取得患者意见又无家属或者关系人在场，或者遇到其他特殊情况时，经治医师应当提出医疗处置方案，在取得医疗机构负责人或者被授权负责人员的批准后实施。

第三十四条 医疗机构发生医疗事故，按照国家有关规定处理。

第三十五条 医疗机构对传染病、精神病、职业病等患者的特殊诊治和处理，应当按照国家有关法律、法规的规定办理。

第三十六条 医疗机构必须按照有关药品管理的法律、法规，加强药品管理。

第三十七条 医疗机构必须按照人民政府或者物价部门的有关规定收取医疗费用，详列细项，并出具收据。

第三十八条 医疗机构必须承担相应的预防保健工作，承担县级以上人民政府卫生行政部门委托的支援农村、指导基层医疗卫生工作等任务。

第三十九条 发生重大灾害、事故、疾病流行或者其他意外情况时，医疗机构及其卫生技术人员必须服从县级以上人民政府卫生行政部门的调遣。

第五章 监督管理

第四十条 县级以上人民政府卫生行政部门行使下列监督管理职权：

(一)负责医疗机构的设置审批、执业登记和校验；

(二)对医疗机构的执业活动进行检查指导；

(三)负责组织对医疗机构的评审；

(四)对违反本条例的行为给予处罚。

第四十一条 国家实行医疗机构评审制度，由专家组成的评审委员会按照医疗机构评审办法和评审标准，对医疗机构的执业活动、医疗服务质量等进行综合评价。

医疗机构评审办法和评审标准由国务院卫生行政部门制定。

第四十二条 县级以上地方人民政府卫生行政部门负责组织本行政区域医疗机构评审委员会。

医疗机构评审委员会由医院管理、医学教育、医疗、医技、护理和财务等有关专家组成。评审委员会成员由县级以上地方人民政府卫生行政部门聘任。

第四十三条 县级以上地方人民政府卫生行政部门根据评审委员会的评审意见，对达到评审标准的医疗机构，发给评审合格证书；对未达到评审标准的医疗机构，提出处理意见。

第六章 罚 则

第四十四条 违反本条例第二十四条规定，未取得《医疗机构执业许可证》擅自执业的，由县级以上人民政府卫生行政部门责令其停止执业活动，没收非法所得和药品、器械，并可以根据情节处以1万元以下的罚款。

第四十五条 违反本条例第二十二条规定，逾期不校验《医疗机构执业许可证》仍从事诊疗活动的，由县级以上人民政府卫生行政部门责令其限期补办校验手续；拒不校验的，吊销其《医疗机构执业许可证》。

第四十六条 违反本条例第二十三条规定，出卖、转让、出借《医疗机构执业许可证》的，由县级以上人民政府卫生行政部门没收非法所得，并可以处以5 000元以下的罚款；情节严重的，吊销其《医疗机构执业许可证》。

第四十七条 违反本条例第二十七条规定，诊疗活动超出登记范围的，由县级以上人民政府卫生行政部门予以警告、责令其改正，并可以根据情节处以3 000元以下的罚款；情节严重的，吊销其《医疗机构执业许可证》。

第四十八条 违反本条例第二十八条规定，使用非卫生技术人员从事医疗卫生技术工作的，由县级以上人民政府卫生行政部门责令其限期改正，并可以处以5 000元以下的罚款；情节严重的，吊销其《医疗机构执业许可证》。

第四十九条 违反本条例第三十二条规定，出具虚假证明文件的，由县级以上人民政府卫生行政部门予以警告；对造成危害后果的，可以处以1 000元以下的罚款；对直接责任人员由所在单位或者上级机关给予行政处分。

第五十条 没收的财物和罚款全部上交国库。

第五十一条 当事人对行政处罚决定不服的，可以依照国家法律、法规的规定申请行政复议或者提起行政诉讼。当事人对罚款及没收药品、器械的处罚决定未在法定期限内申请复议或者提起诉讼又不履行的，县级以上人民政府卫生行政部门可以申请人民法院强制执行。

第七章 附 则

第五十二条 本条例实施前已经执业的医疗机构，应当在条例实施后的6个月内，按照本条例第三章的规定，补办登记手续，领取《医疗机构执业许可证》。

第五十三条 外国人在中华人民共和国境内开设医疗机构及香港、澳门、台湾居民在内地开设医疗机构的管理办法，由国务院卫生行政部门另行制定。

第五十四条 本条例由国务院卫生行政部门负责解释。

第五十五条 本条例自1994年9月1日起施行。1951年政务院批准发布的《医院诊所管理暂行条例》同时废止。

食盐加碘消除碘缺乏危害管理条例

（1994年8月23日国务院第163号令发布）

第一章 总 则

第一条 为了消除碘缺乏危害，保护公民身体健康，制定本条例。

第二条 碘缺乏危害，是指由于环境缺碘、公民摄碘不足所引起的地方性甲状腺肿、地方性克汀病和对儿童智力发育的潜在性损伤。

第三条 国家对消除碘缺乏危害，采取长期供应加碘食盐（以下简称碘盐）为主的综合防治措施。

第四条 国务院卫生行政部门负责碘缺乏危害防治和碘盐的卫生监督管理工作；国务院授权的盐业主管机构（以下简称国务院盐业主管机构）负责全国碘盐加工、市场供应的监督管理工作。

第五条 各级人民政府应当将食盐加碘消除碘缺乏危害的工作纳入本地区国民经济和社会发展计划，并组织实施。

县级以上人民政府有关部门应当按照职责分工、密切配合，共同做好食盐加碘消除碘缺乏危害工作。

第六条 国家鼓励和支持在食盐加碘消除碘缺乏危害方面的科学研究和先进技术推广工作。

对在食盐加碘消除碘缺乏危害工作中做出显著成绩的单位和个人，给予奖励。

第二章 碘盐的加工、运输和储存

第七条 从事碘盐加工的盐业企业，应当由省、自治区、直辖市人民政府盐业主管机构指定，并取得同级人民政府卫生行政部门卫生许可后，报国务院盐业主管机构批准。

第八条 用于加工碘盐的食盐和碘酸钾必须符合国家卫生标准。

碘盐中碘酸钾的加入量由国务院卫生行政部门确定。

第九条 碘盐出厂前必须经质量检验，未达到规定含量标准的碘盐不得出厂。

第十条 碘盐出厂前必须予以包装。碘盐的包装应当有明显标识，并附有加工企业名称、地址、加碘量、批号、生产日期和保管方法等说明。

第十一条 碘盐为国家重点运输物资。铁路、交通部门必须依照省、自治区、直辖市人民政府盐业主管机构报送的年度、月度运输计划，及时运送。

碘盐的运输工具和装卸工具，必须符合卫生要求，不得与有毒、有害物质同载、混放。

第十二条 经营碘盐批发业务的企业和在交通不方便的地区经营碘盐零售业务的单位和个人，应当按照省、自治区、直辖市人民政府盐业主管机构的规定，保持合理的碘盐库存量。

碘盐和非碘盐在储存场地应当分库或者分垛存放，做到防晒、干燥、安全、卫生。

第十三条 碘剂的购置费用以及盐业企业因加碘而发生的各种费用，按照国家有关规定执行。

第三章 碘盐的供应

第十四条 省、自治区、直辖市人民政府卫生行政部门负责划定碘缺乏地区(以下简称缺碘地区)范围，经本级人民政府批准后，报国务院卫生行政部门、国务院盐业主管机构备案。

第十五条 国家优先保证缺碘地区居民的碘盐供应；除高碘地区外，逐步实施向全民供应碘盐。

对于经济区域和行政区域不一致的缺碘地区，应当按照盐业运销渠道组织碘盐的供应。

在缺碘地区生产、销售的食品和副食品，凡需添加食用盐的，必须使用碘盐。

第十六条 在缺碘地区销售的碘盐必须达到规定的含碘量，禁止非碘盐和不合格碘盐进入缺碘地区食用盐市场。

对暂时不能供应碘盐的缺碘地区，经省、自治区、直辖市人民政府批准，可以暂时供应非碘盐；但是，省、自治区、直辖市人民政府卫生行政部门应当采取其它补碘的防治措施。

对缺碘地区季节性家庭工业、农业、副业、建筑业所需的非碘盐和非食用盐，由县级以上人民政府盐业主管机构组织供应。

第十七条 经营碘盐批发业务的企业，由省、自治区、直辖市人民政府盐业主管机构审批。

碘盐批发企业应当从国务院盐业主管机构批准的碘盐加工企业进货。经营碘盐零售业务的单位和个人，应当从碘盐批发企业进货，不得从未经批准的单位和个人购进碘盐。

第十八条 碘盐批发企业在从碘盐加工企业购进碘盐时，应当索取加碘证明，碘盐加工企业应当保证提供。

第十九条 碘盐零售单位销售的碘盐应当为小包装，并应当符合本条例的有关规定。碘盐零售的管理办法由省、自治区、直辖市人民政府根据实际情况制定。

第二十条 为防治疾病，在碘盐中同时添加其它营养强化剂或者药物的，须经省、自治区、直辖市人民政府卫生行政部门、盐业主管机构批准，并明确销售范围。

因治疗疾病，不宜食用碘盐的，应当持当地县级人民政府卫生行政部门指定的医疗机构出具的证明，到当地人民政府盐业主管机构指定的单位购买非碘盐。

第四章 监督和管理

第二十一条 县级以上地方各级人民政府卫生行政部门负责对本地区食盐加碘消除碘缺乏危害的卫生监督和碘盐的卫生监督以及防治效果评估；县级以上地方各级人民政府盐业主管机构负责对本地区碘盐加工、市场供应的监督管理。

第二十二条 县级以上各级人民政府卫生行政部门有权按照国家规定，向碘酸钾生产企业和碘盐加工、经营单位抽检样品，索取与卫生监测有关的资料，任何单位和个人不得拒绝、隐瞒或者提供虚假资料。

第二十三条 卫生监督人员在实施卫生监督、监测时，应当主动出示卫生行政部门制发的监督证件；盐政人员在执行职务时，应当主动出示盐业主管机构制发的证件。

第五章 罚 则

第二十四条 违反本条例的规定，擅自开办碘盐加工企业或者未经批准从事碘盐批发业务的，由县级以上人民政府盐业主管机构责令停止加工或者批发碘盐，没收全部碘盐和违法所得，可以并处该盐产品价值3倍以下的罚款。

第二十五条 碘盐的加工企业、批发企业违反本条例的规定，加工、批发不合格碘盐的，由县级以上人民政府盐业主管机构责令停止出售、并责令责任者按照国家规定标准对食盐补碘，没收违法所得，可以并处该盐产品价值3倍以下的罚款。情节严重的，对加工企业由省、自治区、直辖市人民政府盐业主管机构报请国务院盐业主管机构批准后，取消其碘盐加工资格；对批发企业，由省、自治区、直辖市人民政府盐业主管机构取消其碘盐批发资格。

第二十六条 违反本条例的规定，在缺碘地区的食用盐市场销售不合格碘盐或者擅自销售非碘盐的，由县级以上人民政府盐业主管机构没收其经营的全部盐产品和违法所得，可以并处该盐产品价值3倍以下的罚款；情节严重，构成犯罪的，依法追究刑事责任。

第二十七条 违反本条例的规定，在碘盐的加工、运输、经营过程中，不符合国家卫生标准的，由县级以上人民政府卫生行政部门责令责任者改正，可以并处该盐产品价值3倍以下的罚款。

第二十八条 违反本条例的规定，出厂碘盐未予包装或者包装不符合国家卫生标准的，由县级以上人民政府卫生行政部门责令改正，可以并处该盐产品价值3倍以下的罚款。

第二十九条 违反本条例的规定，在缺碘地区生产、销售的食品和副食品中添加非碘盐的，由县级以上人民政府卫生行政部门责令改正，没收违法所得，可以并处该产品价值1倍以下的罚款。

第六章 附 则

第三十条 畜牧用盐适用本条例。

第三十一条 省、自治区、直辖市人民政府可以根据本条例制定实施办法。

第三十二条 经省、自治区、直辖市人民政府卫生行政部门，盐业主管机构确定为应当供应碘盐的非缺碘地区适用本条例第十五条第二款、第三款和第十六条第一款、第三款的规定。

第三十三条 本条例自1994年10月1日起施行。1979年12月21日国务院批转的《食盐加碘防治地方性甲状腺肿暂行办法》同时废止。

国务院办公厅关于转发卫生部、中国轻工总会《中国2000年消除碘缺乏病规划纲要》的通知

各省、自治区、直辖市人民政府，国务院各部委、各直属机构：

卫生部、中国轻工总会《中国2000年消除碘缺乏病规划纲要》(以下简称《规划纲要》)已经国务院同意，现转发给你们，请认真贯彻执行。

中国实现2000年消除碘缺乏病目标，既是我国政府对《儿童生存、保护和发展世界宣言》及《执行九十年代儿童生存、保护和发展世界宣言行动计划》的承诺，也是党和政府关心群众疾苦所作的一件好事、实事，是密切党和政府与群众关系的一件大事。各级政府和各有关部门都要把这项工作列入议事日程，要根据《规划纲要》的要求，进一步制订本地区、本部门的具体规划和实施方案，确保全国目标、任务的如期实现，为保护缺碘地区广大群众的身体健康、提高人口素质、促进经济发展做出积极的贡献。

成立"国务院消除碘缺乏病协调领导小组"，是为了加强对碘缺乏病防治工作的协调。对外使用这一名义以示我国对这一工作的重视；在国内，它是一个内部协调会议，不定期地研究工作中的重大问题。该小组不是新组建的机构，不另增加编制和划拨经费。

《执行中国2000年消除碘缺乏病规划纲要行动方案》属按《规划纲要》精神具体操作的范围，可由卫生部、中国轻工总会商有关部门办理。

1994年9月21日

中国2000年消除碘缺乏病规划纲要

一、背景

碘缺乏病是由于自然环境缺碘，使机体因摄入碘不足而产生的一系列损害，除常见的地方性甲状腺肿和地方性克汀病两种典型表现外，也可导致流产、死产、先天畸形和新生儿死亡率增高，但最主要的危害是缺碘影响胎儿的脑发育，导致儿童智力和体格发育障碍，造成碘缺乏地区人口的智能损害。缺碘对动物也有与人类同样的损害，使牲畜的流产率和新生犊死亡率增高。肉、毛、蛋等产量及牲畜的生产能力也明显降低。碘缺乏的危害已不单纯是一个病的问题，而是一个重要的公共卫生问题，关系到民族素质的提高和社会经济发展的问题。

我国是碘缺乏病较严重的国家，病区波及29个省、自治区、直辖市，病区人口4.25亿，占世界病区人口的40%。建国以来，党和国家十分重视碘缺乏病的防治工作，建立了专门的组织领导和防治专业机构，制定了一系列的管理制度、技术标准和规章，实行了以食盐加碘为主的综合防治措施，使防治工作取得了很大的成绩。地方性甲状腺肿病人由原来的3 500多万减少到现在的700多万，基本上控制了克汀病(聋、哑、呆傻、瘫)的发生。随着防治工作的深入开展及科学技术的发展，近年来认识到，因补碘不足或轻度缺碘所造成的儿童智力损害仍然广泛存在，受缺碘威胁的地区和人口已不仅局限于原来"病区"的范围。据几个城市的调查，儿童碘营养水平都很低，因此碘缺乏分布在相当广泛的地区。据抽样调查，有些已采取干预措施的重病

区，儿童平均智商水平与非病区相比仍低10～15个百分点。我国每年约有600万新生儿在缺碘较严重的地区出生，若缺碘问题得不到解决，到2000年将出现一大批智力低下的儿童，这是当前碘缺乏病防治工作所面临的严峻挑战。

碘缺乏病的病因清楚，防有办法，只要认真落实以食盐加碘为主的综合防治措施，就可以取得投入很小产出很大的社会效益和经济效益。1990年世界儿童问题首脑会议通过了《儿童生存、保护和发展世界宣言》和《执行九十年代儿童生存、保护和发展世界宣言行动计划》，提出到2000年全球实现消除碘缺乏病的目标，李鹏总理代表中国政府在上述两个文件上签字承诺。为完成历史赋予我们的使命，造福子孙后代，实现中国政府的承诺，特制订《中国2000年消除碘缺乏病规划纲要》(以下简称《规划纲要》)。

二、目标

(一)总目标

到2000年全国消除碘缺乏病。

(二)"八五"计划目标

1. 全国基本实现食用盐全部加碘，合格碘盐食用率达75%；

2. 缺碘地区特需人群(新婚育龄妇女、孕妇、哺乳期妇女、婴幼儿和儿童)碘油(口服或肌注)覆盖率达85%。

3. 全国50%以上的县达到消除碘缺乏病的标准。

(三)"九五"计划目标

1. 全国所有食用盐(包括牲畜用盐)全部加碘，合格碘盐食用率达95%；

2. 确需以碘油等其他方法作为补碘措施地区的全人口覆盖率和作为辅助措施地区"特需人群"覆盖率均大于95%；

3. 全国95%的县达到消除碘缺乏病的标准。

三、策略和措施

(一)策略

1. 贯彻预防为主的方针，大力推行以食盐加碘为主、碘油为辅的综合防治措施。

2. 坚持社会化的工作原则。建立由各级政府组织协调，卫生部门总体指导，各有关部门密切配合的各司其职、各尽其责的管理体系和工作机制。

3. 开展健康教育，提高群众自我保健意识，使之自觉行动起来参与防治碘缺乏病。

(二)措施

1. 组织领导

(1)国务院消除碘缺乏病协调领导小组加强组织协调工作，及时研究解决全国碘缺乏病防治工作中的重大问题。

(2)地方各级政府地方病防治领导小组要加强领导，搞好协调，制订本地区的防治规划，明确各部门的职责，充实和加强其办事机构，提高管理水平，落实国家规划的各项任务。

2. 防治

(1)碘盐

①碘盐的生产和销售

为杜绝非碘盐的冲击，确保碘盐质量，加强盐业市场管理，要认真贯彻执行《盐业管理条例和《食盐加碘消除碘缺乏危害管理条例》。碘盐的生产、销售实行许可证制度；工业盐实行计划管理，严禁冲击食盐市场。全国各地食用盐(包括牲畜用盐)逐步实现全部加碘。只允许销售加碘食盐，生产厂家和批发零售部门应确保生产和销售合格碘盐。

我国规定碘盐含碘浓度(以碘离子计)是：加工为50mg/kg，出厂不低于40mg/kg，销售不低于30mg/kg、用户不低于20mg/kg。

②碘盐的包装和运输

碘盐的包装采用带有明显标志的封闭小包装。碘盐的运输应优先安排，做到及时、卫生和准确达到目的地。

③用于加工碘盐的碘酸钾必须是经卫生部批准的合格产品，所用的食盐要符合国家规定的食用盐标准。碘盐生产和销售质量应接受卫生、轻工、工商、技术监督等部门的指导、监督和监测。

(2)碘油

①碘油的应用

在食盐加碘防治措施尚未得到或难以有效实施的地区，采用碘油作为替代或辅助措施。应用的主要对象是新婚育龄妇女、孕妇、哺乳期妇女、婴幼儿和儿童。

②碘油的生产和供应

根据各地对碘油的需求计划，由医药卫生部门组织碘油制品的开发、生产和供应，保证质量。

③碘油丸的发放

碘油丸的供应发放工作在各级地方病防治领导小组的领导下进行。新婚育龄妇女、孕妇、哺乳期妇女及0～2岁婴幼儿的碘油丸的供应发放工作，由各级残联组织进行，并与地方病防治、计划免疫、计划生育、婚姻登记、妇幼保健及预防智力残疾等各项工作结合起来；3～6岁幼儿、7～14岁儿童的碘油丸的供应发放工作，仍由各级地方病防治领导小组办公室组织实施。

3. 立法与监督

消除碘缺乏病是一项长期的任务，为确保防治措施得到长期有效实施，必须加强法制建设。随着工作的开展和《食盐加碘消除碘缺乏危害管理条例》在实施中的不断完善，要进一步制订有关的国家法律。

为确保《规划纲要》的贯彻实施，各级政府及有关业务主管部门要经常检查工作的进展情况，解决存在的问题；各部门要根据任务和职责，建立起保证质量的监督监测系统和管理机制。

4. 宣传与健康教育

提高对消除碘缺乏病意义和方法的认识是保障防治措施得到有效落实的关键。宣传的对象主要是各级政府和各有关部门的领导以及广大群众。宣传工作应纳入本地区、本部门工作的主要议事日程，做到有计划、有检查，并且在资金、人员等方面给予保证和支持。

应充分利用各种传播媒介，通过各种渠道，大力开展宣传。除利用广播、电视、报刊等公众传播媒介外，各有关部门还应将有关碘缺乏病的宣传纳入本部门工作计划，如将有关知识纳入中小学卫生知识课中；还可与妇女学文化、计划生育以及优生优育宣传等活动结合起来，定期开展具有鲜明主题的宣传活动。使各级政府主管卫生的领导、有关部门的负责人及工作人员、学生和家庭主妇等主要人群碘缺乏病防治基本知识的普及率达90%以上。做到领导重视，群众自我保健意识提高。从而也使食盐加碘和碘油等干预措施的应用成为群众的主动要求。

5.科研与开发

为科学、经济和有效地进行消除碘缺乏病的管理、防治、宣传和监测工作，应不断开发应用新方法、新技术，注重开展有关碘缺乏潜在损害等方面的应用研究。同时，要努力改善防治科研人员的工作和生活条件。

6.国际援助与合作

中国是一个发展中国家，实现2000年消除碘缺乏病的目标，消除世界40%病区人口的碘缺乏病，将面临着经济、技术等方面的一些困难。因此，在立足自身的同时，努力争取国际社会的支持与合作，引进技术、交流经验、培养人才，加速实现目标的进程。

四、经费

实现消除碘缺乏病的目标，须有必要的资金和物资保证。要广开门路，多方筹集，在立足我国自己力量的同时争取国际社会的援助。各级政府和各有关部门要根据《规划纲要》确定的目标，明确本地区、本部门的任务，保证资金投入。

用于这一事业的经费应来自国家、地方、社会团体和个人几个方面。在"八五"期间后两年，碘盐价格提高以前，中央财政继续对生产供应碘化物给予财政补贴；碘盐提价以后及"九五"期间开始实行全民食盐加碘的费用，根据谁受益谁负担的原则，将碘化物等加碘费用计入碘盐价格，由消费者个人负担。碘油按《关于在缺碘地区开展新婚育龄妇女、孕妇、婴幼儿补用碘油工作的安排意见》([93]残联康98号)及有关规定执行。国家及地方各级财政要为全国实现2000年消除碘缺乏病安排一定的专项经费，用于开展实施《规划纲要》的组织管理、宣传教育、人员培训和监督监测等工作。

国务院关于进一步加强药品管理工作的紧急通知

国发〔1994〕53号

各省、自治区、直辖市人民政府，国务院各部委、各直属机构：

药品是关系人民群众生命健康的特殊商品。加强对药品的管理，保证药品质量，保障人民群众用药方便、及时、安全、有效，是维护人民群众身体健康，保持社会稳定，保证改革开放和经济建设顺利进行的一项重要工作。改革开放以来，我国医药事业发展很快，为了加强药品管理，国家制定了《中华人民共和国药品管理法》(以下简称《药品管理法》)及一系列配套的行政法规和法规性文件，并多次组织力量对制售假劣药品的违法犯罪行为进行了集中打击，取得了一定成效。但是，必须清醒地看到，当前在药品管理方面还存在不少问题，有的还相当严重，突出表现在制售假劣药品的违法犯罪活动屡禁不止，一些地方制售假劣药品的种类多，规模大，违法犯罪分子见利忘义到了丧心病狂的程度，后果十分严重；一些地方和部门片面追求自身利益，违反药品管理法规，竞相开办药品生产、经营企业和药品集贸市场，药品生产经营秩序混乱，药品购销中行贿、索贿、回扣等不正之风盛行；违法、失实的药品广告泛滥；新药开发缺乏应有的保护。制售假劣药品的违法犯罪活动严重危害人民群众生命健康，损害国家利益，扰乱经济秩序，败坏社会风气，影响社会安定及党和人民政府的声誉，社会各界和人民群众对此反映强烈，已经到了非下大气力解决不可的时候。为此，现就有关问题紧急通知如下：

一、各级人民政府和有关部门要提高认识，切实加强对药品管理工作的领导

制售假劣药品违法犯罪活动屡禁不止的一个重要原因是，一些地方政府和部门对药品是关系人民群众生命健康的特殊商品认识不足，错误地认为建立社会主义市场经济体制就可以放松对药品生产、经营的管理；一些地方和部门为了局部的利益，甚至庇护制售假劣药品的违法犯罪行为。

各级人民政府及有关部门要以对国家、对人民群众高度负责的态度，站在全局的立场上，统一对加强药品管理重要性的认识，采取强有力的措施，认真贯彻执行药品管理的法律、行政法规，强化国家对药品生产、经营的监督管理，加强国家对药品生产、经营的宏观调控，整顿和规范药品生产经营秩序，结合反腐败斗争，严肃查处违法违纪案件，建立统一、开放、竞争、有序的药品生产经营体系。

各级人民政府要建立政府领导任期内药品管理状况的目标考核制度。各级人民政府主要负责同志要切实担负起本地区药品管理的领导责任，对药品管理混乱地区的政府和有关部门的领导人员要依法追究责任。

二、采取有力措施，增强执法力度，切实加强药品生产和经营的管理

当前，各级人民政府及有关部门应当重点抓好以下工作：

（一）整顿和规范药品的生产、经营企业和个体工商户　针对当前药品生产、经营企业过多、过滥的状况，各级人民政府及其药品生产经营行业主管部门、卫生行政部门和工商行政管理部门，必须依法严格执行开办药品生产、经营企业的审查条件和审核批准程序，对未达到开办条件或者不符合审核批准程序的，药品生产经营行业主管部门、卫生行政部门、工商行政管理部门不得批准开办；对已经开办又未达到审查条件的，要坚决依法取缔。

卫生行政部门要对现有的药品生产企业生产的药品品种组织调查，对因疗效不确定、不良反应大或者其他原因危害人民健康的药品，应当及时撤消其批准文号。药品生产经营行业主管部门对申请开办药品生产企业的，要重点审查其生产的药品品种是否为国家新药或者国家重点发展的品种，对不具有国务院卫生行政部门批准的新药或者不属于国家重点发展品种的，一律不得批准开办；对于低水平重复生产的品种，要指导企业及时调整产品结构。对药品批发企业，要审查其是否具有在24小时内供应国家基本药物目录所列品种，以及向县级以上地方各级人民政府药品生产经营行业主管部门指定的特定地区或者单位供应药品的能力，对不具有上述供应药品能力的药品批发企业，要依法停止其从事药品批发业务。

个体工商户可以依法申请从事药品零售业务，但不得从事药品的生产和批发业务（依法批准在中药材专业市场从事中药材批发业务的除外）。

凡是从事药品生产业务的，必须依照法定程序取得《药品生产企业合格证》、《药品生产企业许可证》和《营业执照》；从事药品批发和零售业务的，必须依照法定程序取得《药品经营企业合格证》、《药品经营企业许可证》和《营业执照》。对已经开办又未取得上述证照或者证照不全的，要坚决依法取缔。

申请开办药品生产企业和药品批发企业，先经省、自治区、直辖市人民政府药品生产经营行业主管部门审查同意并发给《药品生产企业合格证》或者《药品经营企业合格证》，方可向同级卫生行政部门申请《药品生产企业许可证》或者《药品经营企业许可证》，未经药品生产经营行业主管部门审查同意并发给《药品生产企业合格证》或者《药品经营企业合格证》的，卫生行政部门不予受理；未取得《药品生产企业合格证》、《药品生产企业许可证》或者未取得《药品经营企业合格证》、《药品经营企业许可证》的，工商行政管理部门不予核发营业执照。

申请从事药品零售业务的企业和个体工商户，由自治州、市或者县人民政府药品生产经营行业主管部门根据本地区用药的需求和药品零售网点规划进行审查，经审查同意的，发给《药品经营企业合格证》。药品零售企业和个体工商户持《药品经营企业合格证》，向同级卫生行政部门申请并取得《药品经营企业许可证》后，方可向工商行政管理部门申请办理营业执照。

药品生产经营行业主管部门、卫生行政部门、工商行政管理部门未按照上述程序审批，发给证照的，该证照无效；由此造成的损失由核发证照机关负责依法赔偿，并追究其负有直接责任的主管人员和其他直接责任人员的责任。

（二）整顿和规范药品生产经营秩序，依法加强药品销售的管理　凡未依法取得《药品生产企业合格证》、《药品生产企业许可证》或者《药品经营企业合格证》、《药品经营企业许可证》以及营业执照的，不得从事药品的生产经营活动。对擅自从事药品生产、批发活动的单位和个人，应当坚决予以取缔。药品生产和批发企业不得承包给个人经营。

医疗机构和药品经营企业必须向取得合法生产或者经营药品资格的企业采购药品，严禁从非法经营者手中采购药品。

乡村医疗诊所（室）的供药，必须由当地县级人民政府药品生产经营行业主管部门会同卫生行政部门共同指定的药品批发企业及其委托的乡镇卫生院负责。

医疗机构配制的制剂，只限于本单位临床和科研需要而市场上没有供应或者供应不足的药物制剂，严禁在市场上销售或者变相销售。医疗机构不得以任何方式变相从事药品批发业务。

药品生产、经营企业和医疗机构之间购销药品，应当实行公平竞争，禁止采用回扣或者行贿、索贿等手段购销药品。

卫生行政部门应当严格审查有关药品的宣传广告内容，并配合有关部门依法惩处违反药品广告规定，夸大宣传疗效，误导患者使用的违法行为。

（三）整顿和规范中药材专业市场　国家禁止设立除中药材专业市场以外的其他药品集贸市场，禁止在中药材专业市场内出售国家规定限制销售的中药材和中成药、中药饮片、化学原料药及其制剂、抗生素、生化药品、放射性药品、血清疫苗、血液制品和诊断药品等。

各地区设立中药材专业市场，必须依据国务院药品生产经营行业主管部门的总体规划，选择中药材主要产地或者集散地，并经国务院药品生产经营行业主管部门、卫生行政部门和工商行政管理部门审查批准。地方各级人民政府及其他部门均无权审批开办中药材专业市场。

要对现有的中药材专业市场进行整顿，整顿的标准由国务院药品生产经营行业主管部门、卫生行政部门和工商行政管理部门制定。对已设立的不符合标准的中药材专业市场，一律关闭；对擅自设立的中药材专业市场以外的其他药品集贸市场,由当地人民政府依法取缔。

对在农产品集贸市场上出售的中药材,卫生行政部门要加强监督。对违反《药品管理法》在农产品集贸市场上擅自销售国家禁止销售的中药材品种和无证销售除中药材以外其他药品的,由有关部门依照《药品管理法》的有关规定予以查处。

(四)加强对药品知识产权的保护,鼓励企业研制开发新药 国务院卫生行政部门和国务院药品生产经营行业主管部门要制订切实可行的实施方案,激励企业及科研单位、大专院校发挥创新精神,推进我国新药研究开发事业的发展。

各地要进一步贯彻执行国务院发布的《中药品种保护条例》(中华人民共和国国务院令第106号)。对已经列为国家保护的中药品种,其他非持有保护证书的企业一律不得仿制和生产。有关部门和审评机构要认真做好中药品种保护工作,以促进我国中药事业的发展。

三、深入开展打击制售假劣药品犯罪活动,把依法查处制售假劣药品等违法违纪案件作为反腐败斗争的重点来抓

为了坚决制止制售假劣药品违法犯罪活动,地方各级人民政府及有关部门,要深入开展打击制售假劣药品违法犯罪活动。要严格执法,加强执法力度,严厉打击制售假劣药品的违法犯罪行为。全国和地方各级"打假"协调机构要组织卫生、医药、工商、技术监督、公安等有关部门把严厉查处制售假劣药品的违法犯罪行为,列为"打假"工作的重点。对制售假劣药品的违法犯罪分子,要坚决依照《全国人大常务委员会关于惩治生产、销售伪劣商品犯罪的决定》(中华人民共和国主席令第七号)予以惩治,要选择有影响的典型案例公开曝光。

各级人民政府要把查处制售假劣药品等违法违纪案件,作为反腐败斗争的重点来抓。各级人民政府的行政监察部门应当依照《中华人民共和国行政监察条例》(中华人民共和国国务院令第69号)的规定,对卫生行政部门、药品生产经营行业主管部门、工商行政管理部门和技术监督部门工作人员执行法律、行政法规的情况进行监督。对在工作中滥用职权、玩忽职守、徇私舞弊等违法乱纪行为,必须严肃依法处理。对为了本地区、本部门利益,包庇纵容制售假劣药品违法犯罪活动,给人民群众带来重大损失的,必须依法追究当地政府领导和有关部门领导、主管人员和直接责任人员的责任;情节严重构成犯罪的,依法追究刑事责任。

四、加强政府有关部门的配合协作,不断提高药品管理水平

药品管理工作是一项复杂的系统工程,各级人民政府有关部门要按照职责分工,各负其责,互相支持,通力协作,共同搞好药品管理工作。

各级卫生行政部门是依法行使药品监督管理的政府职能部门。各级人民政府及其有关部门要大力支持和协助卫生行政部门依法行使对药品监督管理的职权。

国家医药管理局、国家中医药管理局是国务院药品生产经营行业主管部门,地方各级药品生产经营行业主管部门依法对药品生产经营施行行业管理的政府职能。药品生产经营企业除国家另有规定的外,不论其所有制形式和隶属关系如何,都要纳入药品行业管理的范围。各级人民政府及其有关部门要大力支持和协助药品生产经营行业主管部门依法对药品行业的管理。

各级工商行政管理、技术监督、公安等部门要按照各自的职责,协同卫生行政部门和药品生产经营行业主管部门加强药品市场管理工作。

对于在工作上互相扯皮、推诿,甚至互相拆台,造成药品管理工作混乱的,要依法追究有关行政部门领导人员的责任。

各级卫生行政部门和药品生产经营行业主管部门必须按照党中央、国务院的规定,实行政企分开,不得利用行政职权干预企业的生产经营活动。要坚决制止药品购销活动中的一切不正之风,保持行政执法部门和行业主管部门的公正、廉洁和权威性。

国务院将组织有关部门,深入研究修改和完善加强药品管理的有关法规,进一步理顺药品管理体制,改革药品价格管理制度,完善药品质量监督体系,进一步提高我国的药品管理水平,促进我国医药事业的持续、快速、健康发展。

各省、自治区、直辖市人民政府和国务院有关部门要按照本通知要求,采取切实可行的措施,对本地区、本部门的药品管理状况进行全面的清查和整顿,并将清查、整顿的情况在1995年3月1日前报国务院。

国 务 院

1994年9月29日

【《公费医疗用药报销范围》试行】 为了加强公费医疗用药管理,使有限的医药卫生资源得到合理使用,进一步强化公费医疗管理,适应职工医疗制度改革的需要,卫生部、财政部于1993年10月联合颁发《关于加强公费医疗用药管理的意见》(以下简称《意见》)。《意见》中明确提出:

基本原则:保证基本医疗用药,克服浪费,控制使用进口、贵重药品,营养、滋补、保健药品不予报销。

1.《公费医疗用药报销范围(试行)》(以下简称《用药范围》)将随着医药事业的发展、临床基本医疗的实际需要,以及国家经济状况,适时地予以调整。

2.各省、自治区、直辖市因用药习惯的差异,可在本《用药范围》的基础上,根据当地临床基本医疗需要和财力条件,对《用药范围》中所列药品名录作适当增补(调整幅度原则以不超过总品种数的10%,中成药不超过15%)。地方增补的药品品种,应首先在《国家基本药物名录》中选用,并及时报送卫生部全国公费医疗事务管理中心备案。

3. 对于特殊用药、抢救用药，如用于重病、工伤患者等对象的药品，各省、自治区、直辖市可自行制定管理办法，并完善审批制度。

4. 蒙医、藏医、维吾尔医等民族医用药，由各地根据当地情况自行研究制定。

《意见》分别对公费医疗管理部门、医疗单位、公费医疗享受单位和公费医疗享受人员提出了要求。

按照《意见》的精神和原则，在《国家基本药物名录》的基础上，卫生部、财政部分批于 1994 年 4 月 22 日和 10 月 18 日颁布《公费医疗用药报销范围（试行）》。公费医疗用药报销范围确定中成药 384 个品种；西药已完成抗感染、心血管、呼吸、消化、神经、精神、皮肤、口腔、耳鼻喉、眼科、肿瘤类等共 11 类，417 个品种。西药的麻醉及辅助用药、解热镇痛类、泌尿系统类、影响血液造血系统类、妇产科、生物制品类、抗过敏抗变态反应类、激素及内分泌类、消毒防腐类、调节水盐电解质类、酸碱平衡药和维生素、氨基酸、矿物质类等 17 类将陆续制定公布。

（常宏霞 乔勤增）

【《关于职工医疗制度改革的试点意见》发布】

1994 年 1 月 18 日，经国务院第 22 次总理办公会议原则同意，由国家体改委、财政部、劳动部、卫生部于 1994 年 4 月联合发布《关于职工医疗制度改革的试点意见》。其基本内容有：

一、改革目标和基本原则 职工医疗保障制度改革目标是建立社会统筹医疗基金与个人医疗帐户相结合的社会保险制度，并使之逐步覆盖城镇所有劳动者。

建立职工医疗保险制度的基本原则是：①适应建立社会主义市场经济体制的要求；②基本医疗的保障水平和方式要与国情国力相适应；③公平与效率相结合；④对医、患双方建立有效的制约机制；⑤公费医疗和劳保医疗同步改革，分别核算管理；⑥政事分开。

二、试点的主要内容

1. 职工医疗保险费用的筹集办法。职工医疗保险费用由用人单位和职工个人共同缴纳。用人单位缴费，参照本市上年实际支出的职工医疗费用换算成职工工资总额的一定比例缴纳（试点城市暂按 10% 筹集）。

用人单位缴费来源，国家机关、全额管理的事业单位和差额预算管理的国有医院，由单位预算内资金开支；其他事业单位由单位提取的医疗基金中开支。企业从职工福利费中开支，离退休人员在劳动保险费中开支。职工个人缴费，先从本人工资的 1% 起步，由用人单位从工资中代扣。

职工医疗制度改革实行属地原则。

2. 建立社会统筹医疗基金和职工个人医疗帐户。用人单位缴纳的医疗保险费的一部分（不低于 50%）和职工个人缴纳的医疗保险费，记入个人医疗帐户，专款专用，用于支付个人的医疗费用。个人医疗账户的本金和利息为职工个人所有，余额可以结转使用和继承。用人单位缴纳的另一部分作为社会医疗保险统筹基金调剂使用。

3. 建立对职工个人的医疗费用制约机制，减少浪费。职工就医，首先从个人医疗帐户支付医疗费用；个人医疗账户不足支付时，由职工自付现金；个人医疗帐户之外全年自付的医疗费，超过本人年工资收入 5% 以上部分，由社会统筹医疗基金和职工个人按一定比例分别负担，个人负担部分随医疗费用的升高而比例递降。

4. 加强对医疗单位的有效制约，改善医疗服务。制定医疗保险药品报销范围和诊疗技术规范及费用控制标准，医疗保险机构和医疗单位签约管理。

5. 加强管理，强化监督。医疗保险基金的管理要坚持以收定支、收支平衡。要建立科学高效的运行机制。医疗保险行政管理部门和业务经办机构要政事分开。

三、试点的有关政策

1. 对老红军、在乡二等乙级以上革命残废军人、离休人员等特殊对象实行政策性照顾。

2. 职工供养的直系亲属的医疗保险暂按原规定执行。

3. 对低收入和家庭生活困难的职工给予照顾。

4. 职工缴纳医疗保险费，应在增加工资的基础上进行。

5. 发展补充医疗保险，满足多层次医疗需求。

四、试点工作的组织领导 为了加强对医疗制度改革试点工作的领导，试点城市要有一名政府的主要负责同志亲自抓这项工作。在统一政策、同步改革公费、劳保医疗的前提下，试点的具体组织工作由卫生、劳动部门分工负责，体改、财政、人事、工会、医药、物价等有关部门协调、配合，共同搞好试点的指导工作。

（乔勤增）

1994年主要卫生法规规章目录

名称	发布时间	发布机关
疾病控制类		
关于加强霍乱防治工作的通知	4月9日	卫生部
关于下发《部分省市脊髓灰质炎局部强化免疫、活动方案》的通知	7月29日	卫生部
关于进一步加强心脑血管疾病防治工作的通知	9月26日	卫生部
关于加强常规免疫接种率报告的通知	12月13日	卫生部
卫生监督类		
关于食品卫生法适用中有关问题的函	1月6日	卫生部
关于对违法行为行政处罚中有关问题的复函	1月21日	卫生部
关于发布《食用植物油炸过程中的卫生标准》等食品卫生标准和检验方法标准的通知	1月24日	卫生部
关于颁发《食品中辛硫磷最大残留量标准》等食品卫生标准和检验方法标准的通知	2月22日	卫生部
关于发布辐照扒鸡卫生标准等十个辐照食品卫生标准的通知	2月22日	卫生部
关于批准维丽牌华龙育发精等543种特殊用途化妆品和进口化妆品的通知	3月4日	卫生部
关于批准6种复合维生素、矿物质扩大使用范围的通知 关于批准红曲特添加剂扩大使用范围的通知	3月18日	卫生部
关于印发食品卫生检验的方法和食品卫生标准的通知	5月18日	卫生部
关于加强肉品卫生监督检查的通知	6月18日	卫生部
工业企业建设项目卫生预评价规范	6月30日	卫生部
关于化妆品卫生标准中吡啶硫酮最大允许浓度的补充通知	7月20日	卫生部
关于对违反《食品卫生法(试行)》行为实施行政处罚有关问题的批复	7月22日	卫生部
关于批准黑师护发育发剂等791种特殊用途化妆品和进口化妆品的通知	7月27日	卫生部
关于对《食品卫生试法(试行)》实施中有关问题的批复	8月4日	卫生部
关于调整与禁止化学武器公约有关化学品情况的通知	8月15日	卫生部
关于发布食品安全性毒理学评价程序和试验方法等19项国家标准的通知	8月21日	卫生部
关于批准"天福"牌一洗黑洗染香波等160种特殊用途化妆品和进口化妆品的通知	11月4日	卫生部
关于批准"回天力"等23种新资源食品试生产的通知	11月23日	卫生部
医政管理类		
关于进一步加强医院感染管理工作的紧急通知	1月6日	卫生部
医疗机构管理条例	2月26日	国务院
关于举行护士执业考试(试行)的通知	4月11日	卫生部

名称	发布时间	发布机关
关于职工医疗制度改革的试点意见	4月22日	国家体改委 财政部 劳动部 卫生部
医疗部门职业道德建设方案	8月11日	卫生部
关于在全国地市级以上医疗部门和部分卫生执法监督部门开展职业道德建设的通知	8月11日	卫生部
关于实施《单采血浆站基本标准》的通知	8月22日	卫生部
单采血浆站基本标准	8月22日	卫生部
医疗机构管理条例实施细则	8月29日	卫生部
医疗机构监督管理行政处罚程序	8月29日	卫生部
医疗机构名称代码编制规则的补充规定	8月30日	卫生部
医疗机构基本标准	9月2日	卫生部
医疗机构设置规划指导原则	9月5日	卫生部
医疗机构评审委员会章程	9月5日	卫生部
医疗机构诊疗科目名录	9月5日	卫生部
关于进一步加强急性、弛缓性麻痹病例报告工作的通知	10月11日	卫生部
关于加强对高压氧舱管理的通知	10月12日	卫生部
关于加强武警部队驻县(市)中队就地医疗工作的通知	11月22日	财政部 卫生部 武警部队

药政管理类

名称	发布时间	发布机关
关于做好审核换发《许可证》工作的通知	1月14日	卫生部
关于做好1994年全国药品抽验工作的通知	1月14日	卫生部
关于转发"中国生物制品主要原材料试行标准"的通知	1月20日	卫生部
关于临床检验体外诊断试剂生产企业及批准文号的通告	1月21日	卫生部
中药制剂抗感染等7类的国家基本药物	1月27日	卫生部
关于假乙肝疫苗安全性等问题的复函	1月31日	卫生部
癌症病人申领麻醉药品专用卡的规定	2月19日	卫生部
医疗单位麻醉药品、精神药品计划供应办法	2月19日	卫生部
关于对用于供血员血样检验的体外免疫诊断试剂实行批批国家检定的通知	2月19日	卫生部
用于供血员血样检验的体外免疫诊断试剂实行批批国家检定的程序和要求	2月19日	卫生部
关于加强天然咖啡因管理的通知	3月16日	卫生部
关于下达医院制剂有关品种目录的通知	4月11日	卫生部
关于人工麝香试生产管理有关问题的通知	5月23日	卫生部
关于统一核发血液制品生产批准文号有关问题的通知	6月7日	卫生部
关于制止越权行使药品监督执法职权的函	6月6日	卫生部
关于依法查处"仙妮雷德系列加药食品"的通知	6月16日	卫生部
关于加强医疗单位配制制剂监督管理的通知	7月2日	卫生部
关于建立放射性药品计量标准实验室的函	7月11日	卫生部
关于"类药品"监督管理问题复函	7月13日	卫生部

名称	发布时间	发布机关
关于加强对麝香质量管理的通知	8月11日	卫生部
关于对“生化药品”解释的复函	8月11日	卫生部
关于中成药整顿工作有关问题的通知	8月17日	卫生部
关于开展对《药品管理法》执行情况监督检查的通知	9月10日	卫生部 监察部
关于停止生产霍乱菌苗的通知	9月23日	卫生部
国务院关于进一步加强药品管理工作的紧急通知	9月29日	国务院
关于查处“灵芝孢籽粉”的通知	12月1日	卫生部
关于颁布第九批中成药部颁标准的通知	12月1日	卫生部
关于淘汰第三批105个中成药品种的通知	12月1日	卫生部
关于受理生产台湾地区已上市药品申请有关事宜的通知	12月19日	卫生部
关于进口药品“酮咯酸氨丁三醇”的使用等有关问题的通知	12月19日	卫生部
关于禁止LAK细胞制剂非法临床使用的通知	12月19日	卫生部
妇幼卫生类		
关于继续做好促进母乳喂养、创建爱婴医院工作的通知	4月9日	卫生部
中华人民共和国母婴健康保护法	10月27日	人大常委会
关于做好贯彻执行母婴保健法准备工作的通知	11月10日	卫生部
托儿所、幼儿园卫生保健管理办法	12月1日	卫生部
地方病防治类		
关于加强食盐市场管理坚决杜绝非碘盐进入缺碘地区的通知	1月6日	国家工商局 中国轻工总会 国内贸易部 卫生部 国家技术监督局
食盐加碘消除碘缺乏危害管理条例	8月23日	国务院
关于调整国家标准中碘含量指标的函	10月18日	卫生部 中国轻工总会
科技教育类		
医学成人高等学历教育暂行规定	7月31日	卫生部
社会力量办医科类学校管理办法	7月31日	卫生部
计划财务类		
关于加强部属单位基本建设管理规定	4月7日	卫生部
关于对进口心脏起搏器实行质量检验的通知	4月8日	国家进出口商检局 卫生部 国家医药局
进口心脏起搏器检验管理规定	4月8日	卫生部
关于加强基本建设、大修工程项目经济合同审计的通知	4月25日	卫生部
关于调整药品监督检验收费标准的通知	4月28日	卫生部
关于重申加强对使用进口心脏起搏器实行质量检验的通知	8月29日	卫生部
关于加强危重病医学培训工作的通知	10月13日	卫生部
人事管理类		
关于卫生单位实行新工时制度的通知	2月21日	卫生部

名称	发布时间	发布机关
关于初级卫生专业技术资格考试试点工作的通知	3月9日	卫生部
执业药师资格制度暂行规定	3月15日	人事部 国家医药管理局
京内事业单位津贴试行办法	4月11日	卫生部
关于京内直属单位从京外调入人员审批工作管理办法	7月26日	卫生部
国际合作类		
援外出国人员生活待遇管理办法	7月25日	财政部 外经贸部 卫生部
公费医疗管理类		
公费医疗用药报销范围(试行)西药—呼吸等九类	4月22日	卫生部 财政部
公费医疗用药报销范围(试行)—中成药	10月18日	卫生部 财政部

（胡　光 供稿）

工作进展

工 作 进 展

【卫生工作】

一、医疗卫生工作改革 各级各类医疗卫生单位继续完善各种形式的目标管理责任制，加强人事、劳动、分配制度改革，一些医疗卫生单位把经济、技术、服务指标按照责、权、利相结合的原则，实行工资总额与综合效益挂钩的结构工资、绩效工资等多种分配形式。

在医疗卫生机构运行机制方面，各地改革医疗服务价格体系，逐步建立医疗卫生机构的合理补偿机制。部分省市对一些偏低的医疗服务项目收费标准如体现技术劳务价值的挂号费、住院费和手术费等进行适当调整，同时降低高精尖设备检查、治疗费用；吉林等省市结合医院分级管理，试行按等级收费。上海市为了更有效地利用卫生资源，控制医药费用的过快上涨，对医药费用实行"总量控制、结构调整"，各级各类医疗机构必须对本单位的医药费用总量进行控制，同时对收费结构进行调整。增设并提高体现医务人员技术劳务的收费项目的标准，并依据医院等级分设不同的收费标准，降低一些高精尖设备检查、治疗项目的收费标准。

各地在保证基本医疗服务的同时，加强对特需医疗服务的管理，使之不断规范和完善，许多省市制定了特需服务的实施意见，对开展特需医疗服务的指导思想、基本原则、内容、范围、项目、收费、分配管理等做出了明确规定，使特需医疗服务规范化、制度化。广东省从1994年8月开始实行新的医疗收费管理办法，对基本医疗服务和特需医疗服务的收费分别采取不同的管理办法。

二、农村卫生工作 各地把农村卫生作为卫生工作的重点来抓，各级领导深入基层进行农村卫生工作调查，进一步摸清农村卫生的现状，采取措施，解决存在的问题。许多省市由政府主持召开农村卫生工作会议，对加强农村卫生工作提出具体要求，进一步提高各级地方政府的认识，坚定抓好农村卫生工作的信心。云南省正式实施《农村医疗卫生工作条例》，明确规定各级政府及有关部门的职责、农村医疗卫生事业的经费投入、卫生队伍建设、农村合作医疗制度的建立和要求等。

农村初级卫生保健工作进一步落实，1994年是《我国农村实现"2000年人人享有卫生保健"的规划目标》的实施从试点阶段进入普及阶段的关键一年，许多地方政府把这项工作纳入当地政府的重要议事日程和社会发展规划，全国2/3的省份完成普及阶段目标的审评培训工作，在评审工作中，85%以上的县基本达标或达标。为了推动农村初级卫生保健工作的开展，由全国爱卫会、卫生部、广电部、农业部联合发起的"全国九亿农民健康教育行动"正式启动，充分利用大众传播媒介，宣传卫生知识。

许多地方改革乡镇卫生院和村卫生室办医模式，使大部分卫生院在经费严重不足的情况下，维持发展和提高，承担了全国门诊、急诊量的40%。各地普遍重视和加强合作医疗恢复重建工作，一些地方还试行"村办乡管"、"乡办乡管"等合作医疗模式，一些村卫生室实行民办公助，不断探索新的发展路子。继续加强县卫生防疫站、妇幼保健院和乡镇卫生院的基本建设。农村卫生"三项建设"进展顺利，1994年中央财政安排资金1.25亿元，比1993年增加11%。

三、预防保健工作 1994年我国部分地区遭受严重的洪涝、干旱及其它自然灾害，为减轻灾区肠道、虫媒、自然疫源性疾病流行，各地按照卫生部救灾防病工作的统一部署，坚决贯彻"预防为主"的方针，以预防霍乱、肝炎、痢疾为重点，达到全年无大疫的目标，全国范围内各种急、慢性传染病及寄生虫病防治工作取得成效。

计划免疫工作继续以消灭脊髓灰质炎为重点，全面促进计划免疫工作的进一步巩固和发展，全国普遍开展乡、村级计划免疫工作人员培训工作，各地顺利完成1994年全国第二次"脊灰"强化免疫日活动。

各地加强妇幼卫生工作，开展创建"爱婴医院"活动。全国有46%的县开展不同形式的妇幼保健保偿责任制。1994年经过省级和国家级评估，全国又有740所妇幼保健院和综合医院成为"爱婴医院"，山西、广东、福建等省区，中山、珠海、东莞等城市创建"爱婴省"、"爱婴市"。各地以国际合作项目为突破口，动员各级政府改善服务条件，提高妇幼卫生服务能力，全面加强农村的妇幼卫生工作。

地方病防治工作以重点疾病防治为主，坚持综合治理，科学防治的方针取得成效。1994年1～9月份血吸虫病急性感染病人仅发生598例，慢性病人人数也大幅度下降。开展鼠疫防治，防止人间鼠疫的流行。《食盐加碘消除碘缺乏危害管理条例》和《中国2000年消除碘缺乏病规划纲要》已经国务院正式批准颁布，各部门密切配合，深入开展碘缺乏病防治工作。

四、卫生法制建设 《中华人民共和国母婴保健法》已经全国人大常委会通过颁布；《医疗机构管理条例》、《食盐加碘消除碘缺乏危害管理条例》经国务院正式批准实施，并制定和发布了相应的配套规章；《食品卫生法(试行)》的修改准备工作已基本完成；《职业病防治法(草案)》、《医师法(草案)》进一步修改完善，并已上报立法机构审议。全国卫生系统“二五”普法工作进展顺利，卫生立法及卫生执法监督工作继续得到加强，在全国范围内开展了《传染病防治法》执法工作大检查，进一步促进了各种防治措施的落实。宣传《药品管理法》完善药品监督管理法规，结合换发药品生产、经营许可证工作，加强药品监督管理，严肃查处制售假药的违法活动。全国各地加快了地方卫生立法的步伐，在公共卫生监督执法工作中，推行改革措施，强化监督执法力度，山西等省市还开展了执法检查活动。

五、医学教育与科技工作 部属高校创建“211工程”促进了高等医学院校的改革与发展，许多高等医学院校积极探索办学体制与投资体制改革的新模式，各校都不同程度地进行机构、人事、工资、职称、住房等方面的改革，并取得成效。卫生部确定北京、上海医科大学为实施“211工程”部门预审学校，并通过了部门预审工作。医学职业教育及成人教育以提高教学质量和办学效益为重点。发展农村成人教育，乡村医生的中专函授教育已列入国家计划。颁布实施新的中等卫生学校的教学计划和教学大纲。建立和完善教育监测评估和督导制度，促进医学成人高校的改革和发展。

在改革科研基金管理方面进行探索，对青年基金由原评审课题改为评选人才。建立二级评审制度，将中标课题分为二级资助，调动各地和各单位的科技投入积极性。1994年新建7个卫生部重点实验室，在重点实验室的建设和管理上引入新机制，科技队伍素质进一步提高，医药卫生科技成果推广应用有所进展。

六、职工医疗制度改革 1994年国务院确定在江苏镇江、江西九江两城市进行国家职工医疗制度改革试点，试点目标是建立社会统筹、医疗基金与个人医疗帐户相结合的社会保险制度，并使之逐步覆盖城镇所有劳动者。两城市的改革试点方案已经国务院批准，于1994年12月正式运行。全国多数省、自治区、直辖市开始医疗保险试点工作，加快医疗制度改革，强化个人费用意识，完善制约管理机制。1994年卫生部对公费医疗改革情况进行全面调查研究，对公费医疗报销范围中西药呼吸类等9类265种，中成药384种药品进行了筛选审定。

七、医德医风和精神文明建设 根据中央反腐倡廉精神和卫生部纠正行业不正之风的工作部署，各地继续加强对医疗卫生人员的职业道德教育，宣传学习“人民的好医生”赵雪芳等先进人物的优秀事迹；以群众反映较大的“红包”、“乱收费”和拿“回扣”作为纠风工作的重点，通过深化改革，加强管理、宣传和监督制度建设等进行综合治理，使卫生行业的不正之风初步得到遏制，在医德医风建设上取得阶段性成效。从1994年下半年起全国地市级以上医疗机构在试点基础上全面开展职业道德建设工作，同时在药政药检、卫生监督、国境卫生检疫等执法监督部门进行职业道德建设试点。

(曹荣桂　毛群安)

【爱国卫生工作】 1994年爱国卫生工作的指导思想和任务是：把爱国卫生工作重点放到农村，落实全国爱卫会第十次委员会扩大会议提出的各项任务，全面推进城乡环境卫生建设和健康教育工作的开展。

1. 创建卫生城市活动深化发展　威海、杭州、苏州、无锡等一批城市加强基础设施建设，新建、改建垃圾卫生处理场，使全国城市垃圾无害化处理率由1989年的23%提高到25%以上，创造了良好的城市环境；深圳、大连等14个城市建立和健全各项城市卫生法规，依法治市，使城市卫生管理逐步走向科学化、法制化和经常化的轨道；长春等地抓基层树典型，开展行业系统卫生竞赛，命名“省级卫生先进单位”，军民共建卫生城市；为巩固创建成果，山东、江苏、四川、陕西省等城市提出新的目标要求，把“创建”活动向乡镇辐射延伸，开展创建卫生县城、卫生乡镇和卫生村庄活动，推动了农村环境卫生面貌的改善。经对威海、烟台等7个国家卫生城市，以及济南、广州等8个全国卫生城市进行抽查、调研，这些城市较好地巩固了创建成果，并有新的发展。

全国爱卫会根据江苏省申报，对江阴、张家港两市创建“国家卫生城市”工作进行考核、命名。目前，全国荣膺“国家卫生城市”称号的市已达13个。与交通部、铁道部、中国民航总局联合开展“窗口单位”考核验收、命名工作。命名上海港为“全国卫生港”；对大连、深圳等9个车站创建“全国卫生车站”及12对“全国卫生旅客列车”，3架“全国卫生客机”工作进行考评。完成《国家卫生城市检查考核标准实施细则》和《全国城市卫生检查评比标准》，为全国城市卫生评比和创建工作更科学、规范和制度化提供了依据。

2. 城乡除“四害”工作　城市病媒虫害防治工作取得进展，经全国爱卫会考核验收，杭州、广州、青岛、重庆4市和宁波、福州、厦门、天津4市分别荣获全国灭蝇、灭蟑螂先进城区称号。

鉴于鼠害日趋严重，流行性出血热呈现上升的趋势。国务院领导作出加强灭鼠工作的指示，农业部、全国爱卫会下达《关于加强农村灭鼠工作的通知》，要求抓住春秋两季的有利时机，在全国范围内打一场群众集体行动的灭鼠防病保粮的战役。

3. 农村改水出现新趋势　截止1994年底，全国改水受益人口达77 970.64万，占农村人口的84.78%。农村自来水建设有很大发展，自来水普及率不断提高。全国已建成各种类型的农村自来水厂(站)65万座，有37 004.58万人饮用自来水，占农村人口的40.24%。1994

年度全国增加自来水受益人口1 987.13万。全国已有250个县(区)实现了自来水化。新的趋势表明,农村改水工作已向兴建农村自来水方向健康发展。上海市所属的10个县和郊区的218个乡镇,555万农村人口饮用自来水的普及率达99.1%,在全国率先实现农村自来水化,受到全国爱卫会的奖励。

全国农村有近4 000万台手压机井,有22.62%的农村人口饮用手压机井水;改良水井、建水窖等其他改水形式受益人口占农村人口的21.9%。

世界银行贷款农村供水与环境卫生项目已进入良性运行,两年来已完成投资和配套资金分别占计划总数的16%和26.2%,完成供水工程21 407个子项目,受益人口达166.29万人。完成建厕9 846座,占总计划数的14%。第一次国际招标采购物资工作结束,采购资金比原计划节省463万美元。审批了甘肃、云南10份投资在200万元以上的大型供水工程设计。根据抓进度、上水平,抓管理、促效益的指导原则,为保证1994年度项目各项工作的落实,举办了世界银行项目县县长培训班,组织供水专家组对6个项目省(区)的供水工程规划设计、施工和水厂运行管理等进行考察及技术援助,提高了项目质量和进度。下发《中国农村供水与环境卫生项目、环境卫生设计建设管理办法》,并建立了供水工程数据库,规范和统一报表,加强了项目的基础性工作。

"民办公助,多方筹资"、"谁受益,谁出钱"是农村改水的方针和原则。据22个省统计,"八五"前三年(1991~1993)用于农村改水投资87.43亿元。其中,地方财政公助资金占19%,乡、村投资占32%,受益群众自筹占43%,其他占6%。

4. 农村改厕工作以点带面,重点推进　全国各省市农村改厕试点及推广工作正分阶段进行。改厕与能源相结合,改厕与血防相结合,改厕与扶贫相结合,改厕与奔小康相结合,促进了农村环境卫生的改善。河南省1994年新增改厕数122万余座,累计数突破500万座。湖北省60多个县(市),780多个乡镇,5 000多个村(组)开展改厕,共建各类厕所47万个,并表彰了34个农村改厕先进乡、镇(村)。江苏省苏南、苏中和苏北地区超额完成年度改厕任务达14.85万户,其中无害化户厕8.74万座。据首次进行的全国29个省(区、市)480个县(市)77万多农户的农村厕所与粪便处理背景调查表明,当前我国农村有厕率为85.6%,农村享有卫生厕所人口比率为8%以上,粪便处理率为48.5%,其中无害化处理率为17.9%,公共厕所合格率为9.4%。

开展农村改厕农民负担情况的抽样调查,以及城乡各类学校公厕、供水设施和环境卫生调查。吉林、湖北分别调查3 367户、2 923户农民,调查报告表明:85%和70%以上的农户有改厕粪管的强烈愿望;65%和53%以上的农户能承受或基本承受改厕资金。被调查多数领导认为改厕工作是农村卫生工作的重要内容之一,要求明确方针、政策,增加投入,调动广大群众的积极性。

5. 健康教育有发展　由全国爱卫会卫生部、广播电影电视部、农业部联合发起全国九亿农民健康教育行动(简称"行动")。"行动"围绕初级卫生保健,以农村主要问题为重点,以音像制品为教材,以县为单位,利用大众传播速度快、覆盖面广的优势,传播卫生知识,全国已确定试点县13个,并首批发放了含12项卫生知识录像带4 000盘。一个大规模的农民健康教育行动正在全国广大农村展开。与中国健康教育协会、中央人民广播电台联合举办《健康百话》节目。结合"世界无烟日"开展大众传播媒介宣传反对吸烟活动。

6. 加强爱国卫生立法　加强爱国卫生立法工作,使爱国卫生逐步纳入法制管理轨道,有法可依,依法行政已经引起了全国各地的重视,吉林、辽宁、山西等省陆续颁发《爱国卫生工作条例》。随着人们法制观念的增强,爱国卫生执法队伍壮大起来,河北省政府给爱卫系统颁发《卫生行政执法证》4 000个,唐山市政府批给市爱卫办15个专业编制,组成了爱国卫生执法队,上海市爱卫基层执法人员已达1 000多人,以法治市的局面正在形成。《爱国卫生工作条例》修定工作正在抓紧进行。

7. 科研评审工作　组织第三次(1988~1993年)全国爱国卫生科研成果评审工作,各协作组和各地共报成果126项,经专家评审委员会和专题评审组审评,评出部(委)级成果奖52项,其中一等奖5项,二等奖16项,三等奖31项,并进行了表彰。　　　　　　(陶　金)

【医药工作】　1994年医药工作以转变政府职能,转换企业经营机制,规范医药市场行为,提高经济效益,提高产品质量为重点,医药经济取得较好成绩。

1. 医药工业稳步增长　1990年以来,医药工业总产值以年均23.3%的速度增长,1993年开始增速趋缓,1994年一季度呈负增长,从4月份起,产销形势逐月好转。

全年工业总产值完成855亿元(1990年不变价,下同),比1993年增长14.9%。在工业总产值中:化学药品工业产值为575.2亿元,比1993年增长15.8%;医疗器械工业产值为61.7亿元,比1993年增长33.4%;卫生材料工业产值为12.11亿元,比1993年增长4.2%;制药机械工业产值为5.46亿元,比1993年增长−5%;药用包装材料工业产值为12.49亿元,比1993年增长47.4%;中成药工业产值为150.23亿元,比1993年增长5.6%;中药饮片工业产值为1.42亿元,比1993年增长0.3%。

医药工业销售总值为783亿元(可变价),产销率为93.8%;医药商业批发、零售总值为536.58亿元,年末商业库存值160亿元;实现工商利税105亿元,其中工业85亿元,商业20亿元。

主要产品产量:1994年化学原料药24大类产量为31万吨,比1993年增长15%;手术器械3 151万件,比1993年增长−13.7%;x光机为7 969台,比1993年增长

－12.5%。

2. 大中型国有医药工业企业和部分中外合资企业形势较好　现有大中型工业企业600余家，占全国医药工业企业的22%，但其总产值、销售收入和实现利税却分别占全国的65%、81%和91.3%。1994年全国按销售收入排序的最大500家工业企业中，医药行业9家榜上有名。一批大型骨干企业如华北制药厂、东北制药总厂、山东新华药厂、哈药集团、济宁抗生素厂、北京医用射线机厂等，不断深化企业内部改革，加速技术改造，逐渐适应市场经济要求，形成了较好的产品结构和自己的拳头产品，又有适度的经济规模以及较先进的技术，因此，能够承受激烈的竞争。一批早期兴办的医药"三资"企业，如西安杨森、无锡华瑞、苏州胶囊等制药公司发展很快，经济效益高，成为医药经济新的生长点。

大中型医药企业稳步发展的良好势头，具有品种、技术和管理优势的"三资"企业的迅猛发展，显示了规模经济和技术先进的优势，说明了"七五"以来医药行业所采取的大力支持大中型企业、发展规模经济和坚持兴办"三资"企业"新品种、新技术、外向型"的政策是完全正确的。

3. 发展医药"三资"企业，扩大医药产品出口　1994年兴办医药"三资"企业的势头甚猛，从1992年的412家、1993年的612家，增至1994年的近1 000家。积极鼓励有实力和优势的企业在国外投资合资建厂或设立销售网点。经对外经济贸易部和国务院港澳办公室批准，中国医药对外贸易总公司在香港成立了一个窗口公司。1994年医药商品出口交货值达120亿元，比1993年增长50%。原料药出口量第一次超过国内耗用量，这不仅是我国医药工业发展进程中的一个新的突破，也是我国医药积极参与国际市场竞争的一个新的开端。1994年出口额较高的前7名省市依次为：江苏、上海、辽宁、浙江、四川、山东、湖北。

4. 进行医药管理机构改革，进一步转变政府职能　国家医药管理局"三定"工作，从6月份国务院下达批准方案开始，到9月底结束。根据新的"三定"方案，国家医药管理局设8个职能司(室)和局机关党委，人员编制为180人。在新的"三定"方案中，国家医药管理局职能在两个方面得到了加强：一是强化了综合、协调、规划等宏观调控和行业管理职能；二是强化了对医药器械的行政监督职能。

根据国家的统一部署，地方政府机构改革已全面展开。9月份，国家经济贸易委员会针对医药商品的特点和医药市场混乱的实际情况，发出《关于稳定各地医药管理机构问题的通知》。广东、湖北、浙江、山东、安徽等省已明确将省医药管理局作为一级局列入政府序列。

5. 积极贯彻国务院《关于进一步加强药品管理工作的紧急通知》(以下简称《紧急通知》)　针对近年来医药生产经营秩序混乱，假劣药品严重危害人民健康问题，国务院于9月29日发出《紧急通知》，并召开全国贯彻落实《紧急通知》的电话会议。

为贯彻落实国务院《紧急通知》，国家医药管理局成立协调领导小组，下发《关于学习贯彻〈紧急通知〉的紧急通知》，与卫生部、国家中医药管理局密切合作，联合下发《关于贯彻〈紧急通知〉的意见》。11月中旬，国家医药管理局派出5个调查组，分别到山东、江西、辽宁等6省区19个地市6个县进行检查。

各地政府和医药主管部门结合医药生产经营企业"换证"工作，在全国范围内广泛地开展了医药市场的治理整顿工作。在一些地区已取得明显成效。例如山东省，到11月中旬已清理整顿了临沂、荷泽康庄两个药品集贸市场，226户违法经营药品者被吊销执照。内蒙古自治区查封了土右旗敕勒川医药市场，取缔非法经营户140余家。

6. 加强了质量管理工作　为促进制药工业GMP改造，经国家技术监督局批准，由卫生部、国家医药管理局等部门组成中国药品认证委员会。编印质量管理指南、粉针剂GMP指南。制定医药商业GSP验收细则。根据药品法等有关规定，1994年组织药品生产经营企业第三次换发"合格证"工作；进行《医药包装材料生产企业合格证》发放工作；完成了易折曲颈安瓿的推广工作。1994年组织医药产品监督抽查7个品种，合格率为68.5%。制定、修订医药产品标准和行业标准62项。

7. 医药科研教育工作　1994年建立以企业为主体的科技投入机制和技术中心工作取得新的进展。山东新华制药厂与中国药科大学共建新中新药研究开发中心，体现了科研与企业密切结合的方针，为解决新药研究资金问题开辟了新的途径。经国家经济贸易委员会批准，华北制药厂、天津中药集团公司、东北制药总厂等6家企业(集团)技术中心为国家级技术中心；组建清华大学医药工程研究中心等9个局级技术中心。

为提高新药研究水平，国家医药管理局成立了推行GLP(新药研究开发管理规范)委员会，制定了GLP实施指南。新药基金立项工作，对1993年征集的406个项目，经三级审评，确定43个项目为资助项目，并组织实施。1994年征集申请324项，正在组织审评。对1987～1993年新药基金资助的131个项目加强了管理，至1994年底，已取得新药证书正在试生产的有2项，通过审批进入临床的8项，处于临床前研究的82项，其余尚处于新药发现阶段。

1994年医药教育主要抓了教育结构调整，重点是培养高级科技人才和高级技术工人。在北京召开了全国医药教育先进集体、先进工作者表彰暨教师节大会，对全行业101个先进集体和103名先进个人进行了表彰，弘扬了尊师重教的优良传统。

医药行业面临的主要困难和问题：一是产品结构性矛盾越来越突出，新产品研究开发速度缓慢；二是企业生产成本上升，资金拖欠严重，企业亏损面增大；三是有些地方贯彻国务院〔1994〕53号文件不力，医药市场混乱问题仍然没有得到根本好转；四是药品价格不合理，进口药和“三资”企业药品价格过高。国有医药企业由于原辅料、能源价格不断上涨，特别是粮食和“三酸两碱”的大幅度涨价，而药品价格由于国家控制而不能随之上调，使企业难以承受。（郑国辰）

【1994年全国卫生事业发展情况统计公报】

一、卫生机构、床位、人员

1994年，全国卫生机构有所减少，医院床位增长速度放慢，卫生人员继续增长。

1. 卫生机构　全国各类卫生机构总数19.17万个，比1993年减少1 844个。全国医院6.79万个，比1993年增加7 073个，其中：县及县以上医院1.48万个，增加49个；乡卫生院增加6 905个。全国独立门诊部(所)10.60万个，比1993年减少9 177个，减少的主要原因一是由于调整统计口径，近7 000所无床乡卫生院计入乡卫生院而不再列入门诊部(所)，二是许多工业及其它部门所属门诊部(所)自行关闭或撤消。疗养院、所587个，减少13个；卫生防疫站3 611个，增加2个；妇幼保健所、站2 857个，增加66个；药品检验所(室)1 990个，增加13个；医学科研机构437个，增加1个。

全国高等医药院校132个，在校生24.27万人，毕业生6.53万人。中等医药学校551个，在校生36.47万人，毕业生8.17万人。

2. 医院床位　1994年，全国医院床位总数为283.15万张，比1993年增加3.67万张，增长1.31%。平均每千人口医院床位数2.41张。

3. 卫生人员　1994年，全国卫生人员总数达530.70万人，比1993年增加9.16万人，增长1.76%。其中：卫生技术人员419.92万人，增加8.22万人。卫生技术人员中：高级技术人员(师级)增加16.01万人；中级技术人员(士级)减少5.65万人；初级技术人员减少2.15万人。

1994年，全国医生数188.22万人(内：医师142.54万人)，护师(士)数109.35万人。平均每千人口中：医生数1.60人(内：医师1.21人)；护师(士)数0.93人。

4. 农村三级医疗卫生网的发展情况　1994年，全国有县医院2 062所，平均每所医院有床位数175张、医生65人、护师(士)66人；县卫生防疫站1 777所，平均每站卫生技术人员38人；县妇幼保健所1 625个，平均每所卫生技术人员23人。

1994年，全国乡卫生院5.19万个(其中无床乡卫生院6937个)，比1993年增加0.69万个；床位数73.24万张，增加1 562张；人员数102.95万人，增加8.31万人。平均每所乡卫生院有16张床位、23人。

1994年，全国无医疗点村数8.21万个，占行政村数的11.2%，其比重比1993年增加0.3个百分点；平均每村设置的医疗点1.11个，平均每村乡村医生和卫生员1.81人。

二、医院工作

1. 诊疗人次数　全国医院总诊疗人次数为22.42亿次，与1993年相比基本持平，其中：门、急诊人次数为21.24亿次。

分县及县以上、乡、其他三类医院诊疗人次数：县及县以上医院总诊疗人次数12.25亿次，其中：门、急诊人次数11.44亿次；农村乡卫生院总诊疗人次数9.73亿次，其中：门、急诊人次数9.38亿次；其他医院总诊疗人次数0.44亿次，其中：门、急诊人次数0.42亿次。

县及县以上医院总诊疗人次数占全国医院的54.64%；农村乡卫生院总诊疗人次数占43.40%；其他医院总诊疗人次数占1.96%。

分卫生部门、工业及其他部门、集体所有制、私人开业及其他四类县及县以上医院诊疗人次数：卫生部门医院总诊疗人次数7.75亿次，其中：门、急诊人次数7.47亿次；工业及其他部门医院总诊疗人次数4.17亿次，其中：门、急诊人次数3.65亿次；集体所有制医院总诊疗人次数0.32亿次，其中：门、急诊人次数0.31亿次；私人开业及其他医院总诊疗人次数0.01亿次；其中：门、急诊人次数0.01亿次。

全国医院提供的平均每一居民全年总诊疗次数约为1.9次，其中：门、急诊次数约为1.8次。

2. 入院人数　全国医院入院人数约为4 992万人，比1993年增加71万人。每百总诊疗人次入院人数为2.2人，每百门、急诊人次的入院人数为2.4人。

分县及县以上、乡、其他三类医院入院人数：县及县以上医院入院人数3 045万人，每百总诊疗人次的入院人数2.5人，每百门、急诊人次的入院人数2.7人。分卫生部门、工业及其他部门、集体所有制三类县及县以上医院的入院人数：卫生部门医院入院人数2 344万人，每百总诊疗人次的入院人数3.0人，每百门、急诊人次的入院人数3.1人；工业及其他部门医院入院人数658万人，每百总诊疗人次的入院人数1.6人，每百门、急诊人次的入院人数1.8人；集体所有制医院入院人数42万人；私人开业及其他医院入院人数2万人。

农村乡卫生院入院人数1 913万人，每百总诊疗人次的入院人数2.0人，每百门、急诊人次的入院人数2.1人；其他医院入院人数34万人。

县及县以上医院入院人数占全国医院的61.00%；农村乡卫生院入院人数占全国的38.3%；其他医院入院人数占全国的0.68%。

全国医院提供的平均每万人口入院人数约为425.4人。

3. 病床使用　全国县及县以上医院病床使用率为69.0%，比1993年略有下降；农村乡卫生院40.5%；其他医院57.1%。

县及县以上医院中：卫生部门医院病床使用率72.1%；工业及其他部门医院62.0%；集体所有制医院57.8%；私人开业及其他医院84.1%。

病床使用率较高的卫生部门医院有：地(市)及以上所属综合医院，其中：卫生部属医院89.9%；省、自治区、直辖市属医院87.5%；直辖市区、省辖市、地区(州、盟)属医院83.4%;医学院校附属医院88.6%;精神病院85.3%;肿瘤医院91.9%;骨科医院81.7%。

卫生部门其他医院(包括县医院)病床使用率大多在70%以下。

4. 平均住院日 全国县及县以上医院出院者平均住院日为15.0天;农村乡卫生院为4.6天;其他医院为20.3天。

县及县以上医院中:卫生部门医院出院者平均住院日为14.5天;工业及其他部门医院为16.5天;集体所有制医院为14.8天;私人开业及其他医院为19.9天。

5. 医疗费用 1994年,卫生部门县及县以上综合医院平均每一门、急诊人次医疗费用29.6元,其中药费占64.2%;平均每一出院病人住院医疗费用1 273.0元,其中药费占52.6%,检查治疗费占24.4%。

分类卫生部门县及县以上综合医院的医疗费用情况:卫生部属医院平均每一门、急诊人次医疗费用60.2元,其中药费占68.3%;平均每一出院病人住院医疗费用3 929.0元,其中药费占55.1%,检查治疗费占20.7%。

省、自治区、直辖市属医院平均每一门、急诊人次医疗费用48.3元,其中药费占65.0%;平均每一出院病人住院医疗费用3 079.0元,其中药费占52.0%,检查治疗费占24.0%。

直辖市区、省辖市、地区(州、盟)属医院平均每一门、急诊人次医疗费用33.6元,其中药费占64.0%;平均每一出院病人住院医疗费用1 721.0元,其中药费占51.3%,检查治疗费占26.1%。

省辖市区、地辖市属医院平均每一门、急诊人次医疗费24.9元,其中药费占64.7%;平均每一出院病人住院医疗费用1 038.0元,其中药费占53.0%,检查治疗费占24.5%。

县(旗)属医院平均每一门、急诊人次医疗费用18.1元,其中药费占62.4%;平均每一出院病人住院医疗费用632.0元,其中药费占54.4%,检查治疗费占23.2%。

三、居民病伤死亡原因 1994年,居民病伤死亡原因年报资料统计范围包括19个省、自治区、直辖市的34个市(区)和101个县。

1. 居民死亡率 1994年,城市地区居民死亡率为5.87‰,其中:男性为6.28‰,女性为5.44‰。大城市居民死亡率为6.23‰,其中:男性为6.64‰,女性为5.79‰。中、小城市居民死亡率为4.59‰,其中:男性为4.99‰,女性为4.15‰。农村地区居民死亡率为6.39‰,其中:男性为6.90‰,女性为5.86‰。一类农村地区居民死亡率为6.50‰,其中:男性为7.02‰,女性为5.97‰。二类农村地区居民死亡率为6.27‰,其中:男性为6.76‰,女性为5.77‰。三类农村地区居民死亡率为6.79‰,其中:男性为7.53‰,女性为5.98‰。

2. 死因顺位 1994年,城市地区前十位死因顺位为:①脑血管病129.58/10万;②恶性肿瘤128.08/10万;③呼吸系病94.40/10万;④心脏病87.94/10万;⑤损伤和中毒39.54/10万;⑥消化系病20.58/10万;⑦内分泌、营养和代谢及免疫疾病13.07/10万;⑧泌尿、生殖系病8.87/10万;⑨精神病7.01/10万;⑩神经病5.09/10万;前十位死因合计占死亡总数的91.04%。

农村地区前十位死因顺位为:①呼吸系病161.57/10万;②恶性肿瘤105.53/10万;③脑血管病104.53/10万;④损伤和中毒76.69/10万;⑤心脏病66.55/10万;⑥消化系病30.89/10万;⑦新生儿病985.20/10万;⑧肺结核11.36/10万;⑨传染病(肺结核除外)9.21/10万;⑩泌尿、生殖系病8.44/10万。前十位死因合计占死亡总数的91.73%。

3. 恶性肿瘤死亡率 1994年,城市地区恶性肿瘤死亡率为128.08/10万,其中:男性为156.01/10万,女性为98.68/10万。大城市恶性肿瘤死亡率为136.75/10万,其中:男性为165.11/10万,女性为107.12/10万。中、小城市恶性肿瘤死亡率为97.23/10万,其中:男性为124.18/10万,女性为68.05/10万。

农村地区恶性肿瘤死亡率为105.53/10万,其中:男性为128.50/10万,女性为81.65/10万。一类农村地区恶性肿瘤死亡率为140.83/10万,其中:男性为174.71/10万,女性为106.27/10万。二类农村地区恶性肿瘤死亡率为84.61/10万,其中:男性为101.14/10万,女性为67.22/10万。三类农村地区恶性肿瘤死亡率为42.53/10万,其中:男性为52.58/10万,女性为31.64/10万。

(卫生部统计信息中心)

【卫生改革综述】 1994年卫生改革以抓住机遇,深化改革,扩大开放,促进发展,保持稳定为指导方针,继续贯彻落实卫生部〔1992〕34号文件精神,在保持卫生改革政策连续性的基础上,对一些难点、热点问题进行探索和试点,促进卫生改革向深层次发展。

各地继续进行卫生管理体制的改革,进一步转换医疗卫生单位的经营机制,在坚持以公有制为主体的办医形式基础上,逐步形成集体、个体、联营、股份制、独资、合资多种所有制卫生机构并存发展的所有制结构。各地进行股份制或股份合作制办医院的尝试并取得成效,如广东省普遍实行“一院两制”、“一院多制”和兴办中外合资医院、股份制医院和私立医院,1994年批准开办规模较大的中外合资医院6所,股份制和私立医院各1所。湖南省在部分城市医院试行全民带集体、股份合作、中外合资等办医形式。怀化地区第一人民医院兴办股份制肿瘤防治中心;长沙市第一医院与市直属几家医院合资创办股份制磁共振中心。华容县在全县农村卫生院普遍实行股金合作制。江西省宜春地区颁发《宜春地区乡镇卫生院股份合作制试行办法》后,樟树市24家城乡医院及250个村卫生所开展全员入股,人均投股200元,共吸纳股金50多万元。河北省对一些长期亏损的乡卫生院进行股份制和租赁制改造,使卫生院扭亏为盈。甘肃省探索股份制改造医院，酒泉地区人民医院采取职工入股、医院入股和银行贷款等方法，筹资160多万元，创办一所股份制医院。为满足社会需求，各地继续开展多层次多形式医疗卫生服务，在保证基本医疗服务的前提下，有组织地开展特需服务。湖北省武汉市于1993年发出《关于卫生系统开展特需医疗卫生服务的通知》后，1994年继续贯彻执行，特需服务取得社会效益和经济效益。湖南省卫生厅会同省物价局联合制定《湖南省特殊医疗服务管理办法(试行)》，规定开展特殊医疗服务的基本原则、项目、条件和质量标准，明确审批程序和监督管理办法，实行价格放开的特殊政策。至10月底止，全省有63所县以上医院增设了包括点名手术、专家门诊、特殊护理、整形美容、药膳、温馨病房、康乐待产等项目在内的特殊服务。广东省的特需服务扩展到医疗、卫生、保健、康复、美容、咨询和家庭服务等多层次、多领域，提高了综合效益，1994年全省特需服务的收入占业务收入的比重达到30%以上。福建省制定特需医疗收费项目管理办法，规范医疗卫生特需服务管理。

1994年，上海市医院医疗收费试行“总量控制，结构调整”。在目前国家投入严重不足(国家对医疗单位的投入仅占医院总收入的10%左右)，且技术劳务收费比较低的情况下，医疗机构的补偿来源主要靠卖药品和拼设备，其中追求药品加成收入最为突出。1993年上海医疗单位总收入40亿元，其中25亿元是药品收入，占62.5%，15亿元是劳务收入，包括门诊、挂号、住院、检查费等在内。为了有效地遏止迅猛上涨的医药费用，将医药总费用增长速度控制在与上海市经济发展和政府、企业承受能力相适应的范围内，同时又达到增加技术劳务收入，降低药品收入的比重，合理调整医疗收入结构，使医院进入良性循环运行的目的，上海市财政、物价、卫生三局共同下发《上海市医院医疗费用实行“总量控制、结构调整”》改革方案，从1994年7月1日起在全市执行。方案规定，全市各级医院1994年6～12月的医疗费总收入控制在比1993年同期递增24%的水平以下，其中药品收入限于比1993年同期增长15%以下。增设门诊、住院诊疗费和护理费，提高放射、化验、推拿、针灸等技术劳务项目收费，降低CT、磁共振检查收费标准。改革方案的实施，收到较好效果，推进了医院内部管理，促进了医德医风建设，使乱开药、乱检查、乱收费状况有所改善，增加了医务人员的费用意识，推动了劳动分配制度的改革，特别是增设门诊住院诊疗、护理费后，将门诊住院诊疗费的50%直接用于分配，体现了医务人员的技术劳务价值，调动了积极性。

各地在主动适应市场经济需要，制定合理适度的医疗卫生服务价格，进一步体现技术劳务价值方面进行探索。如广东省出台新增加的收费项目和标准18项；对涉外医疗收费重新作统一规定；对计划生育手术收费进行调整。省人大常委会通过决议，把医疗收费从原来纳入行政事业性收费管理范畴中划出，另行制定医疗收费管理办法，由省政府颁布实施。四川省1994年上半年出台医疗收费调整方案，共调整医疗收费184项，调整面为63%，上调幅度达44%，并重点调整了技术劳务收费标准。江西省1994年调整卫生防疫收费标准530项，新增医疗收费项目14项。

医疗制度改革是卫生改革中的重要方面，改革的目标是建立社会统筹医疗基金与个人医疗帐户相结合的社会保险制度，并使之逐步覆盖城镇所有劳动者。国务院成立医疗制度改革领导小组，国家体改委、财政部、劳动部、卫生部于1994年4月联合发布《关于职工医疗制度改革的试点意见》，其中规定了改革的目标、基本原则、主要内容、试点的有关政策、试点工作的组织领导等问题。国务院确定，江西省九江市和江苏省镇江市为国务院职工医疗制度改革试点城市。目前两市已分别制定了职工医疗制度改革试点方案及其配套措施，并经国务院批复于12月正式开始实施。在国务院进行改革试点工作的同时，许多地区根据四部委确立的职工医疗制度改革的目标、原则、内容，结合本地的实际，开展改革试点或试点准备工作。山西省制定《山西省公费医疗制度改革方案》，已经过省政府原则通过；甘肃省卫生厅会同省体改委、财政厅制定《甘肃省省级公费医疗改革意见实施办法(试行)》，经省政府批准后于10月开始实施；山东省卫生厅配合劳动、财政部门进行企业劳保医疗和公费医疗制度的改革；安徽省出台“公费医疗经费以医院管理为主”的管理办法；福建省政府已多次研究论证《福建省级机关公费医疗改革暂行管理办法(方案)》，全省已有23个县(市)试行多种形式的职工医疗保险管理试点，有20个地、市、县政府出台了公费医疗管理办法；广东省于7月开始实施《省直单位及广州市公费医疗制度改革方案》，改革进展顺利，省直单位7～10月份月人均医疗开支122.25元，比改革前的1～5月份月人均医疗开支137.37元下降了11.01%。

(支峻波　马晓月)

【全国卫生改革研讨会】 卫生部于1994年10月18～21日，在桂林召开。会议总结近年来卫生改革的进展。全国各地在开拓卫生投入渠道、改善经费补偿机制和进一步完善内部管理体制、转换经营机制、探索新的管理模式等方面进行了实践。各地适应市场经济需要，向社会提供多层次医疗保健服务。农村的三级医疗预防网及合作医疗制度也不同程度地得到加强。沿海地区试办了一批中外合资医院、私立医院和股份制合作制医院，并取得初步效益。会议分析了卫生事业发展面临的新的矛盾。国家对医疗卫生机构的补贴有限，而医疗服务收费标准，特别是常规的技术性劳务的收费标准远远低于成本，医疗单位一方面按照“福利”价格向社会提供医疗服务，另一方面要按照市场价格支付各项开支。医疗卫生服务无论是机构布局、服务供给结构，还是补偿结构等，均已不适应社会主义市场经济的要求。尤其在补偿结构中，从总体上看，目前财政补偿与服务收费补偿的比例为1∶9,这表明卫生事业已主要通过医疗机构的服务收费补偿来发展。同时,医疗单位的创收补偿又与正在进行的医疗保险制度控制费用的改革产生矛盾。会议提出,只有主动适应市场经济,深化改革,才是卫生事业发展的唯一出路。既要运用市场经济的一般规律,又要考虑我国正处于由计划经济向市场经济转轨的特殊历史阶段和市场的各种要素发育不完善的特点,研究卫生事业在新经济体制条件下的地位和作用,调查不同人群、不同层次的医疗保健服务需求,研究"主动适应"的具体政策和措施。在以政府投入作为卫生投入主渠道的前提下,各地要调整卫生事业结构,积极探索适合当地医疗卫生服务需求的所有制实现形式,拓宽投资补偿渠道,推进卫生改革向深层次发展。

(傅兴治)

【镇江市和九江市医疗制度改革试点启动】 1994年4月22日经国务院研究确定江苏省镇江市和江西省九江市(以下简称"两江")作为国务院职工医疗制度改革试点城市。国务委员彭珮云与有关部委负责人4月份赴九江、镇江市召开现场办公会。国务院决定由卫生部和劳动部分别牵头,有关部委参加的"两江"试点工作联络组,具体负责两个城市的医疗制度改革工作的指导、协调。九江、镇江两市分别成立职工医疗保险制度改革领导小组,设立专门的工作班子开展工作,按照国家体改委、财政部、劳动部、卫生部联合发布的《关于职工医疗制度改革的试点意见》,分别制定《镇江市职工医疗制度改革实施方案》和7个配套措施,《九江市职工医疗社会保险暂行规定》和7个配套细则,10月份国务院在镇江市召开医疗保险实施方案的专家论证会。经国务院11月18日批复,镇江市于12月9日,九江市于12月18日正式启动实施。 (乔勤增)

【纠正行业不正之风工作】

1. 1994年1月10日卫生部召开全国卫生系统进一步反腐倡廉,纠正行业不正之风(以下简称"纠风")电话会议。会议明确了1994年"纠风"工作的重点:继续解决群众反映强烈的"红包"问题;狠刹"回扣"风;清查乱收费问题;加强对特需医疗服务的管理。并提出了五点要求和年内达到的阶段性目标:患者对医疗质量的信任度达到90%,对医护人员服务态度、技术水平的满意度达到80%,行风问题的查结率达到80%。

2. 理顺"纠风"领导体系。增补殷大奎副部长和驻部纪检组长张凤楼为部"纠风"领导小组副组长。明确医政司、药政局、卫生监督司等各业务主管部门要抓好本系统的"纠风"工作,部纠风办负责督促、检查、协调、指导。

3. 开展职业道德建设工作。自1993年5月至1994年4月在吉林、广东(广州和佛山)、北京、天津和湖南医科大学所属医疗机构进行职业道德建设工作试点。4月卫生部委托试点省(市)卫生厅(局)对22个试点医院进行考核评估,除个别单位外,试点医院干部职工受教育面都在95%以上,患者对医院的综合满意度均达到85%以上,收受患者钱物的行为发生率在1%以内,无一例暗示、索要钱物的行为,各项指标都达到了卫生部试点方案规定的要求。

1994年6月卫生部在安徽召开全国卫生系统职业道德建设工作会议。会议总结职业道德建设试点工作,决定在全国地市级以上医疗机构全面开展职业道德建设工作,在药政药检、卫生监督、国境卫生检疫等部分执法部门进行试点。1994年10月至1995年10月为一个工作周期。会议要求各级卫生部门充分认识卫生行业职业道德建设的重要性和特殊性,在坚持思想教育的同时,注重制度建设,探索在深层次解决行业不正之风的有效途径。会后,下发医疗、药政药检、卫生监督、国境卫生检疫四个部门《职业道德建设工作方案》。

4. 抓热点问题和薄弱环节。①针对收受"红包"等问题,卫生部强调在医院等级评审和各单位综合目标管理中,医德医风先行考核评估,未达到规定的标准即"一票否决"。湖南、黑龙江、浙江、河北等十几个省市重新修订颁发《违反职业道德的处罚规定》等文件。很多省市抓住问题线索,追查到底,一经核实,严肃处理。②针对采购药品中的"回扣"问题,卫生部转发吉林省卫生厅《关于卫生系统商品采购管理办法(试行)》和《关于医疗卫生服务中"回扣"管理的规定》。1994年杭州地区又查处一批医疗单位药品采购人员受贿案件,涉及该省卫生系统13家医院21人,金额合计32万余元。为此驻部纪检组发出通报,要求各地卫生部门加强这方面的监督和管理。③各级卫生部门明令禁止向外院介绍病人收取"回扣",做检查给开单费等各类不正当的回扣,目前此类问题已基本遏制。④各地治理超标准收费,加强对特需医疗服务财务管理,也取得成效。

年末,各地卫生部门对行业作风状况进行摸底调查。调查采取卫生部和29个省、区、市卫生厅(局)两级随机抽取样本医院的方法,共抽取208所地市级以上医院的62 000余份病人样本进行问卷调查。其中门诊、住院、出院病人各1/3。汇总分析结果:病人对医护人员的服务态度、技术水平、医疗、护理措施等七项指标的综合满意度为87.38%,反映医务人员收受病人钱物的占调查总数的0.5%,反映医务人员有暗示、索要行为的占调查总数的0.64‰。行业不正之风问题的查结率为92%。

5. 北京地区被列为"纠风"工作的重点。3月举行卫生部、解放军总后卫生部、北京市联席会议,确定分头抓好本系统的行业作风,讨论制定年内达到的阶段性目标。会后,三大系统分别召开动员部署大会,强调北京地区卫生系统要在医德医风方面起表率作用。11月卫生部会同北京市卫生局,由陈敏章部长、孙隆椿、殷大奎副部长、张凤楼组长分别带队,检查北京友谊医院、天坛医院、市第六医院、北京医科大学附属人民医院、阜外医院、北京铁路总医院等6所医院的“纠风”工作。

（唐晓音）

【卫生法制建设】 在卫生立法方面，1994年10月27日第八届全国人民代表大会常务委员会第十次会议通过《中华人民共和国母婴保健法》，填补了我国妇幼卫生立法的空白。2月26日国务院令第149号发布《医疗机构管理条例》，8月23日国务院令第163号发布《食盐加碘消除碘缺乏危害管理条例》。卫生部陈敏章部长发布中华人民共和国卫生部令第35号至38号，它们是《医疗机构管理条例实施细则》、《医疗机构监督管理行政处罚程序》、《预防用生物制品生产供应管理办法》和《核事故医学应急管理规定》。

加强卫生执法监督检查，组织《中华人民共和国传染病防治法》执法检查。在各省、自治区、直辖市自查的基础上，由卫生部、全国人大和国务院法制局对各大区进行抽查，评选出60多个执法先进集体和先进个人，并予以表彰。

加强卫生立法人员培训，中国卫生法学会与中国预防医学会联合举办卫生法律培训班，就医疗纠纷及事故处理、医疗机构管理等问题进行理论上和实践上的研讨，为法规的执行和修订奠定基础。

1994年是“二五”普法实施阶段的最后一年。各地按照中宣部、司法部的要求完成了规定的学习内容，1995年将转入检查验收阶段。

（何昌龄）

公共卫生与疾病防治

【疾病控制工作】

一、贯彻《传染病防治法》，加强传染病防治工作 1994年是《中华人民共和国传染病防治法》颁布实施五周年。从8月开始，全国各地开展贯彻《传染病防治法》执法监督情况自查活动。经国务院同意，卫生部与国务院法制局、全国人大常委会法工委、全国人大科教文卫委员会、全国政协医卫体委员会等有关部门联合组成中央检查组分别于11月20～25日对吉林、河北、江苏、湖南、云南、甘肃六省的《传染病防治法》执法情况进行抽查，通过此项活动宣传推动《传染病防治法》的贯彻落实。以预防控制霍乱为重点，做好救灾防病和主要传染病的防治和疾病监测工作。根据全国疫情报告统计，1994年全国共报告甲、乙类传染病2 147 451例，死亡4 510例，累计发病数比1993年上升2.78%，发病率比1993年上升1.5%左右，虽然上升幅度不大，但这是1974年以来全国甲、乙类传染病总报告发病率的首次上升。1994年在24个省、自治区、直辖市共发生霍乱病例34027例，死亡287例。1994年是1990年以来的又一个大灾之年，广东、广西、江西、湖南、浙江、江苏、福建、四川等省、区先后发生洪灾或强台风灾害，在客观上有利于霍乱流行，也给防治工作带来难度。卫生部制定救灾防病预案，建立重点省市救灾防病期间五日疫情报告制度。国务院于9月5日召开全国卫生防疫工作会议，罗干国务委员对全国霍乱防治工作提出明确要求，陈敏章部长对防治工作作具体部署。各地分别召开专门会议或电话会议，作具体部署和落实防治措施。经全国卫生防疫人员的努力，使大灾之年的疫情控制在低水平上，霍乱的疫情也得到控制。

12月底卫生部在太原召开扩大乙肝疫苗免疫在农村地区试点会议，进一步对乙肝疫苗供应渠道进行规范，继续扩大和推进新生儿乙肝疫苗免疫在农村地区试点的范围。

加强各地的出血热、钩端螺旋体病、乙型脑炎、流行性脑膜炎等传染病的监测，防止在农村地区发生大的暴发流行。加强艾滋病的监测和监测系统的建设，有针对性地开展宣传、培训工作，完善有关艾滋病法规和政策，加强对重点地区、重点人群的监测组织和管理。进一步密切与有关部门的协作，调动社会各界参与艾滋病预防控制活动。

二、继续以消灭脊髓灰质炎（以下简称“脊灰”）为重点，全面促进计划免疫工作的进一步巩固与发展 根据全国传染病报告系统统计，截至1994年底全国“脊灰”发病365例，较1993年下降30.2%，经国家级实验检测报告，全国各地送检的220份阳性粪便标本中，分离出6株野病毒株，病例分布在22个省180个县中。重点高危地区的广东、福建、海南、云南、青海、贵州、新疆7省份在九、十月份开展全省或局部地区再次强化免疫活动，进一步控制疫情和野病毒株的传播。苏、鲁、豫、皖、冀五省举行消灭“脊灰”联防工作会议，总结省际间交流信息、互通情报、加强合作及人员培训等方面的经验，推动区域联防工作。卫生部和全国计划免疫协调小组于1994年10月24日共同组织召开全国消灭“脊灰”开展第二次全国强化免疫日活动动员电话会议，国务委员彭珮云到会并讲话。李鹏总理参加了1994年12月5日在北京的强化免疫活动。

三、结核、麻风病防治工作有进展 从1991年实施的12省结核贷款项目进展良好，项目已覆盖912个县，占项目地区总县数的75%，覆盖人口4.3亿，占应覆盖人口的75%，对138万疑似病例进行检查，累计发现和登记传染性肺结核病人236433例，治愈率达到90.9%。项目配套经费的落实也有进展，河北、辽宁、山东、湖北、广东、海南、甘肃、宁夏、新疆等省(区)已全部落实省级配套经费。由财政部和卫生部共同安排的"卫生部加强和促进结核病项目"于1993年底在9个省采取分期分批、滚动式覆盖的方法实施。到1994年6月底第一批的65个县已发现和登记传染源4200多例,其中77.7%为新发现初治病人。

四、寄生虫病防治工作 10月在安徽合肥召开全国寄生虫病防治工作会议,检查《全国寄生虫病防治"八五"规划》、《全国疟疾防治"八五"规划》、《全国包虫病防治"八五"规划》贯彻落实情况和总结寄生虫病防治工作经验,研究、分析寄生虫病防治工作面临的形势与任务,讨论寄生虫病防治工作"九五"规划(草稿)。并在此次会议上宣布中国已实现基本消灭丝虫病的目标。

五、卫生防疫机构、队伍的管理 在厦门召开的1994年全国卫生防疫工作会议上,卫生部提出要正确处理卫生防疫机构管理在改革、发展与稳定之间的关系,当前卫生防疫机构管理的主要任务是稳定卫生防疫机构与队伍,继续组织制定《全国卫生防疫站等级审评办法和省、地、县卫生防疫站等级评审标准》,通过实施全国卫生防疫工作规范和开展卫生防疫站等级评审,促进和推动卫生防疫工作走上规范化、标准化、制度化、科学化管理。卫生部在上海召开卫生防疫系统档案管理现场经验交流会议暨计量认证研讨会,上海市卫生防疫站档案管理达到国家一级标准。

开展三峡工程及库区卫生防病工作调查并制定《三峡工程及库区卫生防病工作预案》、《三峡工程及库区卫生防病工作实施方案》及《三峡工程及库区的卫生与疾病监测点设点方案》。

六、疾病控制方面的国际交流与合作取得进展 中国政府与欧共体合作的艾滋病、性传播疾病的预防与控制项目取得进展。联合国儿童基金会、日本国际协力事业团、香港儿童基金委员会援助购买疫苗,支持中国的强化免疫活动,赠款达500多万美元。日本政府为支持该项目的执行,另增加100多万美元的疫苗储存、运输等冷链项目。世界银行贷款卫生Ⅶ项目(疾病控制项目)已通过立项、准备等程序,进展顺利。

(戴志澄)

【卫生监督工作】

一、统一认识,加快卫生监督体制改革 截至1994年,有15个省、市开展了卫生监督体制的改革试点。全国卫生监督体制改革的形势和动态主要特点有:①强化政府卫生行政部门依法实施公共卫生监督和综合管理职能,发挥现在公共卫生机构和队伍的作用,逐步朝着建立具有中国特色、与我国社会经济发展水平及社会主义市场经济体制相适应、符合法制化原则的卫生监督体制方向发展。②改革逐步深化,围绕加强执法力度、健全运行机制和提高卫生执法社会效果等更深层次进行。山西、北京、上海、辽宁、黑龙江、浙江等省、市已逐步形成较系统的卫生监督体制改革思路和设想,等待卫生部卫生监督改革方案出台后全面组织实施。③主动争取社会各方面的支持和协作。不少地方卫生部门与工商等部门开展联合执法,取得良好的效果。探索卫生部门与监察、司法等部门配合,建立卫生执法执行室及类似措施,加大监督执法力度。④卫生行政部门转变职能,参与卫生监督执法。上海市卫生局1994年改组卫生监督办公室,由主管卫生局长担任办公室主任,加强了卫生监督执法的综合协调能力,提高了卫生监督的整体社会形象和权威性。山西、北京、浙江、安徽、辽宁等卫生厅(局)向政府反映并解决卫生监督工作中的问题,使卫生监督工作局面很快打开。

二、加快公共卫生立法制度步伐 针对卫生监督执法实践中存在的问题,对现行公共卫生法律、法规中不适应社会主义市场经济体制建设的规定和条款进行清理。卫生部发布《核事故医学应急管理规定》,配合国务院法制局对《食品卫生法》草案及《职业病防治法》草案作进一步修改完善。

1994年度,已经颁布的食品卫生标准179项,颁布农药残留标准15项,提前完成了"八五"规划要求。颁布各类食品厂的卫生规范(GMP)16个。经全国卫生标准技术委员会评审通过待颁布的各类卫生标准127项。

三、卫生监督执法力度进一步加强 1994年卫生部组织审查并批准特殊用途化妆品106种,进口化妆品1840种,批准试生产的新资源食品58种,产品质量较前有所提高。各地加强卫生监督执法,据全国23个省的统计报告,1994年度,五大卫生实际监督户数3 761 437户(不包括劳动卫生),合格户数3 031 537户,合格率为80.6%。处罚384 462户次。卫生部与国家技术监督局联合组织保健食品市场抽检和全面调查研究工作,为保健食品立法和加强卫生监督管理积累材料。现已完成管理办法及保健食品保健作用检测程序及一批检验方法的研制。加强对放射性事故的监督管理和个人剂量监测管理工作,表彰一批放射防护工作先进单位和个人。为加强辐照装置的放射卫生监督,卫生部按照《γ辐照加工装置卫生防护管理规定》的要求,对设计装源活度5.5×10^{16}贝可(150万居里)的青岛辐照中心进行放射防护审查验收,并批准正式运行。一些省市参照全国卫生监督执法大检查的做法,继续开展本地的执法检查。如:山西省结合1994年一些地方发生的水灾和霍乱流行,加大卫生监督执法力度,组织本省范围内的综合性的卫生监督执法检查。各地加强与新闻媒介的联系,发挥舆论和社会监督的作用。

四、探索健全卫生监督内部各项管理制度和制约措施,提高卫生监督执法水平 1994年卫生部举办各种专业学习班20个,为提高卫生监督员的政治素质,起草《卫生监督部门职业道德建设试点方案》,并在浙江、山西、辽宁进行试点。参照国务院对公务员的要求,卫生部正在制订《卫生监督员考试、考核、培训规范》,各地也逐步按照卫生部制定的监督员管理办法进行监督员考试聘任。为加强卫生监督实验室的管理，提高卫生监督出证质量和技术仲裁能力，1994年卫生部开始探索建立实验室认定制度。首先对劳动卫生检测实验室进行试考核，初步结果是，60%的实验室基本达到考核要求。有关实验室认定措施正在制定中。

五、项目和试点工作取得进展

1. 为履行国际营养大会上中国政府所做的承诺，提高全民营养水平，卫生部会同有关部门草拟《90年代中国营养改善行动计划》，举办国家级营养学习班，邀请国际组织代表参加我国营养行动计划的制定与讨论。完成全国第三次营养调查总结工作。

2. 乡镇工业职业卫生服务对策试点项目已按照计划完成中期小结，开始向社会推荐职业危害治理的先进典型和适宜技术，并将有关试点工作系统向国际介绍，邀请国外专家来华讲学，吸收其他国家的成功经验。加强核事故医学应急准备工作，卫生部医学应急中心建设进展顺利。为指导社会做好核事故医学应急救援，成立国家核事故医学应急救援专家组和顾问组，组织开展救援演习，参加全国核事故应急工作研讨会和核电站应急工作评估。做好学生常见病防治试点工作，卫生部制定《试点地区学生常见病防治工作考核标准》，与国家教委等部门联合颁布《1995年全国学生体质监测方案》，与学生营养促进会协作，推进和指导学生营养午餐工作。

六、当前卫生监督中存在的主要问题 从全国情况看，我国公共卫生状况差的局面还没有根本转变。许多新的公共卫生问题和健康危害隐患不断暴露，一些地方公共卫生质量下降的问题已严重影响了投资环境和经济的持续、稳定、健康发展。食品卫生令人担忧，1993年全国食品卫生合格率较1992年有所下降，1994年合格率为82.16%，虽较1993年略有提高，但仍停留在1992年的水平上，没有明显的提高。食物中毒屡有发生，1994年食物中毒的人数和造成死亡的人数均高于1993年。街头食品卫生问题突出。近年来，放射性事故增多，对人民健康构成长期潜在威胁。职业危害十分严重，老的问题尚未解决，新的职业危害又大量出现。与传染病的发生关系密切的生活饮用水、公共场所卫生亟待加强。造成公共卫生状况差的原因之一，是各项公共卫生法律、法规贯彻实施尚未真正落到实处，公共卫生法律体系不完善，有法难依和无法可依的情况并存。社会对卫生监督工作的重要作用缺乏认识，法制观念淡薄。部门之间职能交叉，互相掣肘。卫生监督体制不顺，监督执法经费短缺。卫生监督员数量不足，素质不高。这些问题有待于在深化改革的过程中逐步加以解决。

（阚学贵　朱宝铎　苏　志）

【国境卫生检疫工作】

一、卫生检疫机构概况

1. 全国对外开放的280个港口（包括正在筹建的4个），都设有卫生检疫机构，其中海港177个，陆港55个，空港48个。设有检疫机构的口岸，均设有相应的进口食品卫生监督检验机构，并在较大的港口广州、上海、深圳设立进口食品卫生监督检验中心。

2. 全国卫生检疫（包括进口食品检验）人员达6000人，其中从事执法的人员约4000人，从事对出入境人员实施卫生保健和专职消、杀、灭人员有2000人。

二、国境卫生检疫工作

1. 全年检疫入出境船舶32万艘次，飞机6.5万架次、汽车664万辆次、人员8902万人次，预防接种67万人次，集装箱卫生处理78万标箱。对来自霍乱疫区的人员进行严格的卫生检疫。新疆红旗拉甫卫生检疫局从入境人员中检出霍乱患者115例，霍乱染疫尸体2具，首都机场卫生检疫局检出4例霍乱患者，均及时采取了控制措施。各局对来自霍乱疫区的货物、交通工具以及交通工具上的垃圾、压仓水进行消毒卫生处理，防止霍乱及其传播媒介的传入传播。

在1994年9月印度苏拉特鼠疫流行期间，各卫生检疫局按照李鹏总理"必须采取最严格的措施，防止鼠疫传播到我国"的批示精神和卫生部的要求，采取严密的检疫措施。对自印度入境的旅客实施隔离、留验、劝阻入境；对飞机、船舶、货物进行卫生处理；在国境口岸普遍灭鼠，降低鼠密度，防止鼠疫传入。

1994年全国各卫生检疫局从入出境人员中发现艾滋病病毒感染者106例。自1985年以来，各卫生检疫局共发现442例。十年来艾滋病检疫工作有以下四个特点：①近几年病例急剧增加。1985年到1990年6年间共发现104例，1994年发现106例，这一趋势表明，随着世界艾滋病疫情的严重发展，随着我国入出境人员的增加，艾滋病传入我国的机会越来越多。②中国人所占比例急剧上升。1985～1989年前五年，检疫发现的艾滋病病毒感染者全是外国人，而1990年以来中国人所占比例上升，这一情况说明，在对外国人防范艾滋病的同时，对来自高发区的重点人群的中国人感染者的防范工作也不容忽视。③身份复杂。过去检疫发现的大多数是外国留学生、劳务人员、海员。近几年检疫发现有驻华大使、商人、司机等。④不仅传入而且传播。经追踪调查，发现多起艾滋病病毒感染者回国后感染别人。

近几年白喉在俄罗斯、乌克兰流行，各卫生检疫局按照WHO要求，对前往这些国家的人员注射白喉疫苗。

结核病，1993年全球感染者800万，1994年我国卫生检疫机关从入境人员中检疫发现400余例。

疟疾，每年全球新出现病例多达1亿，死亡100多万例。各卫生检疫局对前往疟疾疫区的出境人员进行预防投药。

2. 适应社会主义市场经济体制，拓宽国际旅行卫生保健服务领域。根据卫生部提出的"政事分开"的要求，各卫生检疫局成立国际旅行卫生保健服务中心、口岸卫生控制服务中心，在完成执法任务的同时，改变旧的执法模式，拓宽服务领域，提供不同层次需求的服务。例如：开办专科医院、门诊部、牙科所、戒毒所等；开展涉外婚姻体检、健康体检、出国旅行人员传染病保险等;提供国际旅行保健盒、国际旅行卫生计算机咨询、国际旅行卫生系列产品等;开展消毒、杀虫、灭鼠服务等。

3. 发展科技,加强学术交流和培训工作。经卫生部、民政部批准,1994 年成立中国国际旅行卫生保健协会。加强二连鼠疫控制培训中心、拱北霍乱控制培训中心、海口黄热病控制培训中心、北京艾滋病控制培训中心、大连媒介控制培训中心、上海外语培训中心等中心的建设,将执法、科研、培训、信息、交流结合起来,提高卫生检疫人员的业务技术和执法水平。举办 24 期培训 701 名学员,考试合格者发给岗位培训证书,持证上岗。大连局研制开发的国际旅行保健盒,青岛局与有关单位合作开发的集装箱卫生处理车,秦皇岛局研制的 HIV、乙肝试剂,拱北局研制的除鼠剂等科技成果得到推广和利用。较大的海港局装备了检疫船,提高了执法和服务的效率。

经中国卫生法学会批准成立国境卫生检疫法学专业委员会。为提高检疫人员执法水平,检疫总所与有关大学合作,举办两期法学硕士研究生班。为加强国际旅行卫生保健学术交流,分别在上海、秦皇岛举办国际旅行卫生保健讲习班和学术交流会。

4. 适应口岸管理改革,与国际惯例接轨。为适应对外开放,建立社会主义市场经济体制迎接 1997 年香港回归,1994 年国务院决定在深圳进行口岸管理改革试点。深圳卫生检疫局采取口岸改革措施,推广船舶电讯检疫、汽车电脑检疫,机场对来自非疫区旅客不填《健康申明卡》。9 月 22 日,李岚清副总理在总所关于深化口岸改革的报告上作了批示。

三、进口食品检验工作 近几年,更多的进口食品进入我国,其进口特点发生了一些变化:①大批量食品进口量下降,小批量食品进口增加,粮食由 1700 万吨降到 1000 万吨左右(其中一部分是啤酒原料);②非正式渠道进口食品量增加;③不合格食品增加,从 1989 年的 1.89%增加到 1994 年的 4.5%;④食品品种增加,从交接时统计的 3000 种达到现在的 10000 个品种;⑤成分复杂,添加剂、蒸熏剂与农药问题越来越多;⑥食品原料、加工机械进口增加,据台湾食品界人士统计近几年台湾更新的二手食品加工设备 80%进入境内;⑦集装箱运输食品量增加,除火车运输的一部分食品和散装粮、糖、油外,均采用集装箱运输。

鉴于以上特点,1994 年重点开展以下几项工作:

(1)完善管理网络。在统一管理的体制下各局严把口岸第一关,防止漏检漏报;并顺应口岸改革的形势,对分流的二线口岸、货场、车检场、集装箱基地设置报验点,派出人员,电脑联网,有效地对进口食品进行管理。

(2)加强监督检验全程管理。强调进口食品从报验开始,到口岸放行、现场监督、采样实验室检验、出具卫生证书每一个环节工作都不能忽视。

(3)使用监督检验标志。为防止未经监督检验的进口食品及走私和假冒伪劣进口食品流入市场,对经监督检验并合格的进口食品使用监督检验标志。

(4)开展培训工作,提高技术水平。重点对监督人员进行培训,进行法律和技术培训,考试合格的发放监督员证,持证上岗。

(5)开展科研工作和国家卫生标准的制定工作。1994 年签订标书 10 个,标准委员会通过 2 个,年内完成 6 个。

(6)开展相关服务工作。发挥现有技术人员的技术和优良的实验室条件,开展为社会服务的工作。

经 SGS 国际仲裁机构调查认证,上海进口食检实验室被认定为上海市唯一的委托实验室,被国家技术监督局认定为华东地区营养保健检测实验室之一;拱北局实验室被当地指定为假酒鉴定中心;深圳局实验室被市技术监督局指定为质检二站。

1994 年进口食品卫生监督检验情况见附表。

附表 1994 年进口食品卫生监督检验情况

类别	批次	总重量(吨)	发现问题	
			重量(吨)	占总重量(%)
粮食类	3391	11972003.8	35133.80	0.31
糖类	1749	1667207.74	208.32	0.01
食用油类	5199	2231003.22	1074.6	0.04
肉与肉制品	1106	28807.23	130.37	0.43
水产品类	4943	376432.97	307.84	0.07
蛋与蛋制品	407	1134.85	0	0
乳与乳制品	4337	42274.96	247.85	0.56

类别	批次	总重量（吨）	发现问题	
			重量（吨）	占总重量（%）
饮料类	3088	39474.66	243	0.56
酒类	2708	5107.64	78.82	1.48
冷冻饮品类	170	402.27	0	0
罐头类	354	2108.65	12.22	0.56
调味品类	1366	10764.36	52.24	0.54
糖果类	4883	27007.34	502.23	1.94
蜜饯类	141	1424.43	32.82	2.33
坚果炒货类	342	7966.63	60.66	0.72
糕点类	2323	7482.60	61.21	0.78
水果蔬菜类	917	123366.71	104.21	0.08
食品添加剂	1998	26303.34	5.21	0.01
包装容器及材料	2644	76348.35	121.25	0.15
食品消洗剂	13	8.89	0	0
工具设备类	1013	34389.54	70.25	0.27
其他	813	103324.01	316.94	0.33
合计	43905	16784344.2	38763.84	0.24

（曲绪禄）

【地方病防治工作】

1. 重点疾病防治　1994年国务院批准颁布《食盐加碘消除碘缺乏危害管理条例》、《中国2000年消除碘缺乏病规划纲要》，并召开贯彻这两个文件的电话会议。卫生部、国家工商行政管理局、中国轻工总会、国内贸易部、国家技术监督局联合下发《关于加强食盐市场管理，坚决杜绝非碘盐进入缺碘地区的通知》，组织7个调查组分赴四川等13个省28个县调查。各地都结合实际情况，制定规划，落实各项防治措施。血吸虫病坚持春查秋会制度，按照国务院统一部署，组织4个调查组赴湖区和大山区的8个省16个县检查血防工作，11月在北京召开第6次全国血防工作会议。会议重点讨论"九五"规划和有关增加血防投入、改善血防专业人员待遇等文件。在血防8个综合试点县取得效益和经验的基础上，经国务院批准同意卫生部等六部委在南昌、孝感、常德市再搞三个地区级综合试点。1994年1～9月血吸虫病急性感染病人发生598例，与"八五"规划启动时相比，下降了90.6%，慢性病人从178万减少到102.6万。鼠疫防治工作继续实施《鼠疫地区猎捕和处理旱獭卫生管理办法》，分别召开"锡、乌、张"和西部五省区旱獭疫源地鼠疫联防会，组织专家赴疫区现场，调查研究，处理疫情。在印度流行人间鼠疫时，国内组织医疗小组赴驻印使馆进行技术指导，并提供疫苗和药品。卫生部向各疫区省发出《关于印度鼠疫疫情的通报及加强国内鼠疫防治工作的意见》，要求加强海、陆空港国境卫生检疫，并做好处理紧急疫情的各项准备工作。1994年人间鼠疫发病7例。对三峡地区改灶降氟工程和一些地区的地方性砷中毒进行调查摸底。7、8月间召开布病华北地区联防会和15个监测点会，交流防治经验。克山病、大骨节病病情稳中有降。

2. 人员培训　卫生部会同国务院法制局组织全国《食盐加碘防治碘缺乏危害管理条例》培训班、举办《鼠疫地区猎捕和处理旱獭卫生管理条例》、《碘缺乏病防治监测方案》培训班、血防高级进修班、血防鼠防大专班和8期血防讲习班。

3. 信息管理　推广使用《中国地方病防治信息管理系统》、《世行血防贷款项目管理软件》，普及计算机应用技术，修改和应用计算机汇总地方病统计年报表。添置计算机设备，完善统计信息网络。

4. 宣传教育　卫生部等5部局5月5日在全国大、中城市开展以"碘盐与健康——实行食盐加碘，消除碘缺乏病"为主题的宣传日活动。制作碘缺乏病录像和宣传画，鼠疫、地方性氟中毒宣传折，血防徽章、宣传画、文化衫和幻灯片等，组织编写《中华人民共和国鼠疫与环境图集》、《中国鼠疫及其防治》、《中国碘缺乏病摄影画册》、《碘缺乏病文件汇编》、《血防效率手册》，出版《中国布鲁氏菌病及其防治》、《血吸虫病流行状况——1989 全国抽样调查》、《全国血吸虫病流行病学观测点年报(1991～1992)》，编写地方病简讯 23 期。

5. 国际交往和项目管理　在北京召开第 20 届国际氟学术大会，中、俄、哈、蒙四国鼠疫研讨会。不断加强血防贷款项目的目标管理，严格按照项目的技术方案，开展技术指导、培训和进行流行层次的调整，加强项目督导。认真执行碘缺乏病 95 合作项目，并着手制定 1996～2000 年国际援助项目框架文件。组织了 4 个考察组到马来西亚、印度尼西亚、泰国、韩国、俄罗斯等国，考察碘缺乏病、血吸虫病和鼠疫防治工作。

（王环增　张　立）

【卫生部关于 1994 年卫生监督工作情况通报】

一、劳动卫生　1994 年 29 个省、自治区、直辖市劳动卫生职业病报告发病情况初步分析：据 29 个省、自治区、直辖市的职业病报告统计，1994 年度发生各种职业病新病例 15321 例。其中尘肺新病例 10830 例，占报告总例数的 70.70%。急性职业中毒 1087 例，急性职业中毒死亡 180 例，病死率 16.56%。慢性职业中毒 2016 例。物理因素等其它职业病 1388 例。有害作业厂矿 440750 个。接触有害作业工人 19574857 名，其中年内接受职业性健康检查 3360919 人。应监测的有害作业点数 1457535 个，实际完成的监测点数为 678110 个，其中合格点 462839 个。

1. 尘肺病发病情况　据 29 个省、自治区、直辖市不完全报告统计，1994 年新确诊尘肺病人 10830 例，产业系统分布：煤炭系统居首位(5392 例)，其次为冶金(1503 例)和建材系统(937 例)。新病例数的地区分布：河南居首位(1363 例)，其次为辽宁(1095 例)和江苏(884 例)。1994 年全国累计尘肺病人 508059 例，尚存活尘肺患者 385048 人，死亡 6002 例。

2. 职业中毒和其它职业病　1994 年急性职业中毒病人 1087 例。产业系统分布，化工系统 214 例居首位，占急性职业中毒总例数的 10.70%。其次为乡镇企业(186 例)，占急性职业中毒总例数的 17.10%。急性职业中毒共死亡 180 例，病死率 16.56%。乡镇企业系统急性职业中毒死亡 37 例，病死率 19.89%。化工系统急性职业中毒死亡 23 例，病死率 10.74%。

1994 年慢性职业中毒 2016 例。产业系统分布，冶金系统 395 例居首位，占慢性职业中毒总例数的 19.60%。其次为化工系统(287 例)、有色金属系统(270 例)，分别占慢性职业中毒总例数的 14.20% 和 13.40%。

1994 年职业性耳鼻喉疾病 534 例。职业性眼病 301 例。职业性传染病 63 例。物理因素职业病 129 例。职业性皮肤病 205 例。其它职业病 156 例。

3. 接触有害作业工人健康监护情况　据 29 省、自治区、直辖市不完全报告统计，1994 年接触有害作业工人共 19574857 人，年内接受职业性体检者为 3360919 人，受检率 17.17%。

4. 生产环境有害物质监测情况　据 29 省、自治区、直辖市不完全报告统计，1994 年有害作业场所应监测的点数 1457535 个，实际完成监测 678110 个，实测率 46.52%。监测结果表明符合劳动卫生标准的 462839 个，合格率 68.25%。

5. 农药中毒情况　据 28 省、自治区、直辖市不完全报告统计，1994 年发生农药中毒 42812 例，死亡 3900 人，病死率 9.11%。其中因用农药防治农林业病虫草鼠害而致的生产性中毒 13210 例，死亡 64 人，病死率 0.48%。中毒主要来自山东、江苏、安徽三个省的报告。

二、食品卫生

1. 1994 年食品卫生监测总合格率 82.15%。食品从业人员进行健康检查 7985814 人，检出不宜从事食品加工及饮食等行业工作的各种患者 131818 人，其中 98.01% 患者调离了原岗位。

2. 1994 年食物中毒人数为 37235 人，其中死亡 264 人。

三、环境卫生

1. 1994 年 28 个省、自治区、直辖市报告了 58 起事故性环境污染，累及 1589824 人，导致 38425 人发病。32.80% 的事故性环境污染由工业污染引起。对造成这些事故的责任者进行了处罚。

2. 1994 年公共场所从业人员 2315981 人，体检率 91.60%，检出病人 21938 名，其中 20599 人调离原岗位，调离率为 93.90%。

3. 1994 年对 3164 家化妆品生产企业的 3091 家企业进行了卫生监督，监督率为 97.69%，检验样品 21 085 件，合格 19836 件，合格率 94%，国产化妆品合格率为 94%，进口类化妆品合格率为 100%。

四、放射卫生

1. 据 29 个省、自治区、直辖市的不完全统计，1994 年对 52465 名从事放射性同位素与射线装置的人员进行了职业性健康体检，检出放射病人 71 例、不适宜从事放射工作的人员 762 人，385 人已调离放射工作岗位，调离率 46.2%。

2. 1994 年 29 个省、自治区、直辖市的放射卫生监测表明放射工作场所总合格率为 94.2%，其中样品与物品表面污染监测显示的合格率达 99.5%，辐射水平监测显示的合格率为 94.2%。

3. 据 29 个省、自治区、直辖市的统计报告，1994 年发生放射事故 31 起，使 122 人受到意外辐射照射，较严重的 3 起 3 级放射事故，发生在非医用放射性同位素工作单位。

4. 1994 年 29 个省、自治区、直辖市对 49897 名放射工作人员进行了个人剂量监测，占应监测人数的 44.6%。测得集体剂量当量为 66925.8 人 . mSv，人均年剂量当量 1.34mSv。95.3% 的人员剂量低于国家规定限量1/10。

五、学校卫生

据29个省、自治区、直辖市报告，1994年共对32 088所学校的12 728 996名学生实施了卫生监督、监测。15 251所学校达到国家卫生标准(49.10%)。对30 738所学校的6 901 715名学生进行了健康体检。8 391所学校统计报告2 145 074名学生因病缺课，缺课总天数为326 284天(详见表1～21)。

（王淑云 供稿）

表1 1994年全国卫生监督情况

	经常性卫生监督									
						受处罚情况				
									罚款、赔偿	
	应监督户数	实监督户数	合格户数	监督户次数	受罚户次数	警告限期改进	停业整顿	吊销卫生许可证	户次数	金额(万元)
总计	6 071 801	3 914 024	3 152 789	11 048 891	418 525	268 357	35 374	2 386	102 521	31 058.24636
食品卫生	3 471 729	3 012 474	2 595 755	9 484 137	386 789	246 125	33 546	2 321	96 445	26 262.81654
劳动卫生	131 942	65 402	36 492	99 733	1 278	1 328	2	0	83	11.24000
学校卫生	278 193	89 569	56 892	128 256	1 043	778	3	0	21	1.06200
放射卫生	45 635	33 154	28 242	46 344	494	786	26	0	33	2.80000
饮水卫生	1 712 469	322 965	117 040	316 787	798	731	4	0	114	9.83100
公共场所卫生	407 176	369 951	303 260	920 913	25 594	17 512	1 769	63	5 646	4 758.01382
化妆品卫生	23 500	19 493	14 762	49 991	2 526	1 059	24	2	178	11.98300
其它	1 157	1 016	346	2 730	3	38	0	0	1	0.50000

					预防性卫生监督				
						参与设计审查		参与竣工验收	
	没收销毁产品								
	户次数	重量(公斤)	刑事诉讼	受奖户次数	应监督项目数	审查项目数	合格项目数	验收项目数	合格项目数
总计	70 607	7 833 006.11	331	14 918	133 882	84 127	69 341	80 018	75 163
食品卫生	69 113	7 798 310.06	256	13 992	98 554	68 731	54 818	67 633	63 312
劳动卫生	0	0.00	1	168	5 584	3 221	2 864	1 009	886
学校卫生	0	0.00	0	85	2 008	494	435	173	159
放射卫生	0	0.00	0	12	2 004	806	756	701	663
饮水卫生	0	0.00	0	76	3 288	597	558	745	731
公共场所卫生	94	2 555.50	74	556	20 113	8 312	8 011	9 084	8 765
化妆品卫生	1 400	32 140.55	0	29	889	568	520	551	526
其它	0	0.00	0	0	1 442	1 398	1 379	122	121

缺：辽宁、广东、西藏、青海

表2 1994年全国各类职业病产业系统分布

产业系统	总计		尘肺	急性中毒		慢性中毒例数	物理因素职业病例数	职业性传染病例数	职业性眼病例数	职业性耳鼻喉病例数	职业性皮肤病例数	其它职业病例数
	例数	构成%	新病例数	病例数	死亡数							
煤炭	5 589	36	5 392	60	20	74	8	1	41	9	3	1
石油	66	0	20	5	1	34	0	1	1	2	2	1
电力	296	2	198	2	0	43	1	0	0	48	4	0
核工业	68	0	14	2	1	1	0	0	1	50	0	0
冶金	2 122	14	1 503	99	12	395	9	0	10	97	6	3
有色金属	701	5	345	49	13	270	2	0	10	25	0	0
机械	790	5	465	17	0	207	7	0	13	58	18	5
电子	58	0	16	1	1	30	0	0	4	2	0	5
兵器	122	1	29	30	2	28	0	0	8	25	2	0
船舶	80	1	32	13	1	30	2	0	0	1	1	1
化工	923	6	167	214	23	287	1	0	122	64	41	29
医药	105	1	12	27	1	27	16	3	6	2	7	5
铁道	134	1	117	0	0	10	6	0	0	1	0	0
交通	95	1	47	11	2	24	0	0	2	0	6	5
民航	27	0	8	2	0	0	0	0	1	16	0	0
建材	1 008	7	937	29	4	11	4	0	2	18	5	2
建设	139	1	60	36	13	19	2	0	1	5	3	13
地质矿产	115	1	98	7	2	6	0	0	0	3	1	0
水利	32	0	25	0	0	1	1	0	0	2	1	2
农业	183	1	89	11	4	6	31	4	2	14	25	1
林业	78	1	71	2	0	3	0	0	0	1	1	0
轻工	652	4	287	107	9	160	2	7	8	38	17	26
纺织	176	1	40	20	6	44	2	4	2	43	16	5
航空航天	32	0	5	20	4	2	0	0	0	0	5	0
商业	36	0	10	9	0	6	1	7	1	1	0	1
邮电	7	0	1	0	0	6	0	0	0	0	0	0
公安	39	0	39	0	0	0	0	0	0	0	0	0
石化总公司	49	0	28	7	0	2	0	0	3	1	3	5
乡镇企业	850	6	364	186	37	193	8	13	28	0	22	36
其它	747	5	411	121	24	97	26	23	35	8	16	10
总计	15 321	100	10 830	1 087	180	2 016	129	63	301	534	205	156

缺：西藏

表3 1994年全国各类职业病地区分布

地区名称	总计 例数	总计 构成%	尘肺 新病例数	急性中毒 病例数	急性中毒 死亡数	慢性中毒例数	物理因素职业病例数	职业性传染病例数	职业性眼病例数	职业性耳鼻喉病例数	职业性皮肤病例数	其它职业病例数
北京	440	3	305	35	4	28	0	0	2	22	12	36
天津	280	2	219	10	0	14	7	0	1	2	1	26
河北	613	4	516	19	3	38	0	0	1	39	0	0
山西	543	4	378	47	6	82	3	5	13	11	3	1
内蒙古	176	1	125	7	0	20	0	3	0	17	4	0
辽宁	1 696	11	1 095	84	5	326	14	36	27	55	52	9
吉林	334	2	260	18	4	29	0	14	0	7	5	1
黑龙江	849	6	736	20	2	41	0	1	22	9	16	4
上海	352	2	22	98	12	29	6	0	83	22	30	62
江苏	1 112	7	884	52	5	118	8	0	4	19	19	8
浙江	423	3	268	75	9	78	1	0	0	1	0	0
安徽	640	4	480	32	5	116	0	0	2	2	8	0
福建	346	2	266	7	0	73	0	0	0	0	0	0
江西	598	4	518	18	2	53	0	0	8	1	0	0
山东	902	6	626	95	11	134	14	0	2	23	4	4
河南	1 737	11	1 363	25	3	156	0	1	23	167	2	0
湖北	301	2	103	15	1	76	41	0	64	0	1	1
湖南	1 008	7	640	69	7	166	1	0	28	96	8	0
广东	349	2	236	44	15	66	0	0	0	0	2	1
广西	180	1	23	59	28	34	31	0	7	1	25	0
海南	14	0	11	0	0	3	0	0	0	0	0	0
四川	710	5	620	30	4	44	1	0	6	5	4	0
贵州	162	1	131	10	4	20	0	0	0	0	1	0
云南	270	2	62	40	37	168	0	0	0	0	0	0
陕西	606	4	521	3	1	65	2	1	1	12	1	0
甘肃	174	1	111	48	2	13	0	2	0	0	0	0
青海	58	0	34	0	0	0	0	0	1	18	5	0
宁夏	36	0	21	0	0	3	0	0	6	1	2	3
新疆	410	3	256	127	10	23	0	0	0	4	0	0
总计	15 321	100	10 830	1 087	180	2 016	129	63	301	534	205	156

缺:西藏

表4 1994年全国有害作业工人健康检查情况地区分布

地区名称	职工总人数	接触有害作业人数	接触比例	体检人数	体检率%	检出职业病人数	检出率%
北京	1 540 902	311 799	4.94	48 993	15.71	293	0.60
天津	1 624 078	289 818	5.60	42 270	14.59	241	0.57
河北	2 855 528	921 323	3.10	238 330	25.87	589	0.25
山西	2 258 877	925 796	2.44	135 522	14.64	496	0.37
内蒙古	749 723	237 618	3.16	46 368	19.51	148	0.32
辽宁	4 792 356	1 524 327	3.14	236 153	15.49	1 614	0.68
吉林	1 794 360	430 885	4.16	84 730	19.66	284	0.34
黑龙江	1 974 969	598 153	3.30	97 403	16.28	788	0.81
上海	4 216 340	1 213 606	3.47	210 935	17.38	73	0.03
江苏	7 203 263	1 355 314	5.31	189 450	13.98	1 005	0.53
浙江	3 511 160	678 892	5.17	125 787	18.53	405	0.32
安徽	2 112 751	714 533	2.96	60 553	8.47	587	0.97
福建	1 349 321	205 537	6.56	49 373	24.02	283	0.57
江西	924 085	406 724	2.27	90 782	22.32	783	0.81
山东	4 167 299	1 608 667	2.59	301 075	18.72	3 343	1.11
河南	2 499 031	942 568	2.65	155 750	16.52	1 641	1.05
湖北	3 302 441	1 113 527	2.97	87 358	7.85	302	0.35
湖南	2 349 950	1 199 168	1.96	131 114	10.93	914	0.70
广东	4 212 607	1 447 102	2.91	607 284	41.97	291	0.05
广西	982 728	332 613	2.95	49 565	14.90	30	0.06
海南	162 977	106 805	1.53	18 483	17.31	15	0.08
四川	2 259 630	738 907	3.06	106 706	14.44	478	0.45
贵州	1 226 204	532 022	2.30	50 584	9.51	139	0.27
云南	894 250	492 776	1.81	59 639	12.10	445	0.75
陕西	1 976 201	481 320	4.11	86 578	17.99	587	0.68
甘肃	818 919	306 326	2.67	31 091	10.15	181	0.58
青海	324 904	143 549	2.26	3 861	2.69	60	1.55
宁夏	221 710	91 578	2.42	11 321	12.36	36	0.32
新疆	1 497 101	223 604	6.70	3 861	1.73	227	5.88
总计	63 803 665	19 574 857	3.26	3 360 919	17.17	16 278	0.48

缺:西藏

表5 1994年全国生产环境有害物质监测情况地区分布

地区名称	厂矿数	应测点	实测点	实测率%	合格点	合格率%
北京	6 604	23 210	10 788	46.48	8 363	77.52
天津	5 120	25 737	6 061	23.55	3 889	64.16
河北	6 897	57 066	46 993	82.35	28 524	60.70
山西	82 691	83 825	23 746	28.33	15 199	64.01
内蒙古	1 706	12 556	5 445	43.37	3 855	70.80
辽宁	10 975	92 920	61 850	66.56	44 239	71.53
吉林	4 156	30 101	23 168	76.97	15 706	67.79
黑龙江	4 362	28 924	15 751	54.46	9 638	61.19
上海	14 998	15 286	11 893	77.80	8 132	68.38
江苏	30 255	78 197	32 055	40.99	18 196	56.76
浙江	17 485	47 322	21 670	45.79	12 790	59.02
安徽	41 433	67 226	40 113	59.67	30 297	75.53
福建	11 449	23 308	17 218	73.87	11 270	65.45
江西	2 338	37 707	24 014	63.69	16 668	69.41
山东	17 723	94 961	64 791	68.23	39 902	61.59
河南	14 945	90 148	21 071	23.37	13 729	65.16
湖北	13 916	56 688	9 797	17.28	6 164	62.92
湖南	17 649	119 171	43 526	36.52	26 362	60.57
广东	63 976	188 534	79 042	41.92	62 294	78.81
广西	7 092	56 672	22 078	38.96	16 242	73.57
海南	622	2 688	1 429	53.16	1 113	77.89
四川	9 939	66 574	25 882	38.88	19 112	73.84
贵州	38 155	52 820	15 349	29.06	11 809	76.94
云南	3 009	31 760	21 423	67.45	17 123	79.93
陕西	6 862	33 525	11 954	35.66	6 797	56.86
甘肃	2 961	22 065	15 389	69.74	12 047	78.28
青海	817	6 105	961	15.74	557	57.96
宁夏	544	3 499	2 285	65.30	1 352	59.17
新疆	2 071	8 940	2 368	26.49	1 470	62.08
总计	440 750	1 457 535	678 110	46.52	462 839	68.25

缺:西藏

表6　1994年全国食品卫生监测情况

	合计	熟肉及其制品	冷食	饮料	酱油	消毒牛乳	全脂牛乳粉	蒸馏酒	配制酒	熟啤酒	生啤酒	水产品	非发酵豆制品	粮食	植物油	糕点	营养特需食品	食品用产品	其它
合　计																			
监测件数	984 640	109 815	111 670	136 071	26 904	6 111	6 560	47 961	13 006	22 946	2 935	11 451	12 510	13 067	21 394	194 813	1 877	68 416	177 133
合格件数	808 927	84 102	83 799	118 841	19 324	4 911	5 582	44 298	11 482	17 517	2 693	10 706	9 981	12 309	18 758	167 699	1 712	52 953	142 260
合格率%	82.15	76.59	75.04	87.34	71.83	80.36	85.09	92.36	88.28	76.34	91.75	93.49	79.78	94.20	87.68	86.08	91.21	77.40	80.31
抽　检																			
监测件数	837 243	101 951	85 612	100 642	23 393	5 126	5 669	42 061	11 269	21 103	2 690	10 359	11 246	12 050	18 740	164 205	1 130	65 666	154 331
合格件数	680 549	77 325	62 248	87 069	16 559	4 129	4 807	38 809	9 869	15 759	2 466	9 723	8 900	11 398	16 424	140 840	1 014	50 737	122 473
合格率%	81.28	75.85	72.71	86.51	70.79	80.55	84.79	92.27	87.58	74.68	91.67	93.86	79.14	94.59	87.64	85.77	89.73	77.27	79.36
送　检																			
监测件数	147 397	7 864	26 058	35 429	3 511	985	891	5 900	1 737	1 843	245	1 092	1 264	1 017	2 654	30 608	747	2 750	22 802
合格件数	128 378	6 777	21 551	31 772	2 765	782	775	5 489	1 613	1 758	227	983	1 081	911	2 334	26 859	698	2 216	19 787
合格率%	87.10	86.18	82.70	89.68	78.75	79.39	86.98	93.03	92.86	95.39	92.65	90.02	85.52	89.58	87.94	87.75	93.44	80.58	86.78

表7 1994年全国食品卫生抽检情况

地 区	监测件数	合格件数	合格率%
北 京	28 547	22 786	79.82
天 津	11 268	10 090	89.55
河 北	43 601	35 191	80.71
山 西	26 681	16 873	63.24
内蒙古	15 749	12 394	78.70
辽 宁	24 382	19 576	80.29
吉 林	24 523	21 880	89.22
黑龙江	35 786	31 057	86.79
上 海	22 466	19 657	87.50
江 苏	33 273	27 514	82.69
浙 江	40 544	31 715	78.22
安 徽	26 146	19 935	76.24
福 建	14 557	12 130	83.33
江 西	39 395	30 808	78.20
山 东	78 865	66 560	84.40
河 南	37 251	28 523	76.57
湖 北	20 966	16 940	80.80
湖 南	55 541	48 190	86.76
广 东	101 648	88 611	87.17
广 西	40 365	31 298	77.54
海 南	7 352	5 669	77.11
四 川	47 816	37 168	77.73
贵 州	8 275	5 216	63.03
云 南	19 476	13 751	70.60
西 藏	409	254	62.10
陕 西	12 012	10 000	83.25
甘 肃	8 459	6 839	80.85
青 海	5 026	4 430	88.14
宁 夏	6 458	5 159	79.89
新 疆	406	335	82.51
合 计	837 243	680 549	81.28

表8 1994年全国食品从业人员健康检查情况

	应检单位	实检单位	应检人数	实检人数	体检率(%)	检出患病例数							检出人数	检出率(%)	调离人数	调离率(%)
						合计	肝炎	伤寒	痢疾	活动性肺结核	化脓性渗出性皮肤病	其它				
总　计	2 834 502	2 736 235	8 329 169	7 985 814	95.88	132 579	110 595	2 127	3 901	1 273	1357	13 326	131 818	1.65	129 189	98.01
其中:个体经营户	2 064 861	1 990 612	3 885 528	3 695 443	95.11	58 533	50 239	760	1 772	513	608	4 641	58 208	1.58	57 373	98.57
食品工业(加工)	233 876	224 571	1 739 097	1 658 120	95.34	27 619	23 817	318	784	328	349	2 023	27 558	1.66	27 104	98.35
其中:个体经营户	157 390	149 046	476 971	451 837	94.73	8 471	7 421	126	224	101	129	470	8 456	1.87	8 346	98.70
食品零售(副食食品)	1 499 088	1 452 857	2549 708	2 436 608	95.56	32 417	26 812	479	1 064	324	302	3 436	32 204	1.32	31 662	98.32
其中:个体经营户	1 221 736	1 183 542	1 668 933	1 582 022	94.79	20 442	17 150	297	634	226	175	1 960	20 262	1.28	19 902	98.22
饮食业	809 984	786 387	2 964 853	2 878 082	97.07	59 471	49 234	883	1 542	466	590	6 756	59 161	2.06	57 958	97.97
其中:个体经营户	636 645	614 752	1 661 160	1 591 231	95.79	28 470	24 751	333	860	173	291	2 062	28 342	1.78	27 987	98.75
集体食堂	110 856	106 760	703 090	673 583	95.80	8 519	6 768	401	368	96	82	804	8 413	1.25	8 189	97.34
其中:个体经营户	7 604	7 330	23 641	22 765	96.29	387	316	4	14	6	6	41	387	1.70	384	99.22
菜　蔬	45 636	39 642	91 582	80 277	87.66	1 067	837	10	52	16	13	139	1 058	1.32	1 041	98.39
其中:个体经营户	41 486	35 942	54 823	47 588	86.80	763	601	0	40	7	7	108	761	1.60	754	99.08
其　他	135 062	126 018	280 839	259 144	92.27	3 486	3 127	36	91	43	21	168	3 424	1.32	3 235	94.48

缺:河北、吉林、江西、湖南、陕西、新疆

表9 1994年全国不同就餐单位食物中毒的食品种类

	总计	动物性食品 合计	肉与肉制品	病死牲畜肉	变质肉禽	蛋与蛋制品	鱼贝及其制品	乳与乳制品	河豚鱼	其它	植物性食品 合计	谷与谷制品	豆与豆制品	调味品	发芽马铃薯	植物油	毒蕈	其它	其它
总计																			
中毒起数	1 174	492	243	30	61	19	76	8	10	45	526	80	55	18	4	20	81	268	156
中毒人数	37 235	18 250	10 500	717	2 236	692	2 158	392	36	1 519	14 482	2 111	3 066	224	40	1 901	473	6 667	4 503
死亡人数	264	58	15	7	2	2	5	0	16	11	157	37	2	3	0	0	88	27	49
市合计																			
中毒起数	442	194	96	2	23	6	39	3	2	23	200	24	22	5	0	6	9	134	48
中毒人数	15 469	6 231	3 269	111	691	561	776	39	13	771	7 764	571	1802	67	0	1 050	74	4 200	1474
死亡人数	56	10	2	0	0	0	3	0	4	1	37	3	0	0	0	0	32	2	9
集体食堂																			
中毒起数	169	41	16	0	5	2	12	1	0	5	113	9	9	0	0	5	0	90	15
中毒人数	7 150	1684	890	0	178	55	280	16	0	265	4 543	289	135	0	0	1 022	0	3 097	923
死亡人数	2	0	0	0	0	0	0	0	0	0	1	1	0	0	0	0	0	0	1
公共饮食业																			
中毒起数	94	66	29	0	6	0	18	0	0	13	19	5	4	5	0	0	0	5	9
中毒人数	2 788	2 049	970	0	288	0	440	0	0	351	396	119	136	67	0	0	0	74	343
死亡人数	1	1	1	0	0	0	0	0	0	0	0	0	0	0	0	0	0	0	0
个体摊贩																			
中毒起数	60	43	30	1	7	0	0	2	0	3	15	5	5	0	0	1	1	3	2
中毒人数	1 316	916	640	21	183	0	0	23	0	49	364	118	110	0	0	28	20	88	36
死亡人数	1	1	0	0	0	0	0	0	0	1	0	0	0	0	0	0	0	0	0
其它																			
中毒起数	119	44	21	1	5	4	9	0	2	2	53	5	4	0	0	0	8	36	22
中毒人数	4 215	1 582	769	90	42	506	56	0	13	106	2461	45	1421	0	0	0	54	941	172
死亡人数	52	8	1	0	0	0	3	0	4	0	36	2	0	0	0	0	32	2	8
县合计																			
中毒起数	732	298	147	28	38	13	37	5	8	22	326	56	33	13	4	14	72	134	108
中毒人数	21 766	12 019	7 231	606	1 545	131	1 382	353	23	748	6 718	1 540	1 264	157	40	851	399	2 467	3 029
死亡人数	208	48	13	7	2	2	2	0	12	10	120	34	2	3	0	0	56	25	40
集体食堂																			
中毒起数	114	31	13	0	5	2	7	1	0	3	77	12	16	2	0	3	0	44	6
中毒人数	5 001	1 402	450	0	269	52	324	206	0	101	3 264	652	1 152	48	0	94	0	1 318	335
死亡人数	4	2	0	0	2	0	0	0	0	0	2	0	0	0	0	0	0	2	0
公共饮食业																			
中毒起数	90	46	20	0	6	3	10	0	0	7	25	6	2	4	0	1	3	9	19
中毒人数	2 371	1 455	653	0	227	7	303	0	0	265	483	58	5	38	0	134	17	231	433
死亡人数	6	1	1	0	0	0	0	0	0	0	5	3	0	1	0	0	0	1	0
个体摊贩																			
中毒起数	119	78	50	7	11	3	2	1	0	4	30	10	4	0	0	0	2	14	11
中毒人数	3 017	2 061	1 463	169	247	16	13	2	0	151	775	444	41	0	0	0	6	284	181
死亡人数	14	8	2	0	0	2	0	0	0	4	4	1	0	0	0	0	0	3	2
其它																			
中毒起数	409	143	64	21	16	5	18	3	8	8	194	28	11	7	4	10	67	67	72
中毒人数	11 377	7 101	4 665	437	802	56	742	145	23	231	2 196	386	66	71	40	623	376	634	2 080
死亡人数	184	37	10	7	0	0	2	0	12	6	109	30	2	2	0	0	56	19	38

缺:新疆

表10 1994年全国食物中毒发生情况

地区	中毒起数	中毒人数	死亡人数
北京	32	863	0
天津	5	70	0
河北	51	1 068	12
山西	15	837	5
内蒙古	11	358	5
辽宁	61	1 385	12
吉林	13	270	24
黑龙江	18	407	0
上海	54	1 945	1
江苏	91	3478	18
浙江	125	3 360	13
安徽	32	1 018	9
福建	30	895	3
江西	22	964	6
山东	27	769	7
河南	84	1 973	21
湖北	30	1 327	5
湖南	26	1 093	4
广东	94	2 086	3
广西	62	1 495	14
海南	3	125	2
四川	142	5 836	32
贵州	14	366	7
云南	74	2 039	53
西藏	5	48	2
陕西	18	1 099	0
甘肃	29	582	6
青海	4	1442	0
宁夏	2	37	0
合计	1 174	37 235	264

缺:新疆

表11 1994年全国食物中毒原因分析

	微生物性食物中毒									化学性食物中毒									原因不明
	沙门氏菌	副溶血性弧菌	葡萄球菌	肉毒杆菌	变型杆菌	致病或产毒大肠杆菌	蜡样芽胞杆菌	霉菌毒素	其它	有机磷	有机汞	有机氟	砷化物	组胺	亚硝酸盐	棉酚	自然毒	其它	
中毒起数	94	50	46	7	85	27	38	7	92	207	0	2	1	17	124	3	140	125	102
中毒人数	8 224	1 519	1 188	48	2 583	2 429	1 697	204	3 793	4 077	0	8	76	319	1891	394	1461	4 585	2 203
死亡人数	11	0	2	3	1	0	0	8	10	32	0	0	0	0	30	0	97	47	23

缺:新疆

表12 1994年全国事故性环境污染情况

	污染发生数									健康影响								处罚情况			
	污染源						污染物					其它						其中			
	合计	工业污染	生活污水	医院污水	农药	其它	生物性	化学性	其它	暴露人数	发病人数	伤寒	痢疾	病毒性肝炎	其它肠道传染病	死亡人数	总处罚户次数	警告、限期改进户次数	责令停业户次数	罚款次数	罚款金额（元）
总计	58	19	19	1	4	15	15	38	3 124	1 589 824	38 425	991	1 614	768	34 539	15	24	8	8	12	41 100
气																					
大气	7	2	0	0	0	5	0	6	0	11 834	359	0	0	0	0	4	4	0	2	3	20 500
室内空气	5	1	0	0	0	4	0	4	1	87	18	0	0	0	0	8	7	0	5	3	7 100
水																					
集中供水																					
自来水管网	13	1	9	0	0	3	5	7	1	56 920	626	252	302	0	74	0	6	2	0	6	13 500
水源	22	13	6	0	1	2	4	17	1	1 464 800	36 494	112	1312	768	34 224	0	5	4	1	0	0
分散供水																					
地面水	4	1	2	0	1	0	2	2	1 300	2 262	187	0	0	0	110	0	0	0	0	0	0
地下水	6	0	2	1	2	1	4	1	1 821	53 912	732	627	0	0	131	3	2	2	0	0	0
土壤	1	1	0	0	0	0	0	1	0	9	9	0	0	0	0	0	0	0	0	0	0

缺：河北、内蒙古

表 13 1994 年全国公共场所

	基本情况			从业人员总数	从业人员			
	总户数	建档数	发证数		体检人数	体检率(%)	发放健康证数	检出病人数
总计	473 428	421 927	401 044	2 315 981	2 121 526	91.60	2 043 230	21 938
旅店业	103 015	90 401	85 848	653 466	653 466	100.00	610 916	6 863
文化娱乐场所	68 453	63 200	59 413	269 848	247 083	91.56	237 628	3 135
公共浴室	8 102	7 093	6 811	57 531	52 126	90.61	51 177	716
理发店、美容店	227 849	205 117	196 445	344 416	307 813	89.37	299 548	4 902
游泳场所	1 561	1 476	1 337	11 640	11 135	95.66	10 654	108
体育馆	379	323	293	2 845	2 571	90.37	2 569	714
图书、美术、博物、展览馆	2 067	1 711	1 550	11 982	9 687	80.85	9 368	194
商场(店)、书店	50 759	44 654	41 851	880 410	770 649	87.53	757 409	4 567
医院候诊室	3 587	2 283	2 285	17 519	9 791	55.89	8 502	106
公共交通等候室	2 475	2 001	1 859	32 570	27 159	83.39	26 123	236
公共交通工具	1 100	504	504	7 271	6 112	84.06	6 994	61
其它	4 081	3 164	2 848	26 483	23 934	90.37	22 342	336

缺:湖北

卫生监督、监测情况

卫生监督			卫生监督		卫生监测				
调离人数	调离率(%)	培训人数	监督户数	监督率(%)	监测户数	监测率(%)	监测项次数	合格项次数	合格率(%)
20 599	93.90	1 772 568	454 025	95.90	237 265	50.12	3 407 110	2 784 355	81.72
6 707	97.73	514 175	100 529	97.59	59 302	57.57	1 241 011	1 101 156	88.73
3 061	97.64	195 421	66 717	97.46	37 421	54.67	702 737	584 895	83.23
612	85.47	44 503	7 649	94.41	4 478	55.27	77 205	68 868	89.20
4 794	97.80	254 121	220 125	96.61	108 364	47.56	880 713	577 847	65.61
106	98.15	9 997	1 561	100.00	1 401	89.75	50 348	44 197	87.78
24	3.36	2 193	337	88.92	189	49.87	5 009	5 009	100.00
177	91.24	8 652	1 721	83.26	853	41.27	12 015	10 590	88.14
4 473	97.94	690 301	46 469	91.55	21 864	43.07	372 350	330 755	88.83
91	85.85	6 540	2 169	60.47	872	24.31	19 536	16 105	82.44
203	86.02	26 877	2 079	84.00	1 119	45.21	21 937	17 955	81.85
55	90.16	5 037	570	51.82	183	16.64	2 022	1 525	75.42
296	88.10	14 751	3 871	94.85	1 219	29.87	22 227	19 589	88.13

表14 1994年全国生活饮用

	个数	供水人口		监督					
		城市（万人）	农村（万人）	应监督个数		实监督个数		监督率(%)	
				城市	农村	城市	农村	城市	农村
总计	10 408 856	28 143.72	45 495.57	362 069	7 173 381	169 615	613 762	46.80	8.56
集中式供水									
合计	280 456	17 198.26	22 109.65	95 103	131 094	74 950	98 294	78.81	74.98
水厂小计	136 835	14 699.03	17 346.96	6 855	111 896	6 527	88 231	95.22	78.85
完全处理	8 523	10 149.68	3 277.76	1 569	2 907	1 569	2 670	100.00	91.85
不完全处理	81 732	1 606.26	3 340.21	2 747	76 842	2 747	72 157	100.00	93.90
未处理	46 580	2 943.09	10 728.98	2 539	32 147	2 065	13 404	81.33	41.70
蓄水池	39 695	1 038.23	3 920.61	24 575	8 355	19 065	4 778	77.58	57.19
二次加压水池	103 926	1 460.99	842.08	63 673	10 843	49 358	5 285	77.52	43.74
分散式供水									
合计	10 128 400	10 945.46	23 385.92	266 966	7 042 287	94 811	515 468	35.51	7.32
地面水小计	856 097	7 155.44	5 724.35	1 292	558 351	179	34 345	13.85	6.15
河溪水	355 141	7 106.48	2 786.26	620	221 440	153	12 897	24.68	5.82
湖库水	52 428	15.15	740.00	59	18 506	17	2 506	28.81	13.54
其它	448 528	33.80	2 198.09	613	318 405	9	18 942	1.47	5.95
地下水小计	9 272 303	3 790.02	17 661.58	265 674	6 483 936	94 632	481 123	35.62	7.42
浅井水	7 161 276	1 033.58	13 133.07	215 731	5 887 046	83 282	441 973	38.60	7.51
深井水	1 873 410	2 715.58	3 774.75	49 119	491 499	11 038	30 307	22.47	6.17
其它	237 617	40.87	753.76	824	105 391	312	8 843	37.86	8.39

缺：湖北、河南、西藏

水卫生监督、监测情况

监测							
监测个数		合格个数		合格率(%)		饮合格水人数	
城市	农村	城市	农村	城市	农村	城市(万人)	农村(万人)
106 059	312 501	90 670	75 855	85.49	24.27	12 213.54	13 225.07
52 656	43 881	46 988	29 234	89.24	66.62	11 221.13	6 316.31
27 457	35 509	23 642	23 547	86.11	66.31	9 446.31	5 656.66
17 310	11 975	16 183	9 754	93.49	81.45	7 062.87	2 276.98
6 284	9 636	4 627	5 878	73.63	61.00	1 770.43	1 783.61
3 863	13 898	2 832	7 915	73.31	56.95	613.01	1 596.07
7 893	1 441	6 851	885	86.80	61.42	649.64	502.16
17 306	6 931	16 495	4 802	95.31	69.28	1 125.18	157.49
53 403	268 620	43 682	46 621	81.80	17.36	992.42	6 908.76
388	2 990	164	1 904	42.27	63.68	53.75	330.40
310	1 772	141	1 007	45.48	56.83	43.58	146.77
76	449	22	400	28.95	89.09	10.16	121.81
2	769	1	497	50.00	64.63	0.01	61.82
53 015	265 630	43 518	44 717	82.09	16.83	938.67	6 578.36
45 739	247 736	37 561	32 290	82.12	13.03	572.98	4 812.06
6 670	13 177	5 443	8 169	81.60	61.99	350.19	1 615.32
606	4 717	514	4 258	84.82	90.27	15.50	150.98

表 15 1994 年全国化妆品生产企业卫生监督情况

	企业总数	企业卫生监督					从业人员总数	从业人员卫生监督						
		监督企业数	监督率（%）	本年发证度数	总发证数	发证率（%）		体检人数	体检率（%）	检出病人数	检出率（%）	调离人数	调离率（%）	培训人数
总计	3 164	3 091	97.69	513	2 954	93.36	45 696	41 054	89.84	363	0.88	363	100.00	31 683
国营	466	449	96.35	68	399	85.62	8 950	7 329	81.89	62	0.85	62	100.00	5 499
集体	1 783	1 767	99.10	246	1 706	95.68	24 435	22 151	90.65	138	0.62	138	100.00	17 045
个体	440	420	95.45	105	393	89.32	2 657	2 360	88.82	28	1.19	28	100.00	1 688
中外合作	353	339	96.03	66	340	96.32	7 705	7 393	95.95	116	1.57	116	100.00	5 899
中外合资	58	57	98.28	12	58	100.00	1 033	1 018	98.55	13	1.28	13	100.00	946
外商独资	64	59	92.19	16	58	90.63	916	803	87.66	6	0.75	6	100.00	606

缺：山西、河南、福建、西藏、青海、湖北、内蒙古

表16 1994年全国化妆品产品卫生监督、监测情况

产品来源	总计	合计		发用类		护肤类		美容修饰类		香水类	
		进口	国产	进口	国产	进口	国产	进口	国产	进口	国产
合计											
检验件数	21085	1815	19270	411	7175	626	5809	498	2969	163	1778
合格件数	19836	1815	18021	411	6612	626	5440	498	2872	163	1658
合格率(%)	94	100	94	100	92	100	94	100	97	100	93
生产企业											
检验件数	7662	—	7620	—	3193	—	2477	—	1114	—	461
合格件数	7230	—	7230	—	3028	—	2339	—	1059	—	443
合格率(%)	94	—	95	—	95	—	94	—	95	—	96
经营单位											
检验件数	13423	1773	11650	384	3982	611	3332	498	1855	163	1317
合格件数	12564	1773	10791	384	3584	611	3101	498	1813	163	1215
合格率(%)	94	100	93	100	90	100	93	100	98	100	92

产品来源	特殊用途类										
	进口	国产									
		小计	育发	染发	烫发	脱毛	美乳	健美	除臭	祛斑	防晒
合计											
检验件数	117	1537	85	375	320	39	54	119	89	243	213
合格件数	117	1439	81	356	300	39	53	110	76	222	202
合格率(%)	100	94	95	95	94	100	98	92	85	91	95
生产企业											
检验件数	—	375	46	107	58	3	11	13	22	55	60
合格件数	—	361	46	106	56	3	11	10	21	52	56
合格率(%)	—	96	100	99	97	100	100	77	95	95	93
经营单位											
检验件数	117	1162	39	268	262	36	43	106	67	188	153
合格件数	117	1078	35	250	244	36	42	100	55	170	146
合格率(%)	100	93	90	93	93	100	98	94	82	90	95

缺：湖北、福建、河南、西藏

表 17　1994 年全国放射性同位素及射线装置的监督、监测情况

	单位数		许可(登记)证			设备数		总等效活度(TBq)	放射工作人数	年度培训人数	体检情况			
	总数	新增加数	应发证数	年持证数	年发证数	总数	年增加数				体检人数	放射病数	不适宜数	调离人数
总计	57 862	1 360	60 248	43 680	8 284	96 656	3 141	308 152.61	176 543	28 102	52 465	71	762	385
合计	6 852	490	6 876	5 698	1 091	19 745	1 253	308 152.61	42 314	5 670	11 865	1	82	67
医用放射性同位素														
核医学	1 318	60	1 309	1 168	193	2 476	103	499.94	6 077	1 030	1 979	1	16	10
放射治疗	409	37	481	406	77	645	80	50 175.16	3 953	859	1 379	0	20	12
非医用放射性同位素														
密封源														
辐照应用	765	71	179	163	21	283	6	249 505.22	2 495	130	1 505	0	7	3
其它	4 117	310	4 562	3 622	760	16 341	1 064	7 162.46	23 484	2 931	4 917	0	39	37
非密封源	243	12	345	339	40	—	—	809.83	6 305	720	2 085	0	0	5
合计	51 010	870	53 372	37 982	7 193	76 911	1 888	—	134 229	22432	40 600	70	680	318
医用射线装置														
X 线诊断	46 001	711	47 968	33 572	6 422	64 943	1 515	—	108 233	17 776	30 958	66	621	285
X 线治疗	225	10	203	180	26	227	10	—	669	221	215	0	0	2
加速器治疗	104	27	137	119	31	146	28	—	1 009	177	495	0	0	0
非医用射线装置														
加速器	299	10	63	60	16	93	4	—	1 493	149	247	0	0	1
工业探伤	3 907	102	4 409	3 562	595	10 077	305	—	20 198	3 809	7 846	4	56	28
其　它	474	10	592	489	103	1 425	26	—	2 627	300	839	0	3	2

续表

	年度就业人数	就业前体检数	外照射监测		空气监测		表面污染		样品监测		放射事故			
			总点次数	合格点数	监测点数	合格点数	总点次数	合格次数	总件次数	合格件数	一级（起）	二级（起）	三级（起）	受照人数
总计	7 741	4 497	459 660	432 768	19 254	16 765	17 431	17 348	16 729	16 624	13	15	3	122
合计	1 991	1 319	68 053	66 849	1 296	1 263	17 431	17 348	—	—	12	14	3	119
医用放射性同位素														
核医学	345	194	13 613	13 412	234	233	12 807	12 757	—	—	0	0	0	0
放射治疗	149	118	8 752	8 530	41	41	183	183	—	—	0	1	0	1
非医用放射性同位素														
密封源														
辐照应用	66	73	2 698	2 677	53	53	243	243	—	—	1	0	0	0
其它	1 153	676	38 239	37 550	350	350	796	792	—	—	10	12	3	118
非密封源	278	258	4 751	4 680	618	586	3 402	3 373	—	—	1	1	0	0
合计	5 750	3 178	391 607	365 919	17 958	15 502	—	—	—	—	1	1	0	3
医用射线装置														
X线诊断	4 336	2 292	358 172	333 930	16 911	14 598	—	—	—	—	0	0	0	0
X线治疗	25	13	1 926	1 900	3	3	—	—	—	—	0	0	0	0
加速器治疗	126	103	2 649	2 616	135	135	—	—	—	—	0	0	0	0
非医用射线装置														
加速器	81	47	843	829	150	150	—	—	—	—	0	0	0	0
工业探伤	1 070	618	24 473	23 195	732	589	—	—	—	—	1	1	0	3
其　它	112	105	3 544	3 449	27	27	—	—	—	—	0	0	0	0

缺：西藏

表18 1994年全国学校

学校类别		学校数（所）	学生数（人）	实监督 学校数（所）	实监督 学生数（人）	合格学校数（所）	分项合格 学生学习时间	教室人均面积	课桌椅	黑板	教室采光	教室照明	教室微小气候
合计		398 152	94 390 969	32 088	12 728 996	15 251	19 220	16 524	9 282	16 226	14 851	11 692	10 384
普通高等学校		4 138	1 060 659	188	326 614	184	186	65	55	163	157	160	122
中专、技工学校		17 763	2 014 003	2 386	424 116	649	719	401	294	667	623	575	444
市	中学	12 731	6 740 514	4 854	1 858 780	1 997	2 119	1 880	1 015	2 070	1 750	1 545	1 541
	小学	38 032	12 671 568	7 512	3 150 348	3 937	4 391	3 610	1 792	4 007	3 312	3 092	2 845
县	中学	40 630	20 033 281	5 936	3 296 127	3 238	4 184	3 598	2 178	3 595	3 494	2 628	2 197
	小学	284 858	51 870 944	11 212	3 673 011	5 246	7 621	6 970	3 948	5 724	5 515	3 692	3 235

缺：西藏

卫生监督情况

学 校 数 (所)

环境噪声	厕所	洗浴设施	生活饮用水	运动场地器械	学生劳动卫生	健康教育	保健设施	学生宿舍		学校食堂	
								实有数	合格数	实有数	合格数
13 630	14 216	1 788	14 743	14 440	15 795	16 704	13 678	10 926	6 354	8 857	6 794
118	168	136	183	159	163	136	172	2 150	1 717	246	229
426	702	343	702	596	606	493	638	2 308	1 392	630	551
1 484	2 026	134	2 452	1 844	1 561	1 728	2 129	760	430	1 425	1 228
3 124	3 640	122	4 172	3 107	3 031	3 518	3 823	83	22	1 757	1 570
2 824	3 135	695	3 161	3 285	3 753	4 007	3 296	5 302	2 657	3 446	2 334
5 654	4 545	358	4 073	5 449	6 681	6 822	3 620	323	136	1 353	882

表19 1994年全国放射工作人员外照射个人剂量监测情况

工种	应监测人员总数	实监测人员总数	剂量当量频数表分布(人数)				实测集体剂量当量(人.mSv)	人均年剂量当量(mSv.a-1)
			<5mSv	5mSv-	15mSv-	>50mSv		
合计	111 761	49 897	47 576	1 886	370	65	66 925.80	1.34
医用诊断X线	707 72	28 289	26 924	1 092	224	49	42 016.40	1.49
核医学	3 565	2 061	1 968	82	11	0	2 313.30	1.12
放射治疗	3 040	1 817	1 748	44	24	1	1 584.92	0.87
工业探伤	14 227	7 463	7 140	259	54	10	9 659.77	1.29
教学、科研	2 118	1 998	1 972	21	5	0	1 239.54	0.62
核工业	4 963	4 090	3 942	126	21	1	6 760.08	1.65
其它	13 076	4 179	3 882	262	31	4	3 351.79	0.80

缺:广西、西藏

表20 1994年全国学生预防保健情况

学校类别	学校数(所)	学生数(人)	学生健康情况												
			体检人数(人)	身高		体重		营养不良	肥胖	视力低下	龋齿	脊柱弯曲异常	蛔虫		贫血	
				上等	下等	上等	下等						实查人数	阳性人数	实查人数	阳性人数
合计	30 738	6 901 715	2 491 816	360 506	177 573	400 936	177 549	296 471	74 023	735 313	550 465	18 076	348 982	64 968	397 135	77 528
普通高等学校	75	122 695	58 494	6 095	5 836	8 200	6 761	12 588	1 171	37 272	2 336	32	1	1	409	29
中专、技校	6 544	149 934	85 523	13 318	8 919	16 116	8 651	12 394	4 163	39 599	13 802	1 323	8 002	914	20 608	3 144
市																
中学	3 947	494 676	324 141	46 171	19 576	56 375	18 812	63 104	20 493	181 297	66 708	1 495	49 871	6 368	79 219	11 867
小学	1 201	672 838	435 849	60 592	27 810	79 771	24 819	79 104	21 869	121 141	176 867	3 444	58 874	9 220	85 475	14 398
县																
中学	2 872	1569 320	726 974	108 390	50 227	107 258	62 496	72 032	14 604	231 254	94 960	4 760	70 982	15 277	104 663	22 881
小学	16 099	3 892 252	860 835	125 940	65 205	133 216	56 010	57 249	11 723	124 750	195 792	7 022	161 252	33 188	106 761	25 209

续表

学生健康情况					死亡（人）					常见病防治情况（人数）							
沙眼		其它	结核	肝炎	疾病死亡	意外死亡				视力低下		龋齿		蛔虫投药（人次）	沙眼	贫血	其它
可疑沙眼	沙眼					自杀	交通	溺水	其它	应防治	实防治	活动龋	已补				
69 392	310 828	14 752	676	4 995	49	8	35	82	19	688 810	403 426	254 812	75 904	2 325 988	169 538	37 214	34 732
312	2 096	25	35	334	3	1	4	0	0	34 247	18 163	854	650	9 637	1 219	28	0
3 139	7 913	1 565	62	484	4	2	0	3	0	34 958	22 832	7 530	2 225	52 177	5 206	2 451	3 520
9 111	39 957	2 453	43	648	6	3	4	10	1	178 652	114 970	39 631	17 209	285 766	33 427	8 441	14 696
11 370	52 821	2 580	59	1 226	5	0	2	12	4	107 081	55 999	62 921	27 716	425 399	34 998	9 617	5 815
20 203	106 523	5 673	279	1 110	15	0	12	15	7	224 622	132 213	50 572	13 986	686 882	51 622	6 686	4 772
25 257	101 518	2 456	198	1 193	16	2	13	42	7	109 250	59 249	93 304	14 118	866 127	43 066	9 991	5 929

缺：西藏

表 21　1994 年全国学生因病缺课情况

学校类别	学校数(所)	学生数(人)	课时		缺课原因											
			授课总天数	缺课总天数	感冒		气管炎肺炎		胃肠道疾病		心脏病		眼病		牙病	
					人次	天数	人次	天数	人次	天数	人次	天数	人次	天数	人次	天数
合计	8 391	2 145 074	301 793 576	326 284	101 392	141 841	5 908	17 371	16 749	26 451	1 003	11 159	4 616	5 744	5 829	5 726
市																
中学	738	417 578	54 631 936	73 684	28 856	35 711	1 592	4 151	5 156	7 064	406	2 430	1 154	1 276	1 473	1 273
小学	627	333 100	49 487 106	123 193	33 473	53 491	2 339	7 968	3 235	6 203	303	6 791	823	1 016	1 190	1 204
县																
中学	989	465 087	81 929 935	59 091	20 948	23 404	987	2 259	4 224	6 094	109	1 019	1 492	1 806	1 384	1 368
小学	6 037	929 309	115 744 599	70 316	18 115	29 235	990	2 993	4 134	7 090	185	919	1 147	1 646	1 782	1 881

缺课原因																	
耳鼻喉疾病		泌尿系疾病		神经衰弱		意外伤亡		结核		肝炎		其它传染病		原因不明疾病		其它	
人次	天数	人次	天数	人次	天数	人次	天数	人次	天数	人次	天数	人次	天数	人次	天数	人次	天数
4 188	5 764	845	4 588	837	4 642	4 416	18 874	150	4 618	1 170	27 097	5 591	29 122	2 744	6 025	7 237	17 400
1 140	1 324	253	885	169	489	1 786	4 766	20	363	251	5 688	404	1 859	1 184	1 851	2 707	4 974
864	1 673	381	1 885	38	151	1 126	5 777	14	310	299	7 586	3 660	19 866	682	2 001	2 164	7 670
1 280	1 207	117	1 149	506	2 881	732	3 989	87	3 232	203	6 713	461	1 712	607	1 180	1 413	2 271
904	1 560	94	669	124	1 121	772	4 342	29	713	417	7 110	1 066	5 685	271	993	953	2 485

缺：西藏

组 织 管 理

【全国卫生防疫工作会议】 1994年9月5日国务院在北京中南海召开。根据江泽民总书记和李鹏总理批示精神,研究加强卫生防疫工作。国务院副秘书长刘济民主持会议,国务委员、国务院秘书长罗干做重要讲话,卫生部陈敏章部长通报全国肠道传染病防治情况,卫生部孙隆椿、何界生、殷大奎副部长以及国务院有关部委、解放军总后卫生部的负责人和全国30个省、自治区、直辖市卫生厅(局)长参加会议。会议针对1994年部分省市遭受水涝灾害的影响,肠道传染病疫情明显上升这一情况,部署防治对策。国务院要求各有关部门和地方各级政府要明确分工,各负其责,协同作战,进一步落实综合性防治措施。

为进一步加强肠道传染病防治工作,贯彻落实会议精神,国务院下发文件,对中央各有关部门和地方各级政府提出具体要求:中央和地方的计划、财政部门要把传染病的防治工作经费纳入国民经济和社会发展计划,认真解决卫生防疫机构开展疾病防治和紧急控制疫情所必需的经费;公安、工商、城建、计划生育、卫生、环保等各有关部门要通力合作,开展综合治理,采取措施,加强对流动人口和流动人口集中的建设工地、厂矿、地区的卫生检疫和管理,监督落实预防和控制传染病的卫生措施,防止疫情的进一步蔓延;宣传和广播影视部门应大力支持卫生宣传、健康教育工作,要加大宣传报道的力度。 (南俊华)

【全国乡村级计划免疫工作人员培训行动计划执行情况】 根据卫生部下发的《1993~1995年全国乡村级计划免疫工作人员培训行动计划》,1994年卫生部与联合国儿童基金会组织专家在完成编写培训乡村级计划免疫工作人员使用的《教师指南》和《学员手册》的基础上,首先完成对省级师资的培训工作,印发培训教材120万册,录制消毒、冷链、接种、监测等内容的教学录像带(一套两盘)共7200盘。各省、自治区、直辖市也完成地、县级的培训。据25个省份的统计,截止到1994年10月已培训2500多人。新疆、西藏、青海、内蒙古等省份还译制了少数民族用培训教材。全国共完成从事计划免疫工作的乡村医生16万人的培训工作。这次培训的主要特点是采用标准化教材,运用参与式教学方法,有计划、分单元进行培训。这次培训特别注重监督、监测和评价乡村医生培训后实际工作水平的提高,基本知识和技能的掌握、应用情况,并及时反馈评估结果,提出建议改进工作。 (于竞进)

【卫生监督监测人员培训】 1994年,卫生部委托中国预防医学科学院、卫生部工业卫生实验所、北京医科大学儿少卫生研究所等单位举办卫生监督、监测人员学习班20期,共培训20712人。培训重点:①卫生监督、监测的新知识、新技术;②卫生监督员的资格认可及执法能力;③营养知识传播技术(世界卫生组织项目内容);④新的法律、法规宣传贯彻;⑤乡镇工业职业卫生服务管理。 (王淑云)

计 划 免 疫

【第二次全国消灭脊髓灰质炎强化免疫日活动】 为了确保1995年实现我国政府向国际社会承诺的消灭脊髓灰质炎的目标,1994年12月5日和1995年1月5日在全国范围内,对4岁以下儿童各加服一次脊髓灰质炎疫苗。卫生部制定下发《全国消灭脊髓灰质炎强化免疫日活动实施方案》,并逐级组织培训。经国务院批准,卫生部和全国儿童计划免疫协调小组于1994年10月24日召开全国消灭脊髓灰质炎强化免疫日活动电话会议。国务委员彭珮云和卫生部陈敏章部长、殷大奎副部长,全国妇联副主席刘海荣,中国残联副理事长周敬东在电话会上作了动员讲话。1994年12月5日,国务院总理李鹏和夫人朱琳,国务委员彭珮云,卫生部部长陈敏章,北京市市长李其炎等到北京医科大学第一临床学院妇儿医院,参加全国第二次消灭脊髓灰质炎强化免疫日活动,为儿童喂服脊髓灰质炎疫苗。李鹏总理为儿童计划免疫工作题词:"全社会都来关心支持儿童计划免疫"。卫生部副部长孙隆椿、殷大奎和全国儿童计划免疫协调小组成员单位的领导,以及世界卫生组织、联合国儿童基金会、日本国际协力事业团、香港联合国儿童基金委员会的代表,分别到北京市委幼儿园、东城区东四六条托儿所,参加强化免疫日活动。全国第二次消灭脊髓灰质炎强化免疫日活动为近8000万儿童进行了两轮口服脊髓灰质炎疫苗。 (周 军)

【全国消灭脊髓灰质炎工作】 根据全国常规传染病报告系统统计,1994年共计有143个县份报告脊髓灰质炎261例,比1993年210个县份报告的538例,下降51.5%。根据急性弛缓性麻痹(AFP)病例监测系统报告,1994年225个县份确诊脊髓灰质炎307例,比1993年653例减少346例,下降53%。

1994年围绕实现消灭脊髓灰质炎的目标,主要加强免疫和监测工作。①经国务院批准,1993年12月至1995年1月,在全国范围内开展两次四轮消灭脊髓灰质炎强化免疫日活动。卫生部研究制定《消灭脊髓灰质炎强化免疫日活动实施方案》及其细则,逐级组织培训和指导,确保全国强化免疫日活动的顺利开展。每轮强化免疫日活动为8 000万名儿童提供免疫服务。除全国强化免疫日活动外,1994年夏、秋季还在广东、海南、贵州、云南、福建、新疆、青海7个省份增加两轮强化免疫,这些措施对阻断脊髓灰质炎野病毒的传播起了重要的作用。②在全国建立AFP病例监测系统和实验室网络的基础上,1994年3月举办第四期全国脊髓灰质炎流行病学和实验室监测工作人员培训班,提出监测工作的12项质量控制指标。在世界卫生组织专家的指导下,设计了监测数据质量控制软件。1994年10月开展电子信箱(E-mail)传递工作。在此基础上,卫生部疾病控制司与中国预防医学科学院每月分析一次脊髓灰质炎疫情,研究防制对策。

(刘 霞)

【1994年脊髓灰质炎病毒分布态势】 我国消灭脊髓灰质炎已进入最后攻坚阶段,实验室的病毒学监测越来越重要。我国由1个国家级和29个省级(西藏待开展工作)脊髓灰质炎实验室组成全国脊髓灰质炎实验室网络,负责急性弛缓性麻痹(AFP)病例的病毒学监测。国家级实验室经世界卫生组织西太平洋区1992～1994连续三次考核,均获满分,1992年来每年应用分子病毒学技术鉴定脊髓灰质炎野病毒和疫苗株。省级29个实验室在技术考核中,1992年有10个,1993年有15个,1994年有24个获得满分。在此基础上,国家级实验室1992～1994年对各省送检的肠道病毒阳性分离物标本中,共检出脊髓灰质炎野病毒Ⅰ型119株,Ⅲ型野病毒1株,混合型46株;脊髓灰质炎疫苗株病毒312株;脊髓灰质炎重组病毒16株;其它肠道病毒92株;待定38株。其中1992年检出Ⅰ型野病毒53株,分布在12个省份;1993年检出Ⅰ型野病毒61株,Ⅲ型野病毒1株,分布在8个省份;1994年在福建、新疆2个省份检出6株Ⅰ型野病毒(包括从1名接触者分离出1株)。野病毒检出的减少与脊髓灰质炎发病减少相一致。但我国AFP病例麻痹后2周内采集2份合格标本率有待进一步提高。

(张礼璧)

【应用冷链监测卡开展全国冷链系统评审结果】 在世界卫生组织的技术援助下,卫生部疾病控制司组织北京生物制品研究所、昆明医学生物学研究所和30个省、自治区、直辖市卫生防疫站等单位,应用冷链监测卡,对脊髓灰质炎疫苗从生产所发放至30个省份和地、县级疫苗运输及贮存的各个环节进行检测。冷链监测卡有A、B、C、D四个显示窗口,0～10℃时四个窗口呈白色。12℃时3天A窗口变色;8天A、B两个窗口变色;14天A、B、C、三个窗口变色。21℃时2天A窗口变色;6天A、B两个窗口变色;11天A、B、C三个窗口变色。34℃时2小时,A、B、C、D窗口全部变色。卫生监督部门和流行病学医师按照疫苗所需温度标准,根据上述数据来检查冷链的状况。

本次除内蒙古、山西、陕西、西藏、河南五个省份未报冷链监测卡监测结果外,在25个省份实际回收随疫苗一起发放至县级的冷链监测卡1710张,占全国县级单位的60.3%(1710/2835)。回收至县级的冷链监测卡变色率为99.8%(1707/1710),但只有2张冷链监测卡A、B、C、D四个窗口全部变色。疫苗运输期间冷链监测卡的变色率分别为:生产所→省级95.5%(1240/1298),省级→地级41.2%(667/1619),地级→县级18.7%(307/1646)。疫苗贮存期间冷链监测卡的变色率分别为:省级8.8%(113/1285),地级19.6%(316/1612),县级24.9%(406/1628)。可见疫苗在贮存环节冷链监测卡的变色率低于运输环节,运输环节中生产所→省级存在的问题较大,贮存环节中的主要问题在县级。

(郭 飙)

【西太区扩大免疫技术顾问组临时会议】 于1994年10月30日至11月2日在北京召开。世界卫生组织西太区、美国疾病控制中心、国际扶轮社、联合国儿童基金会、日本国际协力事业团等方面的技术顾问、专家与我国卫生部、中国预防医学科学院等有关方面的领导,专家约50人参加会议。会议主要研讨我国消灭脊髓灰质炎工作的进展及存在的一些问题、病例定义及AFP(急性弛缓性麻痹)的流行病学和实验室监测问题。会议指出:中国已进入消灭脊髓灰质炎的最后攻坚阶段,病例监测和脊髓灰质炎病毒的分离是最终证实中国消灭脊髓灰质炎的重要科学依据;中国的脊髓灰质炎能否消灭将直接影响全球消灭脊髓灰质炎目标的实现;为此必须要在现有的基础上进一步提高AFP的报告率和合格粪便标本的采集率,加强监测的敏感性和脊髓灰质炎病毒的分离,提高实验室工作质量。会后,世界卫生组织的专家分别到黑龙江、吉林、湖南、湖北、福建、海南、广东、贵州、云南、陕西10省了解94/95年度强化免疫日的准备情况和AFP病例监测、实验室工作开展情况,并针对各省的具体情况提出了建议。

(刘 霞)

【农村推广乙型肝炎疫苗接种试点】 1993年7月至1994年1月,在四川省崇庆县、吉林省安图县和宁夏回族自治区中卫县进行农村地区推广乙型肝炎(简称“乙肝”)疫苗免疫接种的试点。在地理分布上,四川崇庆县97%为平原;宁夏中卫县57.7%为山地;吉林安图县地处高寒丘陵地区。三县试点人口分别为23万、30万和21.5万人,人均年收入750元左右,三县经济条件在全国属于中下等。1992年三县出生率分别为15.69‰、11.75‰、18.39‰;产妇住院分娩率分别为98%、74.3%与61%。

通过对三试点县进行有关乙肝知识、乙肝疫苗免疫接种及预防乙肝的宣传并对宣传前后情况进行比较,得出以下结论:

1. 通过宣传和健康教育,农民对乙肝及其疫苗知识的认识程度有明显提高。宣传前,农民对乙肝及其疫苗知识的六项问题回答正确率较低,平均为36.1%;通过宣传,回答正确率提高到74.7%;农民对乙肝疫苗费用自付形式的认识由宣传前的39.4%增至61.7%。

2. 宣传后较宣传前新生儿乙肝疫苗接种率提高近50%。未接种原因分析,不知道乙肝疫苗或认为不必要接种者所占比例分别由宣传前的47.9%与34.0%下降至宣传后的18.7%与7.0%。说明在农村现存经济条件下,通过宣传提高农民对乙肝疫苗接种认识的程度对提高新生儿乙肝疫苗接种率有着极其重要的意义。

3. 通过对不同收入家庭宣传

前后乙肝疫苗接种率的比较发现，在家庭人均年收入小于3000元的各个收入段中，宣传后乙肝疫苗接种率均要高于宣传前，且在家庭人均年收入500～800元收入段中，宣传后较宣传前新生儿乙肝疫苗接种率提高近60%～80%，说明宣传教育是农村特别是贫困地区推广乙肝疫苗接种的一个有力措施。

4. 在农村，由于风俗习惯的影响及地理条件的限制，使得住院分娩率较低，这直接影响新生儿乙肝疫苗的接种率。四川省崇庆县住院分娩率高达98%，新生儿乙肝疫苗接种率达到91%；宁夏中卫县仅74%的孕产妇住院分娩，其新生儿乙肝疫苗接种率仅76.7%。可见在大力宣传教育的基础下，提高农村住院分娩率对推广农村乙肝疫苗接种率有着积极作用。

5. 为了在农村更好地推动新生儿乙肝疫苗接种，需要一定的宣传教育经费和业务经费。积极落实农村乙肝疫苗接种的必要经费，将会极大地推动此项工作的进展。

（苏崇鳌　张　琛）

【三峡工程及库区卫生防病工作】 1994年6月，卫生部组织专家组对三峡工程及库区进行卫生防病调查，专家组通过考察现场和征集三峡库区及坝区有关部门的意见，提出"三峡工程及库区卫生防病预案"和"三峡工程及库区卫生防病技术方案"，并召开三峡工程及库区卫生防病预案研讨会，进一步完善预案和技术方案。

三峡工程及库区卫生防病预案的内容包括四个方面：①三峡工程及库区相关的卫生和疾病问题；②三峡工程卫生防病工作的主要目标和要求；③三峡工程卫生防病工作的组织领导和技术措施；④三峡工程卫生防病经费的来源及使用。

"三峡工程及库区卫生防病预案"和"三峡工程及库区卫生防病技术方案"报卫生部三峡领导小组审批后，按照三峡工程及库区卫生防病预案的要求，已安排在重庆、万县、涪陵、宜昌市各建立一个卫生与疾病监测点，以观察三峡工程施工区及库区在施工期及其水库蓄水运行后的生态环境、疾病流行的动态变化，为疾病防治和卫生监督监测决策和业务工作服务。（邵瑞太）

传染病防治

【全国传染病防治监督执法情况检查】 在《中华人民共和国传染病防治法》（以下简称《传染病防治法》）颁布实施5周年之际，卫生部组织开展全国传染病防治监督执法情况检查。此次检查分各地组织开展自查和中央检查两个阶段。检查范围包括《传染病防治法》及其《实施办法》、《消毒管理办法》、《预防用生物制品生产供应管理办法》。在各地自查基础上，由全国人大、国务院法制局、全国政协、卫生部及23个省、自治区、直辖市卫生厅（局）和中国预防医科院组成的中央联合检查组，对江苏、吉林、河北、云南、甘肃、湖南6省进行检查。卫生部于1994年12月29日在山西太原召开全国传染病防治监督执法总结表彰会议，表彰北京市卫生局卫生防病监督管理所等64个传染病监督、监测管理先进单位。

5年来，《传染病防治法》贯彻实施的突出特点是人大、政协对《传染病防治法》的贯彻执行给予了极大的支持。各级政府领导传染病防治工作，实施目标管理，在政策上财力上给予倾斜。各级政府卫生行政部门十分重视配套法规、规章的制定，促进了传染病防治监督管理工作的开展。由于广泛深入地进行普法宣传，增强了全体公民的法律意识，使传染病防治工作得到了全社会的关注和支持。全国传染病管理监督员的队伍已达30 001名。依法实施传染病防治监督管理，行政处罚案例达1 491件。传染病疫情、生活饮用水、医院感染、消毒药械、医疗卫生用品、血站（库）的监督、监测管理逐步走上了规范化。

今后要突出抓好重点单位、重点人群的宣传培训工作。要切实依法行政，加大执法力度。要加强监督机构和队伍建设，进一步提高传染病监督、监测管理水平。

（南俊华　陈宝珍）

【1994年全国传染病疫情】 据30个省、自治区、直辖市卫生防疫部门报告的疫情资料统计，1994年全国共报告甲、乙类传染病2 147 451例，死亡4 510例（见附表），累计发病数比1993年全国报告病例2 089 432例，上升了2.78%。1994年全国甲、乙类传染病总报告发病率为184 684/10万，总报告死亡率为0.387/10万，比1993年全国甲、乙类传染病总报告发病率上升1.5%左右，虽然上升幅度不大，但这是自1974年以来全国甲、乙类传染病总报告发病率的首次上升。1994年累计死亡数比1993年下降1.61%，死亡率比1993年下降2.8%左右，1994年总报告病死率为0.21%，比1993年下降4.5%。

24种甲、乙类传染病均有病例报告。1994年报告发病数与1993年相比上升、下降的病种各12种（见附图）。12种发病数上升的传染病依次为：霍乱（＋209.14%）、梅毒（＋69.78%）、布氏菌病（＋61.56%）、痢疾（＋39.65%）、出血热（＋26.26%）、艾滋病（＋26.32%）、淋病（＋15.94%）、斑疹伤寒（＋14.29%）、流行性脑膜炎（＋12.27%）、乙型脑炎（＋8.03%）、疟疾（＋5.89%）和伤寒（＋3.18%）；12种发病数下降的传染病依次为：登革热（－99.45%）、鼠疫（－81.25%）、狂犬病（－42.27%）、猩红热（－39.17%）、脊髓灰质炎（－35.4%）、麻疹（－32.11%）、钩端螺旋体病（－25.24%）、黑热病（－18.86%）、炭疽（－18.56%）、病毒性肝炎（－18.32%）百日咳（－4.80%）、白喉（－5.5%）。

导致1994年全国甲、乙类传染病总报告发病率上升的主要原因：①1994年我国部分省市遭受严重的多种自然灾害，灾情超过了1991年，自然生态环境的变化，人口大流动，诸多导致传染病流行的因素依然存在。②1994年，我国有22个省、自治区、直辖市发生肠道传染病流行，病例分散，涉及范围大，局部受灾地区和边远农村地区疫情较重，报告病例较多。③在1994年全国开展了《传染病防治法》监督执法检查，多数省市同时加强了医院传染病疫情报告管理的监测工作，在一定程度上减少了传染病疫情漏报，疫情报告工作改善的结果促进了疫情报告数的增加。其中痢疾报告发病数占总报告发病数的39%。

1994年我国在消灭脊髓灰质炎的工作中，取得显著成果，全国全年报告发病数365例，其中经实验室证实为野毒株传播的仅5例。1994年我国部分省市虽然遭受严重洪涝旱灾，但仍取得了大灾之后无大疫的胜利。

另据全国145个疾病监测点(监测人口10 116 875人)报告统计，甲、乙类传染病发病率为333.3/10万，是全国大疫情报告发病率(184.684/10万)的1.8倍，按照传染病防治法规定监测管理的丙类传染病11种共报告106 671例，报告发病率为1033.95/10万，比1993年831.61/10万有较大的增加。　(南俊华　苏崇鳌)

附表　1994年我国甲、乙类传染病发病、死亡数

病　名	发病数	死亡数
鼠疫	3	3
霍乱	34 027	287
病毒性肝炎	804 115	747
痢疾	838 061	424
伤寒副伤寒	86 453	124
艾滋病	24	19
淋病	111 975	4
梅毒	2 017	42
脊髓灰质炎	365	2
麻疹	76 204	212
百日咳	7 199	21
白喉	119	12
流行性脑膜炎	5 863	315
猩红热	22 476	11
流行性出血热	56 395	633
狂犬病	269	254
钩端螺旋体病	21 036	639
布鲁氏菌病	517	0
炭疽	1 347	33
斑疹伤寒	3 512	52
流行性乙型脑炎	18 106	634
黑热病	142	4
疟疾	57 224	37
登革热	2	0
总　计	2 147 451	4 510

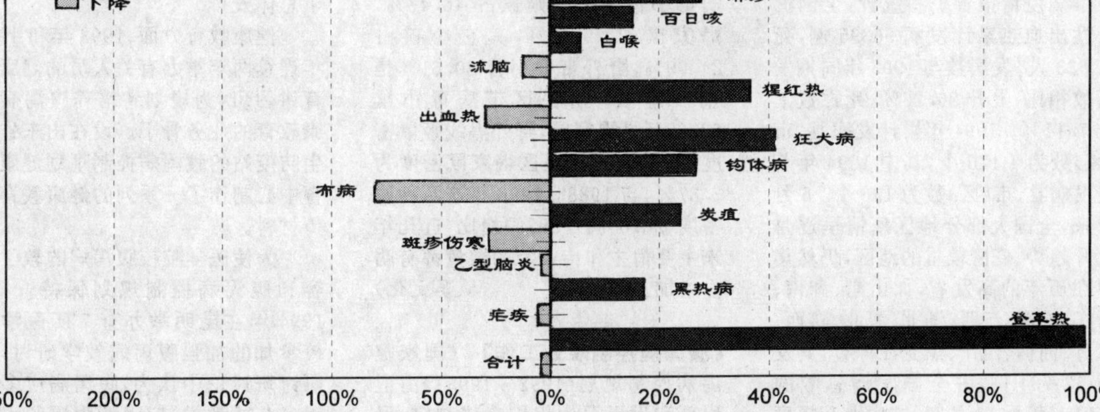

附图　1994年全国24种甲、乙类法定报告传染病发病率与1993年相比升降百分比(%)

【1994年性病疫情检测】 1994年1～3季度全国26个性病检测点，共报告性病患者34 882例，其中男性病例21 065例，女性13 817例，男女之比为1.52∶1。与1993年同期相比增加了34.52%(见附表)。

附表　1994年1～3季度性病分析

病　　种	病例数	发病率(1/10万)	构成(%)	1993年同期数	增减(%)
艾滋病	0	0.00	0.00	0	+0.00
淋病	23 070	65.68	66.14	16 505	+39.78
尖锐湿疣	7 601	21.64	21.79	6 680	+10.48
非淋菌性尿道炎	3 080	8.77	8.83	1 968	+56.50
梅毒	758	2.16	2.16	323	+134.67
生殖器疱疹	346	0.99	0.99	242	+42.98
软下疳	23	0.065	0.066	6	+283.33
性病性淋巴肉芽肿	4	0.011	0.011	7	-42.86
合　计	34 882	99.30	100.00	25 931	34.52

26个性病监测点只有成都监测点报告了1例HIV感染者，尚无艾滋病病例报告。其他7种性病均有报告，仍以淋病为多，共报告23 070例，占66.14%；其次为尖锐湿疣，报告了7 601例，占21.79%；非淋菌性尿道炎报告了3 080例，占8.83%；梅毒病例数今年出现猛增的趋势，共报告758例，占2.16%，与1993年的323例相比增长了134.67%。报告梅毒病例较多的有福建、新疆、安徽、杭州、广西和深圳。1994年度梅毒比1993年有较大幅度的增长，其原因有待进一步分析。　(郑中波)

【流行性出血热疫情】 根据1994年1～12月份各省、自治区、直辖市传染病疫情报告资料统计，全国流行性出血热累计发病56395例，死亡633人。发病数与1993年同期发病数相比，上升26.26%，死亡数上升7.11%。1994年累计发病县、市(区)数为1 176个，其中1994年首次发病县、市(区)数为136个。6月以来，全国大部分地区疫情呈逐月上升趋势。疫情较重的地区，仍然集中在历年的高发省，如山东、湖南、浙江、安徽、江西、湖北、河北、陕西、江苏、河南、四川、黑龙江等省，共发病53 764例，占全国发病总数的95%。截至12月底，发病上升幅度较大的是：宁夏(1054.55%)、内蒙古(243.66%)、黑龙江(204.37%)、广西(150.00%)、吉林(86.65%)、湖南(78.39%)等省、自治区。

疫情上升的主要原因是，该病近年来尚处于自然流行高峰期和我国大部分地区因连年遭受洪涝灾害等自然因素，以及农村冬春季开展农田水利工程基本建设，流动人口增多，增加了人群感染该病的机会。另外，因灭鼠经费严重不足，各地近年来对灭鼠工作有松懈现象，致使部分地区鼠密度和鼠带毒率都有大幅度上升，特别是一些灭鼠已达标的县市又有回升，造成老疫区发病逐渐上升和新发疫区不断增多。据1991～1993年出血热监测点疫情表明，野外和居民区小兽带毒率均较高，分别为3.51%和3.29%。带病毒小兽中黑线姬鼠占46.47%，褐家鼠占29.44%，其它小兽占24.09%；野外带毒小兽80.61%是黑线姬鼠。居民区带病毒小鼠63.09%是褐家鼠；野外黑线姬鼠密度为6.79%，居民区褐家鼠密度为2.87%，与1988～1990年这两种鼠密度(2.76%、1.89%)相比，近几年来主要宿主和传染源的数量都有明显增加。　(吴文化)

【腹泻病控制规划工作】 《国家腹泻病控制规划(1992～1995)》由卫生部和世界卫生组织合作制定，目前已在15个省、市、自治区组织实施。1994年国家腹泻病控制规划重点为项目管理、人员培训、健康教育和腹泻病的医学教育。

在项目管理方面，卫生部于1994年10月在新疆组织召开规划省腹泻病控制规划实施阶段评估会。规划实施几年来，规划省通过组织入户调查和卫生机构调查，基本摸清了儿童腹泻病的发病和治疗现况：5岁以下儿童平均发病率为2～3次/人/年，治疗上滥用抗生素和静脉补液，口服补液率很低。针对这一现状，在1993年底，卫生部下发《中国腹泻病诊断治疗方案》，以规范腹泻病的临床管理，各省对此组织人员培训并监督实施，取得效果。在规划会上，针对目前存在的问题，结合规划目标，对1995年的工作做了总体安排。

健康教育方面，1993年和1994年连续两年举办有关人员的健康教育讲习班，为规划省培养腹泻病健康教育的业务骨干。设在山东省卫生防疫站的腹泻病控制规划健康教育中心制作了一系列的健康教育宣传材料。

为使医学院校腹泻病的教学内容和腹泻病控制规划保持一致，1994年在昆明举办有7所医学院校参加的加强腹泻病教学研讨班。研讨班讨论中认为，腹泻病应多采用参与式教学，应强调腹泻脱水的危害和诊断，提倡口服补液，合理使用抗生素和静脉补液，禁止使用止泻药。希望有关部门在修订教材时对相矛盾的教学内容进行修改。

规划省和科研单位对如何组织实施有效的腹泻病预防措施进行科学研究，包括母乳喂养、合理添加辅食、改水改厕等。

（宋应同　南俊华）

【全国病毒性肝炎血清流行病学调查初步报告】 从1991年开始开展全国病毒性肝炎血清流行病学调查。调查选择1～59岁的居民为研究对象。共调查全国145个疾病监测点的435个村庄或街道中的23104个家庭，共67441人。对每个研究对象均进行问卷调查和血清学检测。检测的肝炎病毒标志物有：抗-HAV、HBsAg、抗-HBc、抗-HBs、HBeAg、抗-HDV、HDAg、抗-HCV和抗-HEV。初步实验结果报告如下：

1. 甲型肝炎（简称"甲肝"）全国抗-HAV流行率为81.2%。其分布大体为北方高，南方稍低；边疆及少数民族地区高，经济发达地区稍低；乡村高，城市低，其中1～35岁间城乡差别明显。10岁以下HAV感染也较常见，这对制定甲肝免疫策略有重要指导意义。

2. 乙型肝炎（简称"乙肝"）我国一般人群乙肝自然感染流行率为59.5%。其中HBsAg携带率为9.8%，抗-HBc阳性率为51.5%，抗-HBs阳性率为28.3%。地区分布不均，城乡差别明显。HBsAg携带率在各年龄段相对平稳，性别间差别不明显。在HBsAg携带者中，HBeAg阳性率为29.6%，随年龄上升而下降，并与表面抗原的滴度呈正相关。

3. 丙型肝炎（简称"丙肝"）我国一般人群丙肝感染流行率为3.2%。抗-HCV阳性率分布与地区、城乡、年龄、受血史和性别等因素有关。各省从1.35%～5.89%不等，省间差别明显。

4. 丁型肝炎（简称"丁肝"）HBsAg携带者抗-HDV和HDAg的总感染率为1.9%。其中抗-HD阳性率为1.1%，HDAg阳性率为0.8%。再次提示我国虽是乙肝高发区，但丁肝感染相对较少。

5. 戊型肝炎（简称"戊肝"）应用美国Genelabs anti－HEV EIA试剂检测北京、湖南和新疆等13个省、市血清标本，抗-HEV流行率为19.2%，各地分布不均。其余17个省、市血清采用中国预防医学科学院病毒研究所抗-HEV EIA试剂检测，结果尚在分析中。

（夏国良　刘崇柏　苏崇鳌）

【鼠疫疫情及防治】 1994年在西藏、青海两省、区发生人间鼠疫2起，发病7人，其中死亡4人。西藏自治区当雄县系藏族牧民剥食偶然染疫的藏系绵羊引起的腺鼠疫，发病6人，死亡3人；青海省称多县系一牧民剥染疫野山猫皮而患败血型鼠疫并死亡。以上死亡病例，均系在地广人稀地区，未及时治疗所致。近几年连年发病较多的云南省，在家鼠鼠疫仍然比较猛烈的情况下，未发生人间鼠疫，使1994年全国发病数由90年代以来的每年29～75例恢复到七八十年代的平均水平。

1994年监测到鼠间鼠疫在6个类型疫源地的7个省、区的38个县（市、旗）流行，是90年代以来发现动物鼠疫疫情最多的一年。云南省在8个疫源县发现家鼠鼠疫流行，地域除分布在由西至南的中缅边境地区外，在该疫源地的历史疫区腾冲县间隔38年、施甸县间隔40年后重又发现鼠间鼠疫猛烈流行，使该家鼠疫源地动物鼠疫流行范围又有所扩大。特别是在河北省康保县北部与内蒙古自治区乌兰察布盟、锡林郭勒盟交界地区，砂土鼠鼠疫在10～11月发生较大范围猛烈流行，疫源地边缘的康保县、太仆寺旗、商都县鼠间鼠疫静息22年后又检出大批疫鼠。由于鼠间疫情通过主动系统监测被及时发现，防疫部门向疫区群众进行宣传教育，加强自身保护；在一定范围内开展保护性灭鼠灭蚤；在人口密集的鼠间疫区进行疫区处理，使疫情没有波及到人间。在我国西部地广人稀的旱獭疫源地监测到多处动物鼠疫流行。西藏自治区加强监测力度，1994年在9个月内发现动物鼠疫，其中噶尔县、朗县是新发现并判定的疫源县，使我国鼠疫疫源县增加到219个。蒙古旱獭、达乌尔黄鼠、阿拉善黄鼠、布氏田鼠以及东南沿海及广东、广西家鼠鼠疫疫源地均未监测到动物鼠疫流行。

1994年印度一些地区发生人间鼠疫流行，在李鹏总理"必须采取最严格的措施防止鼠疫传播到我国"的指示下，检疫部门采取了加强陆、海、空港检疫等措施，未发生鼠疫传入病例。

（沈尔礼　张　苇）

【中俄哈蒙四国鼠疫研讨会】 于1994年5月10～12日在北京召开。俄罗斯、哈萨克斯坦、蒙古及中国共18个鼠疫防治研究单位的负责人和专家37人参加会议，提交论文23篇。

中国介绍了1990～1993年全国鼠疫流行状况和防治措施、中国各类鼠疫菌质粒、DNA探针研究成果，以及布氏田鼠鼠疫研究进展。俄罗斯介绍鼠疫菌DNA探针制备、聚合酶链式反应技术应用、西伯利亚疫源地的研究及防治对策，提出了鼠疫流行潜能的概念及其分类依据的新观点，以及建立磁力免疫吸附检菌的方法。哈萨克斯坦介绍中亚鼠疫自然疫源地流行病学特点及用单克隆夹心ELISA法作血清学诊断的可能性。蒙古国介绍本国鼠疫流行趋势和鼠疫菌质粒研究进展。

会议注意到四国1994～1999年鼠疫防治合作计划，建议进一步扩大疫情和防治科研信息的交流、专家和专业人员的互访、相互培训专业技术人员、加强边境地区的鼠疫检疫、防治工作，并相互提供支持。明确四国各研究所可根据本所特点、各类型疫源地中防治需求，以及某一研究领域兴趣，建立所际之间联系，签定协议，确定具体合作交流内容。

（沈尔礼）

【结核病监测工作】 自1993年起全国结核病监测点由42个扩增到72个，覆及24个省、自治区、直辖市(除北京、湖北、广西、西藏、青海、海南等6省、自治区、直辖市)的3 525万余人口。1993年活动性肺结核病人登记率为26.8/10万,其中传染源登记率为10.8/10万,占全部肺结核病人的40.3%。新登记病人16 457人,新登记率为46.7/10万,其中传染源16/10万,占34.2%,在新登记病人中复发病人占14.6%。0~14岁儿童结核性脑膜炎发病率为0.6/10万。结核病死亡率7.0/10万,其中肺结核死亡率为6.3/10万,结核病居各类死因的第11位,结核病死亡数占总死亡数的1.9%,占传染病死亡数的65.8%,结核病死亡平均年龄为61.6岁。

新确诊病人中94.5%是因症求诊发现,平均确诊时间为47天,确诊后91.6%的病人在2周内能及时得到治疗。活动性肺结核病人平均治疗期为0.6年,传染源病人为0.7年。新发病的传染源经治疗观察一年,治愈率达89%,治疗失败率3.4%,有2.2%因结核病而死亡。

新生儿卡介苗接种率为96.9%,接种后12周结核菌素阳转率为87.1%,均达到了较好的水平。卡介苗接种副反应发生率仍较高,无论初、复种均高达800/10万以上,其中疤痕疙瘩发生率占75%,值得重视。

由于1993年新监测点几乎扩大了1倍,观察人口增加了1 000余万,各项结核病流行指标较1992年有不同程度的上升,这与新监测点结核病控制工作尚不够规范与有力有关,据过去7年监测工作的经验,这些新监测点的工作大约需经2~3年后才能步入正规。 (宋文虎)

【世界银行贷款中国结核病控制项目见成效】 该项目于1992年二季度开始实施。两年多来项目已覆及912个县,受益人群达4.3亿。自1993年10月至1994年9月的一年间,共发现传染性肺结核病例10万例,项目累计发现传染性肺结核病人达171672例。项目中发现的初、复治病人的比例发生变化。各县在项目初始阶段,发现的病人多数是复治病例,占60%以上,主要是由于过去治疗不彻底所致。项目实施半年左右,初、复治比例持平,后复治病人明显减少,至两年半时,复治病例仅占30%,并继续呈下降趋势。

项目采用现代结核病控制策略,大面积推广短程全间歇化疗方案,该化疗方案价廉、效高,病人在医务人员的全程督导管理下,取得了显著效果。采用世界卫生组织推荐的"评价疗效的队列分析方法",三年来初治涂阳肺结核病人的治愈率分别为93.4%(311/333例)、90.9%(8 838/9 721例)和90.8%(21 866/24 078例)。世界卫生组织要求:到2000年执行上乘的国家结核病控制规划,初治涂阳病人的治愈率达到85%,我国超过WHO指标6个百分点,得到了世界卫生组织和各国专家的高度评价,我国的经验已在发展中国家推广应用。

(赵丰曾)

【加强与促进结核病控制项目开始实施】 卫生部自1993年底起在非世行贷款的内蒙古、山西、吉林、浙江、安徽、福建、河南、青海、天津等9个省(市、区)实施卫生部加强与促进结核病控制项目。

主要原则:①控制传染源。以新发涂阳肺结核病人为重点,推动9省(市、区)的结核病控制工作。②资金筹集以地方(省、地、县)为主,中央对试点地区给予适当经费补助。中央与地方按不低于1∶2的比例配套。项目资金主要用于新发传染源的规范化治疗管理,其中80%费用用于减免药品费。项目资金帐目公开,逐级审核,药品统一采购,采用组合包装,中心进行质量监控。③组织管理。各级卫生行政部门领导项目工作,各级防治机构负责项目的实施及管理。项目以县为单位,实行逐级负责(县→地(市)→省→中央)。④项目省按统一技术规范实施病人发现、治疗、管理及登记报告。

技术规范:①化疗方案:初治涂阳病人,2HREZ/4H3R3;复治涂阳病人,2HREZS/6H3R3E3。②化疗管理:主要采用全程督导与强化期督导,对督导有困难的部分病人采用规范化的全程管理。③查痰:初治2、5、6个月各查痰一次;复治2、7、8个月各查痰一次。由中央及省级参比实验室实施痰涂片质量控制。④病人发现:主要采用因症发现与归口管理。⑤登记报告:采用世行贷款项目报表,月报与半年报相结合。

实施情况:到1993年底,9个省(市、区)均成立项目领导小组,并相应成立项目办公室、技术指导组,落实地方配套资金,制订实施细则,举办培训班。1994年初第一批65个县全面启动。

初步结果:①病例发现:项目开展10个月已列入项目涂阳肺结核病人共4 543例,其中初治3 475例(76.5%),复治1 068例(23.5%)。估测项目开展后病人数较未开展项目时增加了约50%。②治疗满两个月(强化期)情况:有3 697例病人已满两个月强化期治疗,其中初治2 822例,占76.3%;复治875例,占23.7%;两个月痰菌转阴率,其中初治2 644例,占93.7%,复治749例,占85.6%,总转阴率达91.8%。

第二批项目县共61个,已于1994年10月全面启动。第一、二批项目县总覆盖人口达6 120.5万。

(宋文虎)

【中比麻风康复医疗合作项目评估总结】 比利时政府为支持我国消灭麻风的总体规划,1988年在北京与我国政府签订了麻风康复医疗合作项目协议书,为时三年,后延期至1994年10月结束。根据协议要求,比政府无偿提供经费1亿比郎,为中国麻风防治研究中心、全国性病麻风病控制中心提供康复医疗、培训设备及交通工具等,帮助我国在山东、江苏、广西、浙江、福建、湖北、湖南、江西、贵州、云南及四川省建立麻风康复分中心并提供必要的设备、交通工具等。

几年来,比利时达米恩基金会(Damien Foundation,执行单位)为设备物资的选择、订货、运输及人员培训等做了大量而有效的工作,及时、优质地完成了比方所承担的各项任务。卫生部疾病控制司(执行单位)组织协作完成了援助物资设备的接收、运输、基建、安装、测试及人员培训工作,保证了中心,各分中心的正常运转。

中比麻风康复医疗合作项目涉及多个技术领域,为了充分发挥援助物资设备的作用和顺利开展麻风健康教育、康复医疗工作,全国中心和11个分中心共举办各类学习班43期,培训不同层次的康复医疗技术人员1414名,选派出国学习、考察37人次,完成了预订的国内外培训计划。

1994年10月17～28日,比利时王国政府代表布鲁克先生,达米恩基金会代表巴克先生与我国专家一道,赴南京全国性病麻风病控制中心,广州中国麻风防治研究中心及湖北天门麻风康复分中心进行实地考察评估,认为:中心、分中心都按计划正常动转,发挥了为麻风畸残者进行康复医疗作用。为了总结经验,推动麻风康复医疗工作的深入开展,卫生部在四川省成都市召开了中比麻风康复医疗合作项目评估总结会。 (申鹏章)

【山东省基本消灭麻风病】 山东省现辖17个地、市,135个县、市、区,总人口为8 600余万。麻风病在该省已流行2500多年,曾是全国重点流行省份之一。主要流行分布在胶东半岛和鲁南地区,以淮坊、青岛、烟台、日照、枣庄、威海市和临沂、济宁地区的病人数为多,占全省病人总数的81%。至1992年底,全省累计发现病人53 305名(居全国第三位),累计治愈39 654名,除死亡、外迁、失访等原因外,尚有现症病人255名。全省麻风病患病率由1959年的0.45‰降至1992年的0.004‰,发病率由1955年的5.07/10万降至近五年的平均年发病率0.045/10万。

自1989年,所有达标县(市、区)均进行了自身考核。1992年底,全省135个县(市、区)全部达到国家颁布的以县(市、区)为单位基本消灭麻风病的标准并完成省级考核验收。卫生部于1994年4月16～28日组织专家工作组对该省进行达标验收工作。通过抽查考核,结合省级验收工作总结报告,卫生部专家组一致认为:山东省自1992年底以来,以县(市)为单位达到了卫生部颁布的“基本消灭麻风”的标准。卫生部于1994年5月21日,以卫防发(1994)第8号《关于确认山东省以县(市)为单位基本消灭麻风病的通知》,予以确认。 (申鹏章)

【全国消毒工作】

1. 贯彻落实消毒管理办法 卫生部组织制定5个消毒卫生标准(一次性使用卫生用品卫生标准、一次性使用医疗用品卫生标准、消毒与灭菌效果的评价方法与标准、医院消毒卫生标准、医疗卫生用品辐射灭菌消毒质量控制标准),以及《消毒鉴定实验室考核验收方案》、《消毒药械整顿方案》等。组织编写《消毒管理办法》培训教材,举办消毒知识竞赛活动。

2. 加强消毒工作的监督监测 主要是加强对医疗卫生单位消毒工作的监督监测和技术指导。自1988年在全国八大城市开展医院消毒监测工作以来,医院消毒监督监测工作已由省级医疗单位逐步扩大到地市级医疗单位。北京、上海和湖北等省、市的工作已逐步深入到县级医疗单位,并制定和建立了消毒监督监测项目统计表和技术档案等。为了解医院消毒与院内感染情况,卫生部组织专家对医院消毒及感染情况进行了一次摸底调查。根据全国19个省、自治区、直辖市卫生行政部门上报的书面调查资料和专家实地考察情况分析:共调查129所不同类型医院,其中建立医院感染组织的有128所,占被调查医院总数的99.2%(但实地考察有些感染组织不落实);有专职人员的共99所,占调查总数的76.7%;设有消毒组的共98所,占调查总数的75.9%;医院消毒剂的来源,有72所医院使用的消毒剂依靠外购,占调查数的66.7%,其他医院依靠自配消毒剂或部分外购。129所医院使用的消毒剂中,部级卫生许可证占38.89%;省级卫生许可证占49.59%;无证产品(包括假冒和省证跨省销售产品)占11.52%。消毒剂使用不合格占46%(主要是消毒剂选用不当、自配消毒剂浓度不稳定、用量不足和使用方法不当等)。另外,在医院实地考察中发现使用过期消毒剂和消毒剂使用不合理的现象比较严重,如劣质紫外线灯、过期的消毒剂还在使用。有相当一部分医院手术器械用新洁尔灭等低效消毒剂作为消毒液或保存液,是引起医院感染的常见原因。医院对消毒剂质量有自检制度的占调查总数的76.7%,但实地考察发现,检测技术存在较多问题。医院婴儿洗澡室、盛水桶等,多数医院都没有消毒清洁制度;婴儿配奶间有63%不合格。

3. 加强消毒药械和一次性医疗卫生用品的审批监督管理 省级以上卫生行政部门依法加强了对消毒药械的卫生质量审核发证监督管理工作。各级卫生防疫机构根据国家有关卫生标准和消毒技术规范,对生产、经营和使用消毒剂、消毒器械和一次性使用的医疗、卫生用品进行消毒效果的监测管理。至1994年底,获部级卫生许可证的产品有267个,获省级卫生许可证的产品总数达千余种,基本可以满足市场需求。对1988～1990年期间的整顿产品,一、二类指标不合格的产品,通过限期改进提高产品质量,截至1994年底,有90%以上的产品通过重新抽样复测,经专家技术审核合格,已换发部、省级卫生许可证。

为抓好消毒产品的质量,卫生部制定了《消毒鉴定实验室考核验收方案》,成立卫生部消毒药械审评委员会。 (吴文化)

【消毒药械审评委员会成立】 卫生部于1994年4月成立。该委员会由14位委员、秘书组成。卫生部副部长殷大奎任主任委员。该委员会的主要职责是:负责审核批准卫生部消毒专家委员会对消毒药械的技术审评意见并研究解决审评工作中存在的问题;组织对省级以上卫生行政部门批准生产、销售和使用的消毒药械、一次性使用的医疗卫生用品，进行卫生质量和卫生许可证制度的监督检查。

（吴文化）

地方病防治

【全国贯彻关于消除碘缺乏病两个文件电话会议】 于1994年10月24日召开。参加会议的有国务院领导，国家计委、国家教委、国家科委、财政部、农业部、国内贸易部、外经贸部、广电部、卫生部、计划生育委员会、国家工商局、国务院法制局、轻工总会、国家技术监督局、国家医药管理局、中国残联、全国妇联、全国爱卫会等20个部委领导。国务委员彭珮云代表国务院就贯彻和执行《中国2000年消除碘缺乏病规划纲要》和《食盐加碘消除碘缺乏危害管理条例》两个文件发表讲话："实现2000年消除碘缺乏病目标，既是我国政府承诺的《儿童生存、保护和发展世界宣言》的要求，也是我国《九十年代儿童发展纲要》中所规定的任务。各级领导同志都要对关系民族兴衰的大事予以高度重视，切实加强领导，强化各级政府地方病防治领导小组及其办事机构，组织协调各有关部门团结协作、各尽其责。《纲要》是指导全国碘缺乏病防治工作的一个纲领性文件，《条例》是我们实现2000年消除碘缺乏病目标的法律保证，各地要根据《纲要》的精神，因地制宜制订实施计划。认真执行《条例》，加强法制管理，坚决打击非碘盐冲销缺碘地区，保证碘盐按计划供应，使群众能食用合格的碘盐，力争1995年底基本实现全民食盐加碘的目标。"

卫生部殷大奎副部长、国内贸易部马李胜副部长、轻工总会傅立民副会长、国务院法制局曹康泰副局长和国家技术监督局李宝国副局长的讲话，强调要加大工作力度，各司其职，认真贯彻落实好《规划》和《条例》。（王 洁）

【《碘缺乏病监测方案(试行)》颁布】 1994年9月由卫生部颁布。方案有8节、7个附录和13个监测表格。制定此方案的目的是为了及时了解和掌握全国碘缺乏病病情和干预措施落实情况，评价防治效果及人群碘营养状况，确保长期有效落实干预措施。监测内容包括碘盐和病情监测两部分。碘盐监测以县为单位进行，病情监测以省为单位进行。监测对象是在碘盐加工厂/盐库/批发单位；碘盐销售点；居民户三个碘盐的流通环节和8～10岁在校儿童、新生儿(选择)两组人群。监测指标选定必检指标：碘盐合格率，触诊甲状腺肿大率和尿碘。参考指标：新生儿脐血TSH。抽样方法、质量控制方法、调查方法、结果分析和报告制度都较以前的方案切实可行。方案实施由卫生部统一领导和协调，中国地方病防治中心负责技术指导，各省地方病防治领导小组办公室组织落实。附录包括：①批质量保障抽样方法(LQAS)；②具体每个样品合格碘盐含碘量的定标准(以碘离子计)；③容量比例概率抽样方法(PPS)；④甲状腺分度标准，触诊法和B超法；⑤碘盐监测现场调查表等13个表格。（王 洁）

【"防治碘缺乏病日"活动】 卫生部、中国轻工总会、国家工商行政管理局、国内贸易部和国家技术监督局于1994年5月5日在全国各省省会、直辖市、自治区首府及主要大中城市开展全国性的以"碘盐与健康——实行食盐加碘，消除碘缺乏病"为主题的"防治碘缺乏病日"宣传活动。宣传活动有几个特点：①各省、自治区、直辖市政府对这次活动都极为重视，不少地方组织领导班子，抓活动的安排与落实。在组织上保证本次活动的深入开展。国务委员彭珮云及国务院有关部委局的领导参加北京市的活动。②"防治碘缺乏病日"活动除卫生部门外，工商、盐业、商业、供销、公安、民政、教育、残联、妇联、科协、广播电影电视、技术监督等部门共同参与，协调行动。③各地将宣传与防治、宣传与整顿盐业市场、宣传与打击私盐、劣质盐等结合起来，收到很好的社会效果。④"防治碘缺乏病日"宣传活动是建国以来第一次全国范围在统一的时间，以统一的主题在30个省、自治区、直辖市及大中城市繁华商业区开展碘缺乏病的群众性健康教育活动。各地都以多种形式向各阶层群众宣传碘缺乏病的危害及防治知识。⑤各国际组织驻京办事处代表及官员也参加了宣传日活动。

（许弘凯）

【第20届国际氟学术研讨会】 1994年9月6～9日在北京召开。受国际氟研究协会委托，由卫生部氟病专家咨询委员会、世界卫生组织和中国国家自然科学基金委员会联合举办。日本、美国、法国等15个国家和地区的63名专家、学者以及我国卫生、地矿、地化、地方病防治等专业人员150人参加会议，选用论文212篇。国务委员陈俊生、卫生部副部长殷大奎出席并讲话，世界卫生组织代表、国际氟协会、国际口腔协会会长参加会议并致词。中国向大会报告了全国地方性氟中毒防治工作进展、病情及饮水型、燃煤型、饮茶型地方性氟中毒病区的分布。会议反映了国际氟中毒与防龋两方面科研最新成就；工农业氟利用方面的成果；氟与其它元素以及氟与营养、氟与癌症、氟与骨质疏松等方面的相关研究的进展。会议就氟斑牙、氟骨症、总摄氟量、基础与骨外毒性、除氟方法、预防进行了交流。（沈尔礼）

【山西省地方病普查及防治】 山西省是我国地方病重病区之一。1994年普查的结果表明：地方病涉及全省11个地市107个县(市、区)，占全省总县数的90%以上，病区人口1 800余万，占全省总人口的60%以上，现患病人395.47万人，患病率13.44%。据此，省委省政府要求把防治地方病作为提高人口素质、促进经济发展的措施来抓，恢复加强各级地方病防治领导小组及其办公室，建立健全专业防治机构，提高专业防治队伍素质。从1994年起，省财政每年除拨出500万元用于降氟改水外，再拨500万元用于地方病。对重点地区和人群开展重点防治。从1995年元月实行全民供应碘盐，病区172.9万育龄妇女和190

万0～14岁婴幼儿和儿童，每年普服一次碘油丸，在282个甲状腺肿大率超过20%的和57个新查出的病区乡搞好防治和监测。对1316户饮水型和64万户煤烟型氟中毒居民，分三年改水改灶。大骨节病区15.58万名7～16岁儿童普服亚硒酸钠，预防大骨节病，并治疗1434名病人，开展克山病和布鲁氏菌病病人的治疗及鼠疫的监测。争取备战三年，控制地方病。（张 立）

【山西省发现大范围饮水型地方性砷中毒病区】 山西省地方病领导小组办公室和省卫生防疫站根据历史资料和地方性砷中毒病区的形成原因及流行特点，结合地理景观、地形和地貌，将有可能发生地方性砷中毒的桑干河、浑河和南洋河流域列为典型调查区，进行环境流行病学调查。调查发现，以上区域中存在一狭长的富砷地带，带宽约6公里，长约100公里。富砷带下埋有厚度不一的高砷含水层，埋深从20米至50米不等，水砷含量范围为<0.05mg/L～4.4mg/L。带内存在着“活跃型”、“隐伏型”等不同类型的病区。通过对这个地区1 500名居民的临床调查，发现有慢性砷中毒症状的病人284例。由于慢性地方性砷中毒症状潜伏期长，而该地区居民饮用高砷水的历史最长不过10年，最短者仅数月，多数为3～5年，因此说明该地区尚未达到发病的高峰期，仍有大量潜在病人。

（张 苇 沈尔礼）

【布鲁氏菌病疫情回升】 1994年布鲁氏菌病疫情呈回升趋势，全国累计新发病人数达815例，比1993年上升147.72%。主要疫区在山西、山东、西藏、辽宁、河北、河南、吉林、新疆、内蒙古等省区，特别是已经达到控制标准的辽宁、吉林等省，1994年又出现局部地区的暴发，辽宁省新发病人数23例，吉林省发现74例新发病人。山西省查出新发病人273例，比1993年上升245.57%。内蒙古、山东、河南、西藏等省、区的疫情均有较大幅度的上升。

1994年布鲁氏菌病疫情回升的主要原因，一是近年来随着市场经济的活跃，牲畜交易数量日益增多，交易范围不断扩大，而各地对牲畜的检疫、免疫措施落实不够完善，致使老疫区病畜大量外流，扩散到非疫区及已达到基本控制的地区，造成人、畜间布鲁氏菌病的局部暴发；二是淘汰病畜的措施实施阻力大、困难多；三是发病地区多为贫困、边远地区，技术力量薄弱，经费短缺，管理制度不够落实。

（张 苇 沈尔礼）

寄生虫病防治

【全国寄生虫病防治工作会议】 1994年10月25～29日，卫生部在安徽省黄山市召开。会议主要目的是贯彻全国工作会议精神，总结交流我国寄生虫病防治工作经验，研究分析寄生虫病防治工作面临的形势和任务，检查各省(市、区)寄生虫病防治“八五”规划执行情况，讨论拟订我国寄生虫病防治“九五”规划。卫生部副部长殷大奎在讲话中肯定了寄生虫病防治工作所取得的成绩，并指出在长期与寄生虫病作斗争的过程中，形成了行之有效的技术政策和策略：①党和政府对寄生虫病防治工作十分重视；②有关部门共同努力和人民群众的配合支持；③注意宣传普及寄生虫病防治知识；④建立健全专业防治队伍并注意培训。当前寄生虫病防治任务仍十分艰巨：①防治工作比较成功的几种寄生虫病疫情不稳；②还有大量其它寄生虫病尚未进行全国性的有计划防治。要加强对寄生虫病防治工作重要性、艰巨性、迫切性、长期性的认识。殷副部长对今后寄生虫病防治工作提出了几点要求：①要统一认识，继续加强对寄生虫病防治工作的领导。确保“八五”规划如期实现。②深化寄生虫病防治工作的改革，不断研究解决新情况下的新问题。防保机构应深化内部管理机制，改革人事分配制度，完善运行机制，重视科技开发。他还强调要加强宣传，动员全社会支持、参与；加强寄生虫病防治的研究工作，稳定队伍，加强法制建设。

（徐淑惠）

【血吸虫病防治】 1. 防病治病 据统计，1994年1～9月，全国共查病701.7万人，查家畜74.9万头。与血防“八五”规划启动前(1989年)相比，急性感染病人数下降90.6%，慢性病人数下降42.5%，晚期病人数下降37.9%，病牛数下降73.8%，钉螺面积下降1.4%。由于各项防治措施的落实，虽然有些省发生较大水灾，但未发生急性血吸虫病暴发流行。1994年江苏省的吴江、武进、苏州郊区、南通市港闸区、浙江省的平湖、天台、黄岩、诸暨、余杭、江山、东阳、兰溪，湖北省的黄梅，云南省的弥渡，四川省的会理等15个县(市区)经考核验收达到消灭血吸虫病标准；安徽省的石台，江苏省的宜兴，四川省的成都龙泉驿区，云南省的丽江等4个县(市、区)达到基本消灭血吸虫病标准。截至1994年底，在全国386个流行县(市、区)中，有200个县(市区)达到消灭标准，63个县(市区)达到基本消灭标准，尚未控制流行的有123个县(市区)。

2. 世界银行贷款血防项目 为加强项目的技术指导，在中国预防医学科学院寄生虫病防治研究所成立血吸虫病控制和监测技术指导办公室，筹建血吸虫病诊断检测中心。在湖北、湖南、江西、四川建立四个血清库。举办策略研讨、化疗、灭螺、C6膜检测尾蚴等研讨班，培训160多人；进行两次国内项目督导；建立世界银行贷款血防项目信息管理网络；召开两次血防项目执行性科研联合管理委员会(简称JRMC)会议，批准50项科研课题。

3. 综合试点 确定湖北孝感、湖南常德、江西南昌为国务院地市级血防综合试点地区，试点规划已开始实施。卫生、农业、水利、林业四部委组织对湖北潜江和湖南安乡两个国务院血防综合试点县进行抽查，抽查结果表明：两个试点县工作进展快，成绩显著。在人畜查治病、扩大化疗、灭螺等方面均超额完成全年计划任务。人群感染率、耕牛感染率和急性病人数下降幅度较大。

4. 学术交流与科学研究 与世界卫生组织热带病研究和培训特别规划署(简称 TDR)共同举办国际日本血吸虫分子生物学研讨会，交流血吸虫疫苗研究动态及经验，引进曼氏血吸虫疫苗研究方法。确定“血吸虫疫苗研究”和“三峡工程与血吸虫病流行关系的研究”两项重点科研项目，并组织专家对项目标书进行评审。

5. 政策调研 卫生部组织各省进行血防政策调查研究，会同有关部委共同起草《全国综合治理血吸虫病“九五”规划》、《关于解决血防工作资金投入问题的意见》和《关于解决血防工作人员待遇问题的意见》(讨论稿)，并提交全国血防工作会议讨论。会后，由卫生部等部门按照会上提出的修改意见，再与有关部委协商解决。(贯义德 吴高盛)

【全国血防工作会议】 国务院于1994年11月18～20日在北京召开。南方12个省分管血防工作的省长，卫生、农业、水利厅负责人及国务院19个部委的负责人出席会议。中共中央政治局委员、书记处书记姜春云，国务委员彭珮云，国务院副秘书长刘济民出席会议并讲话。会议的主要内容：①总结交流“八五”期间综合治理科学防治的经验；研究制订全国综合治理血吸虫病“九五”规划框架。会议认为：“八五”期间，各地逐渐明确了“围绕农业抓血防”、“综合治理、科学防治”的方针，自觉地把血防工作与发展农业、水利、林业相结合，把治虫与治水、治穷、治愚相结合，摸索出一套适合本地情况的防治办法和措施，逐渐形成一批具有一定规模、社会效益、经济效益和生态效益都比较好的项目和工程。在解决经费投入、改革血防机构内部管理、改善专业人员待遇、组织协调各有关部门齐抓共管、加强健康教育等方面总结了许多好的经验，管理水平和工作效率不断提高。会议要求“九五”期间，要巩固和扩大“八五”期间所取得的防治成果。在压缩钉螺面积方面，对一些水位相对稳定的内陆地区，要求尽力压缩钉螺面积。对灭螺难度很大，水位不能控制的江湖洲滩地区，要求消灭易感地带的钉螺，力求达到垸内无螺，垸外降低阳性钉螺的密度。血防综合试点要加强基础建设，如农村的改水改厕、卫生宣传、健康教育等等，把血防工作与做好农村大卫生工作、与农村两个文明建设相结合。会议认为血防“八五”攻关研究已进入后期，要集中力量，加强力度。对世行贷款项目的执行性研究课题要认真组织实施。为了进一步加强血防科研，经国务院批准，已将“血吸虫疫苗研究”和“长江三峡工程与血吸虫病流行关系研究”列为重点研究课题， 并且得到了总理基金的支持，会议要求各有关部委和省政府要组织力量，进行多学科、多专业的协作研究，力争早出成果，出好成果。②研究血防有关政策问题。会议提出，继续贯彻执行国务院《关于加强血吸虫病防治工作的决定》中的有关规定。各级财政都要增加投入，各有关部门都要安排专项经费，要坚持“国家、集体、个人分别负担”的原则。对长期工作在血防第一线的专业人员应给予精神鼓励和物质奖励。会议要求，要较好地解决血防工作资金投入问题和血防人员待遇问题。(郭京平)

【江苏省南通市试行学校血防渗透教育】 江苏省南通市血防部门与教育部门配合，在如皋师范附属小学进行血防健康教育试点，开展血防知识渗透教育。它的特点是“三不”、“三结合”。即不单独开设血防知识课、不增加课时、不专门编写血防知识教材；各科教师结合血防工作的季节特点，进行针对性渗透教育；结合各年级的知识结构特点，进行选择性渗透教育；结合各门学科特点，进行有机地渗透教育。教师根据各学科的特点，将血防知识有机地溶合在各自的教案中，形成系列化的血防渗透课教育。使学生们在学习语文、数学、地理、美术和书法等课的同时，学到血防知识。学校血防知识的普及和提高，很快向社会辐射，取得了显著的效果。据该血防健康教育示范区的3 000人答卷式近期效果追踪调查表明：人群血防知识普及率达到90%；85%的目标人群能主动接受血吸虫病检查；100%的病人接受治疗，后两种指标分别比开展渗透教育前提高20%和25%。(贯义德)

【建立大区域血防综合试点】 经卫生部、水利部、农业部、国家计委、财政部、林业部共同协商，报国务院同意，批准在湖北省孝感市、湖南省常德市和江西省南昌市进行血吸虫病防治综合试点。试点的总目标是：在血防“八五”规划的基础上再有所提高，即通过三年的努力，在整个试点区范围内达到基本控制血吸虫病。三年后，三个试点地区平均46.6%的流行乡达到消灭标准，32.6%的流行乡达到基本消灭标准，20.9%的流行乡达到试点地区基本控制标准。血防综合试点由三省政府负责组织实施，国务院有关部委成立协调小组，负责试点的协调和检查督导。

试点工作是在目前国家财力比较紧张的条件下，动用总理基金支持的。国家财政共投入2 300万元，地方按1：1配套。这项经费将分三年列入卫生事业费下拨各省，由省政府统一管理使用。(郭京平)

【国际日本血吸虫分子生物学研讨会】 1994年10月25～27日由卫生部与世界卫生组织/热带病研究和培训特别规划署在南京联合召开。参加会议的有澳大利亚、菲律宾、中国、以色列、瑞士、英国和美国等国家的19位科学家，世界卫生组织/热带病研究和培训特别规划署血吸虫病抗感染及抗病疫苗指导委员会主席 R. Burgquist 参加。

会议交流日本血吸虫疫苗候选分子、免疫应答以及流行病学等方面的研究进展。世界上日本血吸虫疫苗的研究，已经确定许多候选疫苗分子，而且兽用抗日本血吸虫疫苗即将试用。兽用疫苗的研究和试用，不仅能为人用疫苗试验提供重要的参考，而且兽用疫苗的使用可直接影响血吸虫病的传播，一旦兽用疫苗成功应用，就会产生重要的公共卫生意义。中国交流了在筛选和构建日本血吸虫中国大陆株成虫CDNA库并分离、纯化以表达疫苗候选分子及诊断抗原分子等方面的研究成果。会议认为,目前日本血吸虫感染的动物模型有可能使日本血吸虫疫苗的研究比曼氏血吸虫疫苗的研究处于更有利的地位。曼氏血吸虫分子生物学方面的研究已有很多结论,在研究日本血吸虫时可以参考和利用曼氏血吸虫研究的结果和经验。中国和菲律宾有大动物试验条件,许多疫苗试验的现场已被确定或正在使用,且有现存的日本血吸虫病流行区感染人群,因此人群免疫应答的研究及进一步的疫苗现场试验是可行的。

会议认为,今后需要进一步扩大合作网络,利用电子多媒体来加强网络成员间的联系及信息交流。

(贾义德)

【**1994年全国疟疾形势**】 全国主要疟区16个省、自治区、直辖市,1994年有11个疟疾疫情回升,这是自1970年全国大范围暴发流行以来首次出现普遍回升趋势,形势相当严峻。主要原因是流动人口继续增多,疟防经费紧缺,专业机构不稳定,疟防队伍削弱,疫情漏报严重,疟防措施难以落实。

1994年疫情统计疟疾发病62 101人,发病率为5.292/10万,比1993年增加6.22%。因各省上报的疫情内基本未包括外来流动人口发病数,如加上这部分共有80 263个疟疾病例。根据各省对重点发病县监测和部分地区疫情漏报调查等结果推算,1994年全国疟疾发病人数在15万左右。按各县(市)疫情统计,全国无疟疾病例报告或发病率在1/万以下的计2 609个县(市)10.832亿人口地区,发病率在1/万～10/万的计174个县(市)0.800亿人口地区,发病率在10.1/万～100/万的计42个县(市)0.104亿人口地区,发病率仍在100/万以上的是云南省边境约1万余人口地区的畹町市。

南部和东部地区,除四川和广东两省发病率略有下降外,因当地疟疾传播增加使发病率上升的主要是海南、云南和福建省,而贵州、广西、湖南、江西、上海、浙江六省、自治区、直辖市发病率回升,主要由于本地居民外出做工感染疟疾,使本省输入病例增加所致。中部、北部和西北部地区各省疫情基本稳定,有少数省略有上升。

据18个省、自治区、直辖市在5.33亿人口地区开展的疟疾监测结果显示,对1 106.81万发热病人进行血检,共查出68 612个阳性病例,阳性率为0.62%。检出的阳性病例数和阳性率均高于1993年。对重点人群和流动人口普查50.47万人,检出无症状带虫者3 928人。

1994年恶性疟病例数增加,分布范围扩大,流行程度更趋严重。全年共检出恶性疟现症病人7 959例,占血检阳性病例的11.60%,在普查中检出恶性疟带虫者325例。海南、云南、广西和贵州四省有当地传播的恶性疟流行,其中海南、云南两省恶性疟病例数占全国的98.5%。有16个省、自治区、直辖市116个县发现输入性恶性疟病例。

(钱会霖　崔钢)

【**我国丝虫病防治达到基本消灭标准**】 我国是世界上受丝虫病危害最严重的国家之一,防治工作开展前,全国有丝虫病人约3 000万,流行区遍及山东、河南、江苏、安徽、湖北、浙江、江西、上海、福建、广东、海南、贵州、广西、湖南、四川15个省、自治区、直辖市,受威胁人口达3.4亿。1994年7月,安徽省丝虫病防治工作达到基本消灭标准,至此,经40余年努力,在全国范围基本消灭了丝虫病。1994年10月27日在安徽省黄山市召开的全国寄生虫病防治工作会议上,卫生部副部长殷大奎宣布了这一消息。我国大规模、有计划地防治丝虫病始于1956年。在全国农业发展纲要中将丝虫病、疟疾、天花、血吸虫、钩虫病、新生儿破伤风列为限期基本消灭的危害人民健康最严重的疾病。据统计,自1956年至1993年全国共血检普查丝虫病2亿余人次,海群生治疗2.5亿人次。全民服药3 100余万人次,食用海群生药盐1.8亿人次。

我国防治丝虫病最主要的经验是:①列入国家防治规划。我国的丝虫病防治工作曾先后两次被列入国家的发展规划和防治规划。第一次是1955年,即政务院颁布《全国农业发展纲要(1956－1967)》;第二次是1987年,即中共中央中发(1978)7号文中关于防治血吸虫病等重要寄生虫病的规划。按照卫生部的统一部署,各省、自治区、直辖市卫生厅(局)根据各自的具体情况,制定规划,并从人、财、物方面保证规划的实施。各流行县政府均组织了以卫生部门为主、有关部门参加的丝虫病防治领导小组,并由一名政府主要领导人任组长,组织各方力量积极参与,落实措施。②加强防治科研的技术咨询,发挥专业人员作用。丝虫病防治科研的组织协调和技术咨询工作,1981年前由卫生部全国血吸虫病研究委员会兼顾,1982年卫生部组建了全国丝虫病防治科研技术指导组,在全国丝虫病防治科研的技术咨询和技术指导中做出重要贡献。

在与丝虫病的长期斗争中,培养造就了一支与当地防治任务相适应的、技术熟练的专业防治队伍。至1993年底,全国共培训丝虫病防治人员2 355 826人次。广大专业技术人员深入现场,坚持科研为防治服务的方向,不断解决防治中的关键技术问题,总结经验,用于防治实践。③有明确的防治目标及科学、可行的防治策略。1955年《全国农业发展纲要》提出了基本消灭丝虫病的目标。1988年、1994年卫生部分别颁发了《基本消灭丝虫病地区监测工作技术方案》及《消灭丝虫病标准(试行)》。经试点研究,确定了以海群生治疗微丝蚴血症以消灭传染源为主导措施的防治策略。

(徐淑惠　孙德建)

国境卫生检疫

【**空港卫生检疫**】 1994年1月12～14日,在首都机场卫生检疫局召开第二次全国空港卫生检疫工作会议暨全国空港卫生检疫中心成立大会。会议明确今后空港卫生检疫工作要进一步适应国家的改革开放要求，做到“面向世界、面向未来、面向现代化”。会议统一了认识，即在加强口岸执法工作的同时应积极开拓与卫检有关的各项服务性事业。卫生部何界生副部长为全国空港卫生检疫中心挂牌揭幕。

1994年检疫出境飞机45 283架次，入境飞机35 813架次。检疫查验出境人员5 000 486人次，入境人员4 979 594人次。现场传染病监测体检35 491人次，艾滋病监测222 602人次，其中发现艾滋病及艾滋病病毒感染者54例，性病93例，霍乱病人2例，疑似霍乱病人2例，痢疾2例，肺结核15例，乙肝10例。预防接种228 198人次。

（伦立广）

【海港卫生检疫】

1. 海港卫生检疫专家组工作会议于1994年3月10～13日在广西北海召开。会议研究讨论1994年海港卫生检疫工作计划，修改电讯卫生检疫规定。

2. 全国海港卫生检疫工作会议于1994年5月17～19日在大连召开。会议确立今后海港卫生检疫发展模式：①海港卫生检疫的工作应符合国际惯例；②符合中国国情即有中国特色的卫生检疫；③承担《国境卫生检疫法》、《国际卫生条例规定》的我国和国际卫生义务。会议强调“政事分开”。

3. 中华人民共和国卫生检疫总所制定海港电讯卫生检疫规定，明确了在口岸锚地实施卫生检疫的范围。如来自疫区的、本航次有传染病病人、疑似传染病病人，或有非意外伤害而死亡并死因不明的尸体，发现有死因不明的啮齿动物，装载废旧物品或需要卫生处理的货物（包括核放射物质），船舶除鼠证书或免予除鼠证书过期的。不存在上述情况的船舶均可通过电讯的手段靠泊卫生检疫。

4. 全国各海港卫生检疫局落实“政事分开”工作，按照业务的内容分成执法部分、执法服务部分和业余服务部分。执法部分体现国家行政行为，依法进行卫生监督管理，办理有关入出境手续，体现国家权力。执法服务部分，依法开展专业技术性工作，为执法提供凭据，如疾病监测体检、检验等。业余服务部分，则是单纯提供服务。各局成立卫生清洁公司，开展消毒、杀虫、灭鼠、有毒有害物质的处理等。成立国际旅行卫生保健服务中心，并实行单独核算、自负盈亏，服务中心属于非盈利性的事业单位。

5. 海港卫生服务中心试行股份制。为了将闲散资金和个人积累的资金利用起来，采用集体内部的集资办法实行确认性股份，将筹措的资金购置仪器设备、交通工具，开展社会服务性工作。全国各海港局均不同程度、不同类别地试行了股份制。

6. 为了适应社会主义市场经济体制的建立，对口岸管理工作提出简化手续、提高效率的要求。1994年制定电讯检疫规定，实行单独检疫并与国际惯例接轨。要求各海港局配备检疫交通艇，对入出境船舶随时进行检疫，依法办理卫生检疫手续。1994年大连、秦皇岛、天津、青岛、上海、汕头、黄埔、拱北卫生检疫局配备了9艘船，并利用交通艇开展多项服务性工作，收到良好的社会效益。

7. 研制卫生处理用服装。为使消毒、杀虫、灭鼠等卫生处理工作规范化，保障工作人员的健康安全，海港卫生检疫专家组研究制定了卫生处理服装并进行装备。该卫生处理用服装采用全棉布料，具有防静电、颜色鲜艳、在特定环境易发现等特点。蒸熏服为连体式，纯白色，消毒服为黄色，印有标志。分春秋季、夏季两种套装。

（王宝麟）

【空港口岸卫生监督媒介生物控制】

1994年空港口岸卫生监督2 814次，实施消毒、杀虫、灭鼠1 789次，对飞机实施卫生处理16 734次。空港口岸及交通工具上食品卫生监督采样检验5 301次，饮用水卫生监督采样检验601次，其中发现不合格食品407次，不合格饮用水9次。首都机场卫生检疫局在对口岸食品、饮用水卫生监督中，发现一起某餐馆供应的食品中被霍乱弧菌污染并造成霍乱病发生的疫情。该局当即采取措施，防止了霍乱的进一步传播流行。乌鲁木齐卫生检疫局对入境飞机的卫生间采样检验曾三次发现霍乱弧菌。全年共对口岸内食品从业人员卫生培训10 055人，对食品从业人员体检15 806人。

各检疫局均开展本底调查工作，通过本底调查，基本搞清了空港口岸内的媒介生物种类、生长繁殖季节及与有关传染病的关系，并有针对性地开展了消、杀、灭工作。如印度发生鼠疫期间，为防止鼠疫的传入和传播均开展了口岸灭鼠工作。

（伦立广）

【防止印度鼠疫传入我国】 1994年9月下旬至10月中旬，印度苏拉特发生鼠疫流行，我国卫生检疫部门从世界卫生组织得到疫情后，立即采取措施，并上报卫生部、国务院。9月30日，李鹏总理批示：“必须采取最严格的措施，防止鼠疫传播到我国”。邹家华副总理、彭珮云、罗干国务委员对此也做了批示。陈敏章部长两次主持召开防止鼠疫传入的会议，何界生副部长对鼠疫卫生检疫工作做了具体指示。各卫生检疫局在卫生检疫总所统一部署下，依据世界卫生组织《国际卫生条例》和《中华人民共和国国境卫生检疫法》，对来自印度的人员、飞机、船舶、货物、集装箱进行卫生检疫。在此期间，总所及各卫生检疫局密切注视疫情，及时将世界卫生组织通告的疫情向有关部门通报，并召开鼠疫检疫紧急会议。各卫生检疫局依法检疫，加强口岸的鼠疫检疫及鼠疫预防宣传工作。实施隔离留验5人，就地诊验8人，劝阻入境43人。对来自印度的3艘船舶、4架飞机、1个代表团、22批货物进行了卫生检疫和卫生处理，退货12批。口岸内有关人员预防性服药1500余人次，广泛开展灭鼠工作。有效地防止了鼠疫的传入。

（伦立广）

【卫生检疫专业人员培训】 1994年举办专业技术培训班14个，共培训人员419人。其中海口黄热病防治培训班3期，培训人员91人；拱北霍乱防治培训班4期，培训人员127人；二连鼠疫防治培训班3期，培训人员86人；北京艾滋病防治培训班2期，培训人员53人；大连鼠疫检验培训班2期，培训人员62人。参加培训的检疫人员在1994年鼠疫、霍乱检疫工作中发挥了重要的作用。

（伦立广）

劳动卫生与职业病防治

【全国乡镇工业职业卫生服务对策试点】 1992年卫生部决定开展乡镇工业职业卫生服务对策试点。上海市宝山区、浙江省金华县、山东省淄博市张店区、辽宁省沈阳市于洪区四个区县被选定为国家试点地区。两年多来，试点工作进展顺利，试点面逐渐推开。到1994年底，北京、天津、上海、山东、辽宁、浙江、福建、四川、江苏等省市选定本省的试点区县，按照卫生部试点方案要求开展工作。

1. 政府加强对乡镇工业的职业卫生监督管理。国家试点地区都已成立由主管县（区）长直接领导的，有卫生、乡镇企业主管、劳动、环保以及工会组织等部门参加的乡镇工业职业卫生服务对策试点领导小组。结合县级机构改革，政府加强卫生部门的劳动卫生监督职能，提出“政府组织，卫生牵头，部门配合，企业落实”的职业卫生管理组织和实施模式。不少试点地区把乡镇工业职业卫生服务纳入政府“2000年人人享有卫生保健”规划目标和政府任期目标，制定对重点危害行业的分期分批治理规划。

2. 向法制化管理迈进。根据国家有关劳动卫生管理法规，结合乡镇工业发展水平，各试点地区建立健全劳动卫生监督、作业场所管理和职业健康检查等方面的管理制度。福建省、山东省淄博市张店区等地实施劳动卫生许可证制度，取得好效果。张店区政府制订管理办法规定，“未领取或已吊销《劳动卫生许可证》的企业，工商部门不予办理或相应吊销其《营业执照》”。福建省经过实践认为，《劳动卫生许可证》制度基本可行，在实施中必须遵循“弹性”管理原则，采取的措施和实施步骤应有一定的灵活性。福建省有3000多家有毒害作业乡镇工业企业取得《劳动卫生许可证》。为理顺职业危害治理经费渠道，上海等地建立征收尘毒超标费制度。张店区政府将职业危害治理与大环境治理相结合，规定环保部门征收的企业排污费应有重点地返还给职业危害严重的企业，统一规划职业危害治理和大环境治理。

3. 一批治理尘毒的适宜技术开始向社会推荐。张店区致力于砖瓦窑粉尘治理，摸索出一套投资少、效果好，并可从粉尘中回收优质原料的治理技术。经过治理的作业场所，空气粉尘浓度由治理前的318.70mg/m³，下降到7.48mg/m³，达到了国家标准。这项技术仅投资1万多元，但每年能从粉尘中回收价值3万多元的原料。上海市卫生局要求各区县结合本地区乡镇工业主要危害，重点治理1～2个行业，推出了一批治理技术和先进行业、企业。如南汇县畜电池行业铅危害控制技术，奉贤县抛光行业粉尘危害控制技术，嘉定区毛桥烘漆厂苯危害治理，宝山区肖径电镀厂铬酸雾治理，闵行区北桥铸钢厂粉尘治理等等。浙江省金华县赤松水泥厂治理粉尘危害，总结了一整套危害控制技术和综合防尘管理经验，成为全国建材系统治理职业危害的先进企业。

4. 建立并完善职业卫生监督与服务组织网络，明确职能，提高职业卫生覆盖面。试点地区重点从两个方面建立职业卫生组织网络。一是职业卫生监督管理网络，即县区卫生行政部门-县区乡镇企业主管部门-乡镇政府工业公司-企业。加强卫生部门的监督职能，以及明确卫生行政部门与企业主管部门的分工与协作方式。明确县、乡两级政府的分级管理职能。二是职业卫生服务网络，即县区卫生防疫站-乡镇卫生院-村卫生室-企业。重点探索如何组织职业卫生服务，满足乡镇企业职工最基本的职业卫生服务需求。将职业卫生服务职责落实到农村三级预防保健网，与农村初级卫生保健相结合。上海宝山区利用本区农村三级预防保健网较健全，合作医疗制度较巩固的优势，将原主要由区卫生防疫站承担的劳动卫生与职业病防治工作，按县、乡、村三级预防保健机构的职能进行分解。建立以县卫生防疫站为中心，以乡镇卫生院为枢纽，以村卫生室、企业卫生室为基础的初级职业卫生服务组织模式。这种模式已在其它试点地区逐步推广。在一些“三级网”不健全的地区，主要探索如何发挥乡镇政府工业公司的安全技术部门或安全技术人员的作用，协助卫生部门开展一般职业卫生管理与服务工作，也取得了好经验。（苏 志）

【《工业企业建设项目卫生预评价规范》发布】 1994年7月1日由卫生部下达部长令发布实施。制定本规范是为了对新建、改建、扩建、续建的工业企业建设项目实施预防性卫生监督提供可靠的法律依据。规范的主控范围是我国领土内所有新建、改建、扩建、续建的工业企业，以工业门类中的采掘业和制造业为主。

规范的研制立足于保护生产第一线工人的身体健康，贯彻体现我国“预防为主”的卫生工作方针。规范的内容围绕拟建项目卫生影响预断评价，贯穿大卫生、大环境观点，紧密结合我国国情和生产实践。全规范共分为六章，包含建设项目建设的全过程。总则包括制定规范的目的、适用范围、定义、制定依据、评价过程、监督实施等内容，强调建设项目的工业卫生“三同时”问题；可行性研究部分强调工业企业建设项目可行性研究报告中，必须设有“工业卫生篇章”；初步设计部分强调从宏观到微观对拟建项目进行全方位卫生学预评价，务使其达到国家法规、条例、标准中所规定的基本卫生学要求；施工设计和施工过程一章强调防止在施工过程中因设计变更或其它原因致使卫生防护设施不到位或不符合卫生学要求；竣工验收一章重点为卫生预监测项目和监测方法，最后给出卫生预评价指标。

本规范采用的评价原则是定性分析和定量分析相结合的原则，评价方法是多层次、多因素、多目标的综合评价系统。规范的可操作性强，卫生监督机构实施规范，最终可得到具有法律约束力的工业企业建设项目卫生预评价结论。

（邵　强　彭泰瑶）

【第14届亚洲职业卫生大会】　于1994年10月15～17日在中国北京国际会议中心召开。会议主题为："在生产环境中保护和促进工人健康。"会议由亚洲职业卫生学会主席何凤生教授致开幕辞，卫生部副部长何界生、劳动部副部长王建伦、世界卫生组织西太区办事处主任韩相泰博士、国际劳工组织总部皮纳哥达博士等到会并讲话。来自亚洲及太平洋地区和世界各地31个国家地区的学者、卫生科技人员500多人出席大会。有12名国际职业卫生知名学者在大会上报告了当前世界上职业卫生前沿科学和发展趋势、任务和对策。会议共收到论文600多篇，有118篇在11个专题讨论会上报告，310篇作为墙报交流。在会议期间各国学者就如何改善劳动环境，保护劳动者身体健康采取有效措施，防止职业病的发生，实现2000年人人享有卫生保健等，进行学术交流和讨论。（邹昌淇）

【《全体劳动者享有职业卫生保健宣言》】　1994年11月，第二届世界卫生组织职业卫生合作中心主任会议在北京召开。27个国家和地区的31位职业卫生专家以及世界卫生组织、国际劳工组织、联合国开发计划署和国际职业卫生协会的代表共同讨论通过，提议将"全体劳动者享有职业卫生保健"作为世界卫生组织全球策略。受会议委托，四位职业卫生学家——芬兰兰塔内恩、中国何凤生、美国里查德·莱恩和俄罗斯尼古拉·伊兹米罗夫签署《全体劳动者享有职业卫生保健宣言》。

《宣言》指出，"健康地劳动和工作"，是关系到人类健康的首要问题。据估计，全世界每年有1亿工人发生各类工伤事故，每年工伤事故死亡人数达20万人。全世界每年由于接触职业危害或过劳导致6800万至1.57亿劳动者患各类职业病。《宣言》认为，原则上，所有职业危害都是可以预防的。因此必须利用一切可采取的措施，如立法、科学技术、工人教育、咨询和经济惩罚等，控制和预防工伤和职业病。《宣言》向各国政府倡议，国家要制订专门的职业卫生政策和规划，以满足全体劳动者的基本职业卫生服务需求。特别强调应加强立法和建立专门的职业安全卫生执法和监督体系。同时，政府应积极发展和加强实施职业卫生规划的基础工作，包括职业卫生服务、研究、培训教育和情报信息服务。实施职业卫生计划的关键环节是工作场所。企业主有责任对本企业职工提供安全卫生的工作场所、环境和合理的劳动组织，以维护和不断改善劳动安全卫生条件。工人有权了解所从事职业和工作场所存在的职业危害因素及潜在健康危害；有权通过适当的方式参与与自己工作有关的安全卫生的计划与决策；有权通过自己的行动和积极参与改善劳动条件；有权得到职业安全卫生方面的知识和培训；有就业禁忌证者，有权被重新按排就业。为充分利用现有职业卫生资源，要积极鼓励有关专家委员会、专业机构和其它非政府组织参与或支持各类职业卫生服务。政府还必须采取必要的措施，保证职业卫生服务与其它社会管理活动，如职业安全、环境卫生、环境保护、初级卫生保健、专科医疗服务和社会保险等的密切联系与配合。《宣言》最后敦促世界卫生组织应重视职业卫生，无论是国际上还是国家政府层次上，工人都是卫生政策干预的主要目标人群。职业卫生的实施，将提高劳动者健康的工作生命，进而促进社会经济健康发展。世界卫生组织作为承诺保护人类健康的国际组织，应在全世界职业卫生规划和实施上起到组织和牵头作用。

（苏　志）

环境卫生监督

【批准特殊用途化妆品和进口化妆品】　截至1994年底止，有425种特殊用途化妆品和2478种进口化妆品取得卫生部批准文号。其中1994年共有106种特殊用途化妆品和1839种进口化妆品取得卫生部批准文号。

（齐世荃）

【中国被推选为政府间化学品安全论坛主席团副主席】　应世界卫生组织总干事的邀请，并经国务院批准和外交部授予全权证书，卫生部、劳动部、化工部和国家环保局组成中国代表团，在卫生部何界生副部长的率领下，于1994年4月25～29日出席由世界卫生组织、联合国环境开发署和国际劳工组织在瑞典斯德哥尔摩联合召开的国际化学品安全会议。会议讨论通过设立《政府间化学品安全论坛》(以下简称《论坛》)及其职责范围的决议，决定《论坛》主席团由1名主席、3名副主席、1名报告员组成，闭会期间小组由26个国家政府代表组成，任期为1994～1997年。经过推选，瑞典任主席团主席，中国、马里、墨西哥任主席团副主席，俄罗斯任报告员，美国、日本、澳大利亚、英国、德国等26个国家为闭会期间小组成员。会议决定加强和扩大国际化学品安全规划署秘书处，以作为《论坛》的临时秘书处。

会议审议通过实施《21世纪议程》第19章关于化学品安全管理方面的6个方案领域行动重点建议的决议。其内容包括：①扩大和加速化学品危险性的国际评估；②统一化学品的分类和标签；③交换有关有毒危险化学品的情报资料；④拟定减少和控制化学品危险性的方案；⑤加强国家管理化学品的能力和实力；⑥制定有关国际法律，防止有毒危险化学品的非法国际贩运。

在会议上，中国代表团阐述了中国政府将积极支持和参与6个方案领域行动重点的活动，发展与世界各国政府、国际组织和非政府组

织之间的互助合作关系的立场和观点，并向大会秘书处提交了《中国化学安全管理情况介绍》和有关法规的英文资料。（李述唐）

【宝洁有限公司产品安全评价程序和GMP的落实】 宝洁有限公司在产品开发研究的系统内，设有一个负责临床医学研究和专业法规的机构。研究的项目包括为新产品开发而进行的基础研究——生物化学研究、微生物学研究、毒理学研究等；也有为保证产品安全改进的应用研究——产品对人类安全的研究、产品对环境安全的研究和临床研究等。开发新产品，首先行动的是毒理学家。他们对原材料从分析化学结构，预测其安全性，到配方中各原料配伍后的安全情况进行研究。通过后，将配方制成小批量产品，进行动物实验。之后，再进行人体临床试验或在专家监护下的日常小范围试用。结果都表明是安全的以后，负责专业法规的人员根据产品市场当地政府的法规再次审查后方进行大规模的试用。结果仍是安全的则通过科学评价小组或者专家顾问组的最后审核，上市。对已经上市的产品继续进行安全性评价，所有的新产品或有配方改变的产品（即使是一个颜色或一个原料供应商的改变）都要做消费者调查，从中得到更全面的产品评价。对消费者有关安全的投诉，除了解详情外，还建议他们到有名望的皮肤专家处诊断。如果专家确诊是由宝洁产品引起的不良反应，公司将上报美国总部进行统计。所有这些评价、试验、调查、投诉以及销售比率，季节、地域、人种等都是专家们最后对配方安全性的评价的有力依据。至此，一个产品的安全评价才算基本完成。

生产过程的控制是产品质量保证的另一重要环节。GMP的培训执行和检查持续贯穿于所有产品生产的全过程。该公司GMP包含19大要素，每一要素有具体要求、标准执行程序和检查手段。对职工进行上岗前的培训和每半年一次的再培训，不合格者不能上岗。每日、每月有不同层次的自检，每年有一次总部质量保证委员会的检查。这个委员会的检查可以一票否决，判一个工厂或一个车间、试验室关闭。

（高瑞欣　高国强）

放射卫生防护

【卫生部首次批准大型γ辐照加工装置投入正式运行】 卫生部组织放射卫生防护专家组，对设计装放射源活度 5.55×10^{16} 贝可（150万居里）的山东青岛辐照中心进行全面的放射防护审查，并对安全联锁设施的关键环节进行现场校验，于1994年11月批准其正式运行，委托山东省卫生厅会同有关部门向其发放《放射性同位素工作许可登记证》，并加强正式运行后的放射卫生监督监测，坚持预防为主、安全第一的原则，确保该装置的放射防护设施及安全联锁系统有效、可靠，保证其安全运行。这是卫生部自1991年对大型辐照装置实施直接监督以来首次批准γ辐照加工装置投入正式运行。（杜治琴）

【卫生部成立国家核事故医学应急救援专家组和顾问组】 根据国家核事故医学应急救援工作的需要，卫生部1994年6月7日批准成立国家核事故医学应急救援专家组和国家核事故医学应急救援顾问组。专家组由李开宝、郝玉书等19人组成，顾问组由吴德昌、魏履新等10人组成。

（贺青华）

【全国放射工作人员个人剂量监测总结工作会议】 1994年10月18～20日在南京召开。除西藏、青海、宁夏外，27个省、自治区、直辖市参加会议。会议认为，放射工作人员个人剂量监测是现代放射卫生防护监测中最重要的手段。我国从1980年开始至今历经十多年的努力，已在个人剂量监测标准、法规、管理方法、监测方法、评价方法、计算机应用、质量控制以及档案建立等方面取得进展。目前每年接受个人剂量监测的人数达3万多人，通过对监测结果的统计分析，为我国政府提供了这方面的国情资料，为放射防护工作决策提供了重要的依据，填补了我国在联合国原子辐射效应科学委员会报告中的空白。

会议要求：①继续贯彻执行现有的法规、标准，原采用的个人剂量监测方法和手段维持不变，并尽可能地在现有的基础上提高监测覆盖率。②继续抓好质量控制工作，定期组织个人剂量计的比对，并适时召开经验交流会。③卫生部工业卫生实验所和中国医学科学院放射医学研究所要做好交接工作，各单位不能因为主管单位的变更而影响正常工作的开展。

会议表彰了北京市卫生防疫站等10个单位，对上海市卫生防疫站等17个单位所作出的成绩给予表扬。（贺青华）

食品营养与卫生监督

【1994年全国食品卫生抽检结果】

卫生部于1994年组织湖北、上海、北京、辽宁、广东、四川、河南、湖南、黑龙江等省、直辖市卫生厅（局）和卫生部食品卫生监督检验所对国产或进口的加乳配制饮料、奶粉、果汁饮料、糕点、酱油、调味品、糖果进行市场抽检。1～6月的抽检结果是：抽检加乳配制饮料30种，卫生指标不合格的5种，不合格率为16.7%；果汁饮料40种，卫生指标不合格的2种，不合格率为5%。营养液类产品20种，2种卫生指标不合格，占10%。大多数产品标签说明书未标明主要成分并存在虚假疗效问题，产品内含营养素或有效成分数量不足。进口果汁饮料12种，基本符合要求；进口奶粉17种，6种脂肪含量不符合国家标准要求。

7～12月，卫生部与国家技术监督局联合组织国家蜂产品检测中心、中国预防医学科学院营养与食品卫生研究所、卫生部食品卫生监督检验所对北京、天津、上海、杭州、南昌、广州、武汉、重庆、西安、哈尔滨10个城市市场上销售的营养液产品进行抽检，共计抽检212个品种，卫生指标符合要求的173种，占81.6%，不符合的39种，占18.4%，标签说明书符合要求的占52%，不符合的48%；营养成分含量符合明示担保在70%以上的有25种，占11.8%；符合率在50%～70%之间的有77种，占36.3%；符合率在50%以下的有61种，占28.8%；没有特征指标无法制定的有49种，占23.1%。（查 峰）

【1992年全国营养调查结果】 1992年全国营养调查是我国第三次全国性的居民膳食和营养状况调查，由卫生部、农业部、公安部和国家统计局联合领导，由卫生部主持，中国预防医学科学院营养与食品卫生研究所负责技术指导，各省、自治区、直辖市卫生厅（局）组织实施。本次调查是全国性家庭抽样调查，内容包括住户状况调查，膳食调查，体格测量，血红蛋白测定及社区情况调查等。全国共调查城乡居民25 033户，其中城市8 474户，占33.9%，农村16 559户，占66.1%。共调查各年龄别居民99 749人，其中城市人口30 723人，占30.8%，农村69 026人，占69.2%；男性50 590人，占50.7%，女性49 159人，占49.3%。城市居民平均每户3.9人，农村居民每户4.4人。调查包括了蒙古、回、藏、维吾尔、彝、壮、满等20多个少数民族，共计9 034人，占被调查对象的9.3%。

一、食物消费情况 全国平均每标准人每日摄入谷类共439克，其中大米228克，面粉178克，杂粮33克，摄入蔬菜312克，水果50克，畜及禽肉58克，奶、蛋及水产品分别为14、16及28克，油29克，糖及淀粉5克，盐13.6克。与1982年的调查结果比较，1992年平均每标准人每日摄入谷类和薯类分别减少了59克和76克，畜禽类增加了16克，奶、蛋和水产品分别增加了5、6和16克，植物油增加了10克。全国农村每标准人日摄入谷类486克，薯类108克，比城市高82克和62克；摄入动物性食物和水果69克及32克，比城市低140克及48克。蔬菜、豆类和盐的摄入量城乡差别不大。

二、膳食营养素摄入量 全国每标准人日摄入热能2 328千卡，占供给量标准（RDA）的97.1%，城市为2 395千卡，农村为2 294千卡，城、乡分别达到了RDA的99.8和95.7%。 可以认为我国城乡居民平均已获得了适量的食物。蛋白质摄入量平均为68克，占RDA的90.3%；城市75.1克，农村64.3克，相差9.8克。 农村人口蛋白质的摄入达到RDA的85.9%，尚应提高。脂肪摄入为58.3克，城、乡差别显著，城市人口比农村人口每日多摄入近30克。维生素当中烟酸和抗坏血酸摄入充足，硫胺素尚好，视黄醇当量和核黄素偏低。矿物质中以钙的缺乏最为显著，仅达RDA的50%左右。铁的摄入量从表面上看是充足的，但实际上铁缺乏和缺铁性贫血仍是我国当前的重要营养缺乏病。1992年我国首次对全国代表性人群膳食中钾、钠、镁、锰、锌、铜、硒、维生素E及膳食纤维等营养素进行了调查。

三、人群的膳食构成 全国平均膳食热能的66.8%来自谷类食物，城市为57.4%，农村为71.7%。动物性食物提供热能平均为9.3%，城市、农村分别为15.2%和6.2%。蛋白质的来源谷类约占50%～60%，豆类5%～6%，动物性食物20%～30%。膳食脂肪提供22%的热能，城市为28.4%，农村为18.6%。与1982年的结果相比，1992年来自谷类食物的热能下降了4.5%，薯类下降了3.1%；来自动物性食物、纯热能食物及其他食物的热能比例有明显上升。1992年谷类和豆类蛋白质摄入减少，动物性蛋白质增多。植物性脂肪比重上升。

四、儿童的营养状况 各个年龄组的城、乡儿童身高，1992年均明显高于1982年的结果。以6岁组男童为例，城市1992年为113.5厘米，比1982年高4.6厘米，农村为110.2厘米，比1982年高4.0厘米。体重的变化与身高类似，城市6岁男童1982年和1992年的体重分别为18.3和20.7公斤，农村男童则分别为17.9和19.1公斤，城乡女童的身高体重变化与男童趋势相同。城市儿童的身高和体重，不论男女，均高于相应年龄组的农村儿童。若采用世界通用的美国国家卫生统计中心（NCHS）建议的参考标准以Z评分判断，各省市儿童年龄别身高＜－2的部分在2%～50%之间。体重的情况比身长好些，Z评分低于－2的部分在0%～34%之间。说明我国大多数地区儿童的身长、体重还未得到充分的发育。

五、成年人的营养状况 采用体质指数（BMI）判断成年人群的营养状况，BMI＜18.5为慢性营养不良，18.5～25为正常，＞25为超重或肥胖。结果：BMI＜18.5者在全国城市青壮年中平均占9.0%，农村中占8.0%；BMI＞25的在城区青壮年中占14.9%，农村中占8.4%。城、乡青壮年各有76.1%和83.6% BMI在正常范围。

测定血红蛋白72 873例，贫血的患病率3岁以下儿童城市为11%～22%，农村为16%～29%，男、女间无明显差别。3～5岁的儿童患病率城乡均在12%以下。6～10岁的儿童患病率在13%～29%之间。青壮年男性患病率城乡均在10%上下，女性在10%～25%之间。中、老年男女性的患病率在20%～40%之间。（葛可佑）

【街头食品卫生管理研究】 到1993年底，全国街头食品摊点总数约有300万个，从业人员达516万。为全面了解街头食品的卫生现况，摸清影响街头食品卫生质量的主要因素，探索能有效降低街头食品的污染程度，提高街头食品卫生质量的管理措施，1991～1993年，卫生部食品卫生监督检验所在联合国粮农组织（FAO）的资助下，与陕西、浙江和辽宁省的部分省、市、区的卫生防疫站合作，确立了“改善城市街头食品卫生质量试点研究”的课题。该课题选择西安、杭州、大连、宝鸡和义乌五个不同规模和类型的城市的部分地区作为研究试点。经过三年研究，取得主要研究结果如下：

一、试点地区街头食品基本情况及卫生状况的调查与分析 通过对五个城市试点区域内街头食品的抽样调查分析，查明街头食品具有如下经营特点：

1. 无证经营现象普遍 32.2%无卫生许可证，有卫生许可证但超出证件允许经营品种范围的占 20.6%。

2. 卫生设施严重缺乏 无清洁用水的占 60.2%，无污水排放设施的占 51.3%，无废弃物存放设备的占 64.7%，无餐具洗消设备的占 54.2%。

3. 从业人员卫生知识水平低下 对街头食品从业人员抽样考核结果显示，46.3%的从业人员未达到及格标准。从业人员的考试成绩与其学历的高低成正相关。

4. 从业人员违反卫生操作要求的现象普遍 加工或销售食品前不洗手的占 66.4%，直接用手抓熟食品的占 74.1%，工作时不穿戴工作衣帽的占 74.2%，加工工具和容器生熟混用的占 64.4%。

5. 餐具多未消毒 街头食品摊点所用餐具未消毒的占 55%。有的摊点虽有消毒设施，但未达到应有效果，特别是现场化学消毒多不符合规范要求，餐具消毒合格率仅为 20.5%。

6. 街头食品卫生合格率低 抽检 1 000 余份街头食品样品，卫生合格率仅为 47.3%。

二、影响街头食品卫生的主要因素 分析有 6 种与街头食品卫生质量密切相关的影响因素，依次为：熟食品的保洁与保藏温度(有无再污染环节和适宜微生物生长繁殖的温度)；经营摊点的合法性(有无卫生许可证和经营品种是否超出允许范围)；从业人员的个人卫生(健康状况、卫生培训及操作卫生)；摊点的建筑类型和基本设备(建筑的封闭性及设备的完善程度)；食品的加工方式(热加工还是冷加工，加工时食品中心温度的高低与持续时间)；原料的质量。

三、干预措施的研究制定与实施

1. 建立健全街头食品卫生监督管理体系 在试点市、区，成立由多个职能部门组成的街头食品卫生领导组织，将街头食品管理纳入政府的工作议程，并从以下几方面入手，全面开展街头食品的综合治理工作：结合当地特点，制定地方街头食品管理规定和单项街头食品卫生要求，使街头食品卫生管理有法可依、有章可循。加强对街头食品摊贩的法制化管理，严格办证手续，取缔非法经营活动，使试点地区的合法经营户由原来的 67.8%提高到 100%。加强巡回监督检查和系统化管理，充分发挥街道办事处卫生监督站的作用，使监督频率和监督覆盖率有了大幅度的提高。充分调动行业组织的积极性，使其在配合试点工作组和卫生监督机构在组织摊贩培训，提高自身管理水平，改善制售条件等方面发挥积极的作用。

2. 改善街头食品经营环境，完善街头食品卫生设施 卫生、工商和城建等管理部门合作，使街头食品划行归市、集中经营，统一供水、供电、供气，保证街头食品摊点的基本需求。确定控制食品卫生质量的关键性卫生设备，采取集资的方法，统一规划、统一制作简易房(棚)、防蝇防尘设施、上下水设备、废弃物处理设备、卫生炉灶、卫生防护隔墙、餐具保洁柜等，使街头食品摊位既美观大方、经济实用，又保证制售现场的卫生。

3. 研究控制食品污染的新方法，建立街头食品经营者自身卫生管理系统，为监督机构和街头食品从业人员提供技术服务 针对卫生问题比较突出的食品品种(如熟肉)和摊位类型(如流动车摊)，研究确定控制街头食品污染的重要环节，制定相应的量化控制标准和规范化卫生监督监测程序，对摊贩提出自身卫生管理的技术措施与卫生操作规范。对街头食品的经营范围、制售方式和货架期等项目提出限制性规定，排除难以控制的影响因素。

4. 加强对街头食品从业人员的卫生培训，提高从业人员的卫生知识水平 通过举办卫生培训班等多种方式的教育培训，使从业人员的食品卫生素质有较大的提高，卫生知识抽样考核的及格率由原来的 46.3%提高到 100%。从业人员卫生规范化操作达标率由原来的 25.8%提高到 90.2%。 (包大跃)

【CAC 亚洲协调会首次在我国召开】 食品法典委员会(Codex Alimentarius Commission，简称 CAC)亚洲地区协调会第九届会议于 1994 年 5 月 24～27 日在北京举行。来自印度、印尼、日本、韩国、黎巴嫩、马来西亚、菲律宾、新加坡、斯利兰卡、泰国和中国等 11 个国家的代表以及联合国粮农组织、世界卫生组织、国际消费者协会、化学品法定分析协会(AOAC)的官员共 127 人参加会议。中国政府派出由卫生部、农业部、国家商检局、国内贸易部、轻工总会、化工部和国家技术监督局组成的代表团参加会议。卫生部部长陈敏章、副部长何界生、国家商检局局长田润之、农业部副部长万宝瑞、国家技术监督局副局长李保国出席开幕式。

会议讨论的内容涉及食品农残限量标准的采纳；各国食品安全体系的建立；街头食品管理办法、清真食品标签法规以及竹笋、干银鱼、鱼片干和腌菜标准的制定，以及各国在食品辐照方面的进展等。

CAC 是联合国粮农组织(FAO)和世界卫生组织(WHO)于 1962 年建立的一个政府间协调各成员国食品标准和法规的国际机构，多年来一直致力于保护各国消费者的健康安全和维护国际间公平的食品贸易。中国于 1986 年正式加入 CAC，几年来，中国在食品安全领域加强与 FAO 和 WHO 的合作，加强与其它成员国在食品贸易、卫生安全立法上的联系，积极参与 CAC 的活动并发挥作用；在食品标准的制修订方面参照并采纳 CAC 推荐的国际标准，对促进我国食品工业的现代化，增加我国出口食品在国际市场上的竞争力作出了积极的贡献。 (赵丹宇)

【卫生部批准新资源食品】 根据《新资源食品卫生管理办法》的规定，卫生部于 1994 年(截至 11 月底)共批准58个新资源食品试生产和6个新资源食品正式生产,上述新资源食品所用原料广泛,有动物源性的,如拟黑多刺蚁、熊胆粉等;有植物源性的,各种花粉、灵芝等,有海洋水产生物的,如螺旋藻、珍珠等;有微生物的,如脆弱拟杆菌等;有化学合成或半合成物的,如有机锗、SOD、金属蛋白等。从加工工艺来看,既有传统的加工工艺生产的产品,包括发酵、中草药提取,亦有利用生物工程技术生产的产品。

(查　峰)

学校卫生监督

【全国学生常见肠道蠕虫防治工作】 自1991年卫生部、国家教委颁发《全国学生常见肠道蠕虫感染综合防治方案》及技术规范以来,全国有2/3的省成立了学生常见病防治工作领导小组或专家指导组。国家、省、地、县各级均对有关行政管理人员及学校卫生技术人员进行了技术规范的培训。卫生、教育两部门密切配合,做到有组织、有计划、按步骤地开展防治工作。在防治工作中加强对学生的健康教育、感染率监测和服药驱虫的综合防治工作,及时总结经验,保证了防治工作的科学性、有效性。全国监测点的监测结果表明:城市感染率为9.24%,农村为18.24%。

按"方案"要求,1995年将进行防治工作的中期考核与评估,卫生部根据与WHO的合作计划已制订试考评方案并在部分试点地区进行考评。

(张晋京)

【学生营养餐工作】 营养调查表明,中小学生是营养不良患病率较高的人群组之一,这将对其成年后的身体素质产生重要的影响。近年来学生营养餐工作被作为学校卫生工作的重要内容,在全国逐步开展。据不完全统计,浙江、上海、北京、黑龙江、湖南、河南等省、市的部分地区开展了学生营养餐工作,这些地区开展学生营养餐工作具有以下特点:

1. 在对学生营养餐工作的重要性取得共识的基础上,政府协调,卫生、教育两部门密切配合,发动社会、企业的力量共同参与、支持这一工作的开展。

2. 加强学生营养餐食品卫生的监督、管理。一些地区专门设立《学生营养餐卫生许可证》,并制订管理办法,以保证其食品的卫生、安全。

3. 成立专家组或聘请专家定期进行营养指导,使营养餐的配方真正符合营养要求,满足学生健康的需要。

(张晋京)

卫生标准

【1994年颁布的国家卫生标准(179个)】

标准号	标准名称	发布日期	实施日期	技术归口单位
GB14868-94	食品中辛硫磷最大残留限量标准	2.22	1994.9.1	卫生部食品卫生监督检验所
GB4788-94	食品中甲拌磷、杀螟硫磷、倍硫磷最大残留限量标准	2.22	1994.9.1	卫生部食品卫生监督检验所
GB14869-94	食品中百菌清最大残留限量标准	2.22	1994.9.1	卫生部食品卫生监督检验所
GB14870-94	食品中多菌灵最大残留限量标准	2.22	1994.9.1	卫生部食品卫生监督检验所
GB14871-94	食品中二氯苯醚菊酯最大残留限量标准	2.22	1994.9.1	卫生部食品卫生监督检验所
GB14872-94	食品中乙酰甲胺磷最大残留限量标准	2.22	1994.9.1	卫生部食品卫生监督检验所
GB14873-94	稻谷中甲胺磷最大残留限量标准	2.22	1994.9.1	卫生部食品卫生监督检验所
GB14874-94	稻谷和棉籽油中甲基对硫磷最大残留限量标准	2.22	1994.9.1	卫生部食品卫生监督检验所
GB14875-94	食品中辛硫磷农药残留量的测定方法	2.22	1994.9.1	卫生部食品卫生监督检验所
GB14876-94	食品中甲胺磷和乙酰甲胺农药残留量的测定方法	2.22	1994.9.1	卫生部食品卫生监督检验所
GB14877-94	食品中氨基甲酸酯类农药残留量的测定方法	2.22	1994.9.1	卫生部食品卫生监督检验所
GB14878-94	食品中百菌清残留量的测定方法	2.22	1994.9.1	卫生部食品卫生监督检验所
GB14879-94	食品中二氯苯醚菊酯残留量的测定方法	2.22	1994.9.1	卫生部食品卫生监督检验所
GB14880-94	食品营养强化剂使用卫生标准	2.22	1994.9.1	卫生部食品卫生监督检验所
GB14881-94	食品企业通用卫生规范	2.22	1994.9.1	卫生部食品卫生监督检验所
GB14882-94	食品中放射性物质限制浓度标准	2.22	1994.9.1	卫生部食品卫生监督检验所

标准号	标 准 名 称	发布日期	实施日期	技术归口单位
GB14883.1-94	食品中放射性物质检验　总则	2.22	1994.9.1	卫生部食品卫生监督检验所
GB14883.2-94	食品中放射性物质检验　氢-3的测定	2.22	1994.9.1	卫生部食品卫生监督检验所
GB14883.3-94	食品中放射性物质检验　锶-89、锶-90的测定	2.22	1994.9.1	卫生部食品卫生监督检验所
GB14883.4-94	食品中放射性物质检验　钷-147的测定	2.22	1994.9.1	卫生部食品卫生监督检验所
GB14883.5-94	食品中放射性物质检验　钋-210的测定	2.22	1994.9.1	卫生部食品卫生监督检验所
GB14883.6-94	食品中放射性物质检验　镭-226、镭-228的测定	2.22	1994.9.1	卫生部食品卫生监督检验所
GB14883.7-94	食品中放射性物质检验　天然钍和铀的测定	2.22	1994.9.1	卫生部食品卫生监督检验所
GB14883.8-94	食品中放射性物质检验　钚-239、钚-240的测定	2.22	1994.9.1	卫生部食品卫生监督检验所
GB14883.9-94	食品中放射性物质检验　碘-131的测定	2.22	1994.9.1	卫生部食品卫生监督检验所
GB14883.10-94	食品中放射性物质检验　铯-137的测定	2.22	1994.9.1	卫生部食品卫生监督检验所
GB14884-94	蜜饯食品卫生标准	2.22	1994.9.1	卫生部食品卫生监督检验所
GB7102.1-94	食用植物油煎炸过程中的卫生标准(代替GB7102-86)	1.24	1994.8.1	卫生部食品卫生监督检验所
GB/T7102.2-94	食用植物油煎炸过程中极性组份(PC)的测定方法	1.24	1994.8.1	卫生部食品卫生监督检验所
GB14939-94	鱼罐头卫生标准	1.24	1994.8.1	卫生部食品卫生监督检验所
GB/T4789.29-94	食品卫生微生物学检验　椰毒假单胞菌酵米面亚种及其毒素的检验	1.24	1994.8.1	卫生部食品卫生监督检验所
GB2735-94	头足类海产品卫生标准(代替GB2735-81)	1.24	1994.8.1	卫生部食品卫生监督检验所
GB2743-94	海蟹卫生标准(代替GB2743-81)	1.24	1994.8.1	卫生部食品卫生监督检验所
GB2736-94	淡水鱼卫生标准(代替GB2736-81)	1.24	1994.8.1	卫生部食品卫生监督检验所
GB2740-94	河虾卫生标准(代替GB2740-81)	1.24	1994.8.1	卫生部食品卫生监督检验所
GB2707-94	猪肉卫生标准(代替GB2707-81、GB2722-81)	1.24	1994.8.1	卫生部食品卫生监督检验所
GB2727-94	烧烤肉卫生标准(代替GB2727-81)	1.24	1994.8.1	卫生部食品卫生监督检验所
GB/T14940-94	食品中丙酸钠、丙酸钙的测定方法	1.24	1994.8.1	卫生部食品卫生监督检验所
GB/T14941-94	食品中脱氧乙酸的测定方法	1.24	1994.8.1	卫生部食品卫生监督检验所
GB14942-94	食品容器、包装材料用聚碳酸酯成型品卫生标准	1.24	1994.8.1	卫生部食品卫生监督检验所
GB4803-94	食品容器、包装材料用聚氯乙烯树脂卫生标准(代替GB4803-84)	1.24	1994.8.1	卫生部食品卫生监督检验所
GB/T14943-94	食品容器、包装材料用聚氯乙烯树脂及成型品中残留1,1-二氯乙烷的分析方法	1.24	1994.8.1	卫生部食品卫生监督检验所
GB14944-94	食品包装用聚氯乙烯瓶盖垫片及粒料卫生标准	1.24	1994.8.1	卫生部食品卫生监督检验所
GB/T14933-94	小麦中T-2毒素的酶联免疫吸附测定方法	1.24	1994.8.1	卫生部食品卫生监督检验所
GB14934-94	食(饮)具消毒卫生标准	1.24	1994.8.1	卫生部食品卫生监督检验所
GB14935-94	食品中铅限量卫生标准	1.24	1994.8.1	卫生部食品卫生监督检验所
GB14936-94	硅藻土卫生标准	1.24	1994.8.1	卫生部食品卫生监督检验所

标准号	标 准 名 称	发布日期	实施日期	技术归口单位
GB/T14937-94	复合食品包装袋中二氨基甲苯测定方法	1.24	1994.8.1	卫生部食品卫生监督检验所
GB9685-94	食品容器、包装材料用助剂使用卫生标准(代替 GB9685-88)	1.24	1994.8.1	卫生部食品卫生监督检验所
GB14938-94	食物中毒诊断标准及技术处理总则	1.24	1994.8.1	卫生部食品卫生监督检验所
GB14928.1-94	食品中地亚农最大残留限量标准	1.24	1994.8.1	卫生部食品卫生监督检验所
GB14928.2-94	食品中抗蚜威最大残留限量标准	1.24	1994.8.1	卫生部食品卫生监督检验所
GB14928.3-94	食品中甲基嘧啶硫磷最大残留限量标准	1.24	1994.8.1	卫生部食品卫生监督检验所
GB14928.4-94	食品中溴氰菊酯最大残留限量标准	1.24	1994.8.1	卫生部食品卫生监督检验所
GB14928.5-94	食品中氰戊菊酯最大残留限量标准	1.24	1994.8.1	卫生部食品卫生监督检验所
GB14928.6-94	花生仁、食用油(花生油、棉籽油)中涕灭威最大残留限量标准	1.24	1994.8.1	卫生部食品卫生监督检验所
GB14928.7-94	稻谷中呋喃丹最大残留限量标准	1.24	1994.8.1	卫生部食品卫生监督检验所
GB14928.8-94	稻谷、柑桔中水胺硫磷最大残留限量标准	1.24	1994.8.1	卫生部食品卫生监督检验所
GB14928.9-94	稻谷中三环唑最大残留限量标准	1.24	1994.8.1	卫生部食品卫生监督检验所
GB14928.10-94	大米、蔬菜、柑桔中喹硫磷最大残留限量标准	1.24	1994.8.1	卫生部食品卫生监督检验所
GB14928.11-94	大米中杀虫环最大残留限量标准	1.24	1994.8.1	卫生部食品卫生监督检验所
GB14928.12-94	大米中杀虫双最大残留限量标准	1.24	1994.8.1	卫生部食品卫生监督检验所
GB/T14929.1-94	食品中地亚农(二嗪农)残留量测定方法	1.24	1994.8.1	卫生部食品卫生监督检验所
GB/T14929.2 94	花生仁、棉籽油、花生油中涕灭威残留量测定方法	1.24	1994.8.1	卫生部食品卫生监督检验所
GB/T14929.3-94	柑桔中水胺硫磷残留量测定方法	1.24	1994.8.1	卫生部食品卫生监督检验所
GB/T14929.4-94	食品中氰戊菊酯、溴氰菊酯、氯氰菊酯残留量测定方法	1.24	1994.8.1	卫生部食品卫生监督检验所
GB/T14929.5-94	谷物及其制品中脱氧雪腐镰刀菌烯醇的测定方法	1.24	1994.8.1	卫生部食品卫生监督检验所
GB/T14929.6-94	大米和柑桔中喹硫磷残留量测定方法	1.24	1994.8.1	卫生部食品卫生监督检验所
GB/T14929.7-94	大米中杀虫环残留量测定方法	1.24	1994.8.1	卫生部食品卫生监督检验所
GB/T14929.8-94	大米中杀虫双残留量测定方法	1.24	1994.8.1	卫生部食品卫生监督检验所
GB/T14929.9-94	稻谷中三环唑残留量测定方法	1.24	1994.8.1	卫生部食品卫生监督检验所
GB14930.1-94	食品工具、设备用洗涤剂卫生标准	1.24	1994.8.1	卫生部食品卫生监督检验所
GB14930.2-94	食品工具、设备用洗涤消毒剂卫生标准	1.24	1994.8.1	卫生部食品卫生监督检验所
GB/T14931.1-94	畜禽肉中土霉素、四环素、金霉素残留量测定方法	1.24	1994.8.1	卫生部食品卫生监督检验所
GB/T14931.2-94	畜禽肉中己烯雌酚的测定方法	1.24	1994.8.1	卫生部食品卫生监督检验所
GB14932.1-94	食用豆粕卫生标准	1.24	1994.8.1	卫生部食品卫生监督检验所
GB/T14932.2-94	食用豆粕卫生标准的分析方法	1.24	1994.8.1	卫生部食品卫生监督检验所
GB14891.1-94	辐照扒鸡卫生标准	2.23	1994.7.1	卫生部食品卫生监督检验所
GB14891.2-94	辐照花粉卫生标准	2.23	1994.7.1	卫生部食品卫生监督检验所
GB14891.3-94	辐照桃脯卫生标准	2.23	1994.7.1	卫生部食品卫生监督检验所
GB14891.4-94	辐照生杏仁卫生标准	2.23	1994.7.1	卫生部食品卫生监督检验所
GB14891.5-94	辐照番茄卫生标准	2.23	1994.7.1	卫生部食品卫生监督检验所
GB14891.6-94	辐照猪肉卫生标准	2.23	1994.7.1	卫生部食品卫生监督检验所
GB14891.7-94	辐照荔枝卫生标准	2.23	1994.7.1	卫生部食品卫生监督检验所

标准号	标准名称	发布日期	实施日期	技术归口单位
GB14891.8-94	辐照蜜桔卫生标准	2.23	1994.7.1	卫生部食品卫生监督检验所
GB14891.9-94	辐照薯干酒卫生标准	2.23	1994.7.1	卫生部食品卫生监督检验所
GB14891.10-94	辐照熟肉制品卫生标准	2.23	1994.7.1	卫生部食品卫生监督检验所
GB4789-94	食品卫生检验方法-微生物学部分	3.18	1994.9.1	卫生部食品卫生监督检验所
GB4789.1-94	食品卫生微生物学检验 总则	3.18	1994.9.1	卫生部食品卫生监督检验所
GB4789.2-94	食品卫生微生物学检验 菌落总数测定	3.18	1994.9.1	卫生部食品卫生监督检验所
GB4789.3-94	食品卫生微生物学检验 大肠菌群测定	3.18	1994.9.1	卫生部食品卫生监督检验所
GB4789.4-94	食品卫生微生物学检验 沙门氏菌检验	3.18	1994.9.1	卫生部食品卫生监督检验所
GB4789.5-94	食品卫生微生物学检验 志贺氏菌检验	3.18	1994.9.1	卫生部食品卫生监督检验所
GB4789.6-94	食品卫生微生物学检验 病原性大肠艾希氏菌检验	3.18	1994.9.1	卫生部食品卫生监督检验所
GB4789.7-94	食品卫生微生物学检验 副溶血性弧菌检验	3.18	1994.9.1	卫生部食品卫生监督检验所
GB4789.8-94	食品卫生微生物学检验 小肠结肠炎耶尔森氏菌检验	3.18	1994.9.1	卫生部食品卫生监督检验所
GB4789.9-94	食品卫生微生物学检验 空肠弯曲菌检验	3.18	1994.9.1	卫生部食品卫生监督检验所
GB4789.10-94	食品卫生微生物学检验 葡萄球菌检验	3.18	1994.9.1	卫生部食品卫生监督检验所
GB4789.11-94	食品卫生微生物学检验 溶血性链球菌检验	3.18	1994.9.1	卫生部食品卫生监督检验所
GB4789.12-94	食品卫生微生物学检验 肉毒梭菌及肉毒毒素检验	3.18	1994.9.1	卫生部食品卫生监督检验所
GB4789.13-94	食品卫生微生物学检验 产气夹膜梭菌检验	3.18	1994.9.1	卫生部食品卫生监督检验所
GB4789.14-94	食品卫生微生物学检验 蜡样芽胞肝菌检验	3.18	1994.9.1	卫生部食品卫生监督检验所
GB4789.15-94	食品卫生微生物学检验 霉菌和酵母数测定	3.18	1994.9.1	卫生部食品卫生监督检验所
GB4789.16-94	食品卫生微生物学检验 常见产毒霉菌的鉴定	3.18	1994.9.1	卫生部食品卫生监督检验所
GB4789.17-94	食品卫生微生物学检验 肉与肉制品检验	3.18	1994.9.1	卫生部食品卫生监督检验所
GB4789.18-94	食品卫生微生物学检验 乳与乳制品检验	3.18	1994.9.1	卫生部食品卫生监督检验所
GB4789.19-94	食品卫生微生物学检验 蛋与蛋制品检验	3.18	1994.9.1	卫生部食品卫生监督检验所
GB4789.20-94	食品卫生微生物学检验 水产食品检验	3.18	1994.9.1	卫生部食品卫生监督检验所
GB4789.21-94	食品卫生微生物学检验 清凉饮料检验	3.18	1994.9.1	卫生部食品卫生监督检验所
GB4789.22-94	食品卫生微生物学检验 调味品检验	3.18	1994.9.1	卫生部食品卫生监督检验所
GB4789.23-94	食品卫生微生物学检验 冷食菜、豆制品检验	3.18	1994.9.1	卫生部食品卫生监督检验所
GB4789.24-94	食品卫生微生物学检验 糖果、糕点、果脯检验	3.18	1994.9.1	卫生部食品卫生监督检验所
GB4789.25-94	食品卫生微生物学检验 酒类检验	3.18	1994.9.1	卫生部食品卫生监督检验所
GB4789.26-94	食品卫生微生物学检验 罐头食品商业无菌检验	3.18	1994.9.1	卫生部食品卫生监督检验所
GB4789.27-94	食品卫生微生物学检验 鲜乳中抗生素残留量检验	3.18	1994.9.1	卫生部食品卫生监督检验所
GB4789.28-94	食品卫生微生物学检验 染色法、培养基和试剂	3.18	1994.9.1	卫生部食品卫生监督检验所
GB4789.30-94	食品卫生微生物学检验 李斯特氏菌检验	3.18	1994.9.1	卫生部食品卫生监督检验所

标准号	标准名称	发布日期	实施日期	技术归口单位
GB4789.31-94	食品卫生微生物学检验　沙门氏菌、志贺氏菌和致泻大肠埃希氏菌的噬菌体检验方法	3.18	1994.9.1	卫生部食品卫生监督检验所
GB14961-94	食品中铬限量卫生标准	3.18	1994.9.1	卫生部食品卫生监督检验所
GB/T14962-94	食品中铬的测定方法	3.18	1994.9.1	卫生部食品卫生监督检验所
GB4810-94	食品中砷限量卫生标准	3.18	1994.9.1	卫生部食品卫生监督检验所
GB7104-94	食品中苯并(a)芘限量卫生标准	3.18	1994.9.1	卫生部食品卫生监督检验所
GB14963-94	蜂蜜卫生标准	3.18	1994.9.1	卫生部食品卫生监督检验所
GB14964-94	赤砂糖卫生标准	3.18	1994.9.1	卫生部食品卫生监督检验所
GB9678.1-94	糖果卫生标准	3.18	1994.9.1	卫生部食品卫生监督检验所
GB9678.2-94	巧克力卫生标准	3.18	1994.9.1	卫生部食品卫生监督检验所
GB2733-94	海水鱼类卫生标准	3.18	1994.9.1	卫生部食品卫生监督检验所
GB2725.1-94	肉灌肠卫生标准	3.18	1994.9.1	卫生部食品卫生监督检验所
GB/T14965-94	食物中氨基酸的测定方法	3.18	1994.9.1	卫生部食品卫生监督检验所
GB4806.1-94	食品用橡胶制品卫生标准	3.18	1994.9.1	卫生部食品卫生监督检验所
GB4806.2-94	橡胶奶嘴卫生标准	3.18	1994.9.1	卫生部食品卫生监督检验所
GB/T14966-94	尼龙6树脂及成型品中己内酰胺卫生标准的分析方法	3.18	1994.9.1	卫生部食品卫生监督检验所
GB4805-94	食品罐头内壁环氧酚醛涂料卫生标准	3.18	1994.9.1	卫生部食品卫生监督检验所
GB14967-94	胶原蛋白肠衣卫生标准	3.18	1994.9.1	卫生部食品卫生监督检验所
GB14968-94	食品中草甘膦最大残留限量标准	3.18	1994.9.1	卫生部食品卫生监督检验所
GB14969-94	甘庶、柑桔中克线丹最大残留限量标准	3.18	1994.9.1	卫生部食品卫生监督检验所
GB14970-94	食品中噻嗪酮最大残留限量标准	3.18	1994.9.1	卫生部食品卫生监督检验所
GB14971-94	食品中西维因最大残留限量标准	3.18	1994.9.1	卫生部食品卫生监督检验所
GB14972-94	食品中粉锈宁最大残留限量标准	3.18	1994.9.1	卫生部食品卫生监督检验所
GB/T14973-94	食品中粉锈宁残留量的测定方法	3.18	1994.9.1	卫生部食品卫生监督检验所
GB2741-94	海虾卫生标准	3.18	1994.9.1	卫生部食品卫生监督检验所
GB14974-94	苹果和山楂制品中展青霉素限量卫生标准	3.18	1994.9.1	卫生部食品卫生监督检验所
GB15193.1-94	食品安全性毒理学评价程序	8.10	1995.1.1	卫生部食品卫生监督检验所
GB15193.2-94	食品毒理学实验室操作规范	8.10	1995.1.1	卫生部食品卫生监督检验所
GB15193.3-94	急性毒性试验	8.10	1995.1.1	卫生部食品卫生监督检验所
GB15193.4-94	鼠伤寒沙门氏菌/哺乳动物微粒体酶试验(艾姆斯试验)	8.10	1995.1.1	卫生部食品卫生监督检验所
GB15193.5-94	骨髓微核试验	8.10	1995.1.1	卫生部食品卫生监督检验所
GB15193.6-94	骨髓细胞染色体畸变试验	8.10	1995.1.1	卫生部食品卫生监督检验所
GB15193.7-94	小鼠精子畸形试验	8.10	1995.1.1	卫生部食品卫生监督检验所
GB15193.8-94	小鼠睾丸染色体畸变试验	8.10	1995.1.1	卫生部食品卫生监督检验所
GB15193.9-94	显性致死突变试验	8.10	1995.1.1	卫生部食品卫生监督检验所
GB15193.10-94	非程序性DNA合成试验	8.10	1995.1.1	卫生部食品卫生监督检验所
GB15193.11-94	果蝇伴性隐性致死试验	8.10	1995.1.1	卫生部食品卫生监督检验所
GB15193.12-94	体外哺乳类细胞(V79/HGPRT)基因突变试验	8.10	1995.1.1	卫生部食品卫生监督检验所
GB15193.13-94	30天和90天喂养试验	8.10	1995.1.1	卫生部食品卫生监督检验所
GB15193.14-94	致畸试验方法	8.10	1995.1.1	卫生部食品卫生监督检验所

标准号	标准名称	发布日期	实施日期	技术归口单位
GB15193.15-94	繁殖试验	8.10	1995.1.1	卫生部食品卫生监督检验所
GB15193.16-94	代谢试验	8.10	1995.1.1	卫生部食品卫生监督检验所
GB15193.17-94	慢性毒性和致癌试验方法	8.10	1995.1.1	卫生部食品卫生监督检验所
GB15193.18-94	日容许摄入量(ADI)的制定	8.10	1995.1.1	卫生部食品卫生监督检验所
GB15193.19-94	致突变物、致畸物和致癌物的处理方法	8.10	1995.1.1	卫生部食品卫生监督检验所
GB15194-94	食品中敌菌灵等农药最大残留限量标准	8.10	1995.1.1	卫生部食品卫生监督检验所
GB19195-94	食品中灭幼脲最大残留限量标准	8.10	1995.1.1	卫生部食品卫生监督检验所
GB15196-94	人造奶油卫生标准	8.10	1995.1.1	卫生部食品卫生监督检验所
GB15197-94	精炼食用植物油卫生标准	8.10	1995.1.1	卫生部食品卫生监督检验所
GB2762-94	食品中汞限量卫生标准(代替 GB2762-81)	8.10	1995.1.1	卫生部食品卫生监督检验所
GB15198-94	食品中亚硝酸盐限量卫生标准	8.10	1995.1.1	卫生部食品卫生监督检验所
GB15199-94	食品中铜限量卫生标准	8.10	1995.1.1	卫生部食品卫生监督检验所
GB15200-94	食品中铁限量卫生标准	8.10	1995.1.1	卫生部食品卫生监督检验所
GB15201-94	食品中镉限量卫生标准(代替 GBn238-84)	8.10	1995.1.1	卫生部食品卫生监督检验所
GB15202-94	面制品中铝限量卫生标准	8.10	1995.1.1	卫生部食品卫生监督检验所
GB7101-94	固体饮料卫生标准(代替 GB7101-86)	8.10	1995.1.1	卫生部食品卫生监督检验所
GB2729-94	肉松卫生标准(代替 GB2729-81)	8.10	1995.1.1	卫生部食品卫生监督检验所
GB2708-94	牛肉、羊肉、兔肉卫生标准(代替 GB2708、GB2709、GB2723-81)	8.10	1995.1.1	卫生部食品卫生监督检验所
GB2742-94	牡蛎卫生标准(代替 GB2742-81)	8.10	1995.1.1	卫生部食品卫生监督检验所
GB15203-94	淀粉糖卫生标准(代替 GBn240-84)	8.10	1995.1.1	卫生部食品卫生监督检验所
GB15204-94	食品容器、包装材料用偏氯乙烯-氯乙烯共聚树脂卫生标准	8.10	1995.1.1	卫生部食品卫生监督检验所
GB15205-94	食品包装用聚酯树脂及其成型品中锗的测定方法	8.10	1995.1.1	卫生部食品卫生监督检验所
GB15206-94	食物中胆固醇的测定方法	8.10	1995.1.1	卫生部食品卫生监督检验所

（谷京宇　段冬梅　闫　军）

爱国卫生运动

【全国爱卫会第十次委员会扩大会议】 于 1995 年 2 月 25～26 日在北京召开。全国爱卫会委员，各省、自治区、直辖市、计划单列市爱卫会主任和爱卫办主任等共 100 余人出席会议。会议总结上届爱卫会的工作，研究部署今后的任务，探讨在建立社会主义市场经济体制的新形势下，如何进一步开展爱国卫生运动，适应新的历史时期经济和社会发展需要的问题。全国爱卫会副主任、卫生部长陈敏章做工作报告，11 个省、市领导和委员部门代表发言介绍经验，国务委员、全国爱卫会主任彭珮云出席会议并作了重要讲话。

会议认为，自 1991 年全国爱卫会第九次扩大会议以来，全国爱国卫生工作取得了很大成绩。创建卫生城市，农村改水改厕，以灭鼠为重点的除“四害”和健康教育等工作都取得了新进展；在救灾防病工作中，爱国卫生运动发挥了巨大作用。爱国卫生工作虽然取得了一定成绩，但与新时期的要求和群众的卫生需求仍不适应。城市基础卫生设施仍严重不足，创建卫生城市的成果不巩固，农村改水改厕发展不平衡，一些地区“四害”密度还比较高，爱国卫生法制建设进展缓慢等。特别是 1994 年国务院授权农业部取消农村 43 项达标和 37 项集资项目后，有的地方放松了改水改厕、灭鼠工作，造成这些工作停顿和滑坡，这些问题亟待解决。

会议指出，今后的爱国卫生工作要紧紧围绕经济建设中心，认真落实《国务院关于加强爱国卫生工作的决定》，继续坚持政府组织、地方负责、部门协调、群众动手、科学治理、社会监督的基本方针，坚持为人民群众办好事、实事，加强爱国卫生工作发展的步伐，为实现“2000年人人享有卫生保健”战略目标做出新贡献。 （董继成）

【杭州、天津等8市被授予“先进城区”称号】 1994年8～9月，全国爱卫办组织专家对杭州、重庆、广州、青岛市的城区灭蝇工作和宁波、福州、厦门、天津市的城区灭蟑螂工作进行考核鉴定。考核鉴定组认为，这些城市几年来始终坚持以环境治理为主的综合防治方针，依靠专业人员和广大群众的积极参与，通过清除孳生地、化学消杀和物理捕杀，使城区灭蝇和灭蟑螂工作取得了显著成效，达到了中爱卫办(88)第177号文件规定的要求。全国爱卫会分别授予杭州、重庆、广州、青岛市“灭蝇先进城区”称号，授予宁波、福州、厦门、天津市“灭蟑螂先进城区”称号，并予以适应奖励。

（秦　耕）

【复查威海、佛山等7个国家卫生城市】 全国爱卫办先后于6月和10月，组织专家对威海、烟台、莱州、滨州、佛山、深圳和珠海等7个国家卫生城市进行复查，了解这些城市巩固创建成果的情况，并督促、指导其创建工作再上新台阶。

这些城市巩固创建成果的主要做法有：①将创建工作作为政府行为，加大投资力度，加强基础设施建设，创造良好的城市卫生硬环境。②根据当地实际，建立健全各项城市卫生法规，依法治市，使卫生管理工作逐步走向科学化、法制化、经常化的轨道。③通过健康教育，宣传群众、教育群众、发动群众，以强化群众的卫生意识和参与意识。④在巩固创建成果的同时，提出新的目标和要求。如威海市争取到2020年达到世界一流卫生城市水平，深圳市提出要早日建成现代化、国际化大都市。

存在的问题有：①有些城市垃圾处理场设施不完善，垃圾渗出液未得到很好处理，需在专家指导下再行改进。②少数城市尚无正常运转的生活污水处理场。③一些城市卫生状况滑坡较明显，尤其是背街小巷和农贸市场的卫生管理跟不上。④个体餐饮行业的餐、饮具消毒工作不到位，卫生防疫部门应加强指导和监督。⑤有些市民素质较低，不能很好地珍惜、维护和巩固创建成果，必须加强健康教育的基础性工作，以不断提高全民整体素质。

（秦　耕）

【爱卫办修订有关城市卫生检查标准】 为进一步做好创建国家卫生城市和全国城市卫生检查评比工作，使其更科学化、制度化、规范化，全国爱卫办组织省、自治区、直辖市、计划单列市爱卫办主任及有关部门和专家，对《国家卫生城市检查考核标准实施细则》和《全国城市卫生检查评比标准》进行修订。其基本内容不变，修改了经实践证明不尽合理、不尽科学的内容，突出爱国卫生工作的特点，增加健康教育内容，并从健康知识和健康行为等方面对居民和中、小学生进行现场考核。

《细则》和《标准》的修定稿于1994年10月正式印发各地。

（秦　耕）

【上海实现全市农村自来水化】 到1994年底，上海市农村自来水普及率达到98.7%，实现了全市农村自来水化。对此，全国爱卫会副主任、卫生部部长陈敏章为上海市题词：“为实现全市农村自来水化建功立业造福人民”。

上海市所属6个县、4个郊区，共有218个乡镇、2 972个村、556万农村人口。自1981年以来，经过14年的共同努力，共建成409座乡、村自来水厂，总供水能力达到135万吨/日；43座原有的县自来水厂进行了改造和扩建。新建的409座水厂中，164个乡水厂全部建立了化验室，245个村水厂全部建立化验台，配备水质检测设施，提高了水厂水质的自检条件和要求。对各制水岗位建立了统一的规章制度，重点抓“三禁”：严禁出白水(不加消毒剂)、严禁出浑水(不加混凝剂)、严禁脱岗。对乡水厂厂长和化验员全部进行专业系统培训，对1 900余名乡、村水厂制水人员进行了市统一的培训、考核，全部持证上岗。在防病、防灾等非常时期，县、乡、村各级水厂都服从市的紧急措施：提高消毒剂量，增加检测频率，加强值班检查，确保安全卫生供水。加强卫生防疫部门对全市乡、村水厂水质的定期监测检查，1993年乡、村水厂出厂水的大肠菌、细菌、余氯、浊度四项指标年综合合格率，乡水厂为98.5%，村水厂为93.2%。据上海市卫生防疫部门资料反映，郊县肠道传染病发病率1993年比1980年下降了83.4%。

上海市各级政府高度重视农村改水，把农村改水作为有利于提高农民的文明生活和健康水平，有利于发展农村经济和促进社会安定，建设现代化国际大城市的基本要求。贯彻减轻农民负担文件后，市政府经研究决定，农村改水任务要继续努力完成，要坚持农民自愿原则，在政策上给予优惠，增加政府财政投入。市、县财政从原来给予每村改水投资10%的补贴增加到20%；农业银行给全市改水总投资10%的优惠利率贷款，财政补贴月息0.3%；对125个贫困村和148个早期简易村水厂的改造，给予每村1万元的专项扶持补贴。市卫生局对沿海防病重点村也给予专项补贴。

（郑幼德）

【世界银行贷款中国农村供水与环境卫生项目执行情况】 中国农村供水与环境卫生项目(统称“农村供水项目Ⅱ”)于1992年7月23日生效，执行期5年，到1997年6月30日结束。项目使用世界银行贷款7 890万特别提款权，按签订《开发信贷协定》时的汇率计算，折合1.1亿美元。贷款加上国内配套资金为项目投资，总投资为11亿元人民币。项目地区有甘肃、广西、湖南、内蒙古、新疆、云南六省(区)及其所属的75个县。项目任务包括供水、环境卫生、健康教育、技术援助和培训、机构建设和项目管理五个部分,其中供水部分计划受益人数906万。截至1994年12月31日,已完成投资43 202万元,占总计划数的38.9%;已完成供水受益人数316万,占总计划数的34.9%;已完成厕所(包括户厕、校厕、公厕)14 536座,占总计划数的20.7%。项目进度明显落后于计划,其主要原因是:国际招标采购物资延误,配套资金不能按计划到位,项目管理工作没有跟上来。

为了保证项目按计划执行,全国爱卫会办公室于1994年5月在湖南省临澧县举办农村供水与环境卫生项目县县长培训班,交流情况和经验,解决存在的问题,明确今后任务,加快项目进度,并提出:到1995年年底完成供水工程计划受益人数的75%以上,1995年7月前完成环境卫生示范村建设的目标,保证项目如期完成。 (丁 苹)

【卫生技术合作项目"群体供水和环境卫生"开始执行】 世界卫生组织将"群体供水和环境卫生"列入1994～1995年与中国卫生技术合作项目,并于1994年7月正式启动。该项目选择浙江省萧山市和北京市顺义县作为我国南方和北方农村改厕粪管试点县,要求试点县在两年内基本完成农村改厕任务,使农村粪便无害化处理率达到80%以上,并促进农村环境卫生面貌改善。通过试点总结农村改厕粪管的经验,分别指导我国南方和北方农村改厕工作。 (徐东方)

【全国农村厕所及粪便处理背景调查完成】 该调查于1993年5月起在全国首次进行,1994年结束,历时2年,涉及全国29个省、自治区、直辖市(不包括西藏)470多个县,78万户,总计人口约340万。主要以农村户厕、公厕为重点,其主要指标为:农户有厕率、卫生厕所普及率和粪便无害化处理率。现场调查结果显示:有厕率为85%,卫生厕所普及率为7.5%,粪便无害化处理率为13.5%。调查农村乡政府所在地公厕6 511座,公厕卫生合格率为9.7%。

本次调查结果分析表明:

1. 农村有厕率　户厕是按WHO关于厕所的定义,指周围有围墙的供大小便使用的场所。调查农户共78万户,有户厕率为85.9%,其中1988年后新建的占31.6%,这说明近几年农村改厕的成效显著。全国有厕率在80%以上的有20个省(90%以上的有14个省)。海南省有厕率为22.9%,主要因为当地少数民族没有使用厕所习惯。上海市有厕率为9.2%,其主要原因是使用马桶的比例很大,这种马桶不符合厕所定义。从总体上看,我国有厕率虽然较高,但能达到卫生厕所要求的比例很低。大部分户厕设施简陋、质量差和管理跟不上。

2. 卫生厕所普及率(即农村享有卫生厕所人口比率)　在调查的78万多农户中,卫生厕所普及率为7.5%,该指标距2000年初级卫生保健规划目标(贫困、温饱、宽裕和小康地区分别达到20%、35%、45%和50%)相差较远。其中北京、黑龙江、浙江、福建、山东、河南和广东等7个省(市)的卫生厕所普及率均在10%以上;在7.5%～10%之间的有上海、天津、四川、陕西4个省(市)。卫生厕所普及率低的原因很多,包括经济、文化、管理、地域差别、民族习惯等,也与政府重视程度、技术指导等分不开。如户厕中硬件(有完整墙顶、建筑材料较好、密闭有盖等)合格的户厕虽占12.4%,但由于使用和管理不当,使部分厕所不能达到无蝇、无蛆、清洁、基本无臭的卫生要求,因而降低了卫生厕所的比率。河南省报告,硬件合格的户厕占20.1%,而符合卫生要求的厕所只占10.6%,说明加强管理也是普及卫生厕所不可缺少的重要组成部分。

3. 粪便无害化处理率　农村粪便无害化处理率为13.5%;一般处理为34.3%;有51.2%的粪便未经任何处理,直接施用于农田,任意堆放和排放,成为蝇、蛆的孳生场所,污染环境(土壤、水源及蔬菜等),甚至造成某些疾病的传播和流行。

4. 农村公厕状况　共调查乡镇政府所在地公厕6 511座,其中45.5%是1988年后新建的。符合卫生要求的公厕有632座,公厕卫生合格率为9.7%。男女蹲位均数分别为4.04和3.70,其蹲位比为1.1比1。墙体、顶完整的农村公厕分别占83.8%和91.8%;有71.5%无照明设施,有35.7%的公厕无人管理,89.7%的公厕是非水冲式,60%以上公厕有蝇蛆和臭味,卫生状况很差。

5. 粪便的资源利用　我国农村的粪便主要用作农田肥料,占93.7%,只有1.5%和0.5%分别用于能源(沼气)和鱼业养殖,不利用为4.3%。

这次调查结果表明,卫生厕所普及率与文化程度有密切相关。经趋势检验,P值<0.0001,显示户主文化程度越高则卫生厕所普及率就越高,两者呈极显著的剂量反应关系。 (徐桂华　潘顺昌)

【1988～1993年度全国爱卫会科技进步奖成果奖励项目】

等级序号	项目名称	主要完成单位	主要完成人
一等奖			
1	双瓮漏斗厕所可行性技术及综合效益的研究	河南省卫生防疫站河南省爱卫会办公室 长葛县防疫站周口地区防疫站淮阳县防疫站 扶沟县防疫站 虞城县防疫站 许昌市第二防疫站 密县爱卫办	徐国雄 闫振生 麻增银 陈瑞军 刘明欣 张本界 程 瑋 崔 澄 魏远征 姚根洲
2	全国卫生报刊调查研究报告	中国健康教育研究所 中国卫生报刊研究会	孙芝斋 罗集容 李铁群 顾学琪 叶占奎 胡锦华 姜秀英 姚枚农 黄鹤举
3	创建国家卫生城市中的健康教育策略及龙头作用	三明市健康教育所福建省健康教育所	陈冰青 林清和 程 瑾 吴用纲 王 平 吴文君 姚文忠 管纪惠
4	中华人民共和国农村供水部门研究	吉林省卫生防疫站吉林省农村改水工作站	吴世安 寇毓龙 胡春生 李建华 王文举 庞静毅 傅洪博 张慧斌 侯和平 邵立刚
5	拟除虫菊酯浸泡蚊帐防制蚊媒及其防疟效果的研究	广东省寄生虫病防治研究所 海南省热带病防治研究所 广东省防疫站 海南省万宁县北大卫生院	李祖资 李明馨 潘 波 罗均明 黄祺林 吴旭光 蔡仁亚
二等奖			
1	村镇规划卫生的研究	中国预防医学科学院环境卫生监测所辽宁省防疫站 江苏省防疫站 北京医科大学 上海医科大学 南京铁道医学院 吉林省卫生防病中心	徐 方 戴玉林 庄爱民 徐东方 王冠群 宋伟民 浦跃朴
2	粪便无害化处理工程系统及综合利用的研究	江苏省寄生虫病防治研究所 张家港市杨舍地区爱卫办 昆山市爱卫办 苏州市农村能源办公室 张家港市农村能源办公室	颜维安 徐汉顺 杭德荣 蔡 勇 范富堂 薛丽芬 钱章富
3	研制改良碳化砖降低农村住宅中氡及其子体浓度的研究	安徽省卫生防疫站	翟 云 贾成铁 黄家林 程俊良 沈志清 徐友来 葛传奎
4	节水型三格化粪池粪便无害化效果论证及其定型设计研究	上海医科大学 上海市卫生防疫站	卢纯惠 张振农 何锦来 宋伟民 石 昭 李锦梅 苏 瑾

等级序号	项目名称	主要完成单位	主要完成人
5	城市垃圾填埋卫生的研究	中国预防医科院环境卫生与卫生工程研究所　辽宁省卫生防疫站	潘顺昌　张玉福　赵锡惠　耿纪安　吕志平　何公理　孙凤英
6	农村有线广播在传播卫生知识中的作用及影响因素研究	中国健康教育研究所　浙江省健康教育所	王林昌　王正琪　丁善根　许盛华　姜笃定　马金铭　张　杰
7	健康教育推动大湖乡多部门合作开展初级卫生保健	福建省健康教育所永安市卫生局　永安市健康教育所　永安市大湖乡政府	杨鸿连　管纪惠　梅亦珩　张华龄　邱秀诚　林启彬
8	中国湖南316所小学健康教育现状研究	湖南省健康教育所	王官仁　肖正湘　艾楚林　汪　洋　李光春　甘　松　黄时观
9	农村实施《生活饮用水卫生标准》准则	中国预防医学科学院环境卫生监测所北京市卫生防疫站	王子石　刘景兰　陈西平　盛金妹　安秉歧　戴恩光　熊兆鑫
10	农村饮水卫生监测	中国预防医学科学院环境卫生监测所	陈亚妍　陈昌杰　鄂学礼　张　岚　王　倩　吕锡芳　赵月朝
11	海岛屋顶接水工程技术措施及水质卫生质量的研究	浙江省农田水利总站　浙江省卫生防疫站	韩关根　李如意　陆长法　吴以跃　蔡建民　朱信康
12	改水降氟措施卫生效果的研究	烟台市地方病防治办　烟台市爱卫办	孙承府　张成翠　赵大年　王青林　邹　瑶
13	新内—2SB—63深井手动泵技术在供水项目中的应用	新疆爱卫会办公室　墨玉县改水项目办　疏勒县改水项目办	傅永裕　鲁　抗　赵宗方　艾　力　梁克明　盛庚尧　徐金国
14	缓释卫生杀虫喷涂剂的系列研究	南京军区军事医学研究所　上海华东新型建筑材料厂	姜志宽　赵学忠　麻　毅　钱万红　于明明　孙向荣　张应阔

等级序号	项目名称	主要完成单位	主要完成人
15	上海创建无鼠害城关键技术措施与对策、城市残存鼠分布规律及防灭措施	华东师范大学　上海市卫生防疫站　上海市普陀区爱卫办　上海卫生检疫局　金山县防疫站	祝龙彪　周玉丽　徐仁权　李燕婷　沈爱玉　陈心尧　郁世芳
16	广东省住区蝇类综合防制研究及推广应用成果	广东省卫生防疫站　广东省爱卫会办公室　佛山市城区卫生防疫站　深圳市爱卫办　珠海市爱卫办　台山市防疫站　佛山市城区爱卫办	安志儒　曾广宏　何亿雄　冯南贵　李荷花　王锦清　陈为斤
三等奖			
1	随地吐痰现场调查及结核菌菌尘气溶胶感染豚鼠的实验研究	北京市结核病胸部肿瘤研究所　中国健康教育研究所　军事医学科学院微生物流行病研究所北京宣武区结核病防治所　上海市结核病防治中心	王忠仁　李干之　车凤翔　邹级谦　马曾鲁
2	农村粪便无害化处理试点防病效果评估	河南省卫生防疫站　中国预防医科院环境卫生与卫生工程研究所	徐国雄　祝学礼　徐汉顺　阎振生　栗玉兰
3	厌氧发酵—生物稳定塘系统处理城市粪便设施研究及其卫生评价	中国预防医科院环境卫生与卫生工程研究所　江西省卫生防疫站　九江市浔阳区环卫处　九江市浔阳区防疫站	凌　波　邓挺兴　吕志平　闵罗伟　王柱勋
4	寒冷地区部分冲水沼气池灭害公厕的设计建造及卫生效果研究	四川省寄生虫病防治研究所　河北省卫生防疫站　四川省绵阳市沼气办　保定市满城县城乡建设委员会　满城县爱卫办	赵锡惠　李桐梓　罗德明　刘　义　吕福生
5	北方寒冷地区居住建筑室内旱厕所的研究	黑龙江省村镇建设研究所	丛树京　吴凤华　朴东琪　尹庆祥　王树德
6	城镇净化沼气池生活污水排放卫生标准	四川省卫生防疫站　四川省寄生虫病防治研究所	周华人　赵锡惠　陈希绩　乔元升　蔡　梅
7	水冲式卫生净化户厕研究	上海市卫生防疫站	张振农　苏　瑾　葛国良　赵根英　吴兆宇
8	公共厕所卫生的研究	陕西省卫生防疫站	管镇奎　潘顺昌　张建东　耿纪安　林　泉
9	农村住宅新旧居室空气细菌密度和粒谱的研究	安徽省卫生防疫站	任　军　郭仁荣　汪　霞　杨广兰　陆美娟
10	农村居室内螨虫与哮喘病的关系	白求恩医科大学环境卫生教研室	杜恩纯　隋春生　李忠民　王　渭　张启先

等级序号	项目名称	主要完成单位	主要完成人
11	新疆不同类型农村住宅卫生学调查与评价	新疆医学院	王国筌 肖碧玉 胡宇 黄春红 闫立芬
12	中国北方农村室内甲醛及煤烟污染对健康影响及其防治对策的研究	北京医科大学	胡汉升 刘君卓 郝兰英 卫邦栋 刘有成
13	吉林省农村初级卫生保健开展健康教育对策的研究	吉林省健康教育所	袁亦精 王百负 陈宝有 潘玉莲
14	中国南方(广东、海南)人A型行为类型常模调查研究	广东省韶关市粤北人民医院	杨宁德 罗元昌 梁德生 钟海翔 黄兴洲
15	福建降低大、中学生吸烟率的干预对策研究	福建省健康教育所	杨鸿连 管纪惠 郭海恩 姜露嘉 陈奕光
16	中小学生吸烟现状及干预效果	中国预防医科院环境卫生与卫生工程研究所	陆宝玉 张淑珍 张骏华 刘亚平 李国昌
17	三种卷烟成分及其对健康影响	中国预防医科院环境卫生与卫生工程研究所	陆宝玉 陈宝生 赵炳成 谢大英 周世伟
18	农村社区健康教育策略研究	大连市健康教育所	韩永云 隋玉亭 孙立文 赵信文 林国英
19	普及《健康教育读本》效果评价研究	上海市健康教育所	张宛青 顾学琪 郑嘉宝 刘敏 梁波
20	医学生关于爱滋病的知识、态度、行为的调查分析	中山医科大学卫生学院	张思践 陈成章 王铮
21	北京医科大学医学生吸烟情况调查及行为干预研究	北京医科大学公共卫生学院卫生管理培训中心	朱锡莹 刘玉之 王华瑗 常春 吕姿之
22	厂矿健康教育模式的研究	沈阳市健康教育所 沈阳市第一机床厂 沈阳市铁西区健康教育所	高德实 马龙胜 张栋 郭龙范 刘翠琴
23	适宜、安全水氟浓度及总摄氟量的研究	中国预防医科院环境卫生监测所	刘原 林少彬 王倩 陈昌杰 杨世明
24	启东县第三承压含水层水位急剧下降的研究及对策	江苏省启东市爱卫会办公室	陆海华 茅林梅 陈士龙 孙融 胡孝声

等级序号	项目名称	主要完成单位	主要完成人
25	农村饮用水小型风力提水机的研究	中国农业机械化科学研究所　广西自治区桂林市第一水泵厂	李云虎　张纪沛　许安祥　眭　力　张庆范
26	屋檐集水研究	宁夏回族自治区地方病防治办　宁夏自治区爱卫会办公室	吴敬祝　张国新　陈学文　钟宁祥　吕丰源
27	贵阳市郊农村饮用水水质评价与保护对策研究	贵州省爱卫会改水办　贵阳云岩区政协科经委	顾凯凯　曾永年　朱小青　曾　瑜　王承华
28	八氯二丙醚增效剂在蚊香中的毒性及应用	南京铁道医学院　中国科学院动物研究所	高锦伍　唐　萌　林大榕　高锦亚　谈伟君
29	鞍钢工业鼠害防治研究	鞍钢爱卫办　鞍钢卫生防疫站	郭景岩　刘桐树　常勤芳　曹瑞民　谢福春
30	北方大面积除四害技术措施的研究	吉林省卫生厅　吉林省爱卫办　吉林省卫生防疫站	鲁安平　徐长嵘　舒恩俊　高兰英　彭　渤
31	灭鼠引诱剂的试验研究	中国预防医科院流行病学微生物学研究所　河北省鼠疫防治所	李镜辉　高文林　李铁柱　刘建军　陈永江

（董继成）

【地方爱国卫生法制建设】 为落实国务院《关于加强爱国卫生工作的决定》，1992年以来，吉林、辽宁两省人大常委会先后通过本省的《爱国卫生管理条例》，分别于1992年和1993年实施。《山西省爱国卫生管理条例》于1994年9月29日经省八届人大常委会第十一次会议通过，于1995年1月1日起正式实施。吉林、辽宁、山西三省的《爱国卫生管理条例》主要包括以下几方面：①总则；②机构与职责；③爱国卫生管理；④爱国卫生检查监督；⑤奖励与处罚。

三省的主要做法是：①举办地、市爱卫办负责人参加的学习《条例》培训班，认真领会、掌握《条例》的内容、背景、意义及执法过程中的注意事项。②为宣传《条例》，确定全省内统一的宣传周活动，各地、市精心组织，广泛动员。充分利用报纸、电台电视台等舆论工具，大张旗鼓地进行宣传，同时采取散发传单、张贴标语、悬挂横幅、知识竞赛等有效形式，使《条例》深入人心，人人皆知。③为确保条例的顺利实施，三省爱卫会办公室组织了对地、市级爱国卫生监督员统一的上岗前培训，县、区级监督员由地、市级爱卫办负责培训，经考试合格者颁发监督证和监督徽章。（徐桂华）

妇幼卫生

【妇幼卫生工作】

1.《中华人民共和国母婴保健法》于1994年10月27日第八届全国人大常委会第十次会议审议通过，并由中华人民共和国主席令第33号颁布，从1995年6月1日起施行。这是我国在保护妇女儿童健康权益方面的第一部法律。它的颁布施行标志着我国妇幼卫生工作进入法制管理的新阶段，使各级政府和卫生行政部门在加强妇幼保健管理、规范母婴保健行为等方面有法可依。

2. 为贯彻国务院第149号令颁发的《医疗机构管理条例》，卫生部制定下发包括《妇幼保健院基本标准》在内的《医疗机构基本标准》和年内将下发的《妇幼保健机构分级分类标准》，对各级妇幼保健机构的规模、科室设置、人员、床位等做出明确规定，充分体现“以保健为中心，保健与临床相结合，面向基层，面向群体”的工作方针。规范我国妇幼卫生机构建设及分级分类管理的原则，为《中华人民共和国母婴保健法》的顺利实施提供了可靠的组织保障。

3.1994年全国又有740所妇幼保健院和综合医院成为爱婴医院。至此，全国已有947所爱婴医院，接近我国向国际社会承诺的到1995年创建1 000所爱婴医院的目标，并有一些省市创建“爱婴省”、“爱婴市”。1994年11月7日，召开第四届诺福棠奖颁奖暨创建爱婴医院成绩突出单位表彰大会，联合国儿童基金会对中国在促进母乳喂养、创建爱婴医院工作中成绩突出的卫生部妇幼卫生司及10个省市人民政府进行表彰。中国福利会上海国际和平妇幼保健院、北京协和医院等10所医院被评为模范爱婴医院。卫生部妇幼卫生司荣获加拿大-中国儿童基金会颁发的第四届诸福棠奖。

4. 国际合作项目进展

(1)全国305个项目县所在的177个市(地)妇幼保健机构列入项目支持范围。1994年“加强中国基层妇幼卫生/计划生育服务”项目进入过渡周期，3月召开过渡周期项目工作会议，对过渡周期的目标和任务做出承诺。

(2)以乡卫生院产科、儿科医生为主的第三轮“三基”(基本知识、基本操作、基本急救)培训，有8 000人接受了培训，现有12 000人仍在培训中。另为市(地)级妇幼保健机构(项目单位)装备22种1991件设备，为305个县装备20种1 920件设备。这些支持提高了县、乡、村三级妇幼卫生服务能力及市(地)级机构的指导能力。

(3)世界银行贷款“综合性妇幼卫生保健项目”(卫生VI项目)已完成第一批项目省(陕西、广西、云南、四川)及第二批项目省(青海、江西、内蒙古、甘肃)共282个项目县的基础调查、预评估及评估工作。第一批4个省已进入实施阶段。

(4)与WHO合作开展的儿童急性呼吸道感染控制项目已扩展到24个省49个县。

5.1994年妇幼卫生机构建设得到进一步加强。中央重点支持3个省级、4个市(地)级、505所县妇幼保健机构完成了扩建任务。乡卫生院妇产科、儿科、计划生育技术服务能力继续得到加强。全国46%的县开展了不同形式的妇幼保健保偿责任制。

6. 建立并不断完善具有中国特色的妇幼卫生专业教育体系。1994年召开妇幼卫生专业教学研讨会，围绕妇幼卫生专业课程设置、实习基地建设及专业管理体制进行探讨。举办妇幼卫生专业骨干师资培训班，使各校有机会了解国际妇幼卫生专业教育发展趋势，借鉴国际医学教育的先进经验，增强探索妇幼卫生专业教育模式的能力。

7. 妇幼卫生信息管理取得进展。妇幼卫生监测“三网合一”方案已经通过专家及各省的讨论、评审，将于1996年1月1日开始执行。加强了常规报告系统的工作，提高各级对常规报告的分析、总结、利用能力和基层数据的报告质量。新的常规报告制度于1996年执行。

8. 参与第四次世界妇女大会筹备工作。由联合国召开的第四次世界妇女大会将于1995年9月在北京举行，同时还将举行非政府组织论坛。卫生部受大会组委会的委托，承担“妇女与健康”专题的筹备工作。

9. 卫生部与国家计划生育委员会联合表彰计划生育万例手术无事故先进个人。9942名受表彰的人员中，卫生部门有6964名。

(王凤兰　袁晓红)

【《中华人民共和国母婴保健法》颁布】《中华人民共和国母婴保健法》(以下简称《母婴保健法》)于1994年10月27日由第八届全国人大常委会第十次会议审议通过，国家主席令第33号颁布，定于1995年6月1日起施行。这是我国第一部保护妇女和儿童健康权益的法律。

《母婴保健法》的立法宗旨是，保障母亲和婴儿的健康，提高出生人口素质。本法强化国家、政府、卫生行政部门的责任，要求医疗保健机构和医疗保健工作者规范医疗保健行为，提供高质量的母婴保健技术服务，用法律规范母婴保健活动各个主体的行为。《母婴保健法》明确规定国家发展母婴保健事业，提供必要条件和物质帮助，使母亲和婴儿获得医疗保健服务。各级人民政府领导母婴保健工作。国务院卫生行政部门主管全国母婴保健工作，国务院其他有关部门在各自职责范围内，配合卫生行政部门做好母婴保健工作。对医疗保健机构，对医师，对公民义务，均有规定。

婚姻、生育是人的基本权利。本法从保护母婴健康的角度出发，对公民提出义务。如患指定传染病在传染期内，有关精神病在发病期内，暂缓结婚；患不宜生育的严重遗传病应当采取长效避孕措施或施行结扎手术后结婚。经产前诊断，胎儿有严重异常或继续妊娠可能危及孕妇生命或严重危害孕妇健康，医生应提出终止妊娠的医学指导意见。本法第十九条规定，依照本法规定施行终止妊娠或者结扎手术，应当经本人同意，并签署意见，本人无行为能力的，应当经其监护人同意，并签署意见。本法规定的法律责任主要针对未经许可从事母婴保健工作或违反本法规定，出具虚假证明、进行胎儿性别鉴定的承担法律责任，而没有规定公民承担任何法律责任。充分体现了对公民权利的尊重和保护。

我国幅员辽阔，发展很不平衡，执法的难点和重点都在边远落后地区，本法第二条第二款规定，国家对边远贫困地区的母婴保健事业给予扶持。对婚前医学检查收费问题又规定，对边远贫困地区或者交费确有困难的人员应当给予减免。这些规定使妇幼保健工作中的扶贫政策进一步法律化，强化了母婴保健服务的公平原则，促进边远贫困地区母婴保健事业的发展。

本法确立了母婴保健工作的许可制度，规定开展母婴保健专项技术服务，必须经卫生行政部门考核许可；从事专项母婴保健技术工作的人员，要经过考核，取得合格证后方可从事该项工作，否则，将承担法律责任。这些规定对母婴保健机构建设和队伍建设提供了法律保证，卫生行政部门通过对机构和人员的法制化管理，有效地提高服务水平，使母亲和婴儿获得安全、有效、优质的医疗保健服务。（宋岚芹）

【卫生部妇幼卫生司获诸福棠奖】 第四届诸福棠奖颁奖仪式暨 创建爱婴医院成绩突出单位表彰大会于1994年11月7日下午在人民大会堂举行。全国人大副委员长吴阶平、国务委员彭珮云、卫生部部长陈敏章、副部长何界生、殷大奎、加拿大国务部长陈卓渝、加拿大-中国儿童健康基金会执行主席谢华真、联合国儿童基金会和世界卫生组织的官员，以及受表彰的省、市领导和模范爱婴医院的代表共500余人出席会议。卫生部妇幼卫生司作为中国创建爱婴医院的主管部门荣获第四届诸福棠奖。

吴阶平副委员长赞誉妇幼卫生司带领全国的妇幼卫生工作者为促进妇幼保健事业的发展，为实现《九十年代中国儿童发展规划纲要》的目标做了大量的工作，尤其在促进母乳喂养、创建爱婴医院的工作中做出了突出贡献。此次授奖不仅是对卫生部妇幼卫生司，也是对中国几十万妇幼卫生工作者所取得成绩的肯定。

会上，联合国儿童基金会和加中儿童健康基金会对中国在促进母乳喂养、创建爱婴医院工作中成绩突出的卫生部妇幼卫生司及10个省、市和10所模范爱婴医院进行表彰并颁发奖牌。

10个省、市是：广东省、山西省、福建省、北京市、上海市、天津市、成都市、济南市、中山市、珠海市。

10所模范爱婴医院是：中国福利会上海国际和平妇幼保健院、北京协和医院、北京妇产医院、中国人民解放军总医院、北京市海淀区妇幼保健院、浙江省湖州市妇幼保健院、湖南省长沙市妇幼保健院、湖北省妇幼保健院、西藏山南地区妇幼保健院、天津市第一中心医院。（韩晓明）

【妇幼卫生专业教学研讨会】 由卫生部妇幼卫生司及全国妇幼卫生专家咨询委员会联合举办，于1994年11月11～15日在山东省烟台市召开。会议围绕妇幼卫生专业课程设置，实习基地建设和专业管理体制进行讨论。

1. 妇幼卫生专业课程设置　课程设置关系到妇幼卫生专业的学科性质及教学目标的实现。课程内容上，一方面强调以临床为基础，另一方面要引入许多新学科，如管理、心理、行为科学、社区医学等。课程安排上，削减部分基础学科的课时及内容，将学生专业思想教育课及管理学基础、社会学、计算机学提前，使学生尽早接触妇幼卫生实际，尽量减轻学生负担。改进教学方法，更多地采用参与式和以问题为中心的教学方法，着重培养学生独立思考问题、分析问题和解决问题的能力，使他们适应医学服务模式的转变。

2. 妇幼卫生专业实习基地的建设　临床技能是妇幼卫生专业学生的基础技能，对妇产科、儿科临床技能的要求应不低于临床专业的学生。实习应在条件较好的教学医院进行。专业实习应选择在省、市、县三级妇幼保健机构进行，和社区相结合，使学生经过专业实习及毕业专题实习后，知识既有广度又有深度。注重基地的基础建设、教学设施建设、师资队伍的培养和提高，从而加强基地的带教能力，提高教学质量。

3. 妇幼卫生专业管理体制　妇幼卫生专业作为一门临床医学与预防医学相结合的新专业，各方面都有其独立性，已经在同济医科大学等6所大学中设立妇幼卫生系。（袁晓红）

【培养妇幼卫生专业骨干师资】 卫生部于1994年8月29日至9月10日在山东省烟台市举办妇幼卫生专业骨干师资培训班。培训班讲授社区卫生需求评估、社区诊断、社区卫生管理、社区参与、妇幼卫生现场研究设计、生殖健康社会学等内容。北京、上海、西安、华西、同济、白求恩6所医科大学的妇女保健、儿童保健、统计流行病学、社会医学、健康教育、卫生管理6个教研室的37名骨干师资参加培训。（袁晓红　曹　彬）

【妇幼卫生信息管理系统走向成熟】 1994年利用20余年来已被各级适应和接受的现有年报系统、三个监测网（孕产妇死亡、5岁以下儿童死亡及出生缺陷）和各种抽样调查结果，建立起完善的妇幼卫生管理信息系统。

1. 自上而下强化信息的利用、反馈和对下级的监督指导。信息管理系统首先从国家、大区、省级开始启动，为1995年推广到基层打下基础。1994年国家级信息工作组对全国年报、监测网数据进行分析，并将分析结果反馈给各省，为各省提供技术帮助。这是我国建立年报系统以来第一次全系统反馈，这一活动得到国际和国内专家的高度评价。

2. 培训省级信息管理人员。1994年10月举办省级信息管理人员培训班，主要培训如何利用各个途径的数据做出决策和对基层进行指导。组织力量编制妇幼卫生信息管理系统软件包，实现1994年数据计算机软件报送，为各省订购相适应的计算机并配置软件环境。

3. 编写县级信息管理系统培训教材。鉴于数据质量的提高关键在于基层，尤其是乡、村两级，1994年组织人员编写县级管理信息系统培训教材，并在湖南省进行了成功的试验。

4. 修改常规年报表。为了适应目前项目工作和今后全国妇幼卫生工作的需要，与国际标准接轨，根据各级信息管理人员几年来年报工作的实践经验，组织有关人员进行实地调查，对现行的妇幼卫生年报表进行修改。

5. 为建设综合、高效、科学、多功能的妇幼卫生监测网络，在自1989年以来全国范围内开展的中国孕产妇死亡监测、中国出生缺陷监测、中国5岁以下儿童死亡监测的基础上，确立“三网合一”、“一网多用”的原则。为坚持“八五”期间监测资料的连续性、完整性，“三网合一”的监测工作将于1996年1月1日起开始执行，并增加对监测点的社会、经济、文化、人口、卫生发展数据的综合利用。全国妇幼卫生监测实行国家级和省级两级监测，为加强信息管理工作，各省级机构要设立信息科，承担全省信息统计工作的归口管理。

（袁晓红 张 彤）

【农村围产保健技术-三“十”措施推广应用情况调查】 江西省农村围产保健技术与管理规范三“十”措施（以下简称三“十”措施），1992年被卫生部列为十年百项成果推广计划之一。为进一步了解各地对该技术的推广应用情况及其效果，1994年10月，卫生部收集三“十”措施的推广情况及效果评价。各省市普遍认为三“十”措施概念清楚、重点突出、措施配套、可行有效、简单易学易推广，便于农村围产保健实行科学化、规范化管理，在推广时应因地制宜、结合当地实际。据统计：22个省、市举办了161次学习班，推广县（区）364个，乡镇4896个。少数省、市未推广的主要原因，一是三“十”措施与当地的保健管理内容基本相同，二是内容已融汇于当地孕产妇系统管理之中。（徐兰芳）

【全国妇女儿童专用品卫生管理情况调查】 卫生部组织有关人员于1994年4～6月赴广东、浙江、陕西及河北四省11个地市，对妇女儿童专用品卫生安全管理情况进行了调查。目前主要存在的问题：

1．企业在研制和生产妇女儿童用品过程中，大都侧重于外形美及适应性，很少考虑内在质量与卫生保障。所有制作生活用品的材料、颜料和技术，均不加限制地用于妇女儿童专用品的制作，甚至许多有毒材料也被用于制作儿童玩具。一次性妇女卫生巾由于生产工艺简单，市场需求量大，出现了国家、集体、个人一齐上的局面。但许多生产单位生产条件简陋，卫生环境极差，产品根本没有经过严格消毒，也不标明产品的生产日期与卫生保质期。

2．在妇女儿童专用品的流通中，缺少卫生安全意识。对经营妇女儿童专用品无卫生要求，经销者的健康情况也未列入监控范围。无论什么场所、什么单位都可以经营妇女儿童专用品。在一些自由市场上，有些销售者把妇女卫生巾等与杀虫剂或农药放在一起出售。

3．目前，无论在政策还是在法律体系建设等方面，妇女儿童专用品基本上还处于无人管理的状况。

（1）从卫生部门来看，各级药政部门只是管理各类药品，而对中西药品与妇女儿童生活结合的新产品，目前尚无管理政策，也无管理手段。卫生监督机构对妇女儿童专用品管理介入的程度十分有限，只是按照卫生部颁布的《消毒管理办法》要求，对部分妇女儿童专用品进行了细菌指数的检测。至于制造材料、制造技术对使用者的卫生保健影响与作用等方面，则未做管理。许多用品的国家生产标准，是采用某些企业的标准，根本找不到任何具体的卫生要求。

（2）我国对妇女儿童专用品进口尚未做卫生管理规定。在进口过程中，只要检查发现商品与审报的品目相符，即可入关。

（3）卫生许可证的审批政出多门，仅妇女卫生巾就有卫准字、卫消准字、卫用准字、卫妇准字等几种。医药管理部门，以医械准字的批号，大量审批非医疗器械如婴儿尿布、药物性妇女卫生巾等。

（4）还有些生产企业搞自我监制，形成管理的逻辑矛盾。某市市级企业，未经任何部门同意，在企业内部成立“××市儿童保健研究所”，并在其产品包装的制造厂名下，印上“××市儿童保健研究所监制并推荐”的字样。

（5）许多社团组织行使政府职能，对妇女儿童专用品给于关注，通过举办展销会、评审会，为企业镀金，采用监制、推荐等形式，使本来质量就已经真伪难辨的妇女儿童用品，在消费者面前更是眼花缭乱。

（6）国家目前对妇女儿童专用品的广告宣传还没有严格的管理要求，形成广告做什么，消费者就用什么的消费大趋势。

4．劣质妇女儿童专用品已对妇女儿童的身心健康造成严重危害。某些地区生产的一次性产包，由于制造质量低劣，实际使用中达不到减少产科感染和新生儿破伤风的目的；许多妇女卫生巾存在着用后过敏甚至引起妇科病发病机会增多等卫生问题；许多婴儿一次性尿布，存在着使用后发生臀红的卫生质量问题；一些儿童智力玩具不但对儿童智力没有起到开发作用，而且还影响儿童的正常身心发育。

5．人们对依法管理妇女儿童专用品的要求反应强烈，并对国家妇幼卫生主管部门早日出台有关妇女儿童专用品卫生管理政策寄予厚望。

（徐兰芳 聂春雷）

【筹备第四次世界妇女大会“妇女与健康”专题论坛】 受联合国第四次世界妇女大会中国组委会的委托，卫生部承担组织非政府论坛中“妇女与健康”专题论坛的任务。卫生部下发卫妇幼发（1994）第23号文件《关于开展第四次世界妇女大会非政府组织论坛‘妇女与健康’专题组活动的通知》，就妇女健康的主要问题在全国30个省市开展征文活动，选出30多篇较有代表性的文章。1994年12月3～4日，卫生部与中华预防医学会妇女保健学会在北京召开迎’95第四次世界妇女大会“妇女与健康”专题论坛第一次预备会。全国妇联副主席黄启璪、福特基金会顾问司徒雷莎及100多名各界妇幼卫生人员、妇女工作者参加了会议。与会者针对妇女生殖健康、妇女与吸烟、女职工劳动保健、更年期保健等有关妇女健康方面的主要问题展开讨论，并就我国妇女健康论坛与世界接轨的问题进行探讨。

（庞汝彦 徐兰芳 张伶俐）

【创建740所“爱婴医院”】 1994年的“爱婴医院”评估仍沿用我国独

创的省级、国家级两级评估方法,在具体实施上稍作调整。

1. 省级评估于1994年8～9月中旬在各省进行。在30个省、自治区、直辖市1994年提出申报的843所医疗保健机构当中,740所经省级评估认为合格,占申报总数的87.8%,提交国家级评估组复查。

2. 国家级评估在省级评估的基础上,于1994年9月19～30日在各省同时进行。国家级评估采取了省间轮换评估的方式,按照分层随机抽样的原则对省级评估认为合格的医疗保健机构进行复查。

根据与世界卫生组织和联合国儿童基金会共同确定的原则,国家级评估组复查认为省级评估组提交的740所医疗保健机构全部符合国际"爱婴医院"标准,推荐给中国"爱婴医院"最高审批委员会审议。

中国"爱婴医院"最高审批委员会于1994年10月7日在北京召开会议,审议并批准该740所医疗保健机构为"爱婴医院"。中国"爱婴医院"最高审批委员会同时批准表彰10个创建"爱婴医院"成绩突出的省市和10所模范"爱婴医院"。至此,我国的"爱婴医院"总数达到947个,已接近1995年创建1 000所"爱婴医院"的中期目标。

(韩晓明 赵 冰)

【世界母乳喂养周】 1994年8月1～7日是第三届,主题为:使《国际母乳代用品销售守则》生效。联合国儿童基金会执行主席詹姆斯·格兰特先生为此致函全球医生,希望全球医生为保护母乳喂养,杜绝在卫生保健系统发放免费、廉价的母乳代用品贡献力量;并发起全球性的医生签字活动。

卫生部于1994年7月下旬向全国发出《开展世界母乳喂养周宣传活动的通知》,要求各地广泛宣传母乳喂养的优越性和母乳代用品对婴儿健康和家庭生活带来的不利影响;号召全国的医生特别是大城市、大医院的著名医生参加医生签名活动,带头抵制在卫生保健系统发放免费、廉价的母乳代用品。

1994年7月29日卫生部在京举行保护、促进和支持母乳喂养医生签字仪式,陈敏章部长、何界生副部长、联合国儿童基金会驻华代表拉赫曼先生、世界卫生组织官员及在京的部分妇产科、儿科专家出席。陈敏章部长、何界生副部长率领与会专家在医生保证书上签名。据统计全国有139 500余名医疗保健人员签名。

1994年8月2日卫生部与国务院妇女儿童工作委员会联合在京召开世界母乳喂养周研讨会,就《中国母乳代用品销售管理办法》的制定和实施进行讨论。何界生副部长做了题为"加强法制管理,保护、促进和支持母乳喂养"的报告,指出加强母乳代用品的销售管理势在必行。有关部委的领导、联合国儿童基金会和世界卫生组织官员及妇幼卫生专家出席研讨会。 (韩晓明)

【儿童急性呼吸道感染项目扩展】 1994年儿童急性呼吸道感染合作项目新扩展5个省、自治区:云南、贵州、青海、宁夏、内蒙古。项目的主要任务是:培训县、乡、村卫生人员,按照WHO推荐的儿童急性呼吸道感染(ARI)标准病例管理和临床管理方案,防治儿童急性呼吸道感染;开展病例管理监测工作,以了解开展ARI防治工作情况、发病趋势及肺炎的患病和死亡情况。首先根据合作项目要求,在北京举办了省级师资培训班,使学员培训后能掌握数呼吸、观察胸凹陷、及时发现危重患儿进行治疗或转院。学员回当地后对监测县人员进行逐级培训,1994年年底完成培训任务。

其次,就新扩展的5省、自治区,项目第二项任务是对基本情况进行调查,每省区选择2个县作为监测县,每县选择5万人口的乡镇开展基本情况调查及监测工作。基础调查工作于1994年年底或1995年初进行,1995年3月底前向卫生部报送资料。监测工作将于1995年1月1日正式开始,由首都儿科研究所统一进行计算机汇总分析。

(张德英)

【ARI标准病例管理知识应用于县卫校教学试点】 儿童急性呼吸道感染(ARI)项目是我国与世界卫生组织(WHO)的合作项目。根据WHO的建议,将ARI标准病例管理知识的培训直接应用于县卫校学生的教学中,选择湖北省老河口市卫生学校作为试点单位。首先对师资进行培训,编写教学大纲及教材,然后分别对93级在校学生及92级正在临床实习的学生进行讲授。采用WHO推荐的统一教学方法,结合我国传统的教学内容,使学生既掌握传统诊断和治疗小儿肺炎的方法,也能应用WHO推荐的通过数呼吸次数诊断肺炎的方法,早期发现病人,及时采取有效措施,并合理使用抗菌素。这些学生毕业分配回乡、村卫生机构后可将ARI适宜技术直接应用于实践中。 (张德英)

【儿童急性呼吸道感染项目评估-基层医疗机构调查】 我国与WHO在全国24个省53个县开展儿童急性呼吸道感染(ARI)项目合作。为了解基层医疗机构卫生人员掌握ARI知识和运用ARI标准病例管理及临床管理知识情况,以及对5岁以下儿童家长进行健康教育的情况,选择山西省、四川省ARI项目县进行基层医疗机构调查,了解ARI实施情况。

调查结果:共调查68个卫生机构,观察了223个5岁以下有咳嗽和/或呼吸困难的患儿,访问了95个卫生人员。在调查的卫生机构中,57%都能提供ARI标准病例管理。至少有1人受过ARI标准病例管理的培训。在近三月内能提供ARI规划所推荐的抗生素等药品。在卫生机构就诊的75%的ARI病例(感冒咳嗽和轻度肺炎患儿)获得了家庭护理指导。只有8%的咳嗽感冒病儿给予抗生素治疗。调查员与卫生人员的分类诊断符合率:对极重症和重症肺炎的符合率为5/7,对肺炎为18/23,而在185例咳嗽感冒的病例中达到94%。对肺炎的分类诊断的灵敏度在村卫生室为80%,与医院的75%基本相似,表明大约有20%～25%的肺炎病例被漏诊。

访问 95 个卫生人员，根据回答 10 个有关临床病例处理的问题，对他们的 ARI 标准病例管理知识进行评价，57%以上都能回答 9 个以上的问题。 （张德英）

【计划生育万例手术无事故的先进个人受表彰】 为不断提高节育手术质量，鼓励计划生育技术工作者向先进学习，国家计划生育委员会和卫生部于 1994 年 8 月联合发文，对全国 9 942 名计划生育万例手术无事故先进个人予以表彰。其中卫生系统 6 964 名，计划生育系统 2 978 名。 （夏雪红）

【五个扩展县项目工作启动】 我国与联合国儿童基金会、联合国人口基金和世界卫生组织合作，在 1994～1995 年期间，开展“加强中国基层妇幼卫生/计划生育服务五个扩展县项目”工作。该项目在完成 300 个项目县确定的项目目标的同时，还要完成两项增加目标：为 85%的育龄妇女提供避孕方法咨询，使她们具有对 3 种避孕方法进行选择的能力；85%的从事计划生育技术服务机构中有 3 种避孕药具供应，将避孕率增至 60%。

项目单位为吉林省和龙市（县级市）、山西省左权县、安徽省金寨县、江西省资溪县和湖南省桃源县。在项目实施的第一年，已按计划完成了基础调查、避孕知识科普宣传画册编印、基层妇幼保健人员和计划生育技术服务人员培训等工作。为项目目标的完成和妇女、儿童参与生殖健康自我保健活动创造了条件。 （夏雪红 李建陵）

【综合性妇幼卫生（卫Ⅵ）贷款项目工作】 1994 年综合性妇幼卫生（卫Ⅵ）贷款项目准备工作进展顺利。

1. 项目评估 为了解卫Ⅵ项目第二批省（甘肃、青海、江西和内蒙古）的项目准备情况，1994 年 11 月，卫生部组织专家考察甘肃省永靖县、青海省刚察县和同德县。并召开第二批省项目预评估会。会上，各省根据预评估团提出的建议，对本省的建议书进行调整和修改。

2. 基础调查 为摸清第二批省区妇幼卫生的基本现状，卫生部在内蒙古举办基础调查方法培训班，统一调查方案及方法，培训省级调查员。各省按照调查方案，分别举办项目县现场调查员培训班，按要求进行基础调查。调查资料的统计分析工作已初步完成。

3. 培训准备工作 为保证项目工作的顺利进行，卫生部于 1994 年 3～10 月，就培训方面需要解决的问题分别举办 7 个专题研讨会。明确和解决以下问题：①明确病例管理规程的定义与结构，编写出部分病例管理规程。②明确培训包的概念与内涵；确立第一批短期培训需要的教材题目以及现有的并且可用的教材题目。③审议现有的培训教材，对缺少的部分的编写和修改工作进行分工。④对省级师资如何组织、管理及如何评价培训进行研讨，培训部分省级师资。⑤引进新的、适宜的临床教学方法与技巧，并就县级人员如何培训乡级大夫，形成初步意见。⑥各省根据本省情况，分别制定出临床带教师资和临床进修培训基地的选择标准。

4. 健康教育 1994 年 10 月，卫生部在北京召开卫Ⅵ项目健康教育研讨会。会议确定项目中健康教育活动领域与活动原则，明确中央级与省级间的职责与分工。提出 1995 年重点开展的健康教育活动议题：产前保健、住院分娩、新生儿保健、母乳喂养与辅食添加、儿童急性呼吸道感染的家庭护理、儿童腹泻家庭护理、破伤风类毒素免疫注射。 （徐兰芳 聂春雷）

【省、地政府领导签署妇幼卫生过渡周期项目协议书】 1994 年 3 月，195 位省（自治区）、市（地、州、盟）政府领导人和 27 个省（自治区）卫生厅主管厅长分赴海口、昆明、宜昌，就加强 177 个市（地、州、盟）妇幼卫生机构建设、人员培训、医疗装备和承担对 305 个项目县的监督指导等内容与卫生部、联合国儿童基金会、联合国人口基金签署《妇幼卫生过渡周期（1994～1995 年）合作项目协议书》。卫生部部长陈敏章、联合国驻华机构总协调人贺尔康、联合国儿童基金会总部高级顾问阿拉帕塔图及国际组织有关官员出席会议并发表讲话。

（王凤兰 陈宏章）

【妇幼卫生/计划生育合作项目第三轮培训】 第三轮培训是过渡周期项目的一项主要活动，是实现项目中期目标的保证。培训以重点强调基本技术、基本操作、基本急救为宗旨，力争在最短时间内，提高乡级产科、儿科人员的技能。培训采取逐层扩展进行理论培训和乡级产科、儿科医生轮流临床进修的方法。理论培训 25 000 人，临床进修 8 000 人。卫生部、联合国儿童基金会、五个大区专家组和上海医科大学外部审评组分别组织第三轮培训的现场监督检查和指导，提出具体管理要求。组织大区专家设计第三轮培训省级自查调查表、师资学员问卷及大区抽查调查表和问卷，在各省自查的基础上组织大区专家组抽查。

为了加速实现 1995 年消除新生儿破伤风的 90 年代中期目标，配合第三轮培训，1994 年冬对住院分娩率低、新生儿破伤风死亡率高的项目地区村接生员和村医生进行以“破伤风的免疫预防”、“新法接生”、“口服补液疗法”等内容为主的冬季强化培训，共培训约 10 万名村接生员和村医生。

（庞汝彦 秦 诚）

【妇幼卫生合作项目设备调查】 我国与联合国儿童基金会、联合国人口基金共同合作的“加强中国基层妇幼卫生/计划生育服务”项目已执行 5 年。为了总结评估本周期合作项目设备管理使用情况，进一步做好今后妇幼卫生合作项目设备管理工作，上述两个国际组织和卫生部于 1994 年对各省（自治区）省级、市（地）、县所有项目单位的设备管理使用情况进行全面调查。

调查认为：①各级政府领导重视设备管理工作并组织落实。自 1990 年项目工作开始执行，各级政府均成立了项目办公室并下设项目设备管理小组或指定专人负责设备管理工作。②建立机构、配备专业人员，提供设备使用条件和环境。③基层妇幼卫生服务条件得到改善。上述两个国际组织和卫生部为各级妇幼保健院装备了67种设备，各省在按项目要求利用配套资金为乡卫生院装备17种妇幼卫生基本设备，在为各村卫生室装备7种设备基础上，为项目县乡、村两级装备了出诊箱、小儿量床、接生盆等其它必要设备，设备使用率为90%以上。目前项目县妇幼保健院普遍可开展高危孕产妇和危重儿的抢救工作。④保证了孕产妇和婴儿死亡率的降低，增强了机构自我发展能力。辽宁、湖北、山西、安徽、青海、贵州六省的项目县孕产妇死亡率普遍下降约30%，婴儿死亡率普遍下降约20%。在取得社会效益的同时，经济效益也明显提高。（负士忠）

【妇幼卫生项目应用科研课题通过阶段审评和成果鉴定】 1994年5月在北京召开的妇幼卫生项目应用科研阶段审评会上，卫生部及有关专家对旨在为305个贫困县的妇女，儿童健康问题采取干予措施的8个课题的科研设计、实施及总结报告提出审评意见，增强了科研报告的科学性和严谨性。

为了及时总结推广项目应用科研所取得的成果，指导基层妇幼卫生工作，卫生部于1994年11月对8个课题中的《中国妇幼卫生项目县儿童意外伤害与死亡流行病学研究》、《中国部分妇幼卫生项目县孕产妇死亡与保健服务的关系及危险因素调查研究》2个协作课题进行科研成果鉴定，并计划将8个课题的科研报告整理出版。（陈宏章）

中医药事业管理

卫生部部长陈敏章在全国中医药工作厅局长会议上的讲话（摘要）

（1994年1月28日）

一、团结一致，促进中医药事业持续稳定健康发展

发展我国传统医药事业不仅具备了法律和政策保证，而且也具备了专门管理中医药工作的组织条件。在这样的形势下，我们要认真探索发展中医药事业的改革新路子，解放思想，更新观念，不要坐失良机。要尽快适应社会主义市场经济新体制的变革。根据党中央、国务院对卫生工作的要求，卫生部把加强农村卫生工作、预防保健和继续振兴中医药作为整个90年代以至更长时期的卫生工作战略重点，它关系到我国卫生事业的重点发展方向，关系到中医药事业的发展和实现“2000年人人享有卫生保健”的战略目标。为此各地政府和卫生行政部门一定要集中力量切实抓紧抓好，充分认识到振兴中医药事业在整个卫生工作中的战略意义。同时，我们也多次强调要建设具有中国特色社会主义医疗卫生事业，中医中药工作是其中很重要的特色。

二、加强内涵建设，提高中医药服务水平

中医药事业建设的根本问题是学术的继承发展问题，是防治疾病能力与水平的提高问题。因此，加强中医药机构的内涵建设是中医药工作一项长期的中心任务。加强内涵建设，对中医医疗、教育、科研等各类机构来说，既有共性的要求，又有各自不同的特点，我们必须从实际出发，重点放在加强内涵建设上，对于外延主要是在拾遗补缺、填平补齐、调整结构上加以考虑。要分别把这几个方面的内涵建设抓好，提高各项业务工作和学术水平。中医药工作在医疗、科研、教育方面都有很好的示范规划，要把握住这些示范重点，推广示范经验，充分发挥示范的效益。

在加强中医药内涵建设和整体服务功能的同时，还要狠抓人才培养，人才是关键。在中医药人才培养方面，大家比较重视学科带头人。培养学科带头人是个实际问题，没有好的学科带头人，我们中医药的专科经验、高深的学科理论，就无法继承，也很难进一步发展。总的来说，大家还是比较重视培养学科带头人的。我这里还想强调一点，除中医药学科带头人人才外，在中医药界还有两方面人才也要下功夫培养。一是管理人才。二是经济管理方面的人才，特别是中药方面。中药事业无论在国内国外都有很好的发展前景。对这两方面的人才培养，我们往往不象对学术带头人培养那么重视。在这方面我希望大家眼界放宽一点，放远一些，要面向世界考虑问题。

三、抓住机遇，促进中医药全面走向世界

目前，国际上对中医中药的认识和需求逐步上升。发展中国家注意学习中国开发利用传统医药的经验，一些发达的资本主义国家通过民间或政府渠道，设立了中医学院或中医系，建立了中医药研究机构。中医药诊治简便、用药灵活、成本低廉的特点受到许多国家人民的欢迎，中医药的国际声誉正日益提高，给中医药扩大对外贸易提供了良好的机遇。

我们要充分利用现代科学技术成果，如电子、生物技术等和先进的科学管理方法，为我们发展中医药事业服务。要坚持主体发展与开放兼容相结合，能够把握住中医中药的特色不变，使先进的科学技术为发展中医药事业服务。在科研上一定要抓重点，抓重点项目，不能什么都搞，要向国际推出几项真正能打响世界的中医药科技成果。要加强中药制剂改革，如颗粒、粉针、袋泡等，节约资源，适应国际市场的需求。同时，要注意开发适宜剂型，不能丧失有效成分和内容，不能为了商品化而舍本求末。今后，在这方面要多进行宏观调查，了解中医药在世界的发展潜力，不能满足于一般的"热"和"潮"。要花大力气进行中药企业的技术改造，要组建一批能代表国家级水平的中药企业和中医药专家队，参加国际贸易竞争和国际会议交流，执行保健任务。同时多培养一些既懂中医药又懂外语的中医药工作者。

四、深化改革，使中医药工作主动适应社会主义市场经济的需要

中医药事业是卫生事业的重要组成部分，如何顺应新形势要求，创造性地充分发挥中医药潜力，已是摆在我们从事中医药管理工作的各级领导同志面前亟待研究的问题。因此，要求各类中医医疗卫生机构都应当主动调查和掌握社会对医疗卫生各类服务的需求信息，主动拓宽服务领域，在保证基本医疗卫生服务的同时，开展多层次服务，以满足社会多层次的医疗消费需求。这里要指出两点，一是基本服务和特需服务二者的关系要摆正，颠倒关系会引起人民群众的不满。基本医疗是为大多数人服务的，特需服务的对象在当前还只是部分人群，因此前提应是首先满足基本服务的对象，同时开展特需服务和多层次服务。二是基本服务和特需服务的内涵要界定，不能任意把医疗服务划为特需服务。基本服务和特需服务在质量和态度上都要得到基本保证，这是卫生工作的根本方针问题。特需服务在医疗设备条件和选择性方面可以多一点照顾，但基本医疗质量都必须保证。中药是特殊商品，是治病救人的，要考虑社会效益的首要原则，但作为商品，也必然存在着竞争和经济利益问题。要继续深化中药流通体制的改革，坚决打破一些保护落后的行政保护和地区封锁，改革不适应社会主义市场经济发展的一些规定，创造公平竞争、公平交易的良好环境。同时，还要严格管理，依法经营，特别是对中药批发企业更要加强管理，切实贯彻《药品管理法》，坚决打击非法经营行为。对于制造和销售伪劣中药产品，要群起而攻之，这是维护中医药声誉和生存的大问题。

要改善政府对中医药工作的领导，切实转变职能。江泽民同志在党的十四大指出："要下决心进行行政管理体制和机构的改革，切实做到转变职能，理顺关系，精兵简政，提高效率。"这个原则对我们中医药部门同样是适用的。多年来，中医药行业同卫生行业一样，存在着条块分割、资源分散等现象。一方面许多不必管的，往往管的很死，束缚了中医药单位自主管理的积极性，另一方面有些该管的却没有精力管好。各级中医药行政部门要努力转变职能，把主要精力放在制定政策、策略，做好宏观规划、协调、监督和服务工作。改革的实践证明，只有观念更新了，才能有开拓精神，只有把中医药改革同国情紧密结合起来，才能加快中医药事业的发展。

（沙凤桐　查德忠　摘）

卫生部副部长兼国家中医药管理局局长张文康在全国中医药工作厅局长会议上的报告（摘要）

1994年1月28日

一、1993年中医药工作的主要进展

1．中医药行业的改革不断深化，取得了可喜进展　中医医院的改革，全面推行了以目标管理责任制为中心的管理模式，建立了责、权、利相结合的管理机制；完善了以职工收入与所创社会效益和经济效益相挂钩的分配制度；大胆进行了全员劳动合同制、干部和专业技术人员聘任制的改革；积极扩大服务功能和服务范围，最大限度地满足广大人民群众的需求；多方面开展以副补主、以工助医，外引内联，兴办第三产业，广开财源，筹措资金，不断完善中医医疗机构补偿机制，促进了中医医院的发展。

中药企业进一步转换经营机制。去年，国家中医药管理局提出了中药行业贯彻《全民所有制工业企业转换经营机制条例》实施意见，取消了部分品种的指令性计划和局管产品定价权。各地中药行政部门和中药工商企业把贯彻条例、转换机制与建立社会主义市场经济体制紧密结合起来，不断改革企业内部的管理制度和运行机制。中药企业"嫁接”外资和股份制改组有所突破，一批股份有限公司应运而生，据不完全统计，仅河北、浙江、山东、湖北、广东、四川等省就有上百家企业完成了股份制改组，有的企业还完成了与外资“嫁接”改造。中药企业集团化、集约化进程明显加快，以实力雄厚的大中型工商企业为龙头组建的企业集团，已打破了地区和行业的界限，正在向着规模经济发展。中药流通体制改革步伐加快，多渠道、少环节的流通体制已初步形成，在中药市场从初级形态走向有序而规范的高级形态方面进行了必要的探索。

中医药科技和教育改革进一步深化。国家中医药管理局通过科研课题招标，科技成果推广，以及科研、生产中重要课题的协作攻关等形式，有力促进了科工贸的密切结合。中医药教育进一步调整和完善结构，通过开办第二学士学位班、成人本科学历教育及调整专科招生比例，加强了高层次人才的培养，使教育层次更加合理。不少中医药学校与大学联合开办大专层次的中医药班，一些地方进行了招收农村青年不包分配班的改革试点，有13个省开展了中医药成人教育和高等教育入学考试改革。通过这些措施，促进了中医药成人教育和农村实用型人才的培养。

2. 中医医疗机构继续稳步发展，内涵建设进一步加强　截至1993年底，全国中医医院达2 457所；中医床位达22.2万张。“八五”以来，我们从实际情况出发，及时将工作重点转移到中医医疗机构的内涵建设上来，提出了以中医医院分级管理为基础，以示范中医医院建设为龙头，以急症防治和专科（专病）建设为学术发展突破口，旨在全面推进中医医院工作的总体思路。至1993年底，全国有14个省市进行了中医医院分级管理试点。在全国初步建立了一批具有中医药特色和优势、学术水平处于领先地位的中医专科（专病）医疗中心。中医急症工作作为中医医院加强内涵建设的一项重要内容，已在全国范围内广泛开展起来。示范中医医院建设在各级卫生、中医行政部门的重视下健康发展，科学管理水平和医疗服务质量明显提高。农村中医试点县工作取得了一定进展，31个试点县因地制宜，在农村中医事业的发展方向、网络模式、人才培养、管理体制等诸多方面探索了很多好的经验，提高了中医药在初级卫生保健中全面参与程度。

3. 中药生产经营在调整中进一步发展　在国家加强宏观调控、紧缩信贷的情况下，中药生产经营重在调整产品结构，保证市场供应。据不完全统计，1993年中药材生产种植面积预计完成522.12万亩，比1992年实际减少10.21%；由于适时调整产品结构，中药材种植面积和产量虽相对减少，但并没有影响市场供应。中成药生产水平得到较大提高，工业总产值预计完成133.38亿元，比1992年增长14.81%。中药流通随着市场经济发展更加活跃，总购进预计完成91.7亿元，比1992年减少6.5%，总销售130亿元，比1992年增长3.8%，实际执行下来可能突破140亿元。在过去的一年里，中药生产经营在动态调整中，保持了总供给与总需求的基本平衡。北京中国同仁堂集团、天津市药材集团公司、上海、大连、哈尔滨市药材公司等一批骨干企业在市场竞争中脱颖而出，全行业已有17家工商企业销售收入、销售额分别超亿元，并有9家企业率先跨入全国大型企业行列。

在中药生产经营发展的同时，中药质量管理得到进一步加强，产品质量逐步提高。全行业认真贯彻《质量法》和《药品管理法》，配合国家有关部门，开展扶优和打击假冒伪劣药品活动，积极整顿中药市场，取得了良好的效果。武汉健民制药厂等4家中药企业被评为全国质量效益型企业。

4. 中医药科技、教育进一步加强，取得了新的进展　1993年，中医药教育加强宏观管理，注重办学效益，初步建立了各层次、各类型的中医药教育质量评估指标体系，开展了全国中医药研究生教育与学位授予质量评估以及高等中医药函授夜大和中等中医药学校办学水平评估工作，促进了学校办学条件的改善和教学质量的提高。经国家教委批准，北京、上海中医学院更名为中医药大学，标志着我国中医药教育事业有了新的发展。同时，加强中医药教育法规建设，促进了中医药教育管理的科学化和规范化。高等中医药教育除原有国家级重点学科外，又评定了一批国家中医药管理局局级重点学科，逐步形成了我国中医药重点学科群。通过教学大纲的制定和组织规划教材的编写，促进了中医药院校专业办学方向和教学内容体系的调整，使培养出的人才的知识技能和结构更加合理。中等中医药教育通过建设达标计划的实施，调动了各地办学的积极性，使80%的中医药学校通过了地方教委的评估，达到国家教委制定的合格或基本合格标准。中医药成人教育将学历教育与非学历教育相结合，由过去单一的函授、夜大发展为继续教育、岗位培训、自学考试、师承教育等多种形式相结合的成人教育体系。全国名老中医药专家学术经验继承工作，即将期满结业，现已进入出师考评阶段。

去年，中医药科技工作根据“经济建设和社会发展依靠科学技术，科学技术工作面向经济建设和社会发展”的基本方针，稳住一头，放开一片，抓攻关，促转化，有力推动了中医药临床学术水平的提高，加速了中医药科技进步。列入国家“攀登计划”的“经络研究”课题正式启动，一些中医药研究项目被列入国家自然科研基金计划、国家“八五”科技攻关计划、国家“火炬计划”、国家工程技术研究中心计划等国家级科技计划，240项被列入部（局）级的科研课题，目前正在实施之中。去年共有51项科研成果获国家中医药管理局中医药科技进步奖。80多个中药新药获得了新药证书。全国中药材种质资源库及华东药材生产实验基地项目已通过国家验收。一批高水平的中医药科技成果和一批先进适宜技术得到较好推广和应用，取得了良好的综合效益。

5. 中医药对外合作与交流进

一步扩大，国际贸易活动取得新进展　在巩固发展民间合作的同时，积极发展了政府间的双边合作以及与国际组织的多边合作。中医药留学生培养效果明显，北京、上海中医药大学以及南京、成都中医学院在校留学生人数在所在市的高等院校中均名列第二。据不完全统计，去年全国高等中医药院校为国外培训中医药人员达 2 500 余人。国际贸易活动取得新进展，中药出口创汇额为 4 亿多美元。1993 年中医药对外工作的特点：一是对外交流与合作从过去的民间逐步转向政府，二是学习中医药的留学生从过去来自第三世界转向来自发达国家，三是中医药对外贸易从过去的少数企业逐步转向较大规模的群体化。这些转变说明中医药对外交流与合作正在向更高的层次迈进。

中医药事业在发展进程中，还存在着许多困难和问题。中医药行业改革总体上讲步子还不够快，思想还不够解放，在某些问题上，固有的传统观念还束缚着我们；中药材生产、收购面临着许多新问题，中药产品结构不尽合理，经济效益不够理想，市场发育不完善；中医药学术发展比较缓慢，有影响的科研成果不多；有的中医医院中医特色不浓，病床使用率下降，医疗效果不尽满意；中医药人员输往农村的渠道不通畅，部分地区出现找不到中医和吃中药难的状况；中医药法规不健全，无法可依的现象较为严重；对外交流与合作还处于一般化的被动局面，与发达国家的科技交流和合作尚待进一步开发；中医药事业整体上资金投入不足，自我发展能力弱，基础差、底子薄的状况还没有根本改变。这些问题，都需要我们在今后的工作中认真研究解决。

二、1994 年中医药工作的主要任务

1. 进一步加强农村中医药工作，更好地为广大农民服务　要抓好农村中医药工作，各级政府和主管部门必须提高认识，统一思想，要从战略高度认识其重要意义，要有责任感和紧迫感，把农村中医药事业的发展列入重要议事日程，切实加强领导和支持。要把农村中医工作纳入到农村初级卫生保健中统一规划、统一部署。农村中医工作的总体思路是：参与“初保”，“一网多用”，以县（市）中医医院为龙头，乡（镇）卫生院中医科为枢纽，村卫生室为基础，逐步达到三级有机结合、层层有医有药、医疗与预防保健相配套的目标。

加速农村中医药人才的培养，是加强农村中医药工作的一个战略重点，一定要认真抓好。一方面要通过院校教育，扩大定向招生、定向分配，确保培养的人才流向农村。另一方面，要重点加强对现有农村中医药人员的培训和提高。这是一项十分紧迫的任务，国家和地方都应对这项工作统筹规划，增加投入，分级管理，各负其责。

2. 加强中医药队伍和机构内涵建设，推动和保证中医药事业持续、稳定、健康发展

（1）加强中医医疗机构内涵建设，提高中医服务能力与水平。中医医疗单位要在坚持中医特色基础上，以提高业务水平和临床疗效为中心，以专科（专病）建设和急症攻关为突破口，以人才培养为重点，以科学管理为基础，全面加强中医医疗机构的内涵建设。加强中医专科建设，是提高临床水平的重要措施，专科（专病）建设要坚持临床与科研相结合，在提高临床疗效的基础上，及时总结有规律的东西，带动中医药学术的发展。加强中医急症研究和协作攻关，国家已把这项工作作为重点，各地也应重视和加强领导，力争在近几年内有所突破。全面加强中医医疗机构的内涵建设，科学管理是基础，是保证。我们要狠抓中医医疗机构的科学管理。目前，在全国开展的中医医院分级管理工作和建设示范中医医院的工作，是加强中医医疗机构管理的基础工作，各地应切实抓实抓好。

（2）继续深化改革，进一步抓好中药生产经营。各级中药行政部门对药材生产要给予高度重视。首先，全面加强指导，不断完善统分结合的双层经营体制，积极探索基层药材公司向综合服务组织发展的新路子，从市场信息、技术指导等方面，加强产前、产中、产后的多种服务，帮助农民更好发展药材生产。第二，药材生产总体上已进入了调整结构、提高效益的新阶段，要按照党中央、国务院提出的“高产、优质、高效”发展农业的要求，适应市场的变化，优化品种结构，稳定大宗品种生产，重点扶持市场紧缺品种和野生变家种家养品种的生产。要进一步抓好野生药材的资源保护工作，打击破坏野生药材资源的不法行为。第三，要逐步建立起社会主义市场经济运行机制下，依靠政策和科技，不断增加投入与产出的发展药材生产的新体制。

今年中成药工业的工作重点是抓“一个特色，四个水平”。即抓重点药厂的特色与优势，认真贯彻国务院颁布的《中药品种保护条例》，防止盲目仿制和低水平重复生产，抓全面提高工艺技术装备水平、制剂水平、新产品研制开发和产品系列化水平以及企业管理现代化水平，以内涵发展为主，扩大再生产能力。中成药生产要注意处理好拳头产品与小品种、经济效益与社会效益的关系，对医疗需要的小品种要实行价格放开，设专厂或专门车间生产。今年技术改造要真正向技术含量高的项目与企业倾斜，形成改造后技术先进性的明显优势，促进其他企业向技术进步的企业学习，从而推动中成药工业在一个更高的水平上向前发展。“八五”末期要力争有一批企业达到 GMP 标准，力争实现卫生部提出的 2000 年有 80%制药企业实现 GMP 管理这一目标。

抓好饮片生产是发展中药工业的一个重要方面。今年首先要适应社会主义市场经济体制的建立，对中药饮片产业发展政策进行研究，实施正确的指导，提高饮片生产企业自我积累、自我改造、自我发展的能力。当前要进一步抓好重点骨干饮片企业的技术改造，不断提高质量，增加品种，扩大产量，改进包装，改善经营。

今年中药企业深化改革的重点是，有步骤调整企业结构，推行股份制，进行建立现代企业制度的综合

试点。中药行业组建各类中外合资企业必须坚持下列原则：第一有利于保护和发挥中医药所特有的优势；第二，有利于中医药更好地走向世界，产品主要外销；第三，要坚持把引进先进技术和工艺设备放在首位，推动行业的技术进步，而不是简单的资金输入。

要深化流通体制改革，培育市场体系，发挥市场机制在资源配置中的基础性作用，推进全国统一中药大市场的发展。要规范市场行为，认真贯彻《反不正当竞争法》，坚决制止各种不正当竞争。要进一步推进中药价格改革，今年将出台新的价格管理办法，主要是除极少数需要保护资源的品种外，其余品种取消全国统一差率控制，全部放开，加大市场调节的力度。今年中药流通领域里的一项重点工作，是继续整顿药材市场，严厉打击制售假劣药品的犯罪行为，不能上市的品种要坚决禁住，取缔非法经营，加强市场法制建设。

要全面提高中药企业管理水平，加强中药质量管理。从全国中药工业企业去年的经济效益看，亏损面在扩大，亏损额在增加，这说明中药企业转换经营机制、适应市场变化的差距。今年要在全行业开展"转机制、抓管理、练内功、增效益"活动。当前要重点抓好降低成本，提高质量，落实技改项目和固定资产的保值增值，引导企业采用现代化的管理方法和手段，改善和加强企业的各项专业管理和综合管理，提高自身投入产出水平，使中药企业真正走上"效益型"轨道。要积极开展研究，逐步健全中药质量标准体系，一方面要建立适应国际市场的质量标准，一方面也要用经过长期临床验证的合理指标影响国际市场，增强中药在国内外市场的竞争能力。

(3)进一步深化科技、教育改革，加速科技进步与人才培养。当前中医药科技工作的总体思路是，突出重点，改革运行机制。突出重点，即中医药科研要紧紧围绕提高中医药学术水平这个中心，抓紧解决影响行业发展的重大理论问题和关键技术问题。在基础理论研究方面围绕经络、脏腑、证开展；在医疗临床方面围绕死亡率高的常见病、多发病及急症开展；中药方面围绕速效高效的新药开发、中药资源再生技术、新饮片技术、中药质量及先进的专用工艺和装备的研究与开发。要通过各种形式的组织协调，改变低水平重复的状态，把有限的人、财、物力充分利用好，使突出科研重点和形成行业"国家队"结合起来，取得科研上的突破。改革运行机制，主要是指形成科研和生产、科研和医疗紧密结合的机制，打破部门、地区界限，建立开放性的科技体制。要继续执行"金桥计划"，大力推广新技术、新成果，开拓中医药国内外技术市场。要进一步密切与各有关部委、地方政府的联系，争取国家和本部门加大对科技的支持力度，逐步形成一靠政府二靠民间、既靠国内又靠国外的立体投资体系。

高等中医药教育要在稳定本、专科教育的基础上，重点抓好高层次人才培养，并要协调好各类人才培养的比例。加强骨干院校和重点学科的建设，配合有关方面做好部分院校更名"中医药大学"的规划工作，争取再有一到两所中医药院校和部分重点学科进入国家"211工程"建设，统一管理和建设国家级与局级重点学科，充分发挥其示范和辐射作用，以推动高等中医药院校的建设和发展。中等中医药教育要认真组织中医药学校建设达标验收工作，继续抓好5省市农村青年不包分配班的办学试点。积极开办高等中医药职业技术教育试点，以逐步形成中医药职业技术教育体系。中医药成人教育主要是贯彻落实我局下发的《关于改革和发展中医药成人教育的意见》，在继续办好成人学历教育的同时，重点开展农村中医药人员培训和中药工人培训及中医药专业技术人员的继续教育。同时，要调整和建设好全国性中医药进修教育基地，组织好首批全国继承名老中医药专家学术经验出师考评工作。

(4)加强中西医结合工作和民族医药工作。中西医结合的关键是人才，当前，中西医结合高层次骨干队伍面临着青黄不接的危机，这个问题应引起我们足够的重视。要继续组织西医离职学习中医班，国家中医药管理局及地方中医药行政部门要给予各种支持。要充分利用现有的中西医结合博士点、硕士点及双学位班、大专班等教育形式，培养更多的中西医结合人才。要积极与国家教委联系，试办中西医结合本科班和本科专业。要对现有的中西医结合机构加以充实和提高，对中西医结合医院逐步实行分级管理。我们准备在全国选择五至六所办得较好的中西医结合医院给予重点扶持，使其在全国起示范作用。

在新的历史时期，民族医药的发展要同加快民族地区的经济和社会发展紧密结合起来，采取区别情况、分类指导的方针。今年，我们要做好民族医药工作的调查研究，认真总结民族医药工作的经验，制定出切实可行的发展民族医药的政策和措施。要继续抓好现有民族医药院校的建设，充实师资力量，改善办学条件。对名老民族医药专家的学术经验和民族医药的古籍文献，要进行认真的继承、挖掘和整理，并注意收集散在民间临床上卓有成效的验方、疗法。要积极利用现代科学技术和方法，研究和发展民族医药，提高民族医药学术水平。对全国民族药剂型中心要进一步总结经验，更好地发挥两个效益。民族医医院要建立健全各种规章制度，逐步达到建设标准。

(5)发挥中医中药统一管理优势，促进中医药行业更快发展。中医、中药统一管理是我国近年来机构改革的一项重大举措。几年来，中医中药相互结合，相互促进，同步发展，显示出了巨大的优势。

要继续抓好科研成果向现实生产力的转化，通过供需洽谈会等形式，促进成果转让，使更多的科研成果在中药企业得到推广。

在中医药教育方面，要充分发挥中医药院校的人才优势，通过调整课程设置的办法，积极开办中药生产经营方面的专业及各种类型的培训班、进修班，为企业培养人才。

在医疗工作与中药生产的相互配合上，要加强信息沟通，使企业逐步做到以需定产，产销适路，形成中药生产与使用的紧密结合，提高企业效益，保证医疗用药需求。

在中医药对外交流、合作与贸易方面，中医、中药要相互配合，相互支持，相互促进，要有计划地在国外开办一些既有医又有药的中医药医疗网点，以推动中医药更快地走向世界。

3. 发扬优良传统，加强医德、医风教育　全行业在新的历史时期，要认真学习和发扬中医药先辈们高尚良好医德的光荣传统，树立全心全意为人民服务的思想，廉洁行医，廉洁行药，坚决纠正各种不正之风，大力促进全行业的社会主义精神文明建设。

（沙凤桐　查德忠　摘）

【全国中医药工作厅局长会议】　由国家中医药管理局组织召开的1994年全国中医药工作厅局长会议于1月28～29日在天津举行。会议突出认真学习《邓小平文选》第三卷，全面贯彻党的十四届三中全会精神，深化改革的主题，总结1993年的中医药工作，部署1994年的任务，进一步明确1994年和今后一个时期中医药工作“一条主线，三个加强”的总体思路，即解放思想，实事求是，深化改革。加强农村中医药工作，加强中医药队伍和机构内涵建设，加强医德医风教育和社会主义精神文明建设。

卫生部部长陈敏章出席会议并发表讲话，再次强调“中西医并重”是我国卫生工作五大方针之一，振兴中医药事业在整个卫生工作中有着重要的战略意义，并提出了关于中医药工作的四点意见和要求，团结一致，促进中医药事业持续、稳定、健康发展；加强内涵建设，提高中医药服务水平；抓住机遇，促进中医药全面走向世界；深化改革，适应社会主义市场经济的需要。

卫生部副部长兼国家中医药管理局局长张文康在会上作了题为“解放思想、深化改革、努力开创中医药工作新局面”的报告，并对会议进行总结。他对当前中医药工作“一条主线、三个加强”提出的根据、意义和目的进行了详细的阐述，提出了贯彻措施和要求。

会议代表完全同意陈部长对中医药工作的指示，认为陈部长在加强中医药工作的观点和提法上坚持贯彻我国卫生工作的方针和党的中医药政策，体现了卫生部领导对中医药工作的支持和正确的指导。代表们认为，张副部长在报告中提出的今后中医药工作“一条主线，三个加强”的总体思路是可行的，既看到中医药工作已取得的成绩，也分析了困难和问题，对中医药发展趋势作出了分析和判断，明确了重点，抓的也是关键性问题，工作中操作性较强。会议认为，大政方针、工作总体思路定下后，关键是抓具体化，抓落实，抓责任制，抓目标管理。为此要集中精力，全神贯注抓好中医药发展的中心工作。对不同的意见，通过实践来总结经验，来形成共同的认识。进一步做好调查研究，结合各地实际情况，制定有力措施，真正组织落实好会议提出的各项工作任务。

（查德忠）

【国家中医药管理局机构改革】　1994年3月31日，国务院办公厅颁发经国务院批准的关于国家中医药管理局职能配置、内设机构和人员编制方案。方案规定，国家中医药管理局为卫生部管理的国家局（副部级），是国家中医中药工作的行政管理机关。主要任务是：负责全国中医中药工作的行业管理，继承与发扬中医药学，促进中医药事业发展。其主要职责是：制订中医药行业的具体方针、政策和法规，制定部门规章，并组织贯彻实施；制订和组织实施中医药行业发展战略，编制中长期发展规划和年度计划，管理国家中医中药专项资金与贷款，负责灾情、疫情、军需、战备等的中医中药紧急调度工作；负责对中医、中西医结合、民族医的医疗护理、康复保健工作实行业务指导；负责对中药生产流通领域包括中药材、中药饮片、中医药保健品、中药包装材料、中医医用材料等工作实行行业管理，对中药机械、中医医疗器械等工作实行业务指导；组织制订和实施中医药行业各类技术标准及专业人员职务任职标准；组织与指导中药全面质量管理、依据药品管理法对药品生产经营企业进行审查、监督和综合管理；规划与指导中医药行业的人才培养、科学研究、技术开发和知识产权保护等工作，对中医药社会团体进行归口管理；归口管理中医药行业的对外交流、合作以及中药进出口计划工作；组织管理中医药行业的信息和统计工作等。

国家中医药管理局设办公室、人事劳动与政策法规司、计划财务司、医政司、生产流通司、中药质量司、科技教育司、外事司8个职能司室和机关党委。

国家中医药管理局机关行政编制为143名。其中，局长1名，副局长4名；正副司长25名。（崔丽君）

【1994年国家中医药管理局清产核资工作】　根据1994年全国清产核资工作会议精神，1994年国家中医药管理局对直属企业和经费自理的事业单位进行清产核资工作，全面清查固定资产、流动资产、无形资产、长期投资、负债和所有者权益等情况，完成了固定资产价值重估、产权界定、资金核实、国有资产产权登记、验收总结等各阶段工作。

汇总结果：清查前资产帐面值66 401万元，清查值66 553万元，净增152万元，资产增加1%；负债总额帐面值59 565万元（主要是国家拨入的中药储备资金），清查值59 332万元，净损失233万元，负债损失率为1%；所有者权益帐面值6 836万元，清查值为7 221万元，净增385万元，增幅1.1%；重估后固定资产原值上升了1.6%。

通过清产核资，解决了国有资产状况不清、管理混乱、资产闲置浪费和被侵占流失等问题，为改革国有资产产权管理体制，建立与社会主义市场经济相适应的现代企业制度和国有资产管理的体制和方法奠定了基础。（杨德昌）

【广州中医学院第一附属医院获“精神文明建设先进集体”称号】 广州中医学院第一附属医院在救治军人妻子韩素云的过程中,充分发扬了救死扶伤、无私奉献和团结协作的精神,表现了优良的医德医风和精湛的医疗技术,展示了中医药工作者良好的精神风貌,为全国中医药行业树立了典范。为此,国家中医药管理局决定,授予广州中医学院第一附属医院“精神文明建设先进集体”的称号。

医政管理

【医政工作】 到1994年底,全国县及县以上医院1.48万所,乡卫生院5.19万所,专业卫生技术人员419.92万人,其中医生188.22万人(中西医师142.54万人),护士(师)109.35万人,全国共有个体开业医17.41万人。全国平均每千人口医院床位为2.41张,其中市3.60张,县1.61张,每千人口卫生技术人员数为3.58人,其中市5.46人,县2.30人;每千人口医生数为1.61人,其中市2.43人,县1.05人;每千人口护士(师)数为0.93人,其中市1.61人,县0.47人。全国医院诊疗总人次为22.42亿次,入院总人数为4992万人,病床使用率为69.0%。病床周转次数为15.7次,出院者平均住院日为15.0天。

1. 法制建设 1994年2月26日李鹏总理以国务院第(149)号令签发《医疗机构管理条例》,并于9月1日起在全国实施。为配合《条例》的实施,卫生部制定和颁发6个配套文件:《医疗机构管理条例实施细则》、《医疗机构管理监督行政处罚程序》、《医疗机构设置规划指导原则》、《医疗机构评审委员会章程》、《医疗机构基本标准》和《医疗机构诊疗科目名录》。为统一认识,统一思想,6月28日卫生部在北京召开全国医政工作会议,重点研究《条例》的贯彻落实工作。各省正在制定《条例》的实施细则,北京已对24所医院核发《医疗机构执业许可证》。

卫生部1994年8月22日发布《单采血浆站基本标准》,对单采血浆站加强管理和质量控制。依据《血站管理办法》对西安、成都、乌鲁木齐、杭州等9个血液中心进行评审,促进了输血机构的现代化管理和血液质量的提高。

依据《中华人民共和国护士管理办法》,四川、湖南、山东、甘肃、广西、北京等16个省(市)护士注册工作相继展开,北京市在试点地区举行护士执业证书首发式,在河南、云南、北京开展护士执业考试试点工作。

2. 医院管理 医院分级管理工作已由试点阶段进入全面展开阶段,到1994年年底,全国有22个省、市的近4 000所医院通过等级评审。吉林省已完成1 006所医院的等级评审,有276所医院正在接受检查,通过评审的医院占全省医院总数的89.7%。江苏省三级医院的80%、二级医院的60%、一级医院的30%通过等级评审。广东省佛山市医院等级评审已进入第二周期。

针对1994年发生的数起高压氧舱燃爆的恶性事故,卫生部下发《关于加强对高压氧舱管理的通知》。

全年共批准14所中外合资合作办医疗机构立项。

3. 医德医风建设 针对卫生行业收受“红包”、“回扣”等不正之风,卫生部1994年6月18～22日在安徽省黄山市召开纠正行业不正之风工作会议,制定《医疗部门职业道德建设方案》,并在地(市)级以上医院普遍实施。1994年国务院、卫生部、北京市联合对北京市的医院不正之风进行检查。

4. 初级卫生保健农村卫生工作 卫生部重新修改、审定和编印《中国农村“2000年人人享有卫生保健”普及阶段目标审评记录》,各省、自治区、直辖市卫生厅(局)根据新的审评记录,完成审评培训工作。到1994年底,共有384多个县初级卫生保健达标或基本达标。北京、天津、上海三个直辖市所有郊县已全部达标或基本达标,成为全国第一批全部基本达标省级单位。

城市初级卫生保健工作已在40多个城市或城区开始试点,大连市沙河口区、山西省大同市的城市初级卫生保健,达到了规划目标要求,通过了评审。1994年8月23～28日在大连市举办全国城市初级卫生保健培训班,16个省的25个市的医政处长、科长、卫生局长、街道主任、医院院长111人参加。

为加强初级卫生保健工作的宣传,卫生部组织编印《中国农村“2000年人人享有卫生保健”规划试点阶段文件汇编》、《为了人人享有卫生保健》和《为了共和国的承诺》等书籍。

1994年,陈敏章部长,孙隆椿、张文康副部长分别率调查组到陕西、江苏、山东等地农村进行初级卫生保健和农村卫生工作的调查研究。

5. 老年康复工作 1994年卫生部与香港复康会合作,在全国12个地级以上城市开展社区康复巡回教学,共培训基层康复骨干近600名。委托同济医科大学培养康复医师43名。在世界银行卫生项目地区,指导宝鸡市设立2个社区康复试点乡镇。在国际狮子会支持下,在7个县市开展为期4年的白内障复明手术项目，覆盖总人口达 350 万～400 万人。

6. 医院感染管理　1994 年卫生部下发《关于进一步加强医院感染管理工作的紧急通知》，完成《医院感染管理》教学录像带的制作，5 月 17～20 日在大连市召开全国医院感染工作研讨会。4 月，组织对北京、云南、浙江、广西、江西、黑龙江、吉林等省（市）的 128 所医院进行医院感染书面调查，对 26 所医院进行现场抽样考核调查。

7. 民族卫生　为贯彻中共中央、国务院第三次西藏工作座谈会精神，8 月在拉萨市召开全国卫生援藏工作会议，卫生部下发《关于进一步加强卫生援藏工作的决定》，按分省定区包干的原则，调整了支援省对口支援西藏各地区的分工。目前支、受援双方正在制订项目支援计划。

8. 牙病防治　1994 年是 WHO 确定的“口腔卫生年”，口号是“健康的生活需要口腔卫生”。结合“4·7 世界卫生日，”和“9·20 爱牙日”，卫生部和全国牙病防治办公室下发《关于开展 1994 年全国爱牙日和 1994 年口腔卫生活动的通知》、《关于 1994 年第六届全国爱牙日活动宣传内容的通知》，各省、自治区、直辖市广泛组织了口腔卫生宣传活动。

（孙爱明）

【中国农村合作医疗保健制度研究】　该研究由国务院研究室、卫生部和有关部门共同开展。分两个阶段：第一阶段为 1993 年 1～12 月，主要进行农村合作医疗保健制度现状的政策性研究；第二阶段为 1994 年 7 月至 1997 年 7 月，进行农村合作医疗保健制度改革研究。

第一阶段已完成阶段性的研究报告。报告阐述了重新提出建立和发展合作医疗保健制度的必要性和重要性，指出合作医疗保健是保证和促进农村经济发展的必要条件，是农村实现“2000 年人人享有卫生保健”全球战略目标的根本措施，是农村社会保障制度的重要内容。但目前建立和发展合作医疗保健制度尚存在一些问题和困难，如对合作医疗 保健制度的认识不统一，在理论和实践上缺乏明确的指导思想；合作医疗保健制度无稳定的资金来源，缺乏有效的资金筹措机制；对在社会主义市场经济体制下如何办好合作医疗缺乏新思路和新办法；一些农村地区卫生装备落后，缺乏必要的设施等。研究报告提出了关于建立农村合作医疗保健制度的政策性建议，确定了合作医疗保健制度的性质、目标、方针、原则和形式；建议尽快制定和实施农村卫生事业发展规划，建立统分结合的合作医疗保健双向管理体制；建立具有自身活力的合作医疗运行机制；建立国家、集体、个人共同投入的筹资机制；加快农村卫生基础建设的步伐；重点解决老、少、边、穷地区缺医少药问题等。同时指出应注意的几个关键问题，即：提高认识加强领导；加强宣传积极引导农民参与；正确处理合作医疗经费筹集与减轻农民负担的关系；将合作医疗纳入农村社会保障体系和卫生事业发展总体规划；加强农村医药市场管理等。

第二阶段研究由卫生部、国务院研究室、北京医科大学、安徽医科大学组成课题组，世界卫生组织对该项研究给予技术和经费支持。根据社会经济、地理和合作医疗现状等因素，确定北京的通县和平谷、江苏的兴化和启东、浙江的萧山和海宁、河南的新密和武陟、湖北的长阳和武穴、江西的永修和宜黄、宁夏的永宁和灵武等 14 个县（市）作为项目县。该阶段的研究分三步：第一步为 1994 年 7～12 月，选取项目县，开展基线调查，设计合作医疗试点方案；第二步为 1995 年 1 月至 1996 年 12 月，合作医疗试点方案的实施和评价；第三步为 1997 年 1～7 月，研究总结，撰写研究报告。

第二阶段的研究是在第一阶段研究和我国长期以来开展合作医疗保健制度经验的基础上，参考和借鉴国内与之有关研究的成果和方法，借助世界卫生组织专家提供的国外技术援助，在我国高、中、低不同经济发展水平地区，选择具有代表性和一定合作医疗基础的县作为项目县，根据各项目县的特点，建立和完善其合作医疗保健制度，通过这些制度实施的观察评价，探索适合我国不同经济发展水平的农村合作医疗保健制度管理模式，为制定合作医疗的有关政策提供系统、量化、科学的信息支持。　（李雪生）

【全国农村初级卫生保健普及阶段工作】　全国农村实现“2000 年人人享有卫生保健”规划目标大致分两步走。第一步，1995 年以前 50％的县达标；第二步，到 2000 年再有 50％的县达标。全面普及阶段的主要任务是在试点经验的指导下，逐步全面实施初级卫生保健。对不同经济地区实行分类指导，采取具体措施加强城市支援农村，富裕地区支援贫困地区。自立更生，力争在区域内外获得必需的资源，确保 1995 年全国 50％的县达到“最低限标准”。

为使评价标准更客观、合理、易于操作，卫生部对老、少、边、穷等特殊地区评价标准作了补充完善。补充标准的适应范围：①国家级贫困县；②省级贫困县；③少数民族县。西藏自治区的评价标准由西藏根据 13 项指标自行制定评价标准和审评方案，报卫生部批准。

修改补充的主要内容包括：

1. 全国范围的标准调整　①指标 4A·2：对集体办村卫生室的概念进行修订，即对所有权归集体，经营权下放给乡村医生的村卫生室，可以认定为集体办；②指标 4B：甲级村卫生室覆盖率的计算公式改为以行政村卫生室为分母；③指标 5·1：集资医疗保健覆盖率的分值由 2 分调到 4 分；④指标 5·2：合医合药的集资医疗保健覆盖率的分值由 4 分调到 2 分。

2. 特殊地区的补充标准　①指标 4B：甲级村卫生室覆盖率用合格村卫生室覆盖率替代；②指标 6：“安全卫生水”普及率用“清洁水”普及率替代；③指标 7·2：居民户“卫生厕所”普及率用居民户“清洁厕所”普及率替代；④指标 9·2：儿童系统管理率用儿童管理率替代；⑤指标 10·4：孕产妇系统管理率用

孕产妇管理率替代。

特殊地区是否选用补充标准及哪些指标选用补充标准，由各省、自治区确定。

据统计，1994年，安徽、河南、广东、四川、贵州、宁夏、上海等地下发了加强农村初级卫生保健工作的通知或决定。山西、上海、山东、宁夏召开了农村初级卫生保健工作会议。河北、山西、上海、陕西举办了初级卫生保健管理干部培训班。全国有17个省、自治区、直辖市完成普及阶段1993～1994年度省级复核审评工作。参评县共计288个，达标175个，基本达标107个。新疆建设兵团参评27个团场，有20个团场达标，6个团场基本达标。截止1994年底，全国初级卫生保健审评的达标县和基本达标县近600个，约占中国农业县数的1/3，其中北京、上海、天津三市已全部完成任务，率先达标、提前6年实现了“2000年人人享有卫生保健”的战略目标。

（王书城　于　军）

【城市初级卫生保健试点】 自1990年在全国开展城市初级卫生保健试点工作以来，参加全国城市初级卫生保健试点工作的城市（区）已达50个。包括京、津、沪等现代化大都市和传统的商业性、文化性老城区，中、小规模城市以及大工业社区、新兴工业城区和城乡混合型城区。地理分布上呈现以东北、华北、东南等沿海为主并向内地包括边远地区辐射的态势，基本代表了全国现有的各种城市类型。沈阳、大连、杭州、长春等市由开始的一个城区试点，扩展为全市范围的初级卫生保健综合目标管理。全国2/3以上的省、自治区、直辖市确定了本省（自治区、直辖市）的试点单位。

继上海市虹口区1990年被确认为世界卫生组织城市初级卫生保健合作中心以后，1994年3月，世界卫生组织又正式指定北京市东城区为世界卫生组织城市卫生发展合作中心。世界卫生组织与卫生部合作，在上海嘉定区和北京东城区开展城市卫生发展研究项目，旨在探讨在城市化的过程中，如何保护环境，增进人群健康。

为推动城市初级卫生保健工作的开展，卫生部委托大连市举办城市初级卫生保健审评培训班；浙江省举办全国城市初级卫生保健试点工作经验交流会。

大连市沙河口区、山西省大同市、广州市越秀区进行城市初级卫生保健工作审评验收。三市（区）根据中国城市初级卫生保健规划目标和评价指标体系制定了本市（区）实现人人享有卫生保健的规划目标，并经过三年多的实践，为在全国推行城市初级卫生保健积累经验。

全国开展城市初级卫生保健的主要特点：

1. 调查研究，制定当地城市初级卫生保健发展规划。保定市进行初级卫生保健的基线调查，在掌握本市基本卫生问题和居民健康主要影响因素等情况的基础上，制定本市实现“2000年人人享有卫生保健”的概略规划和实施初级卫生保健策略。大连市沙河口区进行居民卫生服务需求情况和健康、生活环境情况的摸底调查，根据调查结果制定该区的初级卫生保健概略规划。

2. 开发领导，培训骨干，宣传发动群众。上海市虹口区组织区初级卫生保健委员会实地考察工作，并由区委宣传部定期对处以上干部进行包括初级卫生保健内容在内的培训。湖南省岳阳市南市区卫生局工作中“三主动”：主动向领导宣传初级卫生保健知识；主动向区委、区政府及街道办事处汇报工作；主动邀请区委、区政府、区人大、区政协四大班子到基层检查工作。同时，举办培训班，一年共举办15次，培训骨干369人。广东省佛山市城区在“初保宣传周”里，通过举办街头宣传咨询、图片展览、专题讲座、发放宣传资料等手段，向全体居民进行初级卫生保健知识和卫生知识宣传。大连市卫生局和市爱委会共同编写《城市居民初级卫生保健应知应会30题》小册子。沈阳市制作城市初级卫生保健录像片。

3. 完善城市初级卫生保健的管理体制。保定市建立由政府及其派出机构承担责任的城市初级卫生保健行政支持体系和以城市医院防保科为技术龙头的业务支持体系，并使两者融合交织形成领导、服务网络，依此开展工作。吉林、辽宁、山西、浙江、湖南、福建的试点城区也基本建立了区-街道-居委会（机关、企业、学校等驻区大单位的卫生站）的管理体制。在业务依托上注意充分发挥各级医疗机构的作用。

4. 探索城市初级卫生保健的发展模式。上海市虹口区、北京市东城区、杭州市等形成以社区为中心开展城市初级卫生保健的发展模式。上海市虹口区开展心血管病群众防治工作和残疾人社区康复，丰富了社区保健的内涵。长春市宽城区依据社区—家庭—个体链条和家庭中间环节作用，进行“初级卫生保健家庭保健模式”探讨。主要做法是：开展以家庭卫生为主要内容的家庭健康教育；建立家庭健康档案；开展争创初级卫生保健示范户活动。

（王书城　于　军）

【德阳市实施以乡（镇）为单位实现“人人享有卫生保健”方案】 四川省德阳市截至1993年底，以县为单位实现“人人享有卫生保健”最低限指标单位达60%。德阳市在1993年11月出台方案，逐步开展以乡（镇）为单位实现“人人享有卫生保健”的审评考核工作，并以市政府文件下发全市各县（市、区）政府。方案明确了乡（镇）政府职责；乡（镇）财政投入卫生事业的比例；乡（镇）卫生院建设（包括房屋、设备、人员、技术、管理）和“初保”作为必须考核的指标；要乡（镇）政府对防疫、妇幼保健、健康教育和地方病防治等进行评估；负责制定和组织实施辖区内卫生事业发展规划和年度计划；提出乡（镇）卫生投入年度预算；负责院长任免和卫生院的领导和管理；负责组织实施健康教育、初级卫生保健，乡（镇）村卫生机构建设和上级下达的防病治病任务等。

德阳市在实施方案中，总结经验，以点带面，发挥榜样引导作用。市卫生局从1990起，在绵竹武都镇（马尾乡）试点，使该镇三年实现三大突破：镇、村医疗卫生机构实现集体办医，全镇实现合作医疗；改水，改厕进展快，传染病得到控制。市委、市政府在全市推广武都经验，推进全市以乡（镇）实现初保的工作。广汉市政府、什邡县政府、绵竹县制定规划和分年度实施计划，同乡（镇）政府签定了责任书，对乡（镇）村两级干部进行培训。1994年底，广汉市对该市计划1994年达标的乡（镇）中的2个乡（镇）进行验收，其余将于1995年一季度验收。

（周润禄）

【浙江省农村初级卫生保健示范县工作追踪审评】 1994年6月3～12日，浙江省卫生厅对萧山市、余杭市、临安县、海宁市、桐乡市、嘉兴郊区、德清县、绍兴县、余姚市、鄞县等10个农村初级卫生保健规划试点阶段示范县达标后的初级卫生保健工作重难点指标进行追踪审评。审评结果：

各级党委政府在达标以后，继续坚持把初级卫生保健工作纳入当地社会经济发展规划，纳入各级政府的议事日程和工作计划。卫生部门继续将初级卫生保健工作作为卫生工作的一项重点工作，列入卫生部门各级院、所、站的年度工作考核内容，积极探索攻克初级卫生保健重难点指标的适宜有效的技术和方法。鄞县提出“面上普及促平衡，科学管理促巩固，窗口示范促提高，攻克难点促发展”的工作思路；余姚市开展农村初级卫生保健综合示范乡镇建设；海宁市、德清县、桐乡市等地对村卫生室实行“乡村一体化管理”，进一步强化对村卫生室的管理，并开展乡村医生养老保险，巩固集体办医；德清县政府发布《农民大病医疗保险暂行办法》，从乡镇财政、村提留款、乡镇企业职工工资总额中按比例筹集农民大病医疗保险基金，于1995年1月1日起实施由县统一管理的合作医疗，提高合作医疗的社会化程度；对改厕工作，各地健全建新房同时收取改厕押金制度，做到农户新房与无害化卫生户厕“四同时”：同时审批用地，同时设计，同时施工，同时验收。

至1994年底，10个示范县建立初级卫生保健领导组织和办事机构的比例县、乡均达100%；制定“2000年人人享有卫生保健”年度计划的比例，县级达100%，乡级达91.5%；将“2000年人人享有卫生保健”纳入政府工作目标和社会经济发展规划的比例，县级达100%，乡级达99.7%；对初级卫生保健工作定期检查考核的比例，县、乡两级均达100%，10个示范县卫生事业拨款占财政支出的比例达6.81%，行政村卫生室覆盖率达99%，集体办村卫生室覆盖率达78.8%，对村级卫生人员定期进行业务培训的乡镇比例达100%，对村级卫生人员定期进行业务考核的乡镇比例达78.5%，甲级村卫生室覆盖率达53.6%，合医合药的集资医疗保健覆盖率达41%，公共卫生厕所普及率达91%，居民户卫生厕所普及率达30%，粪便无害化处理率达16.3%。达标以后的初级卫生保健指标基本得到巩固，并继续有所发展。

（沈世竑　曾国经）

【北京地区首批颁发《医疗机构执业许可证》】 1994年9月8日北京市卫生局和北京市中医（药）管理局依据《医疗机构管理条例》和《医疗机构管理条例实施细则》的有关规定，首批向卫生部、市卫生局直属及其它系统的24所医院颁发《医疗机构执业许可证》。它们是：北京医院，北京协和医院，中日友好医院，中国医学科学院中国协和医科大学阜外心血管病医院，整形外科医院，肿瘤医院，北京医科大学第一医院、第三医院、第六医院、人民医院、口腔医院，中国中医研究院西苑医院、广安门医院，北京中医药大学东直门医院，首都医科大学附属北京友谊医院、北京同仁医院、安贞医院、天坛医院、红十字朝阳医院，宣武医院，北京积水潭医院，北京博爱医院，北京中医医院，铁道部北京铁路总医院。

（王　羽）

【全国医院感染管理】 近五年经三次调整，医院感染监控网已从开始的17所医院扩展到由134所医院参加的全国医院感染监控系统，分布在全国29个省、市、自治区。每年约有80万住院病人处于监控之下，监测率达住院病人的1.6%。有些省市如山东、黑龙江、安徽还组建了本地区医院感染监控网，为实行有效的医院感染管理提供了依据。

1994年医院感染管理工作：

1. 针对一些地区卫生行政部门和医院忽视医院感染管理，相继发生多起新生儿感染暴发流行的现象，卫生部于1994年1月4日下发《关于进一步加强医院感染管理工作的紧急通知》（以下简称《通知》）。《通知》总结当前医院感染管理方面存在薄弱环节，进一步强调医院感染的组织管理和工作重点，并对医院感染的重点部门及质量标准等作了相应规定；要求各级卫生行政部门迅速组织各级医疗单位贯彻执行，于3月底前进行专项验收。

2. 卫生部于1994年4月组织有关专家，在北京、云南、浙江、广西、江西、黑龙江、吉林省进行医院感染管理工作复核性抽查，对128所医院进行书面调查，对26所医院进行现场抽样考核检查。从调查结果看，医院感染管理工作发展极不平衡，管理较好的省有吉林、黑龙江和云南省。其特点是，省卫生厅能贯彻执行卫生部的《通知》精神，组织专项验收，或转发文件，要求各医院按分级管理标准进行自查。被抽查的医院如黑龙江大庆市第一医院、第三医院，吉林市中心医院、吉林市第二医院、云南省延安医院等，整体管理水平较高，医院感染管理工作扎实，措施得力。但也有部分地区和医院对医院感染管理工作不重视，不开展医院感染管理基本知识教育，3%的被调查医院近1～2年中都有以新生儿感染为主的暴发流行，近40%的医院不进行医院感染监测，多数医院在消毒隔离、无菌操作、清洁卫生方面存在问题。

3. 为提高各级卫生行政部门和医院领导对医院感染管理的认识，探讨如何加强医院感染管理工作，卫生部于1994年5月17～20日在大连召开全国医院感染管理工作研讨会卫生部副部长殷大奎作了

"扎扎实实地把我国医院感染管理工作抓紧抓好"的报告，对搞好医院感染管理工作提出六点具体要求：①大力普及医院感染知识，抓好医院管理干部培训，不断提高医务人员素质。②切实落实卫生部提出的有关预防医院感染的各种规定和措施。③切实抓紧抓好医院重点部门、重点环节的感染管理。④合理使用抗生素。⑤完善医院感染管理工作监督机制。⑥充分发挥各种学术团体作用，广泛开展医院感染学术研究，不断提高医院学术理论水平。

4. 为普及医院感染基本知识，完成《医院感染管理》教学录像带的制作和发行工作。

5. 为进一步加强医院感染管理，使医院感染管理走上科学化、规范化轨道，卫生部于 1994 年 10 月 12 日发布《医院感染管理规范（试行）》。 （巩玉秀）

【加强对高压氧舱的管理】 卫生部于 1994 年 10 月颁发《关于加强对高压氧舱管理的通知》。通知要求各省市卫生厅（局）在近期对各医院的高压氧舱进行一次全面的检查。发现质量隐患必须坚决停用；高压氧舱凡装备空调，未用阻燃材料装修、阀门内垫为尼龙材料的，要停止使用；各地卫生行政部门对使用高压氧舱的医疗单位要从管理、布局、医疗质量、医疗能力上制定规划和管理规定，避免盲目重复购置；凡欲购置高压氧舱的医院应进行可行性论证，并报上级卫生行政部门批准，高压氧舱购进后，必须经安全试验检查合格后方可启用；各地卫生行政部门要制定高压氧舱工作人员的上岗资格标准，上岗人员要经过专业和安全知识与技能培训，并由省、自治区、直辖市卫生厅（局）颁发上岗资格证书；已购置并使用高压氧舱的医院要建立健全高压氧舱的管理、检查、使用和维修等规章制度，严格执行高压氧舱的操作规程，不得使用报废的氧舱。各省、自治区、直辖市卫生厅（局）应建立高压氧舱事故报告制度，一旦发生事故，应立即报告卫生部。 （申子瑜）

【发布"关于实施《单采血浆站基本标准》的通知"】 为清理整顿单采血浆站、血源队伍和原料血浆供销渠道，加强血浆和全血的质量管理，卫生部于 1994 年 8 月 22 日颁布《关于实施〈单采血浆站基本标准〉的通知》和《单采血浆站基本标准》。通知中规定七条要求：①输血工作必须专管专营，严禁商业化自由竞争。②为保护血液资源，单采血浆站的设置、执业许可由省级卫生行政主管部门批准。③各级卫生行政部门要根据《采供血机构和血液管理办法》和《单采血浆站基本标准》的有关规定，采取措施切实加大监督管理的力度。④为保护供血者的健康与安全，保证血液质量，要求开展采浆的单位只向一个血液制品生产单位供应原料血浆。⑤单采血浆站的评审和验收工作由各省、自治区、直辖市卫生行政部门负责，全国血液质量管理委员会重点抽查。⑥强调血液制品生产单位和单采血浆站要按照《采供血机构和血液管理办法》第 23 条规定，签订供需协议。⑦对违反《采供血机构和血液管理办法》和《单采血浆站基本标准》者，省级卫生行政部门根据有关规定，给以相应的行政处分和处罚。

该通知下发后，黑龙江、吉林、湖北、新疆、河南、江西、福建、贵州等省、自治区卫生厅，根据本地区存在的输血工作问题，提出整改措施。河南省卫生厅针对全省乙型肝炎表面抗原阳性血浆站管理混乱的问题，颁发《关于关闭全省乙型肝炎表面抗原阳性血浆站的紧急通知》，提出四条具体整改措施。 （单藕琦）

【颁发《医疗机构基本标准》】 卫生部于 1994 年 9 月 2 日正式颁发。它是医疗机构执业必须达到的最低标准，为卫生行政部门核发《医疗机构执业许可证》的依据。由于我国不同地区医疗机构发展的不均衡，少数地区执行本标准确有困难的，可由各省、自治区、直辖市人民政府卫生行政部门根据实际情况调整某些指标，作为地方标准，报卫生部核准后施行。尚未列入本标准的医疗机构，可比照同类医疗机构基本标准执行。民族医医院基本标准由各省、自治区、直辖市卫生行政部门制定。

该标准由十大部分组成：第一部分医院基本标准，包括综合医院、中医医院、中西医结合医院、专科医院（口腔医院、肿瘤医院、儿童医院、精神病医院、传染病医院、心血管病医院、血液病医院、皮肤病医院、整形外科医院、美容医院）、康复医院和疗养院的基本标准；第二部分妇幼保健院基本标准，包括一级、二级、三级妇幼保健院的基本标准；第三部分乡（镇）、街道卫生院基本标准，包括床位总数在 19 张以下的乡（镇）、街道卫生院以及床位总数在 20 张至 99 张的乡（镇）、街道卫生院的基本标准；第四部分门诊部基本标准，包括综合门诊部、中医门诊部、中西医结合门诊部、民族医门诊部、专科门诊部、普通专科门诊部、口腔门诊部、整形外科门诊部、医疗美容门诊部的基本标准；第五部分诊所、卫生所、医务室、中小学卫生保健所、卫生站基本标准，包括诊所、卫生所（室）、医务室、中医诊所、中西医结合诊所、民族医诊所、口腔诊所、美容整形外科诊所、医疗美容诊所、精神卫生诊所、中小学卫生保健所、卫生站的基本标准；第六部分村卫生室的基本标准；第七部分专科疾病防治院、所、站的基本标准，包括口腔病防治所、职业病防治所、职业病防治院的基本标准；第八部分急救中心、站基本标准；第九部分临床检验中心基本标准，包括市（地级）、省、部各级临床检验中心的基本标准；第十部分护理院、站基本标准。

标准对各类医疗机构从床位、科室设置（包括临床科室、医技科室）、人员（卫生技术人员及各类人员之间的比例）、房屋、设备（包括基本设备、床单元设备及相应的专科诊疗设备）、规章制度和注册资金等方面作了明确规定。 （赵明钢）

【全国护士执业试点考试在三省市举行】 全国护士执业试点考试于 1994 年 6 月 25 日在北京、河南、云南三省（市）同时举行，共设考场 47 个，考生 1 339 人。试点考试旨在对护理专业执业考试的考题设计、水平、质量进行一次验证，同时对执业考试全过程的组织管理工作进行一次客观的评价，以便总结经验，为1995年全国启考提供必要的经验。

卫生部于1994年11月29日下发《关于转发国家医学考试中心〈关于1994年全国护士执业考试(试点)结果的通报〉的通知》，发布试点考试结果。该通知规定凡是参加试点考试的考生全部按合格者对待，考试成绩仅供参考，发给试点省市卫生厅(局)；同时为搞好今后的护士执业考试工作对各省市卫生行政部门、医疗、教学单位提出了要求。 (袁晓丽)

【《中华人民共和国护士执业证书》首发式在京举行】 卫生部于1993年3月26日发布第31号令《中华人民共和国护士管理办法》，该办法规定，护士执业必须经过护士执业考试，获得《中华人民共和国护士执业证书》，经护士执业注册后，方可成为法律意义上的护士，享有护士权力，履行护士义务。未经护士执业注册者，不得从事护士工作。1994年9月21日北京市卫生局在首先完成护士注册工作的北京西城区举行《中华人民共和国护士执业证书》首发仪式，向西城区152个医疗机构的5 301名护士颁发《中华人民共和国护士执业证书》，卫生部副部长殷大奎出席大会并讲话。

护士执业证书的颁发标志着我国护理管理逐步走出传统经验管理模式，开始步入标准化、规范化和法规化轨道。 (袁晓丽)

【吉林省四平市农村试行合作办医新体制】 吉林省四平市是较大的农业地区，农村实行联产承包责任制。该市从1991年起，逐渐推行"乡村联办，一体化管理"合作办医新体制。这种办医体制解决了新形势下农村卫生事业发展中的三大难题：一是理顺了农村基层卫生组织的管理体制，建立了以乡(镇)卫生院为主体、实行一体化管理体制，加强了农村医疗预防保健网络建设。二是通过利益机制的作用，转换了农村基层卫生组织经营机制，增强了发展活力，实现了乡、村两级卫生机构的协调发展。三是拓宽了农村卫生投入渠道，乡(镇)卫生院和村卫生室和乡村医生共同筹资办医，改善了办医条件。实行新的办医体制重点做了五个方面的改革：①打破行政区划界线，按医疗卫生需求统一调整全乡(镇)村级卫生机构布局，实现服务效率与效益协调增长；②打破所有制和编制界限，按技术岗位需要统一调配乡、村两级卫生人员，实现卫生人力资源的合理配置；③采取多种经营管理方式，按收入效益统一核定机构发展基金和人员报酬，解决发展集体福利与乡村医生利益的矛盾；④由卫生院统一购销管理药品，按需拨给各村卫生机构使用，解决农村医药市场混乱现象；⑤根据农村卫生工作要求，统一部署、落实初级卫生保健任务。

到1994年底，全市有100多个乡(镇)、450多个村实行合作办医新体制。实行这种办医后，全市每年可减轻农民负担550多万元，多数乡(镇)卫生院增加了收入。四平市政府制定管理办法，决定从1995年起，在全面推行的基础上，分期重点抓好合作办医示范乡(镇)建设，树立一批样板，逐渐推广，把这种办医体制向深层次发展。 (李普祥)

【《关于进一步加强卫生援藏工作的决定》颁布】 1994年8月22日卫生部颁布。要求各级卫生部门对此项工作提高认识，加强领导、树立长期支援和帮助西藏的思想，把支援西藏视为义不容辞的政治任务，从人才、技术、管理、物质等方面做好卫生援藏工作。决定的主要内容有：

1. 卫生援藏的任务 卫生援藏是对西藏卫生事业的全面支援，主要是智力、人才、技术的支援。

2. 卫生援藏的形式 ①组派援藏医疗队；②选派进修生；③讲学；④办培训班；⑤选派代培生等。

3. 卫生援藏分工的调整 卫生援藏工作原则上仍采取分省定区包干的办法，调整内容：①卫生部及直属单位支援西藏卫生厅及直属单位。卫生部机关支援西藏自治区卫生厅机关；中国医学科学院支援自治区第一人民医院；中国预防医学科学院支援自治区卫生防疫站；中日友好医院、北京医院支援自治区第二人民医院；北京医科大学、华西医科大学、中山医科大学支援自治区卫生学校；上海医科大学支援自治区传染病院；卫生部药品生物制品检定所支援药检所。②陕西省支援拉萨市。③安徽省支援林芝地区。④山西省、辽宁省支援山南地区。⑤四川省支援昌都地区。⑥黑龙江、吉林省支援日喀则地区。⑦广东、河南、北京市支援那曲地区。⑧湖南、浙江、湖北、上海市支援阿里地区。中医药部门对口支援西藏卫生事业建设工作由国家中医药管理局另行部署。

4. 卫生援藏工作的管理 ①援藏工作实行项目管理。②调整卫生援藏协调小组。卫生部副部长殷大奎任组长。

5. 援藏人员待遇 援藏工作期间，援藏人员工资奖金由原单位照发。此外，由受援单位按照当地标准和生活福利待遇规定，发给地区工资补差、奖金和各种补贴，并由卫生部或省卫生厅给予在藏工作人员每人每月一定的生活补助费用，对在阿里、那曲等更艰苦地区工作的援藏人员，可以给予更高的待遇。

(李 芳)

【全国卫生援藏工作】 据统计，截至1992年西藏共有各级各类医疗卫生机构1 223个，病床5 857张，专业卫生人员10 063人，其中卫生技术人员8 030人。藏族等少数民族卫生技术人员6 500人，占卫技人员总数的80.9%。1993年传染病总发病率比1985年下降了96.8%，死亡率下降97.4%。四十年来共治愈碘缺乏病等地方病患者30万人。婴幼儿死亡率和孕产妇死亡率亦大幅度下降。1984年第二次卫生援藏工作会议以来，按照对口支援的分工，湖北、湖南、广东、河南、四川、安徽、浙江、山西、陕西、辽宁、吉林、黑龙江、北京、上海等14个省市和中国医学科学院、中国预防医学科学院、中日友好医院、北京

医院、北京医科大学、上海第一医科大学、华西医科大学、中山医科大学、北京中医药大学、中医研究院等部属院校所，共派遣73批医疗队787人到西藏工作，支援项目涉及近30个专业，对口支援工作取得成效，西藏的医疗技术水平、预防保健业务能力、卫生管理能力有较大提高。同时，接收了西藏进修生和代培医学生，为西藏培养了一批学科带头人和业务骨干。为了贯彻中共中央、国务院第三次西藏工作座谈会精神，1994年8月28～31日，卫生部在西藏拉萨市召开全国卫生援藏工作会议。卫生部副部长殷大奎作了《为确保西藏社会全面进步和长治久安，切实搞好卫生援藏工作》的重要报告，并代表部党组宣布卫生部《关于进一步加强卫生援藏工作的决定》。（李　芳）

【中国农村健康保险列入21世纪议程】 《中国21世纪议程》（中国21世纪人口、环境与发展白皮书）于1994年3月25日经国务院第16次常务会议讨论通过，由国家计划委员会和国家科学技术委员会牵头的第一批优先项目计划的编写已于1994年上半年完成。这是我国政府为落实1992年6月在巴西里约热内卢召开的联合国环境与发展大会首脑会议的精神，走可持续发展道路的具体体现。

“建立中国农村健康保障体系试点”项目列在《中国21世纪议程》第一批优先项目计划的优先领域第8项，即人口、健康与人居环境中。该项目的主要内容是，通过国外资金援助和国内配套资金，在不同经济类型和自然条件的地区，开展适合本地区实际情况的合作医疗保健制度模式研究；制定适合中国国情的健康保障法律、法规等；建立国家、省、地（市）、县四级健康保障领导与管理体系；通过多种渠道和采用适宜形式加强对乡村医生的培训，不断提高其业务水平和合作医疗参与意识、管理水平。该项目合作周期拟定为6年左右，将在全国的大部分地区建立和完善农村合作医疗保健制度。（王继武）

【1994“口腔卫生年”活动】 世界卫生组织确定1994年为“口腔卫生年，口号是“健康的生活需要口腔卫生”。结合“4·7世界卫生日”和“9·20爱牙日”，卫生部和全国牙病防治办公室下发《关于开展1994年全国爱牙日和1994年口腔卫生年活动的通知》、《关于1994年第六届全国爱牙日活动宣传内容的通知》。全国22个省设立695个口腔卫生保健宣传咨询点，有17 391名医务人员参加咨询活动，约796 000人接受咨询；散发宣传资料162万份。4月7日，卫生部部长陈敏章、WHO驻京代表到全国牙病防治办公室口腔咨询点指导工作。全国牙病防治办公室与中央电视台联合拍摄《健康的生活需要口腔卫生》专题片；举办为期一周的口腔卫生保健讲座；与《健康报》共同举办“爵士杯”口腔保健新知有奖征文活动。全国22个省共举办83期口腔保健培训班，从事口腔防治工作的管理人员和临床技术人员约127 000人参加培训。（李　芳）

【抢救章孝慈先生】 1994年11月14～24日，中日友好医院成功地完成了抢救台湾东吴大学校长章孝慈先生的工作。

11月14日，章孝慈先生在其下榻的友谊宾馆突然发病，昏迷。卫生部陈敏章部长得悉后，指示中日友好医院将章孝慈先生接回医院急救。医院派出以神经内科主任王国相教授为首的抢救小组，在北京市急救中心和海淀医院的支持配合下，将章孝慈先生接到医院。经CT检查，诊断为脑干出血。章孝慈先生被送入ICU抢救。医院成立了以左焕琮副院长为组长的15人抢救小组。入院时，章孝慈先生已处于濒死状态，深度昏迷，四肢软瘫，双侧瞳孔不规则扩大，呼吸微弱且不规则，血压直线下降，且病情呈进一步恶化趋势，出现了急性心肌梗塞、肾功能不全、上消化道出血等并发症。医院先后请北京医院王新德教授、协和医院郭玉璞教授、天坛医院赵雅度教授、北京中医药大学董建华教授等著名专家为章孝慈先生会诊。10天内，医院共组织全市大会诊4次，院内会诊15次，参加会诊的专家达163人次。经抢救治疗，章孝慈先生的病情终于日趋平稳。

11月24日，医院组成护送小组，将章孝慈先生送上SOS国际救援组织包租的飞机，并安全抵达台北，进入荣民总医院ICU病房继续治疗。

11月16日，章孝慈先生的胞兄，台湾国民党中央委员会常委、“行政院侨务委员会”委员长，“外交部”次长章孝严先生，经台湾国民党中央主席李登辉和台湾“行政院”院长连战特准，到大陆探望胞弟并到桂林为其母扫墓。

（中日友好医院 供稿）

医学教育

【医学教育工作】

一、部属高校创建“211工程”，促进高等医学院校的改革与发展

自1993年“211工程”全面规划和实施以来，经过调研和专家论证，结合我国高等医学教育发展的特点和实际，提出“以上海和北京为基地，在长江南北两面形成高层次人才培养、高科技开发、高水平预防保健诊疗中心”的战略决策。在国家卫生事业经费较困难的情况下，卫生部决定到2004年前，筹措3.5亿元资金分别用于北京医科大学和上海医科大学的“211工程”重点建设，特别在基本建设投资上加大对上海医科大学的倾斜。卫生部完成对两校实施“211工程”的部门预审工作，向国家教委申报预备立项和正式立项。部属其它各高校探索办学体制与投资体制改革的新模式。卫生部与广东省政府签订共建中山医科大学的协议，白求恩医科大学、山东医科大学、中国医科大学等校的联办与共建也在探索。在创建和实施“211工程”过程中，各校都进行校内机构、人事、工资、职称、住房等诸方面改革，取得效果。

“211工程”的创建和实施带动了高校德育工作和两个文明建设及其它各项工作的进展。根据《中共中央关于进一步加强与改进学校德育工作的若干意见》，加强并改进了对德育的规划和宏观管理。北京医科大学进行卫生国情及政治理论课的教改试点，卫生部部长陈敏章为师生作了首场形势、卫生国情及卫生改革状况的报告。继续开展对以部属高校为主体的学生工作干部和理论课教师骨干的培训和理论研究工作。各校探索德育工作如何适应社会主义市场经济和高校改革与发展新形势需要的途径，在政治理论课教改中加强卫生国情和医德教育力度，拓展学生的视野和知识面。各校开展社会实践活动和校园文化活动，北京医科大学通过了北京市组织的评审，跨进文明校园的行列，上海医科大学、同济医科大学等校的文明校园建设迈上一个新台阶。

二、医学职业教育及成人教育出现新面貌

1. 发展农村成人教育，把乡村医生教育提高到一个新水平　经卫生部商请国家教委批准，乡村医生的中专函授教育被列入国家计划，学习不脱离岗位，这种被称为“红色证书工程”的作法，在一些省(市)以及中国乡村医生培训中心实行或试行，推动了为农村培养合格卫生技术人才的工作，为八亿农民实现享有“初级卫生保健”做了一件实事。

2. 提高中等医学教育的办学质量及办学效益　1994年正式颁布中等卫生学校12个专业教学计划及教学大纲，举办七期贯彻新教学计划及大纲的教师讲习班，培训教师400余人。中等卫生学校12个专业96种教材编写工作按计划正在组织，主编均已确定。开展了对部属12所中等卫(护)校的教学管理评估工作，制定评估指标体系及操作标准。

中等医学教育多渠道筹集资金，利用华夏基金会、世行贷款、WHO等对教育的投入。华夏基金会资助10所中等卫校检验专业的二期仪器设备已全部到位，调动地方配套资金1 237万元，改善了办学条件，教育改革和教育质量得到提高。

3. 建立和完善教育监测评估和督导制度，促进医学成人高校的改革和发展　1993～1994年，对全国21所独立设置的医学成人高校进行办学条件和办学水平的综合评估，其中19所基本达到国家教委颁布的有关标准。评估工作促进了学校教学和管理水平的提高，为卫生部加强行业管理提供了科学依据。

4. 加强在职卫生技术人才培养　开展卫生管理干部规范化岗位培训工作，组织编写统一的卫生管理干部岗位培训教材，举办三期培训的试点班。开展培训卫生科技人员、提高科技队伍素质的工作，举办医学科研管理研讨班、全国生殖健康学习班、国际人类生殖研究硕士班、医学情报信息查新点上岗人员培训班等，受培训人员320多名。卫生部5个外语培训中心全年共培训202名英、日语人员。

召开或与学会联合召开卫生部外语培训中心主任会、第九次中青年学术交流会、第五届医学科研管理学会年会、中国医药生物技术协会第一届年会、全国优生优育暨生殖医学学术讨论会等，共有525篇论文进行交流。

1994年，全国医学成人教育共培训在职卫技人员60余万人，其中受训者主要是农村和基层中未经培训与培训不足的卫技人员。发布《医学成人高等学历教育暂行规定》、《社会力量办医科类学校管理办法》等文件，医学成人教育制度日臻完善。

三、医学学位与研究生教育工作有新突破　1994年7月，卫生部与国务院学位办公室、国家中医药管理局、国家医药管理局、解放军总后卫生部联合召开我国建国以来的第一次医学学位与研究生教育工作会议，总结改革开放以来医学门类学位与研究生教育工作的成绩，交流工作经验，明确今后的工作方向。会后下发《关于医学学位与研究生教育改革和发展的意见》。

卫生部《关于实施临床住院医师规范化培训办法》下达后，各地制定实施细则，规范化培训工作逐步展开。组织专家完成8个学科、专业的培训大纲，并与国务院学位办联合制定临床住院医师在职申请学位的规定，进一步推动了住院医师培训向规范化、制度化方向发展。

卫生部下发《关于进一步做好临床医学专业具有同等学力的在职人员申请博士、硕士的几点意见》和《关于进一步做好培养医学博士(临床医学)研究生的意见》两个重要文件，这些文件的实施将打通临床住院医师经过规范化培训，取得临床医学博士、硕士的渠道，从而进一步完善临床医学高层次人才培养制度，这是临床医学高层次专门人才培养的突破性进展。

四、支持边远贫困及少数民族地区医学教育事业的发展　陈敏章部长率考察组考察西北地区，深入医学教育机构了解情况，并对部分学校给予资金支持。继续推动黑龙江省的医学教育改革试点工作，促进为农村培养“用得上、留得住、养得起”的卫生技术人才工作。为新疆、西藏培养医学教育师资和技术骨干力量，并在经费等方面给予支持，落实了西藏、新疆等省(区)6所少数民族地区卫生学校30万美元的资助设备。

五、医学教材建设　理顺管理体制，明确了医学教材工作的隶属关系，卫生部加强对这项工作的领导。完成医学专科教材评审委员会的换届工作，中等卫校12个专业96种教材编写工作按计划进行，召开了教材编审工作会议。在视听教材方面，卫生部组织第三批医学教育视听教材的发行工作，并组织第一批医学仪器视听教材的编辑、摄制工作。

（刘海林）

【医学教育中的德育工作】 卫生部加强对德育工作的宏观管理和指导，要求针对卫生行业德育教育的实际情况，加强对医学生的卫生国情教育和医德医风教育，要求学生在校期间对我国卫生事业的特点和总体状况以及卫生工作的方针、政策有概要和总体的了解与把握，使医学生在校期间确立良好的医德医风意识。在部属高校创建“211工程”工作中，德育工作被列为学校能否进入“211工程”的一个重要指标。在卫生部对部分中专卫生（护士）学校及成人医学院校的教学改革及综合评估中，也都把学校的德育工作作为评估的重要内容，促进各级各类学校加强对医学生的德育教育。

1994年5月，卫生部在北京医科大学进行卫生国情及政治理论课改革的试点，陈敏章部长为师生作首场形势、卫生国情及卫生改革状况的报告。教师节前夕，卫生部组织京内医学院校的领导及优秀教师代表参加座谈会，陈敏章部长就加强医学教育中德育工作等问题提出重要意见。

继续培训德育工作骨干队伍。10月，在广州举办卫生部部属高校（扩大）学生处长及社科部主任工作研究班。全国27所高等医学院校的有关负责人参加研究班。研究班贯彻全国教育工作会议精神，研究医学院校的德育工作如何适应社会主义市场经济和高校改革与发展新形势需要的问题，强调要加强对德育工作的领导，结合卫生行业的特点、医学院校的特点及医学生的特点，做好德育工作。在“两课”教改中要加强卫生国情和医德医风教育的力度，拓展学生的视野和知识面，加强有行业特点的德育的科研工作等，并对近期部属高校的德育工作提出安排意见。

1994年，各校的社会实践活动丰富多彩。各校参加社会实践活动的人数越来越多，社会实践活动的组织工作越来越好，社会实践活动的效果明显提高。北京医科大学组织学生到山西部分老区和京郊进行调查、服务；中山医科大学在地方政府的支持下，相对稳定的社会实践活动基地建设得到加强，重庆医科大学的社会实践活动多次受到重庆市及四川省的表彰，被评为重庆市高校社会实践活动先进单位。一些学校还把社会实践活动同政府及有关部门的科研课题相结合。各校重视文明校园建设工作，北京医科大学通过了北京市组织的评审，跨进了“文明校园”的行列，上海医科大学、同济医科大学的文明校园建设也都迈上了新台阶。

（金春田）

【第三批医学视听教材制作、发行工作】 卫生部利用世界银行贷款支持医学视听教材建设，在完成第一、第二批视听教材制作和发行工作后，第三批视听教材的制作、发行工作于1994年年底完成。该批共制作178部视听教学片，分为高等医学教育、中等医学教育、继续医学教育、乡村医生教育四大部分。高等医学教育包括生物学、病理生理学、药理学、内科学、妇产科学等11个科类。中等医学教育包括放射投照、寄生虫学及检验技术等9个科类。继续医学教育包括内科学、儿科学等；乡村医生教育包括儿科学、妇科学、食品卫生等。制作病理生理总论、病理生理学各论、心律失常（总论）、快速性心律失常等内容的幻灯片12部。这批视听教材由各科专家按照与文字教材配套的原则编制，内容精炼，突出重点和难点，结构严谨，媒体选择恰当，幻灯片附有声画同步录音带及文字说明材料，便于自学，符合教学要求。

（敬蜀青）

【卫生部开展“211工程”部门预审】 “211工程”立项程序分为预审、预备立项、评审和正式立项四个步骤。根据国家教委《关于同意卫生部开展“211工程”部门预审工作的通知》，卫生部提出《卫生部关于认真做好北京医科大学和上海医科大学“211工程”部门预审工作的安排意见》。成立以卫生部部长、“211工程”协调小组组长陈敏章教授为主任委员的专家评审委员会，全国人大副委员长吴阶平院士参加了评审委员会。分别于1994年9月26～29日和10月18～20日对北京医科大学和上海医科大学进行“211工程”部门预审工作。专家评审委员会按照“学、听、看、谈、问、答、论、评”的预审工作程序，学习有关文件，审阅两校“211工程”整体建设和重点学科子项目论证报告，听取两校校长关于学校历史与现状、面向21世纪总体建设目标和发展要点、实现建设目标的主要措施及重点建设项目和经费概算等方面的报告，审看有关录像资料，并分别视察两校的教学、科研和医疗等设施，听取各方面的意见和反映。在充分讨论和论证基础上，一致同意将北京医科大学和上海医科大学列入国家“211工程”重点建设，并分别写出两校预审专家评审意见，推荐报国家教委预备立项和正式立项。

北京医科大学和上海医科大学历史悠久，两校师资力量雄厚，拥有一批国内外知名的专家、教授、教学上形成了高层次医药卫生人才培养体系；科研上成果卓著，部分成果已达到国际先进水平；医疗上具有医疗技术的示范和辐射功能。两校各具特点和优势，在基础和临床上某些学科及其部分诊疗项目已达到国际先进水平。卫生部直属院校综合情况调研结果表明，两校的综合实力居国内医药院校之首。根据部门专家评审意见，卫生部和“211工程”协调小组对两校的现状、“211工程”建设规划和措施等进行审定，认为评审专家的意见全面、可靠，具有权威性，一致同意向国家教委申请对北京医科大学和上海医科大学“211工程”进行预备立项工作。

卫生部研究了两校重点建设投资安排和部属院校“九五”期间教育投资计划，决定到2004年前，共筹措 3.5 亿元，分别用于北京医科大学和上海医科大学“211 工程”重点建设；在此基础上，加大对上海医科大学基建投资的倾斜力度；另外，还将筹措重点学科资金，用于部属院校重点学科建设。（于修成）

【卫生部部属高等医学院校创建和实施“211 工程”】

1. 领导重视，科学决策　部属高等医学院校创建和实施“211 工程”工作，得到卫生部的重视。卫生部三次召开党组和“211 工程”协调小组及有关方面联席会议，研究和讨论部属高等医学院校创建和实施“211 工程”、深化高等教育体制改革、探索走“共建”和联合办学的路子等有关方面问题，提出“以上海和北京为基地，在长江南北两面形成高层次人才培养、高科技开发、高水平预防保健诊疗中心”的战略决策。

卫生部听取关于部属高校创建和实施“211 工程”的综合调研情况汇报后，决定申报北京医科大学和上海医科大学为实施“211 工程”部门预审学校，经国家教委“211 工程”办公室批准后，组成以陈敏章部长为主任委员，张文康副部长等为副主任委员的部门预审专家委员会，通过了对两校“211 工程”的部门预审；进行申报预备立项和正式立项工作，研究两校重点建设投资安排和部属 11 所高校“九五”期间的投资计划，决定到 2004 年前，筹措 3.5 亿元分别用于两校“211 工程”的重点建设；建立重点学科资金，用于部属院校重点学科点的建设，计划在“九五”期间向部属 11 所院校投资总额为 39 亿元。

卫生部听取北京、上海、中山、白求恩、山东和中国等医科大学关于探索学校办学体制改革、深化学校内部管理体制改革、联合办学和共建“211 工程”等方面情况的汇报，提出多渠道集资、走联合办学道路和大胆探索办学体制改革的新思路，并与广东省政府签定共同建设中山医科大学的协议。

2. 抓好典型，当好参谋　为获得遴选和实施“211 工程”重点建设学校的第一手资料，部属高校综合调研小组，深入北京医科大学对部属 11 所院校开展综合情况调研，并写出综合情况调研报告，提出遴选“211 工程”学校和重点学科点的标准，为实施“211 工程”决策提供了参考和依据。卫生部“211 工程”办公室设在北京医科大学，现场办公，深入扎实，抓好典型。一年来，制定了《卫生部高等医学院校创建和实施“211 工程”发展目标和规划的工作方案》、《卫生部进入“211 工程”学校整体建设子项目评估指标及评价标准》、《卫生部“211 工程”重点学科点评估指标项目和评价要素》、《卫生部“211 工程”重点学科点子项目评估指标体系及评价标准》、《卫生部部属高校重点学科专项资金管理办法》、《卫生部高等医学院校创建和实施“211 工程”重点学科总体规划方案》、《卫生部部属高校整体创建“211 工程”滚动实施方案》和《卫生部高等医学院校实施“211 工程”图书文献和医学情报资源共享网络建设发展规划方案》，以及《卫生部高等医学院校综合实力软课题研究方案》等共十几个规划、标准、办法等软件。印发“211 工程”简报 12 期，建立健全组织系统，有：卫生部部属高校创建和实施“211 工程”综合情况调研小组；卫生部高等医学院校实施“211 工程”规划设计小组；卫生部部门预审和预备立项专家工作小组；卫生部实施“211 工程”部门预审专家评审委员会；卫生部高等医学院校图书、情报资源共享协调委员会。在预审准备工作进程中，以北京医科大学为试点单位，开展学校整体建设子项目和重点学科子项目论证，并带动上海医科大学同步进行，制定了两校预审工作一整套的程序、原则和办法。

3. 突出重点，带动全局　进入“211 工程”学校的基本标准有两条：水平指标，即学校整体综合实力情况；资金投入。1994 年，部属院校创建和实施“211 工程”工作有两项重点：北京医科大学和上海医科大学的预审工作；重点建设资金和重点学科专项资金的落实工作。

一方面扎扎实实、积极稳妥地做好两校论证工作和预审及预备立项的各项准备工作；另一方面抓紧两校进入“211 工程”的重点建设资金落实工作，调动各校的积极性，促进办学体制和投资体制等方面的改革与发展。北京医科大学与周边大学联合办学采取资源共享、优势互补，自筹资金 1 200 万元用于重点学科建设；上海医科大学也与周边大学联合办学，与美国一家公司和上海市在浦东建“国际医疗中心”；协和医科大学争取日、美援助 50 万美元，每年从国家科委落实 1 000 万元，均用于重点学科建设；中山医科大学同广东省共建，每年省府投资 1 000 万元，海外捐赠合计人民币 1 亿元。华西、同济和中国医科大学均自筹 800 万～1000 万元以上用于重点学科建设和学术带头人的培养。北京医科大学和北京大学、白求恩医科大学和吉林大学签定联合办学协议共建生命科学中心等。各校都不同程度地进行机构、人事、工资、职称、住房等诸方面的改革。

（于修成）

高等医学教育

【高等医学教育】

1. 创建“211 工程”，促进高等医学教育的改革与发展　根据各校的总体水平，卫生部将北京医科大学和上海医科大学作为卫生部首批推荐的高等学校向国家教委申报。在国家教委批复同意后，对两校组织部门预审。同时组织制定评选和支持卫生部重点学科建设的有关规定，促进了部属高等学校加强重点学科建设，为争取较多高等医学院校进入“211 工程”，全面提高办学水平创造条件。

按照全国教育工作会议精神，部门办学属于计划经济体制的产物，随着改革的深化，大部分部属高校将逐步转由地方政府管理。因此，部属学校纷纷探索与其他门类高校联合办学的途径。北京、上海医科大学与当地高等学校拟共同申报科研课题，互相聘请教师兼课，开设新课；白求恩医科大学试图与吉林大学合并；卫生部与广东省政府共同建设中山医科大学，提高办学水平；

卫生部向山东省政府发出公函，建议共同建设山东医科大学。通过多种形式的联合办学和共建活动，促进高等教育管理体制的改革。

2. 加强教学管理，保证教学质量 全国高等医学院校的招生规模基本稳定在1993年的水平，国家任务及调节性计划所占的比例也与1993年大体相同。由于宏观政策明确，调控措施得力，各校均严格执行国家下达的招生计划，杜绝了近两年来出现的超计划招生现象。

在1993年教学质量评估的基础上，各校继续加强课程建设，组织优秀课程评估，择优给予支持和奖励，把广大教师的精力引导到加强教学工作，提高教学质量上来。大部分卫生部部属高校召开了全校性的教学工作会议，明确教学工作是学校各项工作的中心，加强教学管理，组织教学经验交流，表彰优秀教师。西安医科大学管理措施得力，组织了全校教师授课比赛，引导广大教师重视教学，讲究教学艺术，提高授课质量，取得了较好的效果。该校还从本校的实际情况出发，制定《关于加强社会力量办学管理的规定》，并严格执行，减少了社会力量办学对普通教育的冲击，稳定了教学秩序。卫生部组织教学管理专家拟订《关于加强部属高等学校教学管理的暂行规定》，进一步明确教学管理有关的各项要求。

在法医学人才培养方面，公安部、卫生部和国家教委联合发出《关于加强法医队伍建设的意见》。针对近年来由于法医人才培养、分配与使用环节脱节，一方面公安系统缺乏高水平的法医人才，另一方面高等医学院校法医学专业毕业生分配难的状况，三部委加强协调，将医学院校法医学专业的招生分配纳入公安系统的人力发展规划，按公安部门的需求安排招生来源计划，并按照公安院校招生条件和办法提前招生，为法医学专业的健康发展奠定了基础。

3. 教学改革进一步深入 随着教育体制改革的深入，高等医学院校办学自主权扩大，各校根据本校的实际，积极稳妥地开展教学内容和教学方法的改革。其中比较具有特色的是：西安医科大学在其汉中和安康两个分校实行"以问题为中心，以社区为定向"的教学模式；九江医学高等专科学校实行"两加强一优化"的教学内容改革，即加强临床基本技能训练，加强预防医学教育，优化课程结构和教学内容；锦州医学院实行"以器官系统为中心"的教学模式；华西医科大学、浙江医科大学和九江医学高等专科学校协作，利用模拟病人进行教学和考核；中国医科大学等17所高等医学院校加强协作，开展医学生认知能力的评价研究。

诊断学教学协作组1994年进一步统一体格检查顺序和手法，按照新的思路提出实验诊断学教学基本要求，为提高医学生临床基本技能做好基础工作。同济医科大学在全国高等医学院校中率先试行学分制教学管理改革，对学生因材施教，促使优秀人才脱颖而出，调动广大学生的学习积极性。这项改革已经作为卫生部学分制教学改革试点。

各校深入贯彻《卫生部关于加强临床教学的暂行规定》，加强临床医学教学基地建设，认可新的教学医院，提高临床带教教师的待遇，使他们的收入不低于其他临床医生的水平；保证教学床位和教学病种；加强临床基本技能教学，毕业实习学生实行12小时负责制；坚持对实习医生进行出科考试，考核临床技能，并严格毕业实习管理和毕业考试制度，严把质量关，减少各种因素对毕业实习的负面影响。（解江林）

【中国协和医科大学获博士生指导教师自行审定权】 经国务院学位委员会组织审核和批准，中国协和医科大学获博士生指导教师自行审定权。1994年度已自行审定博士生导师58人。（高秋萍）

【24名医师获"名医"称号】 为表彰医术精湛、医德高尚、治学严谨和在国内外医学界享有很高声誉的医师在临床医疗工作中做出的突出贡献，弘扬他们高尚的医德，1993年12月27日中国医学科学院与中国协和医科大学召开大会授予方圻、王直中、史轶蘩、刘玉清、刘彤华、朱预、朱晓东、孙燕、宋鸿钊、宋儒耀、杨天楹、连利娟、吴德诚、谷铣之、罗慰慈、周前、张承芬、祝谌予、郭加强、陶寿淇、黄国俊、屠规益、靳培英、谭铭勋等24名医师"中国医学科学院、中国协和医科大学名医"称号。（高秋萍）

【同济医科大学学分制教学管理改革】 该校学分制的主要做法为：①实行弹性学制，允许少数优秀学生提前毕业，学生在校学习期限最长为7年；②实行教师指导下的自主选课制，学生根据专业培养目标的要求，自主选择所学课程，自主安排学习进程，学生可跨学期、跨专业选课，也可暂缓选习某些课程，对于已取得学分的课程还允许重新选习；③理论课实行自由听课制，但实验、实习、课堂讨论及其它实践性教学、教育环节要求学生必须参加，如一学期旷课超过一定学时，除取消该门课程考试资格外，还给予行政处分，直至勒令退学；④严格考试管理，实行考教分离，实行重修制、成绩绩点制，免修及部分免修制；⑤允许学有余力的学生辅修第二专业，攻读双学位，以拓宽学生知识面和专业面，培养复合型人才，增强学生的社会适应性；⑥严格学士学位授予条件，规定德、智、体诸方面必须全面发展，学业成绩必须优良，即成绩平均绩点应达到2以上；⑦完善医学课程的结构和体系，增加选修课的比例，必修课与选修课的学时或学分之比为7：3或8：2。

完全学分制的改革从1994年入学的临床医学专业学生开始实行，积累经验，1995年在全校推开。该校实行学分制的实施意见和有关做法得到国家教委和卫生部的认可，卫生部已将该校列为部属高校实行学分制改革的试点。（彭厚鹏）

【西安医科大学探索教学方法改革】 西安医科大学借鉴美国新墨西哥大学医学院的课程模式，结合我国广大农村对高级医学人才培养规格的要求，在其汉中和安康两个分校的专科层次教学中，采用“以问题为基础”(PBL)的教学方法。以病例为先导，以学生为主体，着重加强学生的能力训练，培养应用型人才，在医学教育改革中迈出较大步伐。

小组讨论是PBL的主要教学形式，基础医学课程和临床课程均采取这种形式。学生每6～10人为一组，每组有一名辅导教师，每周安排3次小组讨论，每次约为3小时。小组讨论的主持人可以是教师，也可以由学生轮流担任。小组讨论的步骤是：①根据病例首页提出患者存在的主要问题；②对提出的问题根据病因或机制建立假设；③按可能性的大小排列假设；④根据进一步病例资料验证假设；⑤重新排列假设；⑥处理患者问题。在不同阶段的小组讨论中，教学目的不同，讨论的侧重点也不同。小组讨论包括以下内容：①临床思维过程；②建立进一步要学习的内容，即学生在讨论后需要自学的知识；③小组成员之间相互评价。评价的内容是：基础和临床知识的掌握情况、临床思维能力、利用资料及人际交往能力等。

实施以问题为基础的教学方法的关键：①建立教学病例库。这些病例取自临床实际病例，以常见病为主，病例选择应注意到有助于临床推理能力的训练。病例应覆盖一定的知识面。病例使用后，及时组织教师和学生进行评价，以便进行修改。②加强师资培训，建立一支熟悉PBL教学方法的教师队伍。要使教师转变教育观念，掌握小组讨论的技巧，经过多次培训，使教师真正理解教学改革的目的并自觉参加到教学改革的行列之中。③为学生自学创造条件。小组讨论的重要目标是产生进一步要讨论的课题，这些课题需学生自学掌握，这就需要给学生创造自学条件，例如开放实验室、阅览室、增加图书、杂志，建立讨论自习室等。

（周玉玲　张全海）

中等医学教育

【中等医学教育】

1. 颁发和实施12个专业教学计划及教学大纲　1994年下发《关于颁发中等卫生学校12个专业教学计划及教学大纲的通知》，并要求从1994年秋季入学的新生开始使用。委托杭州护士学校举办了7期教师讲习班，培训教师400余人。

2. 12所部属单位中等卫生(护士)学校进行教学管理评估　年初制定《附设性中等卫(护)校评估指标体系》及《附设性中等卫(护)校评估指标体系操作标准》，各校自评后复评专家组于10月24日至12月18日对12所学校逐一进行复评，通过评估发现在教学管理各环节中存在的问题，促进学校教学管理的科学化、制度化、规范化和日常化。

3. 组织新版教材的编写　为编写与新颁发的12个专业教学计划及教学大纲相配套的教材，确定了96种编写科目，12月中旬召开编写工作会议，落实编写任务、出版计划和编写办法。

4. 加强项目管理　督促和检查华夏基金会资助的第二批检验专业项目执行情况，完成1995～1996年医学影像专业项目的招标工作；参与“卫生Ⅳ项目”的活动；世界卫生组织1994年至1995年项目部分仪器设备到货。

5. 加强《中等医学教育》杂志建设　加强编辑部人员的配备；扩大征订范围和发行量；拨款购买设备。

6. 召开全国中等医学教育第九次学术会议　交流了提高学校自身发展能力，大力发展校办产业，走产教结合道路的经验；学校内部改革，实行目标管理，校长负责的经验；为农村培养实用型人才和招生、毕业生分配制度改革的经验。

7. 参加由卫生部组织的农村卫生调查　赴陕西咸阳地区的彬县蹲点，到榆林、延安、商洛地区及四川省的阿坝自治州调查农村医疗卫生、三级医疗卫生保健网、初级卫生保健巩固与发展的状况和与之有关的因素。

8. 对部属单位12所卫(护)校教学设备进行论证、协调采购、安装调试　各校重点装备的电脑已投入教学使用。

9. 完成1994年部属卫(护)校招生计划；汇总1994～1995学年初全国中等卫生学校基层报表。

（陆美芳）

【陕西农村卫生技术人员情况调查】

1994年3月28日至4月22日卫生部部长陈敏章率队对陕西省咸阳地区彬县的农村卫生工作进行蹲点调查，同时考察榆林、延安和商洛地区的农村卫生工作。

调查表明，以彬县为例，农村县、乡、村三级医疗预防保健网基本健全；农村卫生饮水取得明显成绩，85%以上的农村普及了自来水；农村三项建设(县医院、中心卫生院、乡卫生院)进展明显。医疗卫生系统存在的主要问题仍然是人才问题，卫生技术骨干少，缺少学科带头人，进不来，留不住，人才结构不合理。从1970年至1990年，国家共分配到彬县卫生系统的大中专毕业生213人，其中大学本科54人，专科15人，中专144人，目前调离彬县的共计78人，其中本科生43人，大专5人，中专30人。全县卫生技术人员的学历，现有卫技人员558人，其中高等医学院校毕业的66人(含大专毕业生)，仅占卫技人员总数的11.8%，中专毕业生249人，占44.6%，初级人员243人，占43.6%。医生队伍的学历层次也基本如此。如彬县县医院有床位172张，医生总数75人，本科生9人，占12.0%，大专生12人，占16.0%，中专生43人，占57.3%，经培训无学历的11人，占14.7%。中心卫生院和乡卫生院的情况更差。13所乡卫生院72名医生中无一名本科生，专科生5人，占6.9%，中专毕业生39人，占54.2%，无学历的医生还有28人，占38.9%(见表1～4)。由此看出，农村现在虽有医有药，但农民仍得不到好质量的服务。卫生技术人员如何通向农村，这仍是目前急需得到政策加以保证的问题。

（陆美芳）

表1　陕西省彬县卫生技术人员情况调查表

	职工总数	卫技人员总数	学历层次			床位总数	床位与卫技人员比	缺额数
			高校毕业	中专毕业	初级文化			
彬县	634	558	66 （11.8％）	249 （44.6％）	243 （43.6％）	364	1∶1.5	100
县医院	230	189	25 （13.2％）	98 （51.9％）	66 （34.9％）	172	1∶1.1	16 （检验、放射）
乡卫生院（13所）	101	91	5 （5.4％）	43 （47.3％）	43 （47.3％）	52	1∶1.8	40
地段（中心）卫生院（6所）	124	108	12 （11.1％）	45 （41.7％）	51 （47.2％）	86	1∶1.26	21

表2　陕西省彬县医生队伍情况调查表

	医生总数	学历层次				床位总数	床位与医生比	缺额数
		本科	大专	中专	培训			
彬县	294	12 （4.1％）	43 （14.6％）	155 （52.7％）	84 （28.6％）	364	1∶0.8	—
县医院	75	9 （12.0％）	12 （16.0％）	43 （57.3％）	11 （14.7％）	172	2.3∶1	—
乡卫生院（13所）	72	0	5 （6.9％）	39 （54.2％）	28 （38.9％）	52	1∶1.4	12 （高校）
地段（中心）卫生院（6所）	68	1 （1.5％）	11 （16.2％）	38 （55.8％）	18 （26.5％）	86	1∶0.8	12 （高校）

表3　陕西省彬县医生职称情况调查表

	医生总数	医师				医士			初级人员
		合计	大专及以上	中专	无学历（培训）	合计	中专	无学历（培训）	
彬县	294	180	55 （30.6％）	87 （48.3％）	38 （21.1％）	81	68 （84.0％）	13 （16.0％）	33
县医院	75	58	20 （34.5％）	26 （44.8％）	12 （20.7％）	17	17		

表4 陕西省彬县护理人员学历情况调查表

	护理人员总数	中专	培训	床位总数	床位与护理人员比	缺额数
彬县	136	67 (49.3%)	69 (50.7%)	364	1:0.37	
县医院	71	42 (59.2%)	29 (40.8%)	172	2.4:1	19

【部属单位中等卫(护)校教学管理评估】 卫生部于1994年10月24日至12月18日对卫生部部属单位所属的12所中等卫生(护士)学校进行教学管理评估的复评工作。由7位专家组成的复评组,以卫生部制定的附设性中等卫生(护士)学校教学管理评估指标体系(见附表)为标准,在学校完成自评的基础上,逐一进行复评。该指标体系包括3项一级指标,7项二级指标,21项三级指标,比较全面地反映了学校在教学管理方面的水平。此项工作是建国以来卫生部第一次较为科学、全面和系统地对部属单位所属卫(护)校进行教学管理方面的检查评估,收到满意效果。按照该指标体系定等、评分,12所学校全部合格,其中6所学校为优秀,6所学校为良好。

(马志泰 陆美芳)

教学管理评估指标体系表

一级指标	二级指标	三级指标
师资与教学	师资管理	考核与档案
		培养计划与工作
	教学水平	教学内容
		教学方法
		专业教师实践教学水平
教务与教研	教务管理	教学常规管理
		教学文件
		教研组工作
		图书室管理
	实践教学管理	实验管理
		实习管理
		毕业实习管理
	教研与教改	教育研究工作
		专业、课程改革
		招生分配制度改革
德育与体育	德育工作	学生思想教育工作
		学生管理
		班主任工作
		课外活动
	体育卫生工作	《体育工作条例》执行情况
		《卫生工作条例》执行情况

【颁发中等卫生学校教学计划及教学大纲】 1994年3月卫生部向全国下发《关于颁发中等卫生学校12个专业教学计划及教学大纲的通知》,要求从1994年秋季入学的新生开始使用。新颁发的12个专业的教学计划及教学大纲强化专业培养目标,采用教学计划后附教学大纲的形式,并构筑了三级目标体系,即专业培养目标-课程目标-单元目标;体现由单纯的生物医学模式向生物-心理-社会医学模式的转变;加强实践教学环节,增强社区医学教育和实习、重点专业课的技能考试,适当增加专业临床课和实践教学的学习。

为使广大师生和教育管理者适应新的教学计划和教学大纲,卫生部委托杭州护士学校举办了七期贯彻执行新教学计划和教学大纲教师讲习班,主要介绍新教学计划及教学大纲的特点;目标教学的理论基础——布鲁姆教育理论简介;目标教学模式分析及转变观念;学习目标的分解与实践;课堂教学活动的设计与示例;学习目标的控制与评估及目标教学观模课等。

(陆美芳)

【部属单位中等卫(护)校装备教学设备】 卫生部根据对部属单位所属的中等卫生(护士)学校办学条件的评估情况,针对存在的问题,从1993年开始,分三年对学校的教学仪器设备等进行装备(主要对护理专业),至1994年底已执行两年,投资约600万元人民币。装备的仪器设备包括:实验室仪器设备、护理专业设备、办公设备、计算机等。

(马志泰 陆美芳)

【1993～1994 学年全国中等卫生学校毕业生和招生人数】

专业名称	毕业生数		招生数	
	百分比	合 计	百分比	合 计
社区医学	18.09	14 014	21.42	24 358
预防医学	3.51	2 720	1.83	2 080
妇幼卫生	5.34	4 137	5.23	5 951
医学影像诊断	2.02	1 566	2.17	2 473
口腔医学	1.82	1 410	1.62	1 840
计划生育	0.75	584	1.23	1 398
护理	41.57	32 209	39.36	44 772
助产	4.82	3 737	3.97	4 516
营养	0.19	145	0.18	207
放射技术	0.61	475	0.54	619
口腔工艺技术	0.41	314	0.27	308
检验	3.44	2 663	3.17	3 602
医学检验	1.83	1 418	1.69	1 920
卫生检验	0.38	296	0.35	402
医学实验技术	0.13	99	0.19	216
实验动物管理	0.00		0.06	66
生物制品技术	0.07	53	0.05	58
病案管理	0.12	91	0.05	52
卫生财会统计	1.45	1 120	1.19	1 356
医械维修技术	0.10	79	0.20	228
药剂	4.32	3 345	4.16	4 727
中药	3.41	2 640	3.38	3 842
中医学	1.94	1 505	2.58	2 929
少数民族医学	0.64	493	1.04	1 183
中医骨伤	0.12	93	0.04	50
针灸推拿	1.07	830	0.85	968
中医康复	0.00		0.04	40
其它	1.86	1 442	3.15	3 578
总计	100.00	77 478	100.00	113 739

【1994～1995 学年全国中等卫生学校毕业生和招生人数】

专业名称	毕业生数		招生数	
	百分比	合计	百分比	合计
社区医学	17.07	12 905	19.03	22 317
预防医学	4.67	3 531	2.84	3 335
妇幼卫生	4.90	3 706	4.56	5 345
医学影像诊断	2.34	1 771	2.58	3 022
口腔医学	1.93	1 462	1.62	1 902
计划生育	1.04	788	1.53	1 794
护理	40.31	30 471	39.37	46 162
助产	5.30	4 006	4.53	5 316
营养	0.14	109	0.14	164
放射技术	0.58	438	0.57	713
口腔工艺技术	0.23	176	0.24	286
检验	2.11	1 596	1.85	2 171
医学检验	3.20	2 422	2.99	3 506
卫生检验	0.40	306	0.20	237
医学实验技术	0.14	104	0.03	40
实验动物管理	0.01	8	0.00	
生物制品技术	0.08	58	0.00	
病案管理	0.05	37	0.16	193
卫生财会统计	1.23	932	0.94	1 105
医械维修技术	0.10	76	0.17	197
药剂	4.73	3 576	5.00	5 868
中药	2.94	2 224	3.39	4 077
中医学	2.12	1 602	2.51	2 948
少数民族医学	0.50	381	0.30	353
中医骨伤	0.13	101	0.41	480
针灸推拿	0.84	634	0.65	763
中医康复	0.04	29	0.17	234
其它	2.70	2 043	4.03	4 729
总计	100.00	75 584	100.00	117 257

(王锦倩)

【国家级重点中等专业学校获批准】

1993 年初,国家教委印发《关于评选国家级,省、部级重点普通中等专业学校的通知》。各省、自治区、直辖市按照《通知》要求,在评选省、部级重点普通中等专业学校(其中医药卫生类中专学校 79 所,见附表 1)的基础上,推荐上报国家级重点普通中等专业学校。经国家级重点普通中专学校审议委员会审议，国家教委于1994年8月22日公布了国家级重点普通中等专业学校249所（其中医药卫生类中专学校19所，见附表2）。

附表1 省、部级重点普通中等卫生学校名单

北京市 北京卫生学校
天津市 天津市护士学校
河北省 唐山市卫生学校 沧州地区卫生学校 石家庄地区卫生学校
山西省 临汾地区卫生学校
内蒙古自治区 赤峰卫生学校
辽宁省 鞍山市卫生学校 营口市卫生学校 朝阳市卫生学校 丹东市卫生学校 本溪市卫生学校
吉林省 四平市卫生学校
黑龙江省 黑龙江省卫生学校 哈尔滨铁路卫生学校
上海市 上海第二医科大学附属卫生学校 上海市卫生学校
江苏省 盐城卫生学校 苏州卫生学校
浙江省 金华卫生学校 浙江卫生学校 嘉兴卫生学校
安徽省 六安卫生学校 芜湖中医卫生学校
福建省 福建卫生学校 泉州卫生学校 漳州卫生学校
江西省 南昌铁路卫生学校 江西省卫生学校
山东省 山东省卫生学校 山东省中医药学校 山东医科大学卫生学校 山东省济南卫生学校 胜利油田卫生学校 枣庄市第二卫生学校 莱阳卫生学校 滨州卫生学校 临沂卫生学校
河南省 信阳卫生学校 南阳卫生学校 安阳卫生学校 焦作卫生学校 郑州市卫生学校 郑州铁路卫生学校
湖北省 襄樊市卫生学校 武汉市卫生学校 宜昌卫生学校 荆州地区卫生学校 孝感市卫生学校 郧阳地区卫生学校
湖南省 怀化地区卫生学校 益阳地区卫生学校 衡阳市卫生学校 湘潭市卫生学校 常德市卫生学校
广东省 佛山市卫生学校 肇庆市卫生学校 韶关市卫生学校 湛江卫生学校 梅州卫生学校
广西自治区 广西柳州卫生学校
海南省 海南农垦卫生学校
四川省 重庆药剂学校 乐山卫生学校 达县卫生学校 凉山卫生学校 宜宾卫生学校 万县卫生学校 雅安卫生学校
贵州省 贵阳市卫生学校
云南省 云南省卫生学校 楚雄卫生学校
陕西省 西安市卫生学校 汉中地区卫生学校 安康地区卫生学校
青海省 青海省卫生学校
甘肃省 甘肃省卫生学校
宁夏自治区 宁夏卫生学校
新疆自治区 伊宁卫生学校

附表2 国家级重点普通中等卫生学校名单

北京市 北京卫生学校
河北省 唐山市卫生学校
沧州卫生学校
内蒙古 赤峰卫生学校
辽宁省 大连铁路卫生学校
宁 夏 宁夏卫生学校
河南省 信阳卫生学校
郑州铁路卫生学校
湖北省 襄樊市卫生学校
广东省 佛山市卫生学校
肇庆市卫生学校
韶关市卫生学校
广 西 柳州卫生学校
贵州省 贵阳市卫生学校
四川省 重庆药剂学校
上海市 上海市第二医科大学附属卫生学校
浙江省 金华卫生学校
山东省 山东省卫生学校
山东省中医药学校

（陆美芳 马志泰）

医学成人教育

【医学成人教育】 1994年，全国接受医学成人教育的人次约60万人。在加快培养速度，提高培养质量方面做了以下重点工作。

1．逐步建立医学成人高校的督导和评估制度　1994年评估9所医学成人高校：哈尔滨市职工医学院、沈阳职工医学院、吉林卫生管理干部学院、吉林职工医科大学、新疆卫生厅职工医科大学、青海省联合职工大学卫生分校、河南职工医学院、安徽省直职工大学医学部、广东佛山职工医学专科学校。除新疆卫生厅职工医科大学外，基本上达到了《成人高等学校设置暂行规定》的要求。

2．召开医学成人高校内部体制改革研讨会　于1994年5月在上海召开。会议交流内部体制改革的经验和作法，对出现的问题进行讨论和研究。对医学成人专科教育的培养目标有了一致的认识，即成人专科与普通专科均是高等专科教育，毕业生应该是一个水平，不同点是入学对象、起点不一。因此成人教育的改革应放在教学方法的改革上，要从培养与普通教育同种规格的毕业生上来设计教学改革方案，而不是降低要求。

3．探索医学成人高等学历教育的新形式　为突破医学成人高等学历教育单一的培养形式，在实行脱产、业余、夜大等多种成人高等学历教育形式之后，由少数学校在小范围地区试行预防医学专业及临床医学专业的函授教育。1994年，吉林医学院经国家教委批准，开设了临床医学及临床检验的半脱产形式教育，在加快医学人才的培养速度上有了新的突破。

4．在岗乡村医生中专函授教育　在湖北省、内蒙古自治区进行试点。继1990年全国乡村医生教育研讨会后，各省份积极开展在岗乡村医生系统化、正规化教育，落实《2000年全国乡村医生教育规划》。1994年国家教委正式批准中国乡村医生培训中心进行乡村医生中专函授教育，国家承认学历，先在湖北、内蒙古搞试点。

5．继续医学教育　《继续医学教育暂行规定》在全国11个省、市已试行两年，发展不平衡。其中四川、江西、河北等省，工作有较大进展，成立了省级继续教育委员会，制定了继续医学教育项目的认可标准。为了推动这项工作的发展，华西医科大学利用世界卫生组织项目举办继续医学教育管理和组织培训班，对继续医学教育的理论、模式、组织及管理方法等进行讲解和讨论。

6．支援少数民族地区卫生技术人才培养　为给“老少边穷”地区培养一批业务骨干，通过给部属院校下达任务，无偿培养少数民族进修生，卫生部部分或全额资助进修生学习等各种方式，1994年共培养少数民族卫生技术人员500人次。

7．编写卫生管理干部岗位培训教材　为提高卫生管理干部的素质和管理能力，建立规范化的卫生管理干部岗位培训制度，1994年完成卫生管理干部岗位培训教材的编写。并举办两期医学教育管理干部培训班。

8．颁发医学成人教育的有关规定　1994年正式颁布《医学成人高等教育暂行规定》及《社会力量举办医科类学校的管理办法》。

9．开展科学研究，指导医学成人教育的改革与发展　医科类成人专科入学考试科目改革在全国已试行两年，1994年，对改考后的课程设置如何调整才能保证培养质量开始进行研究。课题拟定三种课程设置方案，安排三组学校进行比较性研究。预期2年内完成。（冯雪英）

【独立设置的医学成人高校评估】 卫生部于1993年10～12月和1994年9～11月分两批对18所独立设置的医学成人高校（广西卫生管理干部学院、四川省卫生管理干部学院、重庆职工医学院、湖北省卫生职工医学院、武汉市职工医学院、上海职工医学院、长春职工医科大学、辽宁省卫生职工医学院、北京职工医学院、河北省职工医学院、山西职工医学院、天津市卫生职工医学院、哈尔滨市职工医学院、吉林职工医科大学、吉林卫生管理干部学院、新疆卫生厅职工医科大学、河南职工医学院、广东省佛山职工医学专科学校）和3所职工大学分校（沈阳职工医学院、青海省联合职工大学卫生分校、安徽省直职工大学医学部）进行了办学条件和办学水平的综合评估（以下各学校均以所在地简称）。主要结果如下：

一、基本情况

1．办学方向明确　面向农村，面向基层、面向边远地区的在职卫生人员培训方向明确。如北京、上海、重庆为郊县农村和新疆、青海、宁夏、内蒙等地开办多个学历教育与非学历教育班，河南、安徽已成为全省农村卫生人力的培训中心，承担了农村、乡、镇卫生机构技术骨干的培训任务。

2．办学条件基本达到要求　18所院校的机构设置、人员配备、师资队伍、校舍、教室、实验室、仪器设备、电教设施、图书资料等条件基本达到《成人高等学校设置暂行规定》的要求。

3．教育改革已经起步　多数院校已进行院内管理体制的综合改革，实行定员、定编、定岗，实行聘任制和目标责任制，校内结构工资制，后勤实行企业化和半企业化管理。湖北实行跳级制、试读制等教学管理制度改革，取得成效。

4．多渠道筹集办学资金，增加教育投入　各校都有稳定的教育经费来源，但远不能满足学校发展的需要，分别通过办学创收、科技成果转让、校办产业增加办学资金。如武汉仅一年校办产业创收就达219.6万元；辽宁两年创收达到451万元。

5．开展对外交流与合作　上海、辽宁、河南、安徽、佛山等地医学成人高校分别开展对外学术交流与承担合作项目，引进办学资金，改善办学条件。如上海近年来与日本、美国的短期大学和教育学院建立互访和学术交流关系；辽宁选送了21名中青年教师出国研修深造。

二、存在的问题

1．教育经费投入不足，办学条件有待改善，实验环节相对比较薄弱　长春、吉林职工医科大学，沈阳、广西、天津、辽宁职工医学院等医学成人高校的教学、实验用房、图书馆、学生宿舍等办学条件都未达到评估指标体系的要求。

2. 师资队伍有待充实　师资队伍存在的主要问题一是数量不足，如新疆与吉林职工医科大学专职教师分别为16名、31名，却分别承担着1 204名、1 267名学生的教学任务；二是素质较低，由于历史原因，除辽宁外各校都还有一部分教师未达到《教师法》规定的成人高校教师的学历要求，如重庆与湖北分别有40.9%、39.6%的教师未达到规定学历要求。

3. 办学管理有待加强　部分院校的校内管理体制尚未理顺，校、系、教研室的三级管理体制未形成，职责不够分明，管理制度不够完善，文件档案资料不全，统计数字不准确等都不同程度的存在；教学计划、教学大纲、教材不统一、欠规范。

通过评估，各省、市教育、卫生主管部门更加关心与重视医学成人高校的改革与发展。武汉、山西、广西、四川、湖北、吉林、安徽、佛山等省市都增加了教育经费投入，据不完全统计已达到400余万元。武汉市针对武汉市职工医学院办学条件中的薄弱环节，给学校增加仪器设备费75万元，实验大楼基本建设项目列入1994年计划，安徽省近年来已先后拨款200余万元，新建教学大楼，充实教学设备。

（冯雪英　杜　娟）

【在岗乡村医生中专函授教育试点】　为加快在岗乡村医生系统化、正规化教育的速度，实现卫生部《2000年全国乡村医生教育规划》。自1990年全国乡村医生教育首届研讨会之后，乡村医生教育有了新发展。一些省、自治区相继成立了乡村医生培训中心，利用多种形式对在岗乡村医生进行中专水平教育和学历教育，取得了成绩，如江西、四川、福建等省。但还有一些省、区缺乏开办学历教育的条件。为此，中国乡村医生培训中心经过4年的反复论证，申请举办乡村医生中专函授教育试点，以解决边远地区开展乡村医生正规化、系统化教育缺乏办学条件的困难。1994年，经国家教委批准，同意从1995年开始在湖北省、内蒙古自治区先行试办乡村医生中专函授教育，按照有关规定，把学校招生计划纳入试点省、自治区成人中专教育事业计划内。学员参加由当地统一组织的成人中专教育招生考试和录取工作。各级函授办学机构按照分级办学、分级管理的原则，接受地方教育行政部门的指导、检查和监督。学员毕业证书由生源所在地的省级教育行政部门验印，学校颁发。　（冯雪英）

【独立设置的成人高等医学院校综合改革研讨会】　于1994年5月24～26日在上海召开。会议研究的问题有：

1. 关于成人高等医学院校的改革　要提高对医学成人教育改革紧迫性的认识。改革涉及学校的招生、教育过程、教育管理、办学效益、资源配置等各个方面。当前改革的重点一是校内体制综合改革，调动教职工的办学积极性，优化办学的支撑条件；二是以提高教学质量为主要目标的教学改革。成人高等医学院校要加强竞争意识，围绕党的社会主义经济建设的中心任务，培养更多与社会经济发展相适应的优秀卫生人才。

2. 关于成人专科教育目标、对象　成人专科教育与普通专科教育是面向农村、面向基层、培养应用性实用性人才的大专层次的教育，因而两者的培养目标应是一致的。成人教育的培养对象较普通高教的培养对象年龄大、有社会经验与工作经历、学习愿望迫切，主动性强。

3. 关于成人高等医学教育的培养规格标准　成人高等医学院校与普通高等医学院校在同一层次上的培养规格应是一致的。两类教育的区别和特点主要表现在招生的生源、办学管理、分配就业等方面。在教育内容上，成人高等医学教育更应强调针对性、实用性和应用性，加强能力培养。

4. 普通高校的医学成人教育问题　普通医学院校开展医学成人教育，具有专业设置齐全、师资力量雄厚、办学条件完善等优势，但也存在着对成人教育的认识不足，资源配置和规范化管理等方面的困难。各普通医学院校应提高认识，增加投入，加强管理，深化改革，把成人教育放在适宜的位置上，并逐步把工作的重点转移到继续教育方面来。

5. 需要进一步开展研讨的问题　成人专科教育向高等职业教育过渡的问题应认真研讨，避免一哄而起，大起大落；普通医学院校与独立设置的成人高等医学院校的合作交流，支持及协调问题也待进一步研讨；开展医学成人教育的科学研究工作，继续深入探讨社会主义市场经济下的医学成人高等教育改革等问题。　（冯雪英　杜　娟）

【全国卫生管理干部岗位培训通用教材编审完成】　按照卫生部《关于开展卫生管理干部岗位培训工作的意见》要求，卫生部于1993年组成的卫生管理干部通用教材编审委员会依据《卫生管理干部岗位培训规范》，按计划完成了全国卫生管理干部岗位培训通用教材的编审工作，预计1995年出版。该套教材是供全国各级各类卫生管理岗位（医学教育、医学科技、药品监督、医政管理、护理管理、初级卫生保健、卫生防疫与卫生监督、妇幼卫生、爱国卫生、地方病等）的行政、业务管理干部进行规范化岗位培训的通用教材，包括：沈杰主编的《卫生管理基本理论与方法》、胡善联主编的《卫生经济基本理论与方法》、金魁和主编的《管理心理学》、张方振主编的《社会医学基本理论与方法》、梁万年主编的《社会调查研究方法》五本书。其内容强调针对性、实用性、科学性，打破学科体系、淡化学科意识，贯彻学用结合、按需施教的原则。各书除包括基本理论与方法外，注意增加当前有关的新知识、新理论，并介绍一些典型案例，力求能适应各级各类卫生管理干部的需求，既可作岗位培训的教材，也可作自学的参考书。　（黄琼丽）

【医学成人专科改考后课程设置改革的调查】　在1993年全国推行医

学成人高等教育入学考试科目改革之后，卫生部提出进行相应的教学改革要求。改考实施一年以来，对47所高等医学院校进行了调查。调查结果：

一、课程设置

1. 改考后入校学习的中专毕业生增加，且又经过考前辅导，对解剖学、生理学的学习达到中专水平。为避免重复教学，可减少一些教学时数，教学内容应增强深度、广度，突出重点、难点。但因这两门课程是医学基础课程，为保持其系统性，不宜变动太大。

2. 对化学、物理课争议较大。一种认为中专毕业生的基础薄弱，仅增加几十学时的课难以达到满意要求，况且这两科对后期教学影响不大。重点突出与临床有关的内容，化学够用即可，物理知识可放在专业课有关内容中学习。另一种认为，正由于中专毕业生这两科薄弱，才应增加学时。不少学校已出现部分学生学习生化吃力，考试及格率下降的情况。

3. 各校这四门课程的改革是凭经验，凭主观想像，没有足够的科学依据，学校建议：①请有关学科的专家进行科学论证，提出科学的解决办法。②制定主干课程的指导性教学计划、大纲，以便各校调整教学内容、课时有依据。

二、深化教学改革

1. 改考后，大部分学校录取的在职中专毕业生明显增多(山东医科大学达到90%以上)，但有些学校录取的中专生只占15%～20%，增加了教学及教学改革的难度。

2. 目前教师队伍的教学水平，教学能力已直接影响教学改革的深入进行，亟待解决。

3. 湖北省卫生职工医学院试行“跳级制、试读制、教分制、复合型学分制”，将试行“计划学分制”。学分制对沿袭传统教育模式的医学成人教育将是个大的改革和突破，承认学生个体差异，利于因材施教；增强学生竞争意识，利于更多的人接受高等教育；可使师资队伍水平提高，加快教学条件的建设。辽宁、北京职工医学院准备进行限制性选修课学分制；同济医科大学将在普通教育试行学分制的基础上对成人教育试行学分制。

三、调查情况分析　改考后大部分学校均对四门课程的教学时数、授课内容进行调整。解剖学、生理学减少课时，教学内容改为以局部解剖为主，突出了重点、难点，加强了实验课。对入学时不考的化学、物理课减少课时，内容以医用化学及与临床有关的物理知识为主。化学课，18所学校中有1所取消、7所减少课时；物理课，18所学校有5所取消、2所减少了课时，还有5所学校改考前就未开物理课；以上海地区为代表有4～5所学校增加了化学课和物理课的课时。

作为接受高等教育的学生，必须具备一定的文化基础知识。研究证明，入学考试中数、理、化的成绩，尤其是化学成绩，与入学后专业课的学习成绩有一定的相关性，没有一定的化学基础将直接影响生化、药理等课程学习。对物理、化学两门课程须进一步探索，解剖、生理两门课程的调整各校差别不大，故不作为改革试点的课程。　(黄琼丽)

医学研究生教育与学位工作

【1994年毕业后医学教育】

一、医学学位与研究生教育　以内涵发展为主，深化改革，提高培养规模效益，教学质量及办学水平进一步提高。在临床医学高层次人才培养、申请学位等方面有较大进展。制定了部分管理规章，进一步完善了我国毕业后医学教育制度。

1. 召开全国医学学位与研究生教育工作会议　7月4～6日卫生部与国务院学位办公室、国家中医药管理局、国家医药管理局、解放军总后卫生部联合召开建国以来的第一次医学学位与研究生教育工作会议。陈敏章部长、张文康副部长及全国主要医学研究生培养单位约100人参加会议，张文康副部长和国务院学位办公室王忠烈主任分别作了报告和总结。会议的主要收获：一是充分肯定十几年来医学门类学位与研究生教育工作取得的巨大成绩，增强了信心；二是总结交流经验，进一步明确改革方向；三是讨论三个会议文件。

2. 卫生部与国务院学位办公室根据全国教育工作会议精神，制定下发《关于医学学位与研究生教育改革和发展的若干意见》。

3. 总结培养临床医学博士研究生的试点工作，这一培养方式，得到了培养单位和用人单位的肯定。为进一步完善临床医学高层次人才培养制度，卫生部与国务院学位办公室联合下发《关于进一步做好培养医学博士(临床医学)研究生的意见》

4. 根据中、德医学会提供的大众汽车奖学金项目，10月在北京组织中、德医学专家对来自全国15所医学院校43名研究生进行面试遴选，确定10名优秀学生为第一批赴德联合培养医学博士人选。

二、住院医师规范化培训　这项工作正在全国逐步开展。一些省市制定了实施细则。解放军总后卫生部与总政治部联合下发《解放军医院住院医师培训实施办法》，向全军医院提出了住院医师培训的要求。

卫生部委托北京医科大学、上海医科大学和中国协和医科大学分别制定内科、外科、妇产科、儿科、眼科、耳鼻喉科、口腔科、影像医学等八个主要临床科室住院医师培训大纲。

委托上海市卫生局和上海市医学会举办住院医师培训管理干部学习班，天津等市举办住院医师培训经验交流会。12月在同济医科大学召开部属高校和部分省、市住院医师培训座谈会。与国务院学位办公室联合完成临床医师经过住院医师培训后申请医学学位的论证工作。

(李义祥)

【全国医学学位与研究生教育工作会议】　卫生部、国务院学位委员会办公室、国家中医药管理局、国家医药管理局、解放军总后卫生部于1994年7月4～6日在北京联合召开。60多所高等医药院校和科研机构参加。会议主要总结交流医学门类学位与研究生教育工作的经验；讨论、修订《关于医学学位与研究生教育改革和发展的若干意见》、《关于进一步做好培养医学博士(临床医学)研究生的意见》、《关于进一步做好临床医学授予具有研究生毕业同等学历在职人员硕士、博士学位工作的几点意见》等三个文件。

医学学位与研究生教育为医药卫生事业的发展输送了一大批合格的高层次专门人才。1978年以来，毕业研究生人数是文革前17年的70倍。这些毕业生多数在工作上已成为骨干，成为跨世纪学科带头人的后备队。截至1993年底，医学门类有权授予硕士和博士学位的单位分别达113个和53个，学位授予单位及授权点分布比较合理，建立了比较完善的医学学位授予体系和医学高层次专门人才的培养基地。经过十几年的发展，形成了多层次、多规格培养高层次专门人才的、具有中国特色的高等医学教育体系，高等医学教育整体水平显著提高。研究生已成为高等医药院校、科研机构的一支不可缺少的科研生力军，促进了医学科技事业的发展。临床医学研究生教育制度的改革，改变了医学研究生培养模式单一和临床医学研究生临床实际工作较弱的状况，临床医学博士的培养进展良好。

取得上述成绩的基本经验是：坚持建设有中国特色的社会主义理论和党的基本路线；全面贯彻党的教育方针，坚持质量第一的原则；主动适应医药卫生事业发展的需要；加强学科和导师队伍建设，充分发挥研究生指导教师在教书育人工作中的主导地位；健全管理机构、提高管理人员素质。会议指出，90年代我国医学学位与研究生教育要坚持走以内涵发展为主的道路，着重抓好深化改革、调整结构、转换机制、提高质量和效益，着眼于21世纪，开创医学门类学位与研究生教育工作的新局面。

今后医学门类学位和研究生教育主要做好以下几方面的工作：改变研究生待遇完全靠国家拨款平均发放的办法，通过改善和改革相结合，提高研究生待遇。各单位要多渠道筹集研究生教育经费，结合人事制度的改革，逐步推行研究生兼助教、助研、助管制度，根据研究生的学业和工作实绩发放奖学金、各种兼职酬金，改变按人平均分配办法，建立激励机制。

积极稳妥地进行学位授权审核办法的改革，特别是改革博士生指导教师的审核办法，使博士生指导教师真正成为培养博士生的一个重要工作岗位。完善博士生培养制度，把导师的个人负责和集体培养的作用结合起来。

抓好教学改革，继续加强临床医学研究生的培养，积极推进应用型、复合型研究生的培养。同时推动公共卫生和预防医学、医药开发等方面应用型人才的培养工作。加强学科建设，改进培养方式；规范博士生的培养，逐步实行严格的资格考试制度。

适应科学技术发展和高层次人才培养需要，积极拓宽培养研究生特别是博士生的学科专业面，逐步调整专业目录，提倡按一级学科或相关学科群培养研究生。临床医学要通过试点，逐步淡化三级学科，拓宽至二级学科。博士生教育要正确处理好“宽”与“专”的关系，基础要“宽”、“广”，论文要“新”、“实”。

加强和改进研究生思想政治工作和政治理论课程教学，根据医学研究生的特点进行国情教育、爱国主义、集体主义、社会主义思想教育和医德医风教育，业务指导与德育相结合，做好教书育人，全面提高培养质量。

加强检查评估工作，建立并逐步完善适应新体制要求的学位与研究生教育监督和评估制度。

(李义祥　秦怀金)

医学科学技术

【医学科学技术工作】 1994年是国家“八五”科技计划的关键一年，围绕“稳住一头、放开一片”的科技方针，不断深化医药卫生科技改革。在依靠科技进步，振兴卫生事业，激励和提高科技队伍素质，逐步扩大国际科技合作与交流等方面，做了以下主要工作。

1. 改革卫生部科研基金管理，完成基金招标工作　在总结卫生部科研基金工作经验的基础上，引进美国NIH的先进管理经验，修改并下发《卫生部科学研究基金管理条例》，主要改革内容有：①将原卫生部科研基金招标由每三年改为每两年一次，以缩短周期，增加投标机会。②按美国NIH方式，建立二级专家评审制度。③将专家评审中标的666个课题分二级资助，其中卫生部资助课题362项，由地方和所在单位资助课题304项，以调动各地和单位的科技投入。④卫生部青年科学基金由原评审课题改为评审人才。从各地推荐的360名青年人才中根据其科研课题设计的科学性、创新性以及科研成果、论文著作、学位、学风等条件择优评选。有58名优秀青年科研人员获卫生部青年科研基金。

2. 国家医学科技攻关项目管理得到加强　在1993年“八五”国家医学科技攻关课题中期评估的基础上，1994年按项目进行评估检查。结果表明卫生部支持的5个项目93个合同，95%以上按计划完成。

3. 重点实验室的建设引入新机制　重点实验室建设、重点学科建设、学术带头人的培养是提高医学科研水平的关键。1994年，采用不降低标准，先挂牌子，暂不拨经费的办法，新建7个卫生部重点实验室。截至1994年底，国家级重点实验室达9个，卫生部重点实验室34个。这些重点实验室全部实行"开放、联合、流动、竞争"的新机制，以加快实验室的运转，聚集和培养一批优秀医学科技人才，保证研究方向的正确和连续性，提高科研经费和设备的使用效率。1994年，卫生部的基因工程国家级重点实验室和4名先进个人、1名科研管理干部受到国家级表彰。

4. 医药卫生科技成果推广应用进展 1994年，131项科技成果获得卫生部科技进步奖，其中一等奖3项，二等奖27项，三等奖101项，向国家科委推荐国家自然科学奖2项，国家发明奖3项，国家科技进步奖32项。配合建国45周年庆祝活动，卫生部科教司与人事司、总后卫生部科训局、健康报社联合举办边远地区优秀医学科技工作者表彰活动，350名长期扎根祖国边疆，在医学科技工作岗位上做出突出贡献的基层医学科技人员受到表彰。为了进一步提高各级领导对科技成果推广应用和转化为生产力的紧迫性的认识，召开卫生部第三届医药卫生科技成果推广应用工作研讨会，陈敏章部长到会并作了重要讲话，他要求各级领导要重视科技成果的推广应用，科技开发要努力形成行业优势和规模效益。1994年确定第四批卫生部面向农村和基层推广的10项适宜技术；成立三个医学技术评估中心，评估并公布了4项医药卫生高新技术项目。

5. 对外科技合作与交流取得新成绩 通过WHO奖学金、国家教委、外国专家局等各种渠道派出留学人员450余名。7月28日至8月1日，在印尼举办'94雅加达中国医药卫生科技成就展览会，通过展示我国在医药卫生科技领域所取得的成就，推动两国政府间的医药卫生科技合作。

6. 科研管理工作得到加强，科技队伍素质得到提高 为了推动医药卫生科技与经济的结合，促进技术成果商品化、产业化、国际化，适应科技体制和经济体制的改革，经人事部、卫生部批准，1994年10月7日卫生部医药卫生科技发展中心成立，第六期医学科研管理研讨班、医学情报信息上岗人员培训班按期举行，受培训人员320名。召开第九次中青年学术交流会，第五届医学科研管理学会年会，中国医药生物技术学会第一届年会，全国优生优育暨生殖医学学术讨论会等，共有525篇论文得到交流。 （刘海林）

【卫生部第四批面向农村和基层推广的医药卫生适宜技术】

1. 下肢深静脉瓣膜功能检测和肌袢形成术（上海第二医科大学）
2. 胸腔镜检术在胸膜肺疾病诊断和治疗中的应用（上海医科大学）
3. 快速乙肝表面抗原全血凝集试剂盒诊断技术（卫生部武汉生物制品研究所）
4. 气囊助产器的催产、助产技术（吉林省卫生厅）
5. 塑料管环卵沉淀反应诊断日本血吸虫病技术（安徽省血吸虫病防治研究所）
6. 早期食管癌与胃癌初筛试剂盒自检技术（中国医学科学院肿瘤医院）
7. JF消毒液及自动杀菌净手器快速简易消毒技术（北京市卫生局、北京亚迪机电技术公司）
8. 耐药葡萄球菌的实验诊断和抗生素选用技术（上海医科大学）
9. 不粘伤口敷布应用技术（无锡市卫生局、无锡康达医用材料有限公司）
10. 应用复方甲苯咪唑乳膏（海蜜克）广谱驱肠虫技术（第二军医大学）

（刘晓波）

【实施卫生高新技术推广计划】 卫生部于1994年4月29日发布《卫生高新技术推广计划实施管理程序（试行）》。这项工作是在对卫生高新技术进行经常性的技术评估的基础上，有选择性地将部分医药卫生工作急需的、先进的、正在进入应用阶段的高新技术项目列入卫生高新技术推广计划。选项条件是：①在国内同类技术中属先进，或具有独特优点；②经过一定范围的推广使用，证明效果良好；③有关法定审批手续齐全；④产权关系明确；⑤技术产品具备工业生产能力。对列入卫生高新技术推广计划的项目，采取多种方式向社会推广，旨在提高技术及其持有者的知名度，指导使用单位合理选择，防止不正当竞争，促进高新技术的推广应用。1994年，列入高新技术项目推广计划的有：微生态调节新药：丽珠肠乐（双岐杆菌活菌制剂）；海肤康皮膜；丙肝病毒抗体酶联免疫测定试剂盒；黄腐酸钠系列产品；CDIC钛金属人工牙种植体系列。 （刘晓波）

【第九次全国中青年医学（眼科）学术交流会】 由卫生部和中华医学会共同举办，于1994年7月16～18日在秦皇岛市召开。全国28个省、市、自治区的168人参加会议。会议交流论文178篇，并评出一等奖10名，二等奖20名，三等奖40名，风格奖3名。会议交流的内容包括角膜、屈光、斜视、低视、青光眼、白内障、外眼病、眼外伤、眼底病、眼流行病学调查等各方面的临床和基础研究。如常见病、多发病的新疗法；利用生物技术、电子技术提高早期诊断水平及开辟新的定量研究；临床药理、药物代谢的基础研究；儿童、老年性疾病及劳动卫生学方面的研究；在细胞生物学和分子生物学领域，建立了多种动物模型和转基因动物模型，培养了眼球的多种细胞，进行了组织学、眼球生物力学、血液流变学研究等。 （史安俐）

【'94雅加达中国医药卫生科技成就展览会】 1994年7月28日至8月1日，卫生部在印度尼西亚首都雅加达举办。卫生部、总后卫生部、铁道部、中国科学院、国家中药品种保护审评委员会和中国优生优育学会分别组团参展，设国际标准摊位71个，全国近200个医药大专院校、研究院所、医药单位和制药企业参展。中国卫生代表团团长、卫生部副部长孙隆椿、中国驻印尼使馆大使钱永年、印尼统筹部长阿兹瓦尔·安纳斯和卫生部长尤瓦迪出席开幕式。展览期间，接待参观者5万人次；由于仲嘉、李恩复、冷方南等组成的专家演示团，为患者咨询2 000人次；签订了一批正式技术合同和意向性合同。（王秀峰）

【全国卫生系统实行统一实验动物合格证制度】 为进一步贯彻中华人民共和国《实验动物管理条例》和卫生部《医学实验动物管理实施细则》，以及全国第三次医学实验动物工作会议精神，提高实验动物质量和动物实验科学水平，卫生部医学实验动物管理委员会通知，从1995年1月1日起在全国卫生系统中实行统一格式的实验动物合格证制度。

自1983年全国第一次医学实验动物工作会议后，京、沪两地率先成立医学实验动物管理委员会，试行医学实验动物合格证制度。目前，全国大多数省、自治区、直辖市都成立了省级实验动物管理委员会，并逐步准备实行医学实验动物合格证制度，这是我国医学实验动物进入法制化管理的重要标志。为严格标准、方便管理，卫生部医学实验动物管理委员会印制了统一格式的合格证，委托各省、自治区、直辖市医学实验动物管理委员会按照医学实验动物标准，负责本地区医学实验动物合格证的申报、检查、审批等工作，由各省、自治区、直辖市医学实验动物管理委员会签字盖章生效。发证范围除地方卫生系统外，还包括军队卫生系统和中医药系统。发放的合格证共四种，即：《医学实验动物合格证书》、《医学实验动物环境设施合格证书》、《医学实验动物全价营养饲养合格证书》和《医学实验动物饲料生产条件合格证书》。（郭苗云）

【中国医学科学院设立"中国医学科学奖"】 中国医学科学院自1994年开始设立"中国医学科学奖"，每年从院经费中拨出10万元，奖励1名取得卓越成就的科学家。中国医学科学奖候选人由全国医药卫生单位推荐，评审委员会由中国医学科学院、中国协和医科大学学术委员会执行委员会成员和医药卫生界著名专家教授26人组成，其成员中近半数为中科院院士。

首届中国医学科学奖获奖者为中科院院士、我国著名天然药物结构化学家、中国医学科学院药物研究所梁晓天研究员。梁晓天研究员40年代中期毕业于重庆大学化学工程系，1948年赴美获博士学位，后又于美国哈佛大学化学系作博士后研究员。自1954年回国以来，一直为探索中草药化学结构辛勤耕耘，他是我国用现代仪器研究天然产物结构化学的开创者，率先在国内应用核磁共振等新的科学手段揭开了一些含量极少、结构复杂、难度较大的天然物质结构秘密，为开发研制新药、发展祖国传统药学做出了突出成绩。经过多年的艰苦运算，他成功地简化了核磁共振中复杂的ABC和AA′BB′系统的解析方法，提出了简单的公式，使其能被一般实验室所采用。他发表论文百余篇，有10多项成果获国家和部委奖励。梁晓天研究员取得的卓越成就，标志着我国有机化学、天然产物及药物合成研究与发展进入了重要里程。（钟紫红）

【侯云德等受到国家八部委联合表彰】 1994年12月22日，由国家计划委员会、财政部、国家科学技术委员会、国家教育委员会、中国科学院、农业部、卫生部和国家自然科学基金委员会联合主办的国家重点实验室建设十周年总结表彰大会在北京召开，会上有11个先进集体和65名先进工作者受到表彰。其中卫生部所属病毒基因工程国家重点实验室荣获"先进集体"称号，八部委授予"金牛"奖牌及奖金2万元；病毒基因工程实验室主任侯云德，分子肿瘤学实验室主任吴旻，癌基因及相关基因实验室主任顾健人，医学遗传学实验室主任邓汉湘和卫生部科教司刘谦荣获"先进工作者"称号，八部委授予"金牛"奖和荣誉证书。（贾萍）

【卫生部优秀青年科技人才专项科研基金评定】 从1994年起，原卫生部青年科学研究基金改为卫生部优秀青年科技人才专项科研基金，为此，卫生部制定《卫生部优秀青年科技人才专项科研基金试行办法》，其主要不同点是将原来评审课题改为评议课题负责人。卫生部于1994年3月3日发出通知。至4月底，收到申请书共360份，经评审，选出58位优秀的青年科技工作者予以资助，中标率16%，资助强度为1.8万元。他们之中74%为博士毕业生，22%为硕士毕业生；57%是出国留学归国人员；不少人承担了国家和省、市级重大科研课题，得过省、部级或国家级科技进步奖，发表过有影响的论文。（邵新）

【医药卫生科技发展研究中心成立】 1994年10月7日人事部、卫生部批准建立卫生部医药卫生科技发展研究中心。该中心为一具有法人地位的卫生部直属事业单位，经费自收自支，内部实行企业管理。其主要任务是：从事和组织协调科技开发；研究科技开发有关政策和措施；向全国医药卫生部门提供科技咨询服务。同时受卫生部委托，做一部分具体的科技管理工作，如基金管理、知识产权、技术市场、技术评估、科技咨询等。该中心正式事业编制15人，实行主任负责制（主任为副司局级），人员实行聘任制。卫生部科技教育司负责该中心的筹建工作，并对其进行业务指导。该中心挂靠在中国生物制品总公司。（邵新）

【卫生部又批准建立7个部级重点实验室】 根据卫生部"八五"期间重点实验室装备计划和医学科技事业发展的需要，经各依托单位的推荐及有关专家组论证，卫生部于1994年又批准建立7个部级重点实验室。它们是：中山医科大学的辅助循环重点实验室；上海医科大学的糖复合物重点实验室、病毒性心脏病重点实验室；湖南医科大学的癌变原理重点实验室和上海第二医科大学的内分泌代谢病重点实验室、人类基因组研究重点实验室、内科消化重点实验室。截至1994年底，卫生部已累计建成部级重点实验室33个（见附表）。（贾萍）

附表 卫生部国家级重点实验室和部级重点实验室名录

实验室代码	实验室名称	依托单位	装备时间(年)
	卫生部国家级重点实验室		
13618509	天然药物及仿生药物实验室	北京医科大学	1985
13618510	癌基因及相关基因实验室	上海市肿瘤研究所	1985
13618610	分子肿瘤学实验室	中国医学科学院肿瘤所	1986
13618711	病毒基因工程实验室	预防医学科学院病毒所	1987
13618812	实验血液学实验室	中国医学科学院血研所	1988
13618908	医学遗传学实验室	湖南医科大学	1989
13619103	医学分子生物学实验室	中国医学科学院基础所	1991
13619203	医学神经生物学实验室	上海医科大学	1992
13619303	核医学实验室	江苏省原子医学研究所	1993
	卫生部级重点实验室		
23618505	微循环实验室	中国医学科学院微循环所	1985
23618502	天然药物生物合成实验室	中国医学科学院药物所	1985
23618501	医学分子病毒学实验室	上海医科大学	1985
23618503	抗菌素临床药理实验室	上海市肿瘤研究所	1985
23618504	大骨节病实验室	哈尔滨医科大学	1985
23618601	心肺内分泌与调节肽实验室	北京医科大学	1986
23618602	抗菌素生物工程实验室	医科院医药生物技术所	1986
23618603	器官移植实验室	同济医科大学	1986
23618701	微量元素与营养实验室	预防医学科学院营卫所	1987
23618702	地方病实验室	西安医科大学	1987
23618703	细胞生物学实验室	中国医科大学	1987
23618801	内分泌实验室	医科院内分泌研究所	1988
23618802	生物技术产品检定方法及其标准化实验室	中国药品生物制品检定所	1988
23618901	口腔生物医学工程实验室	华西医科大学	1989
23618902	耳鼻喉科学实验室	山东医科大学	1989
23619001	眼科学实验室	中山医科大学	1990
23619002	放射医学实验室	白求恩医科大学	1990
23619101	呼吸系统疾病实验室	同济医科大学	1991
23619102	寄生虫病学实验室	预防医学科学院寄研所	1991
23619201	手功能重建实验室	上海医科大学华山医院	1992
23619202	肾脏疾病实验室	北京医科大学第一附院	1992
23619301	听觉医学实验室	上海医科大学耳鼻喉医院	1993
23619302	肾脏病临床实验室	中山医科大学附属医院	1993
23619303	医学分子细菌学实验室	预防医学科学院流研所	1993
23619304	精神卫生学实验室	北京医科大学精研所	1993
23619305	脑功能研究实验室	北京医科大学神经所	1993
23619401	辅助循环实验室	中山医科大学	1994
23619402	糖复合物实验室	上海医科大学	1994
23619403	病毒性心脏病实验室	上海医科大学	1994
23619404	内分泌代谢病实验室	上海第二医科大学	1994
23619405	人类基因组研究实验室	上海第二医科大学	1994
23619406	内科消化实验室	上海第二医科大学	1994
23619507	癌变原理实验室	湖南医科大学	1994

【卫生部科学研究基金进行第四次招标】 1994年的卫生部科学研究基金第四次招标和评审工作进行了改革：

1. 将原每三年评审一次改为每两年一次，即：1994年进行第四次招标工作，1996年将进行第五次招标。

2. 建立二级评审制度。一级评审由243位同行专家分4批51个学科对3 058份申请课题的学术水平、价值和预期效益等方面进行评审，择优评选出初步中标课题666个，总中标率为21.78%；二级评审由著名同行专家、管理专家和情报专家共同参与，从一级专家初步评出的666个课题中再筛选出362个课题由卫生部基金资助，受到卫生部资助的课题平均资助强度为4.36万元。

3. 将一级专家评审同意中标而因经费有限，不能资助的304个课题列为部基金中标课题管理，经费由所在单位或地方资助。

4. 在本次评审中，在对申请者个人的科研水平进行评价时，着重看近三年来取得的科研成就，并要求课题申请者必须是实际从事科研工作的科技人员。

从这次招标结果看，基础及应用基础占总经费的25.58%，应用研究占57.51%，开发研究占8.88%，项目基金占3.81%，社会医学软科学占4.23%。

从投标情况看，部直属单位投送的标书占总数的67%，省、市各所属单位标书占33%；部直属课题中标率13.52%，省、市单位课题中标率8.25%；从经费分配看，部直属单位占总资助经费的81.07%，省、市各单位占18.93%。

（邵　新）

【边远地区优秀医学科技工作者受到表彰】 为弘扬长期扎根祖国边陲、高原、海疆边远地区优秀医学科技工作者的无私奉献和爱国主义精神，表彰他们在医药卫生科技工作中的成就，1994年，卫生部人事司、科技教育司、解放军总后卫生部科技训练局和健康报社联合举行表彰边远地区优秀医学科技工作者活动。根据地理位置、自然条件、工作与生活条件，在西北、西南、东北、华北、华南的范围内，确定西藏、新疆、内蒙古、青海、贵州、宁夏、云南、甘肃、广西、黑龙江、吉林、海南12个省、自治区和解放军所辖7个大单位为选定区。评选根据四个条件：①在边疆工作30年以上；②获省、部级科技进步二等奖以上或国家科技三等奖的第一、第二完成者；③承担国家和省、部级课题主要负责人；④成绩特别突出者。

1994年9月26日在北京人民大会堂举行表彰活动，350名优秀医学科技工作者获得表彰。吴阶平副委员长、彭珮云国务委员和陈敏章部长为本次活动题词。（史解放）

【1994年度卫生部医药卫生科技进步奖获奖项目】

等级序号	项目名称	主要完成单位	主要完成者
一等奖（3项）			
1	珠蛋白基因小片段红系增强子及关键部位的发现与转β^E珠蛋白基因鼠模型的建立	中国医学科学院基础医学研究所	刘德培　梁植权　刘庆辉　韦启泽　贾佩臣　陈松森　丁玉珍
2	人类高分辨染色体显微切割、PCR、微克隆、探针池技术及其应用	湖南医科大学	邓汉湘　夏家辉　何小轩　李麓芸　戴和平　朱亚辉　杨　毅　阮庆国　黄　蕾　袁开宇
3	首次全国人体寄生虫分布调查	中国预防医学科学院寄生虫病研究所　卫生部卫生防疫司　四川省医学科学院寄生虫病研究所　山东省寄生虫病防治研究所　河南省卫生防疫站　福建省寄生虫病防治研究所　安徽省寄生虫病防治研究所等33个单位	余森海　许隆祺　蒋则孝　徐淑惠　韩家俊　朱育光　常　江　林金祥　徐伏牛
二等奖（27项）			
1	影响儿童双眼视觉发育因素的临床研究	北京医科大学第一医院	郭静秋　甘晓玲　牛兰俊　刘家琦

等级序号	项目名称	主要完成单位	主要完成者
2	脑干占位病变及外科治疗	北京市神经外科研究所　北京天坛医院	王忠诚　刘阿力 赵继宗　张俊廷 戴建平
3	假肥大肌营养不良症(DMD)产前系列诊断	北京协和医院	孙念怙　吴元清 黄尚志　郭玉璞 雷　奇　王清德 王凤云
4	产科生理常数研究:(1)中国女性骨盆;(2)中国新生儿头径;(3)中国妇女产程	天津市中心妇产科医院	岳　琏　王淑雯 吴　荣　王公恕 左义欣　周凤阁 李庆熙
5	严重颅颌面畸形的外科治疗研究	上海第二医科大学附属第九人民医院	张涤生　冯胜之 穆雄铮　丁美修
6	关于脊髓小脑束结构的研究	首都医学院	徐群渊　张进禄 高秀来　纪中启 濮存丰　王达良
7	系统性红斑狼疮的系列研究	上海第二医科大学附属仁济医院 上海市免疫学研究所	陈顺乐　顾越英 许以华　鲍春德 王　元　叶　萍 施守义
8	老年收缩期高血压临床试验	中国医学科学院心血管病研究所　上海第二医科大学　上海市高血压研究所　湖南医科大学第一附属医院　北京首都钢铁公司古城门诊部　山东医学科学院　河南中医研究院　鞍钢铁西医院　大连医学院第二附属医院　唐山开滦矿务局医院　上海市心血管病研究所	刘力生　龚兰生 刘国仗　王宪衍 孙　明　王淑玉 陈阳春
9	我国Ⅰ型糖尿病的临床、遗传学及免疫学研究	中国医学科学院北京协和医院	王　姮　池芝盛 孙　琦　何瑞娟 向红丁　郝　伟 张承芬
10	周围神经病的临床病理系列研究	中国医学科学院北京协和医院	郭玉璞　王有彬 王翠娣　高淑芳 王建明　朱立青 朱畴文
11	假肥大型肌营养不良症临床、生化、基因结构和蛋白功能的系列研究	中山医科大学附属第一医院	刘焯霖　梁秀龄 张　成　潘锡榜 余　龙　谢　冰
12	小儿肾病综合征诊断治疗的系列研究	北京医科大学第一临床医院	王宝琳　杨霁云 白克敏　崔晓玲 邹万忠　赵季琳 刘景城

等级序号	项目名称	主要完成单位	主要完成者
13	狼疮性肾炎的病理形态学研究及其临床意义	上海医科大学	郭慕依 张月娥 吴兆龙 徐虹 王勇雄 张秀荣 朱腾方
14	黄曲霉毒素暴露与乙型肝炎病毒感染对肝癌发生协同作用的前瞻性研究	上海市肿瘤研究所	高玉堂 钱耕荪 袁剑敏 屠基陶 褚兴棣 旷双远 王学励
15	外周神经病模型及其综合征机理的研究	中国医学科学院基础医学研究所	谢益宽 肖文华 李惠清
16	鼻咽癌恶性转化基因的克隆及其生物物理性状的研究	湖南医科大学肿瘤研究所	曹亚 胡维新 贺红 姚开泰
17	分离纯化 PNH 细胞及微量补体敏感法的意义	中国医学科学院基础医学研究所	周凤兰 万琪 张贡 杨天楹 张大龙
18	中国围产儿出生缺陷监测及高危高发出生缺陷的病因学探讨	中国出生缺陷监测协作组 华西医科大学	肖坤则 连志浩 李守柔 余浣珍 严竞章 秦新华 刘海林
19	杜氏和贝氏进行性肌营养不良症的基因诊断	中国医学科学院基础医学研究所	黄尚志 张俊武 吴冠芸 罗会元 许顺斌 马生林 吴沪生
20	我国马群中新甲型流感病毒及其新特性的发现	中国预防医学科学院病毒学研究所 黑龙江省哈尔滨市卫生防疫站 黑龙江省兽医科学研究所 黑龙江省兽医卫生防疫站	郭元吉 郭忠明 王敏 刘锦旭 董长安
21	单克隆抗体测定人 IgE、IgG、IgA 和 IgM 诊断盒的研制	中国医学科学院基础医学研究所	吴安然 邹明发 林嘉友 邱钢 郑珊珊 张克 刘火媛
22	成人腹泻轮状病毒基因组的分子生物学研究	中国预防医学科学院病毒学研究所	陈广牧 洪涛 赵姜勤 王长安 赵同兴
23	应用生物技术在细胞培养系统中抑制乙肝病毒基因复制及表达的研究	上海医科大学 中科院上海生物化学研究所 中科院上海生物工程研究中心	何丽芳 吴祥甫 陈常庆 袁正宏 陈波 赵苏伶 闻玉梅
24	破伤风毒素B片段在国际上的首次提取及功能	中国药品生物制品检定所	雷殿良 赵建荣 顾磊 董联珠 俞永平 乐嘉静 梁宝华

等级序号	项目名称	主要完成单位	主要完成者
25	大骨节病活跃病区概念与应用研究	哈尔滨医科大学大骨节病研究所	杨建伯 卢明俊 何凤兰 王志武
26	中国机动车事故倾性驾驶员生理、心理特征及其筛检标准研究	安徽三联事故预防研究所	金会庆 梅坤荣 陈嵘 李时灿 何存道 段露玲 徐勇
27	天麻种子与紫萁小菇等萌发菌伴播技术推广研究(推广应用项目)	中国医学科学院药用植物资源开发研究所 陕西省汉中地区药材公司	徐锦堂 傅世贤 郭顺星 杨日升 余汉华 张启贵 赵发国
三等奖(100项)			
1	骨肿瘤病因病理与临床诊治系列研究	中山医科大学附属第一医院	黄承达 廖威明 韩仕英 沈靖南 杨忠汉
2	血吸虫病肝微循环与门脉高压症关系	同济医科大学附属同济医院	杨镇 刘仁则 杨荣光 裘法祖
3	“液递物质”在肝硬化门静脉高压症发病中的作用及其临床意义	北京医科大学第二临床人民医院	杜如昱 冷希圣 李向农 李澍 彭吉润
4	原发性甲状旁腺功能亢进症的诊断和外科治疗	中国医学科学院北京协和医院	朱预 孟迅吾 张缙熙 周前 刘彤华
5	全肝血流隔离技术在肝外科中运用的系列研究	中山医科大学附属一院	黄洁夫 刘唐彬 陈秉学 吕明德 李桂生
6	小儿全肠外营养基础和临床应用系列研究	上海第二医科大学附属新华医院 上海市儿科医学研究所 上海长征制药厂	蔡威 陈方 范友新 李敏 万燕萍
7	人体绒毛膜促性腺激素的表达与膀胱肿瘤恶性程度、肿瘤转移及预后的关系	山东省立医院	吕家驹 刘士怡 王家耀 杜德利 许纯孝
8	婴儿皮肤血管瘤与血管畸形组织学和临床研究	上海医科大学儿科医院	金百祥 高解春 陈德鑫 陆慧君
9	接骨板诱发早期骨质疏松的组织形态及超微结构研究	上海第二医科大学附属第九人民医院	裘世静 陈永强 朱振安 王友 戴克戎
10	股骨颈骨折后股骨头后期塌陷的发生机理与预测及早期治疗方法的研究	苏州医学院附属第一医院 苏州医学院	董天华 王金熙 董启榕 翁文杰 徐耀增

等级序号	项目名称	主要完成单位	主要完成者
11	脑水肿(脑缺血、脑外伤)的基础和临床系列研究	上海第二医科大学附属瑞金医院	张天锡 赵卫国 姜智南 于永平 卞留贯
12	同种原位心脏移植	哈尔滨医科大学附属第二医院	夏求明 王璞 陈子道 陈厚坤 贾世义
13	两例同种原位心脏移植术	黑龙江省牡丹江心血管病医院	刘晓程 张代富 韩世华 查光彦 杨敏
14	深低温停循环上腔静脉连续逆行灌注脑保护的基础与临床研究	北京安贞医院	孙衍庆 董培青 杨传瑞 周其文 宋瑞冥
15	心脏瓣膜修复手术实验研究和临床应用	上海第二医科大学附属仁济医院 第二军医大学附属长海医院 上海市心血管病研究所 上海医科大学中山医院	王一山 陈如坤 王敏生 朱洪生 沈学东
16	人工生物心脏瓣膜钙化机制与抗钙化的实验研究	中国医学科学院心血管病研究所阜外医院	金磊 朱晓东 陈兰英 宋来凤 李玉瑞
17	左房粘液瘤患者肝素耐药机理的研究	中国医学科院阜外医院	邓硕曾 陈雷 胡如兰 刘焕兰 王廷杰
18	活化鼠脾细胞同系免疫诱导同种移植物存活时间延长的机理研究	上海医科大学	何球藻 陈永良 赵琳琳 李宪昌 郑秀娟
19	卵巢癌导向治疗的研究及卵巢癌腹水瘤模型的建立和应用	北京医科大学	钱和年 李文锦 聂松青 冯捷 付天云
20	子宫内膜癌的基础和临床研究	上海医科大学妇产科医院	张惜阴 曹斌融 丰有吉 杜心谷 刘惜时
21	BA—ELISA 检测精子抗体与透明带抗体及其在不育诊疗中应用研究	上海医科大学妇产科研究所	李大金 李超荆 朱影 汪迺经
22	直肠癌外科治疗及远期疗效系列研究	上海第二医科大学附属瑞金医院	周锡庚 郁宝铭 沈耀祥 王一春 冯国光
23	腹部断层解剖学研究	山东医科大学	刘树伟 王永贵 王凡 栾铭箴 于台飞

等级序号	项目名称	主要完成单位	主要完成者
24	青光眼视神经损伤机理的研究	北京市眼科研究所 北京同仁医院	徐 亮 张士元 杨 桦 李 杨 张淑芳
25	糖尿病视网膜病变亚临床生物学信息的研究	中国医学科学院北京协和医院	张承芬 赵明威 杜 虹 姜茹欣 费佩芬
26	表面角膜镜片术的系列研究	中山医科大学中山眼科中心	陈家祺 刘祖国 冯春茂 杨 斌 陈龙山
27	简化二步法深低温保存角膜技术及其临床应用的研究	青岛医学院附属医院	王传富 刘金刚 孙为荣
28	人类鼻气道阻力的研究	白求恩医科大学第一临床学院	李晓明 卜国铉 郭晓峰
29	乳突炎和胆脂瘤的系列性研究	福建医学院	易自翔 梁 平 杨颈松 程金妹 李志春
30	发音障碍机制及有关生理的研究	中国医科大学	杨式麟 胡连生 王丽萍 韩仲明 牟连才
31	牙外科正畸术的临床与实验研究	北京医科大学口腔医学院	耿温琦 王滨滨 张旭光 翟新利 李建广
32	中缅树鼩、广西猕猴脑立体定位研究	广西医科大学	杨文光 罗裕群 张沧人 陈培礼 张唯嘉
33	防龋食盐的研制和临床应用	湖北医学院口腔医院	樊明文 凌均启 台保军 肖益东 刘善立
34	中国正畸钢丝的研制和应用	首都医学院附属北京口腔医院 冶金部钢铁研究总院	王邦康 万成绪 纪昌蓉 姜春阳 崔裕民
35	Tamm-Horsfall 蛋白在肾小管间质肾炎免疫发病机理中作用	中山医科大学附属第一医院	叶任高 侯凡凡 李幼姬 姜 傥 董秀清
36	气道高反应性与隐匿型哮喘及其防治研究	广州医学院广州呼吸疾病研究所	钟南山 陈荣昌 郑劲平 欧阳铭 吴振英
37	非溃疡性消化不良机理及临床研究	同济医科大学附属协和医院	张锦坤 易粹琼 侯晓华 彭福平 聂玉强

等级序号	项 目 名 称	主 要 完 成 单 位	主要完成者
38	食管运动障碍疾病的诊断:食管运动图的临床研究	西安医科大学第二临床医学院 解放军兰州军区总医院	罗金燕 张世范 董 蕾 龚 均 朱有玲
39	室性心动过速电生理研究	苏州医学院附属第一医院	蒋文平 汪康平 黄 俭 沈坚冰
40	长期供碘盐后地方甲状腺肿病区居民与地方甲状腺肿患者垂体及甲状腺功能研究	河南医科大学 河南省医学科学研究所 美国 UCLA 医学院	欧阳安 苏天水 J. M. Hershman 张玉凤 陈 茜
41	肝豆状核变性培养细胞内铜、锌、金属硫蛋白代谢的综合研究	中山医科大学附属第一医院	梁秀龄 陈 嵘 刘焯霖
42	短暂性脑缺血发作的临床研究	卫生部北京医院	王新德 李 金 龚 涛 丁翠娥
43	特(原)发性血小板减少性紫癜的免疫学发病机制研究	中国医学科学院血液学研究所血液病医院	张源慧 陈稚勇 陈辉树 李家增 陈群芳
44	中国妇幼卫生示范县小儿佝偻病发病现况及防治研究	哈尔滨医科大学	关庆润 马贤才 苏长林 余章凤 谢英志
55	压力容积关系及其在评定心肌收缩性和顺应性上的意义和应用	湖南医科大学	李云霞 王建勋 贺振翮 丁小凌 杨绿化
46	抗麻风杆菌及其抗原成分单克隆抗体的研制	中国医学科学院皮肤病研究所	吴勤学 李新宇 魏万惠 尹跃平 叶干运
47	中国人血粘弹性参数正常值及其临床应用	华西医科大学基础医学院 附二院 附一院	陈槐卿 李 良 杨怡静 唐胜才 陈正玉
48	BME-200 眼科 A/B 型超声波诊断仪	中国医学科学院生物医学工程研究所	王延群 丁仲奇 王志元 宋学东 杨 军
49	血小板单克隆抗体评价生物材料血液相容性研究	中国药品生物制品检定所	奚廷斐 田文华 雷学会 王春仁 阮长耿
50	丙型肝炎的病原学、流行病学和临床的研究	湖南医科大学附属湘雅医院	谭德明 胡国龄 张 铮 任培上 谢玉桃
51	青春发育的形态及生理研究	上海第二医科大学附属瑞金医院 上海社会科学院青少年研究所	王德芬 张影梅 刘薇芬 陈凤生 曾曦生

等级序号	项目名称	主要完成单位	主要完成者
52	微流场中血液流变特性及微循环灌注机理的研究	中国医学科学院血液学研究所	李贵山 梁妮 薄丽津 刘泽扬 张英骏
53	正常和实验性哮喘时神经肽定位和定量的研究	中国医科大学	方秀斌 于频 王铁民 赵斌
54	白血病病毒核酸、病毒蛋白和反义核酸抗逆转录病毒作用研究	上海医科大学	单易非 季文琴 程立 吕彪 高红阳
55	人乙肝病毒和黄曲霉素与原发性肝癌发生关系在树鼩的实验研究	广西医科大学 广西肿瘤防治研究所	严瑞琪 苏建家 黄定瑞 杨春 黄国华
56	乙型肝炎病理学系列研究	上海医科大学	翟为溶 胡锡琪 应越英 张月娥 叶诸榕
57	麻风的神经病变及皮肤免疫病理的系列研究	中山医科大学	刘子君 丘钜世 章星琪 梁智
58	肿瘤局部免疫反应特性的原位研究	西安医科大学	司履生 王一理 袁沛雄 刘天菊 尹晓英
59	云锡矿工肺癌病因系列研究	昆明医学院	黄润 张志杰 黎冠群 和映藻 金克炜
60	抗癌新药米托蒽醌的研究	华西医科大学药学院、药厂、基础医学院、第一附属医院	胥佩菱 何菱 屈炳之 伍朝贫 姜继祖
61	药用昆虫的开发利用——五倍子繁殖增产技术的研究	中国医学科学院药用植物资源开发研究所 陕西省丹凤县供销合作社联合社	程惠珍 林余霖 陈君 周忠宝 罗家禄
62	抗溃疡新药——奥美拉唑的开发研究	中国医学科学院药物研究所	杨靖华 姜芸珍 谷士杰 张守仁 罗淑英
63	锝[^{99m}Tc]葡庚糖酸盐注射液	江苏省原子医学研究所	匡琴芳 国毓智 楼滨 潘尚仁 方平
64	一种高效率的细胞同步化技术的建立(高压笑气法和TdR双阻断为主体的同步技术)	北京市肿瘤防治研究所	王代树 梁云燕 王永潮

等级序号	项目名称	主要完成单位	主要完成者
65	序列固相凝集素亲和层析研究细胞分化与反分化时糖链结构变化	上海医科大学基础医学院	查锡良　陈惠黎　艾兆伟　赵　毅
66	西藏高原居民红细胞和血红蛋白特性的研究	中国医学科学院基础医学研究所、西藏自治区人民医院	陈松森　郑元明　宋良权　张秀芳　敖朝晖
67	人DNA指纹的研究及其应用	中山医科大学	罗超权　杨英浩　伍新尧　郭俊明　周俊宜
68	性分化异常病人的SRY基因研究	上海市儿童医院上海医学遗传研究所	曾溢滔　黄　英　任兆瑞　陈美珏　陆建英
69	中国人成人型多囊肾病基因诊断的研究	中国医学科学院基础医学研究所	刘国仰　罗会元　袁丽芳　刘　翀　赵俊谋
70	用银染Amp-FLP和多重PCP进行DMD和性连锁鱼鳞病的快速基因诊断	南京铁道医学院	高翼之　黄晓明　李明发　史怡君　胡向阳
71	无菌大鼠的开发与应用研究	中国医学科学院实验动物研究所	王荫槐　王玉琢　吴桂林　徐　晶　孙淑华
72	建立实验动物遗传质量监测新方法——细胞遗传学监测技术	天津市劳动卫生职业病研究所	王凤山　徐　坚　支　宇　于国德　杨梦礼
73	斑贴试验标准筛选抗原系列及其在皮炎湿疹类皮肤病病因诊断上的意义	北京医科大学第一临床医学院	朱学骏　刘玲玲　寇桂玲　魏南燕　杨群志
74	风疹病毒株的选育及疫苗研制	卫生部北京生物制品研究所	宫荫乡　韩雅儒　赵　铠　刘　伟　王淑珍
75	麻风畸残流行病学及社会医学调查研究	中国医学科学院皮肤病研究所、扬州市皮肤病防治所、东台市皮肤病防治所	张国成　李文忠　江　澄　陈祥生　严良斌
76	大兴安岭流行性出血热宿主动物研究	中国科学院动物研究所	罗泽珣
77	基因工程人白细胞介素-2(IL-2)的研制和中试生产	中国预防医学科学院病毒学研究所　卫生部长春生物制品研究所	张智清　刘东升　孙凤至　路秀华　侯云德

等级序号	项 目 名 称	主要完成单位	主要完成者
78	布鲁氏菌免疫抑制作用的研究	中国预防医学科学院流行病学微生物学研究所	张见麟 吕秀芝 郭宝岚 崔春槐 李洪珍
79	国人疱疹病毒-6型的首次发现及病因学研究	中国医科大学	赵玉坤 宋艾芝 白凤林 张雪廉 刘 军
80	志贺氏菌属、克雷伯氏菌属诊断噬菌体的建立和应用	江西省卫生防疫站 南昌市医学科学研究所	何晓青 潘若男 张淑贞 汪建民 孙吉昌
81	食饵低钙对氟中毒的影响及骨软化性氟骨症发病机理研究	白求恩医科大学	李广生 井 玲 杨同书 孙 梅 王凤华
82	凉山彝族高血压流行病学调查研究	中国医学科学院基础医学研究所 卫生部临床检验中心 四川普格县人民医院 凉山州卫生防疫站	何观清 何 江 唐元昌 莫培生 莫京平
83	中国隆安县乙型肝炎疫苗免疫模式研究	广西壮族自治区卫生防疫站 上海医科大学 隆安县卫生防疫站	王树声 徐志一 杨进业 李荣成 农远志
84	弓形虫畸胎分离株的生化特性鉴定与早期查诊技术的研究	上海第二医科大学	杨惠珍 姜昌斌 徐克继 钱宗立 杨 杨
85	海南省毛阳地区抗氯喹恶性疟防治对策及其应用研究	海南省热带病防治研究所、海南省通什市毛阳镇卫生院	蔡贤铮 连林青 司有忠 王元清 梁泽堂
86	恙螨生物系统分类的研究	福建医学院	王敦清 王灵岚 孙玉梅 叶韵斌
87	C6膜检测水中日本血吸虫尾蚴方法的研究	南京医学院 中国预防医学科学院寄生虫病研究所 江苏省血防地防办公室 镇江市血吸虫病防治所 南京市血吸虫病防治院	蔡士椿 倪传华 陈锡慰 刘和香 刘伯荧
88	内污染荧光涂料激发能源^{147}Pm的放射毒理学研究	苏州医学院	朱寿彭 王六一 伦明跃 曹根发
89	二硫化碳对男工和雄性动物生殖损伤的研究	中国预防医学科学院劳动卫生与职业病研究所 北京医科大学公共卫生学院	蔡世雄 保毓书 黄美媛 赵树芬 于振庆
90	三硝基甲苯(TNT)生物标志物的研究	中国预防医学科学院劳动卫生与职业病研究所	刘玉瑛 方家龙 姚 明
91	减压性骨坏死的研究(1958～1992)	上海市杨浦区中心医院	张陆弟 康建飞 倪为民 薛汉麟 党渭楞

等级序号	项 目 名 称	主 要 完 成 单 位	主要完成者
92	黄曲霉群落的产黄曲霉毒素性能综合研究	浙江省卫生防疫站	王志刚 童 哲 程苏云 丛黎明 任锦玉
93	乡镇企业环境污染对人群健康影响的经济分析和对策研究	中国预防医学科学院环境卫生监测所 北京医科大学 江苏省卫生防疫站 山东省卫生防疫站 辽宁省卫生防疫站 贵州省劳动卫生职业病防治研究所 武汉市卫生防疫站 广东医学院 中国预防医学科学院卫生信息中心 农业部乡镇企业司	徐 方 王华敏 曹兆进 王黎华 陈晓东
94	松花江甲基汞污染对沿江居民健康危害的研究	吉林省卫生防疫站 黑龙江省卫生防疫站 白求恩医科大学 哈尔滨医科大学 吉林省人民医院 吉林医学院	吴世安 王贤珍 徐 杰 崔庆祥 邱炳源
95	诊断相关分类法(DRGs)在北京地区医院管理的可行性研究	北京市医院管理研究所 北京市卫生局 北京医科大学第一附属医院 北京友谊医院 北京儿童医院 北京天坛医院 解放军301医院 北京医科大学第三附属医院 北京宣武医院 北京医科大学人民医院 北京积水潭医院 北京朝阳医院	
96	中国图书馆图书分类法(R类)与医学主题词表(MeSH)、中医药学主题词表对应表	中国医学科学院医学信息研究所图书馆	林美兰 朱 瑾 金 晶 王宗欣 吴子钧
97	按病种医疗质量和成本标准化管理的研究	上海医科大学公共卫生学院	陈 洁 陈兴宝 郑思群 曹建文 邵德耀
98	医院综合效益评价研究	华西医科大学附属第一医院	徐嘉玲 汪良吉 邓其名 王嘉祝 侯忠亮
99	经皮穿刺切除椎间盘推广应用(推广应用项目)	同济医科大学附属同济医院	周义成 王承缘 周韵清 陈锦华 胡国栋
100	脏器保存液 WMO-1 号的推广应用(推广应用项目)	同济医科大学器官移植研究所	顾相君 夏穗生 姜汉英 沙 波 刘敦贵
101	间接血凝试验诊断血吸虫病技术(推广应用项目)	江西省寄生虫病研究所	吴福东 袁斯娇 许雪萍 黄美娇 颜 萧

(刘晓波)

【1994 年度医药卫生科学技术进步奖项目选介】

1. 珠蛋白基因小片段红系增强子及关键部位的发现与转 $β^E$ 珠蛋白基因鼠模型的建立　中国医学科学院基础医学研究所医学分子生物学国家重点实验室刘德培等人自 1987 年开始此项研究工作。他们从β-珠蛋白基因远距离大片段红系特异增强子入手，采用转珠蛋白基因鼠方法，在位于β-基因簇上游的 LCR 的 21kbDNA 片段中，首先发现相当于 HS2 的 732bp 的 DNA 小片段在转基因鼠中是转人β-珠蛋白基因的红系增强子，该增强子片段的不同缺失与β-珠蛋白基因重组体的转基因动物实验结果从正反两方面证明并首先提出 NFE2/AP1 位点是红系特异增强子的关键作用部位。在以上研究基础上，首先建立含红系特异增强子的异常 $β^E$-珠蛋白基因的转基因鼠模型，证明了 HS2 也是异常 $β^E$-珠蛋白基因的红系特异增强子。

本研究以转基因动物为主要实验方法，从分子水平上设计实验，从较大片段增强子到其关键作用部位的核心序列与β-基因构建多种重组体，检测这些重组体在转基因动物中的整合与人β-珠蛋白基因的表达。从四维时空观察转基因动物的整体动态效应。

小片段红系特异增强子及其关键作用部位的发现与异常 $β^E$-珠蛋白基因转基因鼠模型的建立对珠蛋白基因红系特异性表达调控规律的阐明，对异常珠蛋白基因调控规律及地中海贫血基因治疗等研究有重要意义，对研究其它成簇基因表达调控规律具有指导意义。该研究系统性强，逐步深入，研究结果在该领域居国际领先水平，获得卫生部科技进步一等奖。

2. 人类高分辨染色体显微切割、PCR、微克隆，探针池技术及其应用　湖南医科大学医学遗传学国家重点实验室邓汉湘等人于 1989 年在世界上第二家成功地建立了“人类染色体显微切割、PCR、微克隆和染色体探针池技术”，在世界上首创了利用人工合成的由 24 个核苷酸组成的寡核苷酸为引物，加上用人工合成的由 10 个核苷酸组成的连接体构成一个能与被 Sau3A 酶切后的人类特异 DNA 片段的粘性末端紧密结合，对定向切割的染色体和染色体区带中未知 DNA 顺序的人类 DNA 片段进行扩增的方法，解决了国外方法中显微切割产物的不均一性问题，提高了探针池的完整性，从而成功地走出了一条使染色体水平的研究同基因水平的研究结合的道路。

几年来该实验室以这项技术为核心，参与多项国际和国内重点课题的研究。完成 24 个染色体区带专特性探针池的构建，完成 8q24.1 带的 DNA 文库的构建，筛选了 40 个单拷贝，完成了 16 个单拷贝的 DNA 顺序分析。为该实验室和国内外许多实验室开展基因克隆，染色体特异区段的文库构建、作图、测定的工作提供了材料。为我国参与国际合作、国际基因组计划的竞争奠定了技术和研究基础。该项研究在国际同研究领域处于领先水平，获得卫生部科技进步一等奖。

3. 首次全国人体寄生虫分布调查　中国预防医学科学院寄生虫病研究所等单位于 1986～1992 年首次在全国范围内采用统一的标准和方法开展多种寄生虫感染情况的随机抽样调查。全国共抽样调查 726 个县 2 848 个点共计 1 477 742 人，取得以下成果：①在国际上首次发现寄生虫新虫种-福建棘隙吸虫；在世界上首次报告藐小棘隙吸虫和狭睾棘口吸虫的人体感染；在国内首次报告台湾棘带吸虫人体感染病例。②发现我国主要人体寄生虫感染的地理分布特点和规律：吸虫感染随水系流域分布，绦虫感染因地势三级阶梯而异，土源性线虫感染随温度带、干湿区域不同而改变。③查明我国主要人体寄生虫的地区分布和寄生虫感染的人群分布情况，揭示了当前我国寄生虫病两种变化趋势，一是随着农村经济水平的提高，部分肠道寄生虫感染率呈下降趋势；二是由于市场开放，管理措施不够完善，生食和半生食人数有增无减，以及流动人口增加，一些食物源性寄生虫病流行范围和波及人群有不断扩大趋势。④在国际上首先创用试管滤纸培养法分离肠道原虫滋养体，比传统生理盐水直接涂片法的检出率提高 16.7 倍。⑤首次探索出改良加藤氏法中蠕虫卵的形态变化规律，提高了该法的检出率和准确度。⑥利用本次调查收集到大量虫种标本，编著出版《人体寄生虫学彩色图谱》。该书是收集虫种较多，学术水平较高，实用性强的寄生虫病原诊断学工具书。⑦这次调查建立的全国数据库包括了有关寄生虫感染的自然、社会因素资料共 9 000 余万个数据，包括寄生虫学、地理流行病学及社会医学的完整资料。本项研究具有国际领先水平，获得卫生部科技进步一等奖。

（刘晓波）

药 政 管 理

【药品监督管理工作】

1. 宣传贯彻《药品管理法》　1994 年，《药品管理法》颁布十周年，卫生部会同全国人大法制工作委员会、教科文卫委员会、国务院法制局等单位于 10 月 6 日在京召开纪念《药品管理法》颁布十周年座谈会，陈敏章部长报告了我国执行《药品管理法》十年来的情况，全国人大教科文卫委员会副主任委员郝诒纯作重要讲话。

2. 完善药品监督管理法规
卫生部组织制订《卫生部临床药理基地管理指导原则》。编辑、出版《药品监督管理法规汇编》(第二版)、《中国医院制剂规范》(第二版)、《中药新药技术要求指南》。编辑、发行《药品监督管理简报》34期。组建了卫生部进口天然药物专家委员会。

3. 贯彻《国务院关于进一步加强药品管理工作的紧急通知》精神,深入开展查处制售假药劣药违法犯罪活动。在1994年10月31日国务院召开的全国加强药品管理工作电话会议上,卫生部张文康副部长讲话,部署贯彻落实的具体意见。

1994年查处未经批准进口的"淋必治胶囊"等药品;对各地发现的非法生产、销售的"促肝细胞生长素"、"神经生长因子"、"白细胞介素-2"、假北芪参、假红霉素、自航牌灵芝孢籽粉及仙妮蕾德公司生产的以非药品冒充药品销售的系列产品进行查处;吊销抽验不合格的三个品种的洋参制品的《进口药品注册证》。

为加强医疗单位配制制剂的监督管理,卫生部下发卫药发(1994)第24号文件。

1994年,会同监察部共同对湖南、广东、福建、山东、河北五省执行《药品管理法》情况进行联合检查。

4. 药品标准的制定及药品审批、整顿工作 1994年,核发471个《进口药品注册证》(其中换发180个)、487个《一次性进口药品批件》(其中有注册证209个);审批新药(包括批准临床研究)共424个;批准236个药品品种的保护申请;完成部颁标准200个品种。对253个中成药进行医学审查,通过117个品种的整顿工作,对107个疗效不确切的中成药品种予以淘汰。重新核发全国人血白蛋白国家生产批准文号;制订下发人工麝香标准,完成了藏药部颁标准的审稿工作。

5. 特殊药品的管理 1994年,组织制定"戒毒药品临床试验指导原则"、"镇痛药临床使用指导原则"、"使用麻醉药品戒毒药的医疗单位验收标准"、"阿片类成瘾者体液检查法汇编"等法规;对麻醉药品一、二级供应站经营情况、部分省市药物滥用情况进行调查;审核批准四川等省作为地市级麻醉药品供应点,开展放射性药品试剂盒整顿工作。 (张爱萍)

【严格执行《药品管理法》】 为加强药品管理,改变目前药品生产、经营和使用的混乱局面,国务院于1994年9月29日下发《关于进一步加强药品管理工作的紧急通知》(以下简称《紧急通知》)。卫生部贯彻《紧急通知》精神,采取如下措施:

1. 以卫药发(1994)第35号文件通知各地结合执行《药品管理法》,换发《许可证》,对学习贯彻国务院《紧急通知》提出贯彻意见:深入开展打击制售假药劣药违法犯罪活动;对久拖未决的案件,要尽快结案,对典型案件要公开曝光;加强对医疗单位配制制剂的监督管理;切实解决目前医疗单位存在的使用未经批准的药品和制剂等问题;对药品广告进行清理整顿等。

2. 卫生部、国家医药管理局、国家中医药管理局联合发出《关于做好换证工作的紧急通知》,要求各地对证照不全、违反法定程序、越权审批取得证照、近两年有生产经营假药劣药违法行为、超范围生产经营药品的企业暂停换证;各地对新开办的药品生产、经营企业的申报暂停受理。

3. 为加强行政监察,卫生部与监察部共同对湖南、广东、福建、山东、河北五省执行《药品管理法》情况进行联合调查。

4. 1994年12月1~4日卫生部召开全国药品监督管理工作会议,传达国务院《紧急通知》,并结合药品监督执法工作进行专题研讨。按照国务院《紧急通知》的要求,制订《1995年药品监督管理工作要点》。

5. 经国务院同意,卫生部、国家医药局、国家中医药局、国家工商局、国家技术监督局、国务院法制局等有关部委组成检查组,于1995年2~3月分赴湖北、辽宁、广东、海南、四川、重庆等六省市,检查各地贯彻国务院《紧急通知》的情况。

6. 根据调查结果和《药品管理法》执行的情况,卫生部就如何加强药品监督执法,加大执法力度,打击制售假药劣药的违法活动向国务院提出报告。 (潘学田)

【1994年全国药品抽验工作】

1. 对《中华人民共和国药典》、《卫生部药品标准》所列的重点品种及近年来批准的新药品种和医疗单位配制的制剂进行抽验;同时结合本地区情况,对贵细中药材、混乱品种中药材进行抽验。

2. 确定注射用氨苄青霉素钠等15个品种作为全国统一抽验扫描品种,由各地(市)级以上药检所抽验,检验结果按统一报表报中国药品生物制品检定所。

3. 对全国96个中等药品生产企业生产的品种进行监督抽验。

4. 指定中国药品生物制品检定所抽验的品种,在全国范围内进行抽验、考察。

5. 继续发挥全国200个县级药检所"药物基础测试"试点的作用,加强对基层药品经营、使用部门的监督抽验。

1994年,据不完全统计,全国共计划抽验18万批次,其中不合格检品约2.9万批次,不合格率约为16%。各地发布药品质量公报近60期,抽验单位(县级以上)的覆盖率为95%以上,品种覆盖率达85%。

中国药品生物制品检定所在1994年共计划抽验硫酸庆大霉素原料及注射液、硝苯地平片等7个品种约630批次;发布2期国家药品质量公报,计14个品种、419个生产单位、879批次,其中48个生产单位生产的67批次不合格,不合格率为7.6%。 (邹 健)

【全国放射免疫分析药盒整顿】 1994年3月29日,在北京召开全国放射免疫分析药盒专家审评会议。会议共审评了18家放射性药品生产企业生产的100多个产品。11月28日,卫生部药政管理局和能源部同位素管理办公室对通过审评并获得卫生部批准文号的24个品种共 97 个产品以卫药政发(94)第539 号文通知全国各卫生厅(局)。该文同时强调,从 1995 年 1 月 1 日起,各放射性药品生产企业生产的放射免疫分析药盒,在包装、标签、说明书上都要标明生产批准文号,无生产批准文号的产品不得生产、销售和使用,违者依法惩处。

(王志清)

【1994 年新药批准情况汇总】

	一类	二类	三类	四类	五类	总计
国产原料及制剂	18	48	15	208	9	298
进口原料做制剂(含进口制剂分装)				72		72
体外诊断试剂	1	20				21
已批准进行临床研究	6	38	47	8		99

注:1994 年共批准生产的新药有 391 个。

(潘 峰)

【加强进口天然药物及其制剂的管理】 1988 年,我国实行进口药物注册证制度以来,天然药物进口注册的有 10 个国家和地区的 40 多个品种,现仍有增加的趋势,强化审批管理并提高注册批准上市的进口天然药物的质量,是确保人民用药安全有效的重要工作。为此,卫生部于 1994 年 11 月 19 日成立进口天然药物专家委员会,对进口天然药物及其制剂实行复核制度,在质量标准规范化、标准化及临床验证方面有严格要求,并限制进口,完善了天然药物及其制剂进口注册的管理程序,对已进口注册的天然药物进行了抽样检验,净化了进口天然药物市场,保证了进口天然药物及制剂质量,确保人民用药安全有效。

(谢世昌)

【人工麝香试生产并投入临床使用】

卫生部于 1972 年会同中国药材公司联合组织人工麝香的论证,下达人工麝香的科研课题。由中国医学科学院药物研究所牵头,济南中药厂、上海市药材公司中药研究所等单位共同参与进行攻关研究,1983 年该项目列入国家科委"六五"科技攻关项目。实验研究证明,人工麝香配方的药理作用与天然麝香基本相似,配制工艺可供中试生产,卫生部于 1987 年批准人工麝香进行临床研究。用人工麝香替代天然麝香配方的中成药、经过北京、上海、广州等地多所医院,1 000 多例患者临床对照研究,结果表明,人工麝香替代麝香配方的中成药,与天然麝香配方的中成药有相同的作用,证明人工麝香具有与天然麝香相似的功能主治与使用范围。

经卫生部药品审评委员会对人工麝香的全面审评,认为人工麝香的配方物质接近天然麝香,工艺可行,质控指标明确,主要药理作用与天然麝香基本相同,临床疗效确切,安全可靠,可与麝香等同使用。该项成果经过 20 多年的研究,于 1993 年底被卫生部按中药一类新药批准试生产,供临床与天然麝香等同配方使用。并将人工麝香的配方、工艺列入国家机密。(潘学田 杨甲禄)

【天然咖啡因的管理】 1994 年各地要求生产天然咖啡因的呼声很高,一些单位以生产食品添加剂的名义擅自生产,在一段时期里造成了混乱的局面。针对这一情况,卫生部进行调查,采取了一系列措施,有效地遏制了这种非法生产的势头。

一、基本情况 咖啡因(包括天然和合成)是一种中枢神经兴奋药,长期大量服用对人体有害,根据国务院《精神药品管理办法》的规定,我国将其列为一类精神药品进行管理。50 年代,我国首次从茶叶中提取出咖啡因以做药用,由于成本高,随后被研制出的合成咖啡因所取代。两者的化学结构、药理作用等均一致。近几年,个别单位以国际市场对天然咖啡因有需求,价格为合成咖啡因的 60～300 倍等为由,进行技术转让,从中牟利。许多企业未进行深入的市场调查,盲目上马生产天然咖啡因。其中多数企业未得到卫生和医药主管部门的批准。

二、管理措施 卫生部会同国家医药管理局于 1994 年 3 月以卫药发(1994)第 13 号文发出《关于加强天然咖啡因管理的通知》,要求各地进行一次检查,对非法生产销售者要严肃查处,对申请定点生产天然咖啡因的单位所必须具备的条件作出四条规定。截止 1994 年底,卫生部会同国家医药管理局原则同意 6 个省的 6 家药厂定点生产天然咖啡因,并于 1994 年 11 月 24～26 日在江苏盐城召开全国天然咖啡因管理工作会议,总结一年来的生产、销售和管理情况。

三、产销形势 目前,6 家天然咖啡因生产企业的总生产能力为 235 吨,1994 年实际产量为 14.5 吨,均未销售出去。存在的主要问题是:①天然咖啡因与合成咖啡因的价格悬殊太大,实际上有价无市,无人问津。②天然咖啡因还没有质量标准,尤其是如何区别天然咖啡因与合成咖啡因,各药厂还没有可靠的办法。③有人企图非法收购天然咖啡因。金三角地区的贩毒分子也在生产天然咖啡因。

四、管理意见 ①各定点厂要

加强对天然咖啡因的管理,不允许以技术转让、联营、设分厂等形式从事天然咖啡因的生产。不允许从非法单位和个人手中收购天然咖啡因。②鉴于天然咖啡因销路不明,经研究决定,在现有产品未销售出去之前,不再批准新的厂家。③研究制定天然咖啡因的质量标准(由江苏省卫生厅组织落实),防止以合成咖啡因冒充天然咖啡因等经营活动中的投机行为,以及可能引起的纠纷。④1995年底前各定点厂必须达到GMP标准。 (孔繁圃)

【人用狂犬病疫苗必须实行批批浓缩】 世界卫生组织规定,每人用剂量应不小于2.5IU/ml。根据有关资料表明,只有每人用剂量在2.5IU/ml以上,才能真正起到保护作用,而我国在1993年以前生产的人用狂犬病疫苗均在1.3IU/ml。为保证人民用药安全有效,卫生部规定从1994年1月1日起投产的疫苗必须批批浓缩。从1995年1月1日开始,使用的疫苗必须在有效期内达到2.5IU/ml以上。 (卫 良)

【中国药品认证委员会成立】 中国药品认证委员会于1994年4月28日正式成立。该委员会由国家技术监督局授权卫生部负责组建,代表国家实施药品GMP认证。委员会由药品监督、管理、检验、生产、经营、科研和使用等部门的专家组成。承担中华人民共和国境内药品生产企业(车间)和生产品种的GMP认证,以及中华人民共和国境外生产的进口药品GMP认证。委员会的主要职责是:①起草、审议、修订认证委员会章程及认证办法;②制订有关药品GMP认证的方针、政策和规划;③制订药品GMP认证标志的式样及使用办法;④制订药品GMP认证工作计划,指导和监督下设机构工作;⑤审核药品GMP认证报告及复查报告,提出评定意见;⑥处理有关的争议问题,受理有关药品GMP认证工作的申诉;⑦推荐注册主任检查员、检查员;⑧审查认证委员会工作报告并形成决议;⑨发布《药品GMP认证委员会公报》;⑩制订和修订药品GMP认证收费标准;⑪审核每年财政预算和决算;⑫决定有关药品GMP认证工作中的一些重大问题。(王爱君)

【我国药品检验工作走上科学化轨道】 至1994年底,各级药检所已逾1 800家,拥有2万多名药检专业技术人员,装备了高效液相色谱仪、紫外分光光度计等大型精密仪器,具备了较先进的检测手段和检测方法。在中国药品生物制品检定所指导下,药品实验室实行统一的标准检定操作规程(SOP),保证药品检验结果一致。在全国县级药检所中推行WHO的药物基础测试方法,保证基层药品质量监督。各省和计划单列市的药检所实现以微机通讯网络为基础的计算机系统,并通过了国家的计量认证,使其出具报告的法定性得到国家认可。各级药检所可按国家药典标准、国外药典标准及国内外厂商自行制定的标准进行检定,而且主动走向社会、走向市场,实施动态的全面质量管理。每年,卫生部下达中国药品生物制品检定所制定的全国抽验药品计划,组织人员从市场的各个环节取样,对质量不稳定及出现不良反应的药品进行动态抽样,将抽样结果以质量公告的形式公布,各省级药检所根据各地药品质量状况拟定地方抽检计划,这种动态的抽验覆盖面越来越大。这项工作有效地保证了人民群众的用药安全有效。这一切,标志着我国药检工作经几十年的努力,已走上科学化管理轨道。

(金蕙薇)

【用于供血员血样检验诊断试剂实行批批国家检定】 由于通过血液的传输,可以传播乙型肝炎、丙型肝炎、艾滋病和梅毒等多种严重的传染病。为了保障临床用血的安全,血液制品的质量,防止供受血之间的交叉感染和保证采血及血液制品工作者的健康,防止上述疾病的感染者进入供血队伍,防止上述疾病病原体阳性血浆直接输注病人或用于血液制品生产,必须用当前质量最好,最可靠的诊断试剂筛查供血员及其血样。1994年8月,卫生部委托中国药品生物制品检定所在上海召开有各省卫生厅、各血液制品生产单位、各诊断试剂厂家参加的研讨会,介绍卫生部在预防四种有关血液传播疾病的方针政策。1994年10月1日起,凡用于献血员、献浆员、血样检测的四种诊断试剂必须是通过国家批批检定的产品。国外进口的诊断试剂除必须进行药品注册工作外,亦应与国内试剂相同,用于血源检测的也必须通过国家批批检定。 (卫 良)

【基因治疗血友病B被批准进行临床试验】 基因治疗是国际上最新的一项利用分子生物学和遗传学技术来治疗某些疾病的一种手段。据目前资料,世界上进行临床基因治疗的病例仅有200例左右。实验表明,基因治疗克服了药物治疗带毒性的缺陷,具有无毒、安全、效力持久的特点。复旦大学遗传所在开展基因诊断、基因治疗的科研中取得重要成果。其中基因治疗血友病B技术于1994年9月通过新药审评委员会的审评,被批准进行临床试验。 (张秀兰)

【丙型肝炎、艾滋病诊断试剂标准品建立】 为搞好抗——HIV诊断试剂质量控制,必须建立高水平的试剂标准和参考品。中国药品生物制品检定所提出了抗——HIV酶联试剂盒的质控标准和参考品。卫生部新药审批中心和卫生部生物制品标准化委员会认为,该标准基本符合我国现行的试剂盒生产技术水平,参考品也适用于目前的工作要求。

中国第二代丙型肝炎诊断试剂参考品经过专家委员会论证,认为具有比第一代样本大,覆盖面广的特点。它包含了丙型肝炎感染的不同阶段的血清。该参考品的应用在生产厂的试生产转入正式生产的把关阶段,凡特异性符合率、阳性符合率和总符合率三项质量指标均达到95%以上,方准许转入正式生产。

(卫 良)

【1994年度遴选的国家基本药物】

麻醉药及辅助用药

一、全身麻醉药

(一)吸入麻醉药

001 氟烷
Halothane *
溶液剂

002 恩氟烷
Enflurane *
溶液剂

003 异氟烷
Isoflurane *
溶液剂

004 七氟烷
Sevoflurane *
溶液剂

005 氧化亚氮
Nitrous Oxide
气体

(二)静脉麻醉药

* * 注射用硫喷妥钠
Thiopental Sodium *

006 氯胺酮
Ketamine *
注射剂
(盐酸盐)

007 依托咪酯
Etomidate *
注射剂

008 羟丁酸钠
Sodium Oxybate
注射剂

009 咪达唑仑
Midazolam *
注射剂
(盐酸盐)

010 异丙酚
Propofol
注射剂

* * 地西泮
Diazopan *
注射剂

二、局部麻醉药

* * 普鲁卡因
Procaine *
注射剂
(盐酸盐)

* * 注射用普鲁卡因
Procaine *
(盐酸盐)

* * 利多卡因
Lidocaine *
胶浆剂注射剂
(盐酸盐)

011 布比卡因
Bupivacaine *
注射剂
(盐酸盐)

* * 丁卡因
Tetracaine *
注射剂
(盐酸盐)

三、全麻用骨骼肌松弛药

012 氯化琥珀胆碱
Suxamethonium Chloride *
注射剂

013 泮库溴铵
Pancuronium Bromide *
注射剂

014 苯磺酸阿曲库铵
Atracurium Besilate *
注射剂

015 注射用维库溴铵
Vecuronium Bromide *

016 注射用哌库溴铵
Pipecuronium Bromide *

017 新斯的明
Neostigmine
注射剂
(甲硫酸盐)

四、其他

018 氟哌利多
Droperidol *
注射剂

019 二氢埃托啡
Dihydroetorphine
注射剂
(盐酸盐)

020 氟马西尼
Flumazenil *
注射剂

021 艾司洛尔
Esmolol *
注射剂

022 麻黄碱
Ephedrine
注射剂
(盐酸盐)

* * 乌拉地尔
Urapidil *
注射剂

023 钠石灰
Sodalime
颗粒剂

镇痛、解热、抗风湿、抗炎药

一、镇痛类药

* * 吗啡
Morphine *
溶液剂 片剂 注射剂
(盐酸盐)

* * 哌替啶
Pethidine *
片剂 注射剂
(盐酸盐)

024 曲马多
Tramadol *
胶囊剂 注射剂 滴剂 栓剂
(盐酸盐)

025 芬太尼
Fentanyl *
注射剂
(枸橼酸盐)

* * 布桂嗪
Bucinnazine
片剂 注射剂
(盐酸盐)

* * 氨酚待因
Paracetamoli And Codeine
片剂

026 地塞米松棕榈酸酯
Dexamethasone Palmitate
注射剂

* * 四氢帕马丁
Tetrahydropalmatine
片剂 注射剂

二、解热止痛抗炎药

* * 阿司匹林
Aspirin *
片剂 肠溶片

027 复方阿司匹林
Compound Aspirin
片剂

* * 吲哚美辛
Indometacin *
片剂 胶囊剂 栓剂

* * 吡罗昔康
Piroxicam *
片剂 注射剂 胶囊剂

028 布洛芬
Ibuprofen *
片剂 胶囊剂 缓释胶囊剂 搽剂

029 萘普生
Naproxen *
片剂 栓剂 胶囊剂

030 舒林酸
Sulindac *
片剂 胶囊剂

031 复方盐酸苯丙醇胺
Compound Phenylpropanolamine Hydrochloride
缓释胶囊剂 片剂

032 对乙酰氨基酚
Paracetamol *
片剂 注射剂 胶囊剂 糖浆剂 栓剂 滴剂

* * 索密痛
Somedon
片剂

三、慢作用抗风湿药

033 金诺芬
Auranofin *
片剂

* * 青霉胺
Penicillamine *
片剂

* * 雷公藤多甙
Tripterygium Glucosides
片剂

* * 环磷酰胺
Cyclophos Phamide *
片剂 注射剂

* * 甲氨蝶呤
Methotrexate *
片剂 注射剂

* * 柳氮磺吡啶
Salfasalazine *
片剂 栓剂

034 双氯芬酸
Diclofenac *
片剂
(钠盐)

* * 氯喹
Chloroquine *
片剂 注射剂
(磷酸盐)

035 硫唑嘌呤
Azathioprine *
片剂

* * 环孢素
Ciclosporin *
胶囊剂 注射剂 溶液剂

四、抗痛风药

036 丙磺舒
Probenecid *
片剂

037 别嘌醇
Allopurinol *
片剂

038 秋水仙碱
Colchicine
片剂

039 苯溴马隆
Benzbromarone *
片剂

泌尿系统类

一、利尿药

* * 布美他尼
Bumetanide *
片剂 注射剂

* * 呋塞米
Furosemide *
片剂 注射剂

* * 氢氯噻嗪
Hydrochlorothiazide *
片剂

* * 螺内酯
Spironolactone *
片剂

* * 氨苯蝶啶
Triamterene *
片剂

* * 阿米洛利
Amiloride *
片剂
(盐酸盐)

二、尿路平滑肌松弛剂

040 黄酮哌酯
Flavoxate *
片剂

041 特拉唑嗪
Terazosin *
片剂

三、脱水药

* * 甘露醇
Mannitol
注射剂

四、前列腺激素调节药

042 非那甾胺
Finasteride
片剂

影响血液造血系统类

一、止血药

043 维生素 K_1
Vitamin K_1 (Phytomenadione *)
注射剂

* * 亚硫酸氢钠甲萘醌
Menadione Sodium Bisulfite *
片剂 注射剂

044 鱼精蛋白
Protamine *
注射剂
(硫酸盐)

045 注射用抗血友病球蛋白(因子Ⅷ)
Globulin Antihemophilia (Factor Ⅷ)

046 注射用凝血酶原复合物
(因子Ⅱ Ⅶ Ⅸ Ⅹ)
Prothrombin Complex
(Factor Ⅱ Ⅶ Ⅸ Ⅹ)

047 抑肽酶
Aprotinin *
注射剂

048 氨甲环酸
Tranexamic acid *
片剂 注射剂

二、抗凝血药

* * 注射用肝素钠
Heparin Sodium *

049 低分子肝素
Low Molecular Heparin *
注射剂 溶液剂

* * 华法林钠
Warfarin Sodium *
片剂

* * 醋硝香豆素
Acenocoumarol *
片剂

* * 注射用链激酶
Streptokinase *

* * 注射用尿激酶
Urokinase *

* * 噻氯匹定
Ticlopidine *
片剂
(盐酸盐)

* * 双嘧达莫
Dipyridamole *
片剂 注射剂

三、抗贫血药

050 硫酸亚铁
Ferrous Sulfate
片剂 缓释片
051 富马酸亚铁
Ferrous Fumarate
片剂 胶囊剂
052 葡萄糖酸亚铁
Ferrous Gluconate
片剂 胶囊剂 糖浆剂
053 山梨醇铁
Iron Sorbitex
注射剂
054 叶酸
Folic Acid *
片剂 注射剂
055 亚叶酸钙
Calcium Folinate *
注射剂
056 红细胞生成素
Erythropoietin
注射剂
057 司坦唑醇
Stanozolol *
片剂
058 抗淋巴细胞球蛋白
Antilymphocyte Globulin
注射剂
059 丙酸睾酮
Testosterone Propionate *
注射剂

四、促白细胞生成素

060 肌苷
Inosine
注射剂
061 粒细胞集落刺激因子
Granulocyte Colony
stimulating
注射剂

五、血液制品及血浆代用品

** 右旋糖酐 40
Dextran * 40
注射剂(葡萄糖或氯化钠注射剂)
062 右旋糖酐 70
Dextran * 70
注射剂(葡萄糖或氯化钠注射剂)
063 人血白蛋白
Human Serum Albumin
注射剂
** 羟乙基淀粉
Hydroxyethylstarch
注射剂
064 低分子羟乙基淀粉
Low Moleculor Hydroxyethylstarch
注射剂
065 人血丙种球蛋白
Human Normal Immunoglobulin
注射剂
066 人胎盘丙种球蛋白
Human Placental Immunoglobulin
注射剂

妇产科类

一、子宫收缩药及引产药

067 缩宫素
Oxytocin *
注射剂
068 麦角新碱
Ergometrine *
注射剂
(马来酸盐)
069 利托君
Ritodrine *
片剂
(盐酸盐)
** 沙丁胺醇
Sabutamol
片剂
(硫酸盐)

二、激素类药物

(一)雌性激素

070 雌二醇
Estradiol *
凝胶剂
071 苯甲酸雌二醇
Estradiol Benzoate *
注射剂
072 乙烯雌酚
Diethylstilbestrol *
片剂
073 尼尔雌醇
Nilestriol *
片剂
074 结合雌激素
Premarine
片剂

(二)孕激素

075 黄体酮
Progesterone *
注射剂
076 醋酸甲地孕酮
Megestrol Acetate
片剂

077 炔诺酮
Norethisterone *
片剂
078 己酸羟孕酮
Hydroxyprogesterone Caproate *
注射剂
079 普拉睾酮钠
Sodium Prasterone
注射剂
080 醋酸甲羟孕酮
Medroxyprogesterone A cetate *
片剂

(三)雄性激素

081 甲睾酮
Methyltestosterone *
片剂
082 达那唑
Danazol *
胶囊剂
083 替勃龙
Tibolone *
片剂

(四)促性腺激素

084 绒促性素
Chorionic Gonadotrophin *
注射剂
085 尿促性素
Menotrophin
注射剂
086 氯米芬
Clomifene *
片剂 胶囊剂
(枸橼酸盐)

(五)雌激素拮抗剂

* * 他莫昔芬
Tamoxifen *
片剂

三、抗感染

* * 制霉素
Nysfungin
片剂 栓剂
* * 克霉唑
Clotrimazole *
栓剂
087 伊曲康唑
Itraconazole
胶囊剂
* * 克林霉素
Clindamycin *
胶囊剂 乳剂
(盐酸盐)
* * 氯己定
Chlorhexidine *
阴道冲洗剂
(醋酸盐)
* * 高锰酸钾
Potassium Permanganate
阴道冲洗剂
* * 咪康唑
Miconazole *
软膏剂
(硝酸盐)

四、其他

* * 维生素 E
Vitamin E
片剂
* * 谷维酸
Oryzanol
片剂
088 氟芬那酸
Flufenamic Acid *
胶囊剂
089 商品名:钙尔奇 D
Trade Mark:Caltrate D
片剂
090 肼屈嗪
Hydralazine *
注射剂 片剂
(盐酸盐)
091 巴曲酶
Batroxobin *
注射剂
092 聚甲酚磺醛
Policresulen *
浓缩液 阴道栓

生物制品类

一、生物制品

(一)预防治疗制品

(1)疫苗类

93 流行性乙型脑炎灭活疫苗
Epidemic Encephalitis VaccineInactivated
注射剂
94 流行性乙型脑炎减毒活疫苗
Epidemic Encephalitis Vaccine,Live
注射剂
95 森林脑炎疫苗
Tick-borne Encephalitis Vaccine
注射剂
96 冻干麻疹活疫苗
Freeze Dried Measles Vaccine,Live
注射剂

97 脊髓灰质炎活疫苗
Poliomyelitis Vaccine, Live
糖丸

98 人用狂犬病疫苗
Rabies Vaccine Human
注射剂

99 乙型肝炎血源疫苗
Hepatitis B From Human Plasma
注射剂

100 冻干黄热活疫苗
Freeze Dried Yellow Fever Vaccine, Live
注射剂

101 冻干流行性腮腺炎活疫苗
Freeze Dried Parotitis Vaccine, Live
注射剂

102 风疹活疫苗
Rubella Vaccine, Live
注射剂

(2)菌苗类

103 伤寒菌苗
Typhoid Vaccine
注射剂

104 伤寒副伤寒甲乙菌苗
Typhoid and Paratyphoid A, B Vaccine
注射剂

105 A群脑膜炎球菌多糖菌苗
Meningococcus Polysaccharide
Vaccine(groupA)
注射剂

106 钩端螺旋体菌苗
Leptospiral Vaccine
注射剂

107 冻干卡介苗
Freeze Dried Bacillus
Calmette-Guerin Vaccine
注射剂

108 吸附百日咳菌苗、白喉、
破伤风类毒素混合制剂
Adsorbed Diphtheria, Tetanus,
And Pertussis Vaccine
注射剂

109 炭疽活菌苗
Anthrax Vaccine, Live
注射剂

110 冻干鼠疫活菌苗
Freeze Dried Plague Vaccine, Live
注射剂

111 冻干人用布氏菌病活菌苗
Freeze Dried Brucellosis Vaccine, Human
Live

112 旧结核菌素
Old Tuberculin
注射剂

(3)类毒素类

113 吸附精制白喉类毒素
Adsorbed Purified Diphtheria Toxoid
注射剂

114 吸附精制破伤风类毒素
Adsorbed Purified Tetanus Toxoid
注射剂

115 吸附白喉、破伤风类毒素混合制剂
Adsorbed Diphtheria And Tetanus Toxoid
注射剂

(4)抗毒素抗血清类

116 精制白喉抗毒素
Purified Diphtheria Antitoxin
注射剂

117 精制破伤风抗毒素
Purified Tetunus Antitoxin
注射剂

118 多价精制气性坏疽抗毒素
Mixed Purified Gas-gangrene Antitoxin
注射剂

119 精制肉毒抗毒素
Purified Butulinsm Antitoxin
注射剂

120 精制抗炭疽血清
Purified Anthrax Antiserum
注射剂

121 精制抗狂犬病血清
Purified Rabies Antiserum
注射剂

122 精制抗蝮蛇毒血清
Purified Crotalic Antiserum
注射剂

(二)免疫制剂

123 冻干静脉注射人血丙种球蛋白
Freeze Dried Gamma Globulin Human
注射剂

124 乙肝免疫球蛋白
Hepatits B Immunoglobulin
注射剂

125 破伤风免疫球蛋白
Tetanus Immunoglobulin
注射剂

126 精制人白细胞干扰素
Purified Leukocytal Interferon
注射剂

127 注射用基因工程干扰素 α-2a
Recombinated Interferon α-2a
注射剂

128 注射用基因工程干扰素 α-2b
Recombinated Interferon α-2b
注射剂
129 注射用基因工程干扰素 α1
Recombinated Interferon α1
注射剂

抗过敏抗变态反应类

一、抗组胺药

** 苯海拉明
Diphenhydramine *
片剂 注射剂
(盐酸盐)
** 马来酸氯苯那敏
Chlorphenamine Maleate *
片剂
** 去氯羟嗪
Decloxizine *
片剂
(盐酸盐)
130 (异丙嗪)
Promethazine *
片剂 注射剂
(盐酸盐)
131 阿司咪唑
Astemizole *
片剂 混悬液
** 特非那定
Terfenadine *
片剂
** 氯雷他定
Loratadine *
片剂
132 西替利嗪
Cetirizine *
片剂

二、其他抗过敏药及抗变态反应药

** 酮替芬
Ketotifen *
片剂 胶囊剂 溶液剂
(富马酸盐)
** 倍氯米松
Beclometasone *
气雾剂 喷雾剂
(双丙酸酯)

激素及内分泌类

一、下丘脑垂体激素类

133 促皮质素
Corticotrophin *
注射剂
134 生长激素
Somatropin *
注射剂
** 垂体后叶素
Pituitrin
注射剂
135 加压素
Tannate
注射剂 气雾剂
(鞣酸盐)
136 促性腺激素释放激素激动剂
GnRH-A
注射剂
** 绒促性素
Chorionic Gonadotrophin *
注射剂
** 尿促性素
Menolrophin
注射剂

二、肾上腺激素类

** 倍氯米松
Beclometasone *
片剂 气雾剂 软膏剂
(双丙酸酯)
** 氢化可的松
Hydrocortisone *
片剂 注射剂 软膏剂
(醋酸酯)
137 泼尼松龙
Prednisolone *
片剂 注射剂
(醋酸酯)
138 注射用甲泼尼龙
Methylprednisolone *
注射剂
(醋酸酯)
** 甲泼尼龙
Methylprednisolone *
注射剂
(琥珀酸盐)
** 地塞米松
Dexamethasone *
片剂 注射剂 软膏剂
(醋酸酯)
** 可的松
Cortisone *
片剂 滴眼剂 眼膏剂
(醋酸酯)

139 泼尼松
Prednisone *
片剂
(醋酸酯)
140 氨鲁米特
Aminoglutethimide *
片剂
141 去氧皮质酮
Desoxycortone *
注射剂
(醋酸盐)

三、甲状腺激素及抗甲状腺药类

142 复方碘口服溶液
Compound Iodine Oral Solution
溶液剂
143 甲状腺片
Thyroid Tablet
144 左旋甲状腺素
Levothyroxine
片剂
145 丙硫氧嘧啶
Propylthiouracil *
片剂
146 甲巯咪唑
Thiamazole *
片剂

四、雄激素及同化激素类

147 丙酸睾酮
Testosterone propionate *
注射剂
148 苯丙酸诺龙
Nandrolone Phenpropionate *
注射剂
149 十一酸睾酮
Testosterone Undecanoate *
注射剂 丸剂

五、降糖药及胰岛激素类

** 胰岛素
Insulin *
注射剂
150 苯乙双胍
Phenformin *
片剂
(盐酸盐)
151 格列齐特
Gliclazide *
片剂
(盐酸盐)
152 二甲双胍
Metformin *
片剂
(盐酸盐)
153 格列喹酮
Gliquidone *
片剂
154 格列本脲
Glibenclamide *
片剂
155 格列吡嗪
Glipizide *
片剂

六、骨代谢激素类

156 碳酸钙
Calcium Carbonate
片剂
157 降钙素
Calcitonin *
注射剂 气雾剂
** 骨化三醇
Calcitriol *
胶囊剂
** 维生素 D_2
Vitamin D_2(Ergocalciferol *)
注射剂
** 维生素 D_3
Vitamin D_3(Colecalciferol *)
注射剂

七、肾上腺素能阻滞剂

** 酚苄明
Phenoxybenzamine *
片剂 注射剂
(盐酸盐)
** 酚妥拉明
Phentolamine *
注射剂
(甲磺酸盐)

消毒防腐类

158 乙醇
Alcohol
溶液剂
** 硼酸
Boric Acid
散剂
159 甲醛溶液
Formaldehyde Solution
溶液剂

160 戊二醛
Glutaral *
溶液剂
** 氯己定
Chlorhexidine *
散剂 溶液剂
(醋酸盐)
161 含氯石灰
Chlorinated Lime
散剂
162 苯扎溴铵
Benzalkonium Bromide
溶液剂
** 度米芬
Domiphen Bromide *
散剂 滴丸
163 碘酊
Iodine Tincture
** 过氧化氢
Hydrogen Peroxide
溶液剂
164 过氧乙酸
Peracetic Acid
溶液剂
** 高锰酸钾
Potassium Permanganate
片剂

维生素及肠内肠外营养类

(一)维生素类

165 维生素 A
Vitamin A(Retinol *)
胶丸剂
166 维生素 AD
Vitamin AD
胶丸剂 滴剂
167 维生素 B_1
Vitamin B_1(Thiamine *)
片剂 注射剂
168 维生素 B_2
Vitamin B_2(Riboflavin *)
片剂 注射剂
169 烟酰胺
Nicotinamide *
片剂 注射剂
170 维生素 B_4
Vitamin B_4(Adenine *)
片剂
171 维生素 B_6
Vitamin B_6(Pyridoxine *)
片剂 注射剂
172 维生素 B_12
Vitamin B_12(Cyanocobalamin *)
注射剂
173 复方维生素 B
Compound Vitamin B
片剂
174 腺苷钴胺
Cobamamide *
片剂 注射剂
** 干酵母
Dried Yeast
片剂
175 维生素 C
Vitamin C
片剂 注射剂
176 维生素 D_2
Vitamin D_2(Ergocalciferol *)
注射剂 胶丸剂 溶液剂
177 维生素 D_3
Vitamin D_3(Colecalciferol *)
乳剂
178 骨化三醇
Calcitriol *
片剂 胶囊剂
179 维生素 E
Vitamin E
胶丸 注射剂
180 亚硫酸氢钠甲萘醌
Menadione Sodiumbisulfite *
片剂 注射剂
181 甲萘氢醌
Menadiol *
片剂
182 静脉多种维生素(商品名:维他利匹特)
Intravenous Multiple Vitamin
Trade Mark:Vitalipid)
注射剂(水溶、脂溶)
183 静脉多种维生素(商品名:水乐维他)
Intravenous Multiple Vitamin
(Trade Mark:Soluvita)
注射剂(脂溶)
184 烟酸
Nicotinic Acid *
片剂 注射剂

(二)肠内营养制剂

185 肠内营养剂(商品名:爱伦多)
Trade Mark:Elental
散剂
186 肠内营养剂(商品名:维多粉)
Trade Mark:Vital
散剂

187 肠内营养剂(商品名:氨素)
Trade Mark:Ensure
散剂

(三)氨基酸类

188 精氨酸
Arginine
注射剂
(盐酸盐)

189 静脉注射复方氨基酸(14S)
Amino Acid mixed Solution(14S)
注射剂

190 静脉注射复方氨基酸(15HBC)
Amino Acid mixed Solution15HBC
注射剂

191 静脉注射复方氨基酸(17S)
Amino Acid mixed Solution(17S)
注射剂

192 静脉注射复方氨基酸(18F)
Amino Acid mixed Solution(18F)
注射剂

193 静脉注射复方氨基酸(3H)
Amino Acid mixed Solution(3H)
注射剂

194 静脉注射复方氨基酸(小儿输液用)
Amino Acid mixed Solution
注射剂

195 静脉注射复方肾病用氨基酸
Amino Acid For Kidney Disease
注射剂

196 静脉注射复方氨基酸(凡命注射液)
Amino Acid mixed Solution
注射剂

197 谷胱甘肽
Glutathione
注射剂

(四)脂肪乳类

* * 脂肪乳(长、中长链)
Fat Emulsion
注射剂

调节水盐、电解质及酸碱平衡类

* * 口服补液盐
Oral Rehydration Salt
颗粒剂

198 腹膜透析液
Peritoneal Dialysis
注射剂

199 复方电解质葡萄糖—M3A
Compound Electrolyte and Glucose M3A
注射剂

200 复方电解质葡萄糖—M3B
Compound Electrolyte and Glucose M3B
注射剂

201 复方电解质葡萄糖—R4A
Compound Electrolyte and Glucose R4A
注射剂

202 氯化钠注射液
Sodium Chloride Injection

203 浓氯化钠注射液
Sodium Chloride Concentrated Injection

204 葡萄糖氯化钠注射液
Glucose and Sodium Chloride Injection

205 乳酸钠林格注射液
Compound Sodium Lactate and Ringer's Injection

206 甘油磷酸钠
Sodium Glycerophosphase
注射剂

207 乳酸钠葡萄糖注射液
Sodium Lactate and Glucose Injection

208 葡萄糖
Glucose
注射剂(55%、10%)

209 乳酸钙
Calcium Lactate
片剂

210 葡萄糖酸钙
Calcium Gluconate
片剂 注射剂

211 磷酸氢钙
Dibasic Calcium Phosphate
片剂

* * 氯化钾
Potassium Chloride
片剂 缓释片 注射剂 颗粒剂

212 复合磷酸氢钾
Compound Potassium Dihydrogen Phosphate
注射剂

* * 谷氨酸钠
Sodium Glutamate
注射剂

* * 谷氨酸钾
Potassium Glutamate
注射剂

* * 硫酸锌
Zinc Sultate
糖浆剂

213 葡萄糖酸锌
Zinc Gluconate
片剂 胶囊剂

214 微量元素注射剂(商品名:派达益尔)
Trace Elements Injection
(Trade Mark:Pedail)

215 微量元素注射剂(商品名:安达美)
Trace Elements Injection
Trade Mark:Addamel)

烧伤及其他药

216 磺胺嘧啶锌
Sulfadiazine Zinc
散剂 软膏剂

217 磺胺嘧啶银
Sulfadiazine Silver
散剂

218 莫匹罗星
Mupirocin
软膏剂

附:一类新药名单(西药)

219 本芴醇胶丸
Benflumentol Soft Capsules

220 蒿甲醚注射液
Artemether Injection

221 甲异靛片
Meisoindigotin Tablets

222 卡前列甲酯栓
Suppositories Methyl Carprost

* * 利福喷丁胶囊 *
Rifapentine Capsules

223 青蒿素栓
Artemisinin Suppositories

* * 注射用青蒿琥酯 *
Artesunate for Injection

224 双氢青蒿素片
Dihydroarteannuin Tablets

225 血卟啉注射液
Hematoporphyrine Injection

* * 盐酸二氢埃托啡片
Dihydroetorphine
Hydrochloride Tablets

* * 盐酸二氢埃托啡注射液 *
Dihydroetorphine Hydrochloride Injection

226 注射用促肝细胞生长素
Hepatocyte Growth-Promtting
Fators For Injection

227 地衣芽胞杆菌活菌制剂胶囊
Bacillus Cicheniformis Capsules

228 金葡液
Staphylococcin Aureus

229 二巯丁二酸胶囊
Dimercaptosuccinic Acid Capsules

230 锝[^{99m}Tc]双半胱乙酯注射液
Technetium[^{99m}Tc]L,L-Ethyl Cysteinate Dimer Injection

231 卡前列酸栓
Carboprost Suppositories

232 锝[^{99m}Tc]甲氧异腈注射液
Technetium[^{99m}Tc]Methoxyisonitrile Injection

注:1."*"为INN名称(国际非专利药名称)
2."* *"为重复的品种
3. 一类新药名单,系根据卫药发(1994)第6号文件中"凡我国自行研制、开发的一类新药,在其批准试生产后,可作为基本药物使用"而列入的。

【1994年度国家医药管理局医药科技进步奖获奖项目】

等级	项目名称	主要完成单位	主要完成人
二等奖			
1	血管紧张素转化酶抑制剂马来酸依那普利研制	上海医工院 江苏省常州制药厂	时惠麟 陈光远 薛芝萍 钱麟兴 万象一 谢美华 吴 珉

等级	项目名称	主要完成单位	主要完成人
2	卡前列甲酯工业性试验	东北制药总厂 医科院药物所	顾玉山 吴元鎏 万凤霞 程远光 张裕生 杨宗泰 李启先
3	BJ-6B医用电子加速器	北京医疗器械研究所 航天工业总公司风华机器厂	赵洪斌 周平 蒋相龙 刘周明 薛朝环 火大公 顾本广
三等奖			
4	奥美拉唑原料药及制剂的研究	沈阳药科大学 锦州制药一厂	沈建民 何敬为 董佰祥 宋桂兰 薛淑英
5	盐酸洛美沙星及中间体三氟硝基苯工艺研究与产品开发	中国药科大学 江苏常州第二制药厂 中国药科大学医药化工厂	王尔华 徐凤英 邵志高 张荣根 汪西元
6	阿克拉霉素的研究	四川抗菌素工业研究所 扬州制药厂 成都制药三厂 华西医科大学附一院	杜荣生 周胜英 张学云 庄镇华 谢名英
7	长春西汀	东北制药总厂	安静娴 禹杰 王淑文 毕星福 孔庆慧
8	头孢曲松钠一技术开发	东北制药总厂 上海医科大学抗生素研究所	李绍新 安静娴 仲恩生 杨亚圣 张婴元
9	ASA－601S高精度脑立体定向仪	深圳安科高技术有限公司	刘大宁 吴杰 王宇航
10	高效光亮镀镍新工艺	山东新华医疗器械厂	马汝礼 孟宪顺 李振才 孙凡修 李德东
11	硝酸甘油控释贴膜	上海医工院 上海黄海制药厂 湖北省随州市楚天制药厂	侯惠民 朱全屏 李应升 寥成明 吕维新
12	引进、消化、吸收逆流萃取倾析器用于青霉素发酵液直接萃取	华北制药厂	吕渭川 苑士剑 刘德荣 陈钊 李艳平
13	LGJⅢB冷冻干燥机	上海医用分析仪器厂	史伟勤 朱富根 王贵良 张跃平 叶根生
14	盐酸莫雷西嗪	天津药物研究院 东北制药总厂	毕楷 刘文凤 刘汝珍 张秀珍 吴大翔

等级	项目名称	主要完成单位	主要完成人
15	盐酸克林霉素(盐酸氯洁霉素)工艺改进研究	重庆医药工业研究所	宋布禹　宋晓术　张铁军　蒋　勇　田栋臣
16	医用电器设备能量为1—50Mev医用电子加速器专用安全要求	北京医疗器械研究所	张奎方　王家骊　齐　晓
17	LZD. JHO2型 CO_2/N_2O 监护仪	上海医疗器械研究所	黄亦蓉　何慧琴　鲁小燕
18	医用输液、输血、注射器具检验方法第二部分:生物实验方法	国家医药管理医用高分子产品检测中心 上海市化学品毒性检定所 上海医药管理局药品测试所	刘秦玉　由少华　李真观　萧玉媛　钱　周
19	药品批发经营管理信息系统	无锡医药股份有限公司 无锡市先峰计算机技术开发公司	冯丽健　韩和松　高亚南　刘稼俊
20	32种中药化学成份及有效成份的系统研究	沈阳药科大学	李　铣　王素贤　裴月湖　朱延儒　刘明生

(杜丛之　王春兰)

计划财务管理与审计监督

【卫生计划财务管理工作】

一、适应社会主义市场经济体制运行新形势

1. 6月卫生部召开全国卫生计划财务工作会议,重点研究和解决卫生计财工作如何认清形势,研究新情况、新问题,在把握宏观经济体制改革总方向、总思路基础上,解放思想,更新观念,加强学习,探索创新,抓住时机适时调整有关经济政策,主动适应社会主义市场经济新形势要求等问题。

2. 根据现代企业制度改革的总体要求,结合卫生工作与卫生改革的实际,卫生部参与拟订企业改革试点中企业医疗机构交由社会管理的实施办法及具体操作意见,并参与国家经贸委关于《深化企业改革,搞好国有大中型企业的思路和规划》等文件中涉及有关卫生问题的修改。

3. 为适应国家政府职能转变、健全宏观调控机制的总体要求,卫生部重点强调并提出计财管理工作要实现从"管脚下"到"管天下",从具体管理到有效发挥规划、协调、监督、服务和法规制度建设等职能转变的要求和措施。

4. 根据社会保障制度改革的需要,卫生部研究医疗制度的改革问题,参加全国职工医疗保险制度改革试点城市的调研工作;起草农村多种形式合作性质的医疗保健制度改革文件(讨论稿),并已在7省14县启动试点工作。

5. 为推动我国区域卫生发展工作的实施进度,卫生部参与17城市开展区域卫生发展的理论研究和实验研究工作,组织召开区域卫生发展研讨会,研究和推广一些城市实施区域规划、有效配置资源的成功经验。

6. 医疗收费改革工作取得进展。配合《医疗机构管理条例》的颁布实施,卫生部与国家计委、财政部协商制订新的医疗机构与专业人员注册收费标准;配合"复关"工作,重新调整国境卫生检疫收费标准;对药品价格管理中的差价、药品价格放开以及基本药物价格等问题进行调研,并就今后如何加强药品价格管理和改革提出工作意见;追踪监测上海市"总量控制、结构调整"的改革方案的动态执行情况,并在上海召开座谈会,重点研究该方案的成效、问题与推广的可行性。

7. 在两年试点基础上,卫生部组织全国30家医院交流和研讨缩短平均住院日的改革经验,在更大范围推广了城市大医院走内涵改造的质量效益型发展路子的改革模式。

8. 卫生部积极争取和多方筹措资金,为卫生事业发展提供较好的物质条件保障。1994年各项预算完成情况良好,且在中央财政较困难情况下,争取中央各项专款增加3220万元;卫生部直属单位基本建设投资增加6110万元,增长近

25%，各项事业费增加 18422 万元，增长 32.67%。

二、坚持卫生工作战略重点，继续加强农村卫生和预防保健工作

1. 卫生部组织赴陕西彬县、延安、榆林、商洛地区调研、了解了当前农村工作现状、问题，并提出有关政策性建议；根据当前防保工作现状，会同财政部赴三省专题调查了解防保单位的补偿问题，对如何加强面对社会人群的公共性服务和防保机构的补偿问题提出建设性意见。

2. 1994 年，"三项建设"工作取得进展。中央安排资金 0.86 亿元；地方投入资金 18.3 亿元；完成建设县防疫站 196 所，妇幼保健院（所）215 所，乡镇卫生院 3517 所。为保证质量，卫生部举办三期乡镇卫生院建筑设计师资培训班。

3. 卫生部参与实施定点扶贫工作。配合国家"八七"扶贫规划，卫生部重点参与对四川黑水、壤塘两个扶贫县的调查研究、制订规划、编发简报、督促检查等工作。

三、调查研究，制订卫生事业"九五"计划

1. 卫生部组织人力，完成"八五"计划中期评价，第一次较系统、全面地进行了规划实施评价工作。

2. 在国家计委编制"九五"计划基本原则和思路基础上，卫生部研究制订卫生事业"九五"计划（草案）。

四、加强部属单位的计划财务管理工作

1. 在保国家重点项目和竣工投产项目、重点安排住宅项目、严格控制新开工项目的原则下，1994 年卫生部直属单位基本建设竣工建筑面积 20 多万平方米；卫生部下发《关于加强部属单位基本建设管理的规定》；赴部分单位调研，了解工程进展，实地审核项目投资，摸清现状，为确定部直属单位"九五"基本建设计划奠定基础。

2. 部属单位项目管理日渐成熟；对卫生事业费分配方式进行改革尝试，为逐步实施按工作数量、质量、效益指标核定预算的资金分配方法摸索了经验，创造了条件。

3. 国有资产企业清产核资工作进展顺利。卫生部直属 5 个二级企业及其下属 39 个三级企业分三阶段按期完成全面清产核资工作，核实资金总额达 15.3 亿元，增加资产 6293 万元，并对总结验收中发现的国有资产流失问题进行纠正。

五、适应职能转变要求，加强规章制度建设

1. 根据国家"两则"要求，卫生部在调查研究和多次论证修改的基础上，研究制订《防疫站财务管理制度》（讨论稿）；根据国家预算制度变化的情况，重新修订《医院会计制度》、《医院财务管理制度》。

2. 配合"复关"需要，卫生部研究制定《大型医用设备管理办法》、《CT/MRI 装备管理实施细则》。

3. 卫生部研究制订生物制品技术改造资金管理办法；与澳大利亚新南威尔士州合作，制订综合医院建筑设计指导原则（初稿）。

六、强化卫生经济政策研究，注重人才培训工作和卫生经济网络建设

1. 针对不同业务，卫生部分别为省、市、县级管理人员和直属单位主管院校长开办 14 个培训班，共计近千人次接受培训，对在新形势下认清形势、统一思想、形成共识起了重要作用。

2. 积极发挥卫生经济研究网络作用，集中开展和当前卫生计财工作联系紧密、主管部门决策急需解决的有关课题，如贫困地区卫生筹资与组织、卫生事业费结构调整可行性研究、基本医疗服务、职工医疗保险制度改革与立法等研究工作。

3. 通过中国卫生经济学会，召开海峡两岸卫生经济研讨会，首次沟通两岸卫生经济学界的往来联系，深入交流两岸卫生经济学术近年来的研究成果，同时研究探讨了双方感兴趣的卫生经济问题。

（朱庆生　王玉洵）

【卫生事业第九个五年计划及至 2010 年规划设想编制工作开始】"九五"及至 2010 年的 15 年，是我国建立社会主义市场经济体制的关键时期。我国的社会经济结构将发生更为深刻的变化，人口增加、疾病谱变化以及社会经济发展与医学科技进步将带来一系列影响人民健康与卫生发展的新问题。同时，这一时期也是实现我国政府向国际社会做出各项承诺的关键时期。这些因素在制订规划时都予以重视和考虑。规划从我国人民健康水平和卫生事业发展现状出发，分析目前卫生事业改革与发展面临的主要困难和问题，如防病治病任务繁重，地区间差别加大，资源总量不足与利用效率不高并存问题以及卫生事业内部不平衡及体制问题等，明确卫生工作任务和指导方针以及相应的对策措施。

制订规划的基本思路是：在"八五"规划基础上，以人为中心，围绕保护和增进人群健康，提高人民群众健康水平和生命质量为主题，把卫生事业纳入整个国民经济和社会发展大环境来考虑，突出以改革总揽全局的观念，从政府领导、部门配合、群众参与、法制保障、增加投入、科技开发、人才培养、扩大开放等全局的角度来提出对策措施。

（于德志）

【卫生事业第八个五年计划中期评价】　为了解我国卫生事业第八个五年计划执行情况，并为制订下一个五年计划提供依据，卫生部开展对卫生事业"八五"计划实施情况中期评价工作。通过对居民健康状况、卫生服务利用、资源配置及利用三方面 32 个指标及相关指标的执行进度状况评价表明，卫生事业"八五"计划实施三年来，总的执行情况良好，基本达到了计划提出的进度要求。1995 年可望完成或接近完成的指标有 17 个，占 53.13%，有部分实现尚有一定困难的指标有 9 个，占 28.13%，有 6 个指标目前还难以做出评估。

这次评价的一个突出特点是对实施规划的战略以及主要对策措施等方面进行了评价，指出了卫生事业发展面临主要困难和亟待解决的问题，主要有：地区间卫生状况和人群健康状况的差异加大；防病治病的任务十分艰巨;卫生资源总体短缺、配置不合理与利用效率不高并存;卫生服务补偿机制不健全、价格不合理;卫生行政部门的宏观调控能力亟待加强;卫生法制不健全、执法和监督条件薄弱等。

针对以上问题,中期评价报告中提出了为确保"八五"计划指标的全面实现,需进一步强化的相关对策措施,主要有:深化卫生体制改革,主动适应社会主义市场经济发展;强化政府职责,对卫生工作的战略重点实行政策倾斜:保障政府对卫生投入,理顺医疗补偿机制;优化卫生资源配置;加速人才培养,提高卫生技术队伍的素质;加快医疗保健制度改革的步伐;转变政府职能,加强卫生事业宏观管理;加强健康教育;加强国际交流与合作;加强职业道德建设等。 (费朝晖)

【"三项建设"进展】 乡镇卫生院、卫生防疫站、妇幼保健站建设(以下简称"三项建设"),1994 年全国共投入建设资金 192 161 万元,其中中央投入 8 632 万元,省级投入 19 146 万元,地(市)投入 13 166 万元,县级投入 38 357 万元,乡级投入 40 079 万元,自筹与其它投入 72 781万元。完成建设项目 3 928 个,其中乡镇卫生院 3 517 个,卫生防疫站 196 个,妇幼保健站 215 个。

为改变在乡镇卫生院建设中存在的建筑设计不合理、追求规模的现象,帮助基层建设人员正确理解、掌握《乡镇卫生院建设标准》,卫生部委托中国卫生经济学会医疗建筑专业委员会举办三期乡镇卫生院基建管理师资培训班,共培训 450 多名地(市)级以下的主管"三项建设"及卫生院院长和设计人员。

"三项建设"工作已开展四年,以国家投入为主导的多渠道筹资进行"三项建设"的局面已基本形成,许多地方普遍开始重视提前培训各类专业人员和发展专科特长,增加服务项目,以增强自身的活力。尚存在的问题有:贫困地区筹措资金很困难,造成了地区之间发展不平衡,且差距越来越大;在资金的分配上,对贫困地区没有足够的特殊倾斜政策;个别地区将"三项建设"经费挪作他用。在"三项建设"的建筑设计、质量监督等方面的管理工作仍需进一步加强。

针对以上问题,卫生部要求各地:进一步提高认识,把"三项建设"作为一项大的系统工程,加强领导;深化改革,科学管理,改善农村卫生机构运行环境和运行机制;增加各级政府对农村卫生的投入;合理引导农民消费,积极探索、开拓新的筹资渠道。为 2000 年使绝大部分农村卫生机构实现"一无三配套"的目标继续努力。 (王 华)

【卫生部定点扶贫工作】 为落实"国家'八七'扶贫攻坚计划",完成国务院确定卫生部对四川省阿坝州黑水、壤塘两县的定点帮扶任务,卫生部成立以殷大奎副部长为组长的卫生部定点扶贫领导小组。10 月卫生部组织联合调查组,对两县的经济、文教、卫生等社会发展情况进行全面调研,确定着力开发当地自然资源与人力资源、调动开发当地自身发展能力的扶持方针,通过筹集扶贫基金、机关干部下派挂职锻炼、开发输入适宜技术、培训人才、帮助开发有前景的经济项目等多种形式,实现 2000 年两县脱贫目标。卫生部发动机关及在京直属单位,募集并捐赠两县衣被近 300 包、6952 件。中国红十字总会向两县各援助一台 200 毫安 X 光机。 (叶德惠)

【三峡对口支援工作启动】 根据国务院的统一部署,卫生部对口支援三峡工程移民工作启动。其主要任务,一是三峡库区及工程建设中的卫生防病问题;二是协助制订移民新区区域卫生规划。1994 年卫生部开展如下工作:

1. 研究制订《三峡工程及库区卫生防病预案》(以下简称"预案")。三峡工程施工期间和蓄水运行后,自然环境将发生重大变化。为控制和预防主要传染病、寄生虫病的暴发流行,确保施工队伍健康和工程的顺利进行,预防和降低三峡水库形成前后对人群健康环境的危害,卫生部组织开展制订"预案"工作。经反复研究论证,"预案"已经卫生部三峡领导小组讨论通过。

2. 协助三峡地区编制区域卫生规划。由于三峡工程需要,部分医疗卫生单位面临搬迁重建工作。为统筹规划,合理布局,有效发挥卫生资源的利用效益,卫生部决定与湖北、四川两省共同制订《三峡区域卫生规划指导原则》;据此,三峡地区各市县结合实际编制本地区域卫生规划,由卫生部与两省政府监督实施。 (王玉洵)

【区域卫生发展研讨会】 卫生部和卫生经济研究所联合举办,于 1994 年 9 月 9~12 日在黑龙江省牡丹江市召开。参加会议的有参与世界银行综合区域卫生发展项目的浙江、陕西、金华、九江、宝鸡等省市,有广东、海南、哈尔滨、牡丹江、昆明、深圳、常州、温州、岳阳、沙市、四平、太原、朝阳、淄博、杭州、涪陵等 16 个省市。世界银行和国内有关专家参加会议。

会议认为,实行区域卫生发展是深化改革的必由之路。当前,我国卫生资源严重短缺,但浪费和"空耗"情况十分严重,原因有经济发展水平的关系,也有对卫生事业性质、作用和地位的认识问题,其中,由于历史原因造成的体制不顺带来的问题尤为明显。要促进新形势下卫生事业的发展,必须加强卫生宏观管理体制改革,坚决走区域卫生发展道路。社会主义市场经济的建立,为卫生部门实行区域卫生发展规划提供了良好的机遇,各级卫生行政部门应抓住机遇,加快卫生体制改革,建立起有效的卫生服务体系。

会议认为,突破体制改革上的难点,对实行区域卫生发展,是具有挑战意义的工作。解决这个问题,首先在转变观念。推进区域卫生发展,主要靠政府行为。政府将区域卫生发展规划纳入当地国民经济发展总体规划,计划、财政、人事、物价、税务等部门积极参与,卫生资源的调整和优化就能得到有力保证。同时也要引进市场机制,让其在卫生资源配置上发挥作用。

会议认为,区域卫生发展同卫

生事业目标相一致，就是要使区域内所有人都能得到应得到的健康照顾，同时符合成本效益原则。会议强调，作为区域卫生发展依托的区域卫生规划，必须是在观念上全新的综合卫生规划，而不应是单一区域医疗发展规划。制定区域卫生规划，一定要把初级卫生保健任务作为基础，要把随疾病谱改变突出起来的慢性病防治任务考虑进去。对卫生资源调整，既要强调横向流动，使医疗机构布局合理，方便群众就医，又要重视纵向调整，使资源配置向社区和预防倾斜。（许少斌）

【社会发展成就展览】 为庆祝建国45周年，迎接联合国社会发展问题世界首脑会议召开，国家计委、联合国社会发展问题世界首脑会议中国筹备委员会会同30个省、自治区、直辖市和国务院24个部委及人民团体，于9月24～29日在北京展览馆共同举办中国社会发展成就展览。卫生部作为卫生主管部门组织了题为"中国卫生事业"的参展活动。

卫生部展厅的具体参展工作由中国卫生健康教育所负责，制作了20块展版和灯箱，组织了实物展品5件，印刷了《中国卫生事业》画册3 000册，拍摄了15分钟录像片1部，制作了大屏幕幻灯图片200余幅，全面反映了我国卫生事业在党和政府的关心下取得的成就和发展。卫生部参展工作受到大会组织委员会的高度评价，并获得最佳组织和最佳设计两项奖。

展览会以大量图片、模型、实物，运用声、光、电等现代手段，展示了建国以来特别是改革开放15年社会发展各领域取得的巨大成就，受到党中央、国务院领导的高度重视。展览期间，江泽民、李鹏等党和政府领导人参观了展览。（孟建国）

【农村合作医疗保健制度研究新进展】 "加快和重建农村合作医疗保健制度研究"课题的第一阶段研究报告完成后，引起了国务院有关领导的重视，在明确在我国农村广大地区实行多种形式的合作性质的医疗保健制度的指导思想和方针政策的基础上，由卫生部主持，国务院研究室及有关学术机构参与，在世界卫生组织的技术与财政援助下，协作开展了第二阶段研究工作，目的是进一步总结各地举办合作医疗的不同模式，借鉴有关国际经验，有重点地选择7省14个项目县，进行干预性、前瞻性研究，以找出适合我国国情的、不同经济发展水平的以及不同管理类型的农村合作医疗保健制度管理模式和操作方法，为国务院制定我国农村合作医疗管理办法提供系统的、科学信息支持。

该课题在有关省、市政府和科研机构的支持下，经过一段时间的调查研究，提出了完善农村合作医疗保健制度的方案，明确了其性质、目标、方针、原则和形式，以及有关政策。目前有关部门根据这项研究成果和政策建议，正在积极争取以国务院名义下发关于加快重建农村合作医疗保健制度的决定。

（费朝晖）

【海峡两岸卫生经济学术研讨会】 由中国卫生经济学会于9月1～3日在北京召开。海峡两岸卫生经济学教授、专家共38人参加会议。会议主要在以下几方面进行交流研讨。

1. 两岸卫生发展、面临问题及改革。境内方面着重介绍境内卫生事业发展的几个主要历史时期，卫生工作方针，90年代卫生事业发展战略目标和重点、基本政策、工作方向，卫生总费用，卫生资源利用的总体效益，面临的问题及改革等。台湾方面介绍了台湾地区医疗卫生概况，发展的几个历史阶段，卫生行政体系与卫生法规，医疗区域规划与医疗网，医疗质量与效率，医疗卫生财务与总费用，面临问题及改革等。

2. 海峡两岸医疗卫生保健制度研究。境内方面介绍了卫生筹资政策研究，职工医疗保险概况及改革研究，农村健康保险试验研究。台湾方面介绍了台湾地区医疗费用筹集分析研究，全民保健门诊支付制度研究，医院现状及未来发展研究情况。

3. 两岸的其他专题研究。境内介绍了农村妇幼保健筹资、组织与服务研究，农村卫生人力规划研究，吸烟归因经济损失研究。台湾介绍了医师人力政策研究，老人长期照护的需求与供给研究。（王禄生）

【全国卫生计划财务工作会议】 1994年7月7～10日，卫生部在内蒙古自治区哲里木盟通辽市召开。会议就在社会主义市场经济新体制下，发展卫生事业的外部环境发生的许多带有根本性的变化，对卫生事业发展的影响；带来的新挑战和机遇；迫切需要研究的新情况、新问题；在把握宏观经济体制改革总方向基础上，如何继续解放思想与更新观念；将卫生事业发展与改革纳入整个宏观经济体制改革的运行轨道；走出卫生事业发展的新路子等问题统一了思想和认识。会议对《医院会计制度》、《医院财务管理制度》、《防保机构财务制度》、《大型医用设备暂行管理办法》等进行讨论和修改。（孙学军）

【缩短平均住院日改革研讨会】 为探索提高医院综合效益和深化医院改革的有效途径，引导我国城市大型医院逐步走上质量效益型的良性发展轨道，卫生部于1994年6月30日至7月2日在北京召开。来自全国12个省市和部直属单位近30家大医院的院长及其医院管理工作者，就在社会主义市场经济体制下我国城市大医院的深化改革与发展，以及如何以缩短平均住院日为突破口带动医院全面综合改革等问题，进行研究与探讨。

会议认为，以缩短平均住院日为突破口，提高医院效率，深化医院改革，意义重大。从宏观上看，医院缩短平均住院日，可以多收治病人，提高现有医院工作效率，优化现有卫生资源配置，而且也有利于今后建立新的医疗保障制度。从微观看，医院缩短平均住院日提高了效率，增加了收入，病人的平均费用也可以得到控制。因此，是对社会、国家、医院和病人有利的好事，应积极推广。

殷大奎副部长在研讨会上指出，城市医院改革进行了大量不同模式的研究和探索，积累了许多经验，以缩短平均住院日为突破口引导医院走质量效益型发展道路是其中之一。理论研究和实际操作证明，这项改革可以有效地促进医院提高质量，提高工作效率，控制医疗费用，产生巨大的社会效益和经济效益。各地应结合自身实际，尽快开展这项工作，共同探索和完善这一改革模式。（于世利）

【财务会计制度改革】 为适应我国经济体制和事业财务、会计制度改革，1994年3月卫生部、财政部组织开展了《防保机构财务制度》、《医疗机构财务制度》和《医疗机构会计制度》(以下简称“三个制度”)的制定和修订工作。

制定和修订“三个制度”的主要思路是：医疗卫生机构是社会主义公益性福利事业单位，财务管理和会计核算必须符合《事业单位财务规则》和《事业单位会计准则》，按照不盈利原则，解决管理和核算模式，由直接管理向规则、准则管理转变。制度的执行必须有利于单位资金运转、国家资本金保全、各项业务开展和卫生事业的发展。

修订《医疗机构财务制度》、《医疗机构会计制度》的主要内容是：建立资本金制度，明晰医院产权；建立固定资产折旧制度；建立医疗成本核算制度；会计要素由资金来源和运用改为：资产、负债、所有者权益、收入、支出和结余。

制定《防保机构财务制度》主要内容是：合并预算内外收支，建立统一的核算体系；按财政补助用途分清资金收支渠道，建立留本、普通和专项基金；分清有偿服务收入的性质，加强收入管理；加强对财产物资的管理。（孟建国）

【部属医疗单位卫生事业费补助办法改革】 1991年前，部属医疗单位卫生事业费补助按床位核定，以后开始同业务量挂钩。1994年在核定预算主体不变的情况下，尝试进行按医院工作质量和效率核定部分预算的分配方式改革，旨在促进医院内部运行机制的转换，力争在不增加国家投入情况下激励医院通过挖潜，为社会提供更多更好服务。（陈桂芝）

【中国医科大学第三临床医学院门诊医技楼竣工开诊】 该工程由卫生部投资建设、辽宁省和沈阳市政府提供土地、日本国政府无偿援助部分医疗设备，于1990年12月开始建设，1994年6月开诊，建筑面积14497平方米，为四层框架结构建筑。（齐贵新）

【实施加强临床医学检验项目】 卫生部1994年开始在部属44所医院中实施“加强临床医学检验项目”。项目执行周期为三年。该项目以改善卫生部直属医院基础设施、基础装备、配套条件为出发点，通过对项目单位临床常规医学检验技术装备进行更新改造，充实发展临床检验技术，提高临床检验诊断能力，改善检验专业教学和实习条件，强化检验质控工作，促进检验学科建设，并逐步开展成本核算和效益评价工作。项目活动的领域为临床常规检查、临床化学、微生物学、免疫学、临床病理学。项目的执行分为三个阶段：①项目启动；②应用开发；③总结评价。至1994年底对各项目单位的项目活动领域、装备仪器、承担任务、以及开展技术\成本效益评价工作的评估审定工作已结束；第一批装备设备的评估、论证、招标工作也已完成，进入采购签约阶段。（肖　惠）

【加强部属中等专业卫生学校计算机装备】 根据《加强对部属中等卫生学校教学仪器装备的管理规定》要求，1994年卫生部投入专项经费重点装备部属12所中专卫校的计算机系统。该系统采取网络方式，同时配置教学投影仪和打印设备，以利于教学和管理。装备后的每一计算机房可容纳40～50名学生同时上机操作。（陈桂芝）

【部属企业单位开展清产核资工作】 1994年卫生部部属中国医疗卫生器材进出口公司、中国医疗卫生对外技术合作公司、中国生物制品总公司、人民卫生出版社和健康报社5个二级企业及其下属39个三级企业开展清产核资工作。

一、经资产清查、资产所有权界定和固定资产价值重估工作，资金核实总额为152 947万元，与已处理损失的清查值146 654万元相比，增加资产6 293万元(其中：所有权界定492万元，资产价值重估5 801万元)。按资产性质划分：

1. 流动资产核实数为80 944万元，与已处理损失的清查80 602万元相比，增加资产342万元；

2. 长期投资核实数为6 421万元，与已处理损失的清查值6 271万元相比，增加资产150万元；

3. 固定资产核实数为65 029万元，与已处理损失的清查值59 228万元相比，增加资产5,801万元。

此外流动资产盘盈56万元，盘亏30万元，盈亏相抵净盈26万元；固定资产盘盈75万元，盘亏194万元，盈亏相抵净亏119万元。

二、通过清产核资暴露企业在国有资产管理工作中存在较为普遍的问题：

1. 大部分企业对投入下属及其他单位的资产或以商誉、生产技术名义投入的无形资产，无偿使用，致使国有资产流失。经对资产所有权界定工作，有的单位采取了措施，纠正了国有资产流失。

2. 有些企业单位主要由于财产管理松弛、管理财产职能部门工作不协调造成帐物不符、帐帐不符。有待于建立与健全并严格执行各项管理制度，进一步加强财产管理。（崔　春）

【中国卫生经济网络1994年活动】 根据网络1994年活动计划，网络各项活动完成。2月在北京医科大学举行培训计划会议。5、6月间网络师资赴美参加世界银行经济发展学院和哈佛大学公卫学院举办的师资培训班。卫生厅局长经济研讨会

7月在江西举行，研究探讨社会主义市场经济的发展对卫生事业的发展与改革带来的挑战和机遇。9月、10月分别在西安医科大学和上海医科大学举办两期卫生经济管理干部培训班。在网络的推动与指导下，全国大部分省市也都举办了省（市）级卫生经济管理干部培训活动。10月在上海医科大学召开网络第五次协调会议。网络师资于今年5月、10月分别应国际卫生政策规划及世界银行经济发展学院的邀请赴菲律宾和越南参加卫生改革国际研讨会。

1994年网络新开展的课题是：卫生事业费结构调整可行性研究；医用商品与医疗服务价格指数研究；中国职工医疗保险制度改革与立法研究；中国城市和农村基本医疗服务研究；征收吸烟附加费可行性研究。由联合国儿童基金会支持的“中国农村贫困地区卫生筹资与组织课题研究”已完成30个重点县调查及初步分析工作。

11月网络领导小组召开会议，讨论网络目前面临的有关重大问题以及长远发展问题。会议确认吸收山东医科大学、大连医科大学为新的网络成员单位；增加河北职工医学院、湖南医科大学、中国医科大学、江西医科大学、潍坊医学院五个新观察员单位。（万　燕）

【卫生审计工作】　1994年卫生审计工作围绕维护国家财政经济秩序，提高卫生资源利用效益，促进卫生改革顺利进行这个中心开展工作。

1．适应社会主义市场经济体制，完善内部审计制度　各单位加强内部审计机构的建设，到1994年底，卫生系统各部门各单位已建立内部审计机构2116个，配内审人员3855人。湖南医科大学将已经与监察合并的机构重新划分出来，确定了其独立的地位。青岛市卫生局制订的《青岛市卫生系统内部审计的工作标准》对依法行使审计的权利和义务，以及工作内容、操作程序等做具体的规定。1994年内对卫生系统21个内部审计先进集体和46名先进个人进行了表彰。

2．围绕深化卫生改革，确定工作重点　1994年8月9～11日在厦门召开全国卫生审计工作会议。会议提出在新形势下卫生审计工作的重点是：①对国家和卫生部关于发展卫生事业的计划、、财会制度、物价收费，开支标准的贯彻执行情况进行审计监督；②选择影响单位经济效益的重点问题查深审透，提出解决问题的意见和办法，促进单位挖潜增效；③针对单位领导关心的问题或行业的热点、难点开展专项审计或审计调查，为领导提供决策依据。围绕这一重点，驻卫生部审计局对卫生部属几个单位的财务收支以及8个在京单位的基本建设进行审计，审计总金额12亿，查出违纪金额3000多万元，上交国家财政64.6万元。组织北京医科大学附属第三医院、中日友好医院等单位审计人员开展对医院经济效益审计试点工作，对在京直属6个综合医院会计资料中实现药品差价率、卫生材料费用占医疗收入比例、人均住院天数及费用等30多项指标进行分析评价。部直属单位内部审计机构全年开展各类审计项目，为单位减少损失浪费、促进增收节支数万元。云南省卫生厅审计处从抓内部管理制度入手，查出10万元以上违纪案件2起。湖北省卫生厅审计人员近两年开展经济效益审计623项，节支增效1200多万元。1994年卫生部下达《关于加强基本建设、大修工程项目和经济合同审计的通知》，要求部直属单位严格执行审计程序，仅此一项就节约资金数万元。

3．加强全系统审计业务指导，创办《中国卫生审计与财会》杂志　该杂志由驻卫生部审计局、中国内部审计学会卫生审计学会主办，旨在从我国卫生审计与财会工作的实际出发，探讨适应社会主义卫生事业发展的审计制度、财会制度理论及方法，以提高广大卫生审计与财会人员的理论水平和整体素质。

（苗　梅）

健康教育与新闻出版

【1994年健康教育工作】

1．全国爱卫会、卫生部、广电部、农业部等四部委联合发起“全国九亿农民健康教育行动”。“行动”围绕初级卫生保健，以农村主要问题为重点，以音像制品为教材，以县为单位，利用大众传播的速度快、覆盖面广的优势，传播卫生知识。全国确定试点县13个，制作并发放了首批含有12项卫生知识的录像带4 000盘。

2．组织修订全国卫生城市与国家卫生城市的检查考核标准中健康教育的指标，着重突出市民和学生的健康知识考试与健康行为的考核。

3．组织起草学校健康教育效果评价标准，国家教委将纳入综合考核评价办法，选择重点学校进行试点，然后逐步开展全面评价。

4．首次实现部委级健康教育科技成果奖占爱国卫生科技成果奖的28.8%，在评定的5项一等奖中健康教育获2项。

5．组织6所医学院校（北京、上海、中山、同济、华西、河北）在原有预防医学专业后期分化的基础上，对健康教育专业立项工作进行总结，对照国家教委专业立项的条件起草立项报告，为争取专业立项作准备。

6. 联合国儿童基金会与世界卫生组织1994～1995年周期健康教育合作项目开始实施。儿基会援款65万美元，国内配套资金，按1：1落实，本周期援助单位增至18个省(区)的24个试点县。继续开展"生命知识"的培训与传播活动，覆盖目标人群达30万人次。世界卫生组织农民控烟项目举办专业骨干培训班并通过年度审评。

7. 中国健康教育协会与中央人民广播电台于1994年7月联合创办《健康百话》专题节目，内容以城乡存在的主要卫生问题为重点，普及卫生保健知识，引导人们逐步形成健康的行为习惯。

8. 我国首次获得世界烟草与健康大会主办权，1997年8月将由中国吸烟与健康协会和中华医学会在北京联合主办第十届世界烟草与健康大会。

(毕致曾)

【健康教育合作项目开始实施】 1994～1995年中国-联合国儿童基金会、世界卫生组织健康教育合作项目开始实施。联合国儿童基金会合作项目在18个省进行，内容是培训健康教育工作者以及向5岁以下孩子的母亲为重点的目标人群传播《生命知识》，进而使之采取正确的方式保护母婴安全及确保儿童健康成长，目前已完成国家级和试点县专业人员的师资培训。世界卫生组织合作项目是对5万农民进行吸烟行为的干预，通过吸烟危害知识的传授及一定的行政措施使之放弃吸烟，以减少吸烟对人类的危害。为保证项目工作效果，聘请了美国健康教育专家，对项目协作单位的执行人员进行计划设计、行为干预及评价方法的培训。(周海城)

【健康教育科技成果获奖】 在1994年举行的第三次爱国卫生科技成果(1988～1993年度)评奖活动中，健康教育科技成果首次参加评奖。各地共报送健康教育成果23项，占总数(环境卫生、健康教育、农村改水及除"四害"四大类共126项)的18%，有15项获部委级科技进步奖，占总体获奖数(52项)的28.8%。在健康教育专业的成果中，获奖率为65%。其中一等奖2项(总5项)，二等奖3项，三等奖10项。(周海城)

【开展农村社区健康教育模式研究】 为提高农民健康意识，解决当地主要公共卫生问题，探索符合中国国情的农村社区健康教育模式，1994年在北京、山东、福建、云南、陕西、辽宁、吉林、河北、大连、内蒙古、四川、广东等省的12个农村社区进行健康教育模式研究。研究分为基本情况调查、确定干预主要公共卫生问题、干预方法、资源开发、组织机构建立、效果评价和模式的形成等，利用三年时间，总结出适合我国农村社区健康教育的基本经验。(明　路)

【全国九亿农民健康教育行动实施】 由全国爱卫会、卫生部、广播电影电视部、农业部联合发起的"全国九亿农民健康教育行动"(简称"行动")，旨在通过向农民普及卫生知识，提高农民的自我保健意识，改变不良卫生行为，增进健康水平，以达到防病保健，消除因病致贫，保护农村劳动力的根本目的。"行动"针对农村当前存在的主要问题，结合初级卫生保健各项任务开展了一系列教育活动。在中国健康教育研究所制作的首批两部4 000余盘录像带，已免费发送到全国各地、市、县的电视台、广播电台(站)。

1994年9月6日全国九亿农民健康教育行动暨新闻座谈会在京召开。"行动"领导小组组长、卫生部部长陈敏章在讲话中指出：我国农村的环境卫生状况长期未得到根本改善，农民的科学卫生知识还很贫乏，不健康的习俗、生活方式还未得到及时纠正等，这些诸多问题，制约了我国人口卫生素质的提高，不同程度地影响着2000年卫生战略目标的实现。为此，各级政府和社会各方面要不断加强农村工作，促进"保健康、奔小康"目标的实现。"行动"普及面广、周期长、影响大，需要各部门通力合作，充分发挥中央与地方的积极性，广泛、深入、持久、系统地开展对农民的健康教育，吸引农民参与社会性的卫生工作。广播电影电视部副部长刘习良要求，各地广电部门合理安排，定时免费播放音像制品，充分利用大众传播媒介，为农民办好事、办实事。农业部副部长刘成果强调，"行动"对于保护劳动力，发展生产力有现实意义，农业部门要将"行动"纳入农民脱贫致富，早日实现"小康"的规划中。"行动"将在各省先行试点，以点带面，组织收视(听)、做出评价，将"行动"落到实处。

"行动"专门成立了领导小组，办事机构设在全国爱卫办。

(王十名)

【发动大众传播媒介宣传反对吸烟】 1994年5月31日第七个"世界无烟日"的主题为："大众传播媒介宣传反对吸烟"。对这一主题，政府极为重视。1994年3月中共中央宣传部新闻局提出"重视宣传控制吸烟"的具体要求；4月全国爱国卫生运动委员会、卫生部、广播电影电视部、新闻出版署等四部委发出《关于开展大众传播媒介宣传反对吸烟的通知》；5月27日中国吸烟与健康协会、中国健康教育研究所联合召开首都新闻传播媒介宣传反对吸烟座谈会。1994年全国各地的大众传媒宣传控烟的行动是前所未有的，中央电视台播发了5月31日活动新闻，"东方时空"，以近50分钟时间播放控烟节目。北京电视台播放的采访青少年吸烟者及不吸烟者对吸烟行为的心理状态，既有趣味性又有说服力，颇受欢迎。中央人民广播电台、北京人民广播电台都举办了多次讲座及热线广播。大连、宁波、湖南、山西等地方电视台、电台较集中的播放了控烟节目，中央及地方各大报纸及卫生专业报刊纷纷载文宣传反对吸烟。

为了逐渐杜绝荧屏人物吸烟现象所产生的不良影响，中国吸烟与健康协会设立了"无吸烟影视片"奖，1993年表彰无吸烟电视片《生命之吻》，1994年表彰了四部无吸烟电视片《还是那条街》、《针眼警官》、《京剧人》、《马背观音》，受到社会好评。1994 年 5 月 4～6 日在上海举行了第五届全国吸烟与健康学术研讨会，会议以“大众传播媒介宣传反对吸烟”为主题。来自国内外 100 多名专家、学者和新闻界代表参加了会议。交流论文 80 余篇，强化烟害意识和大众传媒的社会责任感。会上，上海 18 家传播媒体联合发出六点倡议：①根据各自特点，积极宣传吸烟的危害，宣传控制吸烟和反对吸烟；②不报道任何标明和显示烟草公司提供赞助开展的活动；③从现在起，不与烟草公司签订任何为烟草制品做广告的合同，不刊播任何新的含有烟草牌名、商标和烟草企业名称的创意广告；④在制作、刊播的影视作品中，努力避免出现吸烟的镜头，尤其是特写镜头。到 1997 年第 10 个“世界无烟日”时，有烟镜头明显减少，到 1999 年中华人民共和国成立 50 周年时，实现一般国产影视片镜头都“无烟”的目标；⑤在本单位内严格控制吸烟，新闻出版工作者，大众传媒工作者率先在工作场所和公共场合做到不吸烟，努力创建“无烟”单位；⑥积极支持和促进有关控制吸烟的立法与执法工作，推进控制吸烟与反吸烟的健康事业不断发展。

首都 20 几家新闻单位也发出了内容相似的倡议，激励了大众传媒宣传吸烟和反对吸烟的热情。

（杜绍雍）

【江泽民等为《解放军医学杂志》创刊 30 周年题词】　由总后勤部卫生部主办、陈毅元帅题写刊名的《解放军医学杂志》创刊于 1964 年。在该刊创刊 30 周年之际，中国共产党中央委员会总书记、国家主席、中央军委主席江泽民于 5 月 24 日题词：“依靠科学技术　提高健康水平”；中央军委副主席刘华清上将 5 月 5 日题词：“发展军事医学　保障官兵健康”；中央军委副主席张震上将于 4 月 4 日题词：“加强军事医学研究　发展我军卫生事业”；军委委员、总后勤部部长傅全有上将于 3 月 21 日题词：“创特色刊物　办一流杂志”；总后勤部政委周克玉上将于 3 月 13 日题词：“繁荣学术注重实际实效　交流经验力求真知真行”。总后勤部副部长刘明璞中将在该刊发表贺辞。

《解放军医学杂志》是军队在国内外公开发行，以高中级医药卫生人员为主要读者对象的综合性医学学术刊物。创刊 30 年来，已先后发表了万余名作者 5 000 余篇论文，及时报道了军队和国内外医学科学新成果、新技术、新经验，锻炼和培养了一大批优秀卫生科技人才，为推动军事医学的发展，促进我军医学科学技术进步作出了贡献。该刊已发行到十几个国家和地区，被认定为中国自然科学核心期刊。

（余满松）

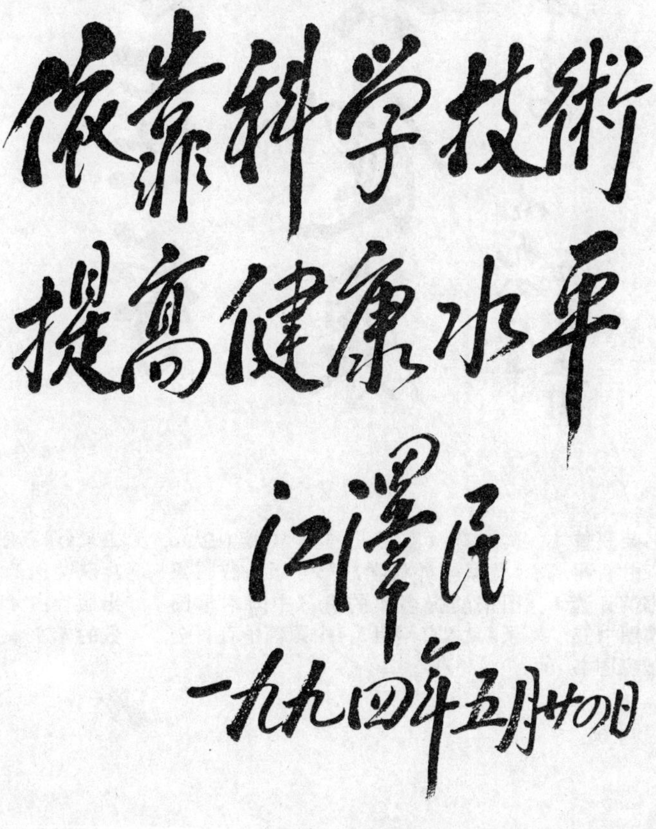

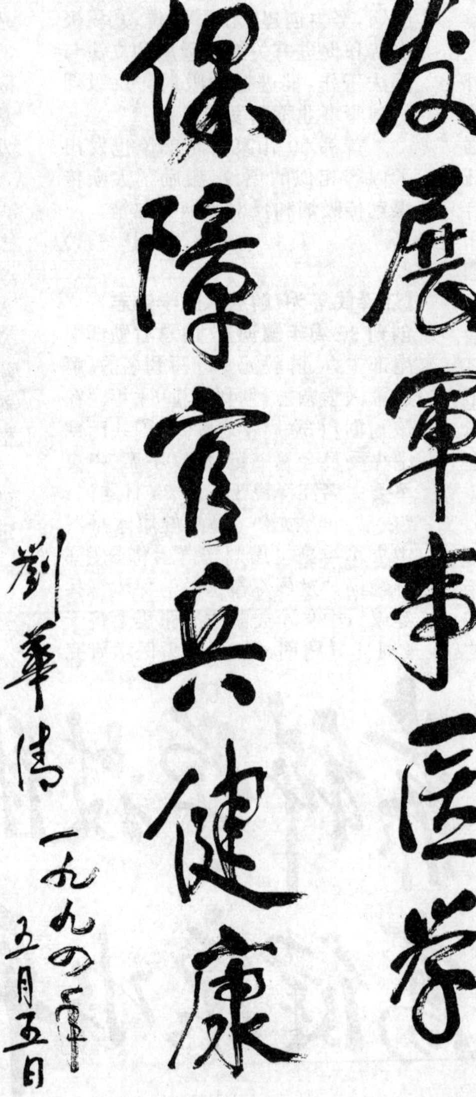

【《实用儿科学》等医药图书荣获首届国家图书奖】 1994 年，由新闻出版署主办的首届国家图书奖评选结果在京揭晓。135 种优秀图书获奖。其中，医药卫生图书获国家图书奖的有：《实用儿科学》(第 4 版)、《黄家驷外科学》(第 5 版)；获国家图书奖提名奖的有：《中国本草图录》、《本草纲目》、《中国医学百科全书》、《尿石症基础与临床研究》。两项获奖医药图书共 6 种，人民卫生出版社占 4 种，为医药图书获奖种数的 67%。 （林 靖）

【卫生部第二届全国高等医学院校优秀教材获奖书目】

书名	主编	出版社
医用高等数学	胡兒湘	人民卫生出版社
医用物理学(第三版)	邝华俊	人民卫生出版社
有机化学	施丽娜 李宗清 陈宝皎	云南科技出版社
医用化学	杨抚华	四川科技出版社
医用微生物学(第三版)	陆德源	人民卫生出版社
遗传分析导论	傅继梁	四川科技出版社
新编人体解剖学图谱	于频 王序	辽宁科技出版社
生理学对比名词辞典	丁报春	湖南科技出版社
医学心理学	李鸣杲 金魁和	辽宁科技出版社
法医学	郭景元	人民卫生出版社
药理学(第三版)	江明性	人民卫生出版社
Human Paracitology(人体寄生虫学)	王永祥	学苑出版社
肾脏病学	王叔咸 吴阶平	人民卫生出版社
外科学(第三版)	裘法祖	人民卫生出版社
预防医学	顾学箕	人民卫生出版社
中国医德史	何兆雄	上海医科大学出版社
医学英语选读	邵循道	人民卫生出版社
小儿内科学(第二版)	齐家仪	人民卫生出版社
外科护理学	李学增	人民卫生出版社
医用数理统计方法(第二版)	郭祖超	人民卫生出版社
药剂学(第二版)	奚念朱 顾学裘	人民卫生出版社
药物化学(第二版)	李正化	人民卫生出版社
外科学(第二版)	刘钦	人民卫生出版社

(林　靖)

【《中国传统康复医学》等荣获"奋发文明进步图书奖"和"金钥匙"奖】
1994年,由中国残疾人联合会、中宣部出版局、新闻出版署图书管理司、中国出版工作者协会、光明日报总编室联合举办的全国首届"奋发文明进步图书奖"和由新闻出版报、中国出版等9家报刊联合主办的第七届全国"金钥匙"图书奖的评选活动在京揭晓。共有237种优秀图书获奖。其中,人民卫生出版社出版的《中国传统康复医学》、《家庭保健大全》分别获得全国"奋发文明进步图书奖"一等奖和第七届全国"金钥匙"图书奖三等奖。

(林　靖)

【《中国医院统计》杂志创刊】 该杂志由卫生部主管,由卫生部卫生统计信息中心与滨州医学院主办,目前为季刊,杂志编辑部设在滨州医学院。第1卷第1期于1994年第2季度问世。该杂志反映我国医院统计信息工作发展现状与水平,当医院统计信息工作者开辟一个继续教育的园地。(陈育德)

【1994大陆图书展览】 于1994年3月29日至4月4日在台湾台北市"中央"图书馆举行。这次书展规模最大、出版社最多、图书品种最全、影响面最广,境内80多家出版社展出各类图书1700余种。人民卫生出版社参加展览会,展出该社出版的医药卫生图书250余种,并与台湾十几家出版社洽谈了合作出版业务。

(郭有声)

【《中国中药资源丛书》首次出版发行】 由中国药材公司编著、科学出版社出版的《中国中药资源丛书》,自1994年10月起在全国发行。这一大型丛书的面世,标志着从80年代初开始的全国中药资源普查工作已经全部完成。这套丛书包括《中国中药资源》、《中国中药资源志要》、《中国中药区划》、《中国常用中药材》、《中国药材资源地图集》和《中国民间单验方》六部专著。它在全国中药资源普查资料汇总的基础上,全面反映了我国中药资源现状,总结了开发利用的历史经验,提出了中药资源开发的战略,是一套系统的中药资源专著。全书对中药生产、经营、科研、教学、资源保护及各级有关领导决策等,都具有较高的实用和参考价值。(中国药材公司)

【制作电视片《生命的呼唤》】 为向全社会宣传妇幼工作的重要性,让人们了解妇幼卫生工作与健康、经济、人口、环境、发展的密切关系,唤起各级政府、社会各界、每个家庭的参与意识,展现改革开放以来中国妇幼卫生工作的卓越成就和广大妇幼卫生工作者的敬业精神,展示中国与联合国儿童基金会、联合国人口基金、世界卫生组织等国际组织在我国贫困地区妇幼卫生领域的良好合作及妇幼卫生工作项目对全国妇幼卫生事业的促进,迎接1995年在北京召开的第四届世界妇女大会,卫生部与中央电视台联合制作电视片《生命的呼唤》。此片采用现场拍摄、现场采访、人物追访等纪实性表现手法,详尽客观地揭示妇幼卫生工作的重要意义及近几年来的巨大变化,特别是项目工作的进展情况及产生的深远影响,并分析项目取得成功的经验。中央电视台于1995年3月19日在中央电视台向全国播出。还将译成英文,通过联合国儿童基金会、联合国人口基金及世界卫生组织向外传播并做为第四届世界妇女大会的声像宣传材料之一。(陈宏章　徐善林)

【1994年中国医药科技十大新闻】

1. 我国人类基因组、基因工程研究进展显著:我国人类基因组研究获五大进展；湖南医科大学邓汉湘博士率先于国际克隆“脊髓侧索硬化症”致病基因；中科院昆明动物所马昆博士在世界首先分离出精子产生基因；上海医学遗传研究所等对“享廷顿氏舞蹈病”基因诊断达国际先进水平；复旦大学遗传研究所基因治疗血友病及技术首获国家认可；基因工程人红细胞生成系在国内研制成功。

2. 我国丙、丁型肝炎及肝癌防治研究获重大进展：周晓军教授在国际首次提出丙肝病理诊断依据；我国丁肝病毒特征及感染状态阐明；中美专家合作研制出肝癌疫苗；徐砺新证实一种抑癌基因样物质，对肝癌防治有重要意义。

3. 我国首例人体异体小肠移植术成功。

4. 我国人工合成麝香。

5. 我国率先在国际实现用动物骨骼代替人体植骨材料。

6. 我国首创的乙脑病毒活疫苗大面积应用取得明显免疫效果。

7. 上海第二医科大学王振义教授率先于国际应用诱导分化疗法治疗白血病，获国际凯特林医学奖。

8. 首例冻融胚临床移植妊娠在北京医科大学第三医院获成功。

9. 我国麻醉类等国家基本药物遴选完成。

10. 我国首次表彰边远地区优秀医学科技工作者。　　（毛群安）

1994 年度全国医药卫生类图书出版统计表

序号	出版社	合计	教材	工具书	参考书 中文	参考书 译著	中医 著作	中医 古籍	民族医药	科普书	法规标准	图谱	索引	其它
1	人民卫生出版社	170	37	4	64	15	16	13		19		2		
2	中国医药科技出版社	101	9	5	26	3	22	3		31		1		1
3	人民军医出版社	80		2	54		11			13				
4	中国中医药出版社	72	3	2	3		36	6		22				
5	天津科学技术出版社	48	1		21	1	7	4		14				
6	湖南科学技术出版社	47	9		17	2	11			7	1			
7	学苑出版社	47		1	9	1	11	2		23				
8	山西科学技术出版社	46	1	1	10		19	5		9	1			
9	上海科学技术出版社	43	5	1	15	1	5	3		6		7		
10	金盾出版社	40			2		3			34		1		
11	河南科学技术出版社	36	2	1	19	1	8			5				
12	上海医科大学出版社	35	2		19		1			12		1		
13	陕西科学技术出版社	31		1	9	1	9			11				
14	北京医科大学 协和医科大学联合出版社	27	2		21		1			2		1		
15	上海中医大学出版社	23			1		8	7		5		2		
16	四川科学技术出版社	23	8		8	1	2			4				
17	科学技术文献出版社	22	1		10	1	5			4		1		
18	科学出版社	22		1	7		11			2		1		
19	华夏出版社	21		1	9		2	2		7				
20	中国科学技术出版社	19			14	1	1			2		1		
21	人民体育出版社	19		1	1			1		16				
22	吉林科学技术出版社	18			3					15				
23	湖北科学技术出版社	18			13		2			3				
24	上海科学技术文献出版社	17	1	2	7		4			3				
25	黑龙江科学技术出版社	17			8		3			6				
26	江西科学技术出版社	17			4		5			8				
27	天津科技翻译出版公司	16			12		2			2				
28	北京科学技术出版社	15			3		4	1		6		1		

序号	出版社	合计	教材	工具书	参考书 中文	参考书 译著	中医 著作	中医 古籍	民族医药	科普书	法规标准	图谱	索引	其它
29	重庆出版社	15			1		1			13				
30	中医古籍出版社	14					6	7		1				
31	江苏科学技术出版社	13	2		7		1			3				
32	辽宁科学技术出版社	12			8					4				
33	东南大学出版社	12			8		2			2				
34	广东科学技术出版社	11			6		2			2		1		
35	福建科学技术出版社	11			1		2			7		1		
36	浙江科学技术出版社	11	4		5		1			1				
37	北京出版社	11			1	1	2			7				
38	黑龙江人民出版社	11			4		1			6				
39	中原农民出版社	11			2		4			5				
40	科学普及出版社	10			1		2			7				
41	新疆科技卫生出版社	10	3		5					2				
42	北京大学出版社	10			1					9				
43	山西高校联合出版社	10			3		2			5				
44	安徽科学技术出版社	10			3		3	1		2		1		
45	上海科学普及出版社	9			6					3				
46	中国人口出版社	9			2	1				1		5		
47	华龄出版社	9			1					8				
48	甘肃科学技术出版社	8			3	1	2	1		1				
49	中国轻工业出版社	8			1					7				
50	青岛出版社	8			4		4							
51	中国科技大学出版社	7			5		1			1				
52	厦门大学出版社	7			1		6							
53	高等教育出版社	7	2		2	1	1			1				
54	贵州科学技术出版社	6					2			4				
55	重庆大学出版社	6								6				
56	广东高等教育出版社	6			1		2			2		1		
57	文汇出版社	6			1		2	1		2				
58	大连理工大学出版社	6			1					5				
59	兰州大学出版社	6			2		1			3				
60	中国商业出版社	6			1					5				
61	广西民族出版社	5			1					4				
62	北京体育学院出版社	5					1			4				
63	世界图书出版公司	5			2		1			2				
64	上海人民出版社	5			1					4				
65	浙江大学出版社	5	1		3					1				
66	中国青年出版社	5								5				
67	河南人民出版社	5			4					1				
68	成都科技大学出版社	5			1		2			2				
69	黑龙江教育出版社	5			2		2			1				

序号	出版社	合计	教材	工具书	参考书		中医		民族医药	科普书	法规标准	图谱	索引	其它
					中文	译著	著作	古籍						
70	武汉大学出版社	5			1		2			2				
71	新时代出版社	5			2					3				
72	同济大学出版社	5			2		1			2				
73	广州出版社	5			4					1				
74	明天出版社	5								5				
75	济南出版社	4			1		2			1				
76	原子能出版社	4			3	1	1							
77	甘肃民族出版社	4			2		2							
78	华南理工大学出版社	4			1					3				
79	上海交通大学出版社	4			1					3				
80	百家出版社	4			4									
81	武汉测绘科技大学出版社	4			3					1				
82	漓江出版社	4					1			3				
83	四川辞书出版社	4								4				
84	文津出版社	4			3	1								
85	甘肃人民出版社	4					1			3				
86	西北大学出版社	4					2			2				
87	广东教育出版社	4								4				
88	广西师范大学出版社	4			2					2				
89	陕西师范大学出版社	4			1					3				
90	中国书籍出版社	4								4				
91	山东大学出版社	4			1					3				
92	青岛海洋大学出版社	3			3									
93	沈阳出版社	3			1		1			1				
94	大连出版社	3	1				2							
95	中国标准出版社	3					2				1			
96	农村读物出版社	3			2					1				
97	武汉出版社	3	1		1		1							
98	华中师范大学出版社	3			1		1			1				
99	中国工人出版社	3					1			2				
100	中国环境科学出版社	3			1	1				1				
101	广东人民出版社	3								3				
102	四川大学出版社	3			1		1			1				
103	青海人民出版社	3			1		1			1				
104	中国农业科技出版社	3			1					2				
105	化学工业出版社	3			2					1				
106	兵器工业出版社	3			1					2				
107	长征出版社	3		1						2				
108	东北师范大学出版社	3		1						2				
109	云南大学出版社	3			3									
110	中山大学出版社	3					2			1				

序号	出版社	合计	教材	工具书	参考书		中医		民族医药	科普书	法规标准	图谱	索引	其它
					中文	译著	著作	古籍						
111	四川教育出版社	3			1	1				1				
112	大连海运学院出版社	3	2		1									
113	石油大学出版社	3			1					2				
114	中国农业出版社	3			1					2				
115	中国三峡出版社	3								3				
116	延边人民出版社	2					1			1				
117	南海出版公司	2				1				1				
118	杭州大学出版社	2	1		1									
119	云南民族出版社	2			1				1					
120	海潮出版社	2			1					1				
121	江苏教育出版社	2					1			1				
122	光明日报出版社	2			1					1				
123	中国华侨出版社	2					1			1				
124	中国统计出版社	2			1					1				
125	黑龙江朝鲜民族出版社	2					1			1				
126	辽宁人民出版社	2					1			1				
127	辽宁教育出版社	2			1							1		
128	知识出版社	2								2				
129	新华出版社	2			1					1				
130	北京工业大学出版社	2			1					1				
131	华文出版社	2			1					1				
132	湖北人民出版社	2								2				
133	外文出版社	2				2								
134	延边大学出版社	2								2				
135	河北人民出版社	2			2									
136	齐鲁书社	2			2									
137	浙江人民出版社	2			1					1				
138	广东旅游出版社	2								2				
139	巴蜀书社	2					1			1				
140	春风文艺出版社	2								2				
141	东方出版社	2				1				1				
142	二十一世纪出版社	2								2				
143	海豚出版社	2								2				
144	航空工业出版社	2			1					1				
145	武汉大学出版社	2								2				
146	湖南教育出版社	2								2				
147	接力出版社	2								2				
148	解放军出版社	2								2				
149	宁夏人民出版社	2			1		1							
150	山西人民出版社	2								2				
151	陕西人民教育出版社	2	1				1							

序号	出版社	合计	教材	工具书	参考书		中医		民族医药	科普书	法规标准	图谱	索引	其它
					中文	译著	著作	古籍						
152	上海译文出版社	2								2				
153	石油化工出版社	2								2				
154	书目文献出版社	2						1		1				
155	四川人民出版社	2					1			1				
156	同心出版社	2								2				
157	新疆人民出版社	2			1		1							
158	中国林业出版社	2								2				
159	中国广播电视出版社	1								1				
160	上海文化出版社	1			1									
161	江西高校出版社	1			1									
162	云南科学技术出版社	1			1									
163	上海科技教育出版社	1					1							
164	中国文联出版公司	1			1									
165	暨南大学出版社	1			1									
166	贵州民族出版社	1					1							
167	新世界出版社	1	1											
168	上海书店	1					1							
169	中国妇女出版社	1								1				
170	中国人民大学出版社	1								1				
171	山东文艺出版社	1			1									
172	河北大学出版社	1								1				
173	哈尔滨工业大学出版社	1								1				
174	山东人民出版社	1			1									
175	河南大学出版社	1								1				
176	广西人民出版社	1								1				
177	华东师范大学出版社	1			1									
178	中国经济出版社	1								1				
179	中国统计出版社	1										1		
180	湖南出版社	1	1											
181	辽宁大学出版社	1								1				
182	西藏人民出版社	1			1									
183	海洋出版社	1								1				
184	煤炭工业出版社	1			1									
185	蓝天出版社	1								1				
186	北京邮电学院出版社	1								1				
187	地质出版社	1								1				
188	湖南文艺出版社	1								1				
189	吉林人民出版社	1								1				
190	广西教育出版社	1								1				
191	西南交通大学出版社	1			1									
192	电子科技大学出版社	1			1									

序号	出版社	合计	教材	工具书	参考书 中文	参考书 译著	参考书 著作	中医古籍	民族医药	科普书	法规标准	图谱	索引	其它
193	四川民族出版社	1							1					
194	山西经济出版社	1								1				
195	西北工业大学出版社	1	1											
196	奥林匹克出版社	1								1				
197	北京师范大学出版社	1								1				
198	东北财经大学出版社	1			1									
199	东北大学出版社	1			1									
200	复旦大学出版社	1								1				
201	国防科技大学出版社	1	1											
202	海南摄影美术出版社	1								1				
203	海燕出版社	1								1				
204	河北教育出版社	1								1				
205	红旗出版社	1								1				
206	花城出版社	1								1				
207	华语教学出版社	1								1				
208	黄山书社	1								1				
209	吉林教育	1								1				
210	内蒙古大学出版社	1								1				
211	汕头大学出版社	1					1							
212	上海辞书出版社	1								1				
213	书海出版社	1								1				
214	天津古籍出版社	1								1				
215	天津社会科学院出版社	1								1				
216	外语教学与研究出版社	1					1							
217	未来出版社	1								1				
218	西安电子科技大学出版社	1								1				
219	新世纪出版社	1								1				
220	冶金工业出版社	1								1				
221	岳麓书社	1								1				
222	中国发展出版社	1								1				
223	中国纺织出版社	1								1				
224	中国少年儿童出版社	1								1				
225	中国石化出版社	1			1									
226	中国铁道出版社	1								1				
227	中国文学出版社	1								1				
228	中国物价出版社	1								1				
229	中国物资出版社	1					1							
230	中州古籍出版社	1						1						
	总计	1754	103	25	575	39	305	59	2	612	3	30		1

（严建忠 整理）

【1994年度全国医药卫生新书书目选】

中国药学年鉴:1992/《中国药学年鉴》编辑委员会编。人民卫生出版社,(精装):24.30元

汉日医学大词典/苏正身主编;汉英、汉法、汉德、汉日、汉俄医学大词典编纂委员会编。人民卫生出版社,(精装):85.00元

英汉医学小词典=A POCKET ENGLISH-CHINESE MEDICAL DICTIONARY/曾宪玲主编;张适琚等编。上海科学技术出版社,(精装):10.60元

英汉医学综合词典/白永权主编。陕西科学技术出版社,(精装):21.00元

最新医疗保健实用手册/湖南医科大学主编。湖南科学技术出版社,(精装):49.50

中国卫生年鉴:1993/《中国卫生年鉴》编辑委员会编。人民卫生出版社,(精装):38.00元

中国中医药年鉴 1992/张伯讷主编;《中国中医药年鉴》编辑委员会编审。中国中医药出版社,(精装):50.00元

临床医学冠名词典=A DICTIONARY OF NOMINAL ORIGINS OF CLINICAL MEDICAL TERMS/白佩璧主编。学苑出版社,(精装):84.00元

英汉药学用语词典=ENGLISH—CHINESE PNARMACEUTICAL TERMINOLOGY/张雪吾编著。山西科学技术出版社,(精装):38.00元

劳动卫生学/王簃兰主编。人民卫生出版社,高等医药院校教材·供预防医学类专业用。5.25元

食品理化检验学/鲁长豪主编。人民卫生出版社,高等医药院校教材·供预防医学类专业用。4.00元

现代文明病/郭启明,侯大勇编著。人民军医出版社,8.00元

预防医学/黄云从主编;田世文等编写。人民卫生出版社,全国医学专科学校教材 供临床医学专业用。7.10元

饮水的固相接触净化消毒/曹健,李焕三编著。人民军医出版社,5.50元

中国医院预防保健实用技术/吕宝成,尹德铭主编。学苑出版社,22.00元

医学科学研究基本方法/夏元瑞主编。人民卫生出版社

灭菌·消毒·防腐·保藏/薛广波主编。人民卫生出版社,(精装):25.00元

卫生保健学/孟庆雨主编。山西科学技术出版社,乡村医生试用教材。8.25元

化妆品卫生与管理/高国强,秦钰慧主编。人民卫生出版社,25.00元

卫生毒理学基础/刘毓谷主编。人民卫生出版社,高等医药院校教材 供预防医学类专业用。7.45元

环境卫生学/严启之主编。人民卫生出版社,全国中等卫生学校教材 供卫生医士专业用。9.90元

疾病爆发紧急行动实用指南/( )P. Brcs 著;谭红专等译。湖南科学技术出版社,7.60元

职业流行病学/陈镜琼主编;陈荣安等编。人民卫生出版社,13.50元

流行病学及传染病管理/黄绪镇等编写。人民卫生出版社

传染病学及流行病学/沙介荣编。人民卫生出版社

生理学/奚平主编。中国医药科技出版社,中等卫生学校教材。5.50元

生理生化学/余运初主编。中国医药科技出版社,高等中医院校教材 供中医专业、专科用。10.00元

人工关节的基础与临床研究/戴尅戎等主编。人民卫生出版社,20.20元

人体解剖生理学/钱梓文主编。人民卫生出版社,高等医药院校教材·供药学专业用。5.10元

医用生物化学实验/黄大鹏等主编。中国医药科技出版社,高等医药院校教材。6.60元

医用局部解剖学/王根本主编。人民卫生出版社,8.80元

微生物寄生虫学/李萍主编。中国医药科技出版社,高等中医院校教材·供中医专业、专科用。10.10元

系统解剖学图析/郭连魁主编。人民卫生出版社,8.80元

人体寄生虫学/胡昌仁主编。人民卫生出版社,医学高等专科学校教材 供临床医学专业用。4.20元

医用基础化学/周栋麒主编;张家骐等编。(修订本)。湖南科学技术出版社,中等卫校、中等卫生职业技术学校教材 供西医士、乡村医士专业用。6.50元

炎症与抗炎症药/毕涉等编。人民卫生出版社,12.60元

解剖学与组织胚胎学/左覃骥,肖勉主编。湖南科学技术出版社,中等卫校、中等卫生职业技术学校教材 供西医士、乡村医士专业用。11.50元

人体信息诊疗学/张育西主编。人民卫生出版社,26.00元

组织学/成令忠主编。人民卫生出版社,(精装):96.60元

正常人体解剖学/奎传经主编。中国中医药出版社,高等医药院校教材 供专科中医学专业用。12.00元

正常人体解剖学学习指南/马仁华等编。天津科学技术出版社,4.50元

医学遗传学/李璞主编。人民卫生出版社,13.50元

医用化学/杜广才主编。人民卫生出版社,全国医学专科学校教材

生理学实验指导/邓群根主编。人民卫生出版社

生理学:国际针灸专业人员水平考试复习参考书/傅聰远主编。人民卫生出版社

组织学与胚胎学/成令忠主编。人民卫生出版社

医用化学学习指导/党酉胜编。人民军医出版社

医学生物技术发展现状与展望/武士华主编。人民军医出版社,17.00元

免疫生理学/程违,李春德主编。上海科学技术出版社,13.00元

医学细胞生物学/宋今丹主编。人民卫生出版社,9.70元

水电解质平衡基础与临床/王铁丹编著。人民军医出版社,9.50元

医学分子微生物学进展 第二集/林万明主编;闻玉梅等编写。人民军医出版社,21.00元

医学微生物学与人体寄生虫学/舒永康，谢国武主编；成顺坤等编。湖南科学技术出版社，中等卫校、中等卫生职业技术学校教材 供西医士乡村医士专业用。6.30元

低温医学/刘金刚，刘作斌主编。人民卫生出版社，(精装)：34.30元

PCR技术操作和应用指南/林万明主编；杨瑞馥等编写。人民军医出版社，28.80元

生理学/王震泰主编；龙占明等编。湖南科学技术出版社，中等卫校、中等卫生职业技术学校教材。—供西医士、乡村医士专业用。6.40元

医学生理学/丁报春等主编。湖南科学技术出版社，高等医学院校教材。14.70元

医学遗传学/周德华主编；周忠明等编。湖南科学技术出版社，中等卫校、中等卫生职业学校教材 供西医士、乡村医士专业用。3.40元

病理学/李丰主编；李国昌等编。湖南科学技术出版社，中等卫校、中等卫生职业技术学校教材 供西医士、乡村医士专业用。7.90元

口腔解剖生理学/皮昕主编。人民卫生出版社，高等医药院校教材 供口腔专业用。6.85元

手术中病理诊断/陈乐真主编。人民军医出版社，17.50元

生物化学基础与临床/俞雅萍主编。天津科学技术出版社，(中等卫生学校学习指导丛书)。5.50元

人体寄生虫学/赵慰先主编。人民卫生出版社，(精装)：80.00元

解剖学及组织胚胎学/陈咨夔主编。人民卫生出版社，全国中等卫生学校教材供医士、妇幼医士、卫生医士、口腔医士、护士、助产士专业用。10.80元

解剖学及组织胚胎学学习指南/章中春等主编．天津科学技术出版社，(中等卫生学校学习指导丛书)。6.90元

卫生微生物学/郁庆福主编；杨均培等编写。人民卫生出版社，高等医药院校教材 供预防医学类专业用。5.25元

内科学/刘国良，王宏达主编。人民卫生出版社，中国乡村医生教材，13.70元

内科临床指南/邢月朋等编著。中国医药科技出版社，(精装)：27.00元

内科疾病诊断与医嘱/陈治国等主编。中国医药科技出版社，12.80元

实用内科推拿/谢新民主编。天津科学技术出版社，7.80元

实用血液病学/(德)汉佩尔(Heimpel，H，)主编；唐锦治等译。人民卫生出版社，(精装)：17.00元

临床动态心电图图谱/李天德主编；卢喜烈，高洁编著。金盾出版社，(精装)：29.00元

内科疾病鉴别诊断学/邝贺龄主编。人民卫生出版社，(精装)：27.00元

老年常见病用药指南/谢雁鸣主编。人民卫生出版社，7.70元

药物不良反应文献题录/卞俊主编。人民军医出版社，13.00元

软组织损伤学/张万福编著。天津科学技术出版社，(精装)：15.20元

新编心电图学/于伟琦，张新中主编。学苑出版社，(精装)：42.00元

全身性疾病的消化系统表现/郑光礼，李俊华编著。天津科学技术出版社，8.80元

无症状心肌缺血/王士雯，毛松岩编著。人民军医出版社，9.60元

中国健康婴儿、儿童及成人心电向量图/谢振武著。湖南科学技术出版社，(精装)：40.00元

心电图诊断学/曹德本主编：徐卓立等编著。金盾出版社，9.00元

实用传染病学/李梦东主编。人民卫生出版社，(精装)：45.00元

艾滋病中西医防治学/吕维柏编。人民卫生出版社

现代冠心病监护治疗学/钱学贤主编。人民军医出版社，(精装)：28.00元

实用心脏病学/董承琅等主编；陶寿淇等编。上海科学技术出版社，(精装)：74.00元

传染病学/刘应麟主编。人民卫生出版社，全国医学专科学校教材供临床学专业用。4.90元

肝病治疗学叶维法，钟振义主编。天津科学技术出版社，(精装)：69.90元

临床内分泌学/朱宪彝主编。天津科学技术出版社，(精装)：68.00元

急性高山病预防药物的研究/彭洪福主编。人民军医出版社，6.00元

胃肠病学/郑芝田主编。人民卫生出版社，(精装)：80.00元

实用心脏起搏术/黄体钢等编译。天津科学技术出版社，5.00元

有机磷农药中毒的救治/白念峰编著。人民卫生出版社，10.30元

碘缺乏病：地方性甲状腺肿与地方性克汀病/马泰等主编；于志恒等编。人民卫生出版社，18.00元

内科学/文德耀等主编。湖南科学技术出版社，中等卫校，中等卫生职业技术学校教材。—供西医士。乡村医士用。11.50元

临床工作手册/倪克梁等主编。中国医药科技出版社，9.00元

最新临床输血指南/于新发编著。湖南科学技术出版社，7.30元

昏迷急诊/张文武主编。中国医药科技出版社，12.00元

实用临床核医学图谱/赵宝经等编译。中国医药科技出版社，18.00元

人工胃肠支持——肠外与肠内营养/蒋朱明，朱预主编。人民卫生出版社，(精装)：15.60元

妇产科影像学/颜小琼主编。天津科学技术出版社，(精装)：35.80元

超声学/王纯正主编。人民卫生出版社，19.80元

磁共振成像诊断学/高元桂等主编。人民军医出版社，(精装)：88.00元

临床医护用药必备/王顺年，汪慧主编。人民军医出版社，(精装)：18.00元

临床肠外及肠内营养支持/黎介寿主编；尹路等编著。人民军医出版社，9.60元

临床基因探针诊断实验技术/林万明主编；黄尚志等编写。上海科学技术出版社，30.00元

生化基础与临床：附病例分析/孙秀玲等主编。天津科学技术出版社

医学病毒实验诊断技术/杨春生，陈梦芝主编。天津科学技术出版社，

7.60元

临床检验护理指南/谢仁敷主编。湖南科学技术出版社，(高等护理临床参考丛书)。8.95元

最新临床检验手册/廖二元，魏启幼主编。湖南科学技术出版社，15.60元(精装)：20.00元

康氏现代治疗学 第43版译本/(美)雷克尔(Rekel,R)主编；孙昌淑，郑法雷主译。学苑出版社，50.00元

微机在医学检验中的应用/赵佩华，王勇主编。上海科学技术出版社，12.40元

影像诊断用药指南/王维信，王敖格主编。学苑出版社

实用症状诊断词典/顾守礼编著。人民军医出版社

临床经颅多普勒超声学/张雄伟等编著。人民卫生出版社，(精装)：24.50元

流动注射分析的理论及医疗实践/郭涛等编。人民军医出版社，4.60元

临床医师实用医学正常值手册/刘寿永等编。学苑出版社，9.00元

医院护理管理质量标准/王益锵主编。山西科学技术出版社，9.00元

实用家庭医护新编/肖建中主编。中国中医药出版社，7.90元

康复医学/南登昆，缪鸿石主编。人民卫生出版社，高等医学院校参考教材。19.30元

磁共振诊断学/隋邦森等主编；吴恩惠等编。人民卫生出版社，(精装)：48.00元

B型超声诊断学/张青萍。王新房主编。上海科学技术出版社，20.00元

现代人工心脏起搏学/张清华等主编。人民军医出版社，(精装)：25.00元

髋关节外科学/赵炬才，张铁良主编。中国医药科技出版社，(精装)：38.50元

实用矫形外科学/(英)L·R·莫西尔著；徐澄等译。天津科学技术出版社，(精装)：35.40元

泌尿外科手术并发症/韩振藩，李冰清主编。人民卫生出版社，(精装)：27.50元

脊髓损伤：基础与临床/胥少汀，郭世绂编著。人民卫生出版社，35.90元

肾脏病理与临床/邹万忠等编著。湖南科学技术出版社，(精装)：28.00元

骨科正误 第二册/孙庆寿等主编。人民卫生出版社，12.50元

胆道外科学/施维锦主编。上海科学技术出版社，(精装)：31.80元

吸入性损伤/黎鳌，杨宗城主编。人民军医出版社，8.20元

乳房美学外科/辛时林主编。人民卫生出版社，(精装)：8.00元

现代多发伤治疗学/苏鸿熙，刑世恒主编。人民军医出版社，(精装)：32.00元

胸心外科手术学/顾恺时主编。人民卫生出版社，(精装)：40.00元

实用创伤急救手术学/张肇祥，陈维佩主编。人民军医出版社，(精装)：19.80元

前列腺疾病105问/卢存国编著。人民卫生出版社

手术学全集：小儿外科卷/刘贵林主编。人民军医出版社

手术学全集：心脏血管外科卷/汪曾炜等主编。人民军医出版社

手术学全集：矫形外科卷。人民军医出版社

手术学全集：泌尿外科卷/俞天麟，金锡御主编。人民军医出版社

手术学全集：耳鼻咽喉科卷/姜泗长主编。人民军医出版社

手术学全集：妇产科卷/傅才英等主编。人民军医出版社

手术学全集：总论卷/盛志勇等主编。人民军医出版社

手术学全集：口腔颌面外科卷/周树夏主编。人民军医出版社

手术学全集：神经外科卷/段国升等编。人民军医出版社

手术学全集：普通外科卷/黎介寿等主编。人民军医出版社

手术学全集：整形与烧伤外科卷/黎鳌等主编。人民军医出版社

软组织外科理论与实践/宣蛰人编著。人民军医出版社

临床激光医学/梁永茂主编。湖南科学技术出版社，6.40元

手术后肺部并发症/凌宝存主编。人民卫生出版社，5.00元

实用中国男性学/金之刚主编。学苑出版社，20.00元

实用骨科手术进路图谱/孙材江主编。湖南科学技术出版社(精装)：75.00元

实用男性疾病诊断治疗学/郭瑞林等主编；邝德清等编。人民军医出版社，(精装)：23.50元

骨折·骨骺·软组织损伤治疗学/顾云五，尚天裕主编。天津科学技术出版社，(精装)：34.00元

妇科三百问/黄鹤举主编。中国医药科技出版社，8.10元

助产学/黄祝玲主编。上海科学技术出版社，(精装)：21.50元

卵巢临床与病理＝CLINIC AND PATHOLOGY OF THE OVARY/范娜娣主编。天津科学技术出版社，(精装)：60.00元

出生缺陷监测/李竹，钱宇平主编。人民卫生出版社，15.00元

妇产科学/高岳生等主编。上海科学技术出版社，全国二十所高等医学院校协编教材。18.80元

妇产科学/汪克强编。人民卫生出版社

妇产科手术学/苏应宽，刘新民主编。人民卫生出版社，(精装)：20.00元

妇产科基本功/俞霭峰，翟瞻粲主编。天津科学技术出版社，(精装)：50.00元

儿童保健学/郑惠莲主编。人民卫生出版社，高等医药院校教材·供儿科医学专业用。3.10元

小儿水电解质平衡与液体疗法/杜嗣廉主编。人民卫生出版社，(精装)：23.20元

小儿肾脏病手册/易著文主编：湖南科学技术出版社，7.70元

儿科学与儿童保健/魏克伦主编。人民卫生出版社，中国乡村医生教材，6.30元

小儿发热/李晏龄，郑建民编著，人民卫生出版社，高淑芬主编。1.20元

儿科学/左启华主编。人民卫生出版社，高等医药院校教材 供基础、预防、临床、口腔医学类专业用。15.70元

小儿烧伤/李济时等主编。人民卫生出版社,(精装):15.00元

现代儿科诊疗手册/李齐岳主编。北京医科大学中国协和医科大学联合出版社,方文彦,朱学骏主编

三叉神经痛/李龄,陈义正主编;胡明彦等编写。上海科学技术出版社,6.90元

精神科评定量表手册/张明园主编。湖南科学技术出版社,6.00元

精神科急诊医学/刘协和,杨权主编。湖南科学技术出版社,6.00元

精神病理学:精神症状的分析/许又新著。湖南科学技术出版社,6.00元

癫痫的家庭整体治疗/刘玉玺编著。山西科学技术出版社,5.50元

中国脑血管病流行病学研究/全军脑血管病流行病学协作组〔编〕。人民军医出版社,20.00元

心病/刘宝善著。天津科学技术出版社,9.50元

脑血管病的抢救与康复/赵明伦主编。人民卫生出版社,(精装):19.50元

神经症/许又新编著。人民卫生出版社,7.45元

神经病治疗学/韩仲岩等主编。上海科学技术出版社,(精装):22.20元

植物性神经系统生理与临床/张荣宝主编;周晓红等编。人民卫生出版社,18.30元

神经系统疾病物理康复治疗学/袁三衡等编著。人民军医出版社,8.50元

中西医结合防治急性脑血管病/王松龄等主编。人民卫生出版社,12.00元

基层精神卫生保健/张继志,吉中孚编著。人民卫生出版社,2.80元

精神病防治学/何伋,张习远主编;丁福忠等编著。天津科学技术出版社,(精装):22.50元

小儿神经外科学/蒋先惠主编;朱炎昌等编写。人民卫生出版社,(精装):18.10元

头颈肿瘤学=TUMORS OF THE HEAD AND NECK/李树玲主编。天津科学技术出版社,(精装):115.00元

国际疾病分类肿瘤学专辑/Percy,C. 等编;周珊珊等译。人民卫生出版社

肿瘤学词典/武广华等主编。人民卫生出版社,(精装):15.00元

林巧稚妇科肿瘤学/连利娟主编。人民卫生出版社

肿瘤外科学/华积德主编。人民军医出版社

现代肺癌诊断与治疗/查人俊等主编;于国等编。人民军医出版社,(精装):26.00元

临床皮肤肿瘤学概要/谭仲楷,祝连庆编著。山西科学技术出版社,22.00元

胸部肿瘤学/王德元著。天津科学技术出版社,(精装):36.60元

现代眼科手册/杨钧主编。人民卫生出版社,(精装):50.00元

前庭功能检查技术/于立身主编。人民军医出版社

眼科手术学/吴振中主编。人民卫生出版社

人工晶体植入学/谢立信主编。人民卫生出版社,10.90元

五官科学/费声重等主编。人民卫生出版社,中国乡村医生教材。5.50元

小儿常见皮肤病及其综合征/施曼绮编著。中国医药科技出版社,9.50元

青少年颜面部常见病的防治与中药美容/杨素华主编。学苑出版社,4.95元

癣病百问/李长恒主编;王福胜等编著。上海科学技术出版社,3.20元

皮肤性病学/王光超主编。人民卫生出版社,—高等医药院校教材 供基础临床学类专业用。7.40元

儿童皮肤病诊治常识/丁素先主编。天津科学技术出版社,2.80元

实用皮肤病学/王继生编著。天津科学技术出版社,(精装):128.00元

霉疮秘录:文白对照/(明)陈司成著;高丹枫注释;陈辉译文。学苑出版社,6.20元

中西医结合治疗口腔病/许姜泽编著。人民卫生出版社,9.80元

实用口腔科学/郑麟蕃,张震康主编。人民卫生出版社,54.00元

颌面显微外科学/孙弘主编;丁祖鑫等编。人民军医出版社,19.50元

新概念牙体修复学/(丹麦)Horsted Bindslev,P.,(挪威)Mjor,l·A·主编;陆兆庄译。上海科学技术出版社;门格斯加德出版公司,(精装):43.00元

口腔预防医学及儿童口腔医学/杨是,石四箴主编。人民卫生出版社

口腔颌面外科学/邱蔚六主编。人民卫生出版社

口腔材料学/陈治清主编。人民卫生出版社

牙体修复学/王光华,彭式韫编。人民卫生出版社

放射学 上册/刘玉清等主编。人民卫生出版社,20.00元

临床核医学/谭天秩主编。人民卫生出版社,(精装):60.00元

影像核医学/裴著果,蔡锡麟主编。人民卫生出版社,13.00元

X线诊断学导读/夏瑞明,王志业主编。天津科学技术出版社,6.00元

口腔颌面X线诊断学/邹兆菊主编。人民卫生出版社,高等医药院校教材 供口腔医学专业用。4.90元

火器伤外科学/李主一主编。人民军医出版社,(精装):40.00元

现代泌尿系统疾病影像诊断图谱/(德)Eberhata Lohr等著;钱肇鄂等译。人民卫生出版社,(精装):20.60元

现代临床药物手册/李大魁主编。中国医药科技出版社,(精装):25.00元

药用高分子材料学/郑俊民主编。中国医药科技出版社,普通高等教育药学类规划教材·供药物制剂药学专业用。4.20元

药事管理学/吴蓬主编。人民卫生出版社,高等医药院校教材·供药学类专业用。4.35元

老药新用途/李世文等编著。人民军医出版社,12.50元

医疗单位制剂规范:1991年版/中国人民解放军后勤部卫生部编。人民军医出版社,(精装):38.00元

药物化学/孙积辉,卢国樸主编。人民卫生出版社,全国中等卫生学

校教材

生药学/郑学忠主编。人民卫生出版社

药用植物学/姚文淑主编。人民卫生出版社

药理学/杨光复主编。人民卫生出版社

新编简明药物手册/焦万田主编;于华等编。人民军医出版社,18.80元

简明药剂学/杜克礼等编。人民卫生出版社,14.00元

阿霉素的临床应用/王肇炎等编。人民卫生出版社,5.80元

药物化学/李正化主编。人民卫生出版社,高等医药院校教材 供药学类专业用。16.20元

中医食疗学/杨永良主编。中国医药科技出版社,中医学院试用教材 供中医、针灸、骨伤、康复、高级护理专业用。6.00元

单穴治病选萃/吕景山等主编。人民卫生出版社,17.00元

实用中医护理指南/崔金海,张德兴主编。中国医药科技出版社,6.00元

张琪临证经验荟要/张琪著;张佩清等整理。中国中医药出版社,9.85元

脉经语译/沈炎南主编。人民卫生出版社,14.00元

证治准绳(六):女科/(明)王肯堂辑。人民卫生出版社,(精装):30.00元

中医新知识辞典/祝世讷,丛林主编。中国医药科技出版社,(精装):22.00元

中医学多选题解/吴晓青等编著。中国医药科技出版社,11.20元

中国医药年鉴:1992/《中国医药年鉴》编委会编。中国医药科技出版社,(精装):50.00元

实用中医药文萃/常建林主编。中国医药科技出版社,7.80元

实用医易小辞典/漆浩主编。中国医药科技出版社,6.20元

头针穴位解剖图解=Anatomical Atlas of scalp Acu puncture Points:中英对照/严振国主编。上海科学技术出版社,5.60元

中医内科急症临床/郑绍周等主编。中国医药科技出版社,10.50元

中医男科讲座/江海身,康力升主编。中国医药科技出版社,14.80元

内经妇科辑文集义/哈孝贤主编。中国医药科技出版社,3.60元

实验骨伤科学/时光达,陈宝兴主编。人民卫生出版社,高等中医药院校教材·供骨伤专业用。6.20元

神经系统疾病的中医辨治/刘祖贻主编。中国医药科技出版社,8.50元

丹溪医集/(元)朱震亨撰;浙江省中医药研究院文献研究室编校。人民卫生出版社,(精装):59.40元

东垣医集/(金)李东垣撰;丁光迪,文魁编校。人民卫生出版社,(精装):30.00元

名中医治愈脑血管病医案集/钟起哲主编。中国医药科技出版社,8.30元

怀彦医案:王怀彦著。中国医药科技出版社,7.80元

津门医粹 第二辑:天津市卫生局编。天津科学技术出版社,(精装):19.60元

女病外治良方妙法/王金权,蔡玉华主编。中国中医药出版社,14.00元

活人书/(宋)朱肱撰;万友生等点校。人民卫生出版社,10.00元

男子性功能障碍治疗大全/王敬,杜杰慧编著。中国医药科技出版社,7.20元

实用中医乳房病学/顾乃强主编。上海科学技术出版社,(精装):10.50元

中医内科病证治法/沈舒文著。人民卫生出版社,14.30元

护士常用中医术语浅释/周喜德编著。人民卫生出版社,7.25元

诸病源侯论养生方导引法研究/丁光迪编著。人民卫生出版社,12.60元

子午流注集粹/王凡主编;北京中西医药新技术研究所编。中国中医药出版社,6.50元

中医与易学/(明)张介宾著;方向红校理。学苑出版社,14.00元

医经溯洄集/(元)王履著:章升懋点校。人民卫生出版社,4.90元

伤寒论归真/张正昭编著。湖南科学技术出版社,10.30元

伤寒论类辨/陈宝明等编。人民卫生出版社,13.20元

伤寒学/张丰强主编。中国中医药出版社,7.80元

许叔微伤寒论著三种:伤寒·百证歌·伤寒发微论·伤寒九十论/(宋)许叔微撰;陈治恒等点校。人民卫生出版社,8.80元

实用中医脑病学/中国中医研究院广安门中医院主编。学苑出版社,(精装):45.00元

医学三信编/(清)毛世洪撰;王忠云校注。中国中医药出版社,4.20元

医理真传/(清)郑寿全著;于永敏校注。中国中医药出版社,4.00元

中国青年中医药优秀论文荟萃/江淑安主编。中国中医药出版社,6.00元

医易相通论/陈大舜主编;黄政德等编。湖南科学技术出版社,6.50元

实用中风防治手册/常青,沈万生编著。中国中医药出版社,7.00元

中医学基础/张珍玉主编。中国中医药出版社,高等医药院校教材 供专科中医学专业用。11.00元

中医外感病辩治/柯雪帆等主编。人民卫生出版社,(精装):31.90元

针灸大成/(明)杨继洲著;孙外主点校。天津科学技术出版社,12.20元

实用头针大全/陆寿康,孔尧其编著。上海科学技术出版社,8.50元

吴氏医话二则/(清)吴楚撰。影印本。上海科学技术出版社,4.20元

实用中医气功穴位指南/张护龙主编;易之等撰稿。学苑出版社,11.00元

太极内功:传统医疗养生法/张天戈;李经梧著。人民卫生出版社,2.30元

皮肤病针灸疗法/李连生,白俊昆主编。天津科学技术出版社,(精装):13.00元

传统实用针灸学/范其云主编;侯丽萍等编著。山西科学技术出版社,8.50元

赵氏祖传针灸按摩传真/赵寿毛编著。中国中医药出版社,15.60元

中医临床病证诊断疗效标准/王净净,龙俊杰主编。湖南科学技术出版社,9.50元

现代脏腑辨证研究/黄承才,张丰强主编;孔凡胡等编。学苑出版社,5.60元

疑难病中医临证指南/姜明主编;姜安川等协编。中国中医药出版社,6.20元

中医临证指南/李寿山主编;李小贤等协编。中国中医药出版社,10.00元

中医常用外治法/靳士英主编。人民军医出版社,(精装):15.60元

金匮要略论注/(清)徐忠可著;邓明仲等点校。人民卫生出版社,10.00元

中国灸法大全/张奇文主编。天津科学技术出版社,(精装):26.10元

神验医宗舌镜/(明)王景韩著。上海科学技术出版社

实用伤科手册/李吉茂编著。人民军医出版社

运动损伤推拿学/胡晓斌编著。人民军医出版社

软组织损伤松针疗法/肖万坤编著。人民卫生出版社

医宗必读/(明)李中梓著:邹高祈点校。人民卫生出版社

中医学/程化奇主编。人民卫生出版社,1994。高等医学专科学校教材

中医气功学/宋天彬,刘元亮编。人民卫生出版社,高等中医院校协编教材

经方临证指南/刘渡舟主编:天津科学技术出版社,6.60元

中医皮肤科古籍精选/欧阳恒主编;祝柏芳等编。湖南科学技术出版社,(精装):9.45元

中医治疗急难病证十二讲/钟孟良编著。中国中医药出版社,3.90元

脑病的中医论治/丛法滋编著。人民卫生出版社,6.75元

寿世保元/(明)龚廷贤撰;鲁兆麟主校。人民卫生出版社,(精装):24.00元

现代消化病诊疗备要/黄明贵主编。中国中医药出版社,12.00元

奉时旨要/(清)江涵暾著;王觉向点校。中国中医药出版社,5.50元

实用中医乳房病学/马禄均编著。人民卫生出版社,8.10元

中国医学非药物疗法/邱模炎等主编;孔军辉等编写。中国中医药出版社,(精装):22.00元

奇经证治条辨/朱祥麟编著。中国中医药出版社,6.00元

中医学 上册/周萍主编。湖南科学技术出版社,中等卫校、中等卫生职业技术学校教材 供西医士、乡村医士专业用。9.80元

辽宁省名中医荟萃/刘忠德,龙济瀛主编。中国中医药出版社,7.50元

沈阳名老中医医鉴/高德林等主编。中国中医药出版社,5.40元

刘季文医论医案集/刘珊之编。湖南科学技术出版社,3.20元

民间点穴治病绝招/王凡,杨光主编。中国中医药出版社,8.60元

栾氏推拿法/栾长业等著。人民卫生出版社,8.85元

中国男科临床研究/冯涤尘,安浚主编。中国中医药出版社,10.00元

糖尿病治疗与康复指南/韩明主编。中国中医药出版社,6.00元

水针疗法/苗彦霞等编写。人民卫生出版社,6.95元

中医时间证治学纲要/程士德主编;烟建华等编写。人民卫生出版社,7.15元

最近十年中医临床经验精华/呼素华主编;白玉金等编写。山西科学技术出版社,16.00元

辩证奇闻/(清)陈士铎著;郑炳纯等校点。山西科学技术出版社,(精装):17.00元

针灸三十讲/李道生,林秀芬编著。人民卫生出版社,12.00元

针灸经穴部位标准图谱:法文/邓良月主编:中国中医研究院针灸研究所编绘。中国中医药出版社,45.00元

中医内伤火病学/田合禄编著。山西科学技术出版社,13.00元

实用最佳时间针灸精义/李友林,刘清国主编。学苑出版社,12.80元

勉学堂针灸集成/(清)廖润鸿编;沈爱学,包黎恩点校。人民卫生出版社,9.00元

三晋名医传心录:针灸按摩/文渊主编。中国中医药出版社,6.50元

中国民族药食大全/张力群,关祥祖主编。山西科学技术出版社,35.00元

中医五字经/刘英忠著。中国中医药出版社,7.50元

中国舌珍大全/李乃民主编。学苑出版社,(精装):168.00元

中医诊断学/邓铁涛主编。上海科学技术出版社,高等医药院校教材 供中医、针灸专业用。6.50元

伤寒补亡论/(宋)郭雍撰。人民卫生出版社,13.20元

医古文/贾治中主编。山西科学技术出版社,(高等教育自学考试中医专业指导丛书)。7.80元

折叠式推拿穴位层次解剖图解:小儿分册/严振国,郑风胡主编;陈婷立等绘。上海科学技术出版社,1.50元

折叠式推拿穴位层次解剖图解:上肢分册/严振国,郑风胡主编;陈婷立等绘。上海科学技术出版社,1.50元

折叠式推拿穴位层次解剖图解:下肢分册/严振国,郑风胡主编;陈婷立等绘。上海科学技术出版社,1.50元

折叠式推拿穴位层次解剖图解:头颈分册/严振国,郑风胡主编;陈婷立等绘。上海科学技术出版社,1.50元

折叠式推拿穴位层次解剖图解:躯干分册/严振国,郑风胡主编;陈婷立等绘。上海科学技术出版社,1.50元

医碥/(清)何梦瑶撰;邓铁涛,刘纪莎点校。人民卫生出版社,28.50元

男女病针灸推拿疗法与按摩保健/戴居云主编。学苑出版社,刘寿永,何春水主编。8.80元

实验针灸学/林文注,王佩主编。上海科学技术出版社,17.00元

儿科证治学新诠/郭振球编著。人民卫生出版社,8.90元

中医老年病学/田金洲主编。天津科学技术出版社,(精装):57.00元

推拿手法图谱=ATLAS OF TUINA MANIP UTAIONS/沈国权,严隽陶编著;朱启中绘。上海科

学技术出版社，(精装)：18.40 元

医效选录/何时希著。上海科学技术出版社，7.70 元

中医康复新治疗荟萃/杨维益等主编。人民卫生出版社，12.00 元

中医气象学与养生防病/李铁君，陈燕燕著。人民卫生出版社，7.70 元

《永乐大典》医药趣闻/王希哲，关祥祖编。人民卫生出版社，5.60 元

中药技术经验集成/毛履煜主编。中国医药科技出版社，6.00 元

中药临床手册/上海中医学院中药教研室编著。上海科学技术出版社，6.10 元

本草纲目医案探析/张树生，王芝兰编著。中国医药科技出版社，4.50 元

本草备要/(清)汪昂原著；王效菊点校。天津科学技术出版社，6.20 元

绛雪园古方选注/(清)王子接著；赵小青点校。中国中医药出版社，4.50 元

汤头歌诀/(清)汪昂著；李恩玲点校。天津科学技术出版社，3.00 元

中药资源学/周荣汉主编。中国医药科技出版社，30.00 元

务中药性/(清)何本立著；曾广盛等点校。中国医药科技出版社，7.50 元

全国重名易混中药鉴别手册/崔同寅主编。中国医药科技出版社，(精装)：24.00 元

新编药性歌括四百味/程宝书等编。中国中医药出版社，12.40 元

方剂学/刘持年主编。中国医药科技出版社，高等中医院校教材·供中医专业、专科用。7.30 元

当代著名老中医秘验单方选/徐福宁等编著。中国中医药出版社，5.50 元

名医奇方秘术 第二集：中国农工民主党北京市名老中医经验汇粹/吴大真主编。中国医药科技出版社，(精装)：12.00 元

经验良方全集/(清)姚俊辑；刘国正，杜宝俊点校。中国医药科技出版社，5.80 元

神农百话/黄进贤，段振离编著，人民卫生出版社，6.70 元

常用中药八百味精要/贾玉海主编。学苑出版社，9.60 元

新编中成药应用指南/杨思澍主编。学苑出版社，20.00 元

不药良方续集/(清)王桂舟撰辑；洪瑞，宝珊点校。山西科学技术出版社，5.50 元

实用有毒中药临床手册/高渌纹主编。学苑出版社，8.00 元

本草纲目：金陵版/(明)李时珍著。上海科学技术出版社。(精装)：560.00 元

百病专方效验录/宋乃光等编写。中国中医药出版社，7.20 元

奇治外用方/李今庸编撰；李琳，袁思芳摘录助编。中国中医药出版社，6.50 元

增补药性赋白话解/卢丙辰，郭正权主编。中国中医药出版社，6.50 元

中药学/李钟文主编。中国中医药出版社，高等医药院校教材 供专科中医学专业用。13.00 元

中药配伍运用/丁光迪编著；鲍正飞，丁国华协编。湖南科学技术出版社，6.80 元

中医方剂大辞典 第一册/彭怀仁主编。人民卫生出版社，(精装)：78.00 元

中医名方异用指南/李义等编著。山西科学技术出版社，7.50 元

抗癌良方/常敏毅编著。湖南科学技术出版社，7.35 元

实用中医外科方剂大辞典/王玉玺主编。中国中医药出版社，(精装)：67.00 元

方剂学指南/陆立世编著。山西科学技术出版社，(高等教育自学考试中医专业指导丛书)。5.40 元

中药饮片鉴别 上册/吴玛琍，孔增科主编。天津科学技术出版社，(精装)：42.00 元

湖南省中药材标准：湖南省卫生厅 1993 年版/章逊荣，刘祖贞主编；湖南省卫生厅编。湖南科学技术出版社，(精装)：32.00 元

医方选要/(明)周文采编集；王道瑞等点校。中国中医药出版社，9.00 元

实用民间土单验秘方 1000 首/孟昭全等主编。中国中医药出版社，6.00 元

简易医方新编/孙维峰主编。人民军医出版社，12.80 元

中医伤科用药方法与常用方/李吉茂，李欣编著。人民军医出版社，8.80 元

中医临证应急新药选/庞景三，谢长彦主编。中国中医药出版社，4.50 元

中药正别名集/韩维恒编。湖南科学技术出版社，18.80 元

实用中药鉴别/方石林编著。湖南科学技术出版社，15.00 元

古今美容奇方妙法/徐泽编著。中国中医药出版社，19.80 元

中医方剂大辞典 第二册/彭怀仁主编。人民卫生出版社，(精装)：72.60 元

中医方剂临床手册/成大权等编著。山西科学技术出版社，7.30 元

最近十年中医治病良方精华/卢祥之主编。山西科学技术出版社，16.00 元

中药新制剂开发与应用/谢秀琼主编。人民卫生出版社，(精装)：35.00 元

当代中药外治临床精要：首届全国中药外治学术研讨会论文集/中国民间中医医药研究开发协会，北京中西医药新技术研究所编。中国中医药出版社，30.00 元

证治方药定量分析/谢宝兴主编。中国中医药出版社，4.20 元

细辛与临床/刘沛然著。人民卫生出版社，3.05 元

全国青年护士论文选 第 2 卷/霍杰，计惠民主编。中国医药科技出版社，7.00 元

现代护理学进展 第一卷/霍杰等主编。中国医药科技出版社，5.40 元

外科护理学/颜鸿斌主编。上海科学技术出版社，上海市中等卫生学校护士专业(四年制)丛书。13.40 元

手术室护理技术手册/张琤编。人民军医出版社，12.80 元

医学生实用手册/焦春荣，王丽娜主编。中国医药科技出版社，12.00 元

中国医学史略/贾得道著。山西科

学技术出版社，11.00元

医学生应试指南/高体健，许洪福主编。上海科学技术出版社，5.70元

首届全国农村医学学术会议论文集/中国农村卫生协会编。人民卫生出版社，

医苑荟萃/蔡理明编著。天津科学技术出版社，8.50元

走向世界的中华医药事业：华夏大地杏林举要 第一集/中国博览丛书编辑部编。人民军医出版社，39.00元

卫生研究方法学：研究方法培训指导/Yung－Han Paik 等著；吴兆苏译。人民卫生出版社。23.00元

农村医学问答。席彪、王培德主编。人民卫生出版社，(精装)：28.00元

医学研究新进展/徐延香等主编。山西科学技术出版社，15.80元

医药卫生科学技术进展：1993年/中国人民解放军总后勤部卫生部编。人民军医出版社，9.50元

全科医师手册/罗文卫，崔天国主编。人民军医出版社，(精装)：43.00元

医疗器械产品可靠性的现场调查与数据处理/彭子明，陆修昆编著。中国医药科技出版社，6.00元

医院改革新思维/阎惠中著。中国医药科技出版社，6.20元

卫生统计学/杨树勤主编。人民卫生出版社，高等医药院校教材 供口腔医学专业用。7.50元

中国卫生保健史/陈海峰编著。上海科学技术出版社，18.80元

健康行为学/华西医科大学主编。人民卫生出版社，高等院校教材 供健康教育专业用。10.10元

健康教育学/上海医科大学，河北职工医学院主编。人民卫生出版社，高等医学院校试用教材 供健康教育专业用。13.20元

健康传播学/北京医科大学主编。人民卫生出版社，高等医学院校试用教材 供健康教育专业用。10.90元

百病家庭防治全书：小病不出门大病早就医/李恩等主编。人民卫生出版社，23.90元

新编家庭卫生顾问/吴大真，乔模主编。中国医药科技出版社，11.50元

青年保健问题/董建华主编。中国医药科技出版社，8.00元

育儿百科/(日)松田道雄著；李永连等译。—2版(重译本)。人民卫生出版社，(精装)：14.00元

孕妇饮食与用药禁忌/王丽茹，李兴春编著。人民军医出版社，8.50元

生活嗜好保健小窍门/卢铝沙，张鸿编。湖南科学技术出版社，6.80元

初当母亲/周红女等编。湖南科学技术出版社，(家庭妇幼保健小丛书/谭竞华主编)。2.50元

婴幼儿护理300问/庞宁等编著。金盾出版社，2.70元

中国古代摄生养性秘诀/钟怡等编著。学苑出版社，(性医学丛书/刘寿永，何春水主编)。5.20元

医道擒魔：内科部分/陈沫金著。学苑出版社(中医实用科普文学丛书·杏林五部曲之一)。7.50元

家庭适宜特效治病法/庞国胜等主编；丁素珍等编。中国中医药出版社，6.80元

百病自我诊断用药小诀窍/陈葆桢，周光烛主编；王庭秋等编。中国中医药出版社，5.40元

长寿知识百问/姚勇主编。上海科学技术出版社，4.90元

自我保健医学体系构架与原理：第四医学学科形成与发展的论证：汉英对照/马骏等编著。天津科学技术出版社，6.00元

生儿育女必读/胡春学编著。人民军医出版社，7.60元

日常生活防病养生300问/陈志敏主编；胡风云，张桂霞编著。人民军医出版社

中国老年保健全书/耿德章编著。人民卫生出版社

饮食养生探源/黄良编著。人民军医出版社，9.80元

当婚当嫁的时候/李建军编。湖南科学技术出版社，(家庭妇幼保健小丛书/谭竞华主编)。2.50元

长寿问答/张清华等编著。人民军医出版社，6.00元

家用谷物果菜治病小窍门/董得保等主编。中国中医药出版社，(家庭治病小窍门丛书；5/建中，振中总编)。6.84元

家用鸡蛋治病小窍门/卢世秀，王凡主编。中国中医药出版社，(家庭治病小窍门丛书；1/建中，振中总编)。5.38元

家用鱼肉禽蛋治病小窍门/赵东升，王明惠主编。中国中医药出版社，(家庭治病小窍门丛书；4/建中，振中总编)。7.38元

家用药粥治病小窍门/王凡，卢世秀主编。中国中医药出版社，(家庭治病小窍门丛书；2/建中，振中总编)。5.18元

家用葱姜蒜醋治病小窍门/路德华主编。中国中医药出版社，(家庭治病小窍门丛书；3/建中，振中总编)。6.88元

常见病食品疗法/刘孝民编著。中国中医药出版社，4.50元

家用拔罐治病小窍门/韩建涛等主编。中国中医药出版社，(家庭治病小窍门丛书；7/建中，振中总编)。7.38元

家用药物外敷治病小窍门/范思行，阎国杰主编。中国中医药出版社，(家庭治病小窍门丛书；9/建中，振中总编)。7.38元

家用药物贴脐治病小窍门/阎国杰等主编。中国中医药出版社，(家庭治病小窍门丛书；8/建中，振中总编)。6.96元

家用九窍给药治病小窍门/郑万善，韩建涛主编。中国中医药出版社，(家庭治病小窍门丛书；6/建中，振中总编)。5.48元

家用灸法治病小窍门/刘静宇等主编。中国中医药出版社，(家庭治病小窍门丛书；10/建中，振中总编)。7.00元

长寿必读/吕维善主编。上海科学技术出版社，8.90元

实用家庭医学手册/吴大真等主编。人民军医出版社，9.80元

婴幼儿百病家庭自查与防治大全/平沙雁主编。学苑出版社，7.50元

百病中医诸窍疗法/程爵棠编著。学苑出版社，14.00元

百病中医拔罐疗法/高渌纹著。学苑出版社,5.20元

新编气功知识问答/张青编著。学苑出版社,3.45元

一药多用/和贵璋等编著。山西科学技术出版社,3.30元

偏方验方1000首/周喜民编。天津科学技术出版社,5.50元

百病中医膏散疗法/程爵棠编著。学苑出版社,25.00元

小偏方妙用/孙文奇编著。山西科学技术出版社,2.40元

发热300问/杜卫京等编著。天津科学技术出版社,郭仓,吴宗璘主编。4.65元

咳喘家庭防治小顾问/宋乃光编著。学苑出版社,3.60元

冠心病家庭防治小顾问/何绍奇等编著。学苑出版社,3.60元

高血压家庭防治小顾问/王承德等编著。学苑出版社,3.60元

糖尿病105问/毛腾淑编著。人民卫生出版社,3.55元

贫血·出血300问/张蕴等编著。天津科学技术出版社,郭仓,吴宗璘主编。4.75元

白内障防治120问/张卯年等编著。金盾出版社,2.50元

头痛300问/张志玉编。天津科学技术出版社,郭仓,吴宗璘主编。3.15元

老年痴呆防治200问/谢雁鸣等编著。金盾出版社,2.50元

癌症家庭防治小顾问/蒋东桥等编著。学苑出版社,3.60元

女性性功能障碍与不孕诊疗100问 高丹枫,蒋丽丽编著。学苑出版社,刘寿永,何春水主编。5.20元

腰痛家庭防治小顾问/郑明强编著。学苑出版社,3.60元

不孕不育300问/周悟尘,温雪尘编著。天津科学技术出版社,郭仓,吴宗璘主编。4.45元

排尿异常300问/张蕴等编著。天津科学技术出版社,郭仓,吴宗璘主编。5.15元

心律失常防治150问/刘国树主编;朱达一等编著。金盾出版社,3.30元

皮纹与疾病/冶福云主编。人民卫生出版社,8.00元

现代生活中的心理保健/许永杰等编著。人民军医出版社,6.80元

科学用脑的学问/张健,益民编著。人民军医出版社,6.00元

茶酒蜜醋葱姜蒜药用大全/马汴梁主编。人民军医出版社。17.00元

抗老功/陈九鹤著。人民军医出版社,5.50元

补品补药与补益良方/杨智孚,张峰编著。金盾出版社,4.50元

保健五百诀/边发祥等编。天津科学技术出版社,6.60元

从45岁开始预防衰老/(日)若月俊一,刘洪兰主编;郭茜茹等编。人民卫生出版社,9.55元

新婚与健康/徐晋勘等编著。上海科学技术出版社,4.00元

减肥健身营养食谱/庞文贞等编著。天津科学技术出版社,4.70元

(唐 欣 整理)

国际交流合作与外资利用

【卫生外事工作】 1994年,我国与世界各国及联合国各有关组织开展合作与交流,参与国际卫生事务的研究和讨论。陈敏章部长代表中国政府率团出席法国政府与世界卫生组织共同举办的控制艾滋病政府首脑会议,签署了会议声明,为推动我国在艾滋病防治政策的调整和各项行动的落实起到重要作用。陈部长率团参加在吉隆坡举行的WHO地区会议,对西太区办事处提出的“卫生的新地平线”做了战略性的评论。孙隆椿副部长率团参加第47届世界卫生大会。注重参与和组办国际专业会议,其中主办和协办在国内召开的各类国际会议28个。

做好重要代表团组的出访和来访的组织和接待,全年共接待白俄罗斯等国和联合国有关组织的部长级代表团27批148人,组织部长级代表团共19批95人出访匈牙利等17个国家。与印尼等国家签署卫生合作协议和执行计划8个。高级团组互访,加强了双边合作,对推动我国卫生体制改革有重要意义。国务委员彭珮云率团考察德国、新加坡的医疗保健制度,对促进我国现行医疗保健制度改革,向社会统筹基金与个人医疗储蓄相结合的模式转化起到积极的推动作用。

为促进医学研究和培养年青科技工作者,设立吴阶平医学研究奖和保罗杨森药学研究奖;组织笹川奖学金归国进修生在山东农村开展义诊活动;举办第三届中国国际先进医疗器械设备展览会暨技术交流会。通过多边、双边和民间不同途径,派出386批、3 988人次专家和行政管理人员参加国际讲习班、研讨会和进修学习。 (张 慧)

【45年卫生外事工作主要成就】

1. 建国初期,卫生外事工作处于萌芽时期。主要与一些社会主义国家如苏联、朝鲜、越南、蒙古等11个国家签定文化合作协定,其中包括有卫生合作项目。与东欧的6个国家签定卫生合作协定。开展政府间的互访,交流卫生领域工作情况和经验,互换专家,举办各种培训班,在医学教育、医疗保健、卫生防疫、妇幼卫生、放射医学、生物制品、菌苗、制药、抗生素学方面进行合作。

2. 1966～1976年期间,逐步与亚非拉国家和部分西方国家开展了卫生领域的交往。向阿尔及利亚派

遣了第一支援外医疗队，与加拿大互派医学专家建立“白求恩讲座”，重点开展与发展中国家在医药卫生领域里的合作和交流，援助一些缺医少药的亚非国家建设医院、卫生中心、医疗器械厂以及小型制药车间和生物制品车间等。1972年第25届世界卫生大会恢复了我国在WHO的合法地位以后，我国开始了与WHO的重新合作。随着中日、中美关系正常化，我国开始发展同日本和西方国家在医药卫生领域里的合作与交流。1979年10月，中日两国和平友好条约正式生效，日本无偿提供165亿日元援建中日友好医院，1984年建成，该医院是我国目前规模最大、设备先进的现代化综合医院。1979年我国与丹麦签署了中丹医学生物学合作计划协定，获得5 050万丹麦克郎建设中丹医学生物培训中心等项目。

3.1978年以来，医药卫生领域的对外交流与合作迅速发展，这个时期的官方合作走上正轨。随着中美建交，与美国卫生部签定了中美医药科技合作议定书，在肿瘤、心血管、公共卫生等10个领域开展技术合作。1980年澳大利亚援助160万澳元用于医学教育和克汀病防治等项目，提供520万澳元与我国在天津共同兴建塑料输血袋车间。1989年与苏联签定医药卫生科技合作会谈纪要，在11个领域开展技术合作。比利时援助1亿比郎建立一所麻风康复中心。1986年日本笹川纪念保健协力财团签定了笹川医学奖学金项目，有效期10年，日方每年接受中方100名进修生，日本无偿援助中日联谊医院26亿日元的仪器设备，中日医学教育中心及其附属医院10亿日元的设备。日方提供3 000万日元援助，为50名笹川奖学金回国人员提供再次进修机会。1978～1993年，共接待外国部长级代表团164批、846人次，来访的国家85个。共派出部长级代表团110批，618人次，访问了78个国家。在此期间与33个国家签定了官方和民间的医学合作和科技交流协议。加强与第三世界国家的团结与合作，向发展中国家派遣医疗队，已派出医疗队员1万多人次，在60多个国家设立100多个医疗点，治疗近2亿人次，为当地培训医药卫生技术人员2 000多人。

与世界卫生组织的合作自1982年起我国开始获得WHO正式拨款，并逐年增加。1982～1994年共获得正规预算3 951万美元援助。1978年以来还获得预算外经费3 000万美元。通过WHO派出进修生1 500多人，派出短期出国学习、考察、参加国际会议达2 800多人次。邀请1 000多名外国专家顾问来我国讲学、评估和咨询。67个卫生科研单位被任命为WHO合作中心，120名专家先后被聘为该组织专家咨询团成员。人类生殖研究、热带病研究、急性呼吸道和腹泻病特别规划合作项目获得了4 020万美元资助。在计划生育方面为计划生育研究所提供了2 500多万美元、派出进修生200多人、开展200人科研课题，举办了近10次国际学术会议。对我国10个寄生虫病研究所提供了614万美元的资助，用于171个研究课题。与联合国儿童基金会的合作方面，80年代初，儿童急救和妇幼试点等项目获得500万美元的资助。1985～1994年卫生系统共获得6 857.7万美元资助，对提高和改善妇幼保健事业起到积极的推动作用，尤其是妇幼卫生示范县和扩大免疫冷链项目。1988年我国儿童扩大免疫的四种疫苗接种率以省为单位达到85%，1991年又以县为单位达到85%。联合国人口基金会自1985年起对围产保健服务扩展和计划生育项目资助1 631万美元。联合国计划开发署对初级卫生保健、医学情报、饮水和环境卫生、实验动物、药物标准、临床诊断试剂中心等22个项目提供了2 520万美元的资助。由日本、澳大利亚、欧共体国际扶轮社支持艾滋病防治及消灭脊髓灰质炎项目达1 400万美元。

自1982年起卫生部成立民间交流的专门机构以来，民间对外交流与合作迅速发展。通过外国公司、商社、基金会、民间医学团体以及非政府性国际组织的交流和合作，引进大批的技术设备和药品。据不完全统计，得到援助的各种大中型现代化仪器设备达505台(套，约合1 000多万美元。培养了大批技术及管理人才。通过赛克勒基金会、勃林格医学奖学金、郑氏奖学金、中华医学会奖学金、德州会奖学金、日本学术振兴会奖学金等选派了2 000多人次专业技术和管理人员出国培训。获得大批医药书刊和技术信息情报材料。美国友好人士菲利普斯先生1981～1992年十年间向我国赠送医学书刊资料20多批，约520吨，近1 000万册，其中包括录音带、录像带、幻灯片、病理片、教具及一些小型换代医疗器械。我国30个省市、自治区的4 000多个医学院校、科研单位的图书馆接受了这些医学书刊。多次举办大中小型的展览、引进了国外先进医学技术和设备，促进了医疗器械和药品对外贸易。1991年国际先进医疗器械设备展览会暨技术交流会有20个国家和地区代表160家中外厂商参加，展品期货成交额2 000多万美元和近4 000万元人民币。美国阿默静公司通过卡特中心向我国赠送价值4 000万美元的红细胞生成素，受益面达25个省市、107家医院。引进技术和管理经验，建立我国急救网络，不但培养了一批急救专业人才，同时也引进了一批急救设备以及先进高效的管理办法。我国设立了中国卫生奖，对做出突出贡献的日本笹川纪念保健协力财团会长笹川良一先生、理事长及日中医学会会长石馆守三、小西国际交流财团理事长小西甚右门先生以及长期从事中美友好工作的美国朋友菲利普斯医生颁发了中国卫生奖章和证书。

全国各地聘请各专业学科的外国著名专家做名誉教授、院长、校长、顾问共计1 000多人，缔结友好医院、研究所、实验室170多家。开拓在国内外兴办合资医药机构，据不完全统计，全国有较大的医药卫生合资机构50多家，吸引外方投资6 900多万美元。在国外境外办医院、诊所、保健中心等30多所，派出各科专家、教授、医师、护士达700多人。

1978年以来，全国通过多边、

双边、民间等各种渠道共获得捐赠大型仪器设备达 2 705 多台(套)，价值 7 000 多万美元，引进资金达 8.9 亿美元。 (蔡纪明)

【1994 年中国卫生部负责人出访情况】

出访负责人	日期	访问国别(地区)	访问概况
何界生	4 月 19～24 日	匈牙利	考察匈医疗制度改革和康复医学情况
张文康	4 月 8～22 日	马耳他 苏丹	在马耳他出席地中海传统医学培训中心开幕式，与马卫生部商讨合作事宜。在苏丹签署两国卫生合作协定，与其卫生部磋商执行计划内容。
彭珮云 徐志坚 孙隆椿	5 月 9～21 日	新加坡 德国	考察新加坡、德国医疗保险体制
陈敏章	6 月 14～29 日	法国 巴西	出席法国艾滋病防治部长级会议。在巴西访问，会见参议院议长，拜会了卫生部长，参观医疗和研究机构
胡熙明	4 月 22 日至 5 月 2 日	美国	出席针灸大会
孙隆椿	7 月 25～31 日	印度尼西亚	出席 '94 雅加达中国医药卫生科技成就展览开幕式活动
陈敏章	9 月 11～17 日	新西兰 澳大利亚	拜会新西兰卫生部长，参观医疗机构和公立医院。访问澳大利亚维多利亚健康促进基金会，拜会维多利亚州长，参观健康教育现场
张文康	11 月 11～22 日	韩国 日本	出席在韩国举行的第 4 次世界针灸大会。与韩卫生保健部讨论传统医学合作，签署会谈纪要。在日本出席中西医结合学术报告会，并做有关内容的学术报告
殷大奎	11 月 22～28 日	奥地利	出席欧洲卫生新展望会议
陈敏章	11 月 29 日至 12 月 4 日	法国	出席艾滋病首脑会议
何界生	12 月 12～25 日	加拿大 香港地区	访问温哥华、多伦多、渥太华，考察食品、化妆品的管理、生产体制，考察妇幼卫生，拜会卫生部，商谈卫生合作备忘录文本。在香港出席儿童基金会香港委员会为中国消灭脊髓灰质炎募捐经费活动
胡熙明	12 月 9～29 日	马达加斯加 坦桑尼亚	看望医疗队员，参观医疗机构，与医疗队座谈，受到马达加斯加总统、外长和卫生部长的接见。在坦桑参观最高医疗机构，与医疗队座谈，参观其所工作的医院，商谈两国医疗合作和医疗队议定书有关条款，会见坦桑卫生部长

(慕英英)

【1994 年外国卫生部负责人访华情况】

来访负责人	国别	职务	日期	访问概况
司捷潘年科	白俄罗斯	副部长	3 月 20～26 日	访问北京、天津，了解医疗卫生发展情况，并签署卫生合作协议
别利亚耶夫	俄罗斯	卫生防疫监督委员会主席	4 月 1～9 日	访问北京、南京，了解卫生防疫、检疫、卫生监督情况，签订卫生防疫合作协定

来访负责人	国别	职务	日期	访问概况
贾瓦德·阿利德	巴林	卫生大臣	4月15～22日	访问北京、上海，签署卫生合作备忘录执行计划
巴尔杜尔·瓦格纳	德国	国务秘书	6月13～19日	访问北京、武汉、广州，签署卫生合作新的两年执行计划
朱京植	韩国	次官	6月2～7日	参观医院，与卫生部讨论传统医学合作事宜，签署卫生合作补充备忘录
捷列尼科·杜玛扬	亚美尼亚	副部长	6月30日至7月7日	访问北京、西安，参观医院，了解传统医学，签署1994～1996年度执行计划
简丽中	新加坡	政务部长	8月11～20日	考察中医药情况，访问北京、成都和广州
塞勒卜	苏丹	副部长	8月13～18日	看望陕西援苏丹医疗队，参观医院、药植所等单位，访问北京、广州
苏尤迪	印尼	部长	9月3～10日	访问北京、广州，考察中医中药情况，签署卫生合作备忘录
崔昌植	朝鲜	副部长	9月5～10日	签署1994～1995年度卫生合作执行计划
楚楚	文莱	常秘	10月14～20日	访问北京、上海，了解医疗卫生发展情况，商谈派医务人员赴文莱工作事宜
诺迪	马耳他	议会秘书	10月28日至11月1日	考察传统医学、针灸治疗和针灸医生的培训
伊尔迪兹	土耳其	副部长	11月8～11日	召开中土卫生合作协调委员会会议，签署合作备忘录

（慕英英）

【1994年中外签订卫生合作协议】

日期	地点	项目名称	内容提要	签字人
3月21日	北京	中国—白俄罗斯卫生合作协议	双方将首先在卫生管理、疾病治疗、传统医学、妇幼卫生、医学放射学、甲状腺病理学、环境卫生等领域开展合作	孙隆椿 司捷潘年科
4月8日	北京	中国—俄罗斯卫生监督委员会合作协定	双方将在免疫预防、卫生监督、科研和教学干部的培养、卫生防疫领域交换信息和学者，相互邀请学者专家参加各自国家举办的国际会议	陈敏章 别利亚耶夫
4月16日	北京	中国—巴林卫生合作备忘录执行计划	在药用植物、肿瘤、护理、创伤外科等方面合作，互派代表团考察，招聘护理人员、针灸按摩、肿瘤、创伤外科专家到对方国家工作	陈敏章 贾瓦德·阿利德
6月14日	北京	中国—德国卫生合作执行计划	重点是交换医生、科学家和其他专业人员，以考察公共卫生事业、医学、药学科学和实践的迫切问题。每年互换专业人员和代表团，各方每年派出30人周	孙隆椿 巴尔杜尔·瓦格纳

日 期	地 点	项目名称	内 容 提 要	签字人
6月4日	北京	中国—韩国卫生合作补充备忘录	就发展东方传统医学达成一致意见。在传染病和寄生虫病有效管理方面加强合作。鼓励中国中医研究院和大韩民国韩医学研究所之间定期交换专家和情报资料	张文康 朱京植
7月7日	北京	中国—亚美尼亚卫生合作执行计划	1994～1996年度执行计划，开展校际间对口合作，医院间合作，双方在卫生事业、医学领域互换专业人员，每年限制在20人周	孙隆椿 杜玛扬
9月5日	北京	中国—印尼卫生合作备忘录	在人力资源开发、卫生管理、医疗技术、妇幼卫生、健康教育、传统医学的研究和开发、传染病的控制等方面开展交流和合作	陈敏章 苏尤迪
9月9日	北京	中国—朝鲜1994—1995年度执行计划	交换技术资料和样品、互派考察团，积极协助医院和研究机构间的相互交流，为双方同意接受的患者提供医疗上的便利	殷大奎 崔昌植

（慕英英）

【国际奥比斯组织DC－10新型眼科飞机首航北京】 经国务院批准和应卫生部邀请，国际奥比斯组织DC－10新型眼科飞行医院于1994年7月23日至8月14日首航北京，进行眼科学术交流，传授防盲技术，并赠送了该组织退役飞机DC－8。DC－10新型眼科飞行医院在京期间，共授课7次，做手术54例。其中有角膜移植术、白内障人工晶体植入术、充气性视网膜固定术、玻璃体切割术、联合视网膜复位（气体、硅油注入）、青光眼小梁切割术、斜视矫正术、整型术（睑内、外翻，睑下垂）等，行激光治疗7例。中方参加学术交流的有2 000人次。陈敏章部长代表卫生部在首航式和捐赠仪式上讲话，并与国际奥比斯组织董事会主席尤琦先生签定了关于赠送DC－8眼科飞行医院退役飞机协议。中国航空博物馆受卫生部委托收藏及保养DC－8退役飞机。

（葛丽军）

【第47届世界卫生大会】 于1994年5月2～12日在瑞士日内瓦举行。出席会议的有世界卫生组织187个会员国代表团，其中部长级代表团156个。卫生部副部长孙隆椿率中国代表团出席大会。

大会审议世界卫生组织1992～1993年的工作报告，批准WHO第九个特定时期工作总规划（1996～2000年），讨论婴幼儿营养，妇幼卫生及为健康而计划生育，消灭新生儿破伤风和控制麻疹，世界卫生组织医用药物推销的道德标准，以及WHO对全球变化的反应等。大会共审议通过32项决议及13项决定，恢复南非在WHO享有的全部权利，接纳纽埃和瑙鲁共和国为新会员国，至此，世界卫生组织的会员国总数已达189个。（刘光远）

【第45届WHO西太平洋区委员会会议】 于1994年9月19～23日在马来西亚首都吉隆坡举行，陈敏章部长率领中国代表团一行9人出席会议。马来西亚首相马哈蒂尔博士和WHO总干事中岛宏博士到会并讲话。

本届会议讨论的主要议题有：审议地区主任关于1993～1994年的工作报告；审议规划预算报告；讨论艾滋病、消灭脊髓灰质炎、烟草与健康地区行动规划、规划与技术合作小组委员会关于人人享有卫生保健第三次监测和WHO对全球变化的反应等卫生问题。值得提出的是，地区主任韩相泰博士在该会上提出了“卫生的新地平线”的重要文件，该文件对本区当前特别是2000年后的卫生发展提出了新的构思，新的战略。会议通过了18项决议。

（刘振天）

【第16届中国/WHO联席协调会议】 于1994年8月3～5日于菲律宾首都马尼拉召开，卫生部副部长殷大奎率领中国代表团一行9人出席会议。会议由世界卫生组织西太区主任韩相泰博士主持。

该会为世界卫生组织西太区与中国卫生部就双方技术合作而进行的高层次年度工作例会。会议讨论1994～1995双年度项目的执行情况，原则通过1996～1997双年度规划预算，并批准双方提出的50多万美元的新项目活动。西太区从总干事特别基金中拨出10万美元用于中国的职业卫生项目。双方就卫生人力的管理机制、医护人员比例、通科医生培养以及农村护理等问题交换了看法，并就进修生和仪器设备问题进行专题讨论。会议还听取了卫生部人事司所做的中国卫生人力资源发展的报告。（刘振天）

【巴黎控制艾滋病政府首脑会议】 1994年12月1日卫生部部长陈敏章率8人代表团参加在巴黎举行的控制艾滋病政府首脑会议。本次会议由法国政府和世界卫生组织共同发起并组织召开。出席会议的有42个国家政府代表团，9个政府间国际组织和6个非政府国际组织。其中有12个国家的政府总理率团参加会议。法国总理巴拉迪尔、联合国秘书长加利先生、世界卫生组织总干事中岛宏博士、联合国教科文组织总干事马约博士、及38个国家代表团团长以及艾滋病感染者代表，分别代表有关组织或国家在会上致辞或发言。

陈敏章部长代表我国政府在大会发言，阐述我国政府关于预防和控制艾滋病的有关政策和对策，介绍近年来我政府和非政府开展的主要活动，针对当前艾滋病流行状况提出三点建议：①有必要定期召开由发达国家支持，针对重点地区和有关发展中国家预防艾滋病共同行动的政府和非政府组织高级协调会议。②促进全球预防艾滋病活动跨区域的国际合作，更多关注和支持发展中国家预防艾滋病规划的实施，特别是对那些艾滋病感染较低，尚处于流行初期的发展中国家，国际社会应筹集更多的经费给予这些国家财力支持，技术援助和优秀的健康宣传教育教材的无偿性分享。③支持相邻国家间建立为预防控制艾滋病协调行动、交流信息的网络和区域合作项目。促进已经建立的预防控制艾滋病中、长期规划的国家对规划开展活动管理能力、增加国际间专业人员的培训和交流活动。

经国务院批准授权，在原则上同意《巴黎宣言》内容的基础上，陈敏章部长代表政府在该宣言上签字。 （葛丽军）

【国际化学品安全会议】 应世界卫生组织总干事中岛宏博士的邀请，并经国务院批准和外交部授予全权证书，由卫生部、劳动部、化工部和国家环保局派员组成的中国代表团一行11人，在团长、卫生部副部长何界生的率领下，于1994年4月25～29日参加在瑞典斯德哥尔摩召开的国际化学品安全会议。

该会议是由世界卫生组织、国际劳工组织和联合国环境规划署根据1992年联合国环发大会通过的《21世纪议程》第19章中的建议联合召开的。共有114个国家的500余名代表出席会议。瑞典国家化学品管理局局长克·尼白劳乌斯夫人被推荐为这届大会的执行主席。

会议讨论并通过设立“政府间化学品安全论坛”及其职责范围的决议。决议明确“论坛”的性质是一个非新的国际机构，是协调、咨询、研究化学品安全的会议形式。它的宗旨是就制订《21世纪议程》第19章关于有毒化学品管理和防止有毒危险化学品的非法国际贩运的实施战略，同各国政府代表协商，寻求共识，并定期审查这一战略的实施情况；就此向各国政府、国际组织、政府间组织和非政府组织提出咨询意见；协调各区域和分区域的合作，并提供政策指导和所需的政治支持。

会议明确“论坛”有10个方面的职能，主要涉及：确定化学品安全合作行动的重点，对实施化学品危险性的识别评估和化学品的管理等国际战略进行协调，并提出咨询意见和建议；协助各国、各区域和各国际机构在化学品安全领域中的合作，避免在同一领域中重复工作；促进国际上就统一的化学品分类和标签达成协议；促进预防和应付化学品事故的国际合作，等等。

会议决定由31个代表不同区域的国家组成政府间化学品安全论坛主席团和闭会期间小组，任期1994至1997年。

论坛主席团由1名主席、3名副主席和1名报告员组成。闭会期间小组由26个国家政府代表组成。亚洲及南太平洋地区7名成员，推选出中国、印度、日本、韩国、伊朗、印尼和科威特。其中，中国为主席团副主席。

会议决定加强和扩大国际化学品安全规划署和秘书处，以作为论坛的临时秘书处，为论坛和闭会期间小组提供工作服务。会议通过了论坛活动所需经费的预算及其管理制度。讨论通过了本届国际化学品安全会议为第一届政府间化学品安全论坛会的决议。讨论通过了实施《21世纪议程》第19章6个方案领域行动重点建议的决议。这6个方案领域是：

①扩大和加速化学品危险的国际评估；

②统一化学品的分类和标签；

③交换有关有毒危险化学品的情报资料；

④拟定减少、控制化学品危险的方案；

⑤加强国家管理化学品的能力和实力；

⑥防止有毒危险化学品的非法国际贩运。

会议期间，中国代表团就设立论坛、论坛秘书处设立的形式和6个方案领域行动重点建议等问题发表意见，同时简要介绍中国在化学品的安全管理方面所做的工作和取得的进展，阐述中国政府将积极支持和参与6个方案领域行动重点活动，发展与世界各国政府，国际组织和非政府组织之间的互助合作关系的立场和观点。 （郭继东）

【第1届中法医药学大会】 由卫生部国际交流中心和法国国际公共关系公司联合举办，于1994年5月19～21日在北京举行。这次会议得到了中法两国政府及医药卫生界的赞助和支持。法国国务部长西蒙娜·韦伊女士、中国卫生部部长陈敏章、国家医药管理局局长齐谋甲分别为大会撰写了贺词。法国卫生社会事务部代表团、法国驻华大使白乐尚先生、我国卫生部、医药管理局领导和中法医药界代表近500人出席开幕式。两国医药卫生界的领导、知名专家、学者以及企业界代表25人，分别作了富有指导性、科学性和启迪性的学术报告。在两国医药卫生行政管理、政策法规、高新技术产品的开发、研究、生产、应用和贸易等方面交流了信息。

（董淑珍）

【第3届国际传统药物学大会】 1994年9月6～10日在北京召开。会议的主题是“传统药物学及其当代的应用”，来自我国和其他30多个国家和地区的专家、学者500多人出席会议。全国人大副委员长李沛瑶、吴阶平，卫生部部长陈敏章，副部长张文康以及世界卫生组织西太区主任韩相泰出席开幕式，张文康副部长和韩相泰主任在开幕式上致贺词。（李敏华）

【第1届吴阶平医学研究奖和保罗·杨森药学研究奖在杭州颁发】为激励广大医药卫生工作者发扬严谨治学、求实创新的精神，推动人才培养，促进我国的医药事业发展，西安杨森制药有限公司通过卫生部国际交流中心捐款200万元本金，以我国著名医学家吴阶平教授和比利时著名药学家保罗·杨森博士命名，于1994年3月26日在京设立吴阶平医学研究奖和保罗·杨森药学研究奖，并成立了由全国知名的医药学各科专家组成的评委会。1994年10月14日在杭州举行了第一届颁奖仪式。评奖专业为泌尿外科、药物化学、药理学，每科评一、二等奖共9人，吴阶平教授和保罗·杨森博士亲自为27位获奖者颁发了铜牌和证书。（柳 青）

【默尔森博士访问中国】 1994年3月6～9日，世界卫生组织全球艾滋病控制规划(WHO/GPA)执行主任默尔森博士应卫生部的邀请访问北京。双方就国际和亚洲艾滋病流行形势、中国艾滋病工作进展情况及面临的严峻局势，如何采取有效措施预防艾滋病病毒在中国扩散、制定正确的政策、强化预防艾滋病和性病的宣传教育、促进避孕套的使用和发挥民间组织的作用等问题交换意见。默尔森博士听取了我国预防和控制艾滋病工作的情况介绍，强调虽然目前中国发现的艾滋病病毒感染者不多，但政府应予以高度重视。由于中国人性道德观念及价值观的改变，大规模的人口流动，卖淫、嫖娼、吸毒等不法行为的增多以及性病的上升，近期内艾滋病的治疗药物和预防疫苗不会有突破性进展等诸多因素的影响，使得艾滋病病毒在中国的流行成为可能。中国正处于与艾滋病斗争的关键时刻，如果现在不采取有效的防范措施，那么泰国目前的灾难性局面将会在中国重演。默尔森博士表示将继续与中国政府合作，支持中国开展预防和控制艾滋病的活动。卫生部与默尔森博士就预防和控制艾滋病与世界卫生组织的合作、艾滋病的监测、宣传教育、疫苗研究等问题进行了工作会谈。中国性病艾滋病防治协会、国家预防和控制艾滋病专家委员会、北京市性病艾滋病防治协会邀请默尔森博士做了题为“全球艾滋病流行状况和控制战略”的报告。（孙新华）

【笹川医学奖学金项目执行情况】至1994年底，卫生部向日本派出15期笹川医学奖学金进修生750人，其中650人已学成归国。

笹川医学奖学金进修生是经全国30个省、自治区、直辖市有关医疗单位推荐，全国外语统考合格，并具有一定实际工作经验的优秀医务工作者。他们分散在日本的各个医、教、研单位，进行为期1年的进修学习。在已归国的进修生中，有30名优秀人员作为笹川医学奖学金特别研修员再次赴日进修。他们归国后利用在日本学习、掌握的科研、医疗知识，工作在我国各医疗、科研、教育的第一线。（胡小濛）

【第3届中国国际先进医疗器械设备展览会暨技术交流会】 由卫生部于1994年6月24～28日在北京展览馆举办。澳大利亚、加拿大、丹麦、芬兰、法国、德国、以色列、意大利、日本、荷兰、瑞典、瑞士、英国、美国、香港等生产和经营先进医疗器械设备的国家和地区，以及我国的十多个省市派团展出。其中法国、以色列、意大利、美国组织了阵容庞大的国家级或州级展团参展。除了贸易洽谈和技术交流活动之外，他们还利用这次机会参观医院、调查市场、寻找合作伙伴和代理。据统计，参展的中外厂商达360余家，总展出面积12 000平方米，展台450多个，各类产品达2 000余种，其中主要为高新技术产品。同时，贯彻技贸结合的原则，组织了8个专题10多场次技术交流会，有近千名专业对口人员参加交流。展览会的观众达62 000人次。（张少怡）

【政府贷款工作】 1994年卫生部开展了利用以色列优惠贷款加强危重病症监测装备、利用奥地利政府贷款加强卫生领域超声显像装备及加强部分三级医院实验室、利用芬兰政府贷款提高口腔疾病防治水平和提高乳腺癌防治水平及利用瑞士政府贷款加强眼科康复等四国政府贷款七个项目，贷款总金额为2800万美元，受益地区为全国24个省、市、自治区的300余家医院。

利用以色列优惠第一批贷款加强危重医学装备水平项目于1994年1月正式实施，该项目贷款总金额为549.86万美元，全部用于引进以色列MENNEN公司生产的ICU、CCU监护设备及心导管实验室设备，装备全国15省、市、自治区共47家医院。目前设备全部投入正常运行，缓解了医院原有重症监测设备不足的紧张状况，促进了危重医学学科的发展，并取得了较好的经济效益。

利用以色列优惠贷款加强危重医疗装备水平第二批滚动项目正在准备阶段，预计1995年上半年可望正式实施。

利用奥地利政府贷款加强区域性卫生领域超声显像装备项目和加强部分三级医院实验室装备项目共计贷款约合800万美元，覆盖全国9省、市、自治区共46家医院。中奥银行间贷款协议及转贷协议于1994年年底完成，设备将于1995年上半年到货安装。

利用芬兰政府贷款加强口腔疾病防治水平项目和提高乳腺癌防治水平项目共引进口腔综合治疗台273台，口腔全景X线机4套，乳腺X光机37台，贷款总金额为690万美元，受益单位为全国18省、市、自治区共37家医院，预计1995年下半年可正式实施。

利用瑞士政府贷款加强眼科康复领域建设项目贷款总金额为350万美元，全部用于引进手术显微镜，受益地区为全国11省、市的24家医院。项目将于1995年完成评估进入实施阶段。（蒋 彦 吴苇苇）

【世界银行贷款血吸虫病控制项目进展】 1994年是世界银行贷款传染病与地方病控制血吸虫病部分项目执行的第三年。依据卫生部项目办的统一部署,各项目省在已完成流行层调整的基础上,遵照项目策略文件,开展大规模的查、治病,查灭螺工作,并针对中度流行区(感染率大于3%,小于15%的地区)疫情易反复的特点,加强对该层的疾病控制力度。1994年1～3季度共查病2 196 472人次,治疗411 722人次;查螺13 741万平方米,药物灭螺8 118万平方米;急性感染病人数降为200例。

为了加强对整个项目技术策略执行的监督作用,1994年成立世行贷款血吸虫病控制和监测技术指导办公室、项目信息管理领导小组,分别由中国预防医学科学院寄生虫病研究所具体负责项目的技术指导、咨询工作;中国预防医学科学院统计信息中心负责建立计算机网络系统,并相应充实、加强中央项目办的人员力量。 (陈少华)

【世界银行贷款农村卫生人力开发项目进展】 世界银行贷款农村卫生人力开发项目(亦称"卫生IV项目")包括卫生人力规划,卫生人力培训和农村卫生服务管理三个领域,三个领域相互依赖,构成一个完整的人力开发系统。1994年,在澳大利亚新南威尔士大学,美国德克萨斯大学的专家,以及国内专家的技术指导下,福建、安徽、河北、河南、贵州、山西等六个项目省开发简单而实用的农村卫生人力规划模型,收集有关数据,在传统的人力开发规划基础上,制订、完善项目地区农村卫生人力规划。在培训方面开发乡村医生职务描述(Job Description),并且部分地完成将乡村医生职务描述转化为培训目标及内容的工作。目前,各项目省正在根据乡村医生职务描述来确定培训目标,确定培训需要,开发教材,设计教学改革试点,开始教学改革。

(金承刚 刘 勇)

【世界银行贷款综合性区域卫生发展项目实施进展】 世界银行贷款综合性区域卫生发展项目(简称"卫生Ⅲ项目")实施已进入第五年。浙江金华、陕西宝鸡及江西九江地区到1994年底使用世行信贷总额(5 200万美元)的75%,项目各领域活动已全面开展。项目地区对于项目的指导原则,即在区域卫生发展规划的思想指导下,改变各部门自身发展规划的传统规划方法,在每个地区范围统筹规划卫生资源,针对该地区主要的疾病,争取通过符合成本效益原则的干预措施和均衡的卫生发展战略,更加公平地向全体人民提供质量好的卫生服务,有了全面的认识,卫生资源的调整,尤其是医疗机构布局的调整有很大进展,如三个项目地区关闭和搬迁市级医疗卫生机构7个单位,三个项目地区参加了由全国十多个中等城市及地区组成的区域卫生规划研究协作组。项目地区疾病监测网点已进入全国网络,其数据资料质量有很大提高,资料的分析和利用为项目地区的决策提供了依据,尤其是慢性非传染性疾病监测网络的建立为全国慢性病监测及防治提供了方法学及试点经验。健康教育领域中开展的中小学生控烟项目已完成基线调查,正在对25万中小学生进行以吸烟危害健康知识传播为主的行为干预,其目的在于减少后备烟民,并通过学生对成人的吸烟态度及行为造成一定的影响,逐步降低社区人群的吸烟率。社区康复医疗,院前急救网络及指挥中心建立等领域也取得进展,为全国中等城市地区卫生发展提供了可以借鉴的经验。1994年世界银行贷款项目实施监督及1995年滚动计划评审工作已于11月底结束,为了更好实施这一项目,已决定延长项目执行期一年。

(卫焕章 周海城)

【世界银行贷款疾病预防项目通过鉴定】 世界银行贷款疾病预防项目(简称"卫生Ⅶ项目")于1994年9月通过世界银行鉴定。

卫生Ⅶ项目由两大部分构成:

1. 计划免疫部分。主要通过加强6～10个贫困省份的计划免疫工作,降低儿童相关传染病的发病率。其内容包括:①政策改革:增加贫困地区的预防经费,建立计划免疫服务补偿和冷链设备定期更新机制,扩大计划免疫的服务范围及服务人口。②冷链更新:本着填平补齐的原则,分期分批地更新现有的冷链系统。③计划免疫管理:加强计划免疫规划的制定、监督和检查工作,加强计划免疫针对疾病的监测,提高冷链监测技术,改进乡、村两级的消毒灭菌方式,加强计划免疫的健康教育工作。④人员培训:加强各级计划免疫人员的基本技能和计划免疫管理知识的培训。

2. 健康促进部分。主要在5～7个适宜的和能起示范作用的城市,预防和控制日益增长的慢性非传染病、性病和艾滋病,其内容包括:①机构建设与政策改革:制定健康促进战略,明确有关部门职能,加强重点机构的健康教育及培训力量。②提高健康促进技能:通过使用国内外技术援助和培训,提高有关人员的专业素质。③建立监测系统:包括以医院为基础的慢性非传染病、性病及艾滋病的发病报告系统和以人群为基础的行为危险因素监测系统。④干预措施:制定综合干预计划,在不同环境中实施适宜干预方案,并对干预效果进行监测。

项目还将支持在中央一级开展的协调组织省、市间的共同活动。

经中国政府与世界银行初步商定,项目总金额约为1.5亿美元。其中1亿美元来自世界银行贷款,计划免疫部分约为8 500～9 000万美元,健康促进部分约为1 000～1 500万美元。 (刘成龙)

【世界银行贷款综合性妇幼卫生保健项目启动】 1994年11月8日,中国驻美大使代表政府与世界银行在华盛顿正式签订综合性妇幼卫生保健项目(简称"卫生Ⅵ项目")开发信贷协定。协定确认世界银行将向中国提供6190万特别提款权(合9000万美元)的软贷款,用于降低我国甘肃、广西、青海、内蒙古、江西、陕西、四川、云南8个边远、贫困及少数民族地区的孕产妇和5岁以下儿童死亡率和发病率。

卫生Ⅵ项目总投资约12亿元人民币，共支持四大项内容：①提供基本的妇幼卫生服务；②培训各级妇幼卫生工作者；③改善妇幼卫生活动管理；④加强国家级对项目省的统一支持活动。项目还涉及一项对特别贫困的家庭享受基本的妇幼卫生服务实行减免的政策改革措施。由于项目的扶贫性质，世界银行贷款占项目总投资的比例高达65%，国内配套资金仅占35%。

为了配合项目省实施项目，1994年11月8～11日，卫生部和财政部在北京联合召开卫生Ⅵ项目启动会。财政部、卫生部、协和医科大学以及八个项目省参加启动会。会议内容有：①通报中国政府代表团与世界银行卫生Ⅵ项目谈判情况；②介绍并讨论与项目实施有关的各项原则、程序及管理办法，如土建设备招标采购、财务核算、提款报帐、技术援助、出国考察和培训以及监督评价等；③讨论项目的实质性活动，并重点强调尚需进一步完善的活动内容，如基本卫生服务部分的健康教育、破伤风类毒素免疫接种、儿童营养及碘缺乏病控制活动，卫生人员培训部分的教材开发及临床培训，以及妇幼卫生活动管理和扶贫基金的执行等；④安排项目下一阶段将开展的活动。至此，卫生Ⅵ项目于1994年11月正式启动，开始实施。 （韩孟杰）

【第六个周期（1996～2000年）的卫生和营养规划概况】 1996～2000年是自1980年以来中国与联合国儿童基金会合作的第六个周期。在1996～2000年合作周期里，联合国儿童基金会向中国共提供9 000万美元援款，其中，向卫生和营养规划提供3 177万美元援款，占总金额的35.3%。根据《九十年代中国儿童发展规划纲要》的目标，按先后次序，我国制定了14个重点项目，其中有妇幼卫生、计划免疫、消除碘缺乏病和营养等项目。

1996～2000年为中国与联合国儿童基金会合作的战略时期，卫生与营养领域面临的任务非常艰巨，必须争取在本世纪末实现《九十年代中国儿童发展规划纲要》的三大目标：①将1990年的婴儿死亡率和五岁以下儿童死亡率分别降低1/3。②将1990年的孕产妇死亡率降低一半。③使1990年五岁以下儿童中度和重度营养不良患病率降低一半。 （王小云）

军队卫生工作

军队卫生工作

【军队卫生工作概况】 1994年，全军卫生系统贯彻邓小平新时期的军队建设思想，努力适应社会主义市场经济新形势，以医德医风建设和老干部医疗保健为突破口，确保为部队服务。

1. **以基层卫生建设为重点，增进部队健康** 全军部队坚持“预防为主”的方针，紧紧围绕提高部队生活、环境卫生质量和自我保健能力，用“大卫生观”指导基层卫生建设。①贯彻全军卫生营院与工程建设经验交流会议精神，加强分类指导，对基础条件较差的单位给予重点扶持，将卫生营院的创建重点推向边远艰苦地区部队，扩大卫生营院整体达标面。全军有77.8%的建制师、81.3%的旅团达到卫生营院建设标准，其中，边远艰苦地区部队的达标面为20%。②抓紧传染病和训练伤防治工作。面对全国疫情上升的严峻形势，各部队贯彻军委关于“严防霍乱传入”的重要指示，加强以预防烈性传染病为重点的疾病监控，并积极开展部队健康教育和防病指导，确保在疫区驻训和救灾的部队健康安全。在训练伤防治上，从落实《军事训练健康保护规定》入手，将健康保护与军事训练合在一起抓，收效显著，试点部队训练伤发生率下降30.6%。③各级防疫机构经过三年整顿建设，队伍素质大为提高，工作条件得到改善，专业保障能力明显增强，并在大灾大疫中经受了防病实践的检验。经验收，全军80%以上的防疫队(所)达到了整顿建设标准。

2. **以医德医风建设、老干部医疗保健工作为突破口，深化优质服务** 通过对31所各类医院的系统调查研究，修定下发《军队医院医疗工作规则》。在巩固和发展“白求恩杯”优质服务活动成果基础上，各单位执行总政、总后《关于加强军队医疗单位医德医风建设的暂行规定》，加强组织领导，明确阶段目标，围绕纠风重点，在全体医务人员中开展群众性医德医风建设活动。各医疗单位边查、边整、边改，着重治理医疗活动中的行业不正之风，完善监督、激励机制，增强自我约束力。广大患者及舆论关注的医疗质量、服务态度、收受钱物等问题得到初步解决，主要考评项目达到阶段目标。经5万份问卷调查，医疗质量信任度达96%，医疗技术满意率达91%，服务态度满意率达90%。

在老干部医疗保健方面，落实军委、总部指示，积极克服困难，为老干部医疗保健办实事。通过对411个单位进行的广泛调研，研究制发《关于进一步做好老干部医疗保健工作的意见》，全军新编2 500张师以上干部病床，总部拨款1 000万元补助老干部特殊诊疗费，调整部分老干部医疗体系，较好地解决了就医舍近求远问题。各大单位也在编制外增设部分干部病床，并自筹1 000多万元补助老干部特殊诊疗和补充干休所医疗设备。部分单位建立老干部医疗保健基金，使老干部医疗保健中的一些突出问题逐步得到解决。

各医院、疗养院坚持正确的服务方向，深化和发展优质服务活动，为军队伤病员服务得到进一步落实。在做好院内优质服务的同时，积极实行内地大医院与边远艰苦地区医院的挂钩帮带活动。全军医院、疗养院派出1 777批医疗服务队，为边疆、高原、海岛部队开展预防医疗保健综合服务；安排了近3 000名优秀基层主官和专家疗养。

3. **以“学科是基础、人才是关键、水平是标志”为基本思路，促进医学科技与教育发展** ①对15所军队医学院校进行系统调研，在此基础上，组织召开全军医学院校教学改革工作座谈会，以新时期军队建设指导思想为依据，以“211工程”为标杆，从专科、本科、研究生、在职教育等不同层次和科研、医疗、教学等不同角度，明确今后一个时期军队医学院校建设、改革和发展的目标与思路。②抓紧以中青年人才培养为重点的继续教育。1 000多名中青年骨干接受各类专业培训，首届中青年人才基金班102名学员考核结业，为基层培养了一批学科带头人。各大单位实施的“千人计划”、“云梯计划”、“攀登计划”等人才工程，也为中青年优秀人才脱颖而出发挥了积极作用。③抓紧“八五”课题的落实。调整42个课(专)题，增加高技术武器损伤防治、军事卫生装备研究等项目。对290项“八五”青年科研基金课题和留学回国人员启动基金课题进行验收。1994年，全军共获军队科技进步一、二等奖127项。解放军总医院等6所军队医院发表论文高居全国前10名，受到国家科委和教委的表彰。④加强科技成果的应用开发。36项成果在全军得到推广，600名专业骨干接受新技术培训，10个新药分别取得国家级新药和军需特药证书，87项成果参加雅加达中国医药卫生科技成就展览会，其中16项分获金奖和大奖。⑤成功地申办了第31届国际军事医学会议，提高了我军卫生工作的国际地位。

4. **以“保障有力”为总目标，深化卫生改革** ①巩固和发展以“代医”为主要内容的网络型划区医疗改革成果，重新调整了31万人的医疗体系。②推进医院分级管理，全军已有110所医院开展了等级评审。③改革装备订货方式，试行公开招标、专家评议、统一选型、集中谈判、分签合同，提高经费使用效益。④开展部队卫勤训练改革，推行基地化训练改革。⑤探索新的继续医学教育机制，建立全军中级卫生技术干部考试中心，促进训练、评价与使用的有机结合。⑥研究制订和在部分单位试行《军队医院医疗成本核算管理办法》，促进医院经济管理。

（李春明）

【医院调整精简】 1994年，根据中央军委统一部署，全军医院、疗养院调整精简工作进入实施阶段。这次调整精简遵照中央军委关于“八五”期间军队体制编制调整精简的有关精神，“按照三军伤病员统一收治的原则，统一规划全军医院布局”，在规定的定额内，收缩摊子，精简人员，方便部队就医，促进医院的建设和发展，增强医院整体保障能力。调整精简的原则：一是适应需求。按医院保障任务和服务对象编设床位；二是方便部队。医院的部署要与部队的部署相适应；三是减少数量。对同一地区重复设置、任务较轻、床位少、生存困难、撤并后对部队就医影响不大的医院予以撤并；四是保留优势。按照医学科技发展要求，对有较高知名度、有专科优势的医院要保持适当的规模；五是提高质量。巩固和发展网络型划区医疗保障体制改革成果，统一收治三军伤病员，加强宏观管理，提高医院、疗养院的整体保障能力。按照上述指导思想和原则，这次全军医院共精简20.6%，员额精简13.7%。

通过这次调整精简，基本上达到统筹规划，合理布局；减少重复，注重质量；理顺关系，优化结构；照顾特点，适应需求的目的。

（黄殿龙）

【医德医风建设取得阶段性成果】 1994年，总后卫生部把加强医德医风建设、纠正行业不正之风作为全军卫生工作重点和开创工作新局面的突破口。4月8日，总后在京召开全军加强医德医风建设、纠正行业不正之风动员大会。总部又下发《关于加强军队医疗单位医德医风建设的暂行规定》与《全军医疗单位加强医德医风建设、纠正行业不正之风实施方案》。总后卫生部和各大单位卫生部，以及各医院迅速建立健全加强医德医风建设领导小组和办公室，加强领导力度。按照动员教育、整顿建设和检查验收三个阶段部署，各级领导组织实施，探索总结了好的做法与经验，总部和各大单位卫生部共整理转发医德医风简报100余期。

1994年全军医疗单位医德医风建设的重点是：解决群众关心的服务态度、收受“红包”和私收私分“回扣”等问题。阶段性目标是：患者对医院医疗质量的信任度达到95%以上；患者对医务人员技术水平和服务态度的满意率达到90%以上；行业不正之风问题的纠正率达到90%以上；工作人员收受“红包”、私收私分“回扣”问题控制在1%以内。围绕目标和重点，全军组织两次大规模的医德医风调查，向伤病员发放医德医风调查信10万余封。针对伤病员反应的问题，各医院普遍开展“三查三纠”整改活动，即：查服务态度，纠正对伤病员服务态度“生冷硬顶”问题；查廉洁行医，纠正收受“红包”“回扣”问题；查医疗作风，纠正医疗作风粗疏问题。全军医院处理行业不正之风问题100余起。通过综合治理、狠抓教育，落实监督机制和规章制度，使加强医德医风建设和纠正行业不正之风做到有章可循，逐步纳入惯性运行。据年底检查验收情况，伤病员对医疗质量信任度达96.8%；对医务人员的技术水平和服务态度满意率分别达94.05%和92.1%；对行业不正之风问题纠正率近100%；医务人员收受“红包”和私收私分“回扣”控制在0.15%以下。1994年1～10月，全军医院为伤病员做好事15万余件，收到伤病员表扬信4万余封，镜匾6 000余块，被中央与省市新闻单位宣传表扬6 393次。（王文中）

【医学院校教学改革】 1994年10月10～15日，总后勤部在上海第二军医大学组织召开全军医学院校教学改革工作座谈会，全军17所医学院校的校（院）、部领导和专家教授代表出席。会议以邓小平建设有中国特色社会主义理论为指导，以新时期军事战略方针为依据，紧紧围绕“解放思想，深化改革，谋求发展，再上台阶”这一主题，研究和部署至本世纪末乃至下世纪初全军医学院校改革、建设和发展的目标、思路和对策，讨论通过《军医大学教育改革和发展纲要》和《全军医学高等专科学校教学改革实施意见》两个文件。

近两年军队医学院校按照军委的部署，抓住机遇，深化改革，促进了全局发展。军医大学和农牧大学以新时期军事战略方针和“211工程”作为两个标杆，以教学为中心，以学科和人才建设为重点，突出教学内容改革，重新构架课程体系，修订教学计划和教材，提高教育质量；解放军总医院（军医进修学院）和军事医学科学院在加强高新技术领域科研，培养造就一流的科技人才和新一代名医方面进行探索。10所医学高等专科学校坚持面向部队、面向基层的办学方向，立足军种、战区实际，加强学科、人才和专业、课程建设，在优化教学内容、深化军事医学改革和走科技兴教之路等方面，形成了自己的优势和特色，为部队培养和输送了一大批“信得过，用得上，留得住”的过硬医学人才。

（李瑞兴）

【卫生防疫机构整顿验收】 1991年以来，按照总后勤部《关于加强军队卫生防疫队（所）建设的通知》要求，大力加强以提高部队健康水平和战斗力为目标、以增强整体保障能力为重点的卫生防疫队（所）整顿建设，取得突出成绩。各级防疫机构的面貌发生根本变化，技术水平和保障能力显著提高，经全军检查验收，达标率已占80%以上，其中先进单位占25.5%。

三年来，全军卫生防疫机构建设跃上新台阶，主要体现在以下几个方面：①整体建设有新的发展。全军精简调整中防疫队(所)较整顿建设前的1990年增编58个，一、二级防疫队(所)全部按要求编齐了4个功能科室；一级防疫队技术干部中大专以上学历的比例已由1990年的65%增加到84%，研究生、本科生分别增加了19%和5%；各大单位自筹经费上千万元添置更新设备，使全军一级防疫队装备总值由1990年的600万元增至2 100万元，同时新建实验楼和业务用房，装备器材、基础设施和工作条件明显改观。②卫生防疫体系逐步形成：以全军预防医学中心为龙头、各大单位卫生防疫队为中心、集团军防疫队(所)和体系医院为骨干、师旅团防疫所(室)及机关院校门诊部防疫(防保)科为基础，上下衔接、左右相联的防疫体系和监督监测网络，已经在全军逐步形成并较好运转；健康教育体系日臻完善，85%以上的各级防疫机构及其所属健康教育中心(站、室)设备设施基本配套，教育手段和质量都有很大提高，80%以上的连队卫生课制度得到落实。③防病工作取得显著成绩。各级爱卫会和职能部门加强组织领导，防疫机构积极指导部队展开全方位的防病工作，有效地抵御了各种疾病在部队的发生和流行；血防工作提前两年实现“八五”规划要求；各级防疫机构经受了重大疫情、突发事件、抢险救灾、作战训练等严峻考验，有力地保障了部队各项任务的完成。④战备工作进一步落实。各军区、军兵种将防疫队作为卫勤应急机动分队，立足于随时执行重大疫情处理、抢险救灾和应付突发事件等保障要求，制订战备预案和保障方案，落实装备器材，加强组织指挥和技术训练，取得了明显成效。经对13个一级防疫队检验性拉动演练，70%的队达到了平转战指挥得当、情况处置及时准确、野战条件下展开撤收快速有序、技术操作规范、野外自身生存保障得力，适应应急防疫保障的要求。⑤专业技术有新的进步。在军队卫生学方面，80%的一级防疫队理化、微生物、毒理等实验室检测技术已接近或达到国内同专业相应水平，检测能力从14类40项增至36类92项以上，并取得了以快速侦、检、消、防，高效净水，推进剂防护技术，远洋蔬菜保鲜技术等国内先进水平的研究成果；在疾病预防方面推广应用了一些高新技术，使疾病防治工作更加及时有效和准确可靠；在媒介昆虫防制和消毒学方面，一大批新药剂获得了军队科技成果奖和国家发明专利，全军一级防疫队有18部(项)专著和新技术在全国出版发行和推广，发表学术论文781篇，获奖科研成果139项，分别较整顿建设前增加85%、42%、35%。⑥科学管理水平逐步提高。各级防疫队(所)普遍实行目标管理和岗位责任制，70%的一级防疫队依照分级分工和岗位职能要求，建立和完善德、能、勤、绩量化管理指标体系；业务管理、技术建设、专业工作按国家和军队的有关法规与技术标准进一步规范，逐步向正规化、科学化、标准化方向发展。

(刘　平)

〔**1994年军队医药卫生科技成果获奖项目**〕　1994年全军有127项医药卫生科技成果获军队的科技奖励。其中军队科技进步一等奖2项，二等奖125项。有关获奖项目名单如下：

1994年军队医药卫生科技成果科技进步奖项目

(公布117项)

序号	项目名称	主要完成单位	获奖等级
1	自发突变型近交系先天遗传性白内障BALB/cBK—Cat小鼠模型建立及DNA指纹研究	南京军区第八一医院	1
2	高速投射物伤血流扰动对机体的影响与模拟循环管路装置研究	第三军医大学野战外科研究所	1
3	矢状窦重建与修补术在矢状窦中、后段脑膜瘤和外伤手术中的应用	沈阳军区总医院	2
4	颌骨畸形经口途径截骨矫治的研究	沈阳军区总医院	2
5	先天性二尖瓣关闭不全的外科治疗	沈阳军区总医院	2
6	军队医院医疗信息管理系统	沈阳军区总医院 沈阳军区二〇二医院 沈阳军区后勤部卫生部 总后勤部卫生部	2

序号	项目名称	主要完成单位	获奖等级
7	寒区部队住室卫生学调查与评价	沈阳军区后勤部军事医学研究所 军事医学科学院卫生学环境医学研究所 济南军区后勤部军事医学研究所 军事医学科学院放射医学研究所 第四军医大学	2
8	冷适应过程中神经内分泌与免疫调节功能的研究	沈阳军区后勤部军事医学研究所 第四军医大学军事卫勤统计系 中国医科大学微生物教研室	2
9	支气管哮喘气道炎症的临床和实验研究	沈阳军区第二〇二医院	2
10	弹性肢体连续延长器实验研究与临床应用	沈阳军区第二〇八医院 农牧大学	2
11	药物动力学系统数学模型的建模方法的研究	沈阳军区第二一〇医院 沈阳军区总医院	2
12	W901型X线机呼吸相自动控制曝光仪	沈阳军区第二三〇医院	2
13	成人呼吸道合胞病毒感染的病原学及临床治疗研究	北京军区总医院	2
14	结核病的免疫复合物研究	北京军区白求恩国际和平医院	2
15	世界首见新种多变根毛霉致原发性皮肤毛霉病	北京军区白求恩国际和平医院	2
16	复方丹参滴丸系列研究	北京军区第二五四医院	2
17	煅烧骨制备及其修复骨缺损实验与临床应用研究	北京军区第二六三医院 北京市创伤骨科研究所	2
18	经皮骨移植器的研制与临床应用	北京军区第三二二医院	2
19	孕早期绒毛组织胆碱脂酶测定对神经管缺损早期诊断的研究	解放军石家庄医学高等专科学校	2
20	血糖水平及糖尿病与缺血性中风关系的实验及临床研究	济南军区总医院	2
21	穿透性角膜移植术后创伤愈合的形态学与形态计量学研究	济南军区总医院	2
22	微机网络医院信息管理系统的开发与应用	济南军区第八十八医院 济南乃斯电器有限公司	2
23	先天性心脏病的超微病理与临床对比研究	南京军区南京总医院	2
24	化学计量学方法在复方药物光谱和色谱分析中的应用研究	南京军区后勤部药品检验所 中国药科大学	2
25	食管癌术前支气管镜检查与肿瘤可切除性估计的临床研究	南京军区第八一医院	2
26	心脏转移癌诊断治疗中的超声心动图研究	南京军区第八一医院	2

序号	项目名称	主要完成单位	获奖等级
27	肉类多功能数字检测仪的研制及应用	广州军区后勤部军事医学研究所 广东省民族学院物理系	2
28	透析脑病的临床和分子生物学机制系列研究	广州军区武汉总医院	2
29	免疫组化在肿瘤病理诊断中正确应用与发展的研究	广州军区广州总医院	2
30	微波体外净化白血病细胞实验及临床应用研究	成都军区总医院	2
31	活动性结核标志物的发现及其检测方法和临床应用研究	成都军区总医院	2
32	腹腔镜胆囊切除术临床应用的系列研究	成都军区昆明总医院	2
33	金新显色剂的合成及测金新技术研究	成都军区后勤部军事医学研究所 云南大学	2
34	西南驻军平时军事应激社会心理因素研究	解放军成都医学高等专科学校 成都军区后勤部卫生部	2
35	抗人黑素瘤单克隆抗体应用的实验研究	兰州军区兰州总医院 第四军医大学基础部	2
36	沙漠热环境对人体生理机能影响的研究	兰州军区后勤部军事医学研究所 兰州军区第五医院	2
37	纤维小肠镜临床应用系列研究	兰州军区第二十三医院	2
38	牙冠色度及美观修复材料颜色的相关性能研究	海军总医院 第四军医大学口腔医学院 中国科学院西安光学精密机械研究所	2
39	辐射交联水凝胶创面敷膜的研究	海军第四一一医院 上海科学技术大学射线应用研究所	2
40	SCP高性能永磁根管充填材料的实验及临床研究	海军第四一一医院	2
41	人脑乙酰胆碱酯酶结构与功能的研究	空军总医院 军事医学科学院毒物药物研究所	2
42	CMIAS－真彩色医学图像分析系统	空军总医院 北京航空航天大学	2
43	显微外科技术在边疆寒区的临床应用研究	空军乌鲁木齐医院	2
44	造血系统的四条分子进化规律及其分子进化学说的证据、预测与验证	军事医学科学院放射医学研究所	2
45	核潜艇核事故时环境污染与人员受照射剂量的快速估算	军事医学科学院放射医学研究所 海军司令部核化研究所	2
46	人高活性粒细胞集落刺激因子cDNA克隆、高效表达及表达调控机制研究	军事医学科学院放射医学研究所	2
47	微管对神经再生作用的研究	军事医学科学院基础医学研究所	2

序号	项目名称	主要完成单位	获奖等级
48	抗人免疫球蛋白系列单克隆抗体的研制、鉴定和应用	军事医学科学院基础医学研究所	2
49	致热适应因子(HAIF)的分离、提纯与鉴定	军事医学科学院卫生学环境医学研究所	2
50	医学昆虫规范化养殖的研究	军事医学科学院微生物流行病学研究所	2
51	我国登革2型病毒分离株生物学性质及其基因变化的研究	军事医学科学院微生物流行病学研究所	2
52	抗真菌新药环吡酮胺及其软膏制剂	军事医学科学院微生物流行病学研究所	2
53	沙眼衣原体单克隆抗体的研制及其诊断应用的研究	军事医学科学院微生物流行病学研究所	2
54	神经性毒剂中毒病人的抢救及其急救治疗规范的编制	军事医学科学院毒物药物研究所 军事医学科学院附属医院	2
55	选择自旋翻转回波核磁共振等几种新技术的建立及其应用研究	军事医学科学院毒物药物研究所	2
56	骨碎补新成分和抗癌活性成分的化学及生物活性研究	军事医学科学院毒物药物研究所	2
57	志贺氏毒素B亚单位基因的克隆与表达及其免疫保护作用的研究	军事医学科学院生物工程研究所	2
58	肠毒素大肠杆菌CFA/l重组质粒的高效表达及其结构与功能分析	军事医学科学院生物工程研究所	2
59	难分类急性白血病的诊断和治疗	军事医学科学院附属医院 军事医学科学院基础医学研究所	2
60	淋巴细胞IL2R表达及IL2R阳性细胞花环与慢性HBV感染者免疫应答调控的关系	第一军医大学中医系 第一军医大学第一附属医院 第一军医大学基础部	2 2
61	病理脉象的研究	第一军医大学 解放军总医院	2
62	钆喷酸葡胺和钆喷酸葡胺注射液的研制和临床应用	第一军医大学	2
63	生物体视学理论方法及病理学应用研究	第一军医大学基础部	2
64	眼部畸形整复的临床及实验研究	第一军医大学第一附属医院	2
65	三维脑电地形图系统	第一军医大学第一附属医院 第一军医大学医学工程系	2
66	脑缺血与脑保护的系列研究	第一军医大学第一附属医院 第二军医大学第二附属医院	2 2
67	中国人胃癌组织异常高表达基因差异筛选和克隆的研究	第二军医大学基础部 第四军医大学基础部	2
68	创伤后多器官微循环障碍及发生机理的实验性研究	第二军医大学基础部	2

序号	项目名称	主要完成单位	获奖等级
69	中药木防已化学成分及其药理活性成份研究	第二军医大学	2
70	中药四川江油附子生物碱和新强心成分的研究	第二军医大学药学院	2
71	心脏二尖瓣装置的应用基础研究	第二军医大学	2
72	吻合血管神经的　展肌游离移植一期修复晚期面瘫	第二军医大学第一附属医院	2
73	人膀胱癌癌基因激活和抗癌基因失活的研究及其与膀胱肿瘤生物学行为的关系	第二军医大学第一附属医院	2 2
74	肠道疾病的腔内诊断与治疗研究	第二军医大学第一附属医院	2
75	肌营养不良症的基础和临床研究	第二军医大学第二附属医院	2
76	颈椎伸屈动态变化和颈椎外伤实验与临床研究	第二军医大学第二附属医院	2
77	自体神经原位再植防治截肢(指)残端神经瘤的实验研究与临床应用	第二军医大学第二附属医院	2
78	半月板解剖学(形态、发育、血供、应解及修复)的系统研究	第三军医大学	2
79	生物活性肽在大鼠 DNES 的分布及 20Gyr 射线辐射后的变化	第三军医大学基础部	2
80	约氏疟原虫红外期生物学特性及枯氏细胞活性对子孢子入侵影响的研究	第三军医大学基础部	2
81	人 X 染色体和 11 号染色体上两个作图及测序新标记 DXFD52、FD11－1 的分离及鉴定	第三军医大学基础部 复旦大学遗传学研究所	2
82	合并全身放射损伤时深度烧伤创面处理的研究	第三军医大学预防医学系	2
83	2－苯甲酰肼叉－1,3－二噻茂烷的代谢研究	第三军医大学预防医学系 华西医科大学公共卫生学院	2
84	烧冲复合伤早期发病机制和液体治疗的研究	第三军医大学野战外科研究所	2
85	胃癌组织中癌基因激活和抑癌基因失活的研究	第三军医大学第一附属医院	2
86	丁型肝炎病毒抗原多肽的选择、合成及应用研究	第三军医大学第一附属医院 中国科学院上海生物化学所	2
87	先天性小痣在恶性黑素瘤发生中的地位	第三军医大学第一附属医院	2
88	高血压病阻力血管功能调节的细胞分子生物学研究	第三军医大学第三附属医院	
89	创伤后循环内皮细胞变化及其机理研究	第三军医大学	2
90	HFRSV 内影像类抗独特型人单抗的研究	第四军医大学基础部	
91	抗人Ⅲ型胶原蛋白单克隆抗体的研制及应用研究	第四军医大学基础部	2
92	地龙胶囊(912)抗癌和肿瘤治疗增效剂的研究	第四军医大学军事卫勤统计系	2
93	小于胎龄儿危险因素及预后的研究	第四军医大学第一附属医院	2

序号	项目名称	主要完成单位	获奖等级
94	皮肤扩张术的临床应用及实验研究	第四军医大学第一附属医院 化工部西北橡胶研究所 第四军医大学基础部	2 2
95	自体静脉移植实验和临床系列研究	第四军医大学第一附属医院 西安交通大学工程力学系	2
96	冠状动脉狭窄的基础与临床研究	第四军医大学	
97	喉癌细胞增殖活性与临床预后关系的分子生物学研究	第四军医大学基础部 空军沈阳医院	2
98	胃癌特异性免疫脂质体导向治疗的体内外实验研究	第四军医大学第一附属医院 中国科学院上海药物研究所 第四军医大学基础部	2
99	预激综合征房室旁道定位与治疗系列研究	第四军医大学第二附属医院	2
100	可铸生物玻璃陶瓷的研制及临床应用研究	第四军医大学口腔医学院 西北轻工业学院材料工程系	2
101	龋病窝洞预备的基础研究	第四军医大学口腔医学院	2
102	牙本质形成机制的基础和临床应用研究	第四军医大学口腔医学院	2
103	缺血心肌损伤特点及细胞化学研究	解放军总医院	2
104	肝脏在多器官功能失常中的作用	解放军总医院	2
105	用 131 I —HIPDM 行胰腺、肺显像的开发应用研究	解放军总医院	2
106	丹参和电针治疗缺血性脑血管病(ICVD)及 ICVD 患者的记忆障碍与神经肽关系研究	解放军总医院	2 2
107	腹部常见肿瘤术中放射治疗	解放军总医院	2
108	中枢神经系统损伤的临床和实验研究	解放军总医院	2
109	BK 病毒研究	解放军总医院	2
110	老年性耳聋临床检查及机制研究	解放军总医院耳鼻咽喉科研究所	2
111	YAG 激光治疗眼前节疾病的实验及临床研究	解放军总医院	2
112	前额带血管蒂肌-腱膜-骨膜瓣修补蝶鞍区脑脊液鼻漏	解放军总医院耳鼻咽喉科	2
113	部队中病毒性肝炎的流行病学与免疫预防的研究	总后卫生部直属防疫队 北京军区后勤防疫队 国防科工委后勤防疫队 海军后勤防疫队 空军后勤防疫队	2
114	创伤后游离氨基酸的临床和实验研究	解放军第三〇四医院	2

序号	项目名称	主要完成单位	获奖等级
115	腰椎管侧隐窝狭窄症的研究	解放军第三〇四医院 解放军总医院	2
116	Osgood-Schlatter's 病 X 线研究	解放军第一六一医院	2
117	军队卫生工作体制与资源调查论证	总后卫生部	2

（刘超燕）

【中医师承制首批继承人培训】 受到国家重视的继承名老中医医药学术经验的师承制度从 1991 年起在军队实行。1994 年，部分继承人已经结业。继承名老中医药专家学术经验，是由一些老中医建议，经国务院批准，国家人事部、卫生部、中医药管理局组织实施的一项抢救老中医药专家学术经验的紧急措施。根据统一部署，在全军中医学会和各单位推荐的基础上，经总政干部部和总后卫生部审核，报国家中医药管理局批准的全军首批 6 名指导老师（高辉远、吴一纯、赵冠英、黄世林、汪承柏、张剑秋），是军队中医界的元老和名医。他们在长期的医、教、研实践中形成了自己特有的学术思想和经验，在国内有较高的知名度。经过严格挑选的 17 名继承人均系主治医师，其中有 5 名是取得硕士学位的研究生，有较扎实的中西医基础知识和一定的临床经验。三年学习期间进行阶段考核、年终考核、结业考评共计 8 次，有 15 名继承人顺利通过。12 人成绩在 90 分以上，占 80%，与全国 462 个带教点近 780 名参加考核的继承人成绩相比，占中等偏上。（杨玉堂）

【医疗设备采购工作改革】 随着社会主义市场经济体制的建立和医疗设备需求量的增长，军队各级医疗卫生单位锐意改革，进一步解放思想，经过实践摸索后认为，在军费不足的情况下，要优化卫生资源配置，合理确定经费的投向和投量，购买质优价廉的医疗设备，必须加强宏观管理，发挥军队集中统一管理的优势，改革医疗设备采购办法，走“统一论证，专家评议，批量订货，分签合同”的路子。①统一论证。在汇总全军医疗设备购置计划中，将有同样需求的单位组织起来，根据各自的情况，交换意见，反复研讨。②专家评议。组织有权威性的专家组，对所选设备的质量进行综合评定和技术测试，实现优中选优。③批量订货。对大宗设备通过集中谈判，利用数量上的优势，争取价格优惠，节省购置经费。④分签合同。根据各级医疗卫生单位具体需求，在统一的质量原则和价格原则指导下，按需增减设备配套，分别履行合约，直达供货。（任国荃）

省、自治区、直辖市卫生工作

省、自治区、直辖市卫生工作

北 京 市

1994 年 基 本 情 况

	数量	与上年比增长数	与上年比增长率(%)		数量	与上年比增长数	与上年比增长率(%)
卫生机构(个)	4 958	—4	—0.08	卫生人员(人)	164 867	—303	—0.18
医院(个)	629	81	14.78	卫生技术人员(人)	116 818	645	0.56
床位(张)	67 112	1 491	2.27	乡村医生(人)	5 792	7	0.12
医院床位(张)	64 416	2 076	3.33	个体开业人员(人)	1 906	72	3.93
平均每千人口医院床位(张)	6.07	0.14	2.36	平均每千人口卫生技术人员(人)	11	0.06	0.54

人口	总数(万人)	1 062	卫生费用	卫生事业费(万元)	…
	出生率(‰)	7.99		卫生事业费与上年比增长率(%)	…
	死亡率(‰)	5.77		卫生事业费占财政支出百分率(%)	…
	自然增长率(‰)	2.22		卫生系统固定资产(万元)	279 384(注1)
医疗服务	诊疗总人次(万)	5 536.78		卫生系统基建投资(万元)	15 013(注2)
	门诊人次(万)	5 055.35		平均每一门诊人次医疗费用(元)	57(注3)
	急诊人次(万)	481.43		平均每一出院病人医疗费用(元)	3 225(注3)
	住院总人次(万)	70.07			
	出院总人次(万)	70.10			

注:1.为51所综合医院和18所中医院合计数;2.未包括中央机构;3.为综合医院统计

预防保健 全面实现1994年卫生防病主要控制指标。甲乙类传染病总发病率控制在近3年平均水平以下;病毒性肝炎发病率比1993年下降19%;食物中毒发病起数和人数比1993年下降3%和12%。计划免疫“四苗”全程接种率保持在99.5%以上;0～4岁儿童脊髓灰质炎强化免疫接种率为98.7%,连续9年未发生野毒株引起的脊髓灰质炎;防治碘缺乏病,加强盐务管理,碘盐合格率比1993年提高27个百分点。

妇幼保健处于全国先进水平,全市孕产妇、儿童系统保健覆盖率分别为94.4%和91.8%;婚前保健覆盖率为87.4%,婚检率为83.15%;孕产妇死亡率为18.94/10万,婴儿死亡率为10.93‰;全年无新生儿破伤风死亡病例。新创建“爱婴医院”46所,全市爱婴医院总数为72所；4所医院评为“全国模范爱婴医院”；0～4个月婴儿母乳喂养率提高到61.6%；北京市获卫生部和联合国儿童基金会颁发的“创建爱婴医院成绩突出省市”证书。

农村卫生工作 以初级卫生保健总揽全局推动农村卫生事业全面发展。全市14个郊区区县初级卫生保健工作均已通过市级审评，达到国家制定的初级卫生保健主要13项指标小康基本评价标准。至此，北京市农村地区提前1年实现北京市初保“八五”规划目标，并提前6年实现我国农村“2000年人人享有卫生保健”规划目标。

1994年完成30个乡镇卫生院改扩建。1992年至1994年基建投资1.2亿元，配套设备5 000多万元，共改造乡(镇)卫生院135所，竣工面积18万平方米，超过北京市乡卫生院建设“八五”规划项数的22.7%、面积的45.6%。农村三级医疗预防保健网得到加强。在全市4 049个行政村共设4 797个医疗点，乡村医生5 792人。农村改水普及率为98.8%，自来水普及率为94.8%，改厕24万户，受益人口约42万人。

医疗服务 1994年在全市529所各级各类医院中，门、急诊总数为4 017.86万人次，出院54.89万人次，住院手术17.5万人次；病床使用率78.3%，周转率11.8次，平均住院日25.6天。加强质量管理，修定门、急诊管理制度，在全市医疗单位健全控制院内感染组织。召开北京市医疗事故鉴定工作总结会，对过去5年的医疗事故和纠纷作了系统分析和总结，制定防范措施和制度。医疗护理质量进一步提高。从1992年至1994年连续3年对44家各级各类医院调查统计为：患者对医疗质量满意度为93.8%、93.7%、95.4%；对护理质量满意度为92.4%、93.3%、93.6%；病例医疗质量优良率为73.4%、85%、90.9%；院内感染主要监控环节达标率1994年急诊室为90.2%、监护室88%、供应室95%、手术室90.2%、母婴同室90.3%。

远南残疾人运动会在京举行期间，20所综合医院166名医务人员参加了场馆的医疗急救，共诊治3 500余人次，巡诊4 000余次，控制和治愈肠道感染、“红眼病”等疾患。

1994年公民义务献血16.6万余人次，超额完成5.8%；无偿献血4.1万人次，比1993年增长44.3%。

医疗机构管理 医院分级评审结合本市实际修定了三级和二级医院评审标准，起草制定了二级医院评审标准和实施细则，至1994年底共评审医疗机构91个，其中三级综合医院13个。部分单位通过第二周期复审。完成《医疗机构管理条例》实施的前期准备工作，制定有关的实施办法等文件。举行了北京地区《医疗机构执业许可证》首发式，向北京地区24个部、市属和厂矿的综合医院及中医医院颁发了执业许可证。对全市各级各类医疗机构进行了预登记，申报登记的单位1.2万余个。执行《护士管理条例》，对9个区县内2万余名护士作了注册和发证。

中医工作 全面推行中医医院等级评审，6家中医医院通过评审。北京中医医院和宣武区、房山区中医医院实施“杏林计划”，通过国家中医药管理局验收，达到“全国示范中医医院”标准。加强中医机构内涵建设，突出中医特色，严格质量管理，修定实行《中医医疗、护理、医技质量控制标准》。患者对中医医院综合满意度又有提高。中医继续教育和岗位培训进一步规范化、制度化。老中医药专家学术经验继承工作实现阶段性目标，首批41人通过市级考核验收，23人通过国家级考核验收。

医学科研教育 科研投入比1993年增长50%，重点支持优势学科、重大科研项目。17名平均年龄32岁，其中14名具硕士以上学历的优秀人才被纳入北京市“科技新星计划”，获市科委专项科研经费。1994年市卫生系统获卫生部科技进步奖7项，获市级科研成果150余项。市结核病控制所学术论文在第28届国际防痨和肺病联合会年会及全球肺部健康大会上获“费郎兹·雷德克国际大奖”。1994年科技成果中有7项新产品列为“北京市高新技术产品”，开始应用、推广。

加强市属医学院校师资队伍建设，通过业务培训和考核，重点提高中专院校师资水平。支持院校的专项补助经费比1993年增加一倍。21所市属医院和5所区县级医院实行住院医师学分制和规范化培训，80%的住院医师通过专业理论统考取得合格证书。北京职工医学院和北京电教中专举办成人教育农村医疗专科班，考取学员400余人，录取率超过历年。

监督执法 医疗卫生监督执法力度加大。贯彻《北京市职业病防治卫生监督条例》，预防性卫生审查率和经常性卫生监督对监测超标厂矿企业的监督检查率比1993年分别提高10个和20个百分点；食品卫生监督检查频度比1993年增长20个百分点。对违反“食品卫生法”的生产经营单位处罚起数和金额分别增加1.6%和31%。进行7次全市性取缔无证行医，取缔外地游医药贩300多人，罚没款4万余元，没收千余台器械、500多公斤药品。

行业作风建设 以“红包”、乱收费、服务态度问题为纠风工作3个重点，采取思想教育、树立典型、制定规章、加强监督多项措施。对19所市属医院问卷调查和对病人入户调查，结果医疗服务综合满意度为87.3%，收受红包行为的人占被调查人数的0.14%。

（朱小皖）

天津市

1994 年基本情况

	数量	与上年比增长数	与上年比增长率(%)
卫生机构(个)	3 182	0	0
医院(个)	419	115	37.8
床位(张)	38 986	—37	—0.1
医院床位(张)	37 157	433	1.2
平均每千人口医院床位(张)	4.15	0.02	

	数量	与上年比增长数	与上年比增长率(%)
卫生人员(人)	91 931	309	0.4
卫生技术人员(人)	71 217	297	0.4
乡村医生(人)	7 717	104	1.4
个体开业人员(人)	1 610	0	0
平均每千人口卫生技术人员(人)	7.96	—0.01	

人口	总数(万人)	890.5
	出生率(‰)	9.43
	死亡率(‰)	6.01
	自然增长率(‰)	3.42
医疗服务	诊疗总人次(万)	3008.6
	门诊人次(万)	2802.4
	急诊人次(万)	217.8
	入院总人次(万)	40.5
	出院总人次(万)	40.9

卫生费用	卫生事业费(万元)	24 425
	卫生事业费与上年比增长率(%)	31
	卫生事业费占财政支出百分率(%)	3.53
	卫生系统固定资产(万元)	164 768
	卫生系统基建投资(万元)	1833
	平均每一门诊人次医疗费用(元)	29.84
	平均每一出院病人医疗费用(元)	2 109.36

卫生改革 在21个大、中型医院和预防保健机构实行院(所、站)长负责制，其他医疗卫生单位普遍实行单位领导目标责任制，目标到科，责任到岗。大多数医疗单位实行内部二级核算。年终对各单位任务和质量、科技和人才培养、精神文明建设、经济管理、改革人事分配制度和民主管理、领导班子行为6项指标进行考核，对7个考评优秀单位给予奖励。继续开发新的医疗服务项目和服务方式。部分一、二级医院实行"院厂挂钩"，主动为企业服务。河东区、红桥区深入社区建立"全科医疗站"。其他单位开设高级病房、家庭病房，建立特约保健，实行入户医疗服务。加快医疗保险制度改革。完成天津市职工医疗《药品报销目录》的制定；加强对医院业务收入中药品收入比重的控制；对职工医疗建立定点、转诊秩序。上调部分医疗技术劳务项目收费标准，并与医院分级分等挂钩。

医政管理 提高医疗质量。推行"院长查房"、"病历总检医师"两项质量保证制度，带动三级查房、病历书写和病历讨论、会诊、营养、院内感染控制、护理及医技科室各项质量管理的落实。继续开展质量教育，加强"三基"培训。开展群众性"QC"小组活动。规范消毒、灭菌技术，减少院内感染。大多数二级以上医院甲级病历率达到或接近90%，基本消灭不合格病历。1994年有5所医院通过三级甲等医院评审，9所医院通过二级甲等医院评审。天津市医疗急救中心投入运行，组建了市区6个急救分中心。全年进行院前抢救17 440次，对重大事故抢救发挥突出作用。

基础建设 制定和完善门诊、病房、医疗技术、后勤各科岗位职责和工作目标、评价指标，建立业务、质量、经济、安全等各项管理制度、管理程序和管理标准。重点装备病房、护理和急救基本设备和常规设备。胸科医院新楼建成投入使用。

经营管理 全市各医疗单位针对业务量持续下降的情况，一抓质量、上水平、搞特色；二调整服务功能，开展新项目；三抓科室核算，开源节流。医院建立"院内银行"和经济管理办公室，科室设立兼职核算员，个人分配实行收入和支出、工作质量、任务定额、医德医风和社会效益、设备占用五挂钩。

科技兴医 召开第3次卫生科技工作会议。确定加快发展医学高新技术和加快培养跨世纪人才的思路和战略。决定建立血液净化、医学生物技术、放射性介入、内镜治疗技术、脏器移植技术等5个研究基地。全市选拔跨世纪学术带头人22名，

37 名中青年优秀科技工作者受到表彰。市卫生局建立人才培养基金和优秀专业技术人员选拔制度。1994 年鉴定科技成果 70 项；获奖成果 42 项，其中获卫生部成果奖 2 项；引进新技术填补空白项目 83 项。第一中心医院一例肝移植病人生存质量创全国最好记录。

预防保健工作 卫生防病工作以保证"亚乒赛"在津顺利举办为中心。食品卫生工作加强执法力度，监测样品增加 23.3%；监督户次增加 30%；食品从业人员体检率为 98.7%；食品卫生检验按期报告率为 99.7%。把集贸市场，"马路餐桌"食品卫生纳入日常卫生监督。"亚乒赛"期间，对与会人员 128 个餐次、约 6.4 万人次用餐，进行全过程、全天候卫生监督。检查各类公共场所卫生4 513家，化妆品厂 142 家。没有发生狂犬病和脊髓灰质炎。流行性脑膜炎、百日咳、猩红热、麻疹、传染性肝炎、乙型脑炎、斑疹伤寒、疟疾等传染病发病率下降。结核病防治各项指标均达到卫生部颁发的标准。计划免疫继续保持在 85% 以上。完成 12 个饮水除氟工程点的建设，使 1.7 万人受益，市中心 6 个区提前实现食用加碘盐。全市已有 38 所医院通过"爱婴医院"国际标准。天津市被卫生部、联合国儿童基金会和世界卫生组织评为全国创建"爱婴医院"工作先进市。天津市第一中心医院被评为全国 10 家模范"爱婴医院"之一。

农村卫生和中医工作 以初级卫生保健工作达标，带动农村卫生工作。农村合作医疗覆盖率为 68.5%。对甲级卫生所进行整顿，验收符合率达 60%以上。农村医疗单位医疗质量有所提高，郊县医院普遍实行微机管理。各级中医医院加强内涵建设，发挥中医专科、专病优势。中医学院第一附属医院、和平区中医医院、北辰区中医医院分别通过全国示范中医医院验收，达到三级甲等医院和二级甲等医院水平。4 所医院在国外建立中医药医疗点；举办天津国际针灸学术会议。

卫生立法 天津市人大常委会颁布《天津市社会办医机构管理条例》；天津市卫生局组织医疗物价和公费医疗检查，取缔 4 家不符合办医规定的社会办医点，下发《不允许在职医务人员到社会办医机构兼职的规定》、《借贷款管理办法》、《流动资金管理办法》。开展卫生系统第三产业国有资产普查工作。围绕贯彻国务院《医疗机构管理办法》，下发学习、宣传文件。对医疗机构设置原则开展专题的调研、试点。进行血液管理、职业病管理、性病管理的立法准备工作。

行业作风建设 层层举办职业道德教育培训班，开展"温暖文明优质服务"、"让患者满意在我院"活动。建立拒收"红包"责任制，医务人员职称晋升、医院等级评审实行"医风"一票否决。严格执行医德医风奖惩规定，"收一罚十"。在卫生行业开展"百面红旗"评选。邀请新闻单位记者和人大代表、政协委员，深入 120 个医疗单位，进行"医德医风、医疗质量百家行"监督检查活动，调查 2.5 万病人，发出30 000份问卷。群众对医风综合满意度为 94.4%。

（温今中）

【金显宅铜像揭幕】 1994 年是我国肿瘤医学创始人金显宅教授诞辰 90 周年。天津市为金显宅教授铜像举行揭幕仪式。中共中央政治局常委、全国政协主席李瑞环为金宅显铜像题词："德高医粹"。卫生部副部长孙隆椿和中共天津市委副书记李建国为金显宅铜像揭幕，来自天津和全国各地金老的学生、医学专家和天津市 400 余名医务工作者参加揭幕仪式。金显宅，1904 年生于朝鲜汉城，1919 年来到中国，1930 年加入中国籍。1931 年获美国纽约州立医科大学医学博士学位。曾任协和医院住院医师、主治医师。是我国当代著名肿瘤学家。1952 年，他在天津市人民医院创建我国第一个肿瘤科。1963 年创办我国第一本肿瘤学杂志。1985 年金显宅倡仪并创办中国抗癌协会，被推选为名誉主席。他培养了多名已在国内外知名的肿瘤专家。1954 年以来，他主办了 26 届肿瘤高级医师进修班，培养学员 400 多人。金显宅一生刻苦钻研业务，在医学上有很多建树。1937 年，他首先发现《嗜伊红细胞增生性淋巴肉芽肿病》。在近 60 年的医学生涯中，他用中、英文发表 100 余篇论文并有专著。他精通肿瘤外科、肿瘤病理、放射治疗和化学药物治疗，在国内率先开展多种癌瘤根治手术和新的治疗方法。他多次被评为模范获得荣誉称号。金显宅 1985 年加入中国共产党，曾任天津市七届政协副主席，全国政协第六、七届常委，九三学社五届天津市副主委，九三学社七届中央常委等职。（温今中）

【《天津市社会办医机构管理条例》颁布】 为加强对社会办医机构的管理，保障公民健康，1994 年 7 月 14 日天津市人大常委会第九次会议通过此条例。《条例》规定，社会办医机构必须遵守法律、法规以及国家和天津市的有关规定，接受卫生行政部门的监督管理，承担卫生行政部门依法规定的预防保健和其他社会公益任务。对社会办医机构实行许可证制度，对社会办医机构执业人员实行执业证制度。该条例规定：申请社会办医机构执业登记，必须具有设立社会办医机构批准书和与其开展的业务相适应的卫生专业技术人员、资金、设施、设备、场所，并符合相应医疗机构的基本标准，能够独立承担民事责任。规定社会办医机构享有经批准名称专用权、自主管理、聘用和辞退从业人员、确定工资形式和奖金分配等权利；并应履行相应义务。规定社会办医机构必须建立健全内部管理制度，确保医疗服务质量，加强对执业人员的教育和培训，遵守医疗纪律，医德规范。此外，还规定社会办医有关执业、监督管理、法律责任等方面的内容。

（温今中）

【发展专科技术】 天津市第三届卫生科技工作会议决定加快实施发展专科技术战略，优先发展 5 项高新医疗技术：①以市肿瘤医院为基地，发展医学生物技术。首先在恶性肿瘤的诊断中取得突破性进展。通过刺激、诱导、分化和克隆等方式提高 LAK 细胞和 TIL 细胞对肿瘤细胞杀伤力；开展基因、疫苗和其他因子治疗，形成比较成熟的诊治手段，应用于临床。加快中药对肿瘤细胞基因表达逆转调控的临床研究，加强细胞工程、单抗导向、基因诊断与治疗等应用基础研究。在先天性遗传代谢疾病、心脑血管疾病、内分泌疾病等领域发展生物技术。②以第三中心医院为基地，发展血液净化技术。重点加快发展血液灌流技术，进一步推广应用安眠药中毒、高胆红素血症、红斑性狼疮的灌流技术。完成生物型人工肝的临床应用研究，并在治疗类风湿、重症胰腺炎、内毒素血症、急性肝坏死、肝肾综合征等重大疑难疾病上取得突破。开发一批新的吸附材料和吸附剂，探索吸附规律，建立临床监控指标，使血液灌流技术更加成熟。③以胸科医院、环湖医院为基地，发展放射性介入技术。重点是心、脑、体3个领域的血管疾病、恶性肿瘤和其他相关病，应用范围、数量和成功率要达到国内先进水平。④以南开医院为基地，发展腔镜外科技术。以开展腹腔镜和消化内镜治疗为主，同时发展其他腔镜治疗技术。巩固和发展胆道、胆囊、腔镜治疗优势，开展肝囊肿、肠粘连、胃切除、肠切除、脾切除、阑尾切除、疝修补等30余种腔镜治疗病种。不断增加非剖腹手术治疗比例，胆囊腔镜切除病例在基地达90%。扩大妇科、泌尿科、骨科、胸科等腔镜治疗领域。⑤以第一中心医院为基地发展医学移植技术。包括脏器、器官、组织、骨髓、细胞等移植，提高移植质量和效果，建立和完善移植器官、组织保存库、探索抗免疫排斥反应新途径，加快发展非生物取代技术。

（温今中）

【建立全科医疗站】 河东区扩大一级医院服务功能，走出医院，深入社区建立全科医疗站，在为社区、家庭、个人服务过程中，开展从生理服务到心理服务，从治疗到预防的全科医疗保健服务，落实初级卫生保健目标。①培养全科医生队伍。举办全科医生中专班，招收在职学员62名；对从事全科医疗站的医务人员进行系列讲座、短期培训，缺什么补什么。②在条件成熟的街道社区，由辖区一级医院建立全科医疗站，卫生局制定建站条件、工作任务、管理要求等规范。到1994年底已建立10个医疗站，每站配备2～3名医务人员，服务形式为从事预防、看门诊、建立家庭病床，签定家庭保健合同。服务内容为计划免疫接种、儿童查体、妇女病普查、传染病防治、慢性病管理、健康咨询。开诊以来，所辖社区儿童系统管理率为95%，“四苗”接种率为100%，高血压管理率为95%；并开展了门诊、出诊、站内理疗、针灸、家庭急救和家庭输液，发放健康教育材料等业务。

（温今中）

【职业道德建设】 天津市卫生系统职业道德建设的主要做法是：①开展职业道德教育。制作职业道德教育幻灯片；举办职业道德建设培训班，邀请医德教育专家进行文明行医讲座。②开展文明优质服务活动。制定开展文明优质服务的实施方案，着重对医疗秩序、窗口服务、应诊时间和便民服务提出明确要求；下发《加强文明优质服务工作的通知》，向全系统推广服务过程中的文明语言、行为范例。建立医院领导门诊值班、接待患者来访制度。③进行专项治理。重新修订《医务道德奖惩规定》，对收受患者“红包”、以物充药、搭车开药、炒病人、炒检查4种不正之风行为，明确规定实行“收一罚十”。④发挥医德医风在医院评审中的作用。实行医德医风“一票否决”制，1994年有2所医院被推迟挂牌和延期评审。⑤树立正面典型。各医院注重对先进典型的挖掘与培养，并在一定范围予以表彰。天津医科大学总医院设立了5元医德医风专项奖励基金；南开区重奖“十佳医务工作者”。发挥社会舆论监督作用。除聘请社会监督员进行日常监督外，并在全市组织“医德医风、医疗质量百家行”活动。共检查120个单位，邀请人大代表、政协委员和新闻媒介记者参加。1994年与1993年相比，对医生态度满意度上升0.9个百分点；对医生技术满意度上升5.2个百分点；对护士态度满意度上升6.5个百分点；对医疗质量满意度上升1个百分点；1994年病人综合满意度为94.4%。

（温今中）

【制定区域卫生规划】 为建立与社会主义市场经济体制相适应的卫生体制和管理模式，使卫生事业与国民经济协调发展，使全市人民能获得基本的卫生保健服务，天津市开始制定区域卫生发展规划。规划的指导思想是：①以建设有中国特色社会主义的理论为指导，贯彻卫生工作的方针，适应天津集商、工贸、金融为一体的现代化城市建设。采取具有中国特色的区域卫生规划模式。②以深化卫生改革为中心，变单纯计划体制的区域卫生规划为适应社会主义市场经济的规划模式。特别要充分认识医疗保障制度改革对卫生服务和发展的影响。③坚持多渠道发展卫生事业。区域卫生发展目标与区域经济发展水平相适应。④以区域卫生资源配置和利用为主导，兼顾区域卫生长远发展；现时调整治理与长远发展相结合。⑤坚持全市一盘棋，把区域卫生规划、行政区县卫生规划和各条条发展规划统一起来。强化三级医疗预防保健体系，充分利用卫生资源，使各级医疗卫生单位服务到位，为保障人民健康服务。⑥坚持大卫生观和新健康观（生理、心理和社会的完好状态），体现预防为主。

规划的主要框架是：①全市整体布局，统一划分卫生区域；统一规划全市性卫生规划目标，有关政策、法规；全市性重点专科发展目标；全市性主要传染病、地方病等防治规划目标；医药卫生科技发展目标；大、中专医学教育发展目标。②全市划分若干个跨区、县，跨系统、城乡挂钩的卫生区域。③一、二、三级医疗机构配套，完善三级医疗预防保健网；卫生服务半径地域相近，交通方便；城市辐射农村，以城带乡；按卫生区域审定医疗机构等级；每个区域内划分若干社区，城镇一般以街道为社区，农村以乡为社区。此次规划，以1995～2010年为规划目标的起始时间。主要目标是：①7类卫生资源配置及其投入目标；②10类卫生资源合理利用规划目标；③医疗设施布局、卫生人力、仪器设备、活动资金整改目标；④医疗消费结构调控目标；⑤12类卫生服务规划目标；⑥卫生机构建设规划目标；⑦区域卫生服务效益规划目标；⑧卫生区域宏观调控及治理政策目标。

（温今中）

河北省

1994 年基本情况

	数量	与上年比增长数	与上年比增长率(%)		数量	与上年比增长数	与上年比增长率(%)
卫生机构(个)	10 274	−684	−6.2	卫生人员(人)	245 195	4 256	1.8
医院(个)	4 540	753	19.9	卫生技术人员(人)	198 284	626	0.3
床位(张)	159 058	3 660	2.4	乡村医生(人)	85 559	4 138	5.1
医院床位(张)	137 419	1 836	1.4	个体开业人员(人)	11 233	718	6.8
平均每千人口医院床位(张)	2.15	0.01	提高一个百分点	平均每千人口卫生技术人员(人)	3.10	−0.02	下降两个百分点

人口	总数(万人)	6 364	卫生费用	卫生事业费(万元)	55 270
	出生率(‰)	14.93		卫生事业费与上年比增长率(%)	44.1
	死亡率(‰)	6.5		卫生事业费占财政支出百分率(%)	3.25
	自然增长率(‰)	8.43		卫生系统固定资产(万元)	223 252
医疗服务	诊疗总人次(万)	12 427		卫生系统基建投资(万元)	2 960.4(国家预算内)
	门诊人次(万)	11 250		平均每一门诊人次医疗费用(元)	28.3
	急诊人次(万)	315		平均每一出院病人医疗费用(元)	997
	住院总人次(万)	280			
	出院总人次(万)	278			

注：1. 医院增加753个，主要是将乡卫生所划为乡卫生院。

2. 机构减少684个，主要是工业部门举办的门诊部减少。

卫生改革　继续进行医疗机构内部改革。推广唐山工人医院和邢台市眼科医院经验，实行院科两级聘任制，科室定人员、定编制、定岗位、定质量标准和考核办法。中层干部实行择优录用、竞争上岗。技术干部实行评聘分开。工人实行以岗定人合同制。在分配制度方面，实行以岗位技能工资为主的分配形式。为完善补偿机制，发展卫生产业企业和推行预防保健基金制。全省医疗卫生单位兴办的产业企业注册资金在10万元以上的已超过百家。廊坊市卫生系统创办各种产业企业有30多个。该市人民医院现已发展成为有8个产业摊点的实业总公司。几年来获纯利100多万元，节省职工工资70多万元。邯郸市在农村开展预防保健基金制，到1994年12月底，已提取预防保健基金800万元。在经营管理方面对一些乡镇卫生院进行股份制和租赁制改造。枣强县对巨赞、吉科、腾村3个长期贫困、落后的卫生院实行租赁制。巨赞乡卫生院实行租赁制后，月收入达到4000多元。唐县古城卫生院实行股份制后，吸收资金86万元，改造了房屋，装备了B超、彩色纤维胃镜、电脑肿瘤探诊仪等先进设备。唐山市在中心卫生院和一些专科医院搞试点，承德市兴隆县乡镇卫生院已全部实行股份制经营。

农村卫生　1994年5月省政府主持召开全省农村卫生工作会议，叶连松省长、陈立友、王幼辉副省长和卫生部殷大奎副部长参加会议，对进一步加强农村卫生工作提出具体要求。按照会议部署，全面落实初级卫生保健各项指标。卫生厅制定下发小康建设专项指标规划，要求各地把初级卫生保健与农村小康建设及扶贫攻坚计划结合在一起。1994年对12个市(地)的27个县(市区)初级卫生保健工作进行审评，又有8个县(市区)达到“合格”

标准，19个县(市区)达到"基本合格"标准。到1994年底达到"合格"、"基本合格"标准的县(市区)达55个，占全省县(市区)总数的34.81%。继续加强县卫生防疫站、妇幼保健院(站)和乡镇卫生院"三项建设"。全年共投资6 706万元，安排上述改造建设项目294个。加强村级卫生组织建设。村卫生所发展到43 886个，其中集体办的18 745个，占42.72%。实行医疗保健、保偿制度的村20 952个，占行政村的41.54%，其中实行合作医疗的村5 491个，占10.80%。

预防保健 截止到1994年11月底，全省报告急性传染病47 964例，比1993年同期下降5.66%。对霍乱疫情进行监测、检索和控制。结核病控制项目在全省铺开，已开设结核病控制项目门诊133个，占预开设数的82.7%，配套资金落实率达到93.4%，接诊病人168 945例，发现活动性肺结核病人23 668例，均给予治疗。贯彻落实《河北省食盐加碘防治碘缺乏病监督管理条例》，开展碘缺乏病的防治，会同有关部门对私盐和非碘盐销售经营进行查处，保证病区碘盐供应。全年完成改水降氟工程187处，新增受益人口近20万人，全省累计受益人口520万人。

深入开展计划免疫，广泛进行查漏补种，不断提高及时接种率。经抽样调查，全省"四苗"全程接种率为96.1%。开展脊髓灰质炎疫苗强化普服的"壁垒行动"。完成了438万名儿童两轮强化免疫，疫苗普服率为98.48%。

加强食品"四小行业"和街头食品摊点的卫生管理。会同人大、政协等部门开展食品卫生大检查，共查处违法经营者1 100户，取缔制售伪劣食品的黑窝点158个，没收、销毁肉类及其他不合格食品85 100公斤，酱油及其他调味品116 100公斤，硫磺(熏蒸馒头用)113.5公斤。

妇幼卫生继续加强孕产妇、儿童保健系统管理，实行妇、儿保健保偿责任制。开展创建"爱婴医院"活动，全省又有35所医疗保健单位通过国家级"爱婴医院"审评，"爱婴医院"总数为40个。下发《河北省婚前健康检查管理条例》，石家庄、唐山、邯郸、秦皇岛、张家口等市婚检率为87.5%。

爱国卫生运动 丰南县等14个县被命名为省级卫生县城，华北制药厂等9个单位被授予"爱国卫生十优"荣誉称号，有63个省级宾馆、餐厅和饭店被命名为卫生宾馆、卫生餐厅和卫生饭店。农村改水累计投资近3亿元，受益人口4 987.2万人，占农村人口的93.6%，其中自来水受益率为61.69%。在96个县(区)重点推广"双瓮漏斗式厕所"，受益人口400余万。

医疗管理 继续开展医院分级管理，举办培训班，培训评审员。全省共完成8所三级、78所二级、129所一级医院的评审。

全面开展医疗市场整顿。卫生厅两次下发对社会办医的清理整顿通知。据石家庄、唐山、保定等8个市地不完全统计，共取缔无证行医848家，吊销执业许可证251个，停业整顿353家，给予警告1 870家，没收非法所得4万元，罚款11万元。

加强输血管理，制定整顿献血员队伍方案，完成对献血员审查、登记、造册工作。卫生厅发布《河北省采供血机构和血液管理办法》。开展无偿献血活动，石家庄市无偿献血达2 700人次，唐山市有万人参加无偿献血。

整顿医药市场 卫生厅制定《河北省依法取缔非法医药市场工作方案》，以无极县为重点，进行医药市场的整顿，并于8月，依法取缔了无极县医药市场。开展药品监督管理工作。进一步完善监督体系，严格外埠进药制度。制定《河北省乡镇卫生院、村卫生所、乡村医生药品管理办法》，有效地防止假劣药品进入基层医疗单位。会同有关部门开展"打假"斗争，全年共查获假冒伪劣药品大案50起，全部进行处理。结合换发"三证"工作，在全省开展药品质量大检查。共检查医疗和医药经营单位15 202个，查出假劣药品1 784批，价值77.8万元，处以罚款22万元，查封非法经营药品黑窝点86个，打击游医药贩160余起。

医德医风建设 在全省卫生系统开展以树立良好的职业道德、职业理想、职业纪律、职业技能和纠正行业不正之风为内容的"四职一纠"评比竞赛活动。3月，组织27个检查组，对全省医疗卫生"四职一纠"参赛单位进行全面检查。石家庄市卫生局、唐山市卫生局、保定市卫生局、河北医学院附属第四医院、河北职工医学院附属医院、河北省人民医院等6个单位分获市地和省直前3名，被授予全省卫生系统"四职一纠"竞赛先进单位。卫生系统在全省8大行业"四职一纠"竞赛评比中，获得第4名。卫生厅决定从1994年开始在全省卫生系统连续3年开展医德医风教育年活动，并把每年4月作为宣传月，并制定《医疗单位医德考评和医德档案规则》，把医德医风同医护人员晋职、升级、评先进等结合起来。明确医院分级管理评审中实行医德医风一票否决制，建立和完善各项规章制度和内外部监督约束机制。开展评选先进集体和先进工作者活动，树立一批热情服务、礼貌待患、廉洁行医的先进典型。

(赵学诚)

【多渠道增加卫生投人】 河北省在拓宽卫生投入渠道上，采取国家、集体、个人等多方筹资方式。

1. 各级政府增加投入。廊坊市采取"五方五步"的投资办法，增加乡卫生院建设资金。"五方"即市、县、乡财政、县卫生局、乡卫生院各为一方；"五步"即从1990年开始利用5年时间分步进行乡卫生院建设，这一项计划可投资750万元。该市所辖三河市政府年内投资600万元，新建和改建16所乡镇卫生院，新增建筑面积7 600平方米。

2. 社会集团、企事业单位和职工自愿捐资。邯郸地区1990～1992年多渠道筹集乡镇卫生院建设资金1 700多万元，加上财政拨款共1 900多万元。

3. 从农民缴纳的村提留公益金中按排一部分作为卫生投资。1994年11个市(地)政府发出通知，要求从村乡提留的公益金和统筹费中安排少量资金，用于农村卫生建设。邯郸市建立农村预防保健基金制，从村提留或乡统筹中，按农民上年人均纯收入的0.1%～0.3%额度提取预防保健基金，1994年提取防保基金800万元。

4. 卫生部门和单位统筹相结合。1990～1993年共筹集县卫生防疫站、妇幼保健院(站)和乡镇卫生院"三项建设"资金1.83亿元，完成上述三项建设项目1 247个，建筑面积61.73万平方米。1994年筹集6 000多万元，竣工或即将竣工200多个建设项目。（赵学诚）

【唐山工人医院改革后的变化】 唐山工人医院是全市卫生系统综合改革试点单位，1993年底省政府在唐山市召开现场会，推广唐山工人医院的经验。该院改革医院管理机制，改革人事制度、分配制度、后勤管理制度。实行全员聘任制、效益结构工资制、社会化服务保障制度等。改革给医院带来变化。

1. 该院在完成基本医疗服务的同时，不断拓宽医疗服务领域。建立不同形式的医疗协作联合体8个，设病床145张。增设院外门诊部5个，开设家庭病床100多张。开展特需医疗服务23项。在院内建立河北省烧伤研究中心、唐山市急救中心、放射中心、临床检验中心和脑血管病研究所等机构。1992年以来，共发表学术论文600多篇，列入国家、省、市科研计划的4个科研项目通过鉴定。开发新技术、新疗法、新项目130多项，有40多项达到国内外先进水平，46项填补了市的空白。

2. 改革提高了医院的经济效益。在原有日本CT、核磁共振成像仪等大型设备的基础上，1993～1994年又投资1 000多万元，购买了ECT、美国彩超、后装机、大脑诱发电位、西门子CT、超9、肺功能机等尖端设备。1993年业务收入5 700万元，1994年业务收入7000万元，两年节余1 800万元左右。医院开办的卫生产业年获利四五十万元。

3. 把医德医风建设贯穿改革的始终。建立了一整套自我约束和院内外监督机制，在综合考核评价中坚持自我评价、社会评价、群众评价、组织评价等四种基本评标方法。坚持每月一次个人讲评，每季一次群众点评，每半年院领导深入社区调查。聘请了38名社会义务监督员，定期征求意见，收集反映，促进了医德医风的好转，社会群众对医院的满意度始终保持在90%以上。（赵学诚）

【邯郸市建立农村预防保健基金制】 河北省邯郸市从1993年10月开始，在全市建立预防保健基金制。到1994年9月，全市已提取预防保健基金907.5万元。

该市规定预防保健基金的提取来源和额度是：每年从村乡提留的公益金或统筹费中，按上年人均纯收入0.1%～0.3%的额度提取，主要用于预防保健工作的综合管理和有偿服务。其中35%用于计划免疫接种、传染病防治、妇幼保健和疾病管理；10%用于防保工作各种表格、接种卡片、宣传材料、人员培训和会务活动；40%用于解决乡村防保医生的劳务报酬；10%用于器械装备；5%用于防保服务造成损失的赔偿和奖励成绩突出的先进集体和先进个人。

为保证这项工作的实施，该市主要采取几点措施：①提高认识，加强领导。各级政府把此项工作作为一项利国利民的大事，作为保障农民健康、发展农村经济、实现小康目标的重要保证，列入重要议事日程，主管领导亲自抓。②层层建立管理机构或相应组织。市政府及市委农工委、市政府有关部门成立农村预防保健基金实施委员会，负责组织实施。委员会下设办公室(设在市卫生局内)，负责督促指导基金的提取、使用和管理。各县(市、区)、乡(镇)、村普遍建立相应组织，负责基金的统筹、管理、使用和监督。③实行目标管理，强化领导责任。市政府办公厅、市卫生局分别制定下发了对县(市、区)政府主管卫生工作领导和卫生局长实行有限目标考核的决定，按照各县(市、区)完成提取任务的情况，分别进行奖惩。④建立严格的管理制度。防保基金实行村提、乡(镇)收、县(市、区)管(由县市区卫生局负责管理)。多提多用，少提少用，不搞平调。并设立专门帐目，专人管理，专户储存，专款专用。（杨鸿恩）

【廊坊市加强医疗机构专科建设】 河北省廊坊市本着方便群众、服务群众的原则，统筹规划农村卫生资源，加强医疗机构专科建设。

市、县卫生部门采取如下措施加强医疗机构的专科建设：①统一规划，合理布局。乡镇卫生院专科项目的设立由县确定，县以上医疗单位专科项目由市确定，方圆7.5公里以内不得重复设立。②实行资金倾斜。1987年以来，全市用于专科专病建设的资金1 850万元。市政府从1990年以来，投入专项资金750万元。③引进技术和人才。市、县医院分别对乡镇卫生院对口支援，50岁以下的中级技术人员按3%的比例抽调到乡镇卫生院工作，半年轮换一次。发展与京津大医院的横向联合与技术协作，全市已有50多家医疗单位与京津40多所医院建立协作关系，引进先进专科技术和医疗设备。④加强专科技术人才的培养。通过办培训班、送出进修和在实践中教带等方法，培养当地专科医疗技术人员800多名。

目前，廊坊市11所县级综合医院和91所乡镇卫生院共发展专科项目123项，专科病床932张，专科技术人员628人。市、县、乡三级医疗专科网初步形成。其中廊坊市医院的骨科、心脏内科，市中心医院的中西医结合治疗血液病，霸州市医院的心脏外科均达到较高水平。一些乡镇卫生院的专科也很有特色。香河县蒋辛屯卫生院，自1990年建立气管炎专科以来，就诊人次大增，其中仅外省市和美、日、菲律宾等外国患者及台湾、香港就诊同胞达5300多人次，1994年业务收入160多万元，人均3万元。（杨鸿恩）

山西省

1994 年 基 本 情 况

	数 量	与上年比增长数	与上年比增长率(%)		数 量	与上年比增长数	与上年比增长率(%)
卫生机构(个)	5 996	−89	−1.46	卫生人员(人)	168 908	2406	1.45
医院(个)	2 571	−53	−2.02	卫生技术人员(人)	139 909	2766	2.02
床位(张)	110 649	−304	−0.27	乡村医生(人)	39 101	−155	−0.39
医院床位(张)	102 334	229	0.22	个体开业人员(人)	5 515	995	22.01
平均每千人口医院床位(张)	3.42	−0.33	−9.43	平均每千人口卫生技术人员(人)	4.68	0.04	0.86

人口	总数(万人)	2 990.9	卫生费用	卫生事业费(万元)	38 518
人口	出生率(‰)	14.30	卫生费用	卫生事业费与上年比增长率(%)	42.92(含工改增资)
人口	死亡率(‰)	5.31	卫生费用	卫生事业费占财政支出百分率(%)	4.29
人口	自然增长率(‰)	8.99	卫生费用	卫生系统固定资产(万元)	125 000
医疗服务	诊疗总人次(万)	5 305.8	卫生费用	卫生系统基建投资(万元)	4 343
医疗服务	门诊人次(万)	4 683.3	卫生费用	平均每一门诊人次医疗费用(元)	25.2
医疗服务	急诊人次(万)	123.3	卫生费用	平均每一出院病人医疗费用(元)	842
医疗服务	住院总人次(万)	122.4			
医疗服务	出院总人次(万)	121.6			

初级卫生保健 全省有 47 个农业县(市、区)实现和基本实现初级卫生保健规划目标,占到全省农业县区总数的 42%,7 月在忻州地区召开全省初级卫生保健总结表彰现场会,卫生部部长陈敏章出席会议。

地方病防治 ①1～6 月,组织 3 万余人完成山西省地方病普查工作,普查人口近2 500万,查出各种地方病患者3 954 763人,为制定三年防治规划提供了可靠科学依据。国务院总理李鹏根据山西省调查报告对加强地方病防治工作做了重要指示,国务委员彭珮云到山西省考察,并将山西省普查报告批转卫生部转发全国。②组织人员对 32 个碘缺乏病区县的 38 个碘盐加工点进行监督整顿,并取缔一批工业废盐窝点,发放碘油丸 50 万粒,病区有 80%以上的重点人群普服了碘油丸。③在全省范围内开展普及地方病防治知识的宣传教育活动。④卫生厅与计委、供销、盐业公司协作,确定全省碘盐加工点,更新补充加工设备,购置 11 吨碘酸钾。⑤在晋中和顺县召开防氟改灶现场会,基本通过山西省地方病三年防治规划。

卫生扶贫工作 1994 年用于贫困地区的卫生基本建设投入为 1 300万元,占到农村卫生基建总投入的 71.2%,用于农村卫生的各项专款也比 1993 年增加 300 余万元。1994 年全省农村卫生三项基本建设任务全部完成,共改造、新建和装备乡镇卫生院 83 个,县防疫站、妇幼保健站 21 个。省、地卫生单位免费接受贫困县进修人员近 200 人次,厅直医疗卫生单位向贫困县捐赠各种仪器设备 500 余台件,价值 50 余万元。

医政管理 山西省医院分级管理评审工作广泛展开,医疗单位的改革走上管理、质量、效益型发展轨道。省、地(市)两级对 207 所各级医疗单位进行正式评审和指导性评审。1994 年底,全省已有 269 所综合医院和 14 所中医院经过评审分别达到各个等级医院标准。评审中坚持以下几项原则:①坚持标准,严格把关,确保各级医疗单位在管理、质量、服务、效益诸方面迈上一个新台阶;②坚持软件硬件一起抓,以软件建设为主,把评审重点放在管理水平、医护质量、科技进步和医德医风上;③坚持实行医德医风一票否决制原则,评审前先进行医德医风检查,不合格者一律不得评审等级医院。

预防保健和卫生监督 传染病防治工作。各级政府和防疫部门层层签订责任书,各级领导参加为适龄儿童喂服疫苗活动，全省有 90%以上 0～4 岁儿童得到接种，1994 年无脊髓灰质炎病例发生。全省 80%以上乡镇实现"四苗"接种率达到 85%的目标。乙肝疫苗接种工作由城市向农村普及，1994 年 12 月卫生部在山西省召开现场会。

创建"爱婴医院"活动。卫生厅规定达不到爱婴医院标准的医院不得申报等级医院。继 1993 年首批 9 所医院经验收合格命名后，1994 年又有 70 所医院和妇幼保健院(所)评为爱婴医院，总数达到 79 个，成为受到联合国儿童基金会表彰的 10 个省、市之一。创建爱婴医院活动带动了妇幼保健工作的全面发展，1994 年山西省孕妇、儿童双入保率为 40.3%，儿童系统管理率为 77.18%。

卫生立法和监督执法工作。1994 年 9 月省人大常委会议审议通过《山西省爱国卫生管理条例》，9～12 月省爱卫会举办全省贯彻条例的骨干培训班，并在全省开展了宣传条例活动。

开展"九亿农民健康教育行动"。省卫生厅、爱卫会、广播电视厅、农牧厅、省教委、团省委、省妇联 7 厅委局联合下达山西省《2500 万农民健康教育行动规划》，组建了省领导组，年底由省政府召开全省电话动员大会。

医学教育与科研 1994 年山西省卫生系统进一步发展中等医学教育和继续医学教育。全年共向社会输送3 000多名中等卫生学校毕业生，80%充实到基层医疗卫生单位。稷山县骨髓炎医院杨文水和省人民医院青年医师吕云福获省"科技功臣"称号。卫生厅制定了山西省跨世纪医学人才和外语人才培训计划，首届外语人才培训班已开学，跨世纪中青年学科带头人选拔工作已结束。

外事工作 继续坚持官方、民间并重原则，进一步扩大对外合作交流。全年共接待来访的欧、美、日等国家和地区的学者 100 余人次，选派各类人员出国留学、研修和短期访问 75 人次，组建援外医疗队两批。1994 年 8 月举办山西省和日本琦玉县医学交流 10 周年庆祝活动，琦玉卫生部、琦玉医科大学、琦玉赤十字社支部主要领导和著名学者来山西省参加庆祝活动并进行学术交流。

医德医风 开展向人民的好医生赵雪芳学习活动。

1994 年 3 月国家人事部、卫生部联合作出决定授予赵雪芳全国第一枚白求恩奖章，并在人民大会堂举行授章仪式。山西省决定在全省范围开展向赵雪芳学习的活动。

加强对医德医风的检查监督。1994 年组织全省性医德医风满意度调查 4 次，并邀请省人大、省政协领导和委员对省城 6 所医院进行医德医风现场视察和入户调查。据 1994 年 9～12 月对全省 37 所 500 张床位以上医疗单位医德医风检查和对近万名患者进行现场询问和家访的结果，对服务态度和技术质量综合满意度全部达到 80%以上，平均达到 87%。 (李　洪)

【农村与城市初级卫生保健协调发展】 1994 年对农村初级卫生保健管理人员进行培训；对 20 个普及阶段第一批扩展县进行目标审评，对 20%试点阶段已达标的县进行复评；总结忻州、阳泉等地市在不同经济水平条件下开展农村初级卫生保健的经验；经山西省统计局批准制定全省农村初级卫生保健年报制度。为了进一步推进初级卫生保健工作，山西省初级卫生保健委员会于 8 月 25～27 日在忻州地区召开全省初级卫生保健工作总结表彰现场会，对 1994 年审评和复评达标的 24 个县(市、区)和这些县(市、区)的初级卫生保健工作先进集体、先进个人进行表彰。卫生部部长陈敏章出席大会并做了重要讲话，他指出山西省的初级卫生保健工作对全国具有指导意义，强调初级卫生保健既不需要过高的技术，又不需要太多的投入，关键是领导重视，实事求是、因地制宜地制定技术政策。截至 1994 年底，全省累计有 47 个农业县(市、区)实现或基本实现我国农村"2000 年人人享有卫生保健"最低限标准，占农业县总数的 42%。据 47 个县的年报资料统计，行政村卫生所覆盖率为 98.82%，集体办村卫生所覆盖率为 83.21%，甲级卫生所覆盖率为 50.93%，村级卫生人员报酬合理解决的村卫生所为 82.41%，实行合作医疗的行政村为 68.66%，其中合医合药的为 30.52%，农村居民户有卫生厕所率为 51.07%，儿童系统管理率为 74.36%，孕产妇系统管理率为 85.90%，儿童"四苗"接种率达 95%以上，乙肝疫苗接种率为 56.79%，法定报告传染病发病率为 123.10/10 万。

山西省在抓农村初级卫生保健工作的同时，协调发展城市初级卫生保健试点工作。8 月，大同市城区被山西省初级卫生保健委员会授予第一个"城市初级卫生保健试点工作达标区"。主要做法是：①健全初级卫生保健管理网络。市、区、街道办事处层层成立初级卫生保健委员会，提出大同市城市初级卫生保健指标体系、管理程序和评价方法，层层签订责任书，严格考核和奖罚，领导和组织各项目标的实施。②丰富医院防保工作内涵。在医院原防保科的基础上成立 66 个城市初级卫生保健工作站，将初级卫生保健指标中的计划免疫、围产期保健、健康教育、慢性病管理等 11 项指标落实到每一个工作站，强化了医院以医疗为中心扩大预防的功能。③激发全民参与意识。采取各种形式普及卫生科学知识，开展居民卫生知识、卫生行为评议活动。④保证经费投入。增加政府投入，推行妇女儿童保健保偿制，采取对未承担地段预防保健任务的民办医疗机构缴纳预防保健任务代理费等措施，保证各项目标落到实处。为此，山西省初级卫生保健委员会下发了推进城市初级卫生保健工作的通知，太原市政府制定了城市初级卫生保健规划，使农村与城市初级卫生保健进入稳步协调发展阶段。 (张　红)

【实施跨世纪医学学科人才培养工程】 山西省卫生厅从 1994 年开始，实施跨世纪医学学科人才培养工程。山西省现有高级专业技术职称者6 000余人，但具有学科带头人的综合技术水平和较强科研能力者甚少；全国知名专家年事已高；多数学科带头人年龄均在55岁以上。从省182名现任主任医师年龄分析：49岁以下4人，占总人数比例的2.8%；50～54岁42人，占23%；50～60岁136人，占74.2%。到2000年仅有25%的主任医师在岗，代际转移工作亟需培养人才。专业结构中人力分布不合理，182位主任医师分布为：基础医学8人，占总人数的4.3%；预防医学20人，占10.98%；临床医学150人，占82.41%；康复医学缺；其它4人，占总人数比例的2.2%，需加强短线专业人才的培养和人力调整。鉴于此，从1994～2000年的6年间，全省每年将选拔50名中青年学科人才进行重点培养，共培养学科人才300名。1994年，50名培养对象已经专家答辩会、专业技术考核、外语考试、综合测评，进入培养运行系列。接受培养的人员，在专业和外语方面经两年强化培训后，经高阶层专家综合评估获优秀者，将作为学科带头人使用。 （王国平）

【创建“爱婴医院”】 山西省从1992年起开展创建“爱婴医院”活动。1993年9所医院通过国家级“爱婴医院”评审，1994年又有70所医院（所、站）通过国家级评审团评审。山西省创出一条创“爱婴医院”与医院分级管理、计划免疫相结合的新路，受到世界卫生组织专家的好评，并获卫生部“创建爱婴医院成绩突出省奖”。具体做法是：

1. 省委、省政府重视创建工作。1993年被定为全省健康教育年，主题为“戒烟、母乳、计免、爱婴”。1994年成立了省级“爱婴医院”领导组，制订了《爱婴医院管理办法》、《妇女劳动保护条例》、《妇幼保健条例》等一系列确保母亲完全、儿童优先的政策与措施，从政策和经费上给予支持。

2. 卫生系统各部门协调配合。妇幼、医政、防疫等部门协同工作。将等级医院的创建与创建“爱婴医院”接轨，把创建“爱婴医院”作为上等级医院的先决条件。所有创“爱婴医院”单位都抓计划免疫工作。医院分级管理、计划免疫工作与创建“爱婴医院”活动三者结合实施。

3. 创建“爱婴医院”活动面广，措施得力。在全省11个地（市）、118个县（区）全面展开。各地（市）、县级政府成立创建“爱婴医院”领导组和技术评估组，根据各地各单位实际，采取得力措施，开展创建工作。

（赵红娟）

【卫生部授予赵雪芳首枚白求恩奖章】 1994年4月23日下午，国家人事部、卫生部在人民大会堂举行表彰大会，授予山西省长治市人民医院妇产科主任赵雪芳全国第一枚白求恩奖章。国务委员彭珮云出席大会，并做重要讲话，国务院总理李鹏为赵雪芳题词：“救死扶伤，无私奉献”。

赵雪芳1963年毕业于山西医学院，30多年来，她以白求恩大夫为楷模，用精湛的医术为上万名患者解除了病痛，用高尚的道德情操展示了白衣天使的圣洁，以坚强的意志攀登着事业和人生的高峰。

1993年12月9日，中共山西省委做出决定，授予赵雪芳“人民的好医生”荣誉称号，号召全省广大共产党员，干部职工，特别是广大医务人员深入开展向赵雪芳学习的活动。

1994年山西省在全省范围内深入开展向赵雪芳学习的活动。首先，在全省卫生系统召开向赵雪芳学习的动员会，组织收听赵雪芳的事迹报告和收看反映赵雪芳事迹的电视剧《一个医生的故事》。在全省医务系统开展评选赵雪芳式的白衣战士活动。并结合学习赵雪芳活动，进一步加强职业道德教育。

（赵红娟）

【《山西省爱国卫生管理条例》颁布】 为了将爱国卫生工作纳入法制化轨道，依法行政，推动社会卫生管理实现经常化、规范化、制度化，目标于1994年颁布。《条例》用地方法规的形式，明确立法目的，确定爱国卫生运动的基本原则、机构和职责任务、管理和监督，以及奖励与处罚。主要内容有：

1. 总则 明确条例的立法宗旨、爱国卫生工作的任务、性质、方法及效力范围，主要突出此项工作是由政府组织，公众参与的社会活动。

2. 职责 按照总则的指导思想，明确各级政府的职责，同时明确各级爱国卫生运动委员会职责，体现爱卫会为高层次协调的职能。

3. 管理 主要突出“条块结合，以块为主”的原则，对政府各职能部门及社会团体在爱国卫生运动中的职责作了明确分工，对职责外的衔接部分的职责作了妥善的分工，避免交叉，各负其责。对山西省近年来爱国卫生工作总结出的“门前三包”做了具体的规定。

4. 监督 主要突出群众性的社会监督，通过专、兼职爱国卫生监督、检查员的工作，形成全社会参与，全社会监督，同时对监督队伍的执法也形成自我约束的机制。

5. 奖罚 由政府出面组织，政府出面奖励，起到激励作用。处罚主要是填补已颁布的法规和规章的空白，做到既不重复处罚，又不出现空档。

（续建邦）

内蒙古自治区

1994 年基本情况

	数量	与上年比增长数	与上年比增长率(%)		数量	与上年比增长数	与上年比增长率(%)
卫生机构(个)	4 918	－14	－0.28	卫生人员(人)	129 101	1 607	1.24
医院(个)	2 000	13	0.65	卫生技术人员(人)	102 220	2 342	2.29
床位(张)	65 464	243	0.37	乡村医生(人)	15 188	349	2.35
医院床位(张)	61 425	532	0.9	个体开业人员(人)	3 214	63	1.96
平均每千人口医院床位(张)	2.72	－0.05	－1.81	平均每千人口卫生技术人员(人)	4.52	－0.01	－0.22

人口	总数(万人)	2 260.5	卫生费用	卫生事业费(万元)	37 134.34
	出生率(‰)	18.98		卫生事业费与上年比增长率(%)	29.41
	死亡率(‰)	6.50		卫生事业费占财政支出百分率(%)	4.00
	自然增长率(‰)	12.48		卫生系统固定资产(万元)	83 519.0
医疗服务	诊疗总人次(万)	3 976.52		卫生系统基建投资(万元)	4 571.1
	门诊人次(万)	3 553.80			
	急诊人次(万)	107.55		平均每一门诊人次医疗费用(元)	21.2
	住院总人次(万)	61.65		平均每一出院病人医疗费用(元)	925
	出院总人次(万)	61.65			

农村牧区卫生　继续重点进行基层卫生“三项建设”(即旗县防疫、妇幼卫生机构和乡镇苏木卫生院建设)。1994 年全区共装备建设乡(镇、苏木)卫生院 153 所,旗县防疫站 5 所、妇幼保健所 10 所;完成投资 2948.3 万元,其中中央投资 250 万元,自治区投资 640 万元,盟市、旗县、乡镇苏木等地方和卫生单位投资 1687.9 万元。完成新建、改建、扩建、维修面积 32 703 平方米,购置各种仪器设备 1000 多台(件)。

各地进一步加强农村牧区卫生技术人才培养工作。除完成正常招生计划外,1994 年全区安排 300 余万元经费专项用于乡(镇、苏木)卫生院业务技术和管理人员的培养,培训各类技术和管理人员 1100 多人。盟市以上医疗单位把支援农牧区基层卫生单位的业务建设作为重要工作内容,与旗县或乡(镇、苏木)卫生院建立联系点,采取定期派出医疗队轮流到基层进行技术指导和接受基层单位卫生人员到医院进修等形式,为基层培养业务技术和管理骨干。

预防保健　1994 年,全区共发生法定报告传染病 22 种,报告发病率为 111.03/10 万,死亡率为 0.23/10 万。与 1993 年比较,发病率下降 1.77%,死亡率下降 10.71%。在上述报告的传染病例中,肝炎和痢疾占全部传染病报告病例数的 90.89%。肝炎发病率比 1993 年上升 5.35%,痢疾、麻疹、猩红热、狂犬病比 1993 年分别下降 0.83%、76%、27%和 45%。全区进一步重点加强儿童计划免疫工作,大部分地区实行季免疫或双月免疫,赤峰市基本实现月免疫。全区“四苗”全程接种率为 97.33%,其中卡介苗、麻疹、百日咳、小儿麻痹糖丸接种或服用率分别为 97.33%、97.57%、98.54%和 98.83%,计划免疫以旗县为单位达到 85%的成果得到巩固和提高。与计划免疫相关疾病继续呈下降趋势,其中百日咳下降 36%,脊髓灰质炎、白喉分别由 1993 年的 16 例和 2 例下降为 13 例和 1 例。全区继续加强地方病防治工作,1994 年未发生人间鼠疫。对碘缺乏病重点强化了食用盐的市场管理,会同工商、税务等部门加强缉查工作,共查获土私盐、非碘盐 2 561 起。地方性砷中毒防治列入了自治区扶贫规划,并在巴盟杭锦后旗病区对查出的砷中毒病人开始进行谷光甘肽过氧化酶和全血砷、硒含量测定及以维硒康为主的实验治疗。防氟改水共打井 79 眼,维修工程 26 处,受益人口 6.12 万。妇幼保健工作重点围绕合作项目和创建“爱婴医院”活动,加强孕产妇、婴幼儿系统保健管理。世界银行贷款综合性妇幼卫生保健项目(简称卫生Ⅵ项目)的各项前期准备工作已基本完成。全区又有19家医院通过"爱婴医院"评审认定，其中赤峰市7所、呼市4所、兴安盟、呼伦贝尔盟、哲里木盟各2所，包头市、巴彦淖尔盟各1所。1994年，全区新法接生率87.16%，产前检查率54.87%，产后访视率69.17%，孕产妇死亡率和婴儿死亡率控制在7.5/万和45‰以内，基本消除新生儿破伤风。爱国卫生以创建卫生城镇为中心，并加强健康教育。在自治区"阿吉奈"奖(超群俊马奖)评比中，巴林右旗大板镇、包头沙河镇达到自治区卫生城镇标准，赤峰市、通辽市共4个苏木(镇)达到自治区卫生示范乡(镇)标准，21个大中型企业获自治区卫生先进企业称号，全区中小学健康教育开课率为71%。

医院管理　全区继续推进医院分级管理工作，强化基础和业务建设。全年共评出三级甲等医院2所、三级乙等医院2所、三级丙等医院1所、二级甲等医院8所、二级乙等医院14所、二级丙等医院3所、一级甲等医院32所、一级乙等医院16所、一级丙等医院1所。各地贯彻1994年国务院颁布的《医疗机构管理条例》，自治区卫生厅制定《内蒙古自治区贯彻医疗机构管理条例及其配套文件的实施意见》，结合自治区实际，就医疗机构的管理提出具体要求。中蒙医工作重点进行示范医院建设和名老中、蒙医药专家学术继承工作。经考核验收，纳入国家中医药管理局"金桥计划"的示范中蒙医院全部达标，纳入国家"杏林计划"的名老中蒙医药专家学术继承工作也通过考核，5名指导老师的7名学术继承人的学习全部合格。

教育和科研　全区在搞好学校教育的同时，加强成人教育工作，突出基层短线专业技术人才的在职培养提高。制定下发《内蒙古自治区中蒙医药继续教育实施方案》。1994年，自治区卫生厅委托内蒙古医学院、包头医学院和内蒙古蒙医学院举办中药学、药学、针灸推拿、麻醉、检验、蒙医临床、预防医学、高等护理、蒙医临床、医疗影像等10个专业的专业证书班，学员共840人，设置专业数和学员数居自治区各行业委托专业证书班之首。继续开设高等护理、中医、医疗3个专业的成人自学考试，学员共10 152人，1994年有1 889人取得单科结业证书。不含医疗专业，全区医学科研以新技术引进、技术开发、技术推广及应用为重点，全年选定20个项目为自治区卫生厅医药卫生科研计划课题，12项被列为自治区1994年度科研计划项目。全年卫生系统共有16项科研成果获得自治区科技进步奖，其中一等奖1项、二等奖1项、三等奖14项；按专业划分，中医2项、预防医学2项、临床医学12项。

卫生监督与执法　1994年，全区食品卫生监测总合格率为79.3%，没收销毁不合格食品761 466公斤，罚款355 200元。在对自治区审批发证的食品添加剂、强化剂、新资源、新产品、矿泉水、食用酒精等10类产品进行的抽检中，白酒合格率为79.9%，啤酒及果酒合格率100%，奶粉合格率81.8%，其它抽检样品也均合格。据8个盟市统计，公共场所从业人员体检率为95.18%，卫生监督率为100%，卫生监测率为44.51%，监测合格率为86.36%。自治区防疫站直接监测的6大企业98个粉尘监测点，超标31个，粉尘超标率31.6%；毒物监测点70个，超标点2个，超标率为2.8%；噪音监测点225个，超标点91个，超标率40%。农村生活饮用水监测合格率为42.42%。

根据《国务院关于进一步加强药品管理的紧急通知》，全区加大打击制售假劣药品违法活动力度。对区内92个药品生产企业、285个药品经营企业和202个医疗单位制剂室进行检查验收和清理整顿，合格单位换发《药品生产、经营企业及医疗单位制剂许可证》。加强药品质量监督，卫生厅制定下发《药品管理条例》。全区基层药品质量监督检查覆盖面为80%以上，1994年共查出假劣药品148种，总金额92.6万元，处罚决定总罚没款额为137.4万元。

(乔建东)

辽宁省

1994 年基本情况

	数量	与上年比增长数	与上年比增长率(%)		数量	与上年比增长数	与上年比增长率(%)
卫生机构(个)	6 894	−283	−4.0	卫生人员(人)	309 408	201	0.07
医院(个)	2 108	69	3.4	卫生技术人员(人)	232 814	195	0.08
床位(张)	203 947	760	0.4	乡村医生(人)	26 043	329	1.3
医院床位(张)	182 565	1 044	0.6	个体开业人员(人)	5 666	444	7.8
平均每千人口医院床位(张)	4.56			平均每千人口卫生技术人员(人)	5.724	562	0.01

续表

人口	总　数(万人)	4 067	卫生费用	卫生事业费(万元)	63 506
	出生率(‰)	12.26		卫生事业费与上年比增长率(%)	27.7
	死亡率(‰)	6.03		卫生事业费占财政支出百分率(%)	…
	自然增长率(‰)	6.23		卫生系统固定资产(万元)	341 177
医疗服务	诊疗总人次(万)	10 420.0		卫生系统基建投资(万元)	258 237
	门诊人次(万)	9 510.8		平均每一门诊人次医疗费用(元)	24.15
	急诊人次(万)	579.6		平均每一出院病人医疗费用(元)	65.16
	住院总人次(万)	251.5			
	出院总人次(万)	247.0			

卫生改革　1994年全省卫生部门继续开展管理体制、补偿机制、经营机制、分配制度等各项改革。城乡各级各类国有卫生机构自主权进一步扩大，其业务建设决策权、经营开发管理权、劳动人事安排权和工资奖金分配权也在逐步到位。据对全省12市126家市级医院调查，有95%的医院实行综合目标责任制；其中有11%的单位开始引入风险机制，实施责任抵押金制度；在劳动用工方面，有42%的单位实行优化组合，77%的单位推行各种形式的聘任制、劳动同合制。分流消肿的试点工作有新进展，据全省12个市统计，已有103个单位开始实行内部待业、放长假和辞职制度。全省城市大中型卫生机构普遍实行两级综合目标管理，126家市级医院中有59%采取化小核算单位的形式，进一步强化科室责任制，扩大社会服务能力。卫生单位的分配制度改革也在逐步进行，据对全省12个市调查有46%的医院开始实行效益工资。卫生机构统一组织的超额劳动、业余服务、特需医疗服务和预防保健有偿服务等也在进一步完善。城乡基层卫生机构产权制度改革进一步深化。据不完全统计全省有股份制单位19个，国有民营单位37个，民办公助单位11个，承包经营单位217个，委托办院7个。1994年全省有14家市级以上医疗卫生单位开展与外商、与企业合资、合作办院新项目。各级卫生部门发展卫生产业企业，全省卫生产业从业人员已达5 355人，全年补充卫生事业费不足金额近2 000万元，补充事业费不足占利润的比率为48.99%。各级医疗卫生单位强化管理措施。与1993年比较，在全省卫生部门、集体所有制和乡卫生院等由财政拨款的各级各类医院中，总诊疗人次县及县以上医院下降12%，乡卫生院下降12.5%，其他医院下降3.91%，医疗病床使用率县及县以上医院下降到70.2%，乡卫生院下降到31.7%，诊疗人次和病床使用率的下降使医院的收入相应减少，在国家补助占医院总支出的比例仅为7%～10%的情况下，全省各级各类医院保持了工作基本正常运转。全省推行医疗费用与个人适当挂钩和医院直接参与医疗经费管理的改革措施，颁发《辽宁省公费医疗、劳动医疗用药报销范围》，卫生、物价部门制定下发近百项新开医疗项目的服务收费标准，并将省管8家医疗单位的手术费增加30%～40%的材料费。

农村卫生　各地进一步加强对实施初级卫生保健工作的领导，加大工作力度。①加强农村卫生"三项建设"，进一步稳定、巩固、提高农村三级医疗预防保健网。全省共投入"三项建设"资金2 357万元，通过国家补助、地方投资、社会集资和单位自筹等方法，共改扩建县级卫生防疫站15个，妇幼保健院10个，乡镇卫生院69个，改扩建面积近5万平方米。全省"三项建设"装备方面投入资金1000多万元，共装备县级防疫站11个，县级妇幼保健院22个，乡镇卫生院148个。②加大初级卫生保健工作力度。全省14个省辖市及74个农业县均已成立初级卫生保健领导协调组织，有25个县100%的乡镇、35个县85%的乡镇建立了相应机构，形成了省、市、县、乡、村五级领导管理体系。各地对改水改厕、合作医疗等难点逐项突破，已试验成功"小三格"、"四联通"等6种农村越冬户厕。恢复重建合作医疗的工作也在进行。到1994年末全省农村已有90%的人口用上安全卫生水，饮用自来水人口为35%，其中沈阳市农村饮用自来水人口为56%。③加强实施初级卫生保健规划与管理。全省城市初级卫生保健工作进入试点阶段，大连沙河口、沈阳铁西区作为国家确定的试点区，通过卫生部评审。

预防保健和各项卫生工作　贯彻"预防为主"方针，促进各项卫生事业协调发展。1994年全省共发生甲乙类传染病19种，累计报告发病数106 329例，比1993年同期下降2.66%，另有14种传染病发病率比1993年下降。1993年以来没有脊髓灰质炎病例报告。11月通过国家麻风病防治基本控制达标验收，成为全国第3个基本消灭麻风病的省份。地方病防治，强化食盐加碘等防治措施。1994年全省霍乱疫情严重，波及9个市、15个县区，报告霍乱病人1 734例。由于防治工作及时使疫情得到有效控制。妇幼卫生工作实现了《九十年代辽宁省儿童发展规划纲要(卫生部分)》和《妇幼保健工作目标责任书》规定的近期目标。全省孕产妇死亡率由1993年的57.15/10万降至51.23/10万，婴儿死亡率已降至21‰。全省爱国卫生工作继大连成为全国第一个百万以上人口的国家卫生城市之后，丹东、抚顺、海城又跨入国家卫生城市行列。全省医院分级管理工作已全面展开，已有110所医院晋升为等级医院。医学教育全年共招收大中专学生5 908人，全省共培养医学大中专毕业生5 202人，在职培训36 842人。全省卫生系统取得市级以上科研成果235项，获省科技进步奖48项。1994年，辽宁大部分地区遭受洪水和台风袭击，全省共派出防疫医疗队102支，出动卫生人员6 400余名，取得大灾之年无大疫的优异成绩。省卫生厅和省防疫站被省委、省政府授予"抗洪救灾先进集体"光荣称号。

卫生监督执法 全省卫生部门坚持依法开展卫生监督工作，以"三法五条例"(即《传染病防治法》、《药品管理法》、《食品卫生法》、《辽宁省医疗机构管理条例》、《辽宁省防止劣生条例》、《公共场所卫生管理条例》、《辽宁省爱国卫生管理条例》)为重点，全面贯彻实施卫生法规。对全省14个市28个县区314个法律责任单位进行首次传染病监督执法检查，推动全省传染病监督执法工作。贯彻《药品管理法》对全省311个药品生产企业、302个药品经营批发企业和323个医院制剂室重新审核换发《许可证》；强化药品质量抽验工作，全省共抽验药品19 848批，比1993年增加了30%，不合格率为16.36%，比1993年下降了3.39%，抽验药品生产企业的覆盖率为86%；加强农村医疗卫生单位和个体医用药质量监督管理，规定乡村卫生院所和个体医必须由乡卫生院或四级药品批发单位统一采购药品，严禁从游医药贩和非法售药者手中采购药品；全省县以上医疗单位药品采购管理得到加强，全省有569个县以上医疗单位建立起药品采购管理档案制度。1994年全省卫生行政部门共查处假劣药案1 115件，罚没金额60余万元，没收假劣药品价值76万元。5～8月，全省开展食品卫生执法统一行动周活动，分别以外埠食品、冷饮食品、街头食品等为重点，进行监督监测，打击假冒伪劣产品；全省开展对18种主要食品的监测工作，共监测28 526件，合格率为81.2%；全省监督户数10万余户，受罚户次为2万余户次，罚款180余万元，没收销毁伪劣食品2万余公斤；全年发生食物中毒58起，中毒1 323人，死亡17人，比1993年略有降低。根据《辽宁省防止劣生条例》规定，加强婚检工作的监督与管理，在全省范围内实行婚前健康检查人员凭证上岗制度，全省出生缺陷高发地区普遍实行婚前健康检查，婚检率达到73.58%，其中城市为82.59%，农村为52.47%，据全省8个出生缺陷监测点报告，全省1990年出生缺陷发生率为12‰，1991～1993年分别降至11.49‰、9.968‰和8.587‰。据1994年全省统计，三年共检查1 026 610例，提出各类疾病现患66 021例，占6.43%。在检出疾病中，涉及《条例》管理的疾病现患为7 186人，占41.88%。在贯彻医疗市场管理条例方面，全省有8个市对医疗市场进行整顿，取缔非法行医186起，撤掉名不符实牌匾108块，撤掉超标(项)科室69个，限期改正的诊所85所，停业16所，吊销行医执照225个，送公安部门依法拘留不法游医15人；同时加强医疗广告的管理，与工商部门联合制定医疗广告方面的管理规定，明确广告审批程序，全省全年共审查广告525个。此外，广泛宣传贯彻了《辽宁省爱国卫生管理条例》，营口、大连、鞍山、阜新等市开展了执法大检查，促进了爱国卫生运动的规范化、标准化。通过贯彻《公共场所卫生管理条例》，公共场所卫生监督覆盖率达到98%以上。通过贯彻劳动卫生管理条例，劳动卫生监督覆盖率市属厂矿为91.67%，县区属厂矿为73.2%，全省有毒有害作业厂矿企业3 927个，监测率为73.01%，监测点合格率为74.04%。

精神文明建设 1994年卫生部门坚持正面教育为主，建立健全规章制度，建立领导责任制和继续进行专项治理四个环节。年初确定的卫生纠风工作5项阶段性目标已经基本实现。在试点基础上，全省在所有市级以上医疗机构和部分卫生监督执法单位开展了职业道德建设工作，即把职业道德建设与深化改革相结合，同单位人事制度、分配制度、管理体制改革相配套，综合运用思想教育、行政纪律、经济利益等多种手段，并将其纳入医院综合目标管理责任制。全省开展学习武佩振活动，组织武佩振事迹报告团在全省巡回报告。开展向抢救英雄白雪洁同志的鞍钢立山医院学习的活动。省卫生厅制定下发了《辽宁省卫生系统违反职业纪律行为的处罚暂行规定》，各级卫生行政部门和医疗单位也普遍建章建制，制定具体的实施细则。省卫生厅和各市卫生局领导带队组织行业作风检查62次，卫生厅机关组织暗访52次，对全省8个市的作风建设情况进行明查暗访，许多医院定期组织人员对出院患者进行入户调查，实行领导干部分片包干责任制度。到11月底，全省各级医疗单位共收到群众举报信362封，立案调查82件，结案75件，有3人受党纪处分，有48人受到政纪处分。据对沈阳、大连等9个城市的行业作风调查结果，平均综合满意率为90.7%，据卫生部对我省抽样调查平均综合满意率为91.3%。据不完全统计，全省医疗卫生单位共收到锦旗、镜匾2 695块(面)，受新闻单位表扬3 092次，收到表扬信14 265封。 (韩明惠)

吉林省

1994 年基本情况

	数量	与上年比增长数	与上年比增长率(%)		数量	与上年比增长数	与上年比增长率(%)
卫生机构(个)	3 920	−89	−2.22	卫生人员(人)	172 381	2 245	1.32
医院(个)	1 384	44	3.28	卫生技术人员(人)	132 287	3 221	2.50
床位(张)	94 723	−1793	−1.86	乡村医生(人)	16 735	833	5.24
医院床位(张)	85 764	−1 271	−1.46	个体开业人员(人)	3 299	−30	−0.90
平均每千人口医院床位(张)	3.41	−0.08	−2.40	平均每千人口卫生技术人员(人)	5.25	−0.08	−1.55

人口	总数(万人)	2 574.4	卫生费用	卫生事业费(万元)	49 507
人口	出生率(‰)	14.11	卫生费用	卫生事业费与上年比增长率(%)	35.32
人口	死亡率(‰)	6.35	卫生费用	卫生事业费占财政支出百分率(%)	4.73
人口	自然增长率(‰)	7.76	卫生费用	卫生系统固定资产(万元)	132 226.6(医院)
医疗服务	诊疗总人次(万)	4 846.89	卫生费用	卫生系统基建投资(万元)	5 052.2(医院)
医疗服务	门诊人次(万)	4040.81	卫生费用		
医疗服务	急诊人次(万)	208.79	卫生费用	平均每一门诊人次医疗费用(元)	25.5
医疗服务	住院总人次(万)	133.55	卫生费用	平均每一出院病人医疗费用(元)	1 072.00（卫生部门县以上医院）
医疗服务	出院总人次(万)	132.70	卫生费用		

卫生工作　医政管理做了10项工作。即推广"乡村联办、一体化管理"、医院分级管理评审、控制院内感染、临床检验、血液管理、精神病防治、肿瘤防治、眼病防治、援藏工作、征兵体检。全省有18种新药获得卫生部生产批号，还有18种新药获得临床批号。建立农村药品监督管理体系，推广四平一网多用经验。中医管理工作以"杏林计划"和分级评审为龙头，完成长春中医学院附属医院、辽源市中医院、前郭县中医院、榆树市中医院、扶余区中医院示范中医院评审工作，使吉林省5所中医院达到全国百家示范中医院建设标准。其中，前郭县中医院评审分数居全国60家县级中医院之首。卫生防疫站等级评审工作居全国第一位，结核病防治所等级评审仅吉林省开展；争取国家和省财政对卫生防病工作拨款约300万元；大规模开展强化免疫活动。连续两年未发生脊髓灰质炎病例；传染病总发病率控制在240/10万。开展创建"爱婴医院"活动，又有29个医疗保健机构通过国家级"爱婴医院"评估，使吉林省爱婴医院总数达到37个；开展保健保偿服务工作，全省以乡（镇、街道）为单位入保率为68.4%，入保合格率为96.3%，乡（镇）建产房的卫生院达到80%以上；全省各地均完成对节育技术人员培训任务。卫生部每年选出10项成果推广，1994年吉林省有一项成果入选；全国"八五"攻关课题吉林省的"少数民族健康素质抽样调查"居全国先进水平；四平市卫生学校1993、1994连续两年在全国中等医学教育会议上，向全国介绍推广改革和全面质量管理经验；吉林卫生管理干部学院在成人高校评估中列北方四省区第一名。完善初级卫生保健评审机制，促进初级卫生保健规划目标的落实。各市、州在进一步巩固本地区初级卫生保健示范县（市）的基础上，又分别在1～2个县（市）实施初级卫生保健规划目标。长春市4个城区全面开展城市初级卫生保健工作，东丰县以县政府的名义召开全县初级卫生保健工作会议，靖宇县将初级卫生保健工作列入小康村的验收标准。

卫生改革　各级卫生部门遵循卫生部提出的"三保三放"和"三个有利于"的原则，推行农村卫生管理体制改革和完善城市医院评审机制、创建卫生城市评审机制；抓好"三项制度"改革；发展卫生产业，以工助医、以副补主；加大宏观调控力度，深入研究、探索深化卫生改革的有效途径和措施。针对农村经济体制改革的新形势，特别是面临减轻农民负担的政策环境，省卫生厅在全省范围内提出“因地制宜，量力而行，充分尊重农民意愿开展农村卫生工作”和“在新形势下坚持集体办医方向”的指导方针，总结推广“乡村联办、一体化管理”，加强村级卫生组织建设和开展社区卫生工作的经验，使全省县、乡、村三级医疗、预防、保健、监督网比前几年有明显的改善和加强。至1994年底统计，全省村卫生所集体办医率为54.2%。各地均设有专（兼）职人员负责农村卫生保健工作。乡（镇）卫生院防保组织基本健全，有专（兼）职人员负责药品监督工作。全省共有各种形式的合作医疗试点147家。

为解决医疗卫生技术劳务性收费标准过低问题，省卫生厅会同省物价局调整治疗处置、麻醉、手术项目的收费标准，使全省医疗单位每年可增收至少8 000万元。会同省物价局制定了“爱婴医院”病床收费标准，对医疗单位开展点名手术等特需服务项目，规定收费标准。

省卫生厅和省财政厅共同拟定《关于进一步深化省直公费医疗改革的意见》，省政府召开两次公费医疗管理委员会会议进行研究修改，6月1日省委常委会议进行了讨论研究。省卫生厅、财政厅于9月1日起正式在舒兰市进行公费医疗改革试点。

完善各类卫生机构的分级评审机制，深化卫生管理体制改革。①医院分级管理和评审，注重加强医院“软件”建设。加强对重点科室、重点工作、重点岗位的评审，提高医院的标准化、规范化建设水平。到年末，全省共完成一、二、三级综合医院评审735家，同时对308家综合医院进行复审。中医专科医院评审共完成33家。②卫生防疫机构等级评审。全省59个县级卫生防疫站、52个县级结核病防治机构已全部完成定级或晋级。③妇幼保健机构分级评审由试点工作开始向面上铺开。全省县级以上妇幼保健机构评审达到三级标准的13个，占20%。④药政药检机构达标认证准备工作基本就绪。省卫生厅制定了《吉林省市（州）级药品检验所达标认证基本标准》和《县级药检所达标认证基本标准》。

人事、分配、后勤“三项制度”综合配套改革取得突破。各级医疗卫生单位搞好“四定”工作，遵照“效率优先，兼顾公平”的原则，探索分配制度改革的有效途径。各级医疗卫生单位在转换内部经营机制，包括强化财务管理、实行两级核算制度、开展股份制、租赁制试点等方面进行探索，取得一些成效。

发展卫生产业。各级卫生部门认识到兴办卫生产业是卫生事业发展的重要组成部分。形成了“立体开发、规模经营、全省联网”的发展战略，促进了全省卫生产业的发展。1994年全省卫生产业计划产值1亿元，实际完成1.89亿元，超计划88.9%；计划完成利税1 000万元，实际完成1 780万元，超计划78.84%；补助医疗卫生事业经费计划715.2万元，实际完成898.4万元，超计划12%。

其它工作 做好食品、药品审批发证和新药开发工作，扶持本省食品工业和医药工业的发展。建立了特殊用途食品（包括保健品）的审批项目。在办理《卫生许可证》和药品《三证》过程中，做到监督与服务相结合。1994年共审批食品、消毒、公共场所等卫生许可证76个，换发卫生许可证72个。重点抓好医疗机构整顿和药品监督管理工作。9个市、州治理整顿医疗机构1 317家，取缔不合格医疗机构311家，限期改进289家，打击非法行医者924人次；没收非法医疗广告29万余张；没收假药、器械等949件（种）；没收非法行医款和伪假药械款17.7万元。1993～1994年末，全省查处假劣药品价值总计66.17万元，销毁假劣药品价值281.08万元，罚没款共计188.11万元，吊销《药品经营企业许可证》178个，捣毁制售假劣药品黑窝17个，查获制售假劣药品犯罪团伙2个，共涉及14人。

各级卫生部门和红十字会完成了抗洪救灾、煤矿爆炸事故急救、卫生防病等项工作任务。1994年吉林省部分地区突发了建国以来从未有过的甲类烈性传染病——霍乱疫情后，在卫生、城建、公安、司法等部门的通力合作和疫区全体医疗、卫生防疫人员的努力下，使疫情在不到2个月的时间内得到控制。吉林省辽源、松原、四平、白城等部分地区遭受严重的洪涝灾害后，省卫生厅、省红十字会及时调运粮食、药品、食品、衣被、帐蓬等救灾物资送往灾区，一些市、州卫生行政部门也组织医疗和防疫队伍，深入灾区为灾民诊治疾病和进行环境、饮水消毒工作，实现了大灾之后无大疫的目标。省红十字会共争取外援和自募款物达900余万元，并将救灾物资及时转送灾区。

开展纠风专项治理工作。一是在机构改革中理顺关系，把行风建设职能纳入厅纪检、监察机构和医院评审工作中；二是结合实际，制定下发实施方案，明确工作目标和方法；三是把职业道德建设做为重点工作来抓。召开全省卫生系统职业道德建设工作会议，总结交流试点单位的经验，对深入开展职业道德建设做出安排部署，同时搞好考核评估；四是将暗访调查与定期考评相结合。卫生厅组织两次暗访活动。抽样调查结果表明，患者对医疗质量的信任度为90%；对医务人员技术水平的满意度为80%，对医务人员服务态度的满意度为90%，对举报行风问题的结案率为100%。

（杨明信　周振元）

黑龙江省

1994 年基本情况

	数量	与上年比增长数	与上年比增长率(%)		数量	与上年比增长数	与上年比增长率(%)
卫生机构(个)	7 714	12	0.16	卫生人员(人)	235 334	－1 459	－0.6
医院(个)	1 986	257	14.9	卫生技术人员(人)	179 362	－174	－0.1
床位(张)	128 390	494	0.39	乡村医生(人)	21 409	－418	－1.9
医院床位(张)	116 626	－494	－0.42	个体开业人员(人)	5 273	164	3.2
平均每千人口医院床位(张)	…	…	…	平均每千人口卫生技术人员(人)	…	…	…

人口	总数(万人)	3 672	卫生费用	卫生事业费(万元)	47 815
	出生率(‰)	15		卫生事业费与上年比增长率(%)	31
	死亡率(‰)	5.5		卫生事业费占财政支出百分率(%)	3.3
	自然增长率(‰)	9.5		卫生系统固定资产(万元)	157.85
医疗服务	诊疗总人次(万)	7 652.02		卫生系统基建投资(万元)	1 584
	门诊人次(万)	6 534.12			
	急诊人次(万)	129.86		平均每一门诊人次医疗费用(元)	22.18
	住院总人次(万)	166.75			
	出院总人次(万)	164.52		平均每一出院病人医疗费用(元)	69.22

一、卫生改革

1. 转变卫生行政部门管理职能　一是重新界定行政管理职能，下放微观管理权限。省卫生厅共制定 21 条有关政策，把对厅直单位的中层干部聘任、人事调配、内部机构设置、自有资金使用、工资奖金分配、行政奖惩和经营管理决策等权限，全部下放给基层单位，落实医疗卫生单位的自主权。二是调整卫生行政部门内部机构设置。重点加强政策法规、规划协调、综合指导、监督服务等具有宏观管理职能处(科)室的建设。三是在肇东市进行卫生执法监督体制改革试点。集中各执法单位人、财、物力，解决长期存在的资源不足和多头执法问题，提高执法监督的总体水平和效率，增强依法管理社会卫生能力。

2. 改革产权制度，推进经营机制转换　一是改革单一所有制结构，试行股份制经营。省卫生厅制定下发《黑龙江省股份制医院试点暂行办法》。二是改革经营方式，实行“统管分营”。各级医疗卫生单位在提高服务质量的同时，扩大服务功能和范围。三是放开搞活，满足不同层次的社会医疗保健需求。在保证基本医疗服务的前提下，开展特需服务项目和多种方便群众服务的项目。省卫生厅会同财政和物价、税务等有关部门联合制发《关于医疗单位开展特需服务的暂行规定》，对基本原则、内容、范围、收费、分配和管理等做了相应规定。

3. 改革劳动人事、分配制度　一是普遍实行干部、职工聘任制。按照干部管理权限，对单位中层干部由院长聘任，聘期 1～3 年，不胜任者随时解聘，打破干部终身制。二是在一些人才密集的大医院试行技术职务内聘制。根据岗位实际需要和个人技术水平等条件，按照评、聘分开的精神，职称和职务可以平聘，也可低职高聘或高职低聘，按其实际聘用技术职务兑现工资待遇。三是改革内部分配制度，实行工资、奖金双浮动。

4. 推进医疗卫生服务价格改革试点　1994 年在哈尔滨医科大学第一附属医院，进行了以调整医疗收费结构为重点的综合改革试点，在严密测算医院服务成本的基础上，对技术劳务和物化消耗的经济成本收费标准，进行有升有降的适当调整。

5. 发展卫生产业企业　据不完全统计，全省卫生系统有 583 个单位兴办了卫生企业，注册资金总额7 548万元，从业职工2 398人，产值(经营额)达 1.59 亿元，年实现利税1 726万元，1994 年已向卫生主办单位提交资金 242.5 万元。

6. 加快医疗保健制度改革　推广全省医疗制度改革三种模式。一是全病种保险；二是大病单独医疗保险；三是社会统筹医疗基金与建立个人医疗帐户相结合的形式。据不完全统计，全省实行公费医疗制度改革的市县为41个，其中有11个市县实行了社会统筹医疗基金与个人帐户的制度。

二、农村卫生工作

1. 农村卫生三项建设　全年共筹措资金2 308万元投入农村卫生三项建设。其中，争取到国家专项建设资金投入250万元，省、市(地)、县、乡投入1 444万元，医疗卫生单位自筹资金275万元，为35所中心乡卫生院、12所县妇幼保健院(站)、14所县(区)卫生防疫站改扩建和维修房屋49 946平方米；为52所乡卫生院、32所县(区)防疫站和42家县妇幼保健院(站)更新补充设备109种、1 550台件。

2. 农村初级卫生保健　各地分层次举办初级卫生保健培训班，将实施初级卫生保健纳入本地区经济和社会发展规划，经年末考核验收，又有16个县(市)的初级卫生保健工作，达到或基本达到合格，全省初级卫生保健合格县(市)总数达到23个。

3. 城市卫生支农　据不完全统计，1994年省直医疗卫生单位及牡丹江、哈尔滨、齐齐哈尔、佳木斯市共派出定点支农医务人员和医疗队员471人，为农村诊治病人26153人次，做各种手术2418例，开展新技术新疗法36项，举办业务讲座62次。同时，各医疗卫生单位免费接收农村对口乡镇卫生院进修人员72人。

三、预防保健工作

1. 开展爱国卫生运动，创造清洁卫生环境　在4月开展的爱国卫生运动月活动中，全省组织712万城乡群众，出动各种车辆19.6万台次，清除垃圾污物92.7万余吨，清理卫生死角2.67万处，疏通沟渠420万延长米，改造厕所1万余所，改建水井690眼，使城乡环境卫生面貌进一步改观。农村改水改厕工作也取得进展，全省农村自来水受益人口增加20万，总普及率达到36.5%；农村卫生厕所普及率超过33%。

2. 加强传染病防治工作　1994年对哈尔滨、佳木斯、牡丹江等市县35个单位进行《传染病防治法》执法情况检查，并举办传染病监督员培训班，对400名监督员进行系统培训，依法加强对传染病防治工作的法制管理。儿童"四苗"接种率实现以乡为单位的85%目标，白喉、麻疹、百日咳、破伤风等传染病发病率普遍有所下降；为了消灭脊髓灰质炎，在全省第二轮强化免疫工作中，对全省0～47个月的儿童1 688 157人进行强化接种，全年无一例脊髓灰质炎确诊病例发生。突出抓了对肝炎等各种传染病的防治工作，推广应用乙肝疫苗163 000人份；对牡丹江、大庆市4万名小学生进行甲肝疫苗应用流行病学的效果考核，完成大庆、哈尔滨、齐齐哈尔、双鸭山4个国家监测点病毒性血清流行病学的2 020人份调查任务。利用世界银行贷款实施的结核病控制项目全面展开，现在全省已有75个县(区)启动，占应启动市县(区)数的81.5%，新发涂阳病人的治愈率为79.74%。为了加强对流行性出血热的防治工作，9月10日在佳木斯市召开了全省流行性出血热防治工作会议，制定了防治规划，全面落实了以灭鼠为主的综合防治措施。

3. 地方病得到有效控制　为实现我国2000年消除碘缺乏病的目标，省政府两次召开会议，部署落实消除碘缺乏病的任务措施，并制定下发《黑龙江省实现"中国2000年消除碘缺乏病规划纲要"行动计划》。同时按照国务院《食盐加碘消除碘缺乏病危害管理条例》规定，会同有关部门加强对食盐市场的管理，防止非碘盐流入病区。制定下发《关于认真开展特需人群补用碘油工作的通知》，组织新婚育龄期妇女、孕妇和0～14岁儿童补服碘油，服用率达到70%，有效控制了甲状腺肿病例的发生。在大骨节病区全面实施服硒、换粮、改水等综合性防治措施，使大骨节病病情趋于稳定，全省有24个市县达到国家大骨节病病情控制标准。对全省布氏杆菌病疫区的195个乡(镇)的1 737个村屯和农场进行普查，对582 818只羊、185 546头牛进行检疫，阳性率分别为0.13%和0.20%；在易感人群中抽查143 305人，感染率为0.02%，没有新病例发生，现全省已有36个市县达到国家规定的布病控制标准，31个市县达到稳定控制标准。1994年共为病区打改水井50眼，其中氟病区27眼，有近两万病区人口吃上了合乎国家卫生标准的低氟水。贯彻卫生部《关于进一步加强鼠疫防治工作的通知》精神，组织专业人员深入疫源地监控。全省已连续4年无急型克山病发生。

4. 加强妇幼卫生保健工作　宣传贯彻《黑龙江省优生保健条例》，制定下发《黑龙江省婚前健康检查工作管理办法》，切实加强婚检工作管理。开展"爱婴医院"创建工作，1994年又有19个单位获得"爱婴医院"称号，目前全省"爱婴医院"已达40家。在7个地、市建立并实施了妇幼卫生过渡周期合作项目，接受国际组织援助42万美元，地方政府配套投入140万人民币，用于改善保健院设备和人员培训，对提高妇幼保健工作水平起到重要作用。

5. 卫生工作进入法制管理轨道　1994年出台《黑龙江省实施〈中华人民共和国传染病防治法〉细则》、《黑龙江省采供血机构和血液管理办法》、《黑龙江省实施〈医疗事故处理办法〉细则》三部卫生法规，进一步完善黑龙江省卫生法规体系。为加强卫生监督机构和队伍建设，举办了食品卫生、化妆品卫生、公共场所卫生、放射卫生、劳动卫生和药品监督等各类卫生监督员培训班11期，共培训953人；并多方筹措资金，为监督机构增添设备和取证工具，增强了执法监督的水平和能力。下发《关于做好预防食物中毒的通知》，全省各地开展食物中毒预防工作，使全省食物中毒发病率控制在1.15/10万以下，食品卫生监测合格率提高到87.32%。1994年，与公安、检察机关等部门配合，开展打击制售假劣药品斗争，共查处伪劣药品价值611万元，拘捕违法分子15人，其中9人被判刑。组织力量深入到药品生产企业和经营单位，抽查药品质量，重新核发药品生产企业许可证、药品经营许可证及制剂许可证，加强药品质量管理，保证群众用药安全有效。

四、医学教育和科研工作　黑龙江省被卫生部确定为全国医学教育改革综合试点省。围绕为农村培养实用型人才，经与省教委、计委、人事、财政等有关部门协调，制定《黑龙江省医学教育改革综合试点方案》，并于10月份全面启动。1994年，全省共招收本、专科生2 760人，其中本科农村定向生170人，专科定向生155人，边疆保送生30人；中专招生3 062人。加强卫生队伍重点学科梯队建设，确定全省重点学科建设总体目标。在卫生厅直属11个单位确定29个专业、35个重点学科带头人和后备梯队带头人110名；并抓了市（地）、县265个重点学科、高等医学院校以及农、林、煤、铁系统100个重点学科的梯队建设工作。

1994年新增科委科研课题22项、卫生部课题11项。获卫生部科技进步奖4项；获省政府科技进步奖45项；获省医药卫生科技进步奖46项。通过成果鉴定43项，推广科技成果3项。

五、对外合作交流　1994年，共接待来自日本、韩国、港、澳等国家和地区的10个医学团组，72人次来黑龙江省讲学、交流和考察；有计划地向美国、瑞典、加拿大、新加坡、哈萨克斯坦、苏丹等11个国家派出留学、研修、考察、学术交流人员69人。引进外资发展卫生事业，同以色列、芬兰签定了89万美元的贷款协议，引进医疗仪器设备，用以装备和提高病房监护、肿瘤和牙科的医疗水平；世界银行贷款结核病控制项目实施工作进展顺利，4 126件抗结核病药品全部到位。国际卫生组织援助的42万美元农村妇幼保健“过渡周期合作项目”年内也将陆续完成。

六、行业建设　制定下发《黑龙江省医疗部门职业道德建设工作方案》和《黑龙江省卫生厅关于医务人员违反职业纪律的处罚规定》。9月份，召开全省卫生系统职业道德建设工作会议。在全省卫生系统广泛开展学习赵雪芳先进事迹的活动，在医疗单位开展“创百家信得过医院，树千名最佳医务人员”竞赛活动，全省卫生战线共涌现出111个服务信得过优胜单位，1 032名先进个人。建立督查制度，抽调近百人组成17个督察组，深入到医院和卫生执法单位现场督察。加强对卫生执法机构和队伍的管理。对全省卫生执法机构和执法人员，进行主体资格审查，对不符合条件的予以清理。据对14个地市的19所医院和14个县（区）卫生防疫站的2 000份社会问卷调查，对医生服务满意率为94.04％，对护士服务态度满意率为88.58％，对医疗质量的满意率为93.53％，对卫生执法人员的服务态度满意率为95.6％。

（尹冀源　董晓一）

上　海　市

1994 年 基 本 情 况

	数　量	与上年比增长数	与上年比增长率（％）		数　量	与上年比增长数	与上年比增长率（％）
卫生机构（个）	5 606	－371	－6.62	卫生人员（人）	153 281	－3 418	－2.23
医　院（个）	497	－2	－0.40	卫生技术人员（人）	111 970	－3 346	－2.99
床　位（张）	71 952	738	1.036	乡村医生（人）	6 035	－12	－0.20
医院床位（张）	68 092	563	0.83	个体开业人员（人）	860	15	1.78
平均每千人口医院床位（张）	5.25	…	0.77	平均每千人口卫生技术人员（人）	8.64	－0.27	－3.125

人口	总　数（万人）	1 298.81	卫生费用	卫生事业费（万元）	…
	出　生　率（‰）	5.89		卫生事业费与上年比增长率（％）	…
	死　亡　率（‰）	7.27		卫生事业费占财政支出百分率（％）	…
	自然增长率（‰）	－1.38		卫生系统固定资产（万元）	…
医疗服务	诊疗总人次（万）	6 236.29		卫生系统基建投资（万元）	…
	门诊人次（万）	5 548.65		平均每一门诊人次医疗费用（元）	…
	急诊人次（万）	…		平均每一出院病人医疗费用（元）	…
	住院总人次（万）	97.31			
	出院总人次（万）	97.59			

卫生改革 ①针对近年来全市医疗费用急剧增长，以及医院医药收入中药品收入过高，技术劳务收入过低的不合理结构状况，上海市于1994年制定并于7月1日在全市医院实施医疗费“总量控制、结构调整”改革方案。②上海市为尽快扶持一批医学领先学科，造就一批医学专业人才，于1994年上半年制定“医学领先专业建设计划”，从“总量控制、结构调整”改革措施中筹集资金，于下半年开始启动。③拟定上海市职工医疗保险改革方案及有关配套性文件。市委、市府决定成立上海市医疗保险局，挂靠市卫生局，接受市卫生局和社会保险局双重领导。

医德医风建设 ①医德医风建设以文明规范服务为重点，通过“温暖在医院——天赐福杯青年优质服务竞赛”和“兴华杯——十大窗口文明规范服务竞赛”两大活动，推进医院基础管理，提高服务水准，改善服务窗口形象。②设立全市医学界最高奖——上海医学荣誉奖，对职业道德高尚，医学成就卓著的汤钊猷、王振义等6位医务人员进行嘉奖。③开展明查暗访、重点查处收受“红包”、“回扣”、“以物代药”等违纪行为。年底对1.5万名病人进行问卷调查，病人对医院满意度比1993年上升5～6个百分点。

卫生防病 1994年上海出现春季甲型肝炎小高峰和夏秋季急性肠道传染病高峰。全市卫生系统与市财办、建委、农委、工商等15个部门采取全面查禁毛蚶、整顿农贸市场，取缔无证食品摊点等措施。据不完全统计，第三季度全市食品卫生联合执法中，共出动38777人次，取缔食品摊点、排档20907个，取缔地下食品加工场1085个，销毁不洁食品111.5吨。市卫生局组建120多人的监督执法队伍，对11个区的1800余户餐饮业和熟食经营户全面检查，处罚800余户违反食品卫生法规的单位。与1993年同期相比，第三季度食品卫生监督执法频率提高了5.4倍，覆盖面增加了4.6倍，处罚率提高了2.1倍。同时加强了对饮水卫生的监督管理，全年对各类水厂的监督监测达1.3万户次，有30家水厂受到行政处罚。此外，加强对疫情监测和疫点处理，做好患者的收治工作，开展卫生宣传教育等。1994年全市甲、乙类传染病总发病率为351.06/10万，其中肠道传染病发病率为219.67/10万，基本控制在预定的范围内。

社区预防保健 经过市初级卫生保健委员会的评审，奉贤、金山、南汇县已进入农村初级卫生保健达标行列。农村合作医疗覆盖率仍保持在98%水平，甲级村卫生室达90%。如期完成30所重点卫生院设备配套任务，共投入资金790万元。全市共设家庭病床4.1万张次，下设便民服务点364个，为社区提供预防保健服务685万人次。社区防保经费有所增加，市财政对市区防保补贴从每万人口5000元调整到12000元，郊县从4000元调整到10000元。为了加强社会卫生监督力量，全市一级医疗机构根据上海市地段医院工作会议要求，已着手组建社会卫生监督科，对社会行使卫生监督职能。

妇幼保健 全年共完成接产数92323人次，婚前体检14.77万人。孕产妇死亡率30.29/10万，围产儿死亡率10.25‰，有38家医院通过“爱婴医院”评审，全市母乳喂养率为40%，上升7个百分点。

医政工作 全市又有36家二、三级医院、48家一级医院、7家中医医院通过等级医院评审。有22家企事业医院通过定级。为加强对病理和血液质量管理，成立上海市临床病理质控中心和上海市血液质量管理委员会。组织制定《上海市医院病案撰写规则》、《上海市医院职工服装管理规定》，统一规范了全市病案书写要求和医院各类人员着装要求。

中医工作 曙光医院、龙华医院、浦东新区中医医院、嘉定中医医院分别通过国家中医药管理局的验收，被评为全国示范中医医院。年内新建中医专科专病协作中心11个，其中国家中医药管理局批准建设的有6个。

医学科研 全年通过专家鉴定的医学科研成果84项，新立课题175项。在卫生部基金科研项目投标活动中，上海市共中标147项，中标数居全国之首，占全国总数的22.1%。全市共有82项医学科研成果获各级科技奖，其中30项分获卫生部和国家中医药管理局科技进步奖，52项成果获上海市科技进步奖。

医学教育 ①制定“住院医师二级学科规范化培养”计划，规定分配在区、县级医院的医学院校毕业的青年医师要到三级医院接受为期两年的规范化培训。已有60名医科毕业生开始接受培训。②委托高校举办中青年主治医师进修班，有66名三年以上的区、县级医院主治医师参加培训。

药品质量管理 ①组织全市各级药政、药检、药监200余人，对本市药品经营、使用单位共463家进行药品质量检查，抽查药品1313件，不合格率为7.54%。②全面开展打击假冒伪劣药的活动，制止伪劣药品流入。③对全市医院8000多种制剂进行审核登记，淘汰近3000种自制制剂，理顺了医院制剂外加工管理秩序。④对全市药品生产、经营、使用单位及医院制剂室进行检查、审批、验收、换发许可证。

卫生法制建设 制定《2000年前上海市卫生立法规划及卫生立法框架》。完成起草政府规章7件，制定卫生法律、法规、规章配套性文件10件。对1800多名卫生执法人员进行法制培训。统一规范执法人员现场监督检查、行政许可、行政处罚等卫生执法程序。全年共发生行政复议案件55起，行政诉讼案件9起，分别比1993年增加243.8%和125%，其中被撤销原行政行为6起，变更原具体行为10件，占案件总数24.6%。 （贺　丹）

【第一周期医院等级评审】 1994年上海市有90%的综合性医院通过第一周期评审。医院等级评审工作是根据医院分级管理标准，对医院的医疗服务质量和总体工作进行的院外评价。上海市医院等级评审工作于1992年开始试点，1993年全面推开。上海市卫生局组建医院等级评审委员会。确定第一周期医院等级评审坚持基本标准与分等标准相结合，注重基础管理、基础质量和医德医风建设，并制订了各级医院等级评审标准和实施细则。市卫生局选择了4个一级医院、3个二级医院作为评审试点。制订下发了《关于评审工作若干规定》和《关于加强一级医院质控的意见》。随着医院等级评审工作全面铺开，对等级评审的措施、标准又作适当调整，1993年10月，上海市卫生局把病史质量，病员和社会对医院医疗服务的满意度，医务人员的基础理论、基本技能、基本操作（简称"三基"）的合格率及医德医风等5项内容作为医院上等达标的必备条件，同时建立了复评审制度。

1994年底，上海有16家三级医院，64家二级医院和279家一级医院通过了等级评审。其中14家为三级甲等，2家为三级乙等；43家为二级甲等，21家为二级乙等；250家为一级甲等医院，29家被定为一级乙等医院。以上医院实行了按等级收费制度。

经过医院等级评审，上海市各级医院完善了医院管理体制和科室建制。每所医院平均建立健全规章制度，诊疗操作、护理常规、岗位职责600余项，巩固和完善了院科两级责任制。医院等级评审使医院增加了经费投入，改善了基础设施。三年来，上海300多家医院投资改造医疗用房、更新医疗设备的总金额超过10亿元。医院等级评审增强了医务人员的质量意识。据对400家医院调查统计，甲级病案率达80%以上的医院占83.22%；医务人员"三基"合格率达80%以上的医院达95.69%。各医院建立职工医德医风档案，定期考核，并与职工奖惩、晋升、评定职称挂钩。（贺　丹）

【医学领先专业建设启动】　1994年3月，上海市卫生局成立上海市医学领先专业建设领导小组，在对全市医学学科情况进行调查的基础上，制定上海市医学领先专业建设计划和实施方案，组建负责学科评审的专家委员会，并从医院新增设的门诊、住院诊疗费收费项目中提取10%，作为市医学发展基金，全市一年约可筹集资金1 500万元。凡列入市医学领先专业建设计划的项目，由上海市卫生局与建设单位按1：1比例共同投入。这样，全市领先专业建设每年的投入可在3 000万元左右。

该计划以3年为一个建设周期，1994～1996年第一周期的医学领先专业建设目标是：①在三级医疗机构中再新建15～20个能达到国内或国际先进水平的临床重点学科。②在二级医疗机构中建设40～50个能达到上海或国内先进医疗水平的医疗特色专科。③在一级医疗机构中建设40～50个以提高社区预防、保健、医疗、康复水平为主要目标的初级卫生特色项目。④对已被定为国家、市级的重点学科（实验室）根据需要给予适当资助。通过两个周期建设，计划到2000年力争实现：50个左右的学科和项目进入国内或国际先进行列、产生一批国内领先或国际水准的医学成果，培养一批年轻的学术带头人，中医、西医、中西医结合的国内或国际知名的临床医学家，逐步建立一套上海医学领先专业建设的管理办法和有效的运行机制，营造刻苦钻研业务、技术精益求精、不断攀登医学高峰的学术氛围。凡被列入领先专业建设的项目，除在经费上予以保证外，在政策上也给予优先照顾。

至年底，上海市医学领先专业建设第一周期第一年度项目的评审已完成，在108个申报项目和学科中确定了54个项目作为建设项目，其中三级医院重点学科14个、二级医院特色专科22个、一级医院的特色项目18个。这些项目年内都已进入正式实施阶段。　（贺　丹）

【上海市医院实施医疗费"总量控制、结构调整"】　近年来，上海医疗费用增长速度，由1983年的3.15亿元增长到1992年的33.18亿元，10年中增长了10倍，平均每年增长29%。市卫生局针对医疗费用迅速增长，卫生资源投入不足和浪费并存的状况，研究并出台"总量控制、结构调整"的改革方案。

1994年6月下旬，上海市财政局、物价局、卫生局联合下达《上海市医院医疗费用实行总量控制、结构调整》的文件，从1994年7月1日起在全市执行。文件规定，全市各级医院1994年6～12月的医疗费总收入控制在比1993年同期递增24%的水平以下，其中药品收入限于比上年同期增长15%以下。增设门诊、住院诊疗费、护理费，提高放射、化验、推拿、针灸等技术劳务项目收费，降低CT、核磁共振检查收费标准。

为了确保改革方案的实施，市卫生局成立"总量控制，结构调整"领导小组，对各医疗单位的财务报表严格审查，核定基数，检查执行情况，并采取多项配套措施。全市各级卫生行政部门和各级各类医院也相继建立"总量控制、结构调整"领导小组。"总量控制、结构调整"在上海市实施半年余，已取得初步成效。据统计，1994年1～6月全市医疗费用比1993年同期增长33.35%，实行总量控制后的1994年7～12月份，全市医疗费收入比1993年同期增长不到24%。医院的收入结构发生了变化，1993年药品收入占医院总收入的比例为63.32%；1994年1～6月，药品收入比例为62.10%；实行总量控制后的1994年7～12月，药品收入占医院总收入的比例为55.32%。医疗费用增长速率比1993年下降了27个百分点，药品费用占总费用的百分率下降了8个百分点。医院纯收入有所增加，医务人员的劳务收入也稍有改善。

（贺　丹）

【卫生法体系及卫生立法规划研究】　为适应行政管理职能的转变，加强卫生法制建设，上海市卫生局于1993年正式设立"卫生法体系及上海市卫生立法规划研究"（以下简称"立法规划"）软课题项目，并组成市、区、县卫生行政部门有关人员、卫生法制委员会专家、社科院和上海市医科大学教授70多人的课题组。确定了课题研究的方向和具体任务，提出构建"立法规划"的指导思想、6 项基本原则和 14 条评判指标。课题从行政管理学和法学角度，总结了上海市 10 年来的卫生立法工作，研究现行和将要提出的卫生法律规范体系的范围、结构、层次及法律关系，分析并预测卫生立法的社会需要和发展趋势。根据医学、法学、管理学、社会学等学科的要求，遵循立法原则、管理原则和社会公正与效率原则，结合医疗卫生专业的要求，提出上海市 2000 年前卫生立法的预测和具体的立法计划以及建立科学的卫生法律规范体系的设想，形成一个以国家卫生立法为基本框架，以地方卫生立法为配套补充的卫生法体系(框架)。

课题研究提出的卫生法体系由六大部分组成：①疾病防治法律规范；②公共卫生监督管理法律规范；③医政管理法律规范；④药政管理法律规范；⑤医疗保健法律规范；⑥其它综合类法律规范。研究制定的立法规划分 1997 年前和 2000 年前两个部分，共提出立法建议项目 55 件，其中国家立法 12 件，地方立法 43 件。根据该立法规划，1994 年制订并颁布实施了《上海市流通人口卫生防疫管理暂行规定》、《医疗机构管理条例实施细则》、《上海市公共场所禁止吸烟暂行规定》、《上海市传染病监督处罚办法》、《上海市医疗机构贵重医疗设备装备管理暂行规定》五项地方性法规、规章。该课题已于 1994 年 12 月 1 日通过专家鉴定。 (尹远芳)

江 苏 省

1994 年基本情况

	数量	与上年比增长数	与上年比增长率(%)		数量	与上年比增长数	与上年比增长率(%)
卫生机构(个)	12 067	—7	…	卫生人员(人)	308 526	6 490	…
医院(个)	2 559	76	…	卫生技术人员(人)	240 500	6 074	…
床位(张)	174 491	1 211	…	乡村医生(人)	55 639	2 291	…
医院床位(张)	154 219	1 347	…	个体开业人员(人)	3 523	368	…
平均每千人口医院床位(张)	2.25	…	…	平均每千人口卫生技术人员(人)	3.51	…	…

人口	总数(万人)	6 831.2776	卫生费用	卫生事业费(万元)	94 062.65
	出生率(‰)	10.47		卫生事业费与上年比增长率(%)	49
	死亡率(‰)	6.06		卫生事业费占财政支出百分率(%)	4.73
	自然增长率(‰)	4.41		卫生系统固定资产(万元)	48.59 亿元
医疗服务	诊疗总人次(万)	12 774		卫生系统基建投资(万元)	…
	门诊人次(万)	11 796.7		平均每一门诊人次医疗费用(元)	综合 44.6 中医 38.2
	急诊人次(万)	694		平均每一出院病人医疗费用(元)	综合 1 786 中医 1 451
	住院总人次(万)	288			
	出院总人次(万)	289.5			

卫生改革 1994 年重点做好国务院在江苏省镇江市进行全国职工医疗制度改革的试点工作。确定改革的目标是建立社会统筹医疗基金与个人医疗账户相结合的社会保险制度，并使之逐步覆盖城镇所有劳动者。4 月 13 日，国务院有关部委在镇江市召开部署改革试点工作现场办公会。卫生厅成立了医疗制度改革领导小组，定期到镇江市了解情况，指导、参与、协助总体方案和配套措施的制定。拟定《医疗制度改革实施方案》(初稿)，将镇江实施方案及有关 14 个配套制度分解落实，制定了“定额结算，质量控制，结余归院，超支分担，”的医疗保险费用支付办法。镇江市职工医疗制度改革已正式启动。

农村卫生 全省各地全面实施农村初级卫生保健，制订分阶段实施规划。1994 年已全面完成 20 个县(市)初级卫生保健达到规划目标的任务。农村卫生“三项建设”进展顺利，各地普遍把农村“三项建设”纳入当地经济和社会发展的总体规划，制订较为切实可行的目标，从 1994 年起把“三项建设”与农村初级卫生保健紧密结合起来，使农村"三项建设"基金的使用服从、服务于初级卫生保健发展的需要。全省完成了100个乡镇卫生院和11个县防疫站、11个县妇幼保健所的改造任务，共改造危房39.6万平方米，占危房总数的62.5%。农村合作医疗保健制度继续得到巩固。全省各地卫生部门因地制宜，一方面办好多种形式的合作医疗，进一步扩大集体办医的覆盖面。苏北地区推行合医不合药，对乡村保健医生实行"五统一"管理，苏南要求巩固和发展合作医疗保健制度。另一方面推行大病风险保险、门诊和住院单项医疗保险、妇女儿童保健保险。吴县、吴江、昆山、江阴、启东、金坛、丹阳、兴化已经试行。吴县政府每年拿出50万元专项基金用于全县大病的医疗费补偿。1994年各种形式的合作医疗覆盖率以村为单位稳定在60%左右。

医院管理 召开全省医院工作会议，提出逐步建立适应社会主义市场经济的发展、符合医院自身发展规律和特点、为人民健康服务的医疗新体制；改革和完善补偿机制；转换医院的运行机制和建立宏观调控机制；以医院分级管理为动力，加强医院基础管理、质量管理和效率管理。省、市卫生行政部门共举办20余期各类医院管理干部培训班，开展医院基础管理观摩活动。根据卫生部关于实施医院分级管理的要求，全省选择17所三级医院，44所二级医院进行试点，评出三级甲等医院9所，三级乙等医院8所；二级甲等医院39所，二级乙等医院5所。在创建等级医院的活动中，各级医疗单位抓基础管理和基本功训练。试点单位还注重加强重点专科建设，以带动医院整体技术水平的提高。通过创建等级医院，江苏省县级以上医院的医疗质量、工作效率有了明显提高。据对已评审医院的材料统计，平均住院日从1991年的16.6天，减少到15.3天，危重病人的抢救成功率从1991年的84.3%，提高到87.4%。

卫生防病 全省传染病总发病率继续稳步下降。各地采取措施，有效控制了肝炎、伤寒、霍乱等肠道传染病的发病和流行。入夏以来，沿江丘陵地区、洪泽湖地区把救灾防病工作纳入抗灾工作的总体部署之中，确保灾区没有发生疫病流行。血防工作，坚持"综合治理，科学防治"的方针，省政府确定的24项重点灭螺工程已全部完成；武进、吴江、苏州市郊区、南通市港闸区经考核达到卫生部规定的消灭血吸虫病标准。按全国统一部署，全省对0～4岁儿童开展两轮强化服苗活动，服苗儿童418万，服苗率为98.32%。全省17种法定报告传染病的总发病率比1994年下降9.84%，其中肝炎下降45.41%，伤寒下降20.75%，脊髓灰质炎下降71.55%。儿童计划免疫保偿和妇幼保健保偿工作取得进展，制定下发《江苏省儿童计划免疫保偿收费管理办法》和《江苏省妇幼保健保偿收费管理办法》。与计免工作相关的疾病得到有效控制，其中麻疹下降46.69%，百日咳下降53.16%，乙型脑炎下降42.86%。提高孕产妇和儿童系统管理率，有18所医院通过国家"爱婴医院"评审。

中医工作 省中医院、苏州市、江阴市、姜堰市中医院通过国家中医药管理局三级甲等中医院验收。昆山、通州等7个县(市)级中医院通过省组织的二级甲等中医院检查验收。制定《江苏省中医院重点临床专科实施意见(试行)》。20个省级重点中医专科建设得到进一步加强，南京市中医院被国家中医药管理局命名为全国中医肛肠专科医疗中心。完成首批国家批准的31位老中医专家学术经验继承人出师工作，新命名106位名中医。农村中医试点县工作取得进展。射阳等8个县推广高邮、江阴2个全国农村中医工作试点县(市)的经验。按照《全国农村中医工作试点县实施办法》和《江苏省农村中医工作建设考核标准》，对两个试点县(市)和8个扩展县中医工作开展情况进行检查评估。1994年8月，高邮、江阴两市率先通过国家中医药管理局组织的检查验收，被命名为全国首批农村中医工作先进县(市)。召开全省中医会议，省政府下发《关于加快中医事业改革和发展的通知》，制订《关于加快中医人才培训的意见》和《关于中医事业发展基金管理办法》两个配套文件。

爱国卫生 全省各地加强领导，多方筹措，加快城市基础设施建设。苏州市投资8.6亿元建设城市道路；徐州市投资1.8亿元兴建城市污水处理厂；扬州、无锡、南京等各市正在兴建较大规模的垃圾填埋场。全省城区水冲式公厕比例平均为92%以上。10月进行卫生城市检查，江阴、张家港两市通过全省爱国卫生的考核验收，被命名为"国家卫生城市"。全省新增农村自来水受益人口248万。农村改厕实行了目标管理，苏北地区农村改厕试点任务已经完成，全省共新增14.8万户无害化卫生户厕，卫生户厕普及率为9.1%。

医学教育和科技工作 对乱办学的情况进行整顿，并进行教学改革，扩大学校办学自主权，委培、自费生的比例扩大到70%，学校有10%的毕业生自主分配权。省职工医科大学已初步建成一校多功能的高级人才培训基地，全省28所县卫生职工中等专业学校的教育管理工作纳入医学教育工作的范围统筹规划。加强乡镇卫生院人才培训。卫生科技取得一批成果：全省有32项获省政府科技进步奖，其中"郎格罕细胞表达IgE受体——世界上首次发现郎格罕细胞fceri"成果获一等奖；6项获卫生部科技进步三等奖；30项获卫生厅科技进步奖。省人民医院等3所医院9个临床专科被确认为首批省级临床专科，南京药物所递药系统实验室被省科委批准为省级重点实验室；省原子医学研究所核医学国家重点实验室建设进展顺利。

卫生执法 依法强化卫生监督监测工作。颁发《江苏省实施〈传染病防治法〉办法》，并由省人大科教文委、省法制局、省卫生厅联合组织传染病防治法执法检查。全省经过考试考核，发展691名传染病管理监督员，527名学校卫生监督员，40名化妆卫生监督员，169名食品卫生监督员，617名药品监督员。对一次性使用医疗器材经销使用单位进行检查。全省各级药品检验所检验中西药品39 775件，总合格率为89.3%，共审核申报新药107个，经卫生部批准生产的各类新药19个。对有关化妆品生产企业进行重新审批，换发新证，依法办理7 270个品种药品注册，撤消210个药品批准文号，对412个药品生产企业420个药品经营企业，249个医院制剂室进行换证复查验收。各地卫生部门配合质量万里行和打假活动，加大药品、食品等卫生监督力度，查处各类违法案件444起，行政处罚、罚没款总计242.67万元。

职业道德建设 1994年，江苏省卫生系统被确定为全国职业道德建设试点部门，列入试点的省人民医院、省中医院、省卫生防疫站、南京市鼓楼医院和常州市、涟水县医疗卫生单位都将试点工作作为"一把手工程"，制定了本单位的实施细则，将职业道德建设任务落实到每个岗位、每个职工。各单位把职业道德建设与纠正行业不正之风结合起来，并与各项业务工作同布置、同开展、同检查、同考核、同奖惩；与医院等级评审相结合；与个人专业技术职务晋升挂钩，实行医德医风一票否决制；健全和落实各项规章制度，普遍建立行风监督网络。据抽样调查，1994年与1993年相比，病人对医生满意度从85.08%上升到93.71%；对护士满意度从73.40%上升到80.42%；收受"红包"从2.5%下降到1%。在全省开展评选"江苏十佳白衣战士"的活动，在社会上产生较大影响。

对外交流 全年接待来自澳大利亚、日本、奥地利、泰国、德国、美国、英国、荷兰等国家以及联合开发署、世界卫生组织、世界银行、联合国儿童基金会等国际组织及港、台共37批162人次；各类公派出国64批，124人次；其中出国考察访问团组16批37人次。举行江苏省向国外派出援外医疗队30周年纪念活动。 （周传章 纪国富）

【发展中医事业】 1994年，江苏省实现县县建有中医院的目标，中医医疗保健服务网络形成。全省新建和改扩建医疗业务、生活用房60.5万平方米。与1985年相比，中医机构增加64%；床位增加71%；中医药卫生技术人员增加2倍；90%的乡镇卫生院设立中医科、中药房；全省县以上中医院完成总诊疗人次增加77%，住院人次增加2.98倍。中医急诊人次增加5.5倍。已有重点中医专科、专病162个。省中医院和苏州、姜堰、江阴市中医院被批准为全国示范中医院。省中医院、苏州市中医院通过"三级甲等"医院评审验收；姜堰、江阴、通州、海安、昆山、张家港、常熟市中医院通过"二级甲等"医院检查验收。高邮、江阴市被命名为全国农村中医工作先进县(市)。全省中医教育初步形成专业门类齐全、层次合理的构架，逐步实现规模培养。首批31位老中医药专家学术经验继承人通过国家考核验收。全省中医药研究所增加到11所，中医药科研已从单纯的临床研究发展到基础理论、临床、药物相结合的多学科研究。获部、省以上中医药科技成果奖37项。出版各类中医药专业书籍277种，其中《孟河四家医籍》获香港图书博览会精品奖，《江苏中医》杂志获全国优秀自然科学期刊三等奖。南京中医学院、省中医院为76个国家和地区培养了1 000多名中医药人员，被卫生部和世界卫生组织认定为国际针灸培训中心、世界卫生组织传统医学合作中心的临床基地、全国中医师临床进修基地。省人民政府于1994年10月22～23日召开全省中医工作会议。国务委员彭珮云为会议题词："发扬中医药优势，为人民健康服务"。江苏省委书记陈焕友、代省长郑斯林、省政协主席孙颔、省人大常委会副主任吴锡军、副省长张怀西和国家中医药管理局副局长于生龙参加会议，并为江苏"全国农村中医工作先进县"、"全国示范中医院"以及周仲瑛、徐景藩等106位省名中医授牌、颁证。省政府下发《关于加快中医改革和发展的通知》。

（褚瑞明 周传章 王小宁）

浙 江 省

1994 年基本情况

	数 量	与上年比增长数	与上年比增长率(%)		数 量	与上年比增长数	与上年比增长率(%)
卫生机构(个)	8 718	－51	－0.58	卫生人员(人)	179 017	4 670	2.60
医 院(个)	3 453	11	0.32	卫生技术人员(人)	145 034	5028	3.47
床 位(张)	105 999	1 966	1.85	乡村医生(人)	25 085	711	2.83
医院床位(张)	96813	1 907	1.97	个体开业人员(人)	10 455	570	5.45
平均每千人口医院床位(张)	2.22	0.02	…	平均每千人口卫生技术人员(人)	3.34	0.10	…

续表

人口	总　数(万人)	4 364	卫生费用	卫生事业费(万元)	67 607.85
	出　生　率(‰)	13.24		卫生事业费与上年比增长率(%)	27.99
	死　亡　率(‰)	6.60		卫生事业费占财政支出百分率(%)	4.42
	自然增长率(‰)	6.64		卫生系统固定资产(万元)	347 249
医疗服务	诊疗总人次(万)	5 461.40		卫生系统基建投资(万元)	57 010
	门诊人次(万)	4 853.00		平均每一门诊人次医疗费用(元)	28.29
	急诊人次(万)	379.00		平均每一出院病人医疗费用(元)	1 281.21
	住院总人次(万)	123.50			
	出院总人次(万)	123.50			

卫生改革　各医疗卫生单位根据当地医疗卫生需求和自身条件，增设服务项目，扩大服务领域。为适应社会主义市场经济，各地乡镇卫生院开展以股份合作制、抵押承包管理责任制等多种形式的改革试点。江山市开展专科特色建设、青田县按区域规划合理布局乡镇卫生院、金华市基层出现“防保所(站)”等预防保健体制新模式、宁波市等地开展综合执法试点工作。进一步提高了乡镇卫生院的预防保健保偿服务功能，扩大了服务范围，增强了乡镇卫生院生存和发展的能力。

继医院实行等级评审、分级管理后，中医院、中西医结合医院、妇幼保健院、卫生防疫站等逐步开展等级评审，注重内涵建设、科学管理、服务质量。并在全国率先实行按医疗卫生单位等级确定行政管理人员工资标准。规定管理人员的工资按机构级别升降。

农村卫生工作　继续全面实施初级卫生保健。1994 年，省卫生厅深入 27 个初级卫生保健试点市县的 81 个乡镇 721 个村，走访4 860户农户和8 100名小学生，进行省级目标评审并全部达到合格标准。对 10 个省级示范县的重点指标进行追踪审评。10 个省级示范县又与 10 个市地级试点县建立对子。

实行政策倾斜，通过多渠道筹集资金，加快农村“三项建设”。1994 年，中央和省级用于县、乡镇卫生院“三项建设”的经费为 850 万元，改善了基层医疗卫生条件。

坚持城市医院支援农村。21 家省市医院派出 32 支医疗队，2 500 多人次，开展卫生支农活动。省卫生厅与《经济生活报》开展“送医到乡村”活动。

各地继续为农村培养实用型卫生技术人才，通过定向招生、定向培养的办法，向基层输送了一批合格的专业技术人员。不少市县开展乡村医生培训。

妇幼卫生工作　实施《浙江省优生保健条例》、《“八五”少儿发展规划》等法规。全省农村已建立一支有 3.5 万名妇幼保健专业人员和村级妇幼保健员队伍，形成县、乡、村三级妇幼保健网络。为建设各级妇幼机构，近两年政府用于妇幼保健机构的建设经费为3 000余万元，使 32 个县级妇幼保健院的房屋、设备得到改善。省卫生厅拨出专款对 59 个县(市区)的妇幼保健院进行重点装备。1994 年，各项妇幼卫生工作指标有明显提高，全省已连续 20 年新法接生率保持在 90%以上；住院分娩率为 94.11%、孕产妇死亡率为 3.3/万、婴儿死亡率控制在 21.44‰以下。全省 80%以上的孕产妇和婴幼儿得到基本的保健服务。妇幼卫生工作已步入科学化、规范化管理轨道。1994 年，全省婚检率为 69.33%，其中城市为 77.45%、农村为 58.8%。全省开展计划生育手术 161.8 万例，手术并发症控制在 0.25‰以下。1994 年，浙江省已有 31 所医疗保健单位被评为国家级爱婴医院，湖州市妇幼保健院被评为全国十所模范爱婴医院之一，受到联合国儿童基金会和加一中儿童健康基金会奖励。

卫生防疫工作　1994 年，完成杭州、嘉兴、台州、温州、湖州、衢州、舟山等 7 个市地级卫生防疫站重点装备，共投资 168 万元。对 11 个县区级卫生防疫站配备了必要的监督设备。

1994 年，浙江省发生霍乱流行，共发病8 085例，死亡 30 例，检出带菌者 780 例，疫情布及 11 个市地的 61 个县(市区)。由于采取扩大疫源检索，严密隔离病人，严格疫点消毒等措施，使疫情得到及时控制，未引起更大范围的暴发流行。其它传染病防治，1994 年，脊髓灰质炎发病 6 例，比 1993 年下降 50%；已有 73 个市县达到基本消灭麻风病；1985 年以来，全省共监测艾滋病高危人群103 113人，发现艾滋病感染者 32 例，并得到及时有效的治疗监测。全省已达到“消灭血吸虫病标准”的 44 个市县，继续巩固成绩，加强监测，阻断了血吸虫病的传播。未达到“消灭血吸虫病标准”的 9 个市县，狠抓防治，共查出有螺面积 36.5 万平方米，除个别地段地形复杂未灭外，大部分有螺面积已灭完。

爱国卫生工作　在创建卫生城

市中，各地普遍加强领导，落实目标责任制，加强执法监督，加快公共卫生基础设施建设，卫生面貌得到改善。继杭州、绍兴、湖州、萧山、余姚、慈溪市之后，1994年，宁波、嘉兴市也跨入省级卫生城市行列；另外，全省又评出22个全国和省级卫生城镇。全省农村改水受益人口累计达2 614万人，占农村人口总数的70.57%，完成改厕近200万户，普及率为19%。

中医工作 1994年，由省政府召开的浙江省第二次振兴中医中药大会，对8年来中医工作进行了全面总结；讨论制订了《浙江省中医事业发展"九五"计划及至2010年规划设想》；制定出台了中医医院购置仪器贴息贷款、名中医评选等10余项有关中医事业发展的新政策。省政府下发了《关于加快浙江中医中药事业发展的通知》。杭州市中医院和浙江省杭州中西医结合医院通过国家验收，分别成为全国"示范中医院"和全国首家三级甲等中西医结合医院。全省中医院分级管理按计划进入第二评审周期，通过分级管理、等级评审，使各级中医院的内涵建设进一步加强。农村中医工作重点县建设计划进展较为顺利。完成了1990年开始的根据"二部一局"规定的老中医专家继承人的结业考核工作，20位继承人按期出师。组办首届浙江省1994年国际传统针灸气功交流会，扩大了浙江中医药的对外交流。有组织的中医大专自学考试考前辅导工作开始启动；成立浙江中医学院成人教育学院，完成浙江省中医学校的定点工作。

卫生法制卫生执法工作 配合国家各项卫生法律，起草和制定地方的配套法规、规章，如《浙江省医疗机构管理条例实施办法》、《浙江省外埠仪器索证管理办法》等，《浙江省初级卫生保健条例》已列入1995年省人大立法计划。进一步整顿药品市场，加大药品执法力度，全年共查出伪劣药品1万余种，销毁伪劣药品价值500万元，查处万元以上案件60多起，罚没款近50万元，查处覆盖面为87%。全省拥有五大卫生监督员2 115名。1994年，全省共对355 750家食品生产经营单位进行监督检查，占全省食品生产经营单位总数的75.1%，检测食品48 376件，合格率为79.7%，对11 983家违反食品卫生法律法规单位进行处罚，罚款额为197.21万元，销毁劣(变)质食品28.5万余公斤，同时，对74万余名从业人员进行健康检查。根据有关法规，卫生部门对厂矿有毒有害作业点进行监测，粉尘监测点合格率为25%、化学监测点合格率为72.8%、物理因素监测点合格率为98.1%；城乡饮用水卫生监测结果，城市集中式供水水质卫生合格率为92.6%，农村为27.9%。

精神文明建设 普遍开展学习白求恩精神，学习赵雪芳事迹活动。各地贯彻省卫生厅制定的《关于严禁收受"红包"的规定》等7个规定，围绕收受"红包"、私吞"回扣"、以物代药、开单费、乱收费、利用执法搞不正之风等6个重点，开展专项治理。据59所医院统计，1994年收到表扬感谢信1 973件、旗匾1 029面。根据卫生部统一组织，对省人民医院、省妇女保健院、省中医院等7所医院进行的医疗机构行业作风检查，通过对2 100例患者的问卷调查，对医院服务质量的满意度为90%左右，对医院医疗质量的信任度为95%左右。 (沈家贤)

【试行抵押承包】 浙江省丽水市地处浙西南贫困山区，由于地方财政投入较少，不少乡镇卫生院房屋破旧、设备落后，技术力量薄弱。为了寻求生存与发展的道路，1994年，缙云、遂昌、云和、松阳四县试行抵押承包，乡镇卫生院由1993年86.34%的亏损面转变为全部扭亏为盈。

抵押承包的具体做法是：①确定标底，公开招聘承包人，实行公平竞争，择优录用。②承包人交纳占固定资产总值10%～20%的保证金；占周转资金总额20%的抵押金；按前三年平均业务收入10%的比例交纳事业发展资金。③承包人将保证和抵押金按一定比例分解给职工，作为风险共担。④确定工作任务、工作质量、人员编制及年度积累标准数。这种抵押承包的好处是：①业务收入大幅度增加，有的增长幅度较大，如遂昌县收入增加101.23%。②固定资产流失得到控制。③医疗条件明显改善，各县从上交的事业发展基金中为乡(镇)卫生院添置了医疗设备。④预防保健工作列入承包重要内容，工作得到落实。⑤职工主人翁意识和风险意识增强。 (沈家贤)

安 徽 省

1994 年基本情况

	数量	与上年比增长数	与上年比增长率(%)		数量	与上年比增长数	与上年比增长率(%)
卫生机构(个)	6 585	—52	…	卫生人员(人)	182 281	3 896	2.18
医院(个)	3 253	…	…	卫生技术人员(人)	147 819	3 107	2.15
床位(张)	119 373	2 679	2.30	乡村医生(人)	32 455	1 909	6.25
医院床位(张)	108 220	3 034	2.88	个体开业人员(人)	6 276	8	0.01
平均每千人口医院床位(张)	1.82	…	…	平均每千人口卫生技术人员(人)	2.49	…	…

续表

人口	总　数(万人)	5 955	卫生费用	卫生事业费(万元)	43 635
	出　生　率(‰)	…		卫生事业费与上年比增长率(%)	42
	死　亡　率(‰)	…		卫生事业费占财政支出百分率(%)	4.6
	自然增长率(‰)	13		卫生系统固定资产(万元)	184 579
医疗服务	诊疗总人次(万)	8 234.6		卫生系统基建投资(万元)	1 488
	门诊人次(万)	7 765.76		平均每一门诊人次医疗费用(元)	11.8
	急诊人次(万)	218.04		平均每一出院病人医疗费用(元)	301.8
	住院总人次(万)	267.93			
	出院总人次(万)	263.76			

疾病控制　1994年以丝虫病、霍乱、脊髓灰质炎等疾病为防治工作重点，开展传染病地方病防治。夏季出现旱灾，卫生部门把抗旱防病工作列为中心工作，成立领导小组，加强疫情报告和传染源、传播途径监测，重点传染病实行旬报制度，检测水样等标本10万多份，检索人群5.6万人，向灾区组派1 000多支医疗队、防疫小分队，下拨1 000多万元药品，为灾民治病和开展消杀灭工作，突击接种1 000多万人份疫苗，印发500万份卫生宣传材料，组织开展群众性爱国卫生运动，使疫情控制在最小范围内。据疫情报告，法定传染病发病率比1993年上升20.98%，死亡率比1993年下降26%。

扩大计划免疫保偿覆盖面，推行定时定点接种。全省"四苗"全程接种率为93.25%，有97.1%的乡镇儿童计划免疫接种率达85%；对4岁以下儿童普服脊髓灰质炎糖丸进行免疫强化，实行脊髓灰质炎哨点医院监测，加强急性弛缓性麻痹病例报告工作，有98个县(市、区)无脊髓灰质炎病例报告。加强结核病现症病人治疗和控制，制定《"安徽省结核病归口管理暂行规定》；确定合肥等6个城市为艾滋病监测哨点，对高危人群进行检测。

普服海群生药盐防治丝虫病。自1988年以来，全省共血检6 343.7万人次，查出微丝蚴血症448.4万人，对症治疗25.9万人次，全民服药盐6 693万人次。经卫生部抽样复核，全省达到基本消灭丝虫病标准。全省麻风病联合化疗覆盖率及正规治疗率均达95%，有95%以上的县(市)达到基本消灭标准。开展疟疾联防，血检发热病人和重点人群调查，进行休止期根治，全省疟疾发病连续第4年降到历史最低水平，未发生恶性疟疾。开展碘缺乏状况调查，重点在碘缺乏病、老病区加工供应碘盐，防治碘缺乏病。血防工作以扩建钉螺综合治理工程、沿江防护性灭螺、加强预防性服药等为重点，实施"控制血吸虫病项目"，普及血防知识，共查病83.12万人，治疗和扩大化疗17.14万人，查牛6.7万头，灭螺面积5 143万平方米。石台县达到基本消灭血吸虫病标准。

妇幼卫生　进一步推广优生优育系列保健保偿制。新法接生率提高到92.7%，婴儿死亡率下降42.57%，孕产妇死亡率下降51%，儿童保健和孕产妇保健系统管理率分别达到44%和69%。鉴于项目工作实施顺利，联合国儿童基金会，人口基金、世界卫生组织又延长项目周期，并扩展1个项目县和12个项目县所在的4个地市。制定《安徽省儿童急性呼吸道感染防治计划》，在项目县开展儿童呼吸道感染防治和监测工作。

宣传母乳喂养知识，开展创建"爱婴医院"工作。试行"母乳喂养支持组织联系卡"制度。安徽医科大学附院、铜陵市妇幼保健院等20家医疗保健单位被联合国儿童基金会、人口基金、卫生部授予"爱婴医院"称号。

农村卫生　省政府下发《关于进一步加强初级卫生保健工作的通知》。对32个普及初级卫生保健工作重点县(市)的县(市)长、卫生局长和初级卫生保健办公室主任进行培训。制定《安徽省农村合作医疗试点指导方案》。郎溪等18个县(市、区)达到初级卫生保健基本合格标准。据统计，全省农村享受合作医疗人口的比例已由1993年的1.6%提高到3%，自来水普及率为20.43%，学校健康教育开课率为30%。

全年共完成100所乡镇卫生院、9所县级卫生防疫站、10所妇幼保健所的改建任务。全省农村村卫生室覆盖率为95%，其中合格村卫生室覆盖率超过70%的县(市)数接近全省县(市)总数的一半，甲级村卫生室覆盖率为40%。农村卫生人力开发项目已在289个单位完成5.2万平方米的基建任务，为165个乡镇卫生院和25个卫生学校装备了986万元的设备。

中医工作　制定《农村中医工作五年规划》，加强农村中医药力量，发展专科专病，发挥中医药在初级卫生保健工作中的作用。太和县中医医院通过全国示范中医医院验收，批准怀远县中医医院等10家首批合格中医医院。全国农村中医工作试点县潜山县的试点工作进展顺利，确定霍山等10个县(市)为省级农村中医工作试点县，怀宁县中医骨伤专科医院等10个县(市)中医医院为全省县级示范中医医院创建单位，并分别制订《安徽省农村中医工作试点县实施办法(试行)》和《安徽省县级示范中医医院创建工作实施办法(试行)》。进一步完善以“学校教育”和“师带徒”双轨并进培养中医药人才的办法，16名按“师带徒”方式培养的继承人通过国家中医药管理局的验收审定，获准出师。20所中医院被评为“省级示范中医院”或“县级合格中医院”。

医政管理 开展等级医院创建工作。有5所医院通过三级医院评审(其中4所获“三级甲等”)，82所医院通过二级医院评审，202所医院通过一级医院评审。贯彻《采供血机构和血液管理办法》，成立安徽省血液质量管理委员会，加强采供血“三统一”管理。全年完成22所采供血站评审。宣传《医疗机构管理条例》，制定实施方案，对社会办医和个体行医进行整顿。开展全省护士执业注册登记工作。

教育与科技 1994年共招普通中专生2 780名，成人中专生2 710名，职业中专生5 025名。乡村医生复训工作已全面展开，共编写18门课、40万字的乡村医生复训教材。制定下发《安徽省继续医学教育暂行规定》，实行《继续医学教育证书》制度，各级各类医疗卫生机构技术人员开始接受不同层次的继续医学教育。全省获卫生部科技进步一等奖1项，二等奖1项，获省科技进步一等奖2项，二等奖3项，三、四等奖21项。

卫生监督与执法 举办卫生监督员资格考试，有3 205人获得5 621项专业监督资格证书，平均每人获得1～3项卫生监督员资格，实行“资格证书”和“监督员证书”双证书制度。开展卫生执法稽查，对1.6万家食品生产经营单位进行检查，食品卫生合格率为77%。有毒有害企业和生产现场监督、监测覆盖率分别为43.67%和59.67%。开展药品质量监督检验汇审、汇查，完善药品生产审批办法，完成1 142家药品生产企业、经营企业和医院制剂室的检查验收和换发许可证工作，共审批三级标准药品210种，初审新药29种，审批中药保健品4种，完成川贝母的评审工作。贯彻国务院《关于进一步加强药品市场管理的紧急通知》，整顿医药市场，打击制售假劣药品的违法犯罪行为。

爱国卫生 开展卫生城市创建活动。合肥市申报“国家卫生城市”，检查“全国卫生城市”和“省卫生先进城市”，18座，2 100个现场和单位。在芜湖、铜陵、五河三县进行创建卫生城镇试点工作。开展以灭鼠为重点除“四害”活动，黄山市通过“灭鼠先进城区”，铜陵市通过“灭蝇先进城区”的考核验收，全部通过灭鼠、灭蟑螂、灭苍蝇的先进城区有5个。

农村改水改厕。农村自来水普及率为20.43%，安全用水率为91%，农村改厕率为8%。开展防病保粮灭鼠活动，共投入灭鼠资金400万元，投毒饵300余吨，使全省鼠密度下降到1.18%。扩大健康教育面，城市健康教育开课面为80%，农村为30%。

行业作风建设 广泛宣传学习“人民的好医生”赵雪芳，开展“三优一健”(优质服务、优良环境、优良秩序、健康的文化娱乐活动)宣传教育竞赛。加强制度建设，把职业道德建设与医院等级评审、职称评定、晋级、晋职、奖金分配等结合起来。制定下发《安徽省卫生系统商品采购管理若干规定》。医德医风明显好转，患者对医疗质量信任度达到90%，对医护人员技术水平和服务态度满意率为80%。

对外交流与合作 全年共办理出国访问、考察、学术交流、进修41人次，涉及15个国家和地区。撤回第12批援也门医疗队。组织培训第13批援外医疗队。

(宣庆生 费勤福)

福建省

1994 年基本情况

	数量	与上年比增长数	与上年比增长率(%)		数量	与上年比增长数	与上年比增长率(%)
卫生机构(个)	4 537	14	0.30	卫生人员(人)	109 775	844	0.77
医院(个)	1 260	70	5.88	卫生技术人员(人)	91 209	785	0.87
床位(张)	72 824	1 534	2.15	乡村医生(人)	15 770	485	3.17
医院床位(张)	64 791	1 303	2.05	个体开业人员(人)	6 533	－417	－6
平均每千人口医院床位(张)	2.07	0.02	0.97	平均每千人口卫生技术人员(人)	2.92	0	0

续表

人口	总　数(万人)	3 126.87	卫生费用	卫生事业费(万元)	47 587.57
	出　生　率(‰)	16.24		卫生事业费与上年比增长率(%)	32.07
	死　亡　率(‰)	5.95		卫生事业费占财政支出百分率(%)	3.45
	自然增长率(‰)	10.29		卫生系统固定资产(万元)	167 500
医疗服务	诊疗总人次(万)	5 540.06		卫生系统基建投资(万元)	28 652.50
	门诊人次(万)	5 155.46		平均每一门诊人次医疗费用(元)	15.47
	急诊人次(万)	181.08		平均每一出院病人医疗费用(元)	67.85
	住院总人次(万)	176.68			
	出院总人次(万)	174.67			

卫生改革

1. 增加卫生投入。1994年,各级政府为人民办卫生实事155项,投入资金约8 435万元。同时,逐步提高卫生事业费与财政支出的比例,全省卫生事业费支出4.76亿元,比1993年增长30.2%。争取侨胞捐资3 588万元,企事业单位、群众、职工筹资1.2亿元用于卫生事业建设。福州市投入4 000万元作为市属医疗卫生单位基本设施重点项目建设。厦门市政府投资5 500万元兴建海沧医院和厦门国际眼科中心。泉州市、县(区)两级政府办卫生实事31项,投资1 117万元。宁德地区开展"卫生改革和发展年"活动,增加专项经费300万元。

2. 开展调研。组织省、地(市)、县三级医疗单位150多人,深入到37个县(市)、70个县级医疗卫生单位、105个乡镇卫生院、91个村卫生所,开展关于区域卫生规划、医疗保障制度、医疗收入结构等12个课题调研,并举行调研报告会,提出卫生改革和发展的建议和对策。

3. 完善卫生管理体制和运行机制。全省56所省、地(市)、县医院及乡镇卫生院列为分级管理试点医院,已对16所医院进行试评。医疗卫生单位根据自身特点,拓宽医疗卫生服务领域,开展家庭医护、保健咨询、预约手术等特需服务。省卫生厅、财政厅联合制定特需医疗收费项目管理办法,规范医疗卫生特需服务管理。为理顺医疗价格体系,省、地两级医疗单位挂号费、省级医疗单位住院床位费分别于1月1日、7月1日调整出台。地(市)、县以下医疗收费按分级管理原则相应作了调整。

4. 医疗保障制度改革。已建立县级以上公费医疗管理委员会77个,现有专兼职管理人员311人。省政府组织省有关部门多次研究论证《省级机关公费医疗改革暂行管理办法(方案)》。全省已有莆田、福鼎、政和等23个县(市)试行多种形式的职工医疗保险制管理,受保人数13万多人,占享受公费医疗人数的71.9%。龙岩地区、莆田市和福安、建瓯等20个地、市、县政府出台了公费医疗管理办法。全省约有1 602个村实行集资、合作医疗,参加人数135.3万人,统筹基金1 721万元。

农村卫生　进一步落实农村卫生"三项建设",共安排项目151个(乡镇卫生院120个,县卫生防疫站13个、妇幼所18个),总投资约7 200万元,其中中央和省补助1 780万元、地(市)投入236万元、县投入2 019.5万元、乡镇投入1 443.5万元、单位自筹和华侨捐资1 721万元。截至1994年,四年来农村卫生"三项建设"投入资金2.1亿元,安排项目545个。开展卫生支农活动,组织18个省级医疗卫生单位对18个边远山区县进行人力、物力、财力对口支援,各地(市)、县医疗卫生单位也相应开展支援县、乡卫生工作。各地为农村培训乡村医生8 968人次,投入培训经费446万元。

预防保健　1994年,全省甲乙类传染病报告发病率为154.4/10万,比1993年下降10.01%。在1月、9月、10月、12月开展四轮消灭脊髓灰质炎强化免疫活动,共发放疫苗882.2万人份,实际4岁以下儿童服苗750多万人次。6月底发生霍乱局部流行,落实防治措施,使疫情得到控制。为预防和控制艾滋病传播,全年共监测78 891人份的高危人群血清,及时发现艾滋病病人及感染者12例(累计32例),并进行医学管理。继续组织实施"卫生部加强和促进结核病控制项目",又选择了尤溪、宁化、长汀等12个县(市)作为第二批试点,该项目覆盖人口数为701.1万人。全省共登记活动性肺结核6 282人,其中涂阳病人(传染源)1 371人,共治愈活动性肺结核4 495人。进一步贯彻卫生部颁布的《消毒管理办法》,对医疗、保健、托幼机构普遍实施"消毒合格证"制度,对消毒药械,一次性使用医疗卫生用品、卫生杀虫剂、洗涤剂企业及其产品实行"卫生许可证"、"准销证"管理制度,有32家生产企业获得生产"卫生许可证",11家外省进入本省销售企业的产品获得"准销证"。

开展贯彻执行《中国2000年消

除碘缺乏病规划纲要》、《食盐加碘防治碘缺乏危害管理条例》宣传活动。全省151个地氟病区村，已改水的有124个，占82.1%。9个县(市)达到基本控制地氟病标准。25个县(市、区)达到基本消灭疟疾标准。有62个县(市、区)达到基本消灭麻风病标准。全省24个鼠疫监测点按计划开展监测工作，20个县(市)获灭鼠先进县市称号。对16个布氏杆菌病监测点进行检测。

中医药工作 首批列入国家"杏林计划"的厦门、漳州、南平市中医院，3年投入资金2 092万元，通过省级评估。1994年，又确定20所中医院作为分级管理试点，投入资金基数，地(市)级100万元，县级70万元，省卫生厅和地方政府分别承担基数的30%和70%，3年内达分级管理相应等级标准。开发中药新药16项。资助55人进修中医专科专病及中医、中西医结合新技术。首批21名名老中医药专家继承人(国家队12人、省队9人)通过出师考核。第5期两年制西学中班20多名学员，全部通过毕业考试，晋升一级技术职务。福建中医学院内成立成人中医药教育学院，将开办成人中医学专业专科起点本科班、成人中西医临床医学脱产班及中药脱产班。

妇幼卫生 1994年，全省实行孕产妇系统保健、儿童系统保健管理村分别为10 760个、8 827个，占总村数的67.84%、55.65%，分别比1993年增加5.1个百分点和5.3个百分点。孕产妇死亡率3.99/万，婴儿死亡率17.37‰，住院分娩率53.94%，新法接生率99.13%。全省妇幼保健门诊95.17万人次，开展优生咨询10.46万人，实行妇幼保健保偿服务的有263个乡3 105个村，实行妇幼保健有偿服务的有689个乡6 460个村。确定12个县市为儿童死亡监测点、11个县市为急性呼吸道感染监测点。开展儿童健康体检121万人，在此基础上进行营养不良调查及评价。

全省52家医疗保健机构通过国家级评估，达到"爱婴医院"标准，至此，共有75家"爱婴医院"获联合国儿童基金会表彰。联合省民政厅，对全省婚前健康检查人员做到考核发证，持证上岗，全年婚前健康检查6.9万人。近几年已在76个县(市、区)的124个乡镇开展了婚前健康检查，共检查39.24万人。

医学教育和科技 全省高、中等医学院校共招生3 506名，毕业生2 614名；卫生职业成人教育招生2 453名。1994年开始正式实施临床住院医师规范化培训工作，16家试点医院按省制订的《临床住院医师规范化培训试行办法》和《实施细则》要求，对1993年以后毕业的本科生进行各科轮转培训。组织近4 000人参加第二阶段无学历卫生技术人员岗位资格考试，有3 600多人考试合格，领取了卫生技术岗位任职资格证书。全省设立64个乡村医生系统化教育面授点，有80%的县(市)开展系统化教育工作，在校生3 000多人。据统计，全省卫生单位举办各类培训班283个，培训人数达16 093人次。

科研课题继续实行招标制，经评审，择优资助87个研究课题。共评出63个项目为1993年度省卫生厅医药卫生科技进步奖项目，其中一等奖13项，二等奖21项，三等奖29项。全省卫生部门获1993年度省政府科技进步奖31项，其中二等奖5项，三等奖26项；获1994年卫生部医药卫生科技进步奖4项。有15项成果列入推广计划。继续向农村基层推广10项适宜新技术、新成果。

卫生监督执法 联合医药、监察、工商等部门开展医药市场的治理整顿和监督管理。全省共抽调药政、药检和药品监督员1.1万人次，检查1.4万个医药卫生单位和个体药店，检查中西药品300多万种次，查处假劣药品1.8万多种次，查处假劣药案件1 300多起，取缔无证经营220家。检查食品2.72万件，合格率为83.8%。食物中毒发生43起，比1993年下降2.3%。监督监测各类公共场所3 046户，合格率为72.7%。对18家化妆品生产企业审查验收，并核发了卫生许可证，抽查化妆品新产品69件，合格率为85.5%。共检测粉尘、化学因素、物理因素作业点17 835个，体检接触有毒有害作业工人4.9万人，体检率为24%。有767家放射性同位素与射线装置单位经监测审查合格取得"卫生许可证"，发证率60%。监测学校4 857所，学生体检40.53万人，体检覆盖率为32.4%。全年约治疗寄生虫阳性感染者60万人次，学生肠道寄生虫的感染由1992年的63.9下降为23.4%。

对外交流与合作 1994年，组团出访、考察、进修、参加国际学术会议等43批100多人次；邀请和接待外宾来访、考察、讲学等80批388人次。卫生厅分别组团出访巴西、美国，就中医药、卫生机构管理等进行洽谈。赴法国考察卫生人力培训。在福州召开福建——冲绳汉医学术研讨会。台湾省中医药代表团应邀来厦门访问考察，就进一步开展闽台中医药交流与合作等问题进行商谈。与日本女子营养大学合作，在泉州地区开展第3年度营养与健康科研调查。与印尼华康中西医药公司合作开设的雅加达中西医综合诊所于11月开诊。通过政府和民间等各种形式，省中医药已与东南亚国家及地区、美国、巴西、日本、德国等开展学术交流和医疗合作。

组织第7批援博茨瓦纳医疗队员家属集体赴博探亲。向南平地区下达筹组第11批援塞内加尔医疗队的任务。世界银行提供的农村卫生人力开发项目实施取得进展，已批准开工项目13个，完成基建1.6万平方米，国内招标25个品目近300万元设备投入使用，国际招标13个品目价值800万元设备已签约。争取到国外政府贷款1 000多万元。

爱国卫生 1994年，武夷山市、石狮市被评为省级卫生城市，有10个乡镇被评为省级卫生乡镇。

全省共投入农村改水资金9 694.7万元，新增改水受益人口53.17万人。截至1994年底，全省农村改水受益人口2 366.7万人，占农村总人口的92.91%，其中自来水受益占农村总人口的49.14%。农村改厕投入资金4 191.8万元，其中农民个人自筹3 545.7万元，完成改厕11.39万户。截至1994年底，累计改厕32.78万户，占农村总户数的5.75%。

红十字会工作 全省红十字基层组织2 050个，新发展会员25 613人，共41.6万人，收缴会费30多万元。举办《中华人民共和国红十字会法》宣讲会、报告会720场次，听讲人数9.5万人次。先后接受总会、香港红会、台湾红十字组织向福建省灾区捐赠的救灾款物30批次，价值1 237万多元，受益人数33.87万人。举办机动车驾驶员卫生救护培训169期，72 012人参加培训，合格颁证52 304人。全省有5 512人报名无偿献血。按照“金门”协议，完成“双向”遣返作业中所担负的联络联系、参与见证任务，共实施马尾——马祖遣返作业23批，接遣私渡人员、刑事犯等4 721人。

（鲁建成 黄则贤）

【闽台卫生交流与合作】

1. 闽台中医药交流与合作 1987年4月，福建中医学院成立台湾中医研究室（后更名为台湾中医药研究咨询中心），几年来，该中心编辑出版《台湾中医药概览》等著作5部，近100万字；编辑《台湾中医药动态》等内部刊物3种；其中，《台湾中医药文献研究》1992年9月获国家科委优秀科技情报成果三等奖，《台湾中医药概览》1991年12月获全国首届优秀医史文献图书及医学工具书银奖。由李良松编著的《陈立夫与中医药》一书正式出版。1988年以来，福州、厦门两地举办了7届海峡两岸中医药学术研讨会，310名台湾中医药界人士来闽开展学术交流，提交学术论文320篇。福建中医学院和厦门市分别建立闽台中医药学术交流中心、厦门国际中医药培训中心，两个中心为530多名台湾中医师举办了短期进修培训班。经国家教委批准，1989年始福建中医学院正式对台招收本科生，1993年又向台湾招收硕士研究生，至此已有113名台湾学生在福建中医学院学习。福建中医学会同台湾“中国中药学院”、台湾自然疗法杂志也建立了联系，1992年邀请台湾中医药界同仁8人来闽访问，1993年邀请4人来闽参加武夷山国际中医药学术交流会。1992年12月，福建中医学院应台北市中医师公会之邀到台访问。并同台湾中国医药学院达成资料交流协议，并在经络、骨伤、中医内科研究等方面建立交流意向。1993年和1994年，厦门国际中医药培训中心、厦门市中医院、福建中医学院先后应高雄市制药公会和台北市中医师公会的邀请到台湾进行考察，开展学术交流活动。1994年9月，台湾区中医药代表团回访厦门国际中医药培训中心。福建省立医院于1993～1994年，聘请台湾“中国针灸学研究发展委员会”副主任委员林安达为客座教授。

2. 闽台红十字组织交往与合作 1990年9月，两岸红十字会组织在金门岛，就人道、安全、便利原则双向遣返私渡人员、刑事犯、刑事嫌疑犯等进行工作商谈，达成共识，签订了两岸阻隔40年后第一个协议——金门协议，实现了两岸关系的历史性突破。4年多来，闽台红十字组织执行金门协议完成双向遣返作业中担负的联络工作，参与见证业务104批、18 212人次。1993年福建省红十字会在厦门主办首届闽台红十字青少年夏令营。1994年台湾红十字组织主办了首届海峡两岸红十字青少年冬令营。1994年2月23日，福建省红十字会参加主办的福建省首届抗癌联谊联欢会在榕举行，台湾省红十字分会及抗癌人协会发来贺电。福建人民在抗击台风中，福建省红十字会收到台湾红十字组织捐助的抗灾款300多万元和救护车2部。中国佛教医学研究所在福建省建瓯市成立时得到台湾红十字组织的支持，台湾高雄龙发堂法师释开丰曾到该所访问。福建省红十字会协助政府及有关部门妥善处理海难事件及其他涉台事宜，帮助台胞解决回大陆探亲期间医疗保健问题，运用红十字会声誉争取到李焜泰先生等一批闽藉台胞回家乡兴办公益事业。省红十字会为台胞查人转信1 342宗，已查到561宗，协助中国红十字总会妥善处理平潭县渔船事件。

3. 闽台卫生交流与合作 福州市卫生局于1992年举办了榕台医学学术研讨会、男性学与性医学研讨会，台湾专家学者出席，并在榕举办学术讲座。福州市与台商合资创办的离子医学咨询部，福州市精神病院与台湾高雄龙发堂合作探讨精神病防治与康复均取得进展。莆田市吸引台资1 000万元兴建佳美中医院，福建省立医院吸引台资200万元兴建先施门诊部，龙海市中医院吸引台资120万元兴建育珠楼等。全省吸引台商独资、合资创办药厂12家，引进疗效显著的品种10项。福州、厦门、泉州、莆田、东山等20个市、县医院开设台胞门诊、病房和接待站，为台胞提供优质服务，累计收治台胞患者2 000多人次。

（鲁建成 张炳芬）

【吸引侨港台胞捐资办医】 自改革开放以来，福建省各级卫生部门积极吸引侨港台胞捐资办医。至1993年，侨港台胞捐资办卫生事业近3亿元，其中500万元以上的5项次，100万～500万元的35项次，50万～100万元的52项次，30万～50万元的41项次，成为福建省发展卫生事业的一条重要筹资渠道。

侨港台胞捐资办医的特点和趋势 ①由少到多。侨港台胞捐资办医数额从1978年～1993年，捐资30万元以上的达126项次，总计达2.9亿元，是改革开放前的近30倍。②由小到大。过去海外侨港台胞捐资办医项目以物为主，多是一些小型医疗器械设备、办公用品、救护车。进入80年代，捐资项目日益扩大，多数是捐资100万元以上建设整座医院、病房或门诊大楼。如福州市红十字医院的“元洪门诊楼”，泉州市儿童医院，福建医学院附属第二医院的“爱国楼”、“高维珊楼”，安溪铭选医院，莆田市医院惠妹门诊大楼，以及陈子兴先生捐资3600万元已奠基兴建的福建侨兴医院。③由单体到群族。以前捐资多以个人、家庭为主。1980年以后，逐渐发展以团体、基金会等形式捐建。如郑格如基金、郭谢碧蓉基金会捐建的福州市鹤龄医院，台湾福州先施企业有限公司捐资正在兴建的省立医院门诊楼。④由侨港资到台资。过去，捐资办医以港、澳、新、马、印尼华侨为多。进入90年代，台胞捐资大陆办医的逐渐增多。据统计，1990年以来，台胞共捐资1114万元兴办各项卫生事业。台湾释开丰法师李焜泰捐资360万元兴建龙海中医院。⑤由沿海到山区。过去华侨捐资办医基本集中在沿海侨乡泉州、福清、莆田一带，山区项目极少。现在，侨港台胞也向山区捐资，缓解了贫困地区缺医少药的状况。

吸引侨港台胞捐资办医的做法

①加强领导。各级卫生部门与侨办、对台等部门协作，积极吸引捐资，实行大、中、小项目一齐上，侨港台胞捐资都欢迎的方针。接收捐资的6个地、市、30多个县(市、区)政府成立了吸引外资协调领导小组，指定专人负责，及时通报项目进展情况。省卫生厅把这项工作作为一件大事来抓。②参与管理。为加强捐资项目管理，加强与侨胞、港澳台胞的联系，在侨胞捐资的医疗卫生单位普遍建立董事会，及时向侨胞传递信息，并让侨胞参与管理，监督事务。与此同时，注意捐资办医和实施初级卫生保健相结合。晋江市石圳村侨胞捐资100多万元修筑排水沟1360多米，铺石砖路16条、长3600米，拆填旧厕所、猪圈和垃圾坑580多个，修建公共厕所17座，配置垃圾桶150个、垃圾车一部。同时组织一支清洁队伍，新建一座村卫生所。晋江市金井镇溜江村侨胞陈先生捐资230多万菲币，建设一座自来水厂、30多个公共厕所等生活卫生设施。③用好侨资，落实政策。各有关单位接收侨港台胞捐资后，抓紧立项，认真规划，加强管理，使捐资项目取得进展。省政府、省卫生厅、省侨办为鼓励海外侨胞、港澳台胞捐资办医，制定有关政策及奖励办法。省里拨出专款20万元，为捐资的侨胞、港澳台胞授予金、银质奖章，奖匾和证书。　　（鲁建成　高榕芳）

江　西　省

1994　年　基　本　情　况

	数　量	与上年比增长数	与上年比增长率(%)		数　量	与上年比增长数	与上年比增长率(%)
卫生机构(个)	5 432	43	0.80	卫生人员(人)	149 247	2 030	1.38
医　　院(个)	2 304	28	1.23	卫生技术人员(人)	120 503	2 185	1.85
床　　位(张)	94 372	957	1.03	乡村医生(人)	26 634	602	2.31
医院床位(张)	83 911	1 286	1.56	个体开业人员(人)	6 309	53	0.85
平均每千人口医院床位(张)	2.09	0.01	0.48	平均每千人口卫生技术人员(人)	3.00	0.02	0.67

人口	总　数(万人)	4 015.45	卫生费用	卫生事业费(万元)	34 512.5
人口	出　生　率(‰)	19.38	卫生费用	卫生事业费与上年比增长率(%)	43.01
人口	死　亡　率(‰)	7.00	卫生费用	卫生事业费占财政支出百分率(%)	3.75
人口	自然增长率(‰)	12.38	卫生费用	卫生系统固定资产(万元)	128 676.58
医疗服务	诊疗总人次(万)	3 122.1	卫生费用	卫生系统基建投资(万元)	13 281
医疗服务	门诊人次(万)	2 836.9	卫生费用	平均每一门诊人次医疗费用(元)	23.1
医疗服务	急诊人次(万)	132.6	卫生费用	平均每一出院病人医疗费用(元)	769
医疗服务	住院总人次(万)	111.1			
医疗服务	出院总人次(万)	106.6			

卫生改革　1994年，在农村卫生组织管理体制和经营机制方面进行探索。各地、市、县推行乡镇卫生院股份合作制试点和乡村卫生组织一体化管理。在总结省儿童医院综合改革试点的基础上，继续深化城市医疗卫生机构内部管理体制和人事分配制度改革，规范特需服务管理，扩大服务范围，同时把后勤管理制度改革作为城市医疗卫生单位改革的重点，在基建维修、食堂管理、车辆维修、物质采购等方面，普遍实

行以降支节耗为主的承包责任制，有的采取招标形式，择优挑选承包人。省肺科医院、宜春地区人民医院等单位理顺物资采购、供应、出入库管理关系，按照"申报计划、定点采购、让利归公、逐项核算"的原则，进行药品、器械等物资的集中采购、储存、供应管理。全省卫生系统兴办产业实体500多个，仅江西中医学院制药厂年产值达2.7亿元。1994年调整卫生防疫收费标准530项，新增医疗收费项目42项。通过各种筹资渠道，省直卫生单位投入基本建设经费2 258.7万元，5所医学高校投资386万元兴建教学和学生宿舍用房。在抓好世界银行卫Ⅲ、卫Ⅴ贷款项目实施的同时，又争取了世行卫Ⅵ贷款项目，受益县(区)近70个。作为国家两个职工医疗制度改革试点的九江市，新的职工医疗保险改革方案于12月1日正式运作。全省各地公费医疗改革也有新举措。

农村卫生　农村"三项建设"投资780万元，安排"三项建设"项目224个，其中乡镇卫生院200个、县级防疫站12个，县级妇幼保健所12个。省卫生厅与省老区建设办公室共同扶持老区特困乡卫生院建设18个，共投资112万元。1994年又有51所中心卫生院建设达标，至此有187所中心卫生院达到房屋、设备、人员、技术、管理"五配套"，为全省中心卫生院总数的52.7%。全省农村改水累计受益人口3 053万，占农村总人口的92%，其中有764万农村人口饮用上自来水。全省农村改建卫生厕所110万座，占全省农户厕所总数的17%。1994年在两次抗洪救灾中，全省卫生部门和红十字会共支援灾区消杀灭药品和防治药品100多万元，捐助灾民大米、衣被、药品价值1 000多万元。各地共组派抗洪救灾医疗防疫小分队160多个，2 400多名医务人员奋战在救灾第一线，确保了全省大灾之后无大疫。

预防保健　以防治霍乱和消灭脊髓灰质炎为重点，全面推进急慢性传染病的预防控制。在不到一个月的时间内控制了霍乱疫情。脊髓灰质炎强化免疫接种率为98.6%，1994年全省仅发生1例脊髓灰质炎病人。以妇幼合作项目为突破口，提高全省妇幼卫生整体水平。12个项目县共配套资金540.1万元，新建县级妇幼工作用房7 204平方米，平均每所妇幼保健所工作用房面积由447平方米增至1 047平方米。乡、村两级妇幼保健装备已基本完成。全省94个县(区)推广应用农村围产保健规范管理三"十"措施，据287个乡(镇)围产保健监测资料表明，推广三"十"措施前后围产保健质量发生明显变化，高危孕妇检出率提高33.9%，高危孕妇住院分娩率提高13.0%，孕产妇死亡率降低44.6%，围产儿死亡率降低23.2%，新生儿破伤风发生率降低48.7%。全省血吸虫病疫情明显下降，全省仅发生急感病人20例，为历史最低年。彭泽县血防试点工作连续二年被评为全国一等县，南昌市国家血防试点工作开始实施，市政府决定在3年内由市、县(区)拨出血防专款944万元，用于血吸虫病综合防治。

中医工作　中医机构服务能力和工作效益进一步提高。全省县以上中医院年门诊量为6 000万余人次，收治住院病人13万余人次，治愈好转率为95%以上。中医医院年人均业务收入为1.7万元，最高为3.5万元。鹰潭、萍乡、宜春、、新余4所全国示范中医院建设的硬件和软件基本达到国家标准，已通过省级验收。13所县以上中医院列为分级管理试点，5所中医院已通过省卫生厅评审。在全省范围推广应用15种急症中成药，组织一次全省中医病案书写竞赛。高安市全国农村中医试点工作进展顺利，两次在全国农村中医工作会议上作典型发言。江西中医学院增设中西医结合专业，已接收外国留学生100多人次，与法国等国联合开办清明中医学院、中法联合中医大学，加强了中医药的对外交流与合作。老中医继承工作顺利结束。24名高徒全部晋升了高一级专业技术职务。

卫生法制　《江西省食盐加碘消除碘缺乏危害管理条例》、《江西省食品卫生监督行政处罚办法》于6月11日和11月30日经省人大常委会通过并正式颁布实施。省卫生厅成立了卫生行政复议领导和办事机构，进一步建立和完善了卫生立法、执法和行政复议工作程序。全省组织药品监督员2 100人次对药品监督执法工作进行检查，查处伪劣药品案件242起，查出伪劣药品1 309种(次)，销毁伪劣药品价值102.7万元。6月，组织开展全省饮料卫生质量突击检查。8月底，与省人大教科文卫委共同组织全省传染病执法大检查。省卫生厅制定《江西省医疗机构管理条例实施办法》，对社会医疗机构进行整顿。8月，召开全省输血工作会议，制定了《江西省输血管理办法》。

医教科技　1994年，省卫生厅组织鉴定医学科技成果34项，其中属国际领先水平1项，国内领先水平17项，获卫生部科技进步三等奖2项，省科技进步奖10项。省卫生厅评选出技术创新奖27项。全省乡村医生"红色证书工程"进行第二、三层次理论考试，有25 000多名乡村医生接受系统的业务培训。省卫生厅联合省教委对社会力量举办非学历医学教育进行整顿，对部分民办医学院校办学条件进行评估。召开全省成人医学教育工作会议，建立住院医师培训制度，制定全省成人医学教育和继续教育工作规划。

医德医风　省卫生厅制定并经省政府批准颁发《江西省医疗职业道德建设实施方案》，在县及县以上医疗单位全面开展医疗职业道德教育，用一年时间，集中治理"红包"、"回扣"等热点问题。各级卫生部门在医德医风建设中实行两个"一票否决"，即在医院评审等级中实行医德医风一票否决，在医务人员晋升晋级、评选提干、外出进修以及奖金评定等方面实行医德医风一票否决。各医疗单位自查自纠，取消一些不合理的收费项目。12月1～12日，全省11个地市和省直医院抽调360人，组成120个调查组，对6 000名病人分别进行门诊、住院和入户调查。12月26～29日，省卫生厅会同省廉政办、监察厅等单位对江西医学院第二附属医院、南昌市第一医院进行医德医风、医疗质量突击检查。各地深入开展向白求恩式的好医生——赵雪芳学习活动。省卫生厅评选和表彰省直医院医德医风"十佳"医务工作者，省儿童医院等6个卫生单位，毛振帮等15名卫生人员被评为全国卫生系统先进集体和先进工作者。（陶　曦）

【江西省抓紧纠风工作】 1994年7月7日，江西省省长吴官正主持召开进一步抓好医德医风建设会议，会后，省卫生厅召开地市卫生局长会和省直医院负责人会议。省卫生厅制定《医疗卫生职业道德建设实施方案》，经省政府批准在全省普遍实施，决定从1994年9月～1995年9月在县及县以上医疗单位全面开展医德医风建设，实行医疗单位领导负责制和医德医风两个"一票否决"制。明确规定，医疗单位的纠风工作由单位主要领导负责，并将医德医风建设与医院评审等级和医务人员技术职务晋升评定挂钩，凡是经过考评医德医风不合格的医院，取消其申报资格；已经评定等级的，要下降等级。全省县及县以上医院普遍建立医德医风考评建档制度，按照优、良、合格、不合格4个档次评定医务人员医德医风状况。医德医风不合格的医务人员不得晋升晋级、外出进修、评选先进等。省卫生厅重申了"八不准"规定。不准向病人及家属索要钱物或收受"红包"、礼品及接受吃请；不准为了小团体利益或投病人所好，滥用药、滥检查，或私自向病人推销保健药品及未经批准的临床验证药品、无批号的生物制品；不准任意分解收费和提高收费标准，巧立名目乱收费；不准以任何形式截留医院收入，个人、科室不准私分、私收任何医疗业务现金；不准任何科室和个人擅自向外介绍病人，从中收取"介绍费"、"好处费"、"提成费"；不准搭车开药、搭车检查，不准以个人或科室名义集资购买医疗设备从中提成分红；不准任何医疗单位以协作或兼职为名，变相转让单位正式收费票据、印章、招牌，从中参与经济分红；不准在基建施工、购卖药品器械等经济活动中私自收受"回扣"、"提成"，损害国家、单位和个人的利益；不准以特需医疗服务为名，增加病人不合理经济负担；不准医务人员擅离工作岗位，玩忽职守，推诿病人，严防医疗差错事故的发生，以维护病人的医疗安全与健康。各医疗单位按照"八不准"进行对照自查，取消一些不合理的收费项目，纠正大型检查搞提成、回扣以及处方总额提成等错误做法。全省11个地市卫生局和省直9所医院抽调360人，组成120个调查组，对6 000名病人分别进行门诊、住院和入户调查。省卫生厅、监察厅、南昌市卫生局联合组成调查组，对江西医学院二附院、南昌市第一医院进行医德医风、医疗质量突击检查。两次调查结果表明，社会对医院和医务人员服务满意度比1993年同期有比较明显的提高。（陶　曦）

【九江市实施职工医疗保障新制度】 1994年12月1日开始，九江市实施《九江市职工医疗社会保险暂行规定》，实行社会统筹医疗基金与职工个人医疗帐户相结合，医疗保险费用由单位和个人共同负担的新制度。新的医疗社会保险制度实行属地原则，驻市的中央、省属企事业单位都要参加当地的医疗保险制度改革，执行统一缴费标准，享受统一医疗保险待遇。新制度体现了职工医疗保险水平和方式同九江市社会生产力发展水平以及各方面的承受能力相适应，采取稳定的职工医疗保险筹资机制。新制度兼顾了公平与效率，强化了个人约束机制。同时规定了对离休老干部实行照顾的办法。

新制度建立了对医疗单位和药品销售单位的制约机制，对定点医院资格审定、对定点医院的选定以及医疗基金和日常医疗管理，都作了详细规定。

12月18日，九江市召开全市职工医疗制度改革动员大会。国家劳动部副部长朱家甄，省委常委、副省长黄智权在会上讲了话。朱家甄希望九江市认真做好宣传教育和思想工作，发动和依靠广大干部群众不断克服改革进程中的困难，做好试点工作，为下一步全面开展职工医疗保障制度的改革提供经验。黄智权说，省政府已确定加强对九江市试点工作的指导，各有关部门要根据各自的职责，对试点工作做好指导服务工作，保证试点工作顺利进行。（陶　曦）

【宜春地区推行乡镇卫生院股份合作制】 江西省宜春地区卫生局把农村卫生体制改革的着力点放在推行乡镇卫生院股份合作制上，制定下发《宜春地区乡镇卫生院股份合作制试行办法》，要求各县市在试点的基础上，由点到面，逐步推开，到年底覆盖率达到50%以上。各县市根据本地区实际情况，各自制定了具体的实施办法。樟树市24家城乡医院和259个村卫生所开展全员入股，人均投股200元左右，共吸纳股金50多万元，股份合作制覆盖率为100%。万载县30%以上的医疗单位在医疗器械、医疗网点、乡村医防联合体等方面进行了筹资，筹集股金40余万元。据统计，全区183个乡镇卫生院已有136个实行不同形式的股份合作制，共吸纳股金325.4万元，股份制覆盖率为74.32%。股份合作制的推行，使一些处于困境的乡镇卫生院重获生机，如樟树市市、乡两级医疗单位实行股份合作制后，门诊和住院人次分别比1993年增加17.3%和12.4%，业务收入增长26.7%。（陶　曦）

【江西省加强卫生法制建设】 江西省加强卫生法制建设。1994年年初，省卫生厅在全省卫生系统进行卫生法学人员摸底调查，登记建档，初步建立起一支卫生法学队伍。为了加强卫生行政复议工作的领导与监督，省卫生厅成立了卫生行政复议领导小组，并明确规定卫生立法、执法工作程序。省卫生厅会同省人大教科文卫委、省政府法制局等有关部门起草《江西省食盐加碘消除碘缺乏危害管理条例》、《江西省食品卫生监督行政处罚办法》，分别于

6月、11月经省人大常委会讨论通过。完成了《江西省爱国卫生工作条例》、《江西省实施〈中华人民共和国红十字会法〉办法》、《江西省城乡集市贸易食品卫生管理办法》、《江西省婚前医学检查管理办法》等卫生法规的起草论证工作，这些卫生法规已列为1995年省立法计划。

江西省卫生执法工作力度得到加强，各地认真贯彻《药品管理法》和国务院《关于进一步加强药品管理工作的紧急通知》，组织全省药品监督执法大检查，检查药品产、供、用单位覆盖率100%。各级药检所检验药品23 660件，合格率84.65%。全省共查处伪劣药品案件242起，查出假劣药品1 309个种(次)，罚没款68万余元，销毁假劣药品102.7万元。省卫生厅制定《医疗单位药品采购管理办法》，对药品采购、折扣、出入库等管理环节作出明确规定。6月，省卫生厅会同省消费者协会组织开展全省饮料卫生质量监督检查，对南昌、九江、赣州、上饶四地市饮料批发市场进行突击检查。8月底，在全省范围内开展《传染病防治法》执法大检查，重点检查各级卫生行政部门和卫生防疫机构对传染病疫情报告、医院感染、消毒药械和医疗卫生用品监督监测工作。1994年共审批消毒药剂和一次性卫生用品33个。在全面推广萍乡市、抚州地区放射卫生示范点工作经验的基础上，省卫生厅制定《江西省放射卫生综合监督管理工作实施方案》。省卫生厅还制定了《江西省医疗机构管理条例实施办法》和《江西省输血管理规定》，会同有关部门对社会办医和血源管理进行全面整顿。（陶　曦）

【江西187所中心卫生院建设达标】 江西省加强农村中心卫生院正规化建设，在组织进行的第二次中心卫生院达标验收中，又有51所中心卫生院达到建设标准。至此，全省已有187所中心卫生院建设达标，占全省中心卫生院总数的52.7%。

江西省从1987年开始在全省范围内开展中心卫生院达标建设工作。省政府提出每个县建设好3～5所中心卫生院的要求和实现房屋、设备、人员、技术、管理五配套目标。省卫生厅印发《江西省中心卫生院建设标准和考评方法》。连续数年将中心卫生院达标建设列为地市卫生行政部门的责任目标，各地市对任务目标进行分解与落实。宜春地区35所中心卫生院已有32所建设达标。九江市按照区域卫生规划原则，对中心卫生院的数量和布局进行调整，将原来的67所中心卫生院调整为49所，并对达标建设工作进行指导与考核。抚州地区把达标建设与卫生院改扩建设项目相结合，采取签订责任书形式落实工作任务。达标建设活动的开展促进了中心卫生院正规化建设。有关单位的各项规章制度进一步完善，各类人员职责进一步明确。达标单位每张病床的业务用房面积全部达到卫生部规定的45平方米，诊疗仪器普遍达到规定装备标准。100%的达标中心卫生院能做下腹部手术，61%能做胃切除术，47%能做胆道引流术和脾摘除术。各项防疫保健工作得到有效落实。（雷良华）

【南昌市第一医院支援基层医院】 南昌市第一医院充分发挥城市医院技术和设备的优势，采取与县级医院建立长期协作关系的办法，为发展农村医疗卫生事业办实事。

南昌市第一医院是江西省一所大型综合性医院，设备先进、技术力量雄厚。近几年来，该院与全省14家县(区)级医院和一所中心卫生院建立协作医院关系。据不完全统计，自签定协作协议以来该院共选派35批200多人次下农村，通过专家门诊、参加查房、会诊、指导手术、病例讨论、讲课、处理疑难急症等，帮助协作医院医务人员提高业务能力。另一方面，有计划地为协作医院培养专科医务人员，至今已有50名基层医务人员到该院进修。并无偿支援基层医院病床200张、床头柜390只。仅永丰县中医院统计，近3年，南昌市第一医院派员到永丰68人次，帮助开展新技术项目14项，手术示教60例，业务讲课24次，并免费培训13个专业的18名医务人员。

在支农协作中，南昌市一院还向协作医院推广先进的医疗技术项目。该院作为中国心血管技术协作培训中心南昌分中心，承担在全省进行心血管技术协作和人才培训的任务。万载县医院在其帮助下，近两年已成功地开展9例体外循环下心脏手术，从而结束了江西省县级医院不能开展心脏手术的历史。（陶　曦）

【整顿社会办医学教育】 江西省针对社会上出现乱办医学教育的混乱状况，7月11日由省卫生厅、省教委联合发出通知，对社会力量举办非学历医学教育作出若干规定：

1. 社会力量一般不能举办非学历职前医学教育。目前确系经教育部门批准的在校学生，毕业时只能发结业证书，卫生部门不负责安排工作。

2. 自通知下发之日起，凡社会力量举办医学教育要先征得当地县以上卫生部门同意，并经省卫生厅审核后再由教育部门批准，否则无效。

3. 经卫生部门同意，教育部门批准的社会力量举办的医学教育，应主要面向卫生行业在职人员的岗位培训，进行知识更新等职后医学教育。

通知下发后，9月份，省卫生厅会同省教委等有关部门对部分民办医学院校进行办学条件评估，并将符合条件的民办医学教育机构登报公布，对明显不符合办学条件的民办医学教育机构予以取缔，对存在问题的民办医学教育机构，责令限期整改。（陶　曦）

【开展妇幼卫生工作】 江西省从1990年起，先后在全省94个县(区)、443个乡(镇)推广以三“十”措施为基本内容的农村围产保健技术管理规范模式，普遍实行以十种常见高危妊娠为重点的“农村重点高危妊娠管理法”和十种配套的农村适宜围产监测技术，完善了十项农村围产管理制度。全省各县(区)普遍建立危急孕产妇抢救小组，制定了农村住院分娩规范化管理办法和乡(镇)卫生院接产常规，在全省范围推广使用一次性脐带夹结扎脐带的办法，为32万名育龄妇女进行破伤风类毒素接种，并在全省建立新生儿破伤风发病的统计监测网。全省各地推广了儿童保健适宜技术，为15.8万名3岁以下儿童进行系统的小儿生长监测，在51.5万儿童中开展口服补液。

近年来，江西省与国际组织合作开展了10个妇幼卫生合作项目，受援单位35个，受援金额234万美元。1994年又利用世界银行贷款在31个县(区)开展综合性妇幼卫生项目，贷款和配套资金1.3亿元，已新建县级妇幼保健工作用房7 200多平方米，培训县、乡、村三级妇幼卫生人员31 000多人次。通过以上干预措施全省高危孕妇检出率提高33.9%，高危孕妇住院分娩率提高13.0%，孕产妇死亡率降低44.6%，围产儿死亡率降低23.2%，新生儿破伤风发生率降低48.7%。（陶 曦）

山 东 省

1994 年 基 本 情 况

	数 量	与上年比增长数	与上年比增长率(%)		数 量	与上年比增长数	与上年比增长率(%)
卫生机构(个)	10 654	…	−2.09	卫生人员(人)	333 783	…	1.97
医　院(个)	3 113	…	0.55	卫生技术人员(人)	263 713	…	2.10
床　位(张)	198 744	…	2.13	乡村医生(人)	152 006	…	−1.08
医院床位(张)	181 339	…	2.57	个体开业人员(人)	4 724	…	3.55
平均每千人口医院床位(张)	2.09	…	…	平均每千人口卫生技术人员(人)	3.04	…	…

人口	总　数(万人)	8 671.4	卫生费用	卫生事业费(万元)	101 386.44
	出生率(‰)	9.69		卫生事业费与上年比增长率(%)	12.11
	死亡率(‰)	6.67		卫生事业费占财政支出百分率(%)	5.3
	自然增长率(‰)	3.02		卫生系统固定资产(万元)	…
医疗服务	诊疗总人数(万)	16 520		卫生系统基建投资(万元)	3077(国家预算内)
	门诊人次(万)	15 289		平均每一门诊人次医疗费用(元)	19.66
	急诊人次(万)	333.5		平均每一出院病人医疗费用(元)	512.35
	住院总人次(万)	334.4			
	出院总人次(万)	334.9			

改革开放　1994年初省卫生厅下发《关于省直医疗卫生单位推行综合目标管理的实施意见》，与11个单位分别签订综合目标管理责任书，把医疗防保任务、业务收入、精神文明建设和事业发展的20多项指标落实到各单位。全省84%的医疗卫生单位实行院(站、所)长负责制；各单位普遍实行工资总额与综合效益挂钩的结构工资、绩效工资等分配形式。

对外交流与合作进一步加强。全年接待国际组织和国外卫生代表团11批、37人次；派出47人到15个国家和地区进行考察、学术交流和培训。与南澳洲政府、美国阿波丁大学医学院、美国哥伦比亚大学、美国雷霸国际投资公司分别签订医学交流与合作协议。烟台毓璜顶医院与澳大利亚南澳洲凯威斯特国际建筑股份有限公司，合资兴办中澳烟台爱伦医院，总投资2 980万美元。济南市卫生系统与外商签订合作项目13个，利用外资247万美元。

农村卫生　继续实施初级卫生保健规划和加强三项建设。原有41个县(市区)实现规划目标要求、9个县(市区)基本实现。1994年又有38个县(市区)实现或基本实现，累计79个，占全省农村县(市区)总数的61.24%。1994年，完成改貌建设的乡卫生院200个、县防疫站11个、县妇幼保健站15个。乡村两级卫生机构内涵建设有新发展。为支援乡镇卫生院，省市(地)医疗卫生单位派出20多个工作队，在当地举办910期专业培训班，帮助开展134项新技术，无偿支援280多万元的医疗器械。全省设卫生室的行政村82 882个，占行政村总数的96.22%；其中实行合作医疗的行政村20 732个，占设卫生室行政村总数的25%。青岛、潍坊、泰安、枣庄、济南、菏泽等市地政府对推行合作医疗加强领导。

预防保健 1994年夏秋季节，山东部分市、地发生洪涝灾害和霍乱疫情。卫生厅3个工作组到第一线指导救灾防病，并筹集防治药品运往灾区、疫区。大灾之后无大疫发生。在此期间，开展肝炎、痢疾等病的防治。全年法定传染病总发病率比1993年同期有所下降。计划免疫工作得到加强，对菏泽、临沂、德州、滨州、聊城等工作薄弱地区，采取以奖代拨、典型引路等措施。全省大部分市、地已实现以乡镇为单位"四苗"接种率达85%的目标。

慢性传染病、地方病防治 经国家考核认定，山东省在全国率先实现以省为单位基本消灭麻风病目标。利用世界银行贷款控制结核病初见成效，成立省结核病防治中心，各市、地与省政府签订有关协议书，120多个县(市区)落实配套资金，全省95%的县(市区)加强防治工作，已免费治疗结核病人3万多例，治愈率为87.63%。全年有370个村完成改水降氟任务，近330万群众吃上低氟自来水。为消灭碘缺乏病，全省实行碘盐定点定量加工供应和碘盐经营许可证制度，有600多万病区特需人群补服碘油丸，目前儿童甲状腺肿大率明显下降。

爱国卫生 寒亭区、台儿庄区、河口区、长清县、无棣县达到省级卫生市区、县城标准。全省农村自来水普及率为43.1%。青岛市通过国家验收确认为灭蝇先进城区；济南、淄博、泰安、莱芜、胶州市，通过省级考核认定为除"四害"先进市。

妇幼卫生 1994年全省有69个单位经国家评估确定为爱婴医院，连同1993年的15个，共81个。济南市政府被评为"创建爱婴医院成绩突出单位"，受到联合国儿童基金会表彰。全省孕产妇住院分娩率为80.02%，其中农村为72.84%。1～2岁儿童系统管理覆盖率为50.42%。婴儿死亡率降至30.66‰。自1994年1月1日起实施《山东省婚前健康检查管理办法》，13个市、地的101个县(市区)对142230名城镇结婚青年进行婚前健康检查，发现患病者9 857人，患病率6.9%。

中医事业 经省验收确认，全国农村中医工作试点县莱州、莱芜两市基本达到既定标准；济南、淄博、肥城、诸城4市的市中医院达到全国示范中医院标准。11所省级示范中医院均通过检查验收。22所中医院被确定为全省重点建设单位。淄博市等地的4所中医院和乳山市、泰山区等地17所中医院，分别通过三级甲等和二级甲等验收。山东省中医药学校被评为国家重点中等专业学校。名老中医带徒经考核合格出师26人。

教育科研 高等医学院校招收研究生和本、专科生比1993年分别增加52人和887人；中等卫生学校招生9 820人，比1993年增加951人。山东省卫生学校被评为国家重点中等专业学校。各类学校为基层为农村培养卫生技术人员和管理人员1 600多人。参加护士自学考试4 000人次、成人"专业证书"教育4 000人。经专家评审，省卫生厅直属医疗单位的12个学科被定为省级重点学科，该厅每年从卫生事业费中拿出120万元用于学科建设。全年受理申报科研课题222项，申报山东省科委、卫生部和省卫生厅科技进步奖的科技成果410项，获国际奖和国家级奖的各1项，获省部级奖的83项。全年受理卫生系统申报高级专业技术职务3 549人，其中申报正高职的803人、副高职的2 746人，经评审有291人和1 428人分别获正高职和副高职资格，各占申报人数的36.2%和52.8%。

医院管理 省卫生厅把1994年定为"医疗质量年"。7月，召开了全省医院管理工作会议，副省长吴爱英在会上讲话强调，要苦练内功，强化医疗质量管理。潍坊市卫生局开展"医疗质量院院行"活动；山东省立医院等省级大医院修订健全院内质量管理制度和体系，实行医疗质量责任制。全年有33所医院通过三级医院评审，12所被命名为三级甲等医院。通过贯彻《护士管理办法》，医院护理队伍已纳入法制化管理轨道。全省共组织不符合护士上岗标准要求的9 600人参 加考试；为8万多名护士颁发了执业证书。1994年，全省各级医院共完成门、急诊1.19亿人次，住院治疗324.6万人次，做各种手术108.7万人次。治愈率比1993年提高2个百分点，平均住院日和医疗事故差错率比1993年分别下降0.89天和0.5个百分点。

监督执法 卫生部、监察部联合检查组于11月到山东检查执法工作。全省依法整顿并关闭了鄄城县顺 城集等4个药材市场，对药品生产经营企业和医疗单位制剂室普遍换发"三证"。第一批合格单位988个，占总数的35.3%。全年审报临床及生产新药品种78个，制定省级药品标准43个。省药检所抽验药品624批(次)，其中30批(次)不合格，占4.8%。截止10月底，共查处假劣药品价值795.7万元。全省统一培训综合卫生监督员，有3 605人考试合格并取得任职证书。对食品、饮料、化妆品生产经营单位和街头摊贩加强监督管理。据1～10月统计，共监督检查8.6万户(次)，处罚2.6万户(次)；检测各类食品11.6万件，合格率为85.2%，比1993年提高8.1个百分点。

职业道德建设 省卫生厅召开全省卫生系统职业道德建设工作会议。会议指出，各级卫生行政部门和有关卫生单位要把加强职业道德建设作为"一把手工程"来抓。卫生厅颁发山东省医疗、药政药检、卫生监督部门职业道德建设实施意见3份文件。先行试点的济南市卫生系统共有18841人参加职业道德教育，参学率为98.8%。在进行正面教育的同时，开展专项治理。并对药品采购、设备物品购置、基建用工等经济活动中私拿回扣 的专项治理，下发《关于禁止在药品采购等活动中私拿回扣的若干规定》、《关于加强卫生监督执法队伍廉政建设的十条规定》。 (张忠田)

【山东基本消灭麻风病】 山东省以县(市)为单位,麻风病患病率降至1/10万以下,近5年平均发病率降至0.5/10万以下,达到卫生部颁布的基本消灭麻风病标准。山东省是全国麻风病高流行省份,曾有135个县(市区)有麻风病患者,累计发现病例53305例。经多年努力,已治愈39 654例,治愈现存活病人18 686例,仅有现症病人255名。患病率从1959年的0.45‰降至1993年底的0.0029‰;发病率从1955年的5.07/10万降至近5年的0.045/10万。全省所有县、市、区麻风病患病率和发病率均降到了部颁"基本消灭"标准。　(张忠田)

河南省

1994 年基本情况

	数　量	与上年比增长数	与上年比增长率(%)		数　量	与上年比增长数	与上年比增长率(%)
卫生机构(个)	7 656	－13	－0.17	卫生人员(人)	308 820	10 376	3.48
医　院(个)	2 944	52	1.80	卫生技术人员(人)	251 332	7 481	3.07
床　位(张)	191 404	2 277	1.20	乡村医生(人)	107 979	396	0.37
医院床位(张)	174 514	2 342	1.36	个体开业人员(人)	6171	232	3.91
平均每千人口医院床位(张)	1.94	0.01	…	平均每千人口卫生技术人员(人)	2.78	0.04	…

人口	总　数(万人)	9 027	卫生费用	卫生事业费(万元)	65 941.41
	出　生　率(‰)	15.60		卫生事业费与上年比增长率(%)	33.6
	死　亡　率(‰)	6.34		卫生事业费占财政支出百分率(%)	3.89
	自然增长率(‰)	9.02		卫生系统固定资产(万元)	265 832
医疗服务	诊疗总人次(万)	12 626.00		卫生系统基建投资(万元)	16 837
	门诊人次(万)	11 414.04		平均每一门诊人次医疗费用(元)	11.61
	急诊人次(万)	395.08		平均每一出院病人医疗费用(元)	471.42
	住院总人次(万)	296.45			
	出院总人次(万)	295.63			

卫生改革　医疗卫生机构转换运行机制,主动适应社会主义市场经济的发展。在巩义市人民医院召开全省医院改革现场经验交流会,推广该院人事、分配制度改革、院科两级核算和后勤服务社会化的经验。据调查统计,县以上医疗卫生机构实行综合目标管理责任制的占92.4%,实行院(站、所、校)长负责制的占84.6%,实行人员聘任制的占79.3%,实行院、科两级核算的占65%,开设专家门诊的占43.4%,开设医学美容的占29.2%。

医院分级管理与评审工作健康发展。1994年共评审各级综合医院和专科医院320所、中医院8所。

试行农村基层防保体制改革。三门峡市和安阳市以乡(镇)卫生院为依托成立乡(镇)防保站,相对独立,经费单列,促进了农村防保工作的落实。

在加强公费医疗管理的同时,探索社会医疗保障制度改革。开封市和商丘县、杞县、孟县等实施社会医疗保险已初见成效。开封市直干部职工实施医疗保险一年来,人年均医疗费支出比1993年减少18.6%。

农村卫生　省召开农村初级卫生保健委员会扩大会议,制订《河南省农村初级卫生保健普及阶段工作实施要点》。经过验收,武陟、新密、伊川已建成农村基层卫生组织建设示范县(市)。在中期评价中,又有巩义、荥阳、鹿邑等12个县(市)达标,浚县、南乐等4个县基本达标。至此,全省农村初保达标县(市)25个,基本达标县12个。

农村卫生三项建设(乡卫生院、县卫生防疫站、县妇幼保健所)取得较大进展。据统计,从1993年秋至1994年底共安排建设项目单位787个,筹集建设资金17 688万元,新建或维修房屋36万平方米,购置医疗设备5 561万元。针对农村乡镇卫生院存在的困难与问题,省卫生厅、计经委、财政厅、人事厅、教委联合下发了《关于解决农村乡镇卫生院若干问题的通知》。

农村改水、改厕方面，省爱卫会与市地主管市长、专员签订目标责任书，并确定由18个改革开放试点县(市)带头搞好农村改厕。经一年努力，全省农村改厕新增123.9万户，累计达到506万户，占农户总数29.22%；农村改水 新增自来水受益人口184.72万人，累计自来水受益人口3 116.02万人，占农村总人口的41.12%。

进一步落实向农村定向招生分配制度。1994年全省中等卫生学校招生5 141人，定向委培生占65.7%，比1993年增加9.6%；卫生职业中专招生6 500人，95%以上来自农村。同时制订《河南省乡村医生教育实施意见》。

农村合作医疗保健正在逐步恢复和发展。武陟县和新密市被卫生部确定为中国农村合作医疗保健制度改革试点，开封、商丘等县试办多种形式的合作医疗。全省实行合作医疗保健的行政村1 844个，占行政村总数的3.9%，比1993年有所增加。

疾病控制　在连续4年开展脊髓灰质炎强化免疫的基础上，又继续对0～4岁儿童开展普服脊灰疫苗活动。全省服苗儿童687万多人，服苗率达99.6%。同时加强麻痹(AFP)病例的监测，在全省县及县以上医院建立以儿科为依托的麻痹门诊，形成了全省主动搜索AFP病例的监测网络。据1～10月份统计，全省共报告AFP病例410例，其中确诊12例，疑似245例，排除153例。报告例数增加2.1倍，确诊病例下降76.3%；标本采集率由1993年的59.32%，提高到94.88%。

1993年前全省有152个县(市、区)基本消灭疟疾，1994年豫南信阳地区6个县又通过了省组织的基本消灭疟疾达标验收。至此，全省158个县(市、区)全部达到基本消灭疟疾标准，已申报卫生部正式验收。

地方病防治工作围绕贯彻《食盐加碘消除碘缺乏危害管理条例》和实现2000年消除碘缺乏病的目标，重点开展碘盐普及和重点人群普服碘油工作，全省有95个病区县普及了碘盐供应。在氟病防治方面，完成了500个自然村的降氟改水任务。

妇幼卫生　贯彻《九十年代中国儿童发展规划纲要》和省政府《关于优生保健的规定》，制定了实施方案。基层妇幼保健工作得到加强，全省农村会接生的乡村医生24 649名，接生员22 437名，会接生的卫生员9 698名，新法接生率达到95.96%。进一步扩大了孕产妇系统管理和7岁以下儿童系统管理覆盖面，孕产妇死亡率下降到59.63/10万，婴儿死亡率下降到17.20‰。县以上综合医院和妇幼保健院开展创建爱婴医院活动，改造产科病房，改革不适合母乳喂养的产科制度，取消了婴儿室、奶瓶，实行母婴同室，开设家庭化病房，全省又有25所医疗保健单位获得"爱婴医院"称号。

卫生法制建设和执法监督　省人大常委会审议通过《河南省公民献血管理条例》，并于1994年8月1日实施。对全省采供血机构进行统一规划设置和评审验收。全省原有采供血机构203所，经整顿验收，取缔、关停101所，对已达标的85个血站、单采浆站颁发《采供血机构执业许可证》。

省和各市、地召开贯彻国务院颁发的《医疗机构管理条例》，整顿医疗秩序动员大会。省卫生厅召开现场会议，推广平顶山市卫生、公安、物价、工商等部门联合行动整顿医疗秩序的经验。

药品监督管理以打击制售假劣药品违法犯罪活动为主要内容，集中力量对全省药品生产企业、经营企业和医院制剂室重新核发《许可证》。全省有148家药品生产企业通过审核验收，另有33家需整改后重新验收。同时，查处了一大批假劣药品。

开展《传染病防治法》监督管理执法检查和食品卫生大检查，查处了一批违法案件。对生活饮用水、化妆品、放射源的监督监测和管理也取得成效。

中医工作　以加强农村中医工作为重点，对5市(地)10县(市)的农村中医工作进行抽样调查，继续实施重点县中医医院建设方案，扩大中医药学校农村中医不包分配班招生，组织编写乡村全科医生教材，为乡、村两级培养了一批实用人才。举办"老少边穷"地区中医专科专病免费讲习班和新技术、新成果推广学习班，并组织中医专家分赴农村举办讲座和示诊，传授推广适宜技术。

在中医院等级评审、全国示范中医院建设、省重点中医院建设中强调质量管理。河南中医学院第一附属医院、安阳市中医院被国家中医药管理局命名为全国示范中医院。省洛阳正骨医院新址、中医学院一附院医技楼等一批中医基建项目建成使用。举办洛阳中医骨伤科国际培训暨学术研讨会获得成功。16位国家级名老中医药专家的28名学术继承人经考核合格出师。

(曾繁玉)

【河南洛阳正骨医院新址建成开诊】

全国中医骨伤专科医疗中心——河南洛阳正骨医院新址于1994年10月14日举行落成开诊典礼。投资2 000多万元，新建病房门诊楼17 390平方米。设10个病区、500张病床，加上原址康复床位300张，全院共有床位800张，职工650名。研究所设有8个实验研究室，并有较完善的教学设施。

平乐郭氏正骨是我国中医骨伤科重要学术流派之一。始于清嘉庆年间，至今已六世相传近200年。1956年建立洛阳正骨医院，1958年成立河南平乐正骨学院(1964年停办)和正骨研究所。该院每年接诊国内外患者10万余人次，先后为国家培养中医骨伤科医师近2 000名，学员遍及全国各省、市、自治区。由于依靠科技进步，利用现代科学方法研究平乐正骨医术，该院在骨伤研究方面成果显著。1978年以来，先后获得科研成果43项，其中国家级1项，部(局)级8项，省级6项、厅(局)级28项。　(曾繁玉)

【《河南省公民献血管理条例》施行】

河南省第八届人民代表大会常务委员会第七次会议于1994年4月28日审议通过《河南省公民献血管理条例》(以下简称《条例》,自1994年8月1日起施行。《条例》共分总则、公民献血、采血供血、用血、法律责任、附则等6章29条。《条例》规定,血液管理在全省范围内实行统一规划设置采供血机构、统一管理血源、统一供血和合理用血的原则。各级人民政府领导、组织、协调各有关部门和方面共同做好本行政区域内的公民献血工作。各卫生行政部门在同级人民政府领导下主管本行政区域内的公民献血和血液管理工作,负责本条例的实施和检查、监督工作。本省区域内的机关、团体、部队、企业事业单位及其他组织和公民,均应遵守本条例。《条例》规定,凡年满20周岁至50周岁的男性公民和年满20周岁至45周岁的女性公民,符合献血条件的,均应履行献血义务。采供血实行许可证制度,采供血机构执业许可证由省卫生行政部门统一核发。

《条例》还规定,采供血机构应严格执行国家采血、供血技术标准,保证血液质量,保证医疗和急救用血,保证献血者的健康。不得利用公民献血从事任何营利性活动。严禁倒卖血液和血液成份,严禁配制、供应不合格血液及血液成份。采血机构必须按照当地人民政府公民义务献血部署,采集当地卫生行政部门分配的血源,任何单位和个人未经批准不得擅自组织血源。驻豫部队采供血机构所需血源,应由省卫生行政部门统筹安排。所有采供血机构采集的血液和血液成份,由省卫生行政部门组织质量监督和监测。由省外引进或向省外输出血液及血液成份,省内跨市(地)采血、供血,均应报省卫生行政部门批准。

(曾繁玉)

【中医骨伤国际培训暨学术研讨会】

于1994年10月14~17日在河南省洛阳市召开。来自世界18个国家和地区的439名中外骨伤科专家、学者参加会议。会议共收到论文1 269篇,交流和研讨当前中医骨伤科的最新理论和技术。

中医骨伤学是中医药学的重要组成部分,经过历代医家的不断实践,其经验、理论不断充实、完善,逐步形成了完整独特的理论体系,成为一个专门的学科。中医骨伤学在中医整体观念、辨证论治的思想指导下,形成了"动静结合、筋骨并重、内外兼治、医患合作"的治疗原则,以"手法复位、夹板固定、内外用药、功能锻炼"为主的治疗手段,具有"损伤小、愈合快、合并症少、功能恢复好"的疗效特点,成为中医最有优势的专科之一。中医骨伤科由于疗效显著得到国际医学界的公认,中外骨伤科学术交流与合作日益频繁。

(曾繁玉)

【《郑州市儿童计划免疫条例》实施】

河南省人大常委会于1994年9月1日批准《郑州市儿童计划免疫条例》(以下简称《条例》),由郑州市人民代表大会常务委员会公布施行。《条例》共分总则、预防接种、计划免疫、异常反应和接种事故、法律责任、附则等6章34条。《条例》规定,各级人民政府应加强儿童计划免疫工作的领导,协调有关部门和单位做好儿童计划免疫工作。财政、教育、公安、工商、民族、民政、宗教、电业、交通、新闻等部门应按照各自职责协同卫生行政部门做好儿童计划免疫工作。市、县(市、区)卫生行政部门是儿童计划免疫工作的主管部门,负责管理和监督本行政区域儿童计划免疫工作。

《条例》规定,儿童计划免疫预防接种实行《预防接种证》制度。托儿所、幼儿园和学校在为儿童办理入托、入园、入学手续时,必须查验《预防接种证》。对未按规定接种的儿童,应要求其补种;对未补种的,不得为其办理入托、入园和入学手续。儿童父母或其他监护人无正当理由拒绝为儿童计划免疫预防接种的,应责令限期接种,特殊情况,应强制接种。

《条例》还规定,各级各类医疗保健机构负有实施儿童计划免疫工作的义务。医疗保健机构拒绝承担或未按规定完成本责任区内儿童计划免疫工作的,给予警告,责令限期改正,可并处100元以上、500元以下罚款;对机构负责人给予行政处分。

(曾繁玉)

湖北省

1994年基本情况

	数量	与上年比增长数	与上年比增长率(%)		数量	与上年比增长数	与上年比增长率(%)
卫生机构(个)	9 762	−506	−4.93	卫生人员(人)	293 138	4 025	1.39
医院(个)	2 147	8	0.37	卫生技术人员(人)	228 387	3 808	1.70
床位(张)	161 287	−1 717	−1.06	乡村医生(人)	42 379	−708	−1.64
医院床位(张)	133 977	−841	−0.62	个体开业人员(人)	4 526	537	13.46
平均每千人口医院床位(张)	2.36	−0.06	−2.48	平均每千人口卫生技术人员(人)	4.03	0	…

续表

人口	总　数(万人)	5 718.81	卫生费用	卫生事业费(万元)	58 700
	出　生　率(‰)	18.17		卫生事业费与上年比增长率(%)	45.10
	死　亡　率(‰)	6.68		卫生事业费占财政支出百分率(%)	4.4
	自然增长率(‰)	11.49		卫生系统固定资产(万元)	309 556.9
医疗服务	诊疗总人次(万)	10 357.02		卫生系统基建投资(万元)	29 200
	门诊人次(万)	9 547.29		平均每一门诊人次医疗费用(元)	26.5
	急诊人次(万)	471.64		平均每一出院病人医疗费用(元)	1 116.0
	住院总人次(万)	238.02			
	出院总人次(万)	240.19			

卫生改革　湖北省各地推进卫生管理体制、运行机制、补偿机制的改革。①一些县(市)重视区域卫生发展规划,采取压缩规模,调整各层次医疗卫生机构的服务功能等措施,提高卫生资源的利用率。据1994年底统计,湖北省医疗卫生机构规模开始得到控制,机构总数比1993年减少506个,病床减少1 713张,人员过快增长得到初步控制。②各级医疗卫生机构坚持完善各种形式的责、权、利相结合的目标管理责任制,实行院(所、校、站)科两级经济核算和两级人员聘任制,强化科学管理。③继续开展医院管理试点和扩大试点工作。到1994年底止,湖北全省已有182所综合医院、卫生院和6所中医医院分别通过审评并授牌。④开展特需医疗服务。武汉市、同济医大协和医院等通过规范化、制度化建设,使特需医疗服务健康、持久地发展。⑤各地在推行母婴保健保偿制的同时,探索多种形式的社会医疗保障制度。老河口市试行农民住院保险;监利、洪湖等县市在农村推行农村住院医疗保险、乡村医生保险、医疗事故保险。湖北有107个村,35万农村居民实行各种医疗保险。

农村卫生建设　1994年湖北共筹集农村卫生“三项建设”资金6 828万元,改、扩建卫生院257个,卫生防疫站21个,妇幼保健所22个。全省32 746个行政村中设有卫生室的村占86.7%,比1993年增加1个百分点。

1994年湖北省对从1989～1990年开始进行卫生事业重点县建设的松滋、兴山、鹤峰、宜城、广水和谷城等10县(市)进行省级验收。10县(市)实际完成建设投资总额8 561.16万元,是计划投资的2.35倍。其中省级投资1660.9万元,县(市)投资2 959.30万元,项目单位自筹资金4 940.96万元,实际执行的总投资中,用于基本建设5 866.8万元,完成计划内项目149个,新征土地105.8亩,建筑面积19.9万平方米;设备投资1 677.62万元,添置各种设备11 347台件,人员培训投资300.54万元,培训卫生技术人员4 996人次,管理人员680人次;建设25个中心卫生院,投资716.2万元。到1994年底,湖北省省级验收59个县(市),投资总额34 829万元,用于基本建设投资26 347万元,设备投资4 600万元,中心卫生院投资3 882万元。

预防保健　1994年,湖北省报告甲、乙类传染病发病率、死亡率分别比1993年下降11.07%和11.70%。及时控制了霍乱在部分县(市)的流行。在全省范围内开展消灭脊髓灰质炎强化免疫日活动,两轮服苗儿童1 200多万人次。结核病防治项目覆盖率为92.3%。劳动卫生、职业病、性病防治以及对艾滋病高危人群的监测工作不断加强。1994年完成122.9万人次的妇女病查治和124.4万人次的儿童体检任务,有27个妇幼保健院(所)和综合医院通过国家评审被授予“爱婴医院”,湖北省妇幼保健院被授予模范“爱婴医院”称号。地方病防治。1994年又有一批乡镇达到消灭和基本消灭血吸虫病标准;碘缺乏病防治落实以食盐加碘为主,重点人群补服碘丸500万人份;全省氟病已完成改水降氟工程28处,改炉改灶2万余户,新增受益人口11万多人。

卫生管理　全省广泛开展查处制售假劣药品活动。1994年湖北省共查处446起违法案件,没收假劣药品价值133万余元;完成药品检品44 390件,合格率为85.9%,比1993年上升31.5个百分点。卫生监督分级管理格局基本形成。在全省统一使用全国规范的卫生监督执法文书。对清江隔河岩水库、鄂州电厂等一批重点工程进行预防性卫生监督执法,并对“五大卫生”进行经常性卫生监督监测。《传染病防治法》实施5年来,全省结合实际制定地方性配套法规和规范性文件237件,加强传染病及消毒卫生管理监督员队伍建设,促进传染病防治监督管理工作逐步规范化、制度化。1994年接受湖北省人大代表对孝感市实施《湖北省血吸虫病防治条例》情况的检查。采取多种形式宣传《医疗机构管理条例》,并对全省贯彻实施《条例》工作进行总体部署。

1994年为《药品生产企业许可证》、《药品经营企业许可证》和《制剂许可证》第三次换证年度。湖北省卫生厅印发换发"三证"的原则、范围、程序和时间要求等。截至1994年底，全省换发《药品生产企业许可证》191家，《药品经营企业许可证》1 693家，《制剂许可证》194家。

中医工作 中医院分级管理工作在全省展开。湖北中医学院附院等6所中医院被批准为全国示范中医医院。1994年全省12名中医药专家的20名学术继承人经验收合格，同意出师。乡镇卫生院和村卫生室进一步加强中医药基本建设。

科学教育与援外工作 湖北省襄樊市卫生学校被确定为国家级重点中专学校。有14所中专卫生学校被评为湖北省文明卫生学校。通过评审，中标课题76项，完成湖北省少数民族健康素质抽样调查工作。1994年鉴定科技成果60项，有29项获湖北省科技进步奖，其中一等奖1项，二等奖10项，三等奖18项。联合国所属国际专业性组织，对湖北省计划免疫、血防贷款、妇幼卫生等合作项目执行情况进行考察。

全省派出进修、培训、学术交流、考察和访问人员71批116人次，接待来访的海外和国外专家学者27批60余人。武汉市、黄石市接受港澳及外国捐赠的一批医疗设备及药品。

救灾防病 1994年夏，湖北省阳新、大冶两地发生严重水灾，省卫生厅与当地政府和卫生部门，从人力、物力和财力上支持救灾防病工作。拨出5万元用于灾区防病工作，下拨漂白粉精片、氯化磷酸二钠和氯喹等价值1万多元的消杀药品分发灾区。湖北省红十字会将备灾仓库的50个帐蓬调拨大冶，并组织3万多元的治疗药品和器械送往灾区，向两地灾区捐赠现金和药品器械价值共20多万元以及3万多件衣物。

爱国卫生 针对1994年1～10月间湖北省流行性出血热发病数比1993年同期上升89%的疫情，全省开展秋季灭鼠防病行动。据利川、宜城等24个县(市)不完全统计，共投放鼠毒饵1 400多吨，鼠密度（粉迹法）由灭鼠前26%降至3.6%。孝感、黄冈等地、市广大的非重点疫区鼠密度也明显下降，流行性出血热等鼠传性疾病得到控制。

全省农村改水新增受益人口80万，新增饮用自来水人口77万。截至1994年底，农村改水累计受益人口3 500多万，占全部农村人口的78%，自来水普及率已提前完成国家和省政府"八五"规划指标。农村改厕工作已在试点的基础上扩大到60多个县(市)，共建成卫生厕所47万多座。

"全国九亿农民健康教育行动"已在湖北省9个试点县(市)中全面展开。

公文质量检查 1994年5月，湖北省卫生厅组织开展全省卫生系统公文质量检查活动。对13个地、市、州卫生局机关及其直属单位，6个部、省属医疗卫生单位，9个厅直医疗卫生单位的302份公文进行检查评比。评出宜昌市卫生局等15个公文质量先进单位，孝感地区卫生局等8个公文质量荣誉奖单位。

（江世虎 钟国坤）

【当阳市初级卫生保健达标】 当阳市把初级卫生保健工作纳入社会发展总体规划及政府重要议事日程，成立当阳市初级卫生保健委员会，制定《当阳市实施2000年人人享有卫生保健概略规划》。在经费投入上向农村卫生工作倾斜，1992年以来，投入农村卫生"三项建设"经费600多万元，用于村卫生室整建经费28万多元，市财政每年列出10万元专款用于农村"两个保偿制"；卫生事业费占财政支出比例由1992年的4.23%上升到1994年的7.92%。该市以农村卫生"三项建设"为重点，落实各项防保工作，整顿建设村卫生室，抓乡镇卫生院房屋、设备和人才三配套，巩固、健全农村三级医疗预防保健网。1994年12月29日，通过了中国农村实现"2000年人人享有卫生保健"普及阶段的审评验收。行政村卫生室覆盖率和中小学健康教育开课率为100%，96%的农村人口饮上了安全卫生水，各种传染病发病率得到有效控制，成为1994年湖北省唯一的初级卫生保健普及阶段审评达到合格标准的县(市)。

（江世虎 钟国坤）

湖南省

1994年基本情况

	数量	与上年比增长数	与上年比增长率(%)		数量	与上年比增长数	与上年比增长率(%)
卫生机构(个)	9 931	325	3.27	卫生人员(人)	233 637	7 457	3.19
医院(个)	4 314	122	2.82	卫生技术人员(人)	189 777	6 369	3.36
床位(张)	148 244	－1 986	－1.34	乡村医生(人)	3 609	－203	－5.62
医院床位(张)	134 218	－2 364	－1.76	个体开业人员(人)	7 444	1 025	13.77
平均每千人口医院床位(张)	2.13	－0.06	－2.74	平均每千人口卫生技术人员(人)	3.01	0.07	2.38

续表

人口	总　数(万人)	6 302.58	卫生费用	卫生事业费(万元)	57 789.92
	出　生　率(‰)	13.88		卫生事业费与上年比增长率(%)	30.06
	死　亡　率(‰)	7.03		卫生事业费占财政支出百分率(%)	3.21
	自然增长率(‰)	6.85		卫生系统固定资产(万元)	189 563.24
医疗服务	诊疗总人次(万)	10 295.11		卫生系统基建投资(万元)	1 100.77
	门诊人次(万)	9 643.02			
	急诊人次(万)	342.38		平均每一门诊人次医疗费用(元)	13.7
	住院总人次(万)	229.18		平均每一出院病人医疗费用(元)	490.0
	出院总人次(万)	224.85			

农村卫生　3月3～14日，省卫生厅与省计委、省财政厅、省农经委联合抽调140名干部，组成14个农村卫生建设工作检查组，到14个地市(州)的36个县市区进行检查；3月27～29日，两厅两委联合召开全省农村卫生建设工作会议，表彰27个农村卫生建设先进县市和16个初级卫生保健合格县市，省委书记王茂林、副书记杨正午和副省长潘贵玉出席会议并分别讲话。

1. 增加农村卫生投入。全省卫生事业费预算27 179.7万元，比1993年增长19.39%；实际拨款27 640.1万元，比1993年增长13.26%。各地实际拨款数均有增加，湘潭市增加39.1%，11个县市卫生事业费占财政总支出的比例达到或接近8%。有93个县市从农民纯收入5%的乡村统筹提留金中安排农村卫生资金1 066.7万元。

2. 加强农村卫生建设。各地投入农村卫生“三项建设”资金13 485.7万元，完成房屋建筑面积34.13万平方米。其中改扩建县防疫站39所，投资2 348.3万元，建成房屋4.41万平方米；县妇幼保健站48所，投资1 339.5万元，建筑面积4.31万平方米；区乡卫生院453所，投资9 797.9万元，建房25.41万平方米。至1994年底，完成省政府1992年提出的三年建设好1 500所乡镇卫生院的任务，有9个地市基本消灭危房。有126所县防疫站和妇保站添置仪器设备473台(件)，价值5 800万元；752所乡镇卫生院添置医疗设备2 627台(件)，价值5 166万元，选派2 243名在职人员和3 306名卫生技术人员分别参加脱产学历教育和到县以上医院临床进修，实现了房屋、设备、人员三配套。

3. 推广初级卫生保健。1994年有20个县市验收合格，全省初级卫生保健合格县市数达到43个，占应考核验收县市数的41%。新验收合格的20个县市共筹资9 682万元，改扩建乡镇卫生院房屋面积31万平方米，518个区乡卫生院消灭危房，60%的卫生院基本实现房屋、设备人员三配套，行政村卫生室达100%；改水受益人口累计883万，占总人数的92.94%；建无害化厕所73万个；6 109个村实行不同形式的合作医疗制度，覆盖率88.84%，其中合医合药的比例为52.12%。

预防保健　1994年发生的19种法定传染病中，有12种比1993年下降，总病例数下降3.05%，总死亡数下降22.16%。

1. 救灾防病工作。6～9月，湘江流域邵阳、怀化、湘西自治州、张家界等地连续发生洪涝灾害。各级卫生部门向灾区派出医疗队、防疫队500多支，医务人员4 800多人，抢种各种疫苗50万人份，为灾民治病16.4万人次，抢救危重病人3.7万人次，发放防治药品800万元，及时扑灭灾区局部地区暴发流行的传染病。省红十字会组织赈灾物资和药品价值4 700多万元，各地红十字会募捐34万元，并组织红十字自愿工作者为灾民服务。

2. 疾病控制工作。①在铁路沿线—洞庭湖区8个地市开展霍乱病防治，处理疫点200余处，消毒疫点面积20万平方米；②城乡广泛开展灭鼠活动，全省筹集灭鼠经费700万元，投放毒饵1 000吨。在12个钩端螺旋体病高发区进行鼠害控制和接种钩体菌苗500万人份；③结核病控制项目工作覆盖到108个县，为县市总数的88.5%；覆盖5 247万人口，为人口总数的89.5%；发现结核病人12 298例，涂阳病人3 037例，管治率为98%，治愈率为88.7%；④普查麻风病重点人群8万人次，新发现病人160例，并对450例现症病人进行管治，对38例施行矫形康复手术；⑤寄生虫病防治重点抓输入性疟疾和丝虫病监管，对47个乡镇16 676人进行疟疾监测，发现疟史者2 654人；完成丝虫病重点人群监测和驱虫治疗120万人次，对保靖等5县市考核验收后，全省达到卫生部消灭丝虫病标准。

3. 落实消灭“两病”措施。在脊髓灰质炎强化免疫活动中，共投送糖丸疫苗800万人次，总投服率99.67%。加强碘缺乏病防治，共查成人34 195人，患病率为1.42%；调查7～14岁学生12 917人，甲状腺肿大率为9.24%；监测碘盐23 040份，合格率71.35%。

4. 综合防治血吸虫病。疫区突出抓住以机代牛，开挖精养鱼池灭螺、水利工程灭螺和兴林灭螺4项工程。省拨专项经费450余万元，安排低息贷款2 000万元，平价柴油指标6 000吨。全年开挖精养鱼池2.02万亩，新增水田耕整机3.25万台，兴林灭螺4.75万亩，结合水利灭螺工程163处，处理钉螺面积17 024万亩，沿湖337公里垸外易感地带得到治理。实施了第8次人畜同步化疗，查病81万人次，化疗人群54万人次，化疗家畜3.8万头。急性血吸虫病发病人数控制为203例。长沙市、宁乡县、涔澹农场和62个乡镇、农场达到消灭血吸虫病标准。

5. 增强妇幼卫生网络服务能力。将桃源县列为扩展项目县，并将10个项目所在地州市妇幼保健机构列为项目扩展单位；建立700万人口504个乡镇的长期监测点；推广农村围产保健，开展小儿呼吸道感染标准病例管理和临床管理，普及产科出血防治、母乳喂养、小儿急性呼吸道感染、小儿腹泻和计划生育5项适宜技术培训。

6. 巩固发展城市爱国卫生运动。4个“全国卫生城市”和3个“省级卫生城市”在考评中均得90分以上；常德、怀化、冷水江、汨罗4市达“省级卫生城市”标准；有3个县城达“卫生县城”标准；创建省级“文明卫生单位”259个，并开展创建“百佳文明卫生单位”活动。

7. 开展农村改水改厕工作。继绩以世界银行农村改水项目为重点，实施农村供水与环境卫生工程计划，新开工供水工程79处，其中竣工67处，改水受益人口410多万，自来水受益人口135万，改厕30万座。面上改建大口井8.53万座，新建压把井21万座，自来水厂(站)3 066座，改水受益人口150万。

8. 普及健康教育。在省广播、电视和报刊上辟卫生专题(栏)，办好《大众卫生报》、《康乐园》杂志，摄制卫生电视片；利用各种卫生日、月开展健康宣传和咨询服务；健康教育项目通过评审；参与“全国九亿农民健康教育大行动”。

中医工作 7所示范中医医院创建单位投入增加，基础设施和业务建设加快。经考核确认湖南中医学院附一院，株洲市、浏阳市和慈利县中医医院进入全国示范中医医院行列。

为加强中医医院内涵建设。进行分级管理与专科建设相结合，成立肝病、眼底病、肛肠病和皮肤病4个中医研究中心。7所示范中医医院创建单位为分级管理试点，确认湖南中医学院附一医院为“中医三级甲等”医院，株洲市、浏阳市、慈利县和衡阳市中医医院为“中医二级甲等”医院。为加强农村中医工作省卫生厅下发《湖南省农村中医建设标准与实施办法》，省中医管理局下发《湖南省农村中医建设评审细则》。

全年招收中医函大、夜大学员678名，举办短期培训班6期300人。中医药高等自学考试156人获毕业证书。14名全国老中医药专家继承工作结束，22名学术继承人考评合格。中医科技成果获省部级科技进步奖4项，获省卫生厅科技进步奖23项。

医学科技教育 全年医学院校招收普通本、专科生2 958名，中专生8 310名。湖南医学高等专科学校增设医学影像等两个专业；郴州医学高等专科学校成立并招生；筹建民办湘南医学专科学校。完善电大卫生分校，新增预防医学、医学教育、妇幼卫生、临床药学4个专业。举办临床住院医师规范化培训。培训院、所、校长560人。省卫生厅机关举办26个专题短训班，参加人员2201人。

1994年获省部级科技进步奖24项，其中湖南医科大学“人类染色体基因切割PCR微克隆探针池技术”获卫生部科技进步一等奖。省卫生厅颁发科技进步奖55项，其中一等奖5项，二等奖16项。

省医学信息所通过卫生部查新咨询定点单位考核验收。引进新技术、新成果10项，应用新技术、新成果的县级单位299个，推广科技成果648项次；运用新技术、新成果的区乡卫生院1 217个，推广科技成果1 333项次。

卫生法制 ①食品卫生监督监测。1994年抽检监测食品6.1万件，合格率为86%；对27家矿泉水生产厂进行现场调查和采样检验；评选出30个“94湖南省食品卫生系统质量信得过产品”；查封5起价值35万元的变质食品和60种无证生产食品，审批80件食品广告；②环境卫生监督监测。组织对县以上集中式供水水质卫生检查；发放31家化妆品生产企业卫生许可证，对32个地市化妆品卫生监督室进行资格评估认证，抽查省外来湘销售的化妆品325件，98.46%合格；查处无证、过期化妆品价值340万元。有87%的公共场所卫生合格；③放射、劳动卫生监督监测。省卫生厅与省公安厅、省科委联合对长沙、衡阳、株洲、郴州的20个放射装置单位进行现场监督；95%的同位素单位和73%的射线装置换发新证，新批152家；对119.92万接触有害因素人员中的13.11万人进行健康检查。④学校卫生监督监测。覆盖率为80%，合格率26.22%。对16 944名学生的沙眼进行检查和治疗，完成20 278名学生贫血调查和12 000名学生口腔卫生调查；⑤贯彻实施《医疗机构管理条例》。省直有关部门联合下发《关于学习宣传和贯彻落实〈医疗机构管理条例〉的通知》，省卫生厅下发《湖南省贯彻〈医疗机构管理条例〉实施方案》和《湖南省实施〈医疗机构〉若干问题的规定》，拟定《湖南省1995～2000年医疗机构设置规模(草案)》。组织6 856名护士参加中专学历考试，对及格的38 371名发给执业证。对30个地县血站进行考核验收，其中长沙、衡阳、岳阳、常德4个中心血站通过评审；⑥药品监督。省政府召开专题会议并下发《关于切实加强药品管理工作的通知》；查处假劣药品案件3 556起，货值2 500多元；制发《外省进湘药品管理办法》和《湖南省药品调剂管理办法》；加强药品生产、经营、研究开发审批和药品广告管理；⑦加强卫生普法和卫生立法。各地以食品卫生法、药品管理法、传染病防治法、医疗机构管理条例、中医管理条例为主要内容开展卫生法规宣传学习活动；省政府颁布《湖南省计划免疫管理办法》。

卫生改革 转变卫生行政机构关职能，完善卫生单位内部运行机制，拓宽服务范围，共有696个单位创收1.75亿元。各地兴办经济实体448个，从业人员6 400多人，投入资金6 000多万元，完成产值2.5亿元，获利润2 100万元。试行全民带集体、股份合作、中外合资等多种形式办院体制。推行医院分级管理。全年新评定"三级甲等医院"3所、"二级甲等医院"26所、"二级乙等医院"4所、"一级甲等医院"181所、"一级乙等医院"67所。改革公费医疗管理办法。下发《公费医疗自费项目》、《公费医疗西药报销范围》、《公费医疗中成药报销范围》和《公费医疗报销范围药品评审办法》。扩大对外交往与合作。选派第11批援塞拉利昂医疗队；组织15名护士赴国外执行劳务任务；接待来湖南访问、讲学的国外专家11批、38人次，派出进修、留学、考察人员23批、32人次。（袁　煦　薛天剑）

【长沙市消灭血吸虫病】 1994年10月14日，湖南省消灭血吸虫病考核验收小组在长沙市宁乡县消灭血吸虫病考核验收会议上宣布：宁乡县自1990年始，连续5年未查到钉螺，居民患病率为0.7‰，耕牛粪检未发现血吸虫毛蚴，低年龄组人群无新感染，粪检未发现阳性病例，晚期血吸虫病人全部得到治疗，完全符合卫生部规定的消灭血吸虫病标准。长沙市所属望城、浏阳、宁乡三县市属血吸虫病疫区，其中望城、浏阳两县市在1992年率先达到了卫生部消灭血吸虫病标准，宁乡县通过此次考核检查合格，至此，长沙市已消灭了血吸虫病。

宁乡县原为山丘型血吸虫病流行区，疫区范围达13个乡(镇)55个村，历史有螺面积308.42万平方米，威胁7万多人的身体健康。1956年该县开展血防工作以来，经历了调查准备阶段、全面防治基本消灭阶段和巩固成果消灭血吸虫病阶段。该县把查螺灭螺与治山、治水结合起来，全县累计灭螺30 298亩次；投资110多万元，改造有螺地段266处、钉螺孳生环境3 040亩；查病治病69万多人次，查家畜4.12万多头，查出病牛2 418头。1970年，该县达到基本消灭血吸虫病标准，从1987年起无新感染的血吸虫病人、病畜，至1990年全县境内已查不到钉螺和螺卵，居民患病率降到0.7‰，耕牛粪检无血吸虫毛蚴。

（薛天剑）

【扶持少数民族卫生事业】 自1985年以来，湖南省采取增加投入、培训人才、对口支援的办法，扶持少数民族地区卫生事业的发展。全省少数民族地区卫生机构由534个增加到742个；卫生工作人员由8 800多人增加到12 000多人；床位由7 700多张增加到13 200多张；全省少数民族自治县已基本消灭丝虫病。其做法是：

1. 增加对少数民族地区卫生经费的投入。近三年来，湖南省卫生厅拨给少数民族地区的扶贫经费、专项经费等达1 825万多元，其中专项经费拨款占面上拨款总额的21.9%；用于少数民族地区县以上医疗卫生机构基本建设经费为780万元。同时，投资改善民族地区农村卫生供水状况，拨给湘西土家族苗族自治州的人均改水经费，相当于全省人均水平的2.1倍；1992年省拨给湘西、怀化、张家界市三地区乡卫生院危房改造经费，占全省危房改造下拨资金总额的24.3%，为全省人均水平的2.2倍。

2. 帮助少数民族地区培养卫生技术专业人才。全省在17个少数民族县市建立了1所中等卫生学校，7所中等卫生(中医)职业技术学校，2所在职人员培训基地；在衡阳医学院湖南中医学院增设农村医学专科部，面向少数民族和边远地区招生，年招生规模为200人。

3. 组织城市医疗卫生单位对口支援民族地区卫生单位。1986年以后，全省17所省级医疗卫生单位和16所驻湘部队、厂矿医院承担了支援民族地区卫生事业建设的任务；全省已有60多所地市级以上医疗卫生单位派出1 500多名技术骨干到60多个对口单位进行技术支援，投入20多万元培训经费，为当地培养各类卫生技术人才2 000多人，支援器械20多台件，开展新技术项目200多项。

（陈　野　薛天剑）

广东省

1994 年基本情况

	数　量	与上年比增长数	与上年比增长率(%)		数　量	与上年比增长数	与上年比增长率(%)
卫生机构(个)	8 720	148	1.73	卫生人员(人)	277 398	9 966	3.72
医　　院(个)	2 231	33	1.5	卫生技术人员(人)	220 153	8 279	3.91
床　　位(张)	144 865	4 993	3.57	乡村医生(人)	26 601	1 526	6.09
医院床位(张)	134 334	5 017	3.88	个体开业人员(人)	8 751	177	2.06
平均每千人口医院床位(张)	2.01	0.05	2.55	平均每千人口卫生技术人员(人)	3.29	0.07	2.17

续表

人口	总数(万人)	6 689	卫生费用	卫生事业费(万元)	137 500.0
	出生率(‰)	18.20		卫生事业费与上年比增长率(%)	47.8
	死亡率(‰)	5.78		卫生事业费占财政支出百分率(%)	2.67
	自然增长率(‰)	12.41		卫生系统固定资产(万元)	796 175.3
医疗服务	诊疗总人次(万)	397 321		卫生系统基建投资(万元)	95 686.2
	门诊人次(万)	37 202.4		平均每一门诊人次医疗费用(元)	36.0
	急诊人次(万)	1 025.2		平均每一出院病人医疗费用(元)	2 503
	住院总人次(万)	303.6			
	出院总人次(万)	306.2			

卫生改革 1994年修订和组织实施区域卫生发展规划。采取兼、改、并、转的办法，调整布局，进一步打破“大而全，小而全”的传统模式。佛山市建立预防、医疗、教学、科研、保健、康复相配套的医疗卫生保健服务框架，佛山市第一人民医院兼并市结核病院，改建为市一院附属肿瘤医院，增加病床400张；把市结核病院部分人员、设备并入市结核病防治所，组建市慢性病防治院，增加病床100张。

调整服务结构，转换经营机制。各级医疗卫生机构，从传统单纯服务型向现代经营型转变。全省县及县以上医疗卫生单位和三配套的乡镇卫生院，开展多种经营，普遍实行“一院两制”、“一院多制”和兴办中外合资医院、股份制医院和私立医院。批准成立中外合资医院6所，股份制和私立医院各1所。医疗卫生单位向社会提供的特需服务已扩展至医疗、卫生、保健、康复、美容、咨询和家庭服务等多层次、多领域。

调整医疗服务价格。新增加收费项目和标准18项，调整计划生育收费标准，对涉外医疗收费重新作了规定。由省人大常委会通过决议，另行制定医疗收费管理办法，由省政府颁布实施，规范医疗收费的管理程序。

规范医疗卫生服务行为。进一步完善医疗卫生单位管理体制、综合目标管理责任制、全员劳动聘任合同制和分配制度的改革。强化医院“三大管理”，推行标准诊疗，提高病床使用率，缩短平均住院天数和加强职业道德建设。规范经营管理、对医疗卫生服务适应市场经济需要作了严格的界定。加强法制管理，制订8个地区性法规和规章草案报省政府、省人大审议颁发。

公费医疗改革 经广东省委、省政府批准，《广东省直属单位及广州市公费医疗制度改革方案》从1994年7月1日起实施，主要有三点，①合理确定公费医疗经费定额，根据上年度实际开支水平，剔除不合理增长因素，并考虑财政的承受能力，逐年合理核定，分别由省、市财政安排下达。②财政、单位、医院共同承担公费医疗经费管理的责任，办证单位公费医疗定额经费的80%由公费医疗办公室统一管理，用于支付干部职工在定点医疗单位门诊、住院部分的医疗费；20%由公费医疗办公室按办证人数拨给单位作为“医疗金”由单位掌握，用于支付个人医疗补贴、超过个人自负医疗费保护线部分、特殊病种个人自负部分及按公费医疗规定的零星医疗费的报销，不退不补。③实行个人自负少量医疗费的办法，在职干部职工门诊医疗费自负20%，住院自负10%；退休干部职工门诊自负10%，住院自负5%。同时，根据职务和年龄因素实行定额补贴，并制定个人自负医疗费保护线，在职干部职工1年内个人自负医疗费合计超过500元、退休干部400元，所超部分年终由单位核报。对特殊病种，即国家规定的甲类传染病、公伤、法定职业病和实行计划生育手术的医疗费，个人自负部分可凭医院诊断证明及收据在单位实报实销。老红军、离休干部、二等乙级以上革命残废军人不实行个人自负办法，不发给医疗补贴，医疗费实行定额管理，记帐报销。

农村卫生 全省农村卫生“三项建设”共投入4.7亿多元，其中省投入2 974万元，市投入2 225万元，县(区)投入7 897万元，乡镇政府投入1.08亿元，华侨港澳台同胞捐资5 316万元，社会集资4 130万元，卫生部门贷款1亿元，其他4 114万元。新建房屋面积62万平方米，购置医疗设备4 199台(件)，培训卫生技术人员4 088人次。省人大代表对各级政府执行省七届人大会议通过的《关于摆脱乡镇卫生院困境问题》议案情况进行视察。省政府追加1 000万元农村卫生“三项建设”增强资金，共安排贫困地区的342个乡镇卫生院和县级防保机构。省卫生厅拨出150万元购买765台件设备，装备比较困难的医疗单位。省卫生厅与省财政厅联合召开农村卫生“三项建设”工作会议并组织检查评比活动，表彰先进单位117个，先进个人91人。农村卫生基金拨出57万元为受灾严重的卫生院装备医疗器械369台件，为贫困地区乡镇卫生院培训技术人员200多名。加强初级卫生保健工作的宣传，5月，组织了普及阶段的第一次省级目标评审，广州市天河区、佛山市石湾区、三水市和江门市郊区等4个县(区)实现规划目标，另有8个县(区)基本实现规划目标。目前，全省已实现或基本实现规划目标的县(区)共有25个，占农村县(区)总数的25%。

爱国卫生　组织全省44个市卫生检查，加强爱国卫生立法管理工作。完成改水受益人口190万，使全省93.55%的农村人口饮用清洁水，自来水普及率为60%，提前一年完成"八五"改水任务。农村改厕要求层层落实，地级市抓一个试点县，每个县抓一二个试点镇，要求新建房屋必须同时建卫生户厕；重点抓镇政府机关、中小学校、医院、影剧院等公共厕所的新建或改建。广州市城区灭蝇工作通过国家考核鉴定，河源市城区、顺德市勒流、桂洲镇等12个市、镇灭鼠达标。广东省人民政府颁布《广东省除"四害"管理规定》。加强健康教育工作。广州、深圳、珠海、肇庆、汕头等市中小学开设卫生课；成立广东省控制吸烟协会，组织宣传活动，并在全省开展创建无吸烟单位活动。

卫生防疫　全省法定传染病总发病率为135.07/10万，比1993年下降5.13%。组织四轮消灭脊髓灰质炎强化免疫工作，发放疫苗2 493.4万人次，适龄儿童服苗率达到97%以上，全年未发现有野毒株引起的AFP病例。病毒性肝炎发病数35 873例，发病率为53.73/10万，比1993年下降14.94%，推行新生儿乙肝疫苗接种。疟疾发病7 987例，比1993年下降了3.16%，开展粤桂琼疟疾联合防治工作。

救灾防病　1994年，广东遭受特大洪涝灾害。全省卫生部门全力以赴投入救灾防病工作，卫生厅组织医疗队到灾区指挥救灾和防病工作。厅直单位和中山医科大学附属医院共派出11支救灾防病医疗、防疫工作队，44名专家和医务人员参加。全省县以上医疗卫生单位派出165支医疗队，1 025名医务人员，会同灾区乡镇卫生院、驻地解放军医疗队，开展医疗救护和卫生防疫工作，为灾区群众诊治30多万人次，调运280多万元的漂白粉等消毒杀虫药品、医疗器械，下拨近200万元的救灾款。省红十字会接收境内外捐款捐物价值人民币1 973万元，其中药品器械932万元，大米、食品、衣物等1 041万元。灾后，发动群众大搞爱国卫生运动，做到水退一村，防疫一村，加强水源保护和食品卫生管理，加强传染病监测，采取措施，较快地控制霍乱病疫情，使灾后没有发生大的疫病流行。

医政管理　医院分级管理工作全面展开，组织全省18所三级医院2 000多名医务人员进行"三基"理论考试，对9所三级医院进行评审。至此，全省已通过评审的医院有319所，其中，三级甲等医院19所，三级乙等医院1所，二级甲等医院79所，二级乙等医院4所，一级甲等医院198所，一级乙等医院18所。修订全省肿瘤医院分级管理标准。加强医院感染管理工作和输血管理工作，加强戒毒所的管理工作。整顿社会医疗机构，查封非法医疗机构6所。

妇幼卫生　妇幼保健保偿制在全省77个县、685个乡镇开展，县区覆盖率为64.17%，乡镇覆盖率为35.13%，有效地提高了妇女儿童两个系统管理率。孕产妇系统管理率为67.41%，儿童保健系统管理率为44.41%。安排10个妇幼保健机构"一无三配套"建设。全省108个县区、526个乡镇开展婚前检查，检查32万多人次。省卫生部门把创建"爱婴医院"与医院分级管理评审工作结合起来，凡评审为"爱婴医院"，在医院等级评审时给予加分，加快了综合医院创建步伐。1994年又有81个医疗、保健机构通过国家评审，成为"爱婴医院"，广东省、中山、珠海市被联合国儿童基金会评为创建"爱婴医院"成绩突出单位。

药政管理　全省共查处制售假劣药品案件2 792宗，罚没金额299.7万元。完成药品检验7 378件，其中进口药品6 208件，新药审核、移植产品及三级标准检验166个品种635批次，仲裁、出口检验110件。核发《药品生产许可证》25个，《制剂生产许可证》22个，《药品经营许可证》100个。

医学科教　制定了加快广东省医药卫生科学发展措施。包括加强领导，依靠科技进步，发展卫生事业；扩大经费来源，保证落实必要的科研经费；抓好科技队伍建设；加强成果推广和科技开发工作；制定奖励措施等。成立广东省心脑血管病防治研究领导小组，加强广东省心脑血管疾病的防治研究工作。全省有25项成果获省级奖励，60项厅级奖励。全省卫生中等专业学校共招生10 600人，其中普通中专7 200人，成人中专3 400人。

振兴中医　梅州中医院通过国家验收，成为国家示范中医医院，目前，全省有6所全国示范中医院。佛山市中医院骨伤科建设通过国家验收。开展农村中医工作试点县基本情况调查，内容包括中医药技术队伍、中医病床、设备、房屋、经费、中医药治疗率以及中医院的经济效益和管理水平等。8位老中医药专家和13位学术继承人通过省组织的考核验收。组织评审1994年度广东省中医药科技进步奖11项，完成课题立项24项，有3个项目获得国家中医药科技进步奖。

对外交往　接待欧、美、亚地区的国家和国际组织的官员、医学专家、学者40批315人。出访157人次。省人民医院与美国麻省总医院结为友好医院。向赤道几内亚、冈比亚分别派出19人和21人的医疗队。加强外国医生来广东省行医的管理工作。　（胡荣枢　巫小佳）

广西壮族自治区

1994 基本情况

	数量	与上年比增长数	与上年比增长率(%)		数量	与上年比增长数	与上年比增长率(%)
卫生机构(个)	5 564	15	0.27	卫生人员(人)	144 159	2 859	2.02
医院(个)	1 703	206	13.76	卫生技术人员(人)	113 358	2 626	2.37
床位(张)	82 632	1 415	1.74	乡村医生(人)	30 413	936	3.07
医院床位(张)	77 403	946	1.24	个体开业人员(人)	8 092	370	4.79
平均每千人口医院床位(张)	1.855	0.013	1.74	平均每千人口卫生技术人员(人)	2.54	0.33	2.37

人口	总数(万人)	4 455	卫生费用	卫生事业费(万元)	40 899
人口	出生率(‰)	12.10	卫生费用	卫生事业费与上年比增长率(%)	26.2
人口	死亡率(‰)	5.14	卫生费用	卫生事业费占财政支出百分率(%)	3.3
人口	自然增长率(‰)	6.96	卫生费用	卫生系统固定资产(万元)	178 268
医疗服务	诊疗总人次(万)	75 314 812	卫生费用	卫生系统基建投资(万元)	13 000
医疗服务	门诊人次(万)	68 124 941	卫生费用	平均每一门诊人次医疗费用(元)	15.7(综合医院与中医医院)
医疗服务	急诊人次(万)	7 189 871	卫生费用	平均每一出院病人医疗费用(元)	987.4(同上)
医疗服务	住院总人次(万)	1 599 172			
医疗服务	出院总人次(万)	1 767 713			

卫生改革 ①批准建立中外合作经营企业桂林廷岳医院有限公司，柳州市第一人民医院股份制合作社、柳州市企业家医疗保健中心等新的机构与经营模式。②实行医院分级管理制度，完成试点工作。广西医科大学第一附属医院、桂林市中医医院、柳州市中医医院被确定为首批三级甲等医院。③地方权力机关通过地方立法加强农村卫生事业。自治区人大常委会南宁地区联络处向地区各县(市)发出《关于建议县(市)人大常委会立法保障农村初级卫生保健规划实施的意见》。南宁地区村卫生所覆盖率占行政村总数的 98.6%，其中集体办的占 60.6%。④普遍实行卫生工作目标管理责任制。如南宁地区年初县——乡——村依次签定责任书，同时交纳风险抵押金和奖励基金，分季度检查执行情况，年终逐级考评，对达标者返还风险抵押金并按达标等级给予奖励和表彰，对未达标者则将风险抵押金充作奖励基金。⑤在全州、平南两县进行医疗保障制度改革试点，实行公费医疗和劳保医疗并轨管理，初步建立社会统筹与个人帐户相结合的职工医疗保健模式。全自治区有 91.7%的(89 个)地、市、县实行公费医疗卫生部门管理责任制，96.9%的(94 个)地、市、县实行医疗经费与个人挂钩，5.2%(5 个)的地、市、县与保险公司试行住院医疗保险。自治区重新制定《广西公费医疗用药报销范围》。⑥医疗卫生单位进一步完善运作机制，修订改革方案，完善激励与制约措施，建立新制度。⑦各地因地制宜，扩大卫生业务，发展卫生产业，落实"以副补主"。

救灾防病 1994 年 5～8 月，全区各地暴雨成灾，据统计，全区有 83 个市、县的部分县及县以上医疗卫生单位、668 个乡镇卫生院、3 646 个村卫生所受灾，损失近 3 亿元，灾区环境卫生恶化。自治区人民政府及时颁布《关于加强全区救灾防病工作的决定》，成立救灾防病领导小组，派出 8 个疫情监测组、10 个医疗队(61 人)赴灾区工作。据统计，全区共派出1 791个医疗防疫工作队(1 万多人次)深入24 899个村屯开展预防和治疗工作，诊治病人 127 万人次，免费提供治疗药品，价值近 400 万元，调拨消毒药品 250 吨，防病疫苗 513 万人份，筹集救灾防病经费1 200万元，其中卫生部 100 万元，自治区政府 640 万元，卫生厅 300 万元。收到国内捐赠价值 113.5 万元的药品。各级红十字会协助政府开展抗洪救灾防病工作，向灾区发放2 300万元救灾款物。联合国儿童基金会提供 5 万美元医疗器械，比利时无国界医生组织向都安和三江县提供人民币120万元救灾药品和器械，日本熊本县捐赠价值100万日元的药品。洪灾期间，在18个市、县的75个乡镇491个村屯发生肠道传染病流行。全区1994年甲乙类传染病共发生19种81 195例，发病率为191.66/10万，比1993年升幅1.06%，脊髓灰质炎、百日咳、白喉、麻疹发病率比1993年分别降幅6.3%、21.4%、50%、54.1%，基本实现特大灾情无大疫暴发流行的目标。

卫生监督执法 1994年，加大卫生监督执法力度。食品卫生监测覆盖率为94.2%，合格率86.8%；化妆品监测覆盖率81.6%，合格率71.5%；环境卫生监督覆盖率95.53%，建档率84.22%；全年发放各类卫生许可证148 332个。监测供水点2.9万个。组织开展对砒霜生产企业劳动卫生及职业病危害调查，全区测定生产场所有害因素作业点22 078个，占应测点38.9%；对4.9万名工人进行职业性体检，占应检人数14.9%。治疗学生常见肠道蠕虫病感染者400万人次，完成对150所中小学和10所中等专业学校贯彻《学校卫生工作条例》、《学校体育工作条例》的考核验收。全区共查处420多起假劣药案件，涉及药品种达800种，价值236.13万元，行政处罚金额16万元。处理食物中毒4起，其中柳州市发生甲醇中毒79人，死亡9人。

农村卫生 ①各地继续落实初级卫生保健目标。全州县成为全区第一个初级卫生保健合格县。②1994年自治区安排农村“三项卫生建设”专款1 000万元，立项改造141个乡镇卫生院，26个防疫站和妇幼保健所，并从卫生事业费调剂400万元维修了受水灾损毁严重的卫生院。对全区农村“三项卫生建设”进行检查。1991～1994年，共安排卫生院抢危建设项目555个，占全区乡镇卫生院总数的40%，投入资金1.2亿元(自治区补助2 847万元、县市配套资金4 174万元、群众集资776.78万元、建设单位自筹1 846.03万元)，已竣工2 357个项目，占总项目数的64%，竣工面积24.92万平方米；有36%的抢危项目工程不能按期竣工。全区农村“三项卫生”建设工程短缺资金3 000多万元。③配置乡镇卫生院、县卫生防疫站、妇幼保健所的仪器设备。1994年自治区安排100万元装备了31个县的147个乡镇卫生院，安排164万元装备34个县卫生防疫站、安排159万元装备60个县妇幼保健所。主要设备有：B型超声波诊断仪、X线诊断机、手术床、无影灯、救护车等。④第一期乡村医生中专函授班培训乡村医生3 505名，有1 747人获得中专水平证书。有6 894人参加第二次全区乡村医生中专水平考试。

中医工作 ①桂林市中医医院、柳州市中医医院通过国家中医药管理局的审评验收，批准为“示范中医医院”。②灵山县为全国农村中医工作试点县，有58%的行政村(152/262)设了中医中药医疗点，31.6%的乡镇(6/19)设立中医病床。③1991年国家批准的12名跟师中医学术继承人中，有7名继承人获国家中医药局批准出师。

爱国卫生与健康教育 ①开展第6个“爱国卫生月”全区综合治理大环境卫生活动。②除“四害”创建卫生城。投入灭鼠经费576万元，整治四害孳生场所922.81万平方米，北海市灭鼠一役达标。加强消杀灭药械市场管理和产品监测，抽样检验合格率为87.87%(58/66)。实行灭蚊蝇药品卫生生产许可证制度，对38种产品发放卫生生产许可证，全区有138个单位被评为自治区爱国卫生先进单位。③全区投入农村改水资金7 599.3万元(其中国家3 000.6万元，集体1 202.8万元，个人3 023.9万元，其他筹资372万元)，新建水厂(站)489座，手压机井22.6万口。农村改水受益人口112.8万人，其中自来水受益人口65.7万人。④在17个县、市进行农村改厕试点，投资96.6万元(国家、集体、个人为3：1：12)，建造双瓮漏斗式、小三格式、三联通沼气式卫生厕所2 000余座。⑤在26个县(市)调查了25 163户农家，有户厕的18 268家，其中户厕达到卫生厕所标准的923家，卫生户厕普及率为3.7%；无户厕6 895家，占27.4%。⑥成立自治区农民健康教育行动领导小组及其办公室。开展中国——联合国儿童基金会健康教育合作项目准备工作。

妇幼卫生 ①母子保健一条龙服务。桂林地区在10个县118个乡开展工作，入保24 800人，占应入保人数的79.4%。②参加“加强中国基层妇幼卫生/计划生育服务”合作项目的16个县，与实施前(1989年)对比孕产妇死亡率由143.7/10万降至89/10万，降幅38.07%，婴儿死亡率由61.33‰降至46.46‰，降幅24.25%。③自治区妇幼保健院、南宁市和北海市妇幼保健院为首批创建的“爱婴医院”。至年底，柳州市人民医院等12所医院被授予“爱婴医院”。全区已创办“爱婴医院”15所。

精神文明建设 各级医疗卫生单位开展向人民好医生——赵雪芳学习活动，加强职业道德教育。行业作风继续好转，全区有7个先进单位、14名先进工作者获卫生部表彰；有31个先进集体、58名先进工作者获自治区卫生厅、人事厅表彰。据卫生部和卫生厅联合对5家医院调查，患者对医护人员服务态度平均满意率为83.3%，比1993年升幅5.9%，技术满意率为80.9%，升幅8%，乱收费降至9%，降幅17.3%。对群众反映或投诉的28件行业不正之风问题，卫生厅纠风办已查处25件，查结率89.3%。

(叶传城　梁启成)

海南省

1994 年基本情况

	数量	与上年比增长数	与上年比增长率(%)		数量	与上年比增长数	与上年比增长率(%)
卫生机构(个)	1 647	1	0.06	卫生人员(人)	39 167	840	2.19
医院(个)	469	23	5.16	卫生技术人员(人)	31 109	574	1.88
床位(张)	22 658	−172	−0.75	乡村医生(人)	2 158	24	1.12
医院床位(张)	21 885	−168	−0.76	个体开业人员(人)	1 348	−6	−0.44
平均每千人口医院床位(张)	3.08	3.23	−0.15	平均每千人口卫生技术人员(人)	4.37	574	1.88

人口	总数(万人)	711.39	卫生费用	卫生事业费(万元)	15 597
	出生率(‰)	20.77		卫生事业费与上年比增长率(%)	57.45
	死亡率(‰)	6.29		卫生事业费占财政支出百分率(%)	3.88
	自然增长率(‰)	14.48		卫生系统固定资产(万元)	49 237
医疗服务	诊疗总人次(万)	1 452.8617		卫生系统基建投资(万元)	9 830
	门诊人次(万)	1 338.3274			
	急诊人次(万)	43.5252		平均每一门诊人次医疗费用(元)	36.5
	住院总人次(万)	37.8273			
	出院总人次(万)	37.6920		平均每一出院病人医疗费用(元)	1 707

农村卫生建设 加强农村乡镇卫生院"三配套"(房屋、人员、设备)建设,确定100所卫生院为重点。各市县政府增加卫生投入,陵水县由1993年的80万元增至170万元。全省通过各种渠道共投入农村卫生建设经费2 013万元,建设项目89个,建设面积30 750平方米。其中投入卫生院房屋建设1 430万元(占71%),建设项目75个(占84%),建设面积21 920平方米(占71%);投入市、县卫生防疫站、妇幼保健所(站)583万元,建设项目14个。并增添设备,培训人才。省卫生厅对全省19个市县、46所乡镇卫生院的院容院貌及卫生学管理进行检查,综合指标达到要求的占75%。琼海市乐会中心卫生院抓"三化"建设,即医院工作制度化、技术操作规程化、基本设备规格化。制订了全院59种工作制度、47类工作人员职责及医德规范。

预防保健 全省为在1995年达到消灭脊髓灰质炎目标,对0~4岁儿童进行4轮预防脊髓灰质炎强化免疫活动。设接种点13 920个,每轮出动37 810人,有586 198人服用糖丸疫苗,服苗率为98.13%。共投入活动资金168万元。全省没有发生野毒株引起的脊髓灰质炎病例。全省连续3年没有发生登革热病。霍乱有零散病例发生,省政府下发《关于做好海南省霍乱防治工作的通知》,共出动卫生人员1 620人次,至11月底,疫情得到完全控制。省政府向世界银行贷款进行"控制结核病项目"活动,有18个市县启动工作,调查新发现肺结核病人2 970人,全部提供免费治疗。全年法定报告传染病发病率236.99/10万,比1993年同期下降6.46%。

妇幼卫生 继续贯彻执行国家《九十年代中国儿童发展纲要》和实施《海南省儿童少年事业发展"八五"计划和十年规划》,以屯昌、保亭、乐东"加强中国基层妇幼卫生、计划生育服务"3个项目县带动全省农村妇幼卫生工作。争取海口市和三亚市作为妇幼卫生过渡项目地级市,得到联合国儿童基金会16万美元的资助,两市政府按1∶8比例配套资金,已落实配套经费人民币650万元,并完成项目第三轮培训和扩展非项目培训513人。在全省开展"孕产妇、0~6岁儿童两个系统管理"工作。全省妇科病普查77 083人,患病率27.10%,治疗率86.5%;儿童体检125 224人,患病率3.67%,治疗率96.21%,有缺点40 250人,矫治点率86.03%。1994年新法接生率、住院分娩率、新生儿卡介苗接种率比1993年度分别增长9.5%、3.22%、0.31%;婴儿死亡率、5岁以下儿童死亡率、新生儿破伤风发生率分别下降9.32%、10.45%、7.76%。海南医学院附属医院被批准为全省首家“爱婴医院。”

爱国卫生 以整顿市容镇貌为重点，开展爱国卫生活动。全省19个市县投入10亿元建设配套一批城镇卫生公共设施，有17万人次参加4次群众性爱国卫生突击活动。继续进行农村改水工作，累计受益人口477.02万人，占农村人口86%，其中自来水受益人口为182.49万人，占农村人口32.9%。开展灭鼠、灭蝇、灭蟑螂工作，继海口市灭鼠达标后，琼海市、儋州市城区自查灭鼠达标。

中医事业 省中医院，昌江、万宁、通什、临高、琼中等市县中医院、中医门诊部，增设服务项目，增添医疗设备，加强专科专病建设，培养、引进人才，健全制度，完善管理。省中医院建全综合目标管理责任制，提高病床使用率，业务收入增加，被评为全国卫生系统先进单位。昌江县中医院加强管理，勤俭办院，被评为县文教系统先进单位。

三亚市中医院与山西省卫生厅合作，由原4层楼扩建至8层楼，共4 000余平方米，1994年5月投入使用。山西省派10余名中医各专业骨干，拓展医院服务功能。海口市政府将市中医院的搬迁建设列入议事日程，落实征地近40亩，计划投资7 000万元，已投入近1 000万元，即将动工建设。

医院分级管理 省卫生厅进一步强化医院管理，制订《海南省急诊科建设标准》、《海南省手术室建设标准》、《海南省医院供应室建设标准》等7个标准规程。省人民医院被评为全省首家三级甲等医院。琼海市人民医院被评为全省首家二级甲等医院。省卫生厅举办省第一届医院管理研讨会和第二期卫生院院长学习班，36名院长参加。组织18位县以上医院院长到外省考察10家医院。

海南省公费医疗管理成绩突出，卫生部、财政部奖励45万元。

医学教育与科研 1994年全省高中等医学院校招生1 495名，其中海南医学院普通招生178名，成人大专121名，普通中专445名，成人中专375名，卫生职业技术学校376名。为各级医疗卫生机构输送高中等医学院校毕业生1 147名。开展横向联合办学，省卫生学校与南京、北京、广西等市(区)医学专业学校联办英语护士专业、口腔医士专业、药剂士专业，加快医学短缺人才的培养。省卫生厅投入330万元改善省职工卫生学校和儋州、乐东、万宁卫生职业技术学校、省第二卫生学校的办学条件。省卫生学校获华夏基金会10万美元资助教学设备，地方财政配套资金已全部到位。

省卫生厅做好医药卫生科技成果研究的立项、申报、审评和推广工作，拓宽增加科技投入渠道。全年共有51个科研课题获得厅级以上科研基金55.1万元的资助，其中省医院的“供体特异性输血对移植肾成活的影响及机理的探讨”、“海南滨瑚作为眼眶内植入物的实验及临床研究”分别获国家自然科学基金资助6.5万元和卫生部科研资助2.0万元；海南医学院的“建立海南省黎族的永生细胞库”等8个课题获得省自然科学基金资助和1个课题获得省科技重点项目资助。省热带病防治研究所参与的(海南省地区)“首次全国人体寄生虫分布调查”获1994年度卫生部医药卫生科技进步一等奖。1994年共获省科技成果进步奖16项，其中一等奖1项、二等奖1项、三等奖5项、四等奖9项。召开海南省医药卫生科技工作会议，表彰一批成绩突出的科技管理工作者和边远地区优秀医学科技工作者，并作出《海南省卫生厅关于加强医药卫生科技工作的决定》。投入21万元，加强省医院、海南医学院医学实验动物基地的建设，举办一期医学实验动物饲育人员培训班。组织开展黎族人口健康素质和卫生院人力现状及在职卫生人员培训需求的调查。

卫生执法

1.省卫生厅贯彻执行《药品管理法》及其“实施办法”和国务院《关于进一步加强药品管理工作的紧急通知》精神，主要采取两项措施：①整顿医药市场。坚持经常性监督和突击检查相结合的办法，全年共进行3次大的检查行动，以海口、三亚、儋州市为重点，会同工商、公安等部门，打击非法销售伪劣药品和非法进口药品的犯法行为。全省共出动检查人员2 516人次，检查2 386个药品生产、经营单位和医疗单位。查出假、劣、非法进口药品1144种次，价值59.2万元，查处案件42宗，罚款41.3万元，取缔无证经营45家；②对药品生产、经营单位进行审核和换证工作。进一步加强麻醉、精神药品的管理，保证戒毒药品的供应。颁布第一部《海南省药品标准》，规范新药(含保健药)、移植药品生产审批各项管理制度。全年共审批新药3个，保健药12个，移植药品生产75个。全省现有专(兼)职药品监督员138人，初步形成省、市(县)、乡(镇)三级药品监督网，并启用药品监督执法服装。

2.加强医疗市场监督管理。全省已建立一支648人组成的医疗市场监督队伍。按地理区域分为5片，每季度进行两次交叉检查。全年共出动检查人员3 299人次，开展检查98次，取缔无证行医78家，罚款7万多元，没收实物价值4.5万元。加强从医人员在职教育，全年共举办各类学习班25期，受训人员1 884人，占从医人员的80%。

3.加强卫生防病执法检查工作。全省对食品卫生、劳动卫生、学校卫生、放射卫生、饮水卫生、公共场所卫生、化妆品卫生应监督的有25 301户，行使卫生监督的有17 680户，总监督覆盖率为70%。对上述项目进行卫生监测近4万项次，其中食品合格率83.2%，食具合格率74.2%。经卫生监督检查结果，对1 717户进行不同程度的处罚。对30 379名公共场所从业人员进行体格检查，对不合格的827人全部调离工作岗位。

(杨才绩)

四 川 省

1994 年基本情况

	数量	与上年比增长数	与上年比增长率(%)		数量	与上年比增长数	与上年比增长率(%)
卫生机构(个)	19 012	—50	—0.26	卫生人员(人)	402 153	…	…
医院(个)	10 296	…	…	卫生技术人员(人)	325 300	5 969	1.87%
床位(张)	228 178	…	…	乡村医生(人)	68 001	…	…
医院床位(张)	259 042	…	…	个体开业人员(人)	21 254	…	…
平均每千人口医院床位(张)		…	…	平均每千人口卫生技术人员(人)	…	…	…

人口	总数(万人)	12 000
	出生率(‰)	…
	死亡率(‰)	…
	自然增长率(‰)	…
医疗服务	诊疗总人次(万)	27 050
	门诊人次(万)	25 853
	急诊人次(万)	57
	住院总人次(万)	4 332 592
	出院总人次(万)	4 325 494

卫生费用	卫生事业费(万元)	…
	卫生事业费与上年比增长率(%)	…
	卫生事业费占财政支出百分率(%)	…
	卫生系统固定资产(万元)	…
	卫生系统基建投资(万元)	…
	平均每一门诊人次医疗费用(元)	…
	平均每一出院病人医疗费用(元)	…

卫生改革 ①省卫生厅选择什邡、射洪、成都市青羊区3个有代表性的县区，进行综合卫生改革试点。1994年，3个改革点对农村卫生资源的存量部分，根据需求和服务功能进行调整，并确定相应的增量资源配置原则；建立乡镇卫生办公室，明确县、乡两级的职责、权限，进一步完善乡办乡管体制；在医疗卫生单位进行股份合作制、承包租赁制和经营责任制等多层次多形式的改革试点；改革传统服务模式，开展多层次服务；②调整医疗收费标准。公布医疗收费调整方案，共调整医疗收费184项，调整面积为63%，上调幅度为44%，占医疗收费标准项目数的9.9%，医疗单位将增加收入1.2亿元。

农村卫生 ①省卫生厅从领导方法、资金投入、卫生体制改革、预防保健、初级卫生保健和管理等6个方面提出一系列加强农村卫生工作的政策和措施，并下发《关于进一步加强农村卫生工作的通知》。乐山、成都等市地已提出贯彻意见，逐一加以落实。②全省各级卫生部门，进一步加强农村卫生“三项建设”、农村卫生事业重点县建设和引进外资发展农村卫生事业工作。据初步统计，农村卫生“三项建设”各级共投入资金约1.2亿元，改扩建农村卫生院850所，县级防疫、保健机构各20所；31个农村卫生事业重点县建设，各级共投入资金4 850万元，累计开工255 880平方米；利用世界银行贷款控制结核病项目启动县由60个增至78个，覆盖人口由3 900万增至5 012万；涉及65个县，贷款额达2 457万美元的“妇幼卫生综合贷款项目”，已经世界银行正式批准，各项目县工作已开始启动。

初级卫生保健 1994年4月省第八届人大常委会第八次会议听取和审议了省政府所作的《关于四川省实施初级卫生保健工作的情况汇报》，并作出《关于初级卫生保健工作的决议》，要求各级人大常委会依法加强对初级卫生保健工作的监督，一些地方党委和政府相继作出决议、决定。1994年，全省初级卫生保健工作在全面完成试点阶段任务的基础上，普及阶段工作又取得一定成效。据统计，17个县(市、区)通过省级初级卫生保健委员会组织的终期审评，1994年实现规划目标低限标准的31个县(市、区)，已经各地、市初级卫生保健委员会组织进行中期评价；同时，重庆、攀枝花等市城市初级卫生保健工作开始起步。

卫生防疫 全省卫生防疫工作以预防和控制重点传染病的发生与

蔓延为重点。①坚持抓好以消灭脊髓灰质炎为重点的计划免疫工作。全省4岁以下儿童第一阶段疫苗普服率为98.45%，第二轮普服率为98.16%。全省儿童计划免疫接种率平均达到88.89%；②开展以急性肠道传染病为重点的急性传染病防治工作。1994年筠连县发生伤寒1 091例；涪陵、凉山、成都、达川、万县、重庆、南充、内江、宜宾、德阳、巴中、黔江、绵阳等13个地市州的35个县市区，共有疫点691个，发生霍乱病人1 031例。省、市、县卫生行政部门全力以赴扑灭疫情，除29例病人死亡外，其余全部治愈，疫情和疫点于12月11日全部解除。在扑疫工作中，省卫生厅调拨伤寒菌苗50 000人份，各级共派医疗队28批145人次，省卫生厅投入260万元用于霍乱防治。据不完全统计，全省投入霍乱防治经费为1 968.9万元；③1994年全省仍处于出血热自然流行的高峰年。据1～10月统计，共发生出血热病例905人，死亡16人，比1993年同期分别上升15.88%和6.67%；④慢性传染病防治以结核病、麻风病、性病为重点。1～9月，全省实施控制结核病贷款项目县新增18个，累计78个县，覆盖全省总人口的45.8%。各地对186 963名可疑肺结核患者进行免费检查，查出活动性肺结核病人18065例，免费治疗12 113例，治愈6 313例。新发现麻风病人279例，已全部实行联合化疗；全省对21个市、地、州性病防治工作进行考核。1～9月，全省登记性病病人17 844例，比1993年同期上升36.23%。

妇幼卫生保健 1994年全省创建"爱婴医院"44所；婴儿死亡率为54.69‰，比1990年降低11.55‰；孕产妇死亡率为138.99/10万，比1990年降低17.81/10万。制定《四川省孕产妇系统管理实施细则》、《四川省农村儿童系统管理实施细则》、《四川省计划生育技术服务管理实施细则》，将于1995年1月1日起实施。

地方病防治 ①血吸虫病完成查病136.8万人，治疗36.14万人，查牛4.95万头，查螺1.004万平方米。全省59个流行县(市、区)已有18个达到消灭血吸虫病标准，20个县达到基本消灭血吸虫标准，压缩70%的钉螺面积，治愈90%的病人，目前尚有7万多病人，1亿平方米钉螺面积，2万多头病牛；②碘缺乏病病区波及22个市、地、州188个县(市、区)，受威胁人口将达1亿。1994年治疗病人75万人次；③疟疾休止期根治率为85%，现症病人治疗率为80%，血检132万人次，全省1～9月发病6 719人，比1993年上升1.19%。

爱国卫生 全省各地把创建卫生城市、卫生县城放在重要位置。成都市13个区(县)均达到市级卫生城市标准；绵阳科学城、成都市龙泉区达省级卫生城市标准；重庆市灭蝇工作经国家爱卫会组织专家考核，达到国家标准，宜宾、龙泉区灭蝇工作达到省级标准，泸州市、自贡市灭蟑工作达到省级标准。

医学教育、科研、外事 ①全省中等卫生学校在校学生由1993年的24 385名上升到26 077名；成人中等专业招生2 200名，成人大专招生1 588名；短期培训班127个，培训人员6 045人；②医学科研获四川省卫生厅科研基金项目85个，中标率为29.5%；获卫生部资助项目7个，科研经费38万元；获省科委资助项目7个，科研经费14万元。截止11月底，完成卫生厅资助课题30项，申请省政府科技成果奖103项，获一等奖3项，二等奖8项，三等奖30项；申报卫生部成果奖7项；③派出118人进行友好访问。参加国际会议等。派出赴非洲3国3支援外医疗队执行援外任务；接待来访代表团21个共113人；于12月成立四川省医药卫生国际交流会。

卫生执法监督 ①查处假劣药品案1 000余件，价值计近100万元，销毁70多万元假劣药品。完成药品抽验7 253批次，其中合格5 452批次，合格率为75.17%，不合格1 801批次，不合格率为24.83%，对假劣药品进行依法处理；②加强食品卫生监督监测，共监测食品51 029件，合格39 857件，合格率为78.1%；对食品从业人员体检452 041人，体检率为94.68%；③取缔一批游医药贩，吊销一批社会办医从业人员行医执照和食品经营单位卫生许可证；④起草上报《四川省计划免疫工作条例》、《四川省性病、艾滋病防治条例》、《四川省消毒杀虫剂管理办法》、《四川省医疗机构管理条例》。其中《四川省医疗机构管理条例》于12月3日由省人大常委会通过，正式颁布施行。

行业作风建设 根据卫生部要求，对地(市)级以上12家医疗机构进行行业作风调查。共调查门诊、住院、出院病人3 600人，综合满意度为87.20%；12家医院共接到投诉信121件，立案调查19件，结案18件，处理102件，党纪处分2人，政纪处分6人，经济处罚38人，降聘技术职称处理3人。 (郑世凡)

【《关于初级卫生保健工作的决议》】 四川省人大常委会于1994年4月2日通过。决议主要精神有：

1. 各级政府要进一步提高实施初级卫生保健重要性的认识。因地制宜采取切实措施，实现本地区"2000年人人享有卫生保健"的规划目标。

2. 在实施初级卫生保健中，各有关部门和单位、社会团体、要各司其职，紧密配合，要树立大卫生观，增强责任感，积极参与，承担责任，协调行动。

3. 各级政府在财政支持和卫生资源的配置方面，逐步向农村倾斜，加大对农村的投入。特别要重视乡镇卫生院危房改造、防保经费的落实和合理解决好乡村医务人员报酬等问题。要依法多渠道筹集资金，推行农民自愿和互助的合作医疗保健制度，抓好农村医疗保险制度改革试点。

4. 当地政府要采取有效措施，加强农村三级医疗卫生网的建设，稳定农村医疗队伍。乡镇卫生院要通过深化改革，加快卫生院"一无三配套"建设，强化预防保健功能。

5. 各级人大常委会要依法加强

对初级卫生保健工作的监督。

（郑世凡）

【民族卫生工作现场办公会议】 1994年9月8～15日，四川省卫生厅在甘孜州康定县召开。省政府办公厅、省政协、省民委、省中医局、甘孜州委、州府、州人大、州政协、州统战部、州人事、财政、计经委、卫生局及州直属医疗卫生单位的有关负责人参加会议。该州由于历史、地理、经济等多方面原因，州内疾病病种多、分布广、危害大；基层卫生网不健全；医疗机构危房量大，设备破旧且严重不足，交通工具缺乏；卫生队伍不稳定等。针对以上问题会议作出决定：

1. 在卫生事业建设方面，从实际出发，因地制宜，以健全、改善、增强、提高医疗卫生服务体系的功能与水平为重点；贯彻“预防为主”的方针，切实加强农村卫生建设，重点放在乡镇一级；加快农村卫生人员培训速度和力度，在数量、质量和结构上趋于合理。

2. 在投入和政策上，省卫生厅拟从各方面挤出一定数额的资金对甘孜州卫生事业予以倾斜扶持。主要落实在：农村卫生事业重点县建设的指标分配；农村卫生三项建设危房改建、乡（镇）卫生院改扩建指标分配；世界银行贷款项目实施；防疫站、保健站的建设，设备购置；地方病的防治；人才培养、州卫生学校的设置购置；灾害、疫情的补助、物资、药品器械的捐赠等，共计投资款项约389万元。（郑世凡　江　涛）

【农村卫生工作新政策出台】 1994年8月，四川省委、省政府下发《关于进一步加强农村卫生工作的通知》，就尽快解决农村卫生工作存在的问题作出以下决定：

1. 各级党委和政府要提高认识，加强领导。把农村卫生工作纳入本地区社会经济发展规划，政府工作议事日程和目标管理范围。

2. 理顺农村卫生管理体制，促进农村卫生事业协调发展。①不断完善乡镇卫生实行乡办乡管体制；②各级政府要按照区域规划和当地卫生服务需求，合理配置农村卫生资源。卫生资源的增量尽可能向农村倾斜。

3. 落实农村卫生政策，增加农村卫生投入。做好以下几项政策的兑现落实：①落实乡镇卫生院的卫生事业补助费；②各县每年从农民交纳的统筹费中安排一定额度的经费用于当地乡镇卫生事业；③各级财政要按所辖农业人口人均0.05～0.10元的数额安排经费，专项列支，用于农村卫生事业建设；④对乡镇企业应交税款中减征10%的部分，乡镇政府应安排一定比例用于乡镇卫生事业；⑤享受国家支援经济不发达地区发展资金和开发基金的地区，在安排两项资金及扶持项目时，应对卫生作出倾斜。对预防保健和卫生监督执法机构的投入不能削减；对预防保健和卫生执法机构的有偿服务收入，要按有关规定留单位使用；各地区、各部门不得向卫生单位乱摊派、乱收费、乱罚款。

4. 推进农村卫生“三项建设”，抓好农村卫生院管理。①着重抓好农村卫生院的排危工作，争取3年内基本排除农村卫生院危房；②农村卫生院可实行宏观控制下的多种办医体制和经营管理形式。

5. 加强农村初级卫生保健工作，巩固发展农村合作医疗制度。①初级卫生保健工作按照“政府领导、健全组织、部门配合、群众参与、总体规划、政策倾斜、分类指导”的原则，实行部门分工负责制；②农村合作医疗遵循“政府引导、群众自愿、因地制宜、多种形式、科学管理、民主监督”原则，探索建立和发展农村合作医疗保健制度的新路。

6. 加强对社会办医的管理、指导。

（郑世凡）

贵州省

1994年基本情况

	数　量	与上年比增长数	与上年比增长率(%)		数　量	与上年比增长数	与上年比增长率(%)
卫生机构(个)	3 930	22	0.56	卫生人员(人)	106 441	3 458	3.36
医　　院(个)	1 660	37	2.27	卫生技术人员(人)	88 053	3 644	4.3
床　　位(张)	59 648	1 928	3.34	乡村医生(人)	13 533	104	0.77
医院床位(张)	53 766	1 878	3.6	个体开业人员(人)	7 702	458	6.32
平均每千人口医院床位(张)	1.55	－0.01	…	平均每千人口卫生技术人员(人)	3.08	－0.01	…

续表

人口	总　数(万人)	3 459	卫生费用	卫生事业费(万元)	29 152
	出　生　率(‰)	22.92		卫生事业费与上年比增长率(%)	40.99
	死　亡　率(‰)	8.14		卫生事业费占财政支出百分率(%)	3.3
	自然增长率(‰)	14.78		卫生系统固定资产(万元)	73 555
医疗服务	诊疗总人次(万)	2 695.86		卫生系统基建投资(万元)	5 366.79
	门诊人次(万)	2 524.08		平均每一门诊人次医疗费用(元)	9.34
	急诊人次(万)	66.60(县及县以上医院)		平均每一出院病人医疗费用(元)	874
	住院总人次(万)	89.42			
	出院总人次(万)	88.92			

卫生改革

1.根据省卫生厅制发的《贵州省医院分级管理办法实施细则》，各地加强医院分级管理工作。省为三个地、州、市和一个工矿系统举办医院分级管理培训班，培训医院分级管理骨干300余名。全省审评并通过28所医院为等级医院，其中一级医院18所，二级医院8所，三级医院2所。同时对省级14所医院供应室进行评审，验收；设置11所县级血站；全省中医医院分级管理开始起步，明确14所试点医院，遵义市中医院通过二级甲等医院评估。

2.继续改革公费医疗管理办法。对公费医疗享受人员办理医疗证，实施省级公费医疗复式处方报销管理办法，规范公费医疗用药报销范围，基本遏制了省级公费医疗经费过快增长，全年省级公费医疗经费支出增幅降至1986年以来的最低点。省卫生厅与财政厅制定的省级公费医疗暂行管理办法，已经省政府批准，从1995年1月起实施。

3.为逐步理顺医疗卫生服务补偿机制，省卫生厅与省物价局、省财政厅组成联合调查组，对三个地、州、市6所医院及省人民医院医疗收费情况进行调查，为合理调整医疗收费，逐步建立科学的医疗服务价格体系提供依据。

农村卫生　1994年，全省共投入1 195万元进行农村卫生机构建设，其中国家计委补助370万元，财政部补助140万元，省财政安排500万元，省计委安排185万元。共安排建设乡镇卫生院190个，县防疫站10个，县妇幼保健站11个。省财政安排100万元专款，用于极贫地区麻山、瑶山25个乡镇卫生院建设。全省村卫生室建设出现较好发展势头，至年底，全省新建村卫生室1 515个，村卫生室覆盖率为63.65%。兴义市村卫生室覆盖率为99%。初级卫生保健工作由试点进入普遍实施阶段。各地落实省政府关于进一步加强初级卫生保健工作的意见，遵义、黔南、黔东南、贵阳市等地州市已在50%的县全面实施初级卫生保健。中华医学会贵州分会第7次代表大会作出定期向麻山、瑶山地区派遣医疗队的决议，并于9月派出由多学科专家组成的医疗队赴麻山腹地长顺县开展医疗工作，培训医务人员。遵义地区作出规定，卫生技术人员在任职期间不执行单位技术支农计划或未完成支农任务的，一律不得晋升高一级技术职务。

预防保健　各县市按计划进行6次计划免疫冷链运转。组织实施冬春两次脊髓灰质炎强化免疫活动，平均接种率98.6%。经抽查105个乡，有86个乡“四苗”接种率为85%，占抽样乡的81.9%。夏秋季，全省有8个地州(市)的21个县(区)发生霍乱病例，共发病2262例。疫情发生后，各级卫生部门迅速组织医疗、防疫人员深入疫区，疫点，开展医疗和防疫工作，较快地控制了疫情。1994年疟疾发病4 034例，发病率1.93/万，比1993年上升48.94%。据黔南、黔东南、铜仁、黔西南四地(州)统计，输入病例占74%，当地病例占26%，而疟疾高发的榕江、从江、三都、荔波、赤水、册亨等县发病822例，比1993年同期下降3.65%。经省考核，全省47个丝虫病流行县全部达到消灭丝虫病标准。召开2000年实现消除碘缺乏病目标动员大会，全省供应加碘盐21万余吨，病区群众全部服用加碘盐。完成26个点的病情监测，共查居民3 925人，7～14岁学生16 016人，甲状腺肿大率分别为5.2%和11.0%，低于国家20%的控制标准；查尿样1 444份，含碘平均值在合格标准以上。在地方性氟中毒病区改灶6 470个，受益人口34 350人。在砷中毒病区开展线索调查。对兴仁、安龙、兴义等县病区采取封闭高坤煤窑，改灶和治疗病人等综合防治措施。5月，省政府召开全省妇幼卫生合作项目工作会议。3年多来，项目地区各级政府和财政、卫生部门按项目要求落实配套经费，共改扩建县级妇幼保健机构54个，地州市级妇幼保健机构3个，配置价值近百万元的仪器设备，培训各级各类妇幼保健人员8 153人。项目县婴儿死亡率从1989年的

108‰，下降到48.7‰，5岁以下儿童死亡率从148.5‰下降到62.5‰，孕产妇死亡率从38/万下降到18.5/万。全省县以上城镇孕产妇系统保健率为87.6%，有22个县普及新法接生，农村新法接生率为86.6%。经省和国家级评审，贵阳医学院附属医院、解放军44医院、黔西县妇幼保健院等7家医疗保健机构获得“爱婴医院”称号。

中医工作 遵义市中医院和黔南州中医院两所全国示范中医院建设单位继续加强内涵建设。省卫生厅、省人事厅、省中医管理局联合对12名名老中医药专家学术经验继承人进行出师考评。经省政府批准，贵阳中天(集团)股份有限公司投资创办了中天中医药学院，已批准建立中医、中药、制药、针灸、骨伤等专业。黔南州中医院、黔东南民族医药研究所、省中医研究所在中医药、民族药方面研究的一些成果，已按新药上报审批。

对外交往 如期完成由世界银行贷款的“贵州农村卫生人力开发项目”(简称卫Ⅳ项目)的各项工作以及乡村卫生技术人员工作的任务分析，共培训乡、村卫生技术人员、项目规划、管理人员、地、县卫生学校教师共10 516人。造价992万元的工程全部开工。完成卫Ⅶ项目的各项申请立项报告，组织指导编写了省及13个县卫生扶贫项目建议书与《可行性研究报告》。已签署以色列、奥地利、芬兰、德国4个政府卫生项目贷款，引进外资300万美元，直接受益4个省级、5个地州市级、12个县市级医院。世界银行贷款扶贫项目卫生综合项目通过评估并正式实施，总投资837.48万美元，项目范围为晴隆、望谟、册亨等13个贫困县117个乡(镇)卫生院，828个村卫生室，覆盖人口82.67万人。

卫生法制 省卫生厅制定颁发《贵州省加强医疗广告管理公告》，《贵州省医院护理规范与常用技术操作规定》、《贵州省实施(采供血机构和血液管理办法)细则》等规范性文件，对社会办医、医疗广告严格审批加强管理。部署安排全省7 600家个体开业医及社会办医的清理、整顿、登记、发证工作。与贵阳市卫生局一起对贵阳地区1 334所社会办医机构进行整顿。全省食品卫生监督覆盖率为95.8%，省辖单位监督覆盖率超过95%。公共场所卫生监督率为92.1%，超过近年平均水平32.1个百分点。全省查处假劣药品金额75万元，罚款11万元，查处假劣药品违法案件302起。重点查处一洲洋参丸，红霉素片、四环素片等假药案。

爱国卫生 全省11城市共投资1.87亿元，用于卫生基本建设，其中硬化街基路面93.8万平方米，新建、改建公厕112座，密闭式垃圾站136座。各地采取多方集资办法筹措资金，兴建43个农贸市场。农村改厕省安排30万元，各地州市分别投资，计划完成2 370余座卫生厕所的建设。全年农村改水投入约2 500万元，新增受益人口90万人，超计划28%。日援贵州农村改水项目的358个水厂全部建成，超原计划22%。目前，农村改水受益人口累计1 339万人。

精神文明建设 省卫生厅组织弘扬白求恩精神演讲团，分赴各地州市进行10场演讲，听众5 000余人。经省人民医院、贵阳中医学院第一、二附属医院、贵阳市第一人民医院、遵义地区医院、毕节地区医院自查，病人对医院综合满意度为88.46%，出院病人综合满意度为90.69%。省人民医院、省寄生虫病研究所、贵阳中医学院一附院、贵阳市妇幼保健院、正安县人民医院5个单位和于志勤等10名卫生人员被国家人事部、卫生部、国家中医药管理局评为全国卫生系统先进集体和先进个人称号。

(王蓓蓓　高春秀)

【农村卫生“三项建设”】 贵州省从1991年开始进行农村卫生三项建设(即乡镇卫生院、县防疫站、县妇幼保健站建设)，经过4年努力，取得显著成效。

省委、省人大、省政府就加强农村卫生建设颁发文件，做出决议。省成立农村卫生建设领导小组，各地州市也成立了相应的领导协调机构，具体负责三项建设的计划、安排、资金配套和管理工作。省卫生厅、省计委编制“八五”期间三项建设规划，明确提出在“八五”期间，50%的乡镇卫生院、县防疫站、县妇幼保健站完成扩建任务，到2000年有95%的乡镇卫生院、县防疫站，县妇幼保健站实现“一无三配套”建设目标。省卫生厅、省建筑设计院绘制农村乡镇卫生院建设通用图，供参考、选用。

贵州农村卫生三项建设资金来自计委、财政两个渠道和地州市及县乡的配套资金。1991～1994年，全省共投入农村卫生三项建设资金6 116万元。其中国家补助1 359万元，省补助2 201万元，地州市配套1 728万元，县乡配套828万元。共改扩建乡镇卫生院685个，建筑面积1 72150平方米；改扩建县防疫站38个，建筑面积约33 540平方米；改扩建县妇幼保健站45个，建筑面积约28 741平方米。

在进行农村卫生机构改扩建的同时，各级政府和卫生部门加强农村卫生技术队伍建设和配置基本设备仪器。省内各医学院校实行定向招生、定向分配、定向生数已占招生总数的60%；开设专科班，采取降低录取分数线的办法，在31个贫困县招收学生。各中级卫生学校开设民族医士、妇幼医士班，实行定向招生、定向分配。1993年、1994年，省卫生厅、省人事厅在全省集体所有制乡镇卫生人员中开展聘干工作，共有3 000名集体所有制乡镇卫生人员被招聘为国家卫生技术人员，稳定了农村卫生技术队伍。为进一步改善农村卫生工作条件，安排专款为农村卫生机构添置设备。近几年引进世界银行卫生贷款IV项目，妇幼卫生合作项目，世界银行扶贫贷款卫生综合项目等外援。

(王蓓蓓　高春秀)

【日援贵州农村改水工程竣工】 日本国政府无偿援助“贵州农村饮水供应改善项目”已建成。该项目从1985年底开始前期工作，1990年7月中日两国政府对项目第三次照会正式立项，无偿援助金额15亿日元。在贵州省安顺、黔南两地州的清镇、平坝、安顺、镇宁、龙里等九县市辖区内计划建310处农村简易水厂，解决86.6万农村人口，40.7万头牲畜饮用清洁卫生水问题。

项目于1991年4月正式实施，除15亿日元外，各级政府和受益区群众匹配资金2 500万元，使项目的总投资达到9 000万元人民币。建成358处简易水厂，总规模为15万吨/日，比原计划超额15%，受益人口106万人，比原计划超额22%，增建省、地、县三级管理站12所，建筑面积约1.8万平方米，受益范围由原两地州九县市扩大到全省九地州市17个县、市(特区、区)。项目的建成，不但解决了受益区群众饮水卫生问题，使水性病发病率减少50%，使1.9万余亩农田、庭院作物的灌溉条件得到改善，同时为800余处乡、镇、村企业、专业户、个体作坊提供了合格的生产用水。

(王蓓蓓　高春秀)

云南省

1994　年　基　本　情　况

	数　量	与上年比增长数	与上年比增长率(%)		数　量	与上年比增长数	与上年比增长率(%)
卫生机构(个)	6 474	5	0.08	卫生人员(人)	137 167	3 294	2.46
医　　院(个)	2 115	146	7.41	卫生技术人员(人)	110 900	3 240	3.01
床　　位(张)	93 654	970	1.05	乡村医生和卫生员(人)	35 831	680	1.93
医院床位(张)	83 303	782	0.95	个体开业人员(人)	9 349	1 185	14.51
平均每千人口医院床位(张)	2.17	2.17	1.89	平均每千人口卫生技术人员(人)	2.88	0.11	

人口	总　数(万人)	3 939.2	卫生费用	卫生事业费(万元)	66 906
人口	出　生　率(‰)	21.8	卫生费用	卫生事业费与上年比增长率(%)	39
人口	死　亡　率(‰)	8	卫生费用	卫生事业费占财政支出百分率(%)	3.28
人口	自然增长率(‰)	13.8	卫生费用	卫生系统固定资产(万元)	…
医疗服务	诊疗总人次(万)	5 119.24	卫生费用	卫生系统基建投资(万元)	…
医疗服务	门诊人次(万)	4 743.75	卫生费用	平均每一门诊人次医疗费用(元)	…
医疗服务	急诊人次(万)	213.28	卫生费用	平均每一出院病人医疗费用(元)	…
医疗服务	住院总人次(万)	147.89			
医疗服务	出院总人次(万)	147.77			

云南省省长和志強在全省卫生工作会议上的讲话(摘要)

(1994年2月22日)

一、卫生工作为全省的繁荣和进步做出了贡献

1. 卫生条件大为改观　到1993年底，全省已有各类卫生机构近6 500个，卫生人员13万多人，比解放初期的1950年分别增长了67倍和135倍，与1978年比分别增长17%和68%。医院病床数从解放初期的600多张增加到1993年的8.2万多张，增长134倍。

2. 农村三级医疗卫生网基本形成　县级普遍建立了县医院、卫

生防疫站和妇幼保健站，乡镇卫生院发展到1 500多个，村级卫生所(室)达到1.2万多个，集体办医率恢复提高到74%。有一批县达到了初级卫生保健试点阶段的目标。

3. 各种传染病得到有效控制　法定报告的传染病发病率连续12年稳定下降，1993年与1978年相比，发病率下降96%。一些严重危害人民健康的地方病如疟疾、血吸虫病、地氟病、麻风病、克山病、碘缺乏病等都有了较大幅度下降。去年全省人均期望寿命达到65.2岁，比1950年的36.2岁增加29岁，达到中等发达国家的水平。

4. 卫生改革取得了新的进展　推行医院分级管理，加强医院的科学化、规范化、制度化管理。不断扩大卫生服务领域，完善卫生事业补偿机制。改革内部管理体制，普遍推行预防保健综合目标责任制。通过这些改革，促进了各级医疗卫生机构经营活力的增强、医疗质量的提高和医德医风的逐步好转。

5. 国际合作交流不断扩大　在对外开放中，努力拓宽对外交往渠道，积极做好引进派出工作。特别是加强了同世界银行、联合国儿童基金会等国际组织的合作和交往，实施了一批卫生合作项目，有的已经正式启动并取得了成效。在建立“三资”企业，引进国外资金、技术等方面，也取得了一定成绩。

6. 治理行业不正之风取得了积极成果。近几年来，按照中央的要求，采取各种措施制止乱办医、乱收费、以权谋私、以业谋私等不正之风。制定了加强行业作风建设的若干规定，查处了一批典型案件，广泛开展了“廉洁行医，文明服务”的活动，使医德、医风面貌不断改善，乱收费等现象大幅度减少，维护了正常的医疗秩序和群众的利益。

卫生事业的长足发展，为全省经济的繁荣，社会的稳定，改革开放的推进，各项事业的进步，做出了贡献。

二、适应新形势需要进一步做好卫生工作

1. 深化卫生体制改革　卫生体制改革是整个改革的重要组成部分。

我们要认真总结这些年来卫生改革的经验，积极探索适应市场经济新体制，深化卫生改革，促进卫生事业发展的新路子。

建立多层次的社会保障制度，为城乡居民提供同我国国情相适应的社会保障，是促进经济发展和社会稳定的重要措施。城镇职工的医疗保险制度和农村合作医疗制度，是社会保障制度的重要组成部分，必须积极、稳妥地进行改革，并以此带动和促进卫生工作其它方面的改革。

卫生改革要以不断提高卫生工作的社会效益为主要目标。卫生工作的社会效益包括向人民群众公平地提供基本医疗卫生服务，确保卫生服务的质量，提高卫生资源的利用效率，合理控制医疗费用等。各级政府应该根据卫生事业发展的实际需要和财力的可能条件，逐步增加卫生投入。要帮助卫生部门做好区域卫生发展规划，合理配置好现有卫生资源，全面开展医院分级管理，提高卫生服务的整体效能，逐步建立起分级医疗管理体系。逐步理顺医疗卫生服务的价格体系，改变过去医疗卫生服务价格严重背离价值的状况，帮助医疗卫生机构完善补偿运行机制。各医疗卫生单位，要进一步加强经营管理，进行成本效益分析，加强经济核算，拓宽服务领域，努力降低成本和消耗，提高效益，巩固卫生改革的成果。

2. 切实加强农村卫生工作　农村卫生工作是我国卫生工作的三大战略重点之一。最近，李鹏总理指出：“农村卫生工作确实应该引起极大重视，当成一件重要的事情认真对待。”我省3 800多万人口中，85%居住在农村，要加强农业这个基础，就必须保护好农村的劳动力，保障农民群众的身体健康。各级政府要切实加强对农村卫生工作的领导，把农村卫生工作作为促进农村经济发展，密切党和政府同农民群众联系的大事来抓。要坚持把医疗卫生工作的重点放到农村，放到贫困山区，放到边疆少数民族地区。尤其是县、乡一级政府，要认真研究具体措施，发动群众把农村卫生工作抓紧抓好。

抓好初级卫生保健规划目标的落实。这是加强农村卫生工作的一项重要措施。1989年我们提出在今后三届政府的任期内，以“前四中五后二”三个阶段，分步实现初级卫生保健目标的战略设想后，受到卫生部和世界卫生组织高级官员的肯定和赞扬。去年我们已顺利完成了规划试点阶段的任务，在全省18个初级卫生保健试点县(市)中，有15个通过国家评审达到完成和基本完成任务的要求。今年是我省初级卫生保健进入全面普及阶段的第二年。各地要按照省政府下发的《实施方案》要求，继续抓好落实，力争按期实现到1998年后全省70%的县(市)达到基本完成任务的要求。

农村三级医疗预防保健网、乡村医生队伍和合作医疗制度是群众创造的，具有中国特色的农村卫生工作的三大支柱和法宝，被国际上公认为发展中国农村卫生事业的重大成就。它符合社会主义原则，适应农村基本的卫生保健需要。这些好经验，好传统必须继续完善和发扬。最近，省政府批转了省卫生厅、财政厅、计委、农业厅、人事厅《关于加强农村卫生三项建设若干意见的报告》，目的就是要切实加强我省的农村卫生工作，力争到2000年使全省95%以上的县防疫站、妇幼站和乡镇卫生院达到一无三配套(即无危房，房屋、设备、人才配套)，保证第二步战略目标和2000年人人享有卫生保健目标的实现。希望各地要联系实际，认真抓好这项工作。

3. 全面贯彻“预防为主”的方针　我省地理、生态环境比较复杂，地方病和传染性疾病的防治任务十分繁重。改革开放以来，全省形成了全方位对外开放的新格局。沿边的开放，边境贸易的发展，人口的流动，商品的流通，都给各种传染病的传入和流行开了方便之门。尤其在4 060公里的边境一线，边民之间跨境而居，通婚互市十分频繁。历史上鼠疫、霍乱等烈性传染病，以及近几年来艾滋病的流行，都与外面传入有关。各地必须早抓、早防，最大限度地防止传染病的暴发流行，在边境一线筑起坚实的防病屏障。去年，省政府57次常务会决定在边境一线实施"6.26.8"工程，就是要建立以6个国境卫生检疫局为前哨，26个边境县防疫站为依托，8个地州防疫站为指导中心的防病屏障。各地要积极配合搞好此项工作。在卫生事业经费的安排上，对预防保健经费要给予支持，以保证开展工作的需要，不要轻易对预防保健机构"断奶断粮"和搞所谓"自收自支"，使这项工作受到削弱。

4．振兴中医药事业　我省的中药资源十分丰富，中医中药也深受广大人民群众的喜爱。1986年省政府召开振兴中医大会以来，促进了我省中医药事业的发展。1993年全省有各级各类中医机构123个，中医药人员7 800多人，比1986年分别增长了66%和95%。但是，我省农村中医工作基础薄弱，中医教育滞后等，仍然是影响中医药事业发展的主要问题。

继承和发展中医药是党和国家的一贯方针政策，也是九十年代卫生工作的战略重点之一。在调整产业结构、再造新的优势中，我们要坚持以市场为导向，立足发挥我省中药资源优势，因地制宜地加强中医药工作。要探索低投入、高效益的中医药发展路子。充分发挥中医药在发展农村经济和防治疾病中的作用，使加强农村卫生工作、加强预防保健和加强中医药工作这三个战略重点有机地结合起来，全面促进卫生事业的发展。

三、几点希望

1．各级卫生行政管理部门要搞好职能转变　在建立社会主义市场经济体制中，卫生管理部门同样要搞好职能的转变。要通过加强对医疗服务的宏观调控，积极探索卫生改革的政策和策略。搞好卫生资源的合理利用，提高资源的利用效率。加快地方卫生立法步伐；搞好社会卫生环境的治理。强化卫生监督和执法检查，使社会公共卫生监督工作从传统的行政管理逐步向法制化管理转变。

2．牢固树立为人民健康服务的思想　卫生工作是关系人民身体健康和提高民族素质的重要工作。卫生工作的根本任务就是搞好防病治病，使广大人民群众都能享受到公平的基本医疗卫生服务。当前，我省的公费、劳保医疗制度还很不完善，农村合作医疗制度的发展面临着许多困难，城乡卫生条件还有很大差距，有些老少边穷贫困地区缺医少药的状况仍然十分突出，农村群众因病致贫的情况在一些地方仍较普遍。因此，广大医务工作者要牢固树立为人民健康服务的思想，面向基层，面向农村，面向群众，不断提高医疗质量和技术水平，主动搞好服务工作，为发展我省医疗卫生事业，提高各族人民健康水平做出贡献。

3．培养更多的合格卫生人才

我省卫生人员的培养虽然取得了很大成绩，但总的来说还远不适应发展的需要，特别在一些边远山区和贫困地区，卫生人员匮乏的问题还比较突出。因此，要继续采取各种行之有效的办法，加快人才的培养，特别要抓好乡村医生的培养工作。省政府曾经提出，2000年每个乡镇卫生院至少要有一名大专毕业的医生。希望教育、卫生部门和医学院校搞好协调，落实计划，抓紧工作，确保这个目标的实现。

4．继续抓紧纠正医疗卫生行业不正之风的工作　最近几年，我省卫生战线根据中央的要求，加强思想政治工作和职业道德教育，促进了行业作风的好转。去年以来结合反腐败斗争进行的纠风工作，也取得了成果。但是，反对腐败，纠正行业不正之风是一项长期的任务，需要坚持不懈地抓下去。医疗卫生系统中"红包"、回扣、乱收费问题，在一些地方、一些单位仍然存在，群众反映比较强烈。我们要始终坚持"两手抓，两手都要硬"的方针，进一步搞好卫生系统的精神文明建设，加强职业道德教育，坚决抵制以权谋私、以医谋私等不良行为，进一步纠正医疗卫生行业的不正之风。同时，要加强制度建设，建立健全有效防范以权谋私和行业不正之风的约束机制。　（胡松谋）

【云南省制订1994～2000年农村卫生"三项建设"发展规划】　规划要求到2000年，必须建立与小康水平相适应的卫生服务及需求保障体系，完成初级卫生保健最低标准的15项内容，真正发挥基层农村乡镇卫生院的卫生预防、妇幼保健等功能。规划目标与具体措施：①资金筹措渠道。农村卫生"三项建设"资金筹集以地、县、乡镇政府投入为主，特别是县、乡两级政府要保证投入。鼓励社会团体、企事业单位、个人及海外同胞自愿捐助，引导农民在自愿量力的前提下，增加"三项建设"投入，卫生部门统筹一点，项目单位自筹一点，再争取贷款及国外援助项目。省级将根据财力给予适当的引导资金。②各级政府要增加"三项建设"资金投入。各级政府要在年度预算中专项安排"三项建设"资金，要随着财政收入而逐年增加。③省级补助专款实行奖补结合办法，主要用于补助困难，鼓励先进，发挥政策导向作用。④省级设备补助资金不搞平均分配，采取统购统配的方法，对项目单位设备装备填平补齐。⑤农村卫生"三项建设"实行项目管理，并对项目目标、规划要求、立项原则、资金配套、施工管理、效果评价等作了明确规定。⑥建立健全"三项建设"组织机构，各级地方政府要尽快建立健全农村卫生"三项建设"领导协调组织和办事机构，并真正担负起领导协调作用，对农村卫生"三项建设"实行宏观调控。

（李玉勤）

【《云南省药品监督管理条例》发布】

省人大常委会1994年9月24日审议通过并公布《云南省药品监督管理条例》，于同年12月1日起施行。

《云南省药品监督管理条例》分为10章58条，将国家有关药品管理的原则与云南实际相结合，重点对药品的质量监督措施和药品的质量责任作出具体规定。主要内容涉及五个方面。①确定药品监督管理的原则和体制，明确各级政府对药品管理实行统一领导并给予保障，将国家监督与社会监督相结合，坚持打假与扶优相结合。②规定卫生监督主管部门必须履行的职责，明确权利与义务。③确定省药品标准与民族药品法律地位，落实发展优良药品的政策。④规定药品市场主体的必备条件及其义务，突出对药品质量必须事先担保的要求，体现监督与引导相结合的原则。⑤对法律责任作了具体规定。对故意违法，包括国家人员利用职权包庇假劣药品等违法犯罪行为，以及阻碍执法的行为，侧重规定了行政或刑事责任。 （杨光锦）

【云南省人大视察农村卫生工作】 1994年10月，云南省人大常委会组成两个视察组，分别对保山地区、红河州的5个市县农村卫生和中医药工作进行视察。要求各级政府要不断增加卫生投入，促进农村卫生工作不断发展。

视察组认为，近几年云南省农村卫生工作和中医药工作取得了显著的成绩。各级党委、政府对农村卫生工作和中医药工作十分重视，在财政困难的情况下，仍然保持对农村卫生工作投入的绝对值增长，特别是1994年以来农村三级医疗防保网基本健全，农村卫生“三项建设”得到加强，各种法定报告传染病发病率呈下降趋势，为稳定边疆，扩大对外开放，促进市场经济建设作出了贡献。

视察组指出各级政府对卫生工作的投入仍然不足，造成危房多、设备差，大部分乡镇卫生院、村卫生所仍停留在“听诊器、血压器、体温表”老三件的水平上。云南省人大呼吁各级政府要进一步增加对卫生工作的投入，加强防保工作、人才培养和乡镇卫生院建设，确保农村卫生工作不断发展。 （李玉勤）

【云南省政府批转五厅委《关于加强农村卫生“三项建设”意见的报告》】 1994年1月15日，云南省政府批转省计委、省财政厅、省卫生厅、省人事厅、省农业厅《关于加强农村卫生“三项建设”意见的报告》。报告要求各级政府围绕“2000年人人享有卫生保健”目标，要按照艰苦奋斗、勤俭建国的方针，遵循因地制宜、分类指导、先急后缓、分步实施的原则，加强软件建设，注重人才培养，突出重点、充实薄弱环节、先急后缓、完善配套。到2000年力争使95%的机构达到无危房和房屋、设备、人才配套，技术与管理水平的提高。全省乡镇卫生院基本上能够承担初级卫生保健各项任务，为农民群众提供基本医疗保健服务。县级防保机构要形成与其服务人口和社会经济发展相适应的服务体系。妇幼保健工作，能全面开展妇女儿童系统管理，降低新生儿死亡率和孕产妇死亡率。新法接生率达到85%，婴儿死亡率降到5‰左右，孕产妇死亡率降到8/万以下，儿童系统管理率达到40%以上，孕产妇系统管理率达到60%以上。计划免疫实现以乡为单位第三个85%的目标，法定传染病报告发病率控制在全国同期平均水平。

报告还就农村卫生“三项建设”资金筹集、各级政府的投入、省级补助、项目管理、人才培养、检查考核、业务指导、优惠倾斜政策等问题作了具体要求。 （李玉勤）

【云南省中心眼库成立】 西南地区首家眼库于1994年4月1日在昆明医学院第二附属医院成立。昆明医学院第二附属医院是云南省最早开展现代角膜移植手术的医院。二十多年来已成功地使300多名眼疾患者重见光明，手术成功率达90%以上。云南省属眼角膜疾病的高发地区，很多患者由于受到角膜材料来源和保存困难等因素影响，致使很多患者不能得到及时治疗。中心眼库成立将为云南省眼病残疾人的治疗提供有效保障。它是集医疗、科研为一体的防治角膜疾病的机构，可对角膜的取材和保存技术做进一步深入研究。 （李玉勤）

西藏自治区

1994 年基本情况

	数量	与上年比增长数	与上年比增长率(%)		数量	与上年比增长数	与上年比增长率(%)
卫生机构(个)	1 152	84	7.87	卫生人员(人)	10 424	741	7.64
医院(个)	838	224	36.48	卫生技术人员(人)	8 176	636	8.43
床位(张)	5 602	560	11.11	乡村医生(人)	2 063	44	2.18
医院床位(张)	5 333	818	18.12	个体开业人员(人)	263		
平均每千人口医院床位(张)	2.29	0.29	14.50	平均每千人口卫生技术人员(人)	3.52	0.22	6.67

续表

人口	总数(万人)	232.54	卫生费用	卫生事业费(万元)	1528.00
	出生率(‰)	25.64		卫生事业费与上年比增长率(%)	57.38
	死亡率(‰)	8.71		卫生事业费占财政支出百分率(%)	5.10
	自然增长率(‰)	16.93		卫生系统固定资产(万元)	31295.0
医疗服务	诊疗总人次(万)	255.78		卫生系统基建投资(万元)	…
	门诊人次(万)	233.44		平均每一门诊人次医疗费用(元)	…
	急诊人次(万)	10.65		平均每一出院病人医疗费用(元)	…
	住院总人次(万)	3.77			
	出院总人次(万)	3.75			

农牧区卫生 1994年初，自治区人民政府召开西藏第三次农牧区卫生工作会议，并制定措施继续加强农牧区卫生工作。

1. 对部分新建乡卫生院配备40万元的基本医疗器械及用具，对23个边境县和12个腑心县装配200mAX光机23台、B超机35台及其它设备和病床单元用品，总价值449万元。仲巴县装备了23.24万元的医疗器械。

2. 对已配备X光机和B超机的县举办业务培训班各1期，参加X光专业培训班的有20个县26名专业人员；参加B超业务培训班有36个县55名专业人员。

3. 贯彻《西藏自治区免费医疗暂行管理办法》，抓紧开展发放《免费医疗证》工作。五保户、特困户、无业残疾人等，医疗费用全免；普通农牧民和城镇居民，免收基本医疗费用；富裕户、工商企业主等医疗费用全部自理。卫生厅划定了基本医疗用药目录和基本检查范围，各地、市卫生与民政部门划定了贫困户、富裕户的标准。到年底，全自治区已发放《免费医疗证》1 513 708本，占应发总数的60%左右。自治区财政向各县财政拨免费医疗年度专款2 000万元。

4. 15个初级卫生保健试点县继续开展工作，各地、市自行增加的试点县有9个，到年底共有24个。

5. 卫生厅派出7人工作组到藏北的巴青县马如乡帮助开展工作。在52天工作中，宣传“两会”精神，召开大会20多次，发放宣传材料60多册。开展综合调查，走访群众418户，与群众的接触面在95%以上，完成24项内容的调查资料，帮助群众治穷致富。工作组带给该乡1.2万元的医疗器械和药品，免费诊治病人3 100人次，为25名育龄妇女做节育手术；扶助贫困户，工作组个人捐款600多元。

6. 自治区藏医院等单位派出14名业务人员到浪卡子、比如、巴青、嘉黎、曲水、米林等县进行巡回医疗，半年中，共免费诊治病人20 723人次，发放免费药品近10万元。

预防保健

1. 全区1～10月份共发生法定报告传染病14种，8 180例，死亡66例，总发病率为358.77/10万，死亡率为2.89/10万。与1993年同期相比总发病率下降30.77%，死亡率下降24.43%，发病总数中仍以消化道疾病为主，共7 481例，占发病总数的91.45%，其中细菌性痢疾6 158例、死亡41例，肝炎1 205例、死亡7例。6～11月份，全区有7个县发生动物间鼠疫疫情，10月拉萨市当雄县发生一起人间鼠疫，病6人、死亡3人。

2. 30余名麻风防治工作人员到5个地区的8个县协助开展麻风病调查和检查验收联合化疗工作。其中2人到墨脱县，首次组织了该县的麻风病普查工作，历时3个多月，对该县的8个乡、60多个行政村进行全面调查，第一次基本摸清该县的麻风病流行情况。1994年新发现麻风病人84例。到年底，全区共有现症病人116例，患病率为0.049‰，所有现症病人均已落实了联合化疗和规则服药。对其治疗采取承包办法，每年予以检查，奖惩兑现。林芝地区还规定奖励报告麻风病例者。

3. 碘缺乏病防治工作。林芝易贡茶厂砖茶加碘生产线正式投入运行，已生产加碘砖茶10万多公斤；年内在林芝地区波密县开展居民饮用加碘砖茶试点工作。经证明，推广加碘砖茶是西藏防治碘缺乏病的最佳途径。为监测饮用碘茶的实际效果，林芝地区防疫站建成237平方米的监测实验室，并在波密县的部分乡建立了监测点。

4. 农林部、卫生部在拉萨市当雄县设立的布鲁氏菌病防治监测点已工作4年，完成监测任务，年底撤点。在拉萨市的堆龙德庆县设立健康教育试点县，按《西藏自治区农牧民健康教育行动计划》开始健康教育试点工作，已争取到中国/联合国儿童基金会健康教育过渡周期合作项目，年内派人参加了全国项目骨干培训班。

卫生执法

1.自治区人大常委会第21次会议审议通过了《西藏自治区实施〈中华人民共和国药品管理法〉办法》，自治区人民政府发布《关于加强医药市场管理的通知》。集中组织打假活动20多次，查处伪劣和禁用药品60多种，70万片(支、板、盒)价值80多万元。检查药品生产企业12家、经营企业65家、批发药店21家、零售药店44家、县便民药店79家，医院制剂室12个，依法取缔3家以个人名义承包的药品经营部门。药检所对182件送检的药品检样进行检验，合格率为59.7%，抽检42件药品检样，合格率为35.7%，对检验不合格的药品全部依法进行处理；完成112个藏药品种的质量标准起草任务，其中申报载入《中国药典》1995年版的名贵藏药7种，申报载入卫生部部颁标准的成方制剂63种、藏药材39种。

2.自治区食品卫生监督检验所1～10月份监测食品543件，其中347件合格、合格率为63.90%。监督检查食品生产、经营厂商13 689户，限期改进或警告的459户，没收、销毁不符合卫生标准的食品112 111.85公斤。

医学、教育、科研与外事 继续采取多种形式培训卫生技术人员，1994年分配中专毕业生211人、大专以上毕业生94人，送在职人员到区外进修67人，培训乡村医生1 500人，自治区卫生学校继续筹备改办医学专科学校，已招收第一个大专班30人。完成乡村医生培训教材及一套工具书的编写任务。列入自治区级重点科研课题11项，获1994年全区科技进步奖的项目15项。接待外宾近百人次，新签受援项目2项，对外合作项目2项，执行延续项目5项。

卫生受援工作 为落实中央第3次西藏工作座谈会精神，1994年8月28日至9月1日，卫生部在拉萨召开全国卫生援藏工作会议。卫生部作出《关于进一步加强卫生援藏工作的决定》，对卫生援藏工作的分工进行调整：

1.卫生部及直属单位支援西藏自治区卫生厅及直属单位：卫生部机关支援西藏卫生厅机关，中国医学科学院支援西藏自治区第一人民医院，中国预防医学科学院支援西藏自治区卫生防疫站，中日友好医院、北京医院支援西藏自治区第二人民医院，北京医科大学、华西医科大学、中山医科大学支援西藏自治区卫生学校，上海医科大学支援西藏自治区传染病医院，卫生部药品生物制品检定所支援西藏自治区药检所。

2.内地有关省市支援西藏各地市：陕西省支援拉萨市，安徽省支援林芝地区，山西省、辽宁省支援山南地区，四川省支援昌都地区，黑龙江省、吉林省支援日喀则地区，广东省、河南省、北京市支援那曲地区，湖南省、湖北省、浙江省、上海市支援阿里地区。

精神文明建设 卫生厅作出《关于在全区卫生系统开展向人民的好医生赵雪芳学习活动的决定》，并召开动员大会。

此项活动分三个阶段进行。第一是动员学习、宣传阶段。召开动员大会，印发宣传材料，放映电视录像、办板报专栏等。第二是自查自纠阶段。对照赵雪芳精神，查各单位存在的问题，制定具体措施予以纠正。第三是检查、考评阶段。成立考评领导小组，下设两个考评工作组，制定《学习赵雪芳活动考评标准》。评出拉萨市区卫生系统学习赵雪芳活动先进单位3个、先进科室10个、先进个人25名。 (刘同祥)

【农牧区改水工作】 拉萨市农牧区共有28万多人口，过去主要饮用河水、溪水、泉水、沟水、渠水、池水和井水。大部分村落人畜共用同一水源，水源污染十分严重。仅对墨竹工卡县、达孜、堆龙德庆、城关区4县(区)372个村抽检，发现受到人为污染的饮水点有144个，占总饮水点的38.71%；微量元素不均衡的点86个，占总饮水点的23.12%；不符合饮用水标准的点114个，占总饮水点的30.65%。因饮用污染水造成的传染病，占传染病总发病率的42.72%。因水中微量元素含量异常导致的地方病，占地方病总发病率的56.26%。该市的尼木、林周两县也有类似情况。

从1990年起，在英国儿童基金会、比利时无国界医生组织和澳大利亚的援助下，开始进行改水工作。改水主要措施是：有动力和无动力管道引水、打地下深井、安装深井手压泵、改进原有井、修建泉眼防护设施和改建原有供水设施。5年中外援和当地政府配套投入资金近1 000万元，当地群众投入大量劳力，在6县1区的26个乡121个自然村开展改水工作。到1994年底完成引水工程42个，打深井135眼，装深井手压泵778个，改进原有水井十几个，修泉水保护设施13处，修建了几台水塔，已有11万多农牧民群众直接受益。肠道传染病发病率逐年下降，如堆龙德庆县5年来肠道传染病发病率比改水前下降了45%。 (刘同祥 韩志芳)

【卫生援藏项目】 党中央、国务院第三次西藏工作座谈会议和全国卫生援藏工作会议后，一批新的卫生援藏项目实施。其中，由江苏省预计投资3 200万元的西藏自治区藏药厂改扩建工程和预计投资1 800万元的拉萨市医院住院部改造工程、由上海市预计投资2 640万元的自治区传染病医院建设工程及国家计委投资400万元的西藏自治区生殖健康培训中心，已进入前期准备阶段。上海市、江苏省派出卫生行政主管部门负责人进藏实地考察，与西藏有关领导进行协商，保证了资金及时到位和项目的顺利进行。这些项目大都是"钥匙工程"，在工程建设的同时，帮助西藏培养相应的工作人员，工程一旦竣工，即可正常运转。

卫生部直属各单位及其他各省市与西藏各地市的对口支援工作也进展顺利。中日友好医院、北京医院与西藏自治区二医院达成协议，支援两台日本血透仪和两台进口呼吸机，价值100多万元，并帮助培养有关专业人才。北京市和广东、河南省已同意从人、财、物三方面分别包干对口医疗、防疫、妇幼方面的支援。

地、县、乡一条线，一包到底支援西藏那曲地区，西藏其它地市和自治区医疗卫生单位也正与卫生部和对口卫生援藏的省市联系、协商，到1994年底又有一批援藏项目洽谈完毕。　　（刘同祥　韩志芳）

陕西省

1994 年基本情况

	数　量	与上年比增长数	与上年比增长率(%)		数　量	与上年比增长数	与上年比增长率(%)
卫生机构(个)	6 227	12	0.19	卫生人员(人)	155 944	4 463	2.95
医　　院(个)	3 034	651	27.25	卫生技术人员(人)	126 044	3 243	2.64
床　　位(张)	98 401	2 757	2.88	乡村医生(人)	56 003	10	0.02
医院床位(张)	90 709	2 595	2.95	个体开业人员(人)	7 104	975	15.9
平均每千人口医院床位(张)	2.69	0.08	3.1	平均每千人口卫生技术人员(人)	3.74	0.10	2.7

人口	总　数(万人)	3 401.6
	出　生　率(‰)	17.59
	死　亡　率(‰)	6.60
	自然增长率(‰)	10.99
医疗服务	诊疗总人次(万)	8 521.71
	门诊人次(万)	7 792.40
	急诊人次(万)	729.30
	住院总人次(万)	147.93
	出院总人次(万)	146.25

卫生费用	卫生事业费(万元)	36 876
	卫生事业费与上年比增长率(%)	25.5
	卫生事业费占财政支出百分率(%)	43.9
	卫生系统固定资产(万元)	179 600.3
	卫生系统基建投资(万元)	12 550.7
	平均每一门诊人次医疗费用(元)	71.5
	平均每一出院病人医疗费用(元)	892

卫生改革　卫生改革以试行股份合作制、开展特需医疗卫生服务、举办卫生产业为主。全省股份合作制试点已发展到42个；有组织地开展专家门诊、点名手术、医学美容、温馨病房、母婴同室等特需医疗卫生服务；兴办卫生产业企业，1994年仅西安市新增卫生产业实体20多个，产值突破3 000万元。乡镇卫生院办院模式，出现公有民营、股份合作制、与乡镇企业联合办院、区乡医院合并、乡村一体化、个人租赁、承包等形式推开。省卫生厅制定下发《关于卫生部门开展特需医疗卫生保健服务的实施意见》、《关于深化区乡卫生院产权制度改革，积极推行股份合作制的若干意见》和《陕西省卫生产业企业协会章程（草案）》。农村推行合作医疗，实行医药费减免的村卫生室为1 518个。全省40个县在农民缴纳的村提留公益金中，按1993年农民人均纯收入的0.2%提取合作医疗保健费用，宝鸡、汉中、商洛、渭南等地市制定了提取、管理、使用的具体办法。西安医科大学第二附属医院、陕西省人民医院、西安市中心医院第二批进入三级甲等医院行列，全省累计已有22所医院通过等级评审。

农村卫生　农村“三项建设”全年共投资1 010万元，比1993年增加38.2%，共建设乡镇卫生院113所、县级防疫站13所、妇幼保健院11所，完成建筑面积66 000平方米，改造危房7 920平方米。装备乡镇卫生院86所，装备千元以上医疗器械300余台(件)。各地市因地制宜，采取切实可行措施，巩固、加强村卫生室建设。全省村卫生室覆盖率为86.15%，集体办医比例为52.9%，实行医药费减免的村数比1993年增加6.8%。组派42个城市卫生工作队，抽调中高级医务人员197人，分赴陕南、陕北贫困县，开展卫生扶贫，支援贫困地区卫生事业建设。卫生工作队全年共举办各类学习班53期，示教听课3 906人次，完成预定技术指导项目110个。

初级卫生保健　1994年，各地市调整初级卫生保健委员会组成人员。全省确定1995年达标的48个县、市。省卫生厅举办地市初级卫生保健办公室主任及防疫、妇幼保健单位有关人员培训班。宝鸡、安康、咸阳等地市，地市、县、乡层层签订目标责任书。商洛、咸阳、汉中等地市组织力量对实施情况及存在问题进行检查和调查，采取相应对策。延安、商洛结合初级卫生保健15项指标及特殊地区补充标准，对相关人员进行培训。渭南地区针对初级卫生保健难点，集中人力、财务、物力、时间打歼灭战，加快实施初级卫生保健进度。

预防保健 据疫情资料统计，1994年全省共发生乙类传染病19种47 892例，死亡103例，总报告发病率为142.75/10万，总报告死亡率为0.31/10万，发病比1993年上升8.14%，死亡比1993下降49.51%，总报告病死率为0.22%。完善全省脊髓灰质炎专报系统，建立报病送样有奖制度，1994年全省报告脊髓灰质炎病例29例，确诊2例，发病比1993年同期下降了66%。省卫生厅继续与全省10个出血热重发病县(区)签订灭鼠防疫责任书，落实以灭鼠为主的综合性防治措施。据统计，1994年全省出血热发病2 452例，死亡30例，发病和死亡人数分别比1993年下降42.28%和68.09%。省卫生厅和省政府先后召开全省霍乱防治座谈会和工作会议，全省无病例报告。组织艾滋病高危人群摸底调查，监测血清5 600人份，未发现新感染者。在全省范围内对0～47个月龄儿童进行两次消灭脊髓灰质炎强化免疫日活动，接种儿童552万人次，强化免疫接种率为99.59%。开展创建爱婴医院活动，省卫生厅举办创建爱婴医院学习班5期，培训医院、妇幼保健院业务院长、护理部主任、产科主任246人。5所医院、妇幼保健院成为全省第二批爱婴医院，坚持以孕产妇和儿童系统管理为中心，推行规范化管理，全省孕产妇系统管理率为57%，住院分娩率为54%，新法接生率为90%，孕产妇死亡率为6.2/万，婴儿死亡率为48.83‰。户县、镇安、凤翔、扶风、城固五县，被评为首批"省级卫生县城"，159个单位被省爱卫会命名为"省级卫生先进单位"。落实防氟改水资金322.29万元，在咸阳、渭南、宝鸡、榆林安排中等以上防氟改水工程15处，受益人口2.7万人。各地市抓了农村改厕试点工作。旬邑、白水、泾阳三县共修建双瓮漏斗式户厕471座，修建小学和妇幼保健站厕所12座。组织开展了第6个爱国卫生月活动。广泛开展健康教育，在全省开展"家庭教育年"和控制吸烟宣传活动，举办家庭保健知识等健康教育有关答题活动，出版《家庭健康教育指南》等健康教育图书。省政府召开碘缺乏病防治工作电话会议。省级8个部门联合开展防治碘缺乏病宣传周及碘缺乏病防治日活动，继续开展碘缺乏病监测，在全省100余万碘缺乏病区特需人群中开展补碘工作。在20个大骨节病区县和19个克山病区县实施口服硒盐，服硒人数290余万。开展氟病监测和安康地区7个县病情环境调查，在定边、靖边两县治疗中度以上氟骨病病人2 843例。在19个县10个监测点对大骨节病病情进行监测。鼠疫病区未发现新的疫情。布氏杆菌病疫情基本稳定。

中医工作 各级中医院全面推行以质量、效益为中心的目标责任制，抓重点中医院和专科专病建设。第二批17所重点建设的县中医院共落实资金180万元，新建和改建业务用房12 000平方米，添置急需的医疗设备，提高医院整体服务水平。宝鸡、渭南两所中医学校在校生规模均已达720人，两校年毕业320人，开办不包分配的农村优秀青年中医士班，1994年毕业80人。中医成人教育同步发展，1994年陕西中医学院毕业函授生90人。省中医管理局委托陕西中医学院、孙思邈培训大学等单位试办中医大专班，每年培养学员近500人；举办中医肝病、心脑血管病、中医护理学习班，100多名来自县及县以下医疗单位的学员参加了学习。组织1994年度省中医药科技进步奖评审，11项成果获奖，其中二等奖4项，三等奖7项。开展中医、中西医结合职称评审工作，全省433人获得中医药、中西医结合高级职称任职资格。对全省继承老中医经验出师学徒进行考核，11名学徒全部合格。

医学教育与科研 制定下发《陕西省医学教育1245工程方案》和具体实施办法，并已起步实施。第一期地段医院、乡镇卫生院内、外、妇、儿科主治医师培训班已经开班，招收学员180名。5月4日，陕西医学高等专科学校挂牌成立，当年招收第一期大专生240名，填补了陕西医学教育无大专层次的空白。组织全省卫生职业学校、成人医学中专毕业生统考，参加考生5 583名，合格者4 550名，合格率81.5%。各中等卫生学校在完成招生计划的同时，继续开办农村优秀青年医士班，招生750名。为全面提高卫生管理水平，5月和11月，省卫生厅举办两期卫生局长学习班，来自42个地、市、县的46名卫生局长接受了为期一个月的卫生管理知识培训。延安、渭南、商洛等地区分期分批对辖区卫生院长进行培训，400余名卫生院院长参加了学习。组织1994年度省卫生厅青年科研基金招标，中标课题13项，投资经费6.5万元。中标卫生部科研基金项目、列入省科委攻关计划项目3项，得到经费资助19万元。30项科技成果获1994年度省卫生厅科技进步奖，其中一等8项，二等10项。全年共鉴定医学科技成果42项。

对外交流与合作 1994年，全省共接待来陕西参观、访问、进行学术交流的外国专家、学者70批535人。其中，副部长以上的团组1批3人。组织各种形式的学术报告会、座谈会及手术表演共25场次，参加听讲和座谈650人次。派遣出国进修、考察访问、参加各种国际学术会议等28批64人。为台湾培训了3名中医针灸人员。组建了由25人组成的第22批援苏丹医疗队。陕西省人民医院与香港浩仁发展有限公司合作，建立陕西省放射治疗研究中心，已于12月5日签署协议，该公司将投资人民币1 500万元，引进德国全套X刀设备。卫生Ⅲ贷款项目进展顺利，土建工程进度加快，急救通讯网试运行效果良好。卫生Ⅵ贷款项目通过评估，开始落实配套资金。

卫生法制建设与执法 《陕西省儿童计划免疫条例》、《西安市街头食品卫生管理条例》已经省人大八届十次常委会通过。省政府召开电话会议，部署贯彻落实国务院《关于加强药品管理工作的紧急通知》精神。全省各级卫生行政部门抽调检查人员10 639人(次),检查药品生产、经营单位和医疗单位14 372个(次),依法取缔非法药品经营户和个体药贩近700个,查出假劣药品9 502种(次),查处制售假劣药品案件225起,处理、销毁假劣药品191万元。在全省范围内开展对面粉及其制品添加增白剂的检查和整顿,全省各级卫生部门共检查754个单位,其中蒸馍、烧饼加工场(房)462户,现场查出添加吊白块、用硫磺薰蒸馍355户,占76.84%,其中用吊白块的44户,为12.15%,对查出的问题依法进行了处理。

精神文明建设 采取多种形式对全体卫生人员进行社会主义、爱国主义教育、革命传统教育和职业道德教育。省卫生厅作出向赵雪芳、马振峰和岩屋乡卫生院学习的决定,开展评选优秀乡村医生活动,369人受到省卫生厅表彰。对新分配到厅直单位的30余名大中专学生进行为期一周的岗前医德教育。开展白求恩精神奖、"505"医德奖的评选活动,前者有6个集体获12名个人奖,后者有6个集体和79名个人获奖。开展"创佳评差"活动,28个单位和科室分别被评为陕西省和陕西省卫生系统最佳单位、科室,33人被评为最佳个人,评出较差单位9个,省卫生厅被省委命名为创佳评差"最佳厅局"。收受红包、回扣和乱收费等进行专项治理。抓大案要案的查处工作,全省共立案227起,结案210件,占立案数的92.5%,受到查处的违纪职工715人,给予纪律处分403人,其中被开除或辞退的29人,经济处罚10.5万元。

(杨智海)

【对农村卫生实行政策倾斜】 陕西省人民政府把加快农村卫生事业发展作为保护和增进全省农民健康,促进农村经济上台阶,实现小康目标的重要措施。1994年3月,政府召开常务会议,专题研究农村卫生工作,并下发《陕西省人民政府关于加强农村卫生工作的决定》。4月上旬,省政府召开全省农村卫生工作会议。省政府把农村卫生工作列入重要议事日程,先后出台了一系列加强农村卫生工作的政策。①、各级政府要把实施初级卫生保健、加强农村卫生建设、增进农民健康作为农村奔小康的有力措施,纳入国民经济和社会发展总体规划,列入"八七"攻坚扶贫计划。②、对预防保健机构继续实行全额预算拨款,并逐步增加投入。预防保健机构开展有偿服务的收入,全部留单位使用,不冲抵财政拨款。③、乡镇卫生院预防保健工作实行全额预算补助。集体所有制乡镇卫生院人头费,各级财政仍按省政府明确的陕北100%、陕南80%、关中60%保证供给。④、在农民缴纳的村提留公益金中,按上年农民人均纯收入的0.2%提取合作医疗保健费用。⑤、确保对面向社会群体的地方病传染病防治、儿童计划免疫、妇幼卫生及监督执法等工作的投入。⑥、贫困地区在陕北建设资金和国家扶贫资金中安排一定的项目资金用于卫生事业。⑦、各级政府要从财力上支持卫生事业,使卫生经费以不低于财政收入增长速度的比例,逐年有所增加。⑧、同意对贫困山区医学专业考生下延录取分数线,定向招生,定向培养,定向分配,逐步扩大"三定向"比例。继续支持高等医学院校举办面向农村和贫困山区的医学大专班、预科班。⑨、有条件的乡镇可组建防保站(组),实行防保人员、任务、经费县乡一体化管理。⑩、继续对基本医疗、预防保健服务实行国家统一定价管理,重视调整技术性服务收费标准,逐步做到按成本、按医院等级收费,特需服务和个体行医、私营医院的服务价格逐步放开,实行市场调节。⑪、推进公费医疗制度改革,建立市县一级的个人帐户与大病社会保险制度。⑫、乡镇卫生院继续完善承包、租赁经营责任制,逐步推行股份合作制。⑬、提倡在一定区域内,组建股份合作形式的医学检验、影像、制剂中心等经济服务实体。

(杨智海)

【农村人才培养1245工程】 为促进"2000年人人享有卫生保健"战略目标的实现和全省卫生事业持续稳定发展,陕西省卫生厅制定《陕西省医学教育1245工程方案》,并于1994年起实施。

1.目标 从1994年起至2000年的7年中,从四个层次对农村卫生技术人员培训。达到以下目标:①全省每个行政村有1名中专水平的乡村医生,10%的行政村每村有1名大专水平的乡村医师;②全省每个乡卫生院有大专水平的中、西医师各1名;③全省每个地段医院有内、外、妇、儿科主治医师各1名;④全省每个县医院有内、外、妇、儿、中医5个学科副主任医师各1名。

2.任务 达到1245工程目标,尚需新培养中专生21 726人,大专生5 520人,主治医师1 400人,副主任医师280人。

3.措施 ①坚持分级管理,分级培训的原则。中专水平乡村医生的培养由县卫生局负责完成;乡卫生院大专水平中、西医师的培养任务由地、市卫生局落实,省卫生厅协助;地段医院主治医师及县医院副主任医师的培养任务由省卫生厅统一安排,其中陕南、陕北及铜川市主治医师由省卫生厅安排培训,关中其他4个地市的主治医师培养由地、市负责实施。②中专水平的乡村医生,一是从10所中等卫生(中医)学校、29所卫生职业学校部分毕业生中补充;二是加强乡村医生培训,分别在1995、1997年各进行一次乡村医生中专水平考试,使现有的乡村医生全部达到中专水平。大专水平的乡村医生,先在关中等条件较好的地市试行大专水平考试,取得经验后在全省铺开,同时,通过自学考试、函授教育等途径解决。③乡卫生院大专水平的中西医师,从陕西医学高等专科学校、延安医学院、西安医科大学及分校、陕西中医学院的毕业生及成人医学大专班、电大班、医学函授、自学考试的毕业生中补充。④地段医院主治医师培养,陕南、陕北由省级内、外、妇、儿科继续医学教育基地承担,关中条件较好的地市由地市完成。⑤县医院内、外、妇、儿、中医科副主任医师的培养,由省卫生厅委托西安医科大学、第四军医大学、陕西中医学院等高等医学院校，对有培养前途的县医院主治医师举办各学科新技术培训班和进行临床进修等办法，分期分批解决。 （杨智海）

【宝鸡市实行初级卫生保健双轨目标责任制管理】 宝鸡市卫生委员会在实施农村初级卫生保健过程中，从1993年起，在初级卫生保健由各业务部门实行目标责任制管理的基础上，实行政府和业务部门双轨目标责任制管理。其具体做法为：

1.把初级卫生保健工作纳入对各级政府目标责任考核之中，列入各级政府主要负责人的政绩考评内容，逐级签订目标责任书。年初由市政府主管市长与各县（区）主管县（区）长、主管县（区）长与县级有关部门及各乡镇长、乡镇长与行政村主任层层签订目标责任书，把初级卫生保健任务逐级纳入政府主要议事日程和工作内容。

2.按照初级卫生保健各项具体工作指标所涉及的各级部门和单位情况，把各自承担的任务指标，以业务指导、归口对应关系形成网络。以卫生口指标为例，即采取市卫生局长与市级各有关卫生单位负责人和县（区）卫生局长、县（区）卫生局长分别与县级有关卫生单位负责人和各乡镇卫生院（所）长、乡镇卫生院（所）长与各村卫生所长签订目标责任书的办法层层分解，逐级负责，使各项工作指标任务落到实处。

宝鸡市自1993年全面实行初级卫生保健工作双轨目标责任制以来，初级卫生保健各项工作指标与前几年相比，有较大幅度提高，到目前全市共计饮用安全水人口320.3万，占总人口的93%，改厕22万户，健康教育普及率平均达到60%以上，其中属于卫生口各项指标大多数达到目标值要求，按照市卫生委员会工作安排，1995年将有7个县区正式接受省初级卫生保健委员会组织的达标验收，其它县也将分别在1997年以前接受审评。

（欧阳志焕）

甘肃省

1994 年基本情况

	数量	与上年比增长数	与上年比增长率(%)		数量	与上年比增长数	与上年比增长率(%)
卫生机构(个)	4 134	−7	−0.17	卫生人员(人)	98 550	3 827	4.04
医院(个)	353	1	0.28	卫生技术人员(人)	81 281	3 474	4.46
床位(张)	55 611	766	1.40	乡村医生(人)	23 009	2 206	10.60
医院床位(张)	52 041	748	1.46	个体开业人员(人)	10 047	2 044	25.54
平均每千人口医院床位(张)	2.19			平均每千人口卫生技术人员(人)	3.42	0.10	3.01

人口	总数(万人)	2 378	卫生费用	卫生事业费(万元)	22 053.6
	出生率(‰)	19		卫生事业费与上年比增长率(%)	15
	死亡率(‰)	6		卫生事业费占财政支出百分率(%)	3.6
	自然增长率(‰)	13.3		卫生系统固定资产(万元)	67 274
医疗服务	诊疗总人次(万)	1 315		卫生系统基建投资(万元)	2 375
	门诊人次(万)	1 184		平均每一门诊人次医疗费用(元)	10.9
	急诊人次(万)	48		平均每一出院病人医疗费用(元)	614
	住院总人次(万)	43			
	出院总人次(万)	43			

卫生改革 1994年，卫生改革的重点是开展公费医疗和劳保医疗制度的改革及与之相配套的医疗卫生服务的自身改革。主要进行6个方面的工作：

1.继续实行院（站、所、校）长负责制，完善综合目标管理责任制。在医疗卫生单位内部实行多种运行机制、分配制度和劳动人事制度改革，如全员聘任管理制度，在公平、竞争、择优上岗的原则下，实行两级聘任，浮动工资，定岗、定员，逐级责任制管理办法。

2.在所有制形式上进行探索。部分地区和单位在确保国有资产不流失的原则下,试行“一院两制”和股份合作制。如平凉地区人民医院职工集资150多万元,新建了住院楼,开设病床150张,实行“一院两制”管理办法;酒泉地区人民医院采用职工和医院入股,银行贷款等方法,筹资160多万元,创办了一所股份制医院,设病床45张,医院实行董事会领导下的院长负责制。

3.公费医疗制度改革由企业扩大到行政事业单位和大部分地县。甘肃省政府于10月1日实施《甘肃省省级公费医疗制度改革意见》,改变医疗费用全部由国家包下来的办法,由国家、单位、个人适量分担。规定个人负责门诊费的10%,超定额部分由单位和个人按比例分担;职工住院自负医疗费的10%和个人月工资额的一定比例,全年不超过本人一个月工资标准额。部分地区进行企业职工工伤保险和大病医疗费用社会统筹试点。工伤保险改革试点的县市有9个,267户企业,2.67万名职工;职工大病医疗费用和退休人员医疗费用统筹的县市有12个,723户企业,4.5万职工。有10万名中、小学生及幼儿参加了住院医疗保险。

4.医院分级管理从试点阶段向全面实施阶段过渡。全年有99所医院通过审评,其中三级医院2所、二级医院11所、一级医院86所。中医院的分级管理工作开始起步,确定10所中医院为试点单位。开展卫生防疫机构分级管理试审评,对省防疫站和两个地级站、3个县级站进行审评。

5.推进机构、工资和职称评审方法的改革。完成卫生厅机关机构改革的调查论证,制定“三定”方案。在卫生系列高级职务任职资格评审中,改变综合评价办法,实行临床技能对照硬化条件的方法。

6.发展卫生第三产业。据对9个地市和21个单位统计,已办卫生产业企业69个,总注册资金1 811.67万元,有各类从业人员767人,盈利160.71万元。其中开办的各种医疗保健服务网点,全年共诊治病人3万多人次,收住住院病人2 000余人次。

农村卫生建设与初级卫生保健

年初,甘肃省政府根据近几年农村卫生建设的进展情况和问题,对建设计划进行调整,将全省86个县市分成5种类型,分别提出不同建设目标和要求。1994年,重点改造建设65所乡镇卫生院、8所县防疫站和3所县妇幼保健站。至此,甘肃省已完成改造建设机构862所,其中乡镇卫生院750所,占应改造数的50.88%,卫生防疫站59所,占应改造数的69.41%,妇幼站53所,占应改造数的62.35%。利用爱德基金会援助资金为农村培训乡村医生600名,外、妇科医生300名,眼科医生25名,继续为农业县举办主治医师培训班,招生120人。支持民族地区发展卫生事业,筹集100万元专项经费,用于甘南藏族自治州加强县医院、中心卫生院设备购置和人才培训;省城8家医院采取以城带乡、以大带小,整体推动的办法,对口支援甘南州7个县的医疗工作,重点为甘南培训卫生技术人才,加强经营管理。村卫生所和医疗点恢复发展到23 386个,占行政村总数的92.6%,共有乡村医生23 009人,卫生员12 415人,接生员14 391人。全省尚有1 310个行政村无医疗点。

1994年,省卫生厅提出把加强农村卫生工作同发展经济、帮助农民脱贫致富和奔小康结合起来。把渭源县作为卫生厅的扶贫点,组派9人帮扶工作组,划拨20余万元改造危房、购置设备、培训卫生技术人才。

对25个县市的初级卫生保健规划目标执行情况进行全面审评,其中有20个县市达到规划标准。

医德医风建设 1994年10月,省卫生厅决定,用一年时间在全省地、市、自治州以上医疗机构开展职业道德教育,制定了《甘肃省医疗卫生机构职业道德建设工作实施方案》等文件。在坚持正面教育的同时,继续对“红包”、“回扣”和乱收费问题,进行专项治理。在兰州、天水、定西、酒泉、张掖五地市8所大型综合医院进行行业作风抽样调查,通过对2 400例患者的问卷调查,1993年与1994年比较,各医疗单位对纠风工作受表扬的次数,由单位平均0.75次,上升到单位平均1.75次;受到新闻单位表扬次数,由单位平均13.75次,上升为单位平均19.13次;乱收费的次数由单位平均6次,减少到单位平均0.63次;医务人员收受“红包”率由2.25%下降为1.25%。上述8家医院药剂科全年上交医院的药品“回扣”和让利430多万元。

其他卫生工作

1.加强了对传染病报告的管理。4月,在天水市召开全省传染病疫情管理会议,讨论制定加强传染病报告的对策与措施,决定在医院分级管理评审中实行传染病报告“一票否决制”。对以乡为单位计划免疫“四苗”接种率达到85%进行试审评。组织实施两轮脊髓灰质炎强化免疫日活动,全省脊髓灰质炎发病确诊2例。制定《甘肃省消除新生儿破伤风行动规划》,并在永靖县进行破伤风类毒素接种试点。经国家级评估,有6所医院荣获爱婴医院称号。

2.消除碘缺乏病是1994年地方病防治的中心工作,碘缺乏病防治知识普及率和特殊人群碘油丸补服率平均为85%,居民户合格碘盐覆盖率由1994年的40%提高到65%以上。在临夏、平凉等地查处非碘盐8 589吨,对销售单位和个体经营者进行处置。

3.甘肃省中医药研究院于1994年11月24日正式成立。原甘肃省皇甫谧针灸研究所、气功研究所、中医药研究所、甘肃医技信息研究所同时撤销,全部业务并入中医药研究院。1994年,重点加强10所中医院的专科专病建设。完成15名老中医药专家学术经验继承的验收和首批农村不包分配中医中专班的招生录取工作。

4.贯彻《药品管理法》,进一步加强药品管理工作。组织6 638人次开展药品质量大检查,共检查9 286个单位,查出假劣药品总价值

44.49万元。查处各种违法案件323件，罚没款金额17.7万元。对55家药品生产企业、2 144家药品经营企业及120家医院制剂室，进行检查验收。对省外药品生产、经营企业在甘肃省从事药品经营，实行《准销证》制度。

5.配合在兰州举办的第四届中国艺术节，重点开展兰州及旅游点沿线城乡的环境卫生、食品卫生、公共场所卫生和空气质量的监督监测，向105家定点宾馆派驻卫生监督员99人，确保1.6万名宾客没有发生一例食物中毒和腹泻等疾病。组织省级食品卫生示范县的检查验收工作，酒泉市达到示范县标准。制定实施《甘肃省外埠食品管理办法》，对外省食品进入甘肃省实行规范化管理。　（乔公先）

【敦煌市村级卫生机构实行乡办乡管】 地处河西走廊西端的敦煌，是甘肃省率先奔小康的县市之一，现有11个乡镇卫生院、74个村卫生所。敦煌县委、县政府将74个卫生所全部纳入乡镇卫生院统一领导和管理，实行乡办乡管。基本做法是：

1.组织管理　①村卫生所为乡镇卫生院在各村的分设机构，由卫生院直接领导管理。卫生所所长由卫生院选派任命，实行责、权、利结合的任期目标责任制。②乡村医生从具有中专以上学历，或取得乡村医师证书的人员中公开招聘。③以乡为主，乡镇和村委会共同对卫生所的人员、业务技术、医疗防保、经济收支实行联合管理。④由村委会无偿提供业务用房60平方米以上。

2.经济管理和分配制度　卫生所的财务收支、工资奖金，由卫生院直接管理，实行单独立帐、分站核算；药品、器械由卫生院统一批发和购买调拨，并实行统一收费标准；卫生所所长和乡村医生工资待遇执行招聘人员工资标准，并根据卫生所经营好坏浮动发放，无结余不得奖，纯支出每大于纯收入10%，工资向下浮动15%。结余部分10%上交卫生院，其余按比例分配使用，其中50%为公共积累，用于发展乡村卫生事业，45%作为奖金，5%为院长奖励基金。有条件的卫生所，对乡村医生实行养老保险制度。

3.考核与奖罚　卫生院根据目标管理责任书，定期对卫生所进行考核、监督、审计，奖优罚劣，对工作不负责任，或违犯有关管理规定者，有权予以撤换直至解聘。

村卫生所实行乡办乡管，是甘肃省在经济比较发达地方探索的一种办医形式，其效果是：①有利于村卫生所的管理、发展、壮大。②医疗防保各项任务全部落到实处，“四苗”接种覆盖率达到98.6%。③调动了乡村医生积极性，稳定了队伍。实行乡办乡管两年，大多数拿到了合同规定的工资和一定数量的奖金，月工资最高420元，最低80多元。④杜绝了假冒伪劣药品、开大方、乱收费现象。　（乔公先）

【正宁县严禁非专业人员流入卫生系统】 甘肃省正宁县为堵住非专业技术人员流入卫生系统，县委、县政府于1994年6月联合作出3条决定。

1.紧缩编制，堵死非专业人员流入“缺口”。卫生系统人员总数必须严格控制在规定的指标之内，除按规定接收国家计划分配的医学院校大中专毕业生外，不得接收其它人员。

2.对外地正式从事医疗工作的在岗医务人员如需调入时，要进行业务技术考核和职称审查，未经考核审查和卫生部门同意的不能调入。

3.卫生、人事部门分工协作，明确责任，从严把关，确保经过严格、系统、正规的理论教育和知识技能培训的专业人员进入卫生系统工作。　（乔公先）

青海省

1994 年 基 本 情 况

	数量	与上年比增长数	与上年比增长率(%)		数量	与上年比增长数	与上年比增长率(%)
卫生机构(个)	1 177	5	0.4	卫生人员(人)	25 349	341	1.36
医　院(个)	592	5	0.85	卫生技术人员(人)	20 116	225	1.13
床　位(张)	16 896	212	1.3	乡村医生(人)	4 952	−139	−2.7
医院床位(张)	16 012	332	2.1	个体开业人员(人)	893	3	0.33
平均每千人口医院床位(张)	3.38	…	…	平均每千人口卫生技术人员(人)	4.24	…	…

续表

<table>
<tr><td rowspan="4">人口</td><td>总　数(万人)</td><td>474</td><td rowspan="9">卫生费用</td><td>卫生事业费(万元)</td><td>11 262</td></tr>
<tr><td>出　生　率(‰)</td><td>22.06</td><td>卫生事业费与上年比增长率(%)</td><td>41</td></tr>
<tr><td>死　亡　率(‰)</td><td>6.82</td><td>卫生事业费占财政支出百分率(%)</td><td>4.4</td></tr>
<tr><td>自然增长率(‰)</td><td>15.24</td><td>卫生系统固定资产(万元)</td><td>45 875</td></tr>
<tr><td rowspan="5">医疗服务</td><td>诊疗总人次(万)</td><td>866</td><td>卫生系统基建投资(万元)</td><td>2 052</td></tr>
<tr><td>门诊人次(万)</td><td>782</td><td rowspan="2">平均每一门诊人次医疗费用(元)</td><td rowspan="2">17.3</td></tr>
<tr><td>急诊人次(万)</td><td>31</td></tr>
<tr><td>住院总人次(万)</td><td>22.6</td><td rowspan="2">平均每一出院病人医疗费用(元)</td><td rowspan="2">1 150</td></tr>
<tr><td>出院总人次(万)</td><td>22.2</td></tr>
</table>

卫生改革　1994年省卫生厅提出“避免重复，合理设置卫生机构；减少浪费，优化卫生资源配置”和“侧重青南地区，提高环湖地区，完善海东地区，巩固西宁地区”的卫生事业发展总体设想；强化领导体制改革，加强党委领导下的院、站、所、校长负责制，健全以岗位责任制为中心的各项目标管理制度，完善人事、劳动、分配制度及技术职称评审制度；改革医院管理体制，实行医院分级管理，又有8所医院获得等级医院称号；调整补偿机制，改变服务模式，在落实门诊、住院、手术三项收费新标准和调整部分技术性服务价格的同时，不断拓宽服务领域，开展特需服务及各种医疗延伸服务；扩大对外交流与合作，与日本等国家进行互访，开展学术交流，争取世界银行“综合性妇幼卫生保健”项目贷款387万美元。

农村牧区卫生工作　中央和省财政共筹措“三项建设”资金505万元，改扩建县医院6个，县级防保机构5个，乡卫生院53个，总面积达2.8万平方米。占全省危房总面积的20.8%。为部分基层医疗机构装备病床、心电图机、X光机、制氧机等设备237台(件)，其中为49个乡镇卫生院装备常规设备126台(件)，整个设备价值为50余万元。加强三级医疗卫生网建设。全省有县级医疗机构44个、卫生技术人员3 191人，拥有病床3 353张；乡级卫生院424所(中心卫生院90所)，卫生技术人员2 453人，拥有病床2 094张。乡村卫生室覆盖率90.7%，乡村医生总数5 303名，基本上实现了村村有卫生室、有乡村医生的目标。

采取倾斜政策，对贫困地区开展多元型卫生“扶贫”。继续组派10支医疗队，对青南地区10个贫困县进行对口支援。在资金投入、设备配备、人员培训、技术指导以及卫生技术人员的职称评审等方面给予倾斜照顾。

预防保健　以1995年消灭脊髓灰质炎目标为重点，在全省范围内组织两轮3次强化免疫，接种率分别为99.81%和94.81%，使72.4%的乡达到“四苗”全程接种率85%的目标。传染病防治和五大卫生监督监测工作有明显进步，全省累计报告乙类传染病11 400例，发病率为253.09/10万，比1993年下降11.81%；监测艾滋病抗体2 528人，均为阴性；对18个县、市的麻风病防治工作进行验收，其中14个县、市达到基本消灭指标，3个县达到控制指标。食品卫生合格率为79.90%，公共场所卫生合格率为95.4%，学校卫生监督覆盖率为51.1%，对县以上企业和有害作业的监督覆盖率分别为40%、31.33%，对县以上企事业单位射线装置监测覆盖率为45.4%，腹泻病控制项目、结核病控制项目、儿童营养监测与改善项目的实施工作进一步得到加强。

农村改水受益人口194.52万人，占全省农村总人口的57.8%，农村卫生厕所31.9万个，全省中小学生健康教育覆盖率在60%以上。

地方病防治工作　对15个县(区)33个乡的1.1万人进行碘缺乏病监测，甲状腺肿大率为1.16%，患病率为0.74%，碘盐普及率为78.01%，原盐冲击率为21.99%，尿碘大于100微克/升者占30.05%，基本控制在国家规定的指标之内。鼠防工作继续完善分片包干、任务分解、责任到人的领导岗位责任制，加强宣传教育，提高群众的防病意识，增加对重疫区的经费投入，增强综合防治能力。布氏杆菌病、大骨节病等地方病呈基本稳定态势。

妇幼卫生工作　以实施“加强中国基层妇幼卫生/计划生育服务”合作项目为突破口，促进全省妇幼卫生事业的发展。16个妇幼项目县围绕降低孕产妇、婴幼儿死亡率，完善两个系统管理，加强妇幼机构建设和人员培训，举办乡级妇幼人员培训班11期，培训人员308名，临床进修183名，村级强化培训1 423人次。对所配设备的管理和使用情况进行检查，完成了民和、大通两县急性呼吸道感染监测项目的基础调查工作。世界银行贷款“卫Ⅵ”项目，完成对23个项目县的妇女、儿童健康状况及妇幼机构服务能力基线调查，编制《青海省世行贷款“卫Ⅵ”项目建议书》，经卫生部、世界银行审查通过，“卫Ⅵ”项目进入全面实施阶段。又有3所医院获卫生部授予的“爱婴医院”称号。农村牧区妇幼保健网络基本形成，妇幼卫生经费占卫生事业经费的比例由1989年的2%上升到7%，人均达到1.28元，孕产妇、婴幼儿死亡率继续下降，新法接生率、住院分娩率有明显提高。

中藏蒙医工作 重点加强中医医院内涵建设和科学管理，开展疮疡、肛肠、肺肾、血证等专科、专病业务。藏蒙医医院建设和管理逐步走向制度化、规范化和科学化轨道，整体服务功能不断得到提高。尿诊、放血、艾灸、药浴等独具特色的诊疗方法广泛应用于临床。省藏药制药中心大楼竣工投入生产。6位老中藏医专家学术经验继承人由国家中医药管理局批准出师。

医学教育和科研工作 本着多形式、多渠道、多层次培养人才的原则，调整医学院校专业设置，扩大农村牧区招生比例，使医学教育重点和培养目标更切合农牧区实际。各医学院校开设短线专业4个，开办农村牧区班7个，招收学生354名。同时扩大招收委培生14名、乡村医生440名、自费生147名，其中90名农村学生纳入正规学历教育。在南京爱德基金会的资助下，开办乡村医生培训班6个，学员250名。护理自学考试有175人次取得大专单科合格证书，484人次取得中专单科合格证书，87人取得中专毕业证书。《藏医诊断学》等10门藏医教材编审、印刷完毕。

医学科研工作充分利用青海省丰富的药物资源优势，开展基础研究和开发应用研究，取得20项省级科研成果，其中“青海省人群内外环境硒水平分布调查”、“高原夜间睡眠与呼吸变化的研究”等成果，达到国内同类水平或领先水平。在全省第六次科技进步奖评审中，医药卫生专业获奖23项，其中二等奖1项，三等奖7项，四等奖15项，占全省科技成果获奖总数的24%。

卫生执法 开展医疗市场整顿工作，对省内13家制药企业、67家药品批发企业、177家药品零售商店和25家医院制剂室进行验收并核发“三证”。重点对西宁地区社会办医进行检查整顿，取缔不合格的社会办医14家，停业整顿15家，撤销7家医疗机构的虚假广告，取缔游医药贩98人次，全省查出假劣药品1 836种次，价值138万元。对西宁地区16个市场、部分国营、集体和个体的街头饮食、肉类、蔬菜、粮油等2 000多户摊点进行两轮检查整顿，对主要地段的早市和夜市进行整顿。

医德医风建设 重点对“红包”、“搭车药”、“回扣”等不正之风进行综合治理。通过廉政教育、职业道德教育、全心全意为人民服务宗旨教育和学习模范人物的先进事迹等活动，提高了卫生队伍整体素质。据卫生部对全省6所省、地、市级医院1 800名患者的抽样调查，群众对医疗质量和服务态度的综合满意率为82.2%，达到卫生部纠风工作阶段性目标。有14人获得国家和省级优秀专家称号，3个单位和2名医务工作者获得全国卫生系统先进集体和先进工作者称号，果洛州卫生防疫站站长南忠同志荣获“白求恩奖章”。 （文绍俊）

宁夏回族自治区

1994 年 基 本 情 况

	数 量	与上年比增长数	与上年比增长率(%)		数 量	与上年比增长数	与上年比增长率(%)
卫生机构(个)	1 037	…	…	卫生人员(人)	26 639	277	1.05
医　院(个)	369	3	0.82	卫生技术人员(人)	21 258	110	0.52
床　位(张)	13 285	449	3.50	乡村医生(人)	2 891	−94	−3.15
医院床位(张)	12 307	519	4.40	个体开业人员(人)	885	−16	−1.78
平均每千人口医院床位(张)	2.4	…	…	平均每千人口卫生技术人员(人)	4.2	…	…

续表

人口	总数(万人)	503.8	卫生费用	卫生事业费(万元)	11 835.08
	出生率(‰)	19.67		卫生事业费与上年比增长率(%)	59
	死亡率(‰)	6.02		卫生事业费占财政支出百分率(%)	6
	自然增长率(‰)	13.65		卫生系统固定资产(万元)	39 132.46
医疗服务	诊疗总人次(万)	930.74		卫生系统基建投资(万元)	2 009
	门诊人次(万)	871.59			
	急诊人次(万)	28.78		平均每一门诊人次医疗费用(元)	综合医院 19.10 中医医院 15.30
	住院总人次(万)	18.34		平均每一出院病人医疗费用(元)	综合医院 977.00 中医医院 755.00
	出院总人次(万)	18.33			

卫生改革

1.医疗卫生机构改革内部管理运行机制,推行综合目标管理责任制。卫生行政部门和医疗卫生单位签定综合目标管理责任书,扩大医疗卫生单位的自主权,目前,实行综合目标管理的全区县及县以上医院在95%以上。各医疗卫生单位扩大业务,搞活经营,增设门诊部、方便药房,开展医学美容等服务。

2.医院分级管理从试点阶段进入全面实施阶段。石嘴山市第一人民医院通过评审,成为全区首家"二级甲等"医院。自治区卫生厅召开现场会,推广其经验。

3.公费医疗制度改革经过试点并予推广。各地实行公费医疗三方分担,四方管理的办法。对经费支出采取医疗保险、与医疗单位签订管理合同、门诊实行"代金券"支付、单位经费包干等一系列费用与个人直接挂钩的措施,逐步形成由门诊一条龙就医,逐级转诊转院;大型检查、大处方、外购处方等严格审批、报销的管理制度,遏制了经费不合理增长因素。全区实行以医院管理经费为主的公费医疗改革的地、市、县为68%。

4.预防保健改革。自治区人民政府发布《宁夏回族自治区卫生监督监测分级管理办法》,全区卫生监督监测根据行政隶属和能级管理的原则实行分级管理,并对全区卫生监督监测机构进行资格认证。石嘴山市卫生防疫站实行综合执法;灵武县卫生防疫站引进竞争机制,使计划免疫指标比过去提高了0.5个百分点。妇幼保健机构初步建立起以保健为中心,保健与临床相结合的服务体系。

5.宣传贯彻《医疗机构管理条例》,加强对社会办医的管理,调查摸清全区社会办医和个体行医情况。

6.进行村级卫生体制改革。中卫县政府发布《中卫县农村卫生所管理实施办法》,推行村办乡管体制。1994年全县农村卫生所业务收入270万元,比1993年增长8%。

农村卫生工作 初级卫生保健工作在总结推广吴忠、中卫、平罗3个达标县经验的基础上,制定了普及阶段工作计划。年初,自治区人民政府与灵武等8个市县签定了1995年底实现初级卫生保健责任书,惠农县已向石嘴山市初级卫生保健委员会申请审评验收;灵武县有近86%的乡(镇)基本实现规划目标;青铜峡市有60%的医疗站为集体办;永宁县有80%的村医疗站进行新建、翻建维修。

开拓农村卫生筹资渠道,加强农村"三项建设"。1994年,农村卫生三项建设投入413万元,占卫生基建总投入的29.2%。其中,中央投资115万元,占27.8%;自治区投资154万元,占37.3%;地、市、县、乡镇投资144万元,占34.9%,总共完成建筑面积8 703平方米。建成并投入使用项目13个。

参加了国务院研究室和卫生部联合开展的"中国农村合作医疗保健制度改革研究"项目。

预防保健 1994年,全区未发生甲类传染病,报告乙类传染病13种11 160例,死亡41例,报告发病率为225.45/10万,死亡率0.82/10万,病死率0.36%,报告发病率比1993年上升8.89%。报告丙类传染病8种3 149例,报告发病率438.39/10万。全区儿童计划免疫覆盖率为100%,"四苗"接种覆盖率为90%以上。开展脊髓灰质炎强化免疫活动,每轮接种率均在95%以上。年内全区脊髓灰质炎报告疑似病例27例,无确诊病例,县以上城镇新生儿乙肝疫苗接种率50.95%,农村21.17%。1994年第三季度,泾源等县流行性出血热暴发流行,自治区政府拨专款,卫生部门采取紧急防制措施,已基本控制疫情。结核病控制项目新启动陶乐县和银川市两个执行单位,全区结核病项目实施覆盖率达到100%。

通过广泛宣传动员,碘缺乏病防治工作普遍得到重视。宣传覆盖率在80%以上。制订了《宁夏执行〈2000年消除碘缺乏病规划纲要〉行动方案》。自治区人民政府召开宁夏2000年消除碘缺乏病目标动员大会,决定争取提前一年全区食盐加碘,提前一年实现目标。全区4.5

万新婚妇女、孕妇及0～2岁婴幼儿补服了碘油丸。鼠疫防治加强了鼠情、疫情监测，未发现鼠间疫情。银川郊区通贵疫区通过了鼠疫稳定控制达标验收。至此，全区7个疫区县已有4个达到卫生部基本控制标准，1个达到稳定控制标准。布鲁氏菌病稳定控制区达标市县已由1993年的7个上升到11个。地方性氟中毒防治坚持改水降氟，安排改水工程8项，解决了14个病区22 329人的饮水问题；安排屋檐集水工程2项，使6个病区4 200人受益。

经抽查，山区新法接生率为91.8%，其中固原、泾源继续保持在95%。全区已有70.4%的妇幼保健机构基本达到人员、设备、房屋三配套，住院分娩率达到52%，比1993年同期提高了3.1个百分点。川区孕产妇系统管理率为95%以上。全区有22所医疗保健单位被授予"爱婴医院"称号。目前已有15个县（市）开展了儿童保健管理工作，10个市县开展婚前健康检查。1994年，孕产妇死亡率11.0/万，婴儿死亡率40.98‰。

全区各地根据全国城市卫生检查评比标准和自治区城市（县城）评比标准，开展了创建卫生城市、县城活动。银川市投资百万元，改善了城市整体服务功能。在农村，坚持改水改厕和环境治理，全区农村累计改水受益人口为65.63%，其中饮用自来水人口占21.11%。有10个市县制定了改厕规划，新增卫生厕所近千座，全区城镇中小学校健康教育开课率达90%以上，农村开课率为60%。

中医工作 全区县级中医医疗机构基本健全，各综合医院，乡、村卫生院（所）普遍开展了中医工作。全区县、乡两级农村中医药人员1 041名，占全区中医人员总数47%。中医诊疗人数分别占农村县（市）综合医院和乡镇卫生院的18%和23%。加快了中卫县"全国农村中医试点县"建设步伐。开展全区中医医院分级管理评审试点工作，制订了《中医医院分级管理标准与办法》。灵武县示范中医医院经过3年建设，成为第一所医院分级管理达标的中医医院。全区中医医院普遍开设了急诊科，推广使用国家中医药管理局推荐的15种急诊科室必备中成药。宁夏医学院开办中医自学考试专科段。自治区中医医院"回族卫生保健研究"中标国家中医药管理局民族课题，另一中标课题"参芪防感口服液防止小儿反复呼吸道感染"通过临床前药物审评。

行业作风建设 1993年6月至1994年6月在自治区人民医院等6所医院开展了职业道德建设工作试点。各试点单位把职业道德建设纳入综合目标管理，受教育率达90%以上，补充、完善新制定各种规定、制度、守则等共77项，为87.8%的职工健全了医德档案，定期考核考评。经卫生厅对6所医院考核评估，各项指标都达到了试点方案规定的要求。

其它工作 ①开展打击制售假劣药品犯罪行为，清理整顿医药市场秩序的活动，全年查处各种违法案件160起，假劣药品总值44.20万元，罚没款总额37.45万元；②开展《传染病防治法》、《消毒管理办法》、《预防用生物制品生产供应管理办法》等法律、法规执行情况大检查，疫情报告率平均67%；医院使用消毒剂合格率78.19%，城市集中式供水单位的监督覆盖率为100%；③1994年新上科研项目32项，获得卫生部科学研究基金中标项目1项，有21项科研成果荣获自治区第6届科学技术进步奖；④1994年共引进外资703万人民币。加拿大医援团援助海原改水，青铜峡市甘城子卫生院建设项目；中国—澳大利亚"宁夏计划生育·妇幼保健项目"开始实施。宁夏与日本岛根县结为友好县区，宁夏卫生代表团首次出访日本岛根县，为进一步开展合作打下基础。 （舒 流）

新疆维吾尔自治区

1994 年 基 本 情 况

	数 量	与上年比增长数	与上年比增长率(%)		数 量	与上年比增长数	与上年比增长率(%)
卫生机构(个)	3 907	13	0.3	卫生人员(人)	115 114	2 883	2.56
医　院(个)	1 273	127	11.08	卫生技术人员(人)	90 439	2 662	3.03
床　位(张)	72 474	77	0.1	乡村医生(人)	6 999	240	3.55
医院床位(张)	66 727	438	0.67	个体开业人员(人)	4 252	722	20.45
平均每千人口医院床位(张)	4.09	…	—0.04	平均每千人口卫生技术人员(人)	5.5	…	—0.03

续表

人口	总数(万人)	1632.7	卫生费用	卫生事业费(万元)	37 463.6
	出生率(‰)	20.82		卫生事业费与上年比增长率(%)	26.3
	死亡率(‰)	7.43		卫生事业费占财政支出百分率(%)	…
	自然增长率(‰)	13.39		卫生系统固定资产(万元)	104 986
医疗服务	诊疗总人次(万)	2 335.1		卫生系统基建投资(万元)	1 278.9
	门诊人次(万)	2 200.1		平均每一门诊人次医疗费用(元)	11.53
	急诊人次(万)	73.3		平均每一出院病人医疗费用(元)	259.77
	住院总人次(万)	84.7			
	出院总人次(万)	84.2			

卫生改革 医疗机构在保证基本服务的同时,开展各种特殊服务。预防保健机构坚持无偿服务与有偿服务相结合,弥补国家补偿不足。鼓励职工个人集资入股,增添医疗设备,新增诊疗项目。伊犁地区对部分医用物品和卫生材料的收费,适当增加合理的损耗率,对新项目和特殊医疗服务项目制定新的收费标准。发展卫生产业,昌吉回族自治州人民医院卫生材料厂1994年总收入530万元,上缴医院100万元。塔城市阿西尔乡卫生院工副业收入11.7万元。为促进卫生产业发展,自治区卫生厅召开了卫生产业工作经验交流暨表彰会议。

农牧区卫生工作 在已立项进行"一无三配套"建设的587个卫生院中,竣工使用的有423个;512个卫生院装备了26种2 438台(件)基本医疗设备,38个偏远卫生院配备了救护车;培训卫生技术和管理人员3 761人,其中已结业3 039人。1992年以来,卫生院配套建设总投资9 670.5万元,其中自治区4 100万元,中央补助奖励资金400万元,地方配套资金5 150.5万元。自治区初级卫生保健办公室组织审评组对分别列入试点阶段和普及阶段达标计划的15个县(市)进行审评验收,13个县(市)达标,2个县(市)基本达标。自治区卫生厅召开全区牧区卫生工作会议,就牧区初级卫生保健、卫生网点设置和交通工具等问题进行研究。博尔塔拉蒙古自治州对乡村卫生组织实现一体化管理,由县、乡统一设置防保点,将乡卫生院人员和乡村医生统一规划为医疗和防保两个专业服务系统,对现有乡村医生进行精减、缩编。

预防保健工作 1994年有4个地区、13个县(市)发生霍乱流行,报告病例2 067例,死亡16例。伽师等县发生伤寒流行,报告病例2 035例,死亡8例。各地政府及卫生部门采取防治措施,控制疫情蔓延。完成两轮脊髓灰质炎疫苗强化免疫任务,130余万4岁以下儿童接受免疫接种。地方病防治。重点开展消除碘缺乏病工作,各地加强盐市管理,普及加碘盐,全区食用加碘盐人数为1 100万人,占人口总数70%左右,南疆地区碘盐普及率仍较低。自治区地方病防治研究所对玛纳斯、呼图壁、昌吉市鼠疫疫源地的灭獭试点效果进行考核,旱獭密度有所下降,但从动物中仍检出鼠疫菌。经总结三十多年灭獭试点工作经验,提出由全面灭獭改为有重点地进行保护性灭獭的策略建议。妇幼保健工作。各县市妇幼保健站开展妇女儿童保健和治疗门诊工作。孕产妇和婴儿两个系统保健,从城镇向乡村逐步扩展,农村孕产妇系统保健覆盖率为50%,儿童系统保健覆盖率为30%。实行妇幼保健保偿责任制的县(市)约占县(市)总数的1/4。母乳喂养活动逐步开展。乌鲁木齐市妇幼保健院和昌吉州人民医院通过自治区和国家级评审,获得"爱婴医院"称号。在加强基层妇幼卫生服务国际合作项目工作方面,举办了地、县级第3轮培训师资班,对7个项目地州和16个项目县市的94名妇幼卫生专业骨干进行培训,并对项目县的乡卫生院妇产科、儿科医生进行理论培训和临床实习。自治区卫生厅委托新疆医学院举办了一期一年制的妇幼卫生专业证书班,74名学员已毕业。

爱国卫生工作 自治区爱国卫生运动委员会、精神文明建设委员会及城建"天山杯"竞赛活动办公室对全区17个城市联合进行卫生检查,石河子、奎屯、阿克苏、昌吉、博乐、库尔勒市被评为自治区"最佳卫生城市",乌鲁木齐市、伊宁、哈密、克拉玛依市被评为自治区"卫生城市"。开展第6个"爱国卫生周"活动,有159万人次参加,清理垃圾33.55万吨,清理卫生死角8 336处,疏通渠沟129.95万米,改造厕所249个。15个城市灭鼠工作已达标,乌鲁木齐市开展灭蟑工作,蟑螂侵害率由灭前22.52%降到灭后的0.17%。中央拨给改水专款3亿元,自治区决定投入3亿元配套资金,将用3年时间解决农村饮水问题。农村改厕工作。呼图壁县农村使用卫生厕所的农户已占农户总数80%以上;沙湾、博乐、库车、昌吉、哈密、阿克苏等县、市也开展农村改厕工作。各地充分利用各种新闻媒介、宣传方式，开展健康教育工作。乌鲁木齐市、库尔勒市创办“健康教育一条街”。有的县市举办文明市民学校。城市中小学校健康教育开课率为72%以上。中国/世界卫生组织、儿童基金会健康教育1994～1995年过渡周期项目县霍城县，完成了“生命知识”基线调查；原项目县鄯善县继续对目标人群进行“生命知识”传播，受教育对象达3.6万人次。

医政管理工作 各级医疗机构按照分级管理标准，重视医护质量和医德医风建设，加强科学管理，狠抓基础训练，建立健全各项医护规章制度，促进医院建设。为防止分级评审“上等”后滑坡，自治区医院评审委员会对已评审通过的6个医院进行复查。全区已有“三级甲等”医院5个，“二级甲等”医院8个，“亚二级甲等”(县级)医院4个。自治区的中医医院分级评审开始起步，自治区中医院通过“三级甲等”医院评审，昌吉州中医院和乌苏县中医院通过“二级甲等”医院评审。自治区成立了血液质量管理委员会，制发了《采供血机构血液管理办法实施细则》。伊犁自治州、奎屯市成立了急救中心，乌鲁木齐市的院前急救工作开始启动。

传统医药工作 各级中医民族医医院坚持发扬传统医药优势，坚持中西医结合，引进设备，扩大服务。一些中医医院与内地中医医院建立横向联合。区内一些中医民族医医院之间也建立对口支援、协作关系。列入全国“杏林计划”的乌苏县中医医院通过卫生厅组织的省级初评。国家中医药管理局在新疆定点建设的自治区维吾尔药剂中心和维吾尔医临床专科培训基地的筹备工作已基本完成。卫生厅制定了《民族医药科技开发基金暂行管理办法》，改变了中医民族医科研工作没有相对固定经费投入的状况。

药政管理工作 开展药品质量大检查，县级检查覆盖面达100%。自治区药检所完成检品1 386批次，总合格率为86.7%。各地加强药品市场管理，打击非法经营药品活动。国务院发出《关于进一步加强药品生产经营管理的紧急通知》后，自治区成立药品管理领导小组，卫生厅向各地部署自查自纠和清理整顿工作。开展药品生产经营许可证核发工作，一些药品生产经营企业按照GMP要求，投资改造厂房，增添设备，培训人员，改善生产条件。卫生厅完成初审并报卫生部审批的新药8种，新药研制水平有所提高。新疆医学院特丰药厂研制的“佳加钙”，投产半年即创产值900余万元。自治区维吾尔医医院实验药厂研制的“祖卡姆冲剂”，治疗感冒效果良好。

医药卫生科技工作 实行科研招标，并对有新疆特色的课题给予重点支持。列入卫生厅青年科研基金资助11项，卫生部科研基金中标4项，卫生部政策性拨款资助2项。“八五”第一批中标项目和部分政策性拨款项目，如防治犬包虫病药物缓释型的研究，黑热病工程菌苗的研制，筛选戊型肝炎实验室动物模型，单抗导向药物治疗包虫病实验研究等取得进展。自治区药物研究所创办的科技开发型企业乌鲁木齐化妆品厂，为科技成果转化提出经验。科技工作坚持研究与推广并重，一年来向农牧区及基层推广新成果、新技术9项。成立了新疆医学动物实验中心。

医德医风建设 卫生厅制定下发《关于医务人员违反职业道德的处罚规定》。各地州卫生处(局)与县(市)卫生局签订纠风责任书。各单位进一步建立健全医德医风建设规章制度，完善内部和外部监督约束机制，对收取“红包”，“搭车”开药等违纪案件进行严肃查处。根据自治区统一安排，卫生厅在哈密市建立卫生行业“纠风减负”示范点。

(邓克中)

【乡镇卫生院建设】 1994年，自治区及各地抓紧推进卫生院建设。自治区人民政府主席办公会议听取汇报，自治区党委四届七次全委(扩大)会议再次提出按期抓好乡镇卫生院建设。为向自治区成立40周年献礼。自治区卫生厅、计委、财政厅联合召开全区农村卫生建设工作会议进行具体部署，并与各地、州、市相关部门签订1994～1995年度乡镇卫生院项目建设责任书。到1994年底，全区立项建设的卫生院587所(包括需要新建的104所)，已竣工使用的423所，主体完工的93所，基础动工的29所。512所卫生院装备基本医疗设备26种2 438台(件)，38所地处偏远的卫生院装备了救护车。共培训各类卫生技术和管理人员3 761人，其中已结业3 039人。1992～1994年，总投资9 670.5万元，其中自治区专项资金4 100万元，占42.4%；中央补助奖励资金420万元，占4.3%；地方配套资金5 150.5万元(房屋建设和设备装备资金分别为4 559万元和591.5万元)，占53.3%。地方配套基建资金中，地、州、市投入589.46万元，县(市)投入1 176.77万元，乡卫生院自筹441.31万元，群众集资1 253.5万元。

据对170所峻工使用的卫生院的统计，建设后的年门诊量、年住院量和业务收入，分别比建设前增加15.4%、24.8%、和26.1%。

(邓克中)

【初级卫生保健工作审评】 1994年9月14日至11月18日，自治区初级卫生保健办公室组织审评组，对初级卫生保健试点阶段4个基本达标、申报达标的县(市)和普及阶段首批要求达标的11个县(市)进行审评验收。结果13个县(市)达标，2个县市基本达标。15个县(市)及其乡、村成立了初级卫生保健领导机构，制定了规划目标和年度实施计划。13个县(市)的县、乡、村层层签订达标责任书。卫生事业拨款占县(市)卫生事业费的比例普遍增加，平均为5.82%，其中4个县(市)为8%以上。阿克苏市两年共投入800万元。福海县是全国重点扶贫县，卫生事业拨款比例从1990年的3.12%增加到8.17%。各县(市)在中小学开设健康教育课，小学生健康知识知晓率平均为97.15%，居民健康知识知晓率平均为95.81%。安全清洁水普及率平均为74.81%。清洁厕所普及率平均为54.41%。各县市儿童计划免疫接种率实现了以县为单位达到85%的目标，其中1/3的县(市)已实现以乡为单位达到85%的目标。新法接生率平均为81.5%。三级医疗预防保健网得到巩固，村卫生室覆盖率为86.7%；15个县市共投资976.5万元用于乡(镇)卫生院建设。 (邓克中)

【牧区卫生工作调查】 伊犁哈萨克自治州是牧业集中地区。1994年3～6月，州卫生局对所辖伊犁、塔城、阿勒泰地区19个县市牧区、半牧区的卫生工作状况进行调查。通过调查认为，牧区卫生工作存在的主要问题和困难是：

1.乡镇卫生院人员素质较差，设备缺乏，技术水平较低。在调查的85个乡镇卫生院中，大学本科、专科学历人员占5%，中专学历占51.6%，无学历人员占43.4%；无X光机、心电图机、B超的占52.9%；不能开展外、妇科一般手术的占21.1%；不能开展计划生育4项手术的占54.1%。

2.牧区的医疗预防保健网不健全不巩固。在906个行政村中设立卫生室的村243个，占26.8%。乡村医生报酬偏低，仅靠县财政每月给予15～25元补贴的县15个，每月补助费在25元以上的占87.5%。

3.乡镇卫生院缺乏交通工具。牧区地域辽阔，人口居住分散，随牧流动，但乡镇卫生院、牧业医院一般均无马匹等交通工具，给出诊和开展预防保健工作带来很大困难。

4.牧业区医疗点不足，牧民转场后医疗卫生服务跟不上。

5.乡镇卫生院缺乏集体经济的财力支持。85个乡镇中未办企业的有56个，占65.9%；办有企业的，一般效益不高，基本上没有能力支持乡镇卫生院建设。农牧民人年均收入在500元以下的占40.1%，医疗卫生有效需求较低，难以集资搞卫生院建设。

伊犁卅卫生局对加强牧区卫生工作提出以下建议：①增加对牧区卫生事业建设的财政投入，对牧区乡镇卫生院实行全额补助。②加快牧区乡镇卫生院“一无三配套”建设步伐，提高其服务能力。③有计划地新建一批牧业医院和牧业医疗点，进一步健全牧区三级医疗预防保健网。④解决乡镇卫生院交通工具，适应牧区卫生服务的需要。⑤对牧区扩大定向招生与分配，为牧区培养、输送留得住的实用型卫生医务人才。⑥落实乡村医生补助的经费渠道，适当提高补助标准。⑦牧区乡镇卫生院进一步加强自身管理，增强改革意识。 (邓克中)

学术团体和群众团体

学术团体和群众团体

【中华预防医学会儿童保健专业分会换届】 中华预防医学会第二届全国儿童保健学术交流暨儿童保健专业分会改选换届会议于1994年5月9日～12日在西安召开。会议选举了中华预防医学会儿童保健专业分会第二届委员会和常务委员会成员，名誉主任委员薛沁冰，主任委员庞汝彦。 （韩晓明）

【中华预防医学会放射卫生专业委员会成立】 1994年4月26～28日在天津市成立。并召开中华预防医学会放射卫生专业委员会暨第一届全国放射卫生学术会议，来自全国29个省、自治区、直辖市的102人参加会议。大会共收到论文96篇，其中有13篇论文在大会上进行交流。会议就放射卫生防护近几年的国内外动态；放射防护在医学、科研、工业、军事及行政管理等领域中所开发的新技术、新成果以及经验教训等进行交流与探讨。大会选举出放射卫生专业委员会的主任与副主任5名、委员40余名。专业委员会下设四个专业学组：放射卫生防护监督与管理；辐射剂量监测与评价；放射卫生监测与评价；辐射生物效应与临床。 （宋玉芳）

【中国卫生统计学会被批准为全国学会性团体】 中国卫生统计学会成立于1984年，一直作为中国统计学会的一个专业学会。民政部于1994年12月正式批准中国卫生统计学会作为全国学会性团体。中国卫生统计学会名誉会长是何界生副部长，曹荣桂任学会会长。 （陈育德）

【中华医学会】

基本情况 召开全国性学术会议116个，其中综合性会议19个，专题性会议92个，中青年会议5个。举办各种继续教育学习班和培训班13期。新创刊《中华医学科研管理杂志》，期刊总数达到56种。编制出版录像带55个，录音带6个。举办国际学术会议17个（不包括有关专科学会主办的会议），累计参加1300余人次；接待国外来访团组40批500余人次，派团出国访问和参加国际学术会议10批60人次。

新成立专科学会5个：热带病与寄生虫病学会，4月8日在昆明成立，主任委员贺联印；神经科学会，4月18日在西安成立，主任委员王新德；精神科学会，5月8日在泉州成立，主任委员张明园；手外科学会，5月16日在大连成立，主任委员王澎寰；心电生理和起搏学会，9月26日在北京成立，主任委员陈新。烧伤外科、围产医学、小儿外科、麻醉、糖尿病、肾脏病、物理康复、微生物与免疫、医学遗传、放射医学与防护、医史、皮肤科、航海医学、计划生育等专科学会换届改选。截至年底，全国有会员近35万名。

第21次全国会员代表大会 3月1～4日在北京召开。450名正式代表、100名特邀代表、50名国外知名医学专家和学会名誉会员参加大会。中共中央总书记、国家主席江泽民为大会题词：依靠科学技术/发展卫

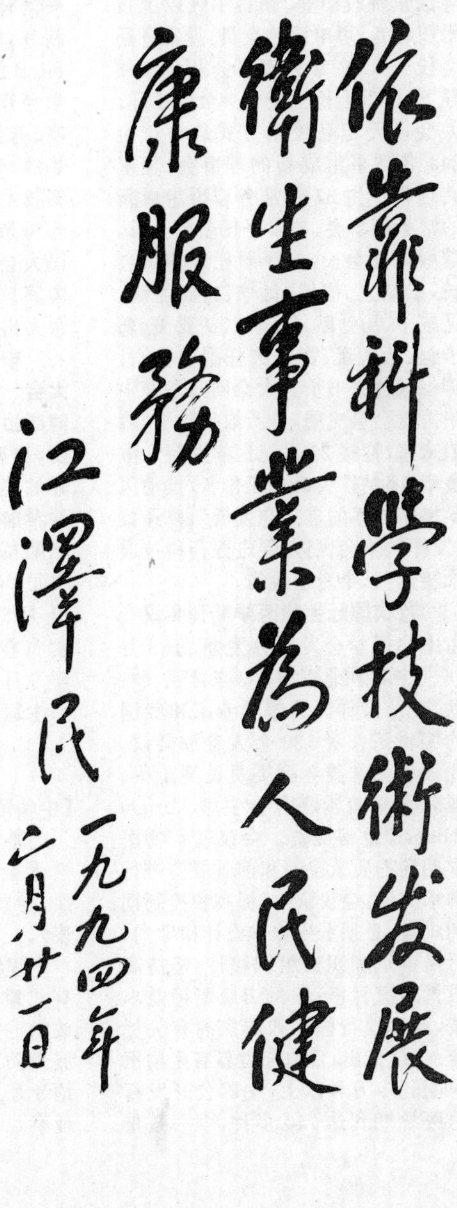

生事业/为人民健康服务。中共中央政治局候补委员、书记处书记温家宝出席开幕式并和全体代表合影。国务委员彭珮云，中国科协主席朱光亚，卫生部副部长孙隆椿在开幕式上发表讲话。大会听取并批准陈敏章会长代表第20届理事会作的题为“加快学会改革和发展/迎接二十一世纪新纪元”工作报告。大会讨论并通过会章(修改草案)，规定中华医学会是医学科技工作者和医学管理工作者的学术性群众团体；设会员、专科会员、资深会员、团体会员、名誉会员，高等医学院校毕业、获得医师及相应技术职称，或非高等医学院校毕业、获得中级以上技术职称者，可申请为会员；设常务副会长一人，在常务理事会及会长领导下，协助会长主持学会全面工作。大会以无记名投票方式选举产生243名理事组成新的理事会，理事会选举产生37名常务理事组成新的常务理事会。吴阶平任名誉会长，陈敏章任会长，曹泽毅任常务副会长，王镭、巴德年、肖梓仁、吴孟超、吴咸中、汤钊猷、陆道培、胡亚美、郭子恒、殷大奎、黄结夫任副会长，肖梓仁兼任秘书长。大会同时举办中华医学会会史展，并听取呈阶平“瞻望未来/迎接21世纪医学发展”、陈敏章“团结广大医务工作者/推动医学科学技术的进步与发展”、曹泽毅“发挥医学会优势/促进医药科技成果转化”三个专题报告。

首次国际生物医学期刊会议　由中华医学会发起并主办，于6月16～18日在北京举行。来自亚、非、欧、美及大洋洲的编辑专家和我国的编辑工作者180余人参加会议。我国人大常委会副委员长吴阶平、国际科学编辑联合会主席Miriam Balaban致信祝贺。会议就生物医学期刊的质量控制和前景展望进行学术交流。会议认为，提高和控制期刊质量，必须重视总体设计和导向，严格审选和积极组织稿件，坚持高质量专家评审；编辑出版要精益求精，认真执行国际和国家的有关标准。会议指出，目前全世界有生物医学期刊1万种以上，中国公开发行的医学期刊达740多种，今后数量和品种将不断增加；期刊排版印刷技术将不断更新，作者投稿逐步采用微机软盘，加快编辑出版过程；除印刷型期刊外，将发展音像期刊和联机检索网。会议发起成立亚洲地区生物医学期刊联合组织。

《健康指南》电视栏目　由中华医学会音像出版社和中国教育电视台联合主办，从1994年9月7日起，每周两期分别在中国教育电视台和北京电视台播出，计划连续播出两年。李鹏总理应中华医学会邀请，为栏目题词：大力普及科学知识，人人享有卫生保健。栏目分A、B两组。A组为加拿大医学录像图书馆有限公司提供的“健康良方”译制片，包括12个学科的120个节目。B组为结合我国国情，由中华医学会音像出版社组织录制的保健纵横、养生益智、话说头痛脑热、问病热线、专家访谈、口腔病防治、医疗新技术和新药介绍、新医参谋、婴儿与母亲等节目。9月1日在北京人民大会堂举行开播仪式，陈敏章和国家教育委员会副主任韦钰等200余人出席。

申办第10届世界烟草或健康大会　由中华医学会和中国吸烟与健康协会派出代表组成的中国代表团，出席10月10～14日在巴黎召开的第9届世界烟草或健康大会，并参加第10届大会的投标活动。国际烟草或健康联络委员会的22名委员，有13名投了我国的赞成票。11月5日，中华医学会等举行新闻发布会，宣布第10届大会于1997年8月24～28日在北京举行，大会的主题是“烟草：不断蔓延的瘟疫”。

(陈清森)

【中华预防医学会】

基本情况　全年共召开全国性学术会议40个，其中国际会议4次，专题性学术会议36次(详见附表)。

组织建设　专科学会换届选举有儿童保健、儿少卫生、食品卫生、放射卫生、环境病理。在全国范围发展预防医学会会员，目前会员总数约8万人。发展部分国外会员、名誉理事。

对外交流　召开中日消毒学专题研讨会、国际妇女生殖健康学术研讨会、亚太地区职业卫生学术研讨会、医院感染国际研讨会。接待国外来访、学术交流、洽谈合作项目共5批，共30多人次。接待港澳台预防医学参观、访问、考察5次，达25人。出国参加学术会议4人、派出考察2人、派出国进修1人。

培训工作　一年共举办培训班16期，总共培训学员1 120人，培训重点包括消毒与疾病预防、医疗法规、预防管理机构干部培训、普及推广足部健康法、卫生监督队伍培训、普及刮痧疗法等。部分培训班邀请外国专家参加授课并交流经验。

编辑出版工作　新创办《保健时报》在全国发行，编辑3册国际会议专集《消毒学术论文集》、《职业卫生》、《医院感染》，举办系列杂志评优活动。

学术交流　全国营养保健品学术研讨会对全国营养保健品的生产、发展现状、科技研究进展、检测监督及今后加强管理、科学研究、卫生监督提出改进意见。为了配合国际妇女大会，与联合国人口基金会合作，并由妇联、卫生部、计划生育委员会共同举办妇女生殖与健康研讨会，对生殖与健康的定义、发展、存在问题及今后对策提出建议。对劳动环境和职业病科学研究现状、社会调查、存在问题及今后意见进行讨论。对医院感染、卫生防疫管理、寄生虫病、环境污染、环境卫生管理、水污染与健康等问题的现状、问题、对策进行综合分析探讨。培养中青年人才，召开中青年学术交流会，就预防医学领域分专题进行学术交流，对有成绩的青年科学家进行表彰。

科学开发　成立中华预防医学会门诊部，建立经济实体，与外资合作建立郑州狂犬疫苗生产基地。

【中国营养学会】

组织建设　1994年10月14～16日在四川省重庆市召开中国营养学会第三届理事会第二次全体会议，决定增补何志谦教授和赵法及教授为学会副理事长。批准营养资源专业组升格为营养资源与保健食品学会。公共营养专业组升格为二级学会，成立青年委员会；微量元素学会、妇幼营养学会和营养分析专业组进行换届选举；老年营养、特殊营养专业组进行部分人员调整。

学术活动 1994年共召开了7次学术交流活动和一次国际研讨会(详见附表)。

继续教育 1994年4月在京举办全国营养师系统教育培训班；11月在杭州市举办中国营养学会第七期知识更新班，经考核为成绩合格的学员颁发了由中国科协和劳动人事部联合发放的《继续教育结业证》。

外事活动 接待日本大学教授、日本营养学会理事长广田才之博士，并举办学术报告会。

(潘丽莉)

【中国卫生经济学会】

8月3～5日在大连市召开第三届理事会第二次会议暨第六次学术年会。会议审议通过22名理事的调整及6名理事的增补，理事由原来的96人增加为102人，常务理事由原来的24人，增加为25人。审议通过第二批科研课题评标。"市场经济体制下的卫生经济政策——医疗服务收费价格研究"，中标单位分别为上海市和沈阳市卫生经济学会；"关于与市场经济相适应的农村合作医疗制度示范研究"，中标单位为湖南省卫生经济学会；"关于医疗机构的会计制度改革与成本核算办法研究"，中标单位分别为上海市和湖北省卫生经济学会；"预防保健机构的财务管理与会计制度改革"，中标单位为湖北省卫生经济学会。

学术会议共收到论文200余篇，会议交流论文53篇，书面交流54篇。会议以市场经济体制下的卫生改革与卫生经济政策为主题，就主动适应社会主义市场经济新体制的卫生经济理论与实践问题进行研讨和交流。主要对医疗卫生与宏观经济改革的关系；卫生服务系统的不同领域采取不同的资源配置手段，有区别地把握计划与市场的力度；医疗服务市场的特点、规律、规范及培育；医疗收费的结构调整、价格形成机制、价格形式及管理；职工医疗社会保障制度改革及农村健康保障制度重建与改革；会计制度改革与卫生事业单位的资产所有权划分；区域规划及效益评价；政府职能转变等新形势下面临的新问题进行研讨。

(王禄生)

【中国麻风防治协会】

中国麻风防治协会第三届全国会员代表大会于4月11～13日在北京召开，大会通过该会章程及第二届理事会工作报告，选举产生了第三届理事会。中国麻风防治协会第三届理事会名誉理事长为习仲勋、陈敏章，顾问为戴正启，大会选出理事60名，推选名誉理事12名，叶干运教授当选为理事长，何达埙教授当选为秘书长。

4月13日，中国麻风防治协会麻风流行病学及社会医学、麻风实验技术、麻风治疗、麻风康复四个专业委员会的主任委员分别向大会作了"麻风防治和流行病学研究的进展"、"麻风实验研究进展"、"麻防工作中残疾的预防及康复"、"麻风化疗的现状和展望"的专题报告，概括了于1993年8月在美国奥兰多市召开的第14届国际麻风会议上所反映的有关学科的现况及进展。

(潘春枝)

【中国康复医学会】

学术交流 1994年安排9次全国性学术交流，全年总参加人次为1 211，交流论文1 589篇，出版论文集7种计2 600册。

对外交流工作 应国际康复医学会的邀请，4月9～16日派出以卓大宏副会长、邓开叔秘书长为团长的代表团一行7人，参加在华盛顿召开的国际康复医学会第七届世界大会。邓开叔秘书长等5位专家被国际康复医学会接纳为个人会员。1994年有美国、菲律宾、瑞典、香港等国家和地区的专家应邀来我国进行学术交流和讲学。美国、日本的青年学者专程来华出席首届青年学术会议。

组织建设 1994年批准了康复心理学、精神残疾和创伤康复三个专业委员会。对疗养康复、运动疗法和修复重建外科三个专业委员会的成员进行补充和调整。为加强会员的规范化管理，切实提高会员业务素质和层次，以适应学科发展和学会自身建设的需要，参照中国科协组织通则并根据学会的实际情况，制定《关于发展资深会员的暂行办法》，拟从具有高级专业技术职称的会员中按一定比例吸收部分会员为资深会员，进一步提高学会的学术权威和凝聚力，促进学会各项业务工作的深化。

编辑出版工作 《中国康复医学杂志》等5种学术期刊全年共发行24期计83 000册，发表学术论文442篇。

为加强康复医学的科普工作，与全国脑血管病防治办公室和北京医院联合拍摄《脑血管病的康复》电视片。此外，江苏康复医学培训中心还编辑了科普读物《冠心病的康复》。

人才培训 委托江苏康复医学培训中心免费为云南省举办为期3个月的康复医师培训班，学员共68人，分别来自云南省各地、市、州的县以上医疗机构，为该省康复医疗机构的建设培训了一批骨干力量。此外，该中心还面向各地康复医疗机构举办有偿专业人才培训，至年底已培训50人次。

【中国输血协会】 全国三级医院输血科建设经验交流会 1994年9月14日在江苏省南京市举行，全国53家三级医院参加会议。会议认为，为了适应三级医院医疗、教学、科研的需要和输血事业的发展，各医院血库应从附属于检验科、麻醉科或血液科的旧体制下独立出来，单独成立输血科。其主要任务是搞好自身建设，配合临床做好血液治疗，保证输血安全，开展成分输血工作等。

全国血小板输血学术经验交流会 1994年10月19～21日在云南省昆明市举行。会议主要交流的内容有：血小板制剂的制备、质控；抗体检测方法的实际应用；血小板临床输用及同种免疫抗体的产生频率和预防措施等。

两岸输血工作交流 1994年4月6～19日，中国输血代表团6人在台湾进行考察，主要了解台湾推行的献血制度、台湾血液基金会的管理及组织章程等。

各学会召开的学术会议

会议名称	日期	地点	主要内容
中华医学会			
立止血临床应用学术研讨会	1月22日	北京	立止血的作用机理、临床应用效果、适应证、使用剂量及副反应
全国首次肝胆胰门脉高压症手术经验研讨会	3月15～19日	柳州	门脉高压症的治疗原则、术式选择及国内外的发展趋势
全国第三次头面痛学术会议	3月26～29日	杭州	X线计算机断层摄影、脑电图、脑电地形图在头痛诊断中的诊断价值
第八次全国皮肤科学术会议	4月6～9日	北京	皮肤病、性病的基础研究和临床研究；包括自身免疫病、肿瘤、中西医结合及真菌病等
第五次全国小儿外科学术会议	4月7～9日	成都	普通外科基础问题和肿瘤；新生儿外科；心胸外科；泌尿外科；矫形外科
第三次全国儿童少年精神科学术交流会	4月11～14日	长春	儿童少年精神疾病的预防、基础医学、临床及治疗
第二次全国围产医学学术会议	4月15～17日	北京	孕产妇死亡率和死亡原因；高危妊娠的基础研究；围产期监护；高危妊娠的治疗；对高危妊娠的管理；围产儿死亡分析及出生缺陷调查窒息及呼吸系统疾患；母乳喂养、母婴同室的经验
第六次全国麻醉学术会议	4月18～21日	上海	实验及临床；临床麻醉；监测及重症医学；疼痛治疗
第五次全国神经科学术会议	4月18～21日	西安	神经科领域各专业的新进展
第四次全国妇产科病理学术会议	4月18～21日	郑州	外阴和子宫病理研究；卵巢病理研究，临床和围产病理研究
高压氧高级学术研讨会	4月21～24日	青岛	我国高压氧医学的现状和发展对策
第三次全国骨与关节损伤专题研讨会	4月25～28日	韶关	骨折固定的新进展；骨折与应力遮挡效应；骨折与功能康复
第三次全国超声医学学术会议	4月30～5月3日	北京	颅脑超声、心血管超声、胸部和纵隔超声、腹部超声、妇产科超声（包括阴道超声）、小器官超声、运动系统超声、介入性超声和术中超声、超声理论研究和超声工程等
第四次全国神经心理学术会议	4月	北京	言语障碍；记忆、智力；大脑两半球功能；各种神经心理学的检查及其评价；神经心理学方面的康复问题

会议名称	日期	地点	主要内容
第三次全国眼免疫学术会议	4月	洛阳	有关葡萄膜视网膜炎、角膜免疫性疾病,结膜免疫性疾病、巩膜炎、泪腺、甲状腺的免疫性眼病、眼眶炎症假瘤、累及眼的风湿和内眼术后免疫性炎症的防治;免疫学新技术、新疗法
全国纤维支气管镜检查学术会议	4月	天津	纤维支气管镜的研究和临床诊治经验;包括肺癌、肺部感染、弥漫性肺部疾病、肺不张等经纤维支气管镜治疗
第四次全国血栓与止血学术会议	5月3～6日	上海	本领域的基础和临床研究新进展
第一次全国精神病学学术会议	5月8～11日	泉州	精神病学领域各专业的新进展
第六次全国手外科学术会议	5月16～19日	大连	新技术新进展
首次全国中西医免疫病学术研讨会	5月25～28日	苏州	系统性血管炎、红斑狼疮与狼疮肾炎;艾滋病、高尿酸血症与痛风、心脏病与免疫、职业病与免疫、消化道疾病与免疫、内分泌疾病与免疫、肾脏病与免疫、中医药与免疫
第四次全国物理康复学术会议	5月30～6月3日	北京	康复评定、康复治疗、康复工程、各种疾病所致伤残的康复治疗;中西医结合康复的经验和临床应用;物理康复医学的新理论、新进展、新技术;疗养在康复中的应用和进展
首次全国内分泌学中青年学术会议	5月	北京	内分泌领域的研究成果和新进展
第二次全国男科学学术研讨会	5月	北京	男性计划生育、男性不育、性功能障碍、性传播疾病及男性生殖系统疾病等基础研究、临床经验、实验室诊断技术新技术、新疗法
全国医学遗传学术会议	5月	大连	研究进展
第六次全国眼底病学术讨论会	5月	深圳	视网膜、葡萄膜、玻璃体、视神经和全身病的眼底表现等疾患在检查、诊断、防治中的临床和研究工作经验与进展
第二次全国整形外科学术会议	6月5～9日	上海	整形外科、美容外科、颅颌面外科及显微外科在整形外科的应用;整形外科发展方向;人才培养、医疗机构和整形外科学会组织建设
全国儿科学术新进展研讨会	6月24～27日	北京	朗格罕氏组织细胞增生症;小儿结核病的诊断和治疗;多系统器官功能衰竭;人类先天畸形的临床诊断;支气管哮喘的治疗及国际儿科进展与动态
全国肝病实验诊断学术会议	6月28～30日	上海	肝炎、肝硬化和肝癌的实验研究;实验室诊断的经验总结和临床探讨;基础与临床相结合的研究
第二次全国胃肠外科专题学术会议	6月	长春	胃和十二指肠疾病的基础研究和临床诊治新进展

会议名称	日期	地点	主要内容
全国光量子血氧疗法临床应用专题研讨会	6月	北京	光量子血氧疗法在临床上的应用
二十一世纪医学科技发展趋势与战略研讨会	7月5～7日	北京	我国基础医学、重大疾病的防治研究、社会医学、医学信息图书、计划生育科学、医学分子生物学、生物医学工程和药物的发展趋势与战略
第九次全国中青年医学(眼科)学术交流会	7月16～18日	秦皇岛	角膜、屈光、斜视、低视、青光眼、白内障、外眼病、眼外伤、眼底病的临床实验研究成果；流行病学调查报告
第二次全国肛肠外科学术会议	8月8～10日	兰州	大肠癌的早期诊断、手术治疗及肝转移的处理；结肠造口的并发症治疗与护理；结肠及盆底功能检查新技术；顽固性便秘的治疗；肠道炎症性疾病及肛管疾患的治疗；肛肠外科医生的培养
第一次全国骨质疏松学术研讨会	8月13～16日	北京	骨质疏松的病因、病理；流行病学及诊断治疗
第二次全国普外科中青年医师学术交流会	8月21～24日	扬州	实验研究；肝胆胰脾临床；胃肠道；甲状腺乳腺血管疾病
第六次全国斜视与小儿眼科学术会议	8月23～25日	石家庄	弱视、斜视、屈光不正及白内障、青光眼、眼外伤、眼底病等儿童眼病；视觉发育的临床研究和应用基础研究
第一次全国自体骨髓移植学术会议	8月25～28日	太原	急性白血病自体骨髓移植(ABMT)的预防处理；ABMT在实体瘤中的应用；自体骨髓净化；ABMT的近期并发症及其防治；造血因子的临床应用
全国脂类测定研讨会	9月10～14日	普陀山	脂类、脂蛋白、载脂蛋白测定方法学、标准化和临床应用评价的实验研究；以及流行病学调查
全国结核病诊断治疗新进展学术研讨会	9月12～14日	石家庄	结核病诊断与治疗的新技术、新方法、新药物；结核病防治的组织管理和实施性研究；中医中药在结核病诊断和治疗上的应用
第三次全国疼痛治疗学术会议	9月16～19日	乌鲁木齐	疼痛的临床研究、治疗药物、治疗方法、治疗临床经验和并发症防治
第三次全国放射肿瘤学术会议	9月17～23日	成都	非常规分割放射治疗；近距离放射治疗；立体定向放射治疗；加热治疗
全国女性节育技术学术研讨会	9月21～24日	北京	绝育、节育和避孕方法；药物流产、人工流产、扩张宫颈新方法；B超在计划生育技术上的应用；计划生育基础理论研究
第一次全国心电生理和起搏学术会议	9月26～28日	北京	体表心电图；心电生理；药物电生理及心律失常药物治疗；心脏起搏

会议名称	日期	地点	主要内容
第四次全国肾脏病学术会议	9月	沈阳	现代临床肾脏病学；肾小球疾病发病机理；间质性损伤在肾脏病中的意义；糖尿病肾病；肾病的免疫治疗
第三次全国流行性出血热学术会议	9月	宁波	流行性出血热的病原学、流行病学、发病机理、分子生物学、传播途径以及诊断、治疗
全国头颈肿瘤外科学术研讨会	9月	沈阳	头颈肿瘤、喉癌、下咽癌、甲状腺癌；颅底肿瘤的基础和临床研究
第六次全国胆道外科学术讨论会	9月	河南巩义	肝胆管外科；损伤性胆管狭窄；腹腔镜胆囊切除术合并症的预防；处理及录像回顾；胆道疾病基础理论研究
第四次全国微生物与免疫学学术会议	9月	兰州	微生物学、免疫学、微生物与免疫学新技术和新方法
第一次全国老年呼吸系疾病学术会议	9月	杭州	老年呼吸系疾病的诊断、治疗新进展
第二次全国老年肾病学术会议	9月	北京	老年肾结构和功能变化的研究；老年人及长寿老人肾病发病率及流行病学调查；各种老年肾病的发病机制；早期诊断及治疗进展；老年急性、慢性肾衰的特点及防治；肾病及水电解质失衡；老年人肾肿瘤、膀胱癌及前列腺肿瘤的流行病学调查及诊治经验；中医及中西医结合对肾病的研究及临床经验；老年肾衰血液净化疗法的进展；老年肾病的护理
第二次全国神经康复专题学术会议	9月	宜昌	神经康复的基础理论、临床实践；康复工程、评价、调查研究和经验总结
第一次全国老年消化病学术会议	9月	北京	老年消化系统衰老机理；疾病的基础医学及临床研究
第五次全国消化系病学术会议	9月	北京	消化系疾病的流行病学；胃肠动力学；临床基础研究、诊断、治疗等方面的新进展
全国风湿病学术研讨会	9月	张家界	正清风痛宁临床治疗风湿、类风湿的研究进展
第三次全国行为医学学术会议	10月5～9日	张家界	神经症及心因性精神障碍；成瘾、攻击、自杀、性倒错行为及其他社会不良行为的医学与心理学干预；躯体疾病中的心理行为因素；行为疗法、生物反馈疗法及行为康复；儿童及老年行为医学；应激、社会心理因素与健康等
首次全国国家基本药物研讨会	10月11～12日	北京	国家基本药物的宣传和实施；药物质量监控

会议名称	日期	地点	主要内容
第十次全国医学史学术会议	10月11～13日	重庆	艾滋病、性病、肿瘤、乳腺癌、精神病、胆石症、食道病、胃病、黄疸、肝炎、天花、惊风、消渴、中风、结核、鼓胀、咽喉病、丝虫病、心身疾病、传染病流行史及其与社会因素的关系
第四次全国烧伤外科学术会议	10月12～14日	天津	烧伤流行病学和临床分析、病理生理；烧伤感染与免疫、烧伤创面处理；电烧伤、吸入性损伤、烧伤营养与代谢、烧伤并发症、特殊烧伤、烧伤整形和康复
第二次全国电子计算机在医学领域应用学术会议	10月12～15日	杭州	信息管理网络系统的开发和应用；新技术新软件应用；办公自动化及软件开发；医学信息资料管理及医学统计；计算机在医学教育中的应用；医院药品管理系统；医务工作管理及会计电子计算机化；临床与科研应用
第二次全国医学信息学术会议	10月15～18日	烟台	情报学学科建设；医学情报工作评价体系指标设计；医学文献资源合理布局及资源共享；计算机情报检索网络
首次全国老年基础医学学术会议	10月24～27日	北京	衰老机理；老年病动物模型及衰老动物模型；老年性疾病的基础医学；延缓机体衰老的现代药物及中医药和保健品
第六次全国糖尿病学术会议	10月26～28日	北京	糖尿病基础、临床、流行病学研究及糖尿病教育
全国神经再生专题学术研讨会	10月27～29日	北京	神经再生的基础和临床研究进展及成果
全国白内障与人工晶体学术研讨会	10月	杭州	白内障的流行病学、基础和临床研究成果；人工晶体的新设计和白内障人工晶体手术新技术；人工晶体手术的并发症及其处理
全国视听教学应用研讨会	10月	承德	教学设计的理论及实践；媒体选择与优化教学；医学摄影、医学美术的教学应用；视听教学应用范围及效果；教材制作与应用；计算机辅助教学、硬件设备对教材制作与应用的适应；教师培训的内容、方法与效果分析
第四次全国泌尿外科专题学术会议	10月	武汉	泌尿外科诊断学和介入技术；泌尿外科肿瘤学新经验；泌尿外科手术新技术
第四次全国血细胞学学术会议	10月	长沙	血细胞基础与临床研究新进展和成果
第四次全国脾脏功能研究与脾脏外科专题研讨会	10月	大连	脾脏组胚、解剖形态及功能研究；脾脏疾病诊断新方法、检测脾功能的新技术、脾损伤诊治经验、血液病及病理脾的外科治疗；全脾切除术后并发症及脾脏移植

会议名称	日期	地点	主要内容
第三次全国溶血性贫血学术会议	10月	深圳	遗传性和获得性红细胞酶病及血红蛋白异常、红细胞膜异常、免疫性溶血性贫血、溶血性疾病的流行病学;实验室新技术和新方法
第四次全国放射医学与防护学术会议	10月	北京	医学放射生物学、放射病临床及实验治疗;放射损伤防治药物、放射防护技术、放射卫生调查及评价;放射剂量及其监测、个人剂量监测、放射防护管理
第三次全国航海医学学术会议	10月	烟台	运用系统论、信息论对航海医学课题的研究进展;减压性微循环功能在脊髓减压病发病中的作用等
全国小儿耳鼻咽喉科学术会议	11月5～8日	南京	小儿耳鼻咽喉科基础理论研究和临床经验总结
全国老年人高血压病专题研讨会	11月10～12日	上海	基础和临床研究新进展
全国临床检验及血液学检验学术会议	11月	南宁	血液学自动化检验进展、临床应用及发展方向;尿道自动化检验进展及临床应用;浆膜腔积液检验进展
首次全国中华医药文化研讨会	11月	西安	从文化角度研究医药卫生问题等
全国预防医学学术会议	11月	北京	预防医学各方面的科研成果和防治工作经验
第三届国际治疗内镜及胃肠病学术会议	3月4～7日	北京	消化系疾病学术报告;治疗及诊断内镜现场操作
第三届国际高血压冠心病学术会议	3月	北京	高血压、冠心病的研究及防治进展
第三届国际热带医学及寄生虫病学术会议	4月8～11日	昆明	登革热及登革出血热、黄热病、其他虫媒疾病、鹦鹉热及鸟疫、恙虫病及其他斑疹伤寒等疾病防治经验
第二届中国新加坡妇产科学术会议	4月10～12日	成都	母胎医学、妇科肿瘤及生殖医学
第四届亚洲内分泌外科医生学术会议	5月3～4日	北京	学术进展
国际畸形儿学术会议	5月23～25日	成都	现状和研究进展
第三次中日神经外科学术交流会	5月	沈阳	研究进展和成果
首届国际生物医学期刊会议	6月16～18日	北京	审稿与质量控制;总体设计与导向;医学期刊发展史与未来
第九次中日寄生虫病学术研讨会	6月	西安	研究进展和成果
第三次中日化学疗法学术研讨会	8月19～20日	北京	研究进展和成果
世界华人肝病学术会议	9月15～20日	黄山	各种肝病的病原;发病机理;诊断治疗;流行病学;防治和基础研究
第四次中日皮肤科学术会议	9月21～23日	成都	皮肤病的基础研究、临床研究;包括自身免疫疾病、肿瘤、真菌病、病毒性疾病的治疗

会议名称	日期	地点	主要内容
发展中国家眼科学会联合会第1届亚洲地区会议	9月1～3日	北京	眼科领域各专业的进展
第一届国际神经放射亚洲会议	10月2～6日	北京	研究进展和成果
世界华人呼吸系疾病讨论会	10月9～10日	北京	研究进展和成果
第三届国际病理学学术会议	10月16～19日	桂林	恶性肿瘤的诊断、分类及其生物学行为；各系统疾病发病机理的基础研究；病理学实验室各种科技的应用
第三届国际胸心血管外科学术会议	10月18～20日	北京	研究进展和成果
国际体外循环学术会议	10月18～21日	北京	研究进展和成果
第一届国际医学美学与美容学术会议	10月19～21日	西安	医学美学基础理论研究与应用；美容外科；口腔美学；皮肤美学等
第三届亚太医学病毒学大会	10月23～28日	北京	病毒的流行病学；临床病毒学；病毒性疾病的快速诊断；病毒的分子生物学；病毒的发病机理；抗病毒制剂；病毒性疾病的控制；免疫学和细胞学
东亚医学会议第一届妇产科学术讨论会	10月24～28日	北京	妇产科领域各专业的新进展
国际儿童糖尿病和儿科内分泌学术会议	10月28～11月1日	北京	研究进展和成果
第十届亚洲大洋洲内分泌学术会议	10月30～11月3日	北京	内分泌临床及临床基础的各个方面
威尔逊—王泽森国际外科学术会议	11月1～2日	北京	外科领域的最新进展
国际减肥保健学术研讨会	11月	北京	研究进展和成果
中 华 预 防 医 学 会			
中日医学消毒学交流会	5月14～16日	武汉	消毒科学领域进展
第14届亚太职业卫生大会	10月17日	北京	劳动环境保护和工人健康促进
亚太地区医院感染学术会议	10月25～27日	北京	控制医院感染学术进展
国际妇女生殖健康研讨会议	6月23～25日	北京	生殖健康与妇女安全
全国儿少卫生学术交流会	6月15～17日	北京	儿少生理发育特点及疾病预防对策
食品卫生学术会议	6月13～17日	重庆	食品卫生科研学术交流
卫生防疫产业发展	5月17～19日	昆明	交流卫生防疫产业发展动态及对策
全国粗滤、慢滤技术在农村水厂应用学术研讨会	5月9～13日	杭州	讨论我国农村改水及水处理技术
妇女保健学术研讨会	6月21～23日	北京	妇女保健与生殖健康保护
中南、西南环境卫生学术会议	9月	长沙	环境卫生保护学术交流

会议名称	日期	地点	主要内容
东北地区预防医学情报交流会	7月12～14日		专业学术交流
第一届全国饮水卫生学术会议	10月5～7日	天津	水污染、水消毒净水器卫生研讨
劳动卫生与职业流行病会议	11月	成都	多因素分析在职业流行病学的应用
粉尘浓度测试法学术交流会	12月		研究粉尘测试方法及管理
全国卫生监督执法典型案例研讨会	6月15～18日	杭州	全国卫生管理监督执法案例分析及交流
我国未来公共卫生管理战略研讨会	10月6～8日	哈尔滨	防疫管理状况展望及发展战略
第六届卫生检验、卫生微生物学学术交流会	10月	青岛	科学研究论文交流
全国卫生化学教学、科研第三次研讨会	8月	唐山	使用新教材探讨提高教学质量
全国社区保健学术研讨会	5月12～14日	天津	讨论社区保健理论及策略
全国中青年预防医学学术交流会	10月19～21日	九江	青年科技成果学术交流
全国营养保健品学术交流会	11月21～24日	北京	对保健品研究现状、监督管理的讨论
第三次全国肝炎消毒学术交流会	9月7～9日	丹东	肝炎消毒有关理论与实践
建材生产性粉尘控制学术研讨会	11月	浙江	讨论粉尘控制与环境保护
卫生统计学新技术新方法研讨会	10月	广西	卫生统计学教学方法及新技术研讨
统计学计算机软件应用交流会	5月	北京	提高及普及软件包解决统计能力
第8次全国职业病学术年会	11月	乌鲁木齐	重点讨论慢性职业中毒防治
全国尘肺卫生防护研讨会	10月	四川	尘肺高压投射新技术
全国急性中毒救援研讨会	4月	天津	急救信息网络建设
第一次全国放射卫生学术会暨专业委员会成立大会	4月5～7日	天津	交流学术，成立放射卫生专业委员会
全国第四次石化系统工业卫生及职业病研讨会	9月	九江	行业职业卫生学术交流
环境病理学组第四届学术交流	5月28日至6月1日	北京	学术交流及换届
全国第六次微生态学术会议	10月3～7日	杭州	学术交流，研讨微生态制剂的质量保证问题
全国卫生管理教育第四次学术年会	10月27～30日	贵州	卫生管理干部教育问题
食品卫生年会	10月	烟台	食品卫生管理、理化、微生物、毒理等
全国除四害达标与巩固成果的组织及技术研讨会	3月25～29日		总结成绩、交流成果、提出问题、讨论问题更好地开展工作
全国橡胶行业工业卫生学术交流会	4月	广州	橡胶行业的劳动保护

会议名称	日期	地点	主要内容
全国农药行业工业卫生学术研讨会	11月	杭州	农药行业的劳动保护
中南地区化工工业卫生学术会议	10月	十堰	化工企业工业卫生学术交流
环境流行病国际讲习班	6月19～21日	合肥	环境流行病学讲习和研讨
石油系统卫生防疫规范研讨会	5月19～28日	江汉油田	贯彻学习卫生防疫规范

中国康复医学会

会议名称	日期	地点	主要内容
首届青年学术会议	10月16～19日	北京	检阅康复医学青年专业队伍的业务素质和潜力，展示青年科技工作者的研究成果和学术水平
第二届心血管病康复学术交流会	6月25～28日	黄山	重点交流心肌梗塞后的康复医疗经验，讨论《心肌梗塞康复医疗程序及评估标准》，并组织临床协作
第二届脊柱脊髓康复学术研讨会	9月7～10日	张家界	脊柱脊髓损伤患者术后功能康复
第七届疗养康复学术会议	9月10～14日	乌鲁木齐	(1)慢阻肺的疗养康复；(2)疗养院的改革与发展
第二届老年康复学术交流会	10月6～9日	西安	老年病的康复医疗及预防
首届康复心理学学术会议	10月7～10日	大连	成立康复心理学专业委员会；交流、探讨临床心理康复经验及应用
第四次修复重建外科学术会议	10月12～16日	济南	常见功能缺损与障碍的功能补偿和重建
电诊断技术研究进展及临床应用报告会	11月8～14日	武汉	同会议名称

中国生理学会

会议名称	日期	地点	主要内容
中国生理学会第十九届代表大会暨学术会议	5月24～28日	武汉	开展细胞生理、中枢神经系统、痛觉与镇痛、外周神经、肌肉、感官、循环、呼吸、血液、消化、内分泌生殖、体温、代谢、泌尿、比较生理、特殊环境生理、运动生理及实验技术方法等18个方面的学术交流活动；讨论生理学教学与研究生培养等问题
第三届亚大地区生理学大会	11月7～10日	上海	准备召开亚大地区生理科学联合会第三届理事会议；交流科研论文、讨论教学工作等

中国麻风防治协会

会议名称	日期	地点	主要内容
国际带美问题教学方法研讨会	5月13～20日	印度尼西亚	向亚洲地区(越南、泰国、老挝、印尼、中国)麻风防治教员教授并研讨“带美问题教学方法”(即PBL)

会议名称	日期	地点	主要内容
中国针灸学会			
全国针灸法临床经验现场交流研讨会	1月5～9日	哈尔滨	针法灸法临床经验现场交流；小型专题演讲
全国针灸器材第三次学术会议	5月7～13日	桂林	交流针灸器材科研和临床应用经验
第五次全国针刺麻醉与针刺镇痛学术讨论会	9月21～24日	武汉	交流近年来全国针刺麻醉与针刺镇痛在原理和临床上的进展
全国耳穴诊治论文评优暨学术交流会	10月1～4日	成都	总结近年来科研成就；评选优秀论文并颁奖；交流《国际耳穴》宣传贯彻情况并进一步推广；向国际耳部第2次医学学术交流会推荐论文
第六次针灸临床学术交流会	10月27～29日	南京	总结交流针灸临床科研成果与新技术的推广应用
世界针联1994年汉城国际针灸学术专题研讨会	11月12～14日	汉城	交流针灸学术进展、成果
中国防痨协会			
全国结核病基础学科学术会议	4月21日	沈阳	聚合酶链反应检测结核菌DNA的应用；聚合酶链反应原理、方法、临床应用及质量控制的研究；PCR技术在结核病细菌学诊断、在脑脊液、尿液、胸水中结核菌检出具广阔的应用前途；应用PCR技术必须控制室内污染防止假阳性
韩国防痨协会学术代表团访华	9月6～11日	北京	学术交流
中国卫生经济学会			
第三届理事会第二次会议暨第六次学术年会	8月3～5日	大连	调整第三届理事会部分理事、常务理事；学术研讨；交流经验
海峡两岸卫生经济学术研讨会	9月1～3日	北京	两岸卫生发展面临问题及改革；卫生经济比较；医疗卫生保健制度研究；卫生人力等专题研究
中国生物医学工程学会学术会议			
全国心脏起搏专题会议	4月10～15日	南宁	学术讨论
心电监护心率变异研讨会	5月	福州	心率变异研讨
第三届全国体外循环学术交流会	5月13～16日	广州	交流体外循环领域新技术进展及临床技术进展
医学物理第八次学术会议	6月	武汉	学术交流；评选青年优秀论文奖
中南地区首届血液净化学术会	8月22日	广州	交流血液净化临床经验与新技术进展
第五届全国生物材料学术会暨第三届全国口腔材料学术会议	10月13～16日	广州	学术交流

会议名称	日期	地点	主要内容
第四届全国血液净化学术会议	10月17～20日	大连	交流血液透析与肾移植领域新技术
第二届临床医学工程学术年会	10月18～19日	天津	交流临床医学工程方面的管理、维修、科研和应用
第五届全国生物电磁学暨第一届全国微波生物医学学术会议	10月20～24日	成都	电磁场生物效应及机理；电磁场生物剂量学；电磁场在生物医学中的应用；生物学电磁动态
医学测量、生物信息与控制、传感技术分会联合学术年会	11月2～4日	南京	讨论学科发展
中国生物医学工程学会第四次会员代表大会暨学术报告会	11月5～8日	南京	组织生物医学工程前沿发展
心电生理和工程学术会议	12月4～10日	上海	学术讨论
世界医学物理和生物医学工程大会	9月	巴西	宣读论文
中国卫生统计学会			
卫生统计分析典型案例报告研讨会	5月26～29日	天津	介绍典型案例的书写方法和注意事项
卫生统计教学、科研改革研讨会	10月	广西	教学内容、时数及与国际卫生统计接轨
中国解剖学会			
1993年学术年会	9月25～28日	西安	学术交流；宣读论文；评选优秀论文并颁奖
第十四届国际解剖学学术会议及IFAA代表大会	7月24～30日	葡萄牙里斯本	学术交流；专题报告
中华护理学会			
国际护理研讨会	3月7～9日	北京	护理教育；护理管理；老年护理；科研；临床护理
首届海峡两岸护理学术会议	3月12～15日	北京	护理行政管理；护理教育；护理临床；护理科研
庆祝中医护理专业委员会成立十周年暨学术交流会	10月6～10日	南京	学术成就回顾；中医护理科研；护理教育培训；中医护理质量
中华护理学会建会85周年中华护理杂志创刊40周年暨学术交流会	6月22～25日	北京	护理学科各专业学术进展；护理教育科研及管理方面进展
第二届护理用品成果交流会	6月26日至7月1日	北京	临床护理用品、器械、教具改革与革新；输液；输血器具防止气泡与微粒的可行办法探讨；一次性用品防止再污染的探讨
外科新业务、新技术交流会	7月7～12日	北京	外科各专业的疾病护理；手术配合及护理管理；护理技术改革
全国按职称上岗暨急救护理学术会	8月9～13日	宁夏	按职称上岗提高护理质量；开展责任制护理；各类创伤急救经验

会议名称	日期	地点	主要内容
全国第五届科普工作经验暨社区保健学术交流会	9月7～10日	天津	开展科普工作及管理工作经验；护理科普与护理教育相结合经验；开展护理科普对护理事业发展的作用；开展社区保健及家庭病房的经验
第三届中日护理学术交流会	9月15～17日	北京	护理继续教育经验；各专科重症监护经验；中医护理；老年护理的研究经验
妇产科护理管理研讨会	9月21～23日	南京	妇产科病房、产房、高危婴儿室、母婴室的管理；护理业务素质培养；提高及教学管理
全国内科综合性护理学术经验交流会	10月7～12日	福州	心理护理在临床中的重要性；运用护理理论指导临床实践的经验；心血管护理学的进展；专科护理方法的探讨
首届神经外科护理学术会议	10月20～24日	北京	神经外科手术前后护理；神经外科抢救配合；神经外科手术配合；心理护理；康复护理；重症监护
全国首届青少年心理研究与心理护理在临床中的应用研讨	11月8～11日	北京	对青少年心理行为、心理障碍分析；对青年及独生子女健全性格的培养；对各种疾病及伤残青年的心理护理；护士良好素质在护理工作中的作用
全国护理继续教育研讨会	11月10～12日	昆明	护理继续教育的理论与实践；继续教育的目标、模式途径；继续教育的计划、内容、方法、组织管理
全国医院感染管理学术研讨会	4月12～19日	北京	医院感染专职人员的培训管理；医院管理的监控；合理使用抗生素；护理部在控制医院感染中的作用

中国病理生理学会

会议名称	日期	地点	主要内容
第六届心血管专业会议暨国际心脏研究会中国分会第三届学术会议	1月10～12日	哈尔滨	学术会议
中专教育委员会第五届病理学术讨论会	4月12～15日	西安	学术讨论
第五届肿瘤学术会议	4月25～28日	杭州	学术会议
第四届中医学术会议	5月8～11日	武汉	学术会议
消化病理生理专业委员会成立大会和首届消化学术会议	5月9～12日	太原	学术会议
第二届华东地区病理生理学教学研讨会扩大会议	7月13～16日	青岛	学术交流
第六届微循环学术会议	8月10～12日	沈阳	学术会议

会议名称	日期	地点	主要内容
第五届炎症、感染、发热低温学术交流会	8月25～28日	北京	学术交流
第三届休克学术会议	10月4～6日	广州	学术交流
中国营养学会			
第三届特殊营养会议	5月25～29日	山东济南	论文交流，评选优秀论文
第三届老年营养暨第二届营养与肿瘤学术会议	9月20～23日	辽宁大连	论文交流
第四届公共营养学术会议及1992年全国营养调查讨论会	9月20～23日	湖北武汉	论文交流，成立公共营养学会，总结1992年全国营养调查结果
首届青年学术会议	10月5～8日	甘肃兰州	论文交流，成立青年委员会，评选优秀论文
第三届妇幼营养学术会议	10月5～8日	甘肃兰州	论文交流，评选优秀论文，换届选举
第二届营养分析学术会议	10月7～10日	贵州贵阳	论文交流，换届选举
第四届微量元素学术会议	10月11～13日	四川重庆	论文交流，换届选举
营养与健康纽特健康糖(阿斯巴甜)在健康饮食中的应用专题国际研讨会	4月12日	北京	专题研讨

（唐　冀　整理）

中国红十字会

中国红十字会

国务委员彭珮云在中国红十字会第六次全国会员代表大会开幕式上的讲话(摘要)

(1994年4月23日)

中国红十字会自1904年成立以来,走过了九十年漫长的历程。1950年中国红十字会协商改组后,作为从事人道主义工作的社会救助团体,为人民办了大量好事。中国红十字会是我国在国际组织中第一个恢复合法席位的团体,它以其特殊的身份广泛开展民间外交活动,在国际舞台上为宣传新中国,发挥了重要作用。

近几年来,在党和政府的关怀下,中国红十字事业蓬勃发展,在开展备灾救灾、社会服务、群众性卫生救护、推动公民无偿献血和建立中华骨髓库、培养红十字青少年等方面成绩显著。红十字会在开展各项活动的同时,倡导关心他人、助人为乐和奉献精神,促进了社会主义精神文明建设。红十字会在沟通海峡两岸关系方面做了有益的工作,并通过积极开展与各国红十字会和国际红十字组织的双边、多边交流,增进了国际间友好交往与合作。去年5月,中国红十字会在北京成功地举办了国际红十字会与红新月会第四届亚太地区会议,并通过了具有历史意义的《北京宣言》,充分显示了我国红十字会在国际红十字运动中的重要作用。

1993年10月31日,第八届全国人大常委会正式通过了《中华人民共和国红十字会法》,这体现了国家对红十字人道主义事业的高度重视和支持,为我国红十字事业的发展以及与国际红十字运动接轨提供了法律保证,标志着我国红十字事业进入了新的历史阶段。

红十字事业是一项造福人类的崇高而伟大的事业,有着广阔的发展前景,需要更多的人积极参与、无私奉献。我希望各级政府、社会各界继续关心和支持红十字事业,也希望各级红十字会和广大会员结合中国实际,借鉴国外有益经验,更好地履行红十字会的职责,恪守“人道、廉洁”的职业道德,发扬“团结、实干、开拓、高效”的工作作风,为“改善最易受损害群体的境况”、促进社会进步做出更大的贡献。

中国红十字会会长钱正英在中国红十字会第六次全国会员代表大会闭幕式上的讲话(摘要)

这次会议是一次重要会议,在中国红十字会史上是一个里程碑。江泽民主席担任中国红十字会名誉会长,充分体现了国家对红十字事业的高度重视与支持。会议不仅依据《中华人民共和国红十字会法》修改了《中国红十字会章程》,而且回顾过去,总结经验,展望未来,明确了努力方向,为今后进一步拓宽人道领域的工作,开创我国红十字工作的新局面奠定了坚实的基础。

上届理事会在前任会长陈敏章同志的领导下,在执委会同志、全体理事和广大红会干部、会员的勤奋工作下,以求真务实、开拓进取的精神,借鉴国外经验,结合我国实际,取得了很大成绩。通过红十字会法的颁布实施,基本解决了大家多年关注的许多重大问题,为红十字组织的壮大、事业的发展奠定了基础。作为红十字战线上的一名新成员,必须加强学习,和大家共同努力,力求我国红十字工作再上一个新台阶。

中国红十字事业是一项造福于人类的神圣事业，需要得到社会各界更多的理解、支持和参与。这次会议选举了新的理事会，为红十字事业的发展增添了新的力量。我希望各位理事、各位代表及全国广大红会干部和会员，要借这次会议的东风，继续掀起学习、宣传、贯彻和落实红十字会法的热潮，领会红十字会法的精神实质，提高依法履行职责的自觉性，使红十字会法真正深入社会、家喻户晓；要尽快制定红十字会法实施细则及相关条例和法规，建立红十字会法规体系；要认真贯彻《中国红十字会九十年代工作纲要》和《北京宣言》的精神，制定切实可行的措施，为进一步“改善最易受损害群体的境况”，拓宽人道领域的社会服务，发挥中国红十字会在国际红十字会、在国际红十字运动中的作用，做出积极的努力。

【中国红十字会的国内工作】

中国红十字会第六次全国会员代表大会暨中国红十字会九十周年纪念大会　于1994年4月23～25日在北京召开。中共中央总书记、国家主席、中国红十字会名誉会长江泽民在中南海会见了中国红十字会第六次全国会员代表大会代表，国家副主席荣毅仁和钱其琛、彭珮云、钱正英等参加了会见。国务院总理李鹏，红十字会与红新月会国际联合会秘书长乔治·韦伯发来贺电。中央领导为中国红十字会成立90周年暨第六次全国会员代表大会题词。江泽民题词“发展红十字事业，为世界和平与人类健康作出更大贡献”，李鹏题词“开展红十字事业，弘扬人道主义”，乔石题词“坚持人道主义，救死扶伤，扶危济困，敬老助残，发展中华民族传统美德”，刘华清题词“弘扬人道主义，发扬奉献精神”。在大会开幕式上，国务委员彭珮云代表国务院致词；卫生部部长、中国红十字会第五届会长陈敏章发表讲话；卫生部副部长、中国红十字会常务副会长顾英奇代表五届理事会向大会做了题为“认真实施红十字会法，努力发展中国特色的红十字事业”的工作报告。钱正英会长在闭幕式上发表讲话。

大会选举产生第六届理事会。在六届一次理事会上，聘请国家主席江泽民为中国红十字会名誉会长；赵朴初、王光英、李沛瑶、钱信忠、崔月犁、陈敏章为名誉副会长；选举全国政协副主席钱正英为会长，顾英奇为常务副会长，范宝俊、杨崇春、林炎志、孙柏秋（专职）、曲折（专职）为副会长，经钱正英会长提名决定：李长明任秘书长。

组织发展概况　1994年新发展红十字会会员100万人，会员累计已达2 100万人；新发展基层组织8 000多个，累计已达15.8万个。群众卫生救护训练有新发展，新培训红十字卫生救护员110多万人，他们在现场的群众性初级救护工作中发挥了重要作用。

救灾　1994年6～9月，我国华南、东北等地区相继发生特大洪灾。中国红十字会从救灾基金中拨出270万元紧急救灾款，从杭州备灾救灾中心和上海援外物资供应站调拨1 630万元的救灾物资发往灾区。中国红十字会在境内调拨、募集款物总计3 030万元；受灾省红十字会在卫生部门的支持配合下，派出共计8 525人次红十字医务人员组成的1 415支医疗队，为实现灾后不发生大的疫情发挥了重要作用。1994年中国红十字会共接收境外为我国水灾捐助1.35亿元人民币。其中：香港红十字会捐款7 145.9万元，捐物折价1 248.7万元；台湾红十字组织捐物折价3 128万元；国际联合会转来捐款2 000万元；澳门红十字会捐款50元澳元。全国22个受灾省（区）受益灾民达550万人。

备灾工作　中国红十字会在红十字会与红新月会国际联合会及日本、韩国、法国、加拿大和美国红十字会的支持下，继中国红十字会杭州、孝感两个备灾救灾中心落成后，1994年8月16日沈阳备灾救灾中心落成。中心占地10 000平方米，建筑面积3 000平方米；该中心是东北地区红十字会集救灾、培训、生产、仓储、运输为一体的多功能社会福利中心。

无偿献血　1994年5月17～20日，中国红十字会首届无偿献血经验交流会暨研讨会在辽宁省大连市举行。来自全国各地红十字会、血站、献血办公室及卫生系统的120多人就开展无偿献血工作以来取得的经验及有关的条例、草案进行交流和研讨。

海峡两岸交流　1994年1月30日至2月5日，大陆红十字少年代表团赴台参加台湾东部地区举办的海峡两岸红十字少年冬令营。

台湾事务　1994年受理两岸寻人表格、信函1 825宗。其中，台湾查寻大陆亲人个案31宗，查寻结果17宗；大陆查寻台湾亲人个案858宗，查寻结果81宗。自1987年以来，总会共受理查人个案129 688宗。其中，台湾查大陆亲人67 307宗，结果12 712宗；大陆查台湾亲人62 380宗，查寻结果5 432宗。

1994年，海峡两岸红十字组织参与见证，主管部门执行遣返私渡人员3 686人，遣送台湾人犯11人。自1990年“金门协议”签订以来，共遣返私渡人员16 963人，遣送人犯40人。

1994年，台湾红十字组织为大陆募集救灾款物折合人民币3 128万元。1994年12月8日，新疆克拉玛依市友谊馆发生重大火灾事故，造成人员重大伤亡。12月23日，台湾红十字组织为此捐款10万美元。

【中国红十字会的国际交往】

来访　1994年1月16～20日，红十字国际委员会亚太地区总代表莫诺先生一行4人来华访问。

3月10～25日，红十字会与红新月会国际联合会亚太部官员雅莎·奥兰德女士和曹嵩生先生来华考察中国红十字会备灾救灾中心筹建和运转情况。3月20～24日，瑞典红会副会长亨利克·哈丁来华访问，交流工作经验，并就双方合作进行探讨。6月12～22日，缅甸红会会长丁昊先生一行5人访华，双方就进一步发展两国红十字会之间的关系取得了一致意见。6月9～15日，红十字国际委员会官员隋纳启和林檀先生，国际联合会官员奥兰德和耶舍明女士来华参加在湖南长沙举办的中国红十字会备灾救灾管理和国际红十字运动知识培训班，并授课。7月14～24日，瑞士红会国际部欧亚处处长安东·韦伯先生、眼科专家吉恩·佛瑞先生，挪威外交部亚太顾问斯坦·西伯格先生和挪威红会国际部克里斯延森先生来华访问西藏红十字会，考察评估1992～1994年藏医培训和乡村医生培训合作项目活动并讨论1995～1996年新的合作项目计划，其中包括在拉萨和日喀则建立红会备灾救灾中心的计划。

8月13～18日，加拿大红十字会会长米勘·沃奇先生和秘书长道格拉斯·材多斯先生访华。双方就进一步加强两会之间的合作达成了共识。9月8～17日，奥地利红十字会秘书长波尔斯特先生一行3人来华访问，就进一步加强两会之间的合作取得了一致意见。9月20～28日，土耳其红新月会会长克英·丹米尔先生一行7人来华访问，双方就进一步发展两会之间的关系与合作取得了共识。

9月2～7日，国际著名器官移植专家、美国南加州地区器官移植管理中心主任保罗·泰勘萨奇博士来华为100多位中国医务人员作了题为“国际骨髓移植事业进展”的学术报告。10月10～20日，韩国红十字会公关部主任金学圭一行4人访华，就进一步加强合作与交流进行工作会谈。双方商定，韩国红十字会从1994年开始与中国红十字会开展6年人员互访交流计划，以进一步加强两会之间的友好合作关系。11月12～17日，红十字国际委员会东亚地区办事处主任隋纳启先生和鲁芬南先生、澳门红十字会会长左立基先生和秘书长施伟年先生、香港红十字会助理总监董赵洪聘女士和助理秘书傅黄秀仪女士来北京，参加14～15日由中国红十字会举办的红十字运动研讨会和我心中的红十字少年儿童绘画征文竞赛组织动员工作会议。

11月29日，红十字会与红新月会国际联合会主席维拉罗尔·兰德尔先生一行3人顺访中国红十字会总会，双方进行了工作会谈。12月1～4日，香港红十字会输血服务中心副总干事连智杰先生访问中国红十字会总会，就开展无偿献血组织宣传骨干培训工作和在北京建立模范无偿献血室等进行工作会谈。中国红十字会向连智杰先生颁发总会血液事业部顾问的聘书。

出访 1994年1月20～26日，中国红十字会应邀访问挪威罗达公司，考察安妮心肺复苏培训用模型生产情况。双方就开展合作事宜进行探讨。

6月1～3日，中国红十字会派员赴科威特出席科威特红新月会新总部落成典礼。8月30日至9月6日，中国红十字会应邀访问冰岛红十字会并出席在凯夫拉维克市召开的冰岛红十字会全国会员代表大会和该会成立70周年庆祝活动。

11月2～4日，顾英奇常务副会长一行4人访问香港红十字会。代表团出席了在港举行的红十字会华南赈灾工作答谢会，顾英奇常务副会长代表中国红十字会和灾区人民向香港同胞、各界朋友和香港红十字会在1994年华南赈灾活动中的人道主义义举表示敬意和感谢。

12月5～16日，全国政协副主席、中国红十字会会长钱正英率全国政协代表团出访老挝和越南，钱会长分别与两国红十字会负责人进行了工作会谈，就今后加强中国红十字会与老挝和越南红十字会之间的合作取得了共识。

国际会议 1994年5月2～5日，中国红十字会代表团赴法国巴黎参加红十字会与红新月会国际联合会第33届执行理事会会议和庆祝国际联合会成立75周年的纪念活动。6月20～24日，中国红十字会派员出席在瓦努阿图召开的第六次太平洋地区红会规划会议。8月7～12日，中国红十字会派员赴日本横滨参加第四届国际艾滋病会议。会议重点介绍了目前治疗艾滋病的方法和最新的研究成果。

10月25～31日，顾英奇常务副会长一行4人赴瑞士日内瓦出席红十字会与红新月会国际联合会执理会第34次会议。

其他 1994年，中国红十字会向26个国家的红十字会、红新月会或政府提供了45.6万美元和价值245万元人民币的物资，帮助这些国家的红十字会和人民克服由于自然灾害或其他原因造成的困难。

（刘静湖 供稿）

人事与干部

人事与干部

【卫生部机构改革】 1994年3月31日，国务院办公厅颁发经国务院批准的关于卫生部职能配置、内设机构和人员编制方案。

一、职能转变 为适应发展社会主义市场经济和进一步改革开放的要求，按照国家国民经济与社会发展总体规划和卫生工作的方针，强化对全国卫生工作的宏观管理和业务指导。围绕卫生工作战略重点，统筹兼顾，协调发展全国卫生事业，防病治病，提高人民健康水平。重点加强政策法规、综合规划、监督执法和信息服务等工作，使事业单位逐步实现自主管理，弱化对部直属事业单位的直接管理和减少不必要的行政干预，逐步过渡到目标管理，采取合并或挂靠等方式逐步减少部直属事业单位的机构数。将有关辅助性、技术性、服务性的工作，委托或授权有关学会、协会及事业单位承办。

按照政企职责分开的原则，对部属企业由直接管理为主转为间接管理，做好规划、指导、协调、监督、服务工作。

二、主要职责 卫生部是国务院主管全国卫生工作的职能部门，主要职责是：①根据党和国家对国民经济和社会发展的统一要求，制订全国性卫生工作的方针、政策。②研究制订卫生事业发展的总体规划和战略目标，制订重大疾病防治规划。③制订有关卫生工作的法律、法规、技术标准，制定部门的规章制度。④依据卫生法规、标准，对社会公共卫生、劳动卫生、食品、药品、医用生物制品和生物材料、医疗器材行使监督职权，对重大疾病及医疗质量等实行监测。实行医务人员资格认可和医疗机构从业许可证制度。⑤制订全国性重点医学科学研究发展规划，组织重大医药卫生科研的攻关，推动医药科技为卫生事业发展服务。⑥贯彻中西医结合的方针，与有关部门共同发展我国现代医药学和传统医药学。⑦按照国务院部委分工职责范围，研究制订有关社会医疗保险制度并组织实施。⑧制订国家爱国卫生方针、政策和措施并组织实施，统筹协调国务院各有关部门爱国卫生的工作任务，组织实施全国农村改水、改厕规划，开展全民健康教育，动员全社会参与卫生工作。⑨制订全国医药卫生技术人员的职业道德规范，进行法制教育，促进卫生行业的社会主义精神文明建设。⑩建立与完善全国卫生统计、信息系统，管理卫生统计与信息工作。⑪发展、促进政府和民间的多边、双边医药卫生技术交流、合作与对外援助，参与国际组织倡导的重大卫生活动。⑫遇有重大突发事件和自然灾害，在国务院统一领导下，组织调度全国的卫生技术力量，协助地方政府和有关部门抢救伤病员，防止和控制疾病的发生、蔓延。⑬承办国务院交办的其他事项。

根据国务院规定，管理国家中医药管理局。

三、内设机构 卫生部设办公厅、政策法规司、人事司、计划财务司、医政司、疾病控制司、地方病防治办公室、卫生监督司、科教司、妇幼卫生司、药政管理局、国际合作司、保健局、全国爱国卫生运动委员会办公室等14个职能司局和机关党委。

四、人员编制和领导职数 卫生部机关行政编制为404名。其中，部长1名，副部长4名，增配1名副部长兼任国家中医药管理局局长；正副司局长职数46名。（刘秀琴）

【国家医药管理局机构改革】 1994年5月21日，国务院办公厅颁发经国务院批准的关于国家医药管理局职能配置、内设机构和人员编制方案。

方案明确国家医药管理局为国家经济贸易委员会管理的国家局（副部级），是全国医药（不含中药）行业的主管部门，负责全国药品（不含中药材、中药饮片、中成药）、医疗器械、制药机械、卫生材料、医药包装材料的行业管理，负责化学试剂、玻璃仪器流通的行业管理。同时指出，国家医药管理局要适应建立社会主义市场经济体制的需要，在进一步加强医药行业管理和医疗器械行政监督的基础上，以理顺关系为重点，做到精兵简政、提高效率、转变职能。

在这次机构改革中，属于加强的职能主要有：制定医药行业政策、法规和中长期规划，参与医药行业经济运行的客观调控，搞好医药商品质量监督，组建统一、开放、竞争、有序的医药市场，加强医药经济信息服务，组织新药、医疗器械、制药机械、医药包装材料的研究开发，实施药品行政保护。弱化的职能主要有：把品种计划的制定等权限进一步下放给企业，不再直接管理企业的生产经营活动；下放干部管理权限，减少局直接管理干部的人数。

国家医药管理局的主要职责是：①制定医药行业的政策、法规并监督实施。②制定医药行业发展战略和规划，编制指导性计划，引导资源合理配置，参与调控总量平衡。③配合有关部门对医药行业经济运行进行宏观调控，负责直属单位的财务监督和国有资产管理工作。④组织贯彻实施药品管理法，对医药产品的生产、经营实行监督。负责综合管理对开办药品生产、经营企业的审查和医疗器械生产、经营企业的审批工作。负责药械储备和特种药械管理。⑤制定医疗器械、卫生材料、制药机械、医药包装材料等产品的国家标准和行业标准并监督实施。⑥组织管理、指导医药行业科学技术研究、新产品开发，负责重大医药科研项目攻关协调，成果鉴定及推广。归口管理医药行业人才培养。⑦根据药品行政保护条例，负责药品行政保护，颁发行政保护证书，协调有关部门管理医药专利工作。⑧负责全国医药行业的统计和信息工作，指导医药行业新闻宣传工作。⑨组织指导对外医药经济技术合作与交流，协调重点医药商品、装备、技术进出口工作。⑩承办国务院及国家经贸委交办的其他事项。

内部机构设置：设8个职能司(室)和机关党委。司(室)包括：办公室(人事劳动司)、政策法规司、综合经济司、财务与市场管理司、质量管理司、医疗器械行政监督司、科技教育司(药品行政保护办公室)、国际合作司。机关行政编制由原240人减为180人，设局长1名，副局长4名，正副司长26名。

1994年国家医药管理局机构改革工作于9月底全部完成。这次机构改革工作的重点是职能转变。一是该下放的权力坚决下放，政企、政事基本分开；二是强化行业管理，特别是行业立法和医疗器械行政监督职能；三是为确保宏观管理，在机构上作相应调整，撤销企业与市场司、计划司，组建综合经济司和医疗器械行政监督司。　(郑国辰)

【卫生部参加首届中央国家行政机关录用国家公务员考试】　卫生部1994年8月参加了人事部根据《国家公务员录用暂行规定》组织的首届中央国家行政机关录用国家公务员考试，国家机关约30个部委面向社会公开招考主任科员以下的国家公务员。

卫生部是第一次通过考试公开录用国家公务员，是新的尝试。认真贯彻了公开、平等、竞争、择优的原则，具有较高的科学性和透明度。报考卫生部的人数43名，按计划卫生部拟公开招考3人，报名人数与计划录用人数比例约为14∶1。通过公共科目、专业科目笔试、面试、考核、体检等阶段的考录程序，3名考生经人事部审批后，录用到位，成为卫生部国家公务员。

(刘秀琴　樊　娟)

卫生界人物

卫生部系统

【卫生部部长、副部长】

部长　陈敏章
副部长　孙隆椿
何界生(女)
顾英奇
胡熙明
殷大奎
张文康

【卫生部正、副司(局)长、主任】

办公厅主任　曹荣桂
副主任　张景霖
李洪山
政策法规司司长　支峻波
副司长　蔡仁华
副司长　赵同刚(1994年11月任)
人事司司长　王立忠
副司长　方素珍(女)
副司长　张爱莉(女　1994年11月任)
计划财务司司长　朱庆生
副司长　刘新明
李泮岭
医政司司长　迟宝兰(女　1994年10月免)
于宗河(1994年10月任)
副司长　陶意传(女　1994年5月免)
孙爱明(1994年11月任)
疾病控制司司长　戴志澄
副司长　王　钊(女)
齐小秋
卫生监督司司长　阚学贵
副司长　李清安
许桂华(女)
朱宝铎(1994年11月任)

地方病防治办公室(原地方病防治司)
司　长　高淑芬(女　1994年10月免)
副主任　王环增
陈吉祥(1994年11月任)
科教司司长　肖梓仁(1994年3月免)
刘海林(1994年9月任)

副司长 秦新华(女)
周东海
史以庆(1994年9月免)
妇幼卫生司司长 王凤兰(女)
副司长 庞汝彦(女 1994年3月任)
郭生贵(1994年11月任)
药政管理局局长 潘学田
副局长 张世臣
国际合作司司长 李世绰
副司长 赵同彬(1994年9月免)
高细水(1994年11月任)
驻卫生部监察局局长 杜玉侠
副局长 吴瑞璞
驻卫生部审计局局长 (暂缺)
副局长 武灌心(1994年12月免)
赵自林(1994年3月任)
离退休干部局局长 陈玉民
保健局局长 耿德章
副局长 宁辉(女 1994年12月免)
秦小明(女 1994年9月任)
陈贤义(1994年11月任)

【卫生部机关附属单位】

卫生统计信息中心
主任 陈育德
国外贷款办公室
主任 刘培龙
副主任 周纪安
史以庆(1994年9月任)
杨保平(1994年9月任)
医学考试中心
副主任 赵书贵
公费医疗事务管理中心
主任 蔡仁华(兼)

【卫生部直属单位行政正、副职领导】

中国医学科学院
院长 巴德年
钱昌年(兼)
副院长 陈同鉴
卢圣栋
陆召麟
姜常胜
强伯勤(1994年4月任)
刘晓程(1994年9月任)
顾问 傅菜
中国预防医学科学院
院长 曾毅
副院长 王有森
单承仕(兼 1994年8月免)
王克安
祁国明(兼)
宫新生(1994年12月任)
北京医院
院长 耿德章
第一副院长 杨镜
副院长 栾文民
杨忠兴
刘元恕
王家惠(女)
卢军达
中日友好医院
院长 陈绍武
第一副院长 邓开叔
副院长 杨秉贤
左焕琮(1994年4月任)
刘晓勤(1994年4月任)
人民卫生出版社
社长 刘益清
副社长 郭有声
健康报社
总编辑 白箹(女)
副总编辑 沈明德(1994年11月免)
曾宝忠
黄泽民
周方正
社长 白箹(女 兼)
副社长 郅忠喜
徐致光
中国药品生物制品检定所
名誉所长 李河民
所长 周海钧
副所长 汪开敏
李德富
卫生部工业卫生实验所
所长 尉可道
副所长 邢文庭
李开宝
和顺福
中国协和医科大学
校长 顾方舟
副校长 钱昌年(兼)
陆召麟(兼)
陈同鉴
卢圣栋
姜常胜
强伯勤(1994年8月任)
刘晓程(1994年9月任)
顾问 傅菜
北京医科大学
校长 王德炳(兼)
副校长 嵇静德(女 1994年7月免)

杜嘉祺
程伯基(兼)
林志彬
徐天民(兼 1994年4月任)
吕忠生(1994年7月任)
顾 问 米 勒(1994年12月逝世)

中华人民共和国卫生检疫总所
所 长 曲绪禄
副所长 宋明昌
陈晓枫(女)

中国健康教育研究所
所 长 王贺祥
副所长 吴胜利(女)

卫生部药典委员会
秘书长 (暂缺)
副秘书长 陈寅卿
张景保

上海医科大学
校 长 姚 泰(兼)
副校长 朱世能(1994年2月免)
谢荣国
彭裕文(1994年2月任)
曹世龙(1994年2月任)
陈 洁(1994年2月任)

华西医科大学
校 长 杨光华
常务副校长 张肇达
副校长 刘良述
吕重九

中山医科大学
校 长 卢光启
副校长 谭绪昌(1994年8月免)
古建辉
傅祖植
黄洁夫
许发茂(兼 1994年4月任)

同济医科大学
名誉校长 裘法祖
校 长 薛德麟
副校长 文历阳
李国成
周俊安
王祖勤

中国医科大学
校 长 何三光
副校长 孙开来
金奎和
张伟东
顾 问 李厚文

湖南医科大学
校 长 胡冬煦(兼)
副校长 彭兴华(女)
陈服文
吴钟琪
孙明华
李俊杰

白求恩医科大学
校 长 陈远耀
副校长 钟国千
李广生(兼)
张英笠(女 兼)
闫永富
吴家祥
常忠贤

山东医科大学
校 长 王廷础
副校长 王琰璧
李承俊
张 衡

西安医科大学
校 长 任惠民
副校长 朱宏亮
陈恒元
樊小力

北京生物制品研究所
所 长 赵 铠

上海生物制品研究所
所 长 贡文耀

武汉生物制品研究所
所 长 周 坚

长春生物制品研究所
所 长 张嘉铭

成都生物制品研究所
所 长 杨洪举

兰州生物制品研究所
所 长 张国威

(沈燕红)

【各省、自治区、直辖市正、副卫生厅(局)长】

北京市卫生局
局 长 朱宗涵
副局长 李长明(1994年4月免) 吕德仁
佘 靖(女) 周凯发
郑东振(1994年2月任)
金大鹏(1994年4月任)

天津市卫生局
局 长 张 愈
副局长 曲学申 赵藕善(女)
郭 亮 吴汉章
赵克正

河北省卫生厅
厅 长 王春然

副厅长　陈巽昭(女)
胡景然　赵银海

山西省卫生厅
厅　长　赵震寰
副厅长　徐大毅
王芷芳(女　1994年11月免)
朱耀文　李俊峰

内蒙古自治区卫生厅
厅　长　魏力军
副厅长　李少白　亢贵厚
敖尔布(1994年9月免)
包金生　苏　力

辽宁省卫生厅
厅　长　李　仁
副厅长　刘忠德　宁培秀
龙济瀛　郑殿祥
门振兴

吉林省卫生厅
厅　长　迟达明
副厅长　沈苹远(1994年1月免)
徐　科(女)
王耀廷(1994年1月任)
刘万车(1994年1月任)

黑龙江省卫生厅
厅　长　刁文生(1994年12月免)
副厅长　宋兆琴(女)　冯喜英
李金亭　张　政

上海市卫生局
局　长　刘　俊
副局长　林发雄　袁惠章
张明岛　周剑萍(女)
王龙兴

江苏省卫生厅
厅　长　刘洪祺
副厅长　张国义　张华强
张肖敏(女)　唐维新

浙江省卫生厅
厅　长　张承烈
副厅长　喻华芝(女)
陈晓非　周　坤

安徽省卫生厅
厅　长　许占山
副厅长　金树滋　崔可英
周可能　戴光强

福建省卫生厅
厅　长　魏忠义(1994年3月任)
副厅长　陆世法　何　明(女)
曾昭鸿

江西省卫生厅
厅　长　周　标
副厅长　汪忠武　廖一祥
王鱼门
王士林(1994年免)
饶青松(1994年8月任)

山东省卫生厅
厅　长　张青林
副厅长　王天瑞　王文芳

河南省卫生厅
厅　长　刘全喜
副厅长　徐　晖(女)
张广兴　张泽书

湖北省卫生厅
厅　长　王宗贤(1994年7月任)
副厅长　张克文(1994年10月免)
涂用宏　雷吉初
李　涛(1994年9月任)

湖南省卫生厅
厅　长　曾繁友
副厅长　王蔚文　周绍明(女)
陈吉祥(1994年1月免)
刘爱华(女)
彭　涛(1994年1月任)

广东省卫生厅
厅　长　黄庆道
副厅长　张衍浩
张孝娟(女)　关敏文
冯鎏祥　刘邹鲁

广西壮族自治区卫生厅
厅　长　蓝芳馨
副厅长　张如松(1994年3月免)
刘唐威
王树声(1994年10月任)

海南省卫生厅
厅　长　韦少成
副厅长　胡昌培　陆　清
简梁盛(1994年3月任)
朱继法(1994年8月任)

四川省卫生厅
厅　长　卓凯星
副厅长　陈科文
邓明仲(1994年7月免)
钟道友
斯朗旺姆(女)
梁德荣(女　1994年8月任)

贵州省卫生厅
厅　长　乐光志
副厅长　刘世钧　陶增厚
赵　松　班运秀(女　兼)
吴作云

云南省卫生厅
厅　长　杨慈生
副厅长　舒自尧　詹文涛

杨朝斌

西藏自治区卫生厅

厅 长 土 登

副厅长 三八顿珠 顿 珠

李 谦 阿 登

陕西省卫生厅

厅 长 卢希谦

副厅长 雷自申(1994年2月免)

刘爱梅(女)

耿庆义 杨世兴

甘肃省卫生厅

厅 长 王陇德

副厅长 石国璧 张晋卿

梁淑凤(女 1994年11月免)

马登科 刘克玲(女)

青海省卫生厅

厅 长 于丽璇(女)

副厅长 宣诗孝 秦德奎

牛惠民 才 让

辛 骥(1994年5月任)

宁夏回族自治区卫生厅

厅 长 马成义

副厅长 徐彦振 马玉章

秦小明(女 1994年9月免)

新疆维吾尔自治区卫生厅

厅 长 亚森·吐尔逊

副厅长 买买提明·沙比尔

李惠民 金笑时

【各计划单列市卫生局长】

大连市 孙承岱

宁波市 朱元卿

青岛市 臧爱民(女)

深圳市 刘家琛

重庆市 陈崇远

厦门市 朱玉珍(女)

全国爱国卫生运动委员会系统

【全国爱国卫生运动委员会主任、副主任、办公室正、副主任】

主 任 彭珮云(女)

副主任 陈敏章

傅全有

徐志坚

郝建秀(女)

叶如棠

洪绂曾

解振华

办公室主任 陈敏章

副主任 刘玉良

施妈麟

苏菊香(女 1994年11月任)

【各省、自治区、直辖市爱国卫生运动委员会主任】

北京市 何鲁丽(女)

天津市 庄公惠

河北省 王幼辉

山西省 张维庆

内蒙古自治区 赵志宏

辽宁省 张榕明(女)

吉林省 桑逢文

黑龙江省 周铁农

上海市 谢丽娟(女)

江苏省 张怀西

浙江省 徐志纯

安徽省 杜宜瑾

福建省 王良薄

江西省 黄懋衡(女)

山东省 吴爱英(女)

河南省 张鸿华

湖北省 韩南鹏

湖南省 潘贵玉(女)

广东省 李兰芳(女)

广西壮族自治区 李振潜

海南省 刘名启

四川省 肖 秧

贵州省 张玉芹(女)

云南省 赵淑敏(女)

西藏自治区 次仁卓嘎(女)

陕西省 范肖梅(女)

甘肃省 陈绮玲(女)

青海省 白 玛

宁夏回族自治区 刘 仲

新疆维吾尔自治区 阿不来提·阿不都热西提

【各计划单列市爱国卫生运动委员会主任】

大连市 吴明熹

宁波市 陈守义

青岛市 阎祥超

深圳市 厉有为

重庆市 窦瑞华

厦门市 王 榕

(沈燕红)

国家中医药管理局系统

【国家中医药管理局局长、副局长】

局 长 张文康(兼)

副局长 朱 杰

张洪魁

诸国本

于生龙

【国家中医药管理局(机关)司长、主任】

办公室主任	陈啸宏
人事劳动与政策法规司司长	李满海
计划财务司司长	宋文义
医政司司长	(暂缺)
生产流通司司长	陈 珩(女)
中药质量司司长	丛 众
科技教育司司长	李振吉
外事司司长	沈志祥
纪检监察室主任	李怀荣

(注:以上人员以1994年底为准)

【国家中医药管理局直属单位行政正、副职领导】

中国中医研究院院长	傅世垣
副院长	唐由之
	张瑞祥(1994年9月任)
	李安邦(1994年5月任)
	高 德
	李振青(1994年9月免)
	张殿璞(1994年5月免)
	闫孝诚(1994年9月任)
	赵田壅(1994年9月任)
北京中医药大学校长	龙致贤
副校长	王永炎
	张文贵
	牛建昭(女)
广州中医学院院长	李任先
副院长	李国桥
	丘和明
	吕玉波
中国药材公司经理	张洪魁(兼)(1994年5月免)
	(暂缺)
副经理	秦双发
	刘晋儒(1994年5月任)
	秦祖辉(1994年5月任)
	李 军
	陈文定(1994年5月免)
中国中医药报社社长兼总编辑	邢思邵(1994年3月免)
	曾宝忠(1994年3月任)
副社长兼副总编辑	王华章
	王 琦(1994年3月任)
中国中医药出版社社长	(暂 缺)
副社长兼副总编辑	肖德馨(1994年9月免)
第一副社长兼副总编辑	胡国臣(1994年9月任)
副社长	宋志恒
副总编辑	傅 芳(1994年9月任)
	肖德馨(1994年9月任)
中国中医药科技开发交流中心主任	刘维栋
副主任	王亨立
	许 明
对台港澳中医药交流合作中心主任	李天太

(吴 刚)

国家医药管理局系统

【国家医药管理局局长、副局长】

局 长 郑筱萸

1944年12月生,福建省福州市人,中共党员,1968年毕业于上海复旦大学生物系,高级工程师。从事医药生产、科研、管理工作20余年,组织过大型医药工程项目,曾获省部级科技三等奖一项,市级科技成果一等奖一项。发表医药论文多篇。先后被评为市级、省级、全国劳动模范,获全国医药系统优秀企业家荣誉称号。曾担任民生药厂生产副厂长、厂长、厂长兼党委书记、浙江省政府有关部门负责人;中共浙江省委委员,浙江省人大常委会委员。从1980年起担任过中国药学会浙江分会常务理事,中国保健品协会理事,中国学生营养促进会常务理事,中国医药企业管理研究会顾问,中华医学会浙江分会国际医学中心理事,浙江省企业文化研究会会长等职。1994年5月起任国家医药管理局局长、局党组书记。

国家医药管理局局长 郑筱萸

【国家医药管理局(机关)司长、主任】

办公室(人事劳动司)主任	白惠良
政策法规司司长	潘广成
综合经济司司长	韩立新
财务与市场流通司司长	赵显文
质量管理司司长	黄德惠
医疗器械行政监督司司长	卜绮成
科技教育司司长	王明学
国际合作司司长	黄纪晔
老干部司司长	王晓泰
监察专员办公室专员	孙立民

副局长 石峘
戴庆骏
张鹤镛

军队卫生系统

【中国人民解放军总后勤部卫生部部长、副部长】

部长 陆增祺
副部长 赵达生
白书忠

【中国人民解放军总后勤部卫生部(机关)正、副局长、主任】

办公室主任 唐德文
计划财务局局长 傅征
副局长 袁永林
科技训练局局长 王谦
副局长 孙建中
卫生防疫局局长 王赤才
副局长 张荣生
李建华
医疗局局长 王万水
副局长 王应征
全军保健领导小组办公室主任 刘继武
药材局局长 (暂缺)
副局长 郭秀武
袁天锡
全军计划生育领导小组办公室主任 宫满库

【中国人民解放军总后勤部卫生部直属单位行政正、副职领导】

《人民军医》出版社社长 李晨
副社长 罗子铭
佘满松
卫生勤务研究室主任 陈文亮
副主任 祝世源
毛常学

【中国人民解放军总后勤部直属医疗卫生单位行政正、副职领导】

第一军医大学校长 杨根远
副校长 解书棋
安郁宝
第二军医大学校长 王庆舜
副校长 郭旭恒
马振邦
傅继梁
第三军医大学校长 李荟元
副校长 李康
耿兴华
第四军医大学校长 陈景藻
副校长 王根成
苏博
沈志凯
农牧大学校长 景在新
副校长 徐太和
吴仁祜
军事医学科学院院长 吴祖泽
副院长 林炳湘
晁福寰
李慎明
解放军总医院院长 廖文海
副院长 马承宣
马书铭
朱仕俊
黄茂辉
三〇二医院院长 邬美娟
副院长 张玲霞
王耀宗
徐光军
三〇四医院院长 赵金光
副院长 殷振兴
杨宗发
三〇九医院院长 庞忠玉
副院长 谭成锋
刘振华
龙增德
北京医学高等专科学校校长 洪先本
副校长 任勤有
戴增先

【各军区、各军兵种后勤部卫生部正、副部长】

沈阳军区后勤部卫生部部长 陈书义
副部长 刘信
王志学
北京军区后勤部卫生部部长 李德敏
副部长 闫照荣
兰州军区后勤部卫生部部长 王彦学
副部长 陈友亮
济南军区后勤部卫生部部长 陈学达
副部长 张广祥
南京军区后勤部卫生部部长 初元章
副部长 陈勇
广州军区后勤部卫生部部长 景家江
副部长 梁若柽
成都军区后勤部卫生部部长 李开兴
副部长 李鸿光
海军后勤部副部长兼卫生部部长 沈晓辉
副部长 曹诚意

傅世华
丁青文
空军后勤部卫生部部长　李志刚
副部长　张贵平
陈义勤
第二炮兵后勤部卫生部部长　张庆宪
副部长　夏万全
国防科工委后勤部卫生部
部长　李春辉
副部长　文　棣

(郭　进)

学术团体和群众团体

【中华医学会会长、副会长、秘书长】
名誉会长　吴阶平
会　长　陈敏章
常务副会长　曹泽毅
副会长　肖梓仁　王　镭　巴德年
汤钊猷　吴孟超　吴咸中
陆道培　郭子恒　殷大奎
胡亚美(女)　黄洁夫
秘书长　肖梓仁(兼)

【中华护理学会理事长、副理事长、秘书长】
名誉理事长　陈慕华(女)
林菊英(女)
荣誉理事长　王秀瑛(女)
理事长　顾美仪(女)
副理事长　杨英华(女)　王　敏(女)
严渭然(女)　秦力君(女)
曾熙媛(女)
秘书长　杨英华(女　兼)

【中国生理学会理事长、副理事长、秘书长】
理事长　陈孟勤
副理事长　杨雄里　邓希贤
陈宜张　卢光启　韩济生
秘书长　邓希贤(兼)

【中国解剖学会理事长、副理事长、秘书长】
理事长　徐群渊
副理事长　贲长恩　刘　斌
黄　瀛
秘书长　刘　斌(兼)

【中国医学生物工程学会理事长、副理事长、秘书长】
理事长　巴德年
副理事长　丁文祥　王君健
杨子彬　俞梦孙
秘书长　杨子彬(兼)

【中国病理生理学会理事长、副理事长、秘书长】
理事长　伍贻经
副理事长　李楚杰　薛全福　金惠铭
秘书长　薛全福(兼)

【中国营养学会理事长、副理事长、秘书长】
理事长　陈孝曙
副理事长　顾景范　李珏声　葛可佑
陈吉棣　赵法佶　何志谦
秘书长　李珏声(兼)

【中国药理学会理事长、副理事长、秘书长】
理事长　张均田
副理事长　王建华　王浴生　林志彬
刘干中　金正均　胥　彬
秦伯益　徐叔云　王永铭
李家泰(女)
秘书长　林志彬(兼)

【中国防痨协会理事长、副理事长、秘书长】
名誉理事长　阚冠卿　殷大奎
理事长　戴志澄
副理事长　李拯民　张立兴
汪钟贤　王撷秀(女)
秘书长　张立兴(兼)

【中国麻风防治协会理事长、副理事长、秘书长】
名誉理事长　陈敏章
理事长　叶干运
副理事长　何达埙　李桓英　肖梓仁
苏　菲(女)　赵天恩　胡鹭芳
秘书长　何达埙(兼)
顾　问　戴正启

【中国心理卫生协会理事长、副理事长、秘书长】
理事长　陈学诗
副理事长　沈渔邨　李心天　龚耀先
李世绰
秘书长　温泉润

【中国康复医学会会长、副会长、秘书长】
名誉会长　陈仲武
会　长　顾英奇
常务副会长　耿德章
副会长　迟宝兰(女)　卓大宏
秘书长　邓开叔

【中国农村卫生协会会长、副会长、秘书长】
名誉会长　费孝通　钱信忠　林士笑
钱正英(女)　殷大奎
会　长　顾英奇

常务副会长 张自宽
副会长 迟宝兰(女) 赵福田(女)
陆 忠 彭瑞骢 田景福
白 筠(女)
秘书长 杜皓林

【中国输血协会理事长、副理事长、秘书长】

理事长 才生嘎
副理事长 于宗河 杨成民 王培华
张钦辉 胡开瑞 王万水
江焕波
秘书长 (暂缺)

【中华预防医学会会长、副会长、秘书长】

会 长 何界生(女)
副会长 黄永昌 刘世杰 戴志澄
曾 毅
秘书长 黄永昌(兼)

【中国卫生经济学会会长、副会长、秘书长】

会 长 孙隆椿
副会长 何鸿明 赵竹岩 李永康
王 斌 魏 颖 刘新明
戴 迪 杜嘉祺 朱庆生
秘书长 刘新明(兼)

【中国健康教育协会会长、副会长、秘书长】

名誉会长 廖汉生 黄树则
名誉副会长 陈敏章
会 长 郭子恒
副会长 张义芳 高运甲 杨伟光
陈秉中 朱丰诚 刘玉良
梁浩才 黄敬亨 赵达生
朱庆生 王贺祥
秘书长 王贺祥(兼)

【中德医学协会理事长、副理事长、秘书长】

理事长 吴在德
副理事长 陆道培 文历阳 吴孟超
秘书长 万开元

【中国学生营养促进会会长、副会长、秘书长】

名誉会长 于若木
会 长 何界生(女)
副会长 邹时炎
秘书长 许桂华(女)

【中日医学科技交流协会会长、副会长、秘书长】

会 长 郭应禄
副会长 那彦群 陈木森 刘猷枋
金恩源 张熙增
秘书长 那彦群(兼)

【中国医学影像技术研究会会长、副会长、秘书长】

名誉会长 王 宪 汪德昭 顾英奇
黄树则
会 长 郭普远
常务副会长 高元桂
副会长 祝志新 郑 树(女)
屈婉莹(女) 柴振明
姚锦钟 韦 钰(女)
连世海 徐智章 谢楠柱
秘书长 屈婉莹(兼)

【中国吸烟与健康协会会长、副会长、秘书长】

名誉会长 钱正英(女)
名誉副会长 钱信忠 崔月犁 陈敏章
会 长 吴阶平
常务副会长 翁心植
副会长 张义芳 陈春明(女)
贺松源 王如文 俞贵麟
郑 旭
秘书长 张义芳(兼)

【中国实验动物学会理事长、副理事长、秘书长】

理事长 卢耀增
副理事长 孙 靖(女) 王静兰(女)
陈天培 王代全 王仁武
秘书长 史顺娣

【中国免疫学会理事长、副理事长、秘书长】

理事长 顾方舟
副理事长 龙振洲 吴安然 何球藻
杨贵贞(女) 卢景良
秘书长 陈慰峰

【中国优生优育协会会长、副会长、秘书长】

名誉会长 陈慕华(女) 雷洁琼(女)
钱信忠 周克玉
会 长 陈敏章
副会长 何界生(女) 何鲁丽(女)
邓朴方 范宝俊 吴景春
李 彦 林逢春 邹时炎
曹泽毅 康 泠
秘书长 秦新华(女)

【中国优生科学协会会长、副会长、秘书长】

会 长 钱信忠
常务会长 林佳楣(女)
常务副会长 梁济民
副会长 王凤兰(女) 朱耀华
高锦声 周宪庭 朱 俊

秘书长　王连城

【中国鼠害与卫生虫害防制协会会长、副会长、秘书长】

会　长　杨　纯(女)
副会长　刘玉良　朱庆生　张明昭
　　　　吴厚永　曲儒增　汪诚信
　　　　朱诚璞
秘书长　曲儒增(兼)

【中国医学基金会主席、副主席、会长、副会长、秘书长】

名誉主席　程思远　吴阶平　钱正英(女)
　　　　彭　冲　黄　华
主　席　朱学范
副主席　钱信忠　崔月犁　李善卿
会　长　郭子恒
副会长　辛育龄　陶斯亮　卞志强
　　　　张　侃　朱培康　郭应禄
　　　　顾方舟　年景和　徐光磊
秘书长　华俊东
高级顾问　陈敏章　阎明复　陈锦华
　　　　邓先群　黎　红(女)　曾　志
　　　　黄树则

【全国卫生产业协会管理学会会长、副会长、秘书长】

会　长　孙隆椿
副会长　曹荣桂　蔡仁华　刘新明
　　　　于生龙　江焕波　杨忠兴
　　　　温学信　耿德章
秘书长　蔡仁华(兼)

【环球性病、艾滋病基金会会长、副会长、秘书长】

名誉会长　姬鹏飞　费孝通　朱学范
　　　　荣毅仁
会　长　钱信忠
副会长　程天民　曹　庆　李希楷
　　　　谢丽娟(女)　王国忠
　　　　陈绮绮(女)
秘书长　张国威

【中国保健科技学会会长、副会长、秘书长】

会　长　刘　铮
副会长　潘学田　秦新华(女)
　　　　陈燕芳(女)　卫国福
秘书长　陈鸿书

【中国癌症研究基金会主席、副主席、理事长、副理事长、秘书长】

名誉主席　陈敏章
主　席　李　冰(女)
副主席　李同度　吴孟超　徐光炜
　　　　秦伯益　张友会
理事长　李保荣
副理事长　杨保华　孙　燕
秘书长　李保荣(兼)

【中国卫生摄影协会主席、副主席、秘书长】

名誉主席　崔月犁
主　席　孙隆椿
常务副主席　张金杰
副主席　李祖慧(女)　丁遵新
　　　　杨玉凯　吕鸿恩
秘书长　杨玉凯(兼)

【中国水利电力医学科学技术学会理事长、副理事长、秘书长】

名誉理事长　张绍贤　顾英奇　郭子恒
　　　　陈庚仪
理事长　万兆章
常务副理事长　肖世友
副理事长　佟蔚廷　张在鹏
　　　　蒋振荣　杨先爵
秘书长　张鹤林

【中国卫生法学会会长、副会长、秘书长】

会　长　孙隆椿
副会长　张立平　支峻波　钱昌年
　　　　白惠良　朱　杰　曹康泰
　　　　袁惠章　郭　纶　应松年
　　　　黄曙海　马敏新　朱宗涵
　　　　刘志诚
秘书长　吴崇其

【马海德基金会理事长、副理事长、秘书长】

理事长　苏　菲(女)
副理事长　戴正啟　周幼马
秘书长　孙益之

【中国药物滥用防治协会会长、副会长、秘书长】

名誉会长　费孝通
会　长　陈敏章
副会长　胡熙明　范宝俊　潘学田
秘书长　陈寅卿

【中国医疗保健国际交流促进会会长、副会长、秘书长】

名誉会长　陈敏章　崔月犁
会　长　曹泽毅
副会长　何鸿明　诸国本　石　垣
　　　　杨尊润　董金明
秘书长　肖建中

【中国医药生物技术协会理事长、副理事长、秘书长】

名誉理事长　吴阶平

理事长 陈敏章
副理事长 肖梓仁 侯云德 江焕波
张权一 刘海林
秘书长 张权一(兼)

【海峡两岸医药卫生交流协会会长、副会长】
名誉会长 吴阶平 陈敏章
会长 陈可冀
名誉副会长 顾英奇 巴德年 李之楠
常务副会长 赵知中 孙柏秋(女) 曹泽毅
娆峻 杨国庆 王倍
朱及群 陈妙兰(女) 战捷
副会长 王义之
秘书长 王义之(兼)

【中国地方病协会会长、副会长、秘书长】
名誉会长 李德生 吴阶平
会长 钱信忠
常务副会长 高淑芬(女)
副会长 王立忠 张玉玑 王环增
祁国明 盖国英 于海源
汪忠武 董志华
秘书长 高淑芬(兼)

【中国性病艾滋病防治协会会长、副会长、秘书长】
名誉会长 陈敏章
会长 钱信忠
副会长 殷大奎 牟新生 杨衍银
陈春明(女)
秘书长 戴志澄

【中国牙病防治基金会理事长、副理事长、秘书长】
名誉理事长 万里 陈敏章
理事长 张自宽
副理事长 张震康 孙英林
李世俊 卞金有
秘书长 张博学

(沈燕红)

中国红十字会

【中国红十字会总会会长、副会长、秘书长】
名誉会长 江泽民
会长 钱正英
常务副会长 顾英奇
副会长 孙柏秋(女) 曲折 范宝俊
杨崇春 林炎志
秘书长 李长明

表彰人物

【经卫生部批准的1994年度有突出贡献的中青年科学、技术、管理专家】

程书钧 中国医学科学院肿瘤医院研究员
张礼和 北京医科大学药学院教授
王鹏赋 长春生物制品研究所高级工程师
韩雅儒(女) 北京生物制品研究所研究员
方福德 中国医学科学院基础研究所研究员
李元(女) 中国医学科学院生物技术研究所研究员
李坚(女) 中国医学科学院药用植物研究所副研究员
吴克复 中国医学科学院血液病研究所研究员
刘德全 中国预防医学科学院寄生虫病研究所研究员
张哲夫 中国预防医学科学院流行病学研究所研究员
陈君石 中国预防医学科学院营养卫生研究所研究员
詹美云(女) 中国预防医学科学院病毒学研究所研究员
张寿林 中国预防医学科学院劳动卫生研究所研究员
林志彬 北京医科大学基础医学院教授
朱学骏 北京医科大学第一医院教授
陈主初 湖南医科大学基础医学院教授
胡铁辉 湖南医科大学第二附属医院副教授
杭长寿 中国预防医学科学院病毒学研究所研究员
凌锋(女) 北京医院神经外科主任医师
查锡良 上海医科大学基础医学院教授
周义成 同济医科大学同济医院教授
沈关心 同济医科大学基础医学院研究员
姚伟星(女) 同济医科大学教授
刘庆莹(女) 同济医科大学教授
任惠民 西安医科大学教授
潘孝仁 中日友好医院主任医师
王家良 华西医科大学基础医学院教授
陈槐卿 华西医科大学基础医学院研究员
王大章 华西医科大学口腔医学院教授
奚廷斐 中国药品生物制品检定所副研究员

【第五届"中国十大杰出青年"卫生系统代表】

王富龙 男,29岁,研究员,现任哈尔滨市南岗红十字康复医院院长,哈尔滨市中医癫痫病研究所所长。

王富龙在近十年的临床实践中,根据自己的实践经验,出版了3部中医科研专著,共170万字,其中《癫痫病分型诊断与治疗》一书,荣获全国医学工具书奖。癫痫病是国际医学界公认的难治性疾病,有"神经系统的癌症"之称。王富龙经过艰苦的摸索,终于找到了治疗癫痫病的特效方法。在王富龙载有逾2万名患者的医疗档案里，其有效率和儿童组治愈率均较高。他独到的治疗方法受到国内外专家的重视。1992年，王富龙被评为黑龙江省十大杰出青年。

姜　伟　男，高级工程师，沈阳飞龙医药保健品集团总裁。

由他亲手创建的沈阳飞龙保健集团是以生产和经营高新科学技术医药、保健、美容品为主的集团企业。在他的带领下，仅仅用三年时间积累完成11亿产值，实现2.7亿利润，特别是1993年企业得到了突飞猛进的发展，实现8.7亿元的产值，创造了2亿的利润，在全国医药行业中排在首位。1993年他被评为"全国杰出青年企业家"，还被评为"1994年辽宁省十大杰出青年"，"沈阳市劳动模范"。

【"全国十大杰出职工"卫生系统代表】

姜　健　女，山东省曲阜市红十字医院院长、副主任医师、全国劳动模范、医务战线上国内外知名的女专家。1988年在美国华盛顿举行的有世界137个国家参选的评奖会上，她获得世界首次"国际人道主义服务荣誉奖"。

30多年来，她科学地应用中西医结合的方法治疗面神经麻痹、小儿腹泻、偏瘫等疑难病症万人以上，均取得显著疗效。尤其在面神经麻痹研究方面，她的成果达国内先进水平。她先后撰写出60余万字的论文、论著，有13篇论文发表在国家和省级报刊上。她为群众夜间义务出诊2 436人次，义务注射116 541人次，义务针灸60 721人次，义务体检、处方不计其数。

姜健是七届、八届全国人大代表。仅以她个人名义向全国、省、市各级政府提出的议案和建议达114件，90%以上被采纳，为山东省人大代表中提议案和被采纳最多的。她提出的"职称评聘分开"议案，被采纳后已列入有关条文在全国执行。她提议建立中国红十字法的议案，1993年被全国人大批准通过。

【卫生部、人事部授予赵雪芳"白求恩奖章"】　赵雪芳是山西省长治市人民医院妇产科主任医师、科主任兼党支部书记。自1963年从事医疗卫生工作以来，她始终把救死扶伤、解除患者疾苦、全心全意为人民服务作为自己的神圣职责，勤业敬业，对工作极端负责，对技术精益求精，先后为数以万计的患者解除了病痛，在她三十多年的医疗实践中，从未发生过差错事故，在平凡的工作岗位上，做出了突出贡献。改革开放以来，她以一个共产党员的标准更加严格要求自己，带领全科同志坚决抵制拜金主义、利己主义歪风的侵蚀，从未收过患者一分钱，一份礼，以实际行动维护了人民医生光荣、圣洁的形象。

赵雪芳身患癌症，先后接受过两次手术，但她将个人安危置之度外，仍以顽强的毅力战斗在救死扶伤的岗位上。她唯一的希望是能在有限的生命里尽可能为更多的患者解除病痛的折磨。

赵雪芳是活着的白求恩，家乡人民亲切地称她为"太行山的女儿"。为表彰赵雪芳无私奉献、生命不息、战斗不止的崇高精神，卫生部、人事部决定授予赵雪芳"白求恩奖章"，全国妇联授予她"巾帼建功标兵"称号。这次卫生部、人事部授予赵雪芳同志的白求恩奖章是首次颁发。

"白求恩奖章"是1991年卫生部第14号部长令发布的《全国卫生系统荣誉称号暂行规定》中设置的荣誉称号，它是对全国卫生系统模范个人的最高行政奖励。凡获得"白求恩奖章"者，同时接受荣誉证书和通报表彰，并享受省、部级劳动模范待遇。

【赵雪芳获"全国十佳职业道德标兵"】　全国总工会在全国职工中开展的"十佳职业道德标兵"评选活动，赵雪芳当选，成为卫生系统中唯一获此殊荣的代表。

【吴孟超荣膺1993年度陈嘉庚奖】

1993年度陈嘉庚奖颁奖仪式在中国科学院第七次院士大会闭幕式上隆重举行，我国著名肝胆外科专家、第二军医大学副校长吴孟超，作为这次陈嘉庚奖医药科学奖的唯一获得者得此殊荣。

吴孟超的贡献在于他提出了中国人肝脏分段分叶的临床解剖学理论，打破了中肝叶手术禁区，发明了肝脏手术及止血的一系列新方法，在国内较早开展了肝癌的早期诊断、肝移植等研究，并在肝癌免疫治疗研究上取得突破性进展。

陈嘉庚奖从1993年起，由原来评奖科技成果改为评奖科学家个人，由原来每年在六大学科领域轮换评3个奖改为每两年评7个奖，即医药科学奖、生命科学奖、数理科学奖、化学奖、农业科学奖、地球科学奖和技术科学奖。评奖工作委托中科院各学部负责。只有在科学理论或实验中有重大发现，或在技术上有重大发明、创造，对推动技术进步有杰出贡献者方有条件入围。1993年度陈嘉庚奖有7人获奖。

【陈竺获第二届"中国青年科学家奖"】　上海第二医科大学附属瑞金医院、上海血液学研究所研究员陈竺获第二届"中国青年科学家奖"。

陈竺的贡献在于他发现了维甲酸受体α在早幼粒细胞白血病的重组，成为世界上首批报告这一发现的研究者之一。这种特异的分子标志能用于诊断疾病和判定疗效，具有很高的临床实用价值，更重要的是阐明了早幼粒细胞白血病的发病机制以及维甲酸诱导分化治疗白血病的作用原理。他和别人还发现了一种在第11和第17号染色体上易位的变异型白血病，这种新型白血病系国际上首次发现，国际上根据他的研究已发现了6例这种病人。

"中国青年科学家奖"由团中央、全国青联和中国青少年发展基金会联合主办，国家自然科学基金会协办，本届获奖者和提名者是从全国申报的282名45岁以下有突出成就的青年科技工作者中评审出来的。

【黎鳌获国际伊文思奖】　第三军医大学西南医院烧伤研究所所长、著名烧伤外科专家黎鳌教授最近荣获国际烧伤界最高奖——伊文思奖，成为继上海瑞金医院史济湘教授之后我国第二位获此殊荣的专家。

今年77岁的黎鳌教授从事医疗、教学、科研工作50多年，对烧伤呼吸道研究精深，已招收培养研究生29名，硕士研究生23名。他主编了《烧伤治疗学》、《创伤治疗学》等高级参考书8部，在国外和国家级刊物发表学术论文200余篇。他领导主研了数十项烧伤研究课题，其中"烧伤早期损害与创面愈合发病机理的研究"是国家自然科学基金重大课题，"烧伤的研究"为全军"八五"攻关课题。1981年以来，他领衔获得军队科技进步二等奖以上奖共11项，其中他亲自研究的成果获得国家科技进步一、二等奖各1项，军队科技进步等奖2项。他是中华创伤学会的主要发起人和组织者。

伊文思奖是由美国烧伤学会颁发的。该学会是目前国际公认的最具权威的烧伤学术团体。

【侯云德等五名医学科学家获"金牛奖"】 在国家重点实验室建设十周年总结表彰大会上，全国人大常委会副委员长卢嘉锡、全国政协副主席朱光亚、卫生部长陈敏章等向11个国家重点实验室先进集体、65名先进个人颁发金牛奖。卫生系统的病毒基因工程实验室和邓汉湘、侯云德、吴旻、顾健人、刘谦等5人获此殊荣。

【王振义获凯德林奖】 王振义教授是我国著名的血液学专家，现为上海第二医科大学血液研究所所长，其贡献主要在于：为癌肿可以通过诱导分化疗法进行治疗而不损伤正常细胞，尤其是造血细胞这一新的理论和途径提供了成功的范例，推动了在这一领域中的基础和临床研究；为急性早幼粒细胞白血病这一过去死亡率高的急性白血病提供了一种缓解率高，副作用少，价格低廉，使用方便的治疗方法，至今国内外应用这种方法治疗的病人已不少于2 000例，完全缓解率为85%～90%。由于贡献突出，1994年获美国肿瘤研究大奖凯德林奖，这是迄今为止第一位获得该奖的中国人。

【全国有突出贡献的儿童少年工作者受表彰】 为了在全社会进一步树立"爱护儿童、教育儿童、为儿童作表率、为儿童办实事"的公民意识，推动《九十年代中国儿童发展规划纲要》的实施，促进我国儿童事业的发展，国务院妇女儿童工作委员会于1994年"六·一"国际儿童节前夕，对热爱儿童、热情关心并积极推动儿童生存、保护、发展事业，成绩卓著的先进个人和集体进行表彰。

卫生系统荣获"全国有突出贡献的儿童工作者"称号和"热爱儿童"奖章的人员有：白求恩医科大学第二临床医学院妇幼系儿童卫生教研室主任赵钟娥；天津市儿童保健所名誉所长杨葆真；江西省妇幼保健院儿童保健科科长胡炳德；浙江医科大学附属儿童医院院长康曼丽；首都医学院附属北京儿童医院院长樊寻梅。　（韩晓明）

【全国卫生产业先进个人及先进单位表彰大会】 1994年4月1～3日由全国卫生产业企业管理协会、卫生部在广西桂林召开。会议对全国卫生系统在以工助医、以副补主，发展卫生第三产业方面做出突出贡献的15名个人和15个集体授予先进个人和先进集体称号，148个单位受到表彰。卫生部副部长、全国卫生产业企业管理协会会长孙隆椿在讲话中肯定了几年来全国卫生系统发展企业所取得的成绩。以上海为例，1994年卫生系统产业营业额达10多亿元，除增加了国家税收外，还解决了部分卫生事业投入不足的问题，开拓了卫生事业补偿的渠道，促进了卫生事业的发展。（张　斌）

【经人事部批准的1994年度有突出贡献的中青年科学、技术、管理专家简介】

秦钰慧　女，1938年生，湖北江陵人，1962年毕业于北京医学院。现任中国预防医学科学院环境监测研究所副所长，研究员。

秦钰慧研究员1981年从加拿大学成归国后，建立了细胞培养研究室，将cho细胞株及哺乳动物体外染色体和姐妹染色单体交换试验方法引进国内，根据国外研究工作的动向，率先在国内开展了家用化学品建筑和装饰材料对室内环境污染及健康的研究工作。1989年她负责化妆品卫生标准系列总题的设计、组织、总结等全面工作及起草工作。该课题首次在国内完成，填补了我国空白，并取得良好的社会效益和经济效益，获国家科技进步二等奖。她组织起草了我国第一部化妆品卫生监督条例，于1990年由国务院批准实施。1985年她承担了负责生活饮用水标准检验方法部分总题的设计、组织、实施工作，该标准是我国唯一的饮水卫生法规，在保证安全供水方面具有重要意义。该成果获卫生部乙级科技成果奖。

郑　江　男，1941年生，籍贯江苏。1965年毕业于安徽大学，现任中国预防医学科学院寄生虫病研究所研究员。

郑江研究员长期从事血吸虫病、钩虫病等研究工作，是该学科的学术带头人。他参加过多项研究课题，其中国家"七五"攻关课题"大山区血吸虫病流行因素规律及干预试验的研究"获卫生部科技进步二等奖；他负责国家"八五"攻关课题"大山区血吸虫病流行因素及优化防治对策研究"，从生物、环境、社会三个方面系统地阐述了大山区血吸虫病流行因素规律，并提出了防治对策。获国家科技进步三等奖及1992年全国血防工作会议一类应用研究成果奖。他积极承担我国防治血吸虫病咨询任务，兼任卫生部血吸虫病专家咨询委员会副主任委员及农业部血吸虫病专家委员会委员。兼任世界银行贷款血吸虫病控制与监测办公室副主任。他经常深入疫区进行调查研究和技术指导，并向有关领导提供关于防治目标、策略、措施及科研重点和方向的技术咨询。

韩启德　男，1945年生，籍贯上海。1968年毕业于上海第一医学院，1982年在西安医学院获硕士学位。现为北京医科大学第三医院研究员、血管医学研究所所长。

他的主要贡献在于：在国际上率先证实α1肾上腺素存在两种亚型的假设，主要文章发表在Nature杂志上，至今已被国际刊物引用600余次，自1989年来，每年均为我国学者所著论文被引用次数的第二位。近年来他作为课题负责人，完成与正承担国家自然科学基金项目6项，卫生部科研项目2项，教委博士点科研项目1项，以及美国中华医学基金会大型项目1项。共发表论文115篇，其中在国外一流刊物上发表25篇。曾获国家教委与卫生部科技奖及国家颁发的荣誉奖多项。连续2次获美国洛克菲勒基金会生物技术专业基金，被美国著名的埃默里大学聘为客座教授，目前已成为国际著名的受体研究专家。此外在神经肽γ、降钙素基因相关等方面的研究也有不少新的发现，在国内处于领先地位。

樊代明 男，1953年生，籍贯四川。1992年博士后毕业于比利时，现任中国人民解放军第四军医大学第一附属医院消化内科主任医师。

樊代明先后承担或参加7项国家自然科学基金课题，4项军队"七五"和"八五"科技攻关课题，在胃癌单抗和骨形成蛋白两个领域取得突破性成果，达到了国际先进水平，部分处于国际领先。这些抗体除可以用于临床上免疫组化诊断放射免疫显像及实验性导向治疗并取得瞩目成果外，还用于肿瘤病人的血清诊断，且阳性率和灵敏度均显著高于国内外的同类方法。用上述抗体建立的试剂盒已进入市场。他在国内外24种医学杂志上已发表论文150篇，合写专著6本，研究内容分别被国际会议和18次全国学术会议录选，由于他的突出贡献先后被授予"全国做出突出贡献的中国博士学位获得者"、"全国第二届青年科技奖"、"全国优秀中青年医师"、"全国首届中青年医学科技之星"等称号。

万达明 男，1946年生，籍贯甘肃，1981年硕士毕业于北京医科大学，现任中国人民解放军兰州军区总医院血液科副主任医师。

万达明近年来在白血病、恶性淋巴瘤和再生障碍性贫血的临床诊断以及实验血液学方面进行了大量的研究工作，尤其对再生障碍性贫血发病机理及在指导临床治疗中的作用、造血微循环的体外研究及其临床意义、自体造血干细胞移植治疗恶性淋巴瘤和白血病的实验研究及临床应用进行了系统深入地探讨，积累了丰富的经验，在国内率先开展了以自体骨髓移植为主治疗恶性血液病，从基础理论到临床应用，包括大容量骨髓细胞的采集和深低温保存、各种造血干细胞的体外测定，微小残留肿瘤细胞的基因，免疫表型及克隆性检测，骨髓细胞中残留白细胞的体外净化和自体骨髓移植临床技术，术后造血、造血微环境及免疫功能重建，各种近远期并发症的防治和长期随访等进行了深入系统的研究，不仅在理论和实践上丰富和充实了临床血液学和实验血液学的内容，也提高了恶性血液病临床治疗水平。由于他的突出贡献1991年被国家教委、国务院学位委员会授予"有突出贡献的中国硕士学位获得者"荣誉称号。

章扬培 男，1944年生，籍贯北京。1982年毕业于中国军事医学科学院，现任中国军事医学科学院二所所长、研究员。

章扬培研究员长期从事放射生物化学研究，在国内率先开展用基因导入法纠正DNA损伤修复有缺陷的真核细胞，获得成功，达到国际先进水平；成功地进行了肿瘤预见性化疗的研究，提出以甲基转移酶为指标，指导使用烷化剂类抗癌药物，进行肿瘤预见性化疗的新思路，并在初步的临床应用中取得明显疗效。他先后承担13项重点课题，发表论文80余篇，获得国家、军队级奖励6项，立三等功一次，1991年被国家教委、国务院学位委员会授予"做出突出贡献的中国硕士学位获得者"荣誉称号。

栗永萍 女，1954年生，籍贯四川。1991年博士研究生毕业于解放军第三军医大学，现任第三军医大学防原医学教研室研究员。

栗永萍研究员专业基础理论扎实，科研能力强，是军队年轻的防原专家、硕士生导师，她擅长于烧冲与放烧复合伤的病理学研究，其成果"放烧复合伤的病理学研究"1993年获国家科技进步一等奖，承担国家中青年科学基金课题"肠上皮细胞动力学的关系"分题及全军"八五"指令性课题等3项重大科研课题。近几年来发表学术论文24篇，参与编写《创伤战伤病理学》专著1部。曾获"全国首届医学科技之星"荣誉称号。

陈 竺 男，1953年生，籍贯江苏镇江。1989年博士生毕业于法国巴黎第七大学，现任上海第二医科大学附属瑞金医院、上海血液学研究所副所长、研究员。

陈竺研究员从法国取得博士学位后回国，筹建分子生物学实验室，申请到国内外多个科研项目，获得巨额科研经费。近年来，他领导的实验室共中标20余项，包括"863"、国家自然科学基金重大项目、重点项目以及面上项目、霍英东教育基金、国家教委基金、上海市科技发展基金等一大批科研题目。目前他所在的实验室成为初具规模的医学分子生物学研究单位，并于1993年10月被批准为上海市重点实验室。最近又通过卫生部重点实验室的论证。他早在80年代初期，就在国内首次应用生物学活性测定的方法，对血友病甲、乙进行了分型，他在国际上首次发现B细胞系列急性白血病中基因重组；首先分离并序了数个新的T细胞受体r链基因V区片段；在国际上第一次阐明了拌pH1染色体姬姓白血病在22号染色体丛集区域，并命名为M—BCR1、M—BCR2，最近他在全反式维甲酸诱导分化治疗早幼粒细胞白血病的分子机制研究方面，又取得重大突破。他曾获"有突出贡献的留学回国人员"、"全国劳动模范"、上海市十大"高教精英"等荣誉称号。

常福聚 男，1962年生，籍贯河南。1990年博士研究生毕业于芬兰KUOPIO大学，现任河南医科大学病理学研究室副主任、教授。

常福聚教授自1988年从事"乳头瘤病毒感染与食管癌关系"的科

学研究以来，取得了令人瞩目的成绩。1989年，他在国内外首次采用核酸分子原位杂交的方法，证实我国食管癌高发区人群存在严重的乳头瘤病毒感染现象，大胆提出了食管癌发病学中包括乳头瘤病毒感染在内的综合病因假说，从而纠正了先前学术界对食管癌的病毒病因不够重视的现象。他的科研成果被《国际癌症杂志》接受发表，引起同行的极大关注。他先后在国内外专业杂志中发表论文及文摘90余篇，国际文献检索证实，他每年论文的引用指数均高达20分以上。在数十年研究工作的基础上，常福聚教授近来提出的"食管癌的发病原因与发病机理的分子生物研究"设想，进一步得到了欧共体的支持，并拟定在河南医科大学建立一个现代化的分子病理学实验室。由于他的突出贡献，被国务院授予"有杰出贡献的博士生"荣誉称号，1992年在英国举行的世界第11届乳头瘤病毒大会上，被评为十佳青年科学家之一，1992年，他被芬兰SAVO癌症协会评为优秀科技工作者。

戴汝平 男，1939年生，辽宁省开原县人，1967年7月毕业于北京医学院。历任北京医学院助教，中国医学科学院阜外医院住院医师、主治医师、副研究员、研究员。

戴汝平是我国著名放射学者，在心血管病放射诊断方面有较深造诣。特别是"冠状动脉造影术及诊断"，"非紫绀型先心病放射诊断"及建立"中国人心脏体积测量"等均居国内领先水平。他开创了我国心血管介入放射学，其中7项新技术为国内率先开展，治疗效果达国内最好水平，并发症低达国际水平。并致力于推广工作，向全国推广介入治疗新技术。他是博士生导师，培养(包括在学)研究生6人。承担国家"七五"、自然科学基金等4项课题。获卫生部级成果奖3项。发表论文50余篇，参加10部专著编写，2部为副主编。他担任中华医学会放射学会常委，介入放射学组组长；《中华放射学杂志》等6种杂志副主编或编委；是北美放射学会、欧洲心血管及介入放射学学会会员。

陆召麟 男，1939年生，上海市人，1963年毕业于上海第一医学院。历任北京协和医院住院医师、助理研究员、副研究员、主任医师，现任中国协和医科大学副校长。

陆召麟在垂体促肾上腺皮质激素(ACTH)瘤、异位ACTH综合征及先天性肾上腺皮质增生症等疾病的诊断、治疗方面做出了较突出的成绩，先后建立了数种有关激素的测定方法和功能试验，其中多数属国内首建。使垂体—肾上腺疾病的诊治水平居国内领先地位，并达到国际先进水平。

邓洁英 女，1939年生，广东省人，1962年毕业于广州中山医学院。历任北京协和医院实习研究员、助理研究员、副研究员、研究员。

邓洁英在内分泌疾病的实验诊断方面做出了优异成绩，先后建立了7种激素测定方法及10种垂体前叶激素功能试验，其中2/3属国内最先建立，使垂体内分泌疾病的诊断水平居国内领先地位，并达到国际先进水平。她在垂体内分泌疾病的病理生理研究方面也做出了较好的成绩，为发病机制的阐明提供了实验依据，使该领域跻身于国际先进行列。先后获部级科技进步奖4次、国家级科技进步奖(包括1次一等奖)2次，均为主要参加者。

曹世龙 男，1939年生，江苏省盐城人，1965年毕业于上海第一医学院。历任上海第一医学院肿瘤医院住院医师、主治医师、副研究员、教授，现任上海医科大学副校长。

曹世龙1979～1982年在瑞典皇家医学院进修期间，取得该院第一位亚洲籍肿瘤学博士学位。1983年7月他在国内首次成功地移植了裸鼠人体鼻咽癌，经过6年工作的努力，完成了一系列生物学研究工作，该项目获1990年国家教委科学进步奖一等奖。1986年引进流式细胞仪(FCM)，建立了国内第一个肿瘤分析细胞学研究室，至今已进行4 000余例实质性肿瘤标本FCM样测和3 500余例T淋巴细胞亚群分析。他已发表90篇学术论文，参加著书2部，被2个国外学术杂志邀请担任编委，国内7家杂志担任编委。

张　运 男，1952年生，山东省阳谷县人，1981年毕业于山东医科大学。历任山东医科大学附属医院医师、副教授、教授。

张运在攻读硕士学位期间，率先将运动超声心动图用于冠心病的诊断，研究成果达国内领先水平。他在挪威留学期间，在国际上首先提出应用多普勒超声心动图这一新型技术对瓣膜性心脏病进行定量诊断的一系列新概念、新方法和新公式，受到国际心脏病学界的高度评价，成为荣获挪威医学博士学位的第一个中国人和挪威历史上第一个仅用两年时间完成五年博士研究工作的学者。1986年回国以后，他多次举办全国多普勒超声心动图提高班，学员达5 000余人，指导硕士研究生38人，1993年创立山东省第一个内科博士点，为我国培养了大批专业技术人才。他承担了国家、国家教委、卫生部和山东省的多项研究课题，在国内率先开展了一系列新技术，在国内外发表论文250余篇，独立编著我国第一部《多普勒超声心动图学》，主编我国第一部《介入性超声心动图学》，参编专著6部，获得国家、国家教委、卫生部和山东省等各级科技成果奖励28项，获全国有突出贡献的留学回国人员、国家特殊津贴专家、全国首届中青年医学科技之星、全国青年科技奖、国家教委霍英东教育基金会优秀青年教师奖等荣誉奖励17项。这些研究成果已在20余部国际和国内权威专著和100余篇国内外文献中被广泛地加以引用，使我国在多普勒超声心动图临床研究和应用方面达到了国际先进水平。1986年他被破格晋升为卫生部部属院校最年轻的副教授，1992年晋升为教授，1993年被评为博士生导师，并兼任国际血管病学会理事、美国心脏病学会会员等国内外学术和社会团体职务20项以及《中华内科杂志》等8个杂志的编委职务。

邓汉湘 男，1962年生，湖南省人，1992年毕业于日本长崎大学。历任湖南医科大学助教、讲师、副教授、教授。

邓汉湘教授于1989年9月30日回国，将他在日本建立的高技术带回了实验室。他在分子遗传学方面取得成就，在世界上首次确定了家族性肌萎缩性脊髓侧索硬化症的致病基因，在蛋白质的晶体结构和原子水平上阐明了该基因突变与过氧歧化酶活性降低的机理。他将医学遗传学国家重点实验室的建设作为己任，领导该室建立了用染色体显微切割、PCR，克隆染色体区带特异DNA片段的高技术方法，获得了美国NIH的大额度研究经费资助，使医学遗传学国家重点实验室在基础和应用基础研究方面走出国门，参与国际竞争、广泛开展国际合作的目标变成了现实，使该室在国际人类基因组项目的竞争中具有了自己独特的技术优势。1989年以来在国际权威杂志上共发表论文13篇。他的研究工作具备了参与国际竞争的能力。

刘德培　男，1950年生，1975年毕业于安徽蚌埠医学院。先后在湖南医学院、协和医科大学、美国加州大学旧金山分校取得硕士、博士、博士后学位。历任安徽蚌埠医学院教师、中国医学科学院基础医学研究所助理研究员、副研究员、研究员。

刘德培从1984年做博士生起从事珠蛋白基因表达调控与地中海贫血的工作。从1987年起承担国家高技术发展计划："863"课题一地中海贫血基因治疗，同年去美国加州大学旧金山分校读博士后，在加州大学期间，完成"七五"期间国内"863"课题任务。1990年回国，在所内建立转基因动物实验室。至今共发表论文与专著35篇，部分研究结果获卫生部科技进步一等奖。从1988年起协助多位教授指导研究生，1991年批准为硕士生导师，共指导博士生、硕士生各8名。从1991年起承担研究生课程，主要讲授珠蛋白基因表达调控、转基因动物、人类基因治疗、细胞分化与基因表达调控等内容。

郭兴伯　男，1940年生，广州市人，1964年毕业于中山医科大学。历任海南省东方县人民医院主治医师、广州中医学院研究员。

郭兴伯自1975年开展疟疾临床研究以来，长期坚持深入国内外疟区（海南岛、越南）进行抗疟新药的临床研究，先后完成了青蒿素栓、青蒿琥酯、蒿甲醚、双氢青蒿素Ⅰ、Ⅱ、Ⅲ期的临床研究，并均通过国家新药评审及投产，效益显著。在脑型疟疾救治研究方面取得成绩，达到国际先进水平，在疟原虫发育规律研究方面取得多项突破。在国外杂志和国际学术会议上发表论文11篇，在国内杂志和学术会议发表论文36篇。曾获国家级和省部级科技成果奖。是国家"八五"攻关课题负责人，研究所学术带头人，现主持"脑型疟T昏迷选择合理投抗疟药时机的研究"和"青蒿素类药对恶性疟原虫配子体感染性影响"的研究。

王友京　男，1942年生，福建省人，1966年毕业于北京大学。现任中国中医研究院针灸所生化研究室主任、研究员。

王友京主要从事针灸原理的研究，特别是对中枢神经递质或调质在针刺镇痛中的作用及其相互关系作了较系统、深入的研究，并对影响针刺镇痛的因素及其神经化学机理作了探讨。首先证明在针刺过程中，时间因素、电针频率和强度是影响针刺效应的重要因素，不同频率和强度电针可以通过对中枢单胺类神经递质代谢的影响产生不同的镇痛作用。他主持完成的课题"中枢5—羟色胺能系统在针刺镇痛中的作用及其某些神经介质受体的调节"获1987年国家中医药管理局颁发的全国中医药重大科技成果乙级奖；"针刺镇痛中中枢儿茶酚胺系统的作用及其与某些神经递质的相互关系"和"针刺镇痛中脑内脑啡肽与某些神经递质的相互关系及时间因素的影响"分别获中国中医研究院科技成果二等奖和三等奖；"中枢神经介质在针刺镇痛中的作用"获1978年全国科学大会奖，他为主要参加者之一。这些成果不仅有助于阐明中医针灸原理，也促进了神经生物化学的发展。他获得1987年、1988年度卫生部孙氏鼓励医学科研基金一等奖。以第一作者在国内外杂志、书籍中发表论文60余篇。

侯春林　男，1945年生，苏州人，1981年毕业于第二军医大学。历任第149医院军医、第二军医大学第二附属医院主治军医、副教授、教授。

侯春林致力于显微外科和修复重建外科的临床研究，首创胸大肌上部翻转移位代三角肌等8种手术方法，提高了临床治疗效果。在带血管组织瓣移位术临床研究、手残指延长器的研制与应用、压迫性褥疮的预防和治疗研究、几丁质及其衍生物的基础和治疗研究四个方面处于国内领先水平，近5年来，获军队科技进步二等奖以上成果奖6项。1988年以来，在国家自然科学基金资助下，与中科院上海昆虫研究所合作对我国首次从蚕蛹中提纯几丁质及其衍生物进行系统的生物学特性研究，并对其在医学领域里的应用进行了探索性的研究，研究结果证实了几丁质是一种无毒、无刺激性、具有良好的生物相容性的可吸收生物材料，在创面覆盖、防组织粘连，促进组织愈合、防止外伤性神经瘤等方面有广阔的应用前景。该项研究已通过2项科技成果鉴定，其中研制的几丁质可吸收性医用缝合线，国家医药管理局已批准试生产。

于喜水　男，1944年生，海南省人，1968年毕业于沈阳药科大学。现任黑龙江省中药研究所副所长、副主任药师。

于喜水在全国范围内进行苦参资源和质量的考察，得出该省资源丰富，与全国各地的苦参相比，质量上乘的结论，为苦参资源开展奠定了基础。他进行了苦参生物碱提取工艺、有效成分分离与鉴定、制剂工艺、稳定性、质量标准、抗心律失常药理、抗恶性肿瘤药理、毒理及临床等研究工作。开发出抗心律失常新药——心律宁；开发出抗癌新药——吗特灵。经13年的研究，使苦参这种长期沉睡于深山老林的资源成为解除病痛的新药。心律宁获省科技进步三等奖。吗特灵投产两年多创纯利润1500万元，获省科技进步二等奖。这两种新药均为国内外首创。精制苦参总碱工艺使总碱纯度达到90%以上，这是苦参总碱工艺的重大突破。此项成果为苦参资源丰富的产地——林口的农民脱贫致富起了重大作用，获省星火一等奖。

程卯生 男，1964年生，内蒙古自治区固阳县人，1988年毕业于沈阳药科大学。现任沈阳药科大学药物研究所有机试剂研究室副研究员。

程卯生六年来承担国家及省部级研究课题共5项，均为当前世界公认的最有效的新课题，其中两项以优良的成绩完成并交付工业生产，已获较大的经济效益(法莫替丁一项1992年以前已获5 000余万元，奥美拉唑仅一年多即获305万元)和社会效益。发表论文10余篇。科研成果获省(含省医药局)部级以上奖励2项，申请专利1项。1989年以来，通过接收纵向和横向课题，共获得研究经费约150万元人民币。目前在抗溃疡药物研制方向开始被同行们评价为最系统、最深入、贡献突出的较为权威的年轻科研工作者。

马文运 男，1940年生，山西省大同市人，1960年毕业于太原医学院。先后任太原市中医研究所药师、山西省卫生厅主管药师，现任山西省药物研究所所长、副主任药师。

马文运主持和直接参与的课题共16项。获得两项省科技进步二等奖：新型天然药用矫味剂—甜菊甙的研究，项目第一名(1990年度)；柳氮磺吡啶栓的基础与应用研究，项目第二名(1990年度)。获得2项省科技进步三等奖：有机锌盐的合理应用研究，项目第一名(1988年度)；复方苯甲酸(癣净)的研究，项目并列第一名(1990年度)。他创办了山西省药物研究所实验药厂和中外合资山西迈特大药厂有限公司。近5年来共获技术转让费150多万元，获利税近600万元，为扩大再生产和继续发展创造了有利条件。

李建昭 女，1945年生，河北省清苑县人，1969年毕业于北京化工学院。现任华北制药厂副厂长、高级工程师。

李建昭在“七五”期间，作为国家重点攻关项目“青霉素技改工程”的技术负责人，在不停产的条件下，仅用16个月完成了从项目设计、施工、工艺改进、设备优化直至生产规模推广的艰巨任务。使华北制药厂的青霉素生产水平从国内落后水平跃居国内领先，目前已达到国际先进水平，此项目年净增产值4 000万元以上，年增利税1 600万元以上，创造了显著的经济效益和社会效益。

梁万年 男，1961年生，安徽省人，1986年毕业于安徽医科大学。历任安徽医科大学助教、讲师，现任安徽医科大学卫生管理学院副院长、副教授。

梁万年开展的莱姆病研究，填补了国内空白，丰富了世界莱姆病研究工程，为保护人类健康做出了重要贡献，该项目1991年获安徽省科技进步一等奖；开展的肾综合征出血热的研究为国际上首次提出并证实肾综合征出血热存在微小疫源地的理论，该项成果进一步充实与完善了肾综合征出血热疫源地结构的理论，揭示了疫源地维持与扩散的本质，指出了重点灭鼠地点和最佳灭鼠时间，被广泛应用于防病实践，已取得了巨大的社会与经济效益，本项目获得1992年安徽省科技进步二等奖。他还开展血吸虫病、胆石症、社会医学等多项研究，并取得成果。1986年以来，累计发表科研论文60余篇，获省级科技进步奖3项，1992年荣获政府特殊津贴。

赵健雄 男，1942年生，陕西省人，1980年毕业于中国中医研究院。历任甘肃省新医所医师、甘肃省中医学院讲师、兰州医学院副教授，现任兰州医学院副院长、教授。

赵健雄30年来主要从事中西医临床、教学、科研和医学教育管理工作。他长期在教学第一线，1988年任硕士研究生导师，为国内外著名的敦煌医学文献研究专家，1984年起，主持卫生部科研项目“敦煌医学研究”，1989年通过部级鉴定，达国内外先进水平，创立了敦煌医学分支学科，填补了敦煌学研究的空白，已获甘肃省科技进步一等奖，国家科技进步三等奖。1993年主持完成甘肃省项目“扶正补血膏的动物实验和临床研究”，达国内先进水平，获甘肃省教委科技进步二等奖。扶正补血冲剂已开发为新药，临床应用对肿瘤病人血细胞下降和免疫功能降低有显著疗效。出版专著2种，参编专著7种。全国高校统编教材《中医学》三版、四版编委，全国及省级杂志发表论文40余篇，其中获省厅级优秀论著奖7项。1992年享受政府特殊津贴，1994年获甘肃省优秀专家。

吴新民 男，1953年生，青海省人，1976年毕业于青海医学院。历任青海省人民医院医师、主治医师、副主任医师。

吴新民是一名对青海医疗卫生事业做出突出贡献的优秀少数民族医生和科技工作者。自1984年以来，他先后进行了“肝内胆管结石的治疗”、“下肢静脉曲张的病因研究”、“电视腹腔镜在腹腔手术中的应用”、“吸刮切肝法”等10多项外科临床研究，多次获得省、厅级的科研成果奖。“电视腹腔镜下胆囊切除及肝包虫内囊摘除术”等16项具有高水平的新技术和新手术，其中13项填补了该省空白，达到了国内先进水平，很多项目已在全省其他医院推广应用，产生了很好的社会效益和经济效益。他设计研制的“医用半导体多用降温装置”获国家专利，并在全国科技成果评选中获银奖。发表学术论文40篇。1986年在省科委等5家单位举办的全省急救大比武中获第一名，1994年被授予“青海省十大杰出青年科技工作者”称号，多次被评为省人民医院、全省卫生系统及省直机关的优秀党员和先进工作者。

李文琪 男，1947年生，福建省人，1982年毕业于内蒙古医学院。现任内蒙古医学院第二附属医院副院长、副教授。

李文琪在骨科专业理论造诣较深，手术精湛、技术熟练、勇于创新、开展多项新业务。他编导的《先天性髋关节脱位》教学录像片获华北地区特优奖。近8年来获自治区科技进步二、三等奖共6项。他主持的

"小血管套接法实验研究"和"异体微血管移植实验研究和临床应用"均居国内领先水平,已用于临床,取得良好效益,先后发表论文51篇。国家教委授予他"中国做出突出贡献的硕士研究生"称号。

武长春 男,1942年生,山东省济南市人,1963年毕业于西安市中医学徒班。现任陕西省中医药研究院副研究员。

武长春1980年起进行《黄帝内经通检》的编制,1983年开始应用电子计算机进行中医古籍的整理研究。先后完成《黄帝内经素问》的电子计算机整理研究、应用电子计算机整理中医古籍的研究等科研课题,分别获陕西省政府科技成果三等奖(1986年)和国家中医药管理局科技进步一等奖(1990年),实现了中医古籍通检编制的自动化。1989年利用电子计算机编制的《内经通检》进行《黄帝内经》的语义学研究,并将其研究成果与陕西省内经界研究同仁共同编制《内经词典》,获国家中医药管理局科技进步二等奖(1992年)。受《黄帝内经》的启发,发现体制因素(五脏禀赋不足)对糖尿病发病的关键性作用,从而为中医药治疗糖尿病提供了新的线索。

高永中 男,1954年生,北京市人,1989年毕业于荷兰阿姆斯特丹自由大学医院神经外科。历任天津医学院附属医院住院医师、总住院医师、主治医师、副教授,现任天津市神经病学研究所实验外科研究室副主任。

高永中1989年在荷兰阿姆斯特丹自由大学获得医学博士后回国。在四年多时间里,已收治150多例颅内动脉瘤病人,其中近125例为个人手术所治,手术疗效达世界先进国家水平。作为主要参加者,他承担了国家"七五"攻关计划"国产动脉瘤夹及夹持器的设计研制及临床疗效观察",成果已通过国家鉴定,产品已正式投产并在国内广泛推广使用,受到好评,结束了依赖国外进口动脉瘤夹的历史,为国家节省了大量的外汇,夹持器的功能与质量明显高于国外产品。上述两项工作已在国家级杂志上发表3篇论文。他收治了近百例脑血管畸形,特别是对大型脑血管畸形的手术治疗,脑干血管畸形的显微外科手术切除,达国内外先进水平。目前作为主要执行者承担了国家"八五"攻关计划,对高血压脑出血的钻孔抽吸及急性脑栓塞的血管内溶栓治疗进行探索,工作已基本完成,进入总结阶段。回国后,发表论文26篇,参与编写专业书籍5万余字。

郝希山 男,1945年生,河北省人,1970年毕业于天津医学院。历任天津肿瘤医院住院医师、主治医师、副主任医师、主任医师,现任天津医科大学校长。

郝希山经多年临床实践和国内外理论学习及进修,全面掌握癌瘤的基础知识和诊治技术,掌握腹部肿瘤的疑难大症的诊断,胜任所有腹部大型手术,全面掌握肿瘤临床及基础研究的国际动态。在国内外刊物上发表及大会宣读论文12篇,其中第一作者8篇,并与医学院专家合写专著。1984～1986年被派往美国、荷兰学习肿瘤免疫和免疫病理,在国外取得两项成果:①建立了以测定上清液 rinterferon 来判定人T细胞反应性的免疫检测方法,所获成果以第一作者写成论文发表于《免疫方法杂志》;②建立了大鼠T细胞株HMT—2(其中H代表郝希山,所以依作者命名)。自1987年以来曾先后到美国、日本、瑞士参加国际会议并发表论文,其中于1989年7月作为特约代表参加日本消化道外科会议,并在大会发表论文,会上由日本消化道外科学会总会会长颁发荣誉证书。

陈元仲 男,1957年生,福建省福州市人,1987年毕业于福建医学院。现任福建医学院副主任医师。

陈元仲在细胞因子与巨核细胞生成调控方面有深入的研究和重大的发现,已在国际一流刊物及大型国际会议上发表5篇论文。他在国际上首次发现和报道LL—3是巨核细胞白血病的自分泌因子,这一重大发现为阐明白血病的发病机制提供了一种新认识,有理论意义和实用价值,在此基础上进一步提出多种细胞因子自分泌是白血病发病机制中重要环节的新见解,研究论文在大型国际会议上发表。他在血小板减少症的血小板内BTG及血液病纤维结合蛋白的研究,居国内领先水平,已有两项成果获福建省科技进步二等奖。他发明的红细胞三维立体定量检测新技术(第二发明者)使红细胞检测技术取得突破性进展,获福建省首届发明金牌奖、全国银牌奖及国际铜牌奖。他有较强的科研工作能力,在国家级医学杂志上发表了11篇论文。

吴金术 男,1940年生,1962年毕业于湖南医学院。现任湖南省人民医院副院长、肝胆外科主任、主任医师。

吴金术1980～1982年参加第四批中国援助塞拉利昂医疗队,在极端困难的条件下,施行各种手术近1 000例,在非洲影响很大,多次为祖国争得了荣誉。1983年,从事常见病管结石的临床研究,设计研究了"肝胆管盆内引流术"及一些手术器械,获得7项国家专利发明。收治全国各地疑难肝胆管结石患者1 000多例,施行肝胆管盆内引流术800多例,手术效果优良率达90%,再手术率仅为原来的1/60(0.7%)。撰写论文60篇,著有《肝胆管结石诊疗新进展》一书,举办肝胆管结石的学习班11期,学员来自全国各地,达1 300多人,1988年举办了国际肝胆管结石学术交流会,并应邀到全国16省市227家医院讲学会诊。

潘敏求 男,1941年生,1968年毕业于湖南中 医学院。现任湖南省中医药研究院附属医院院长、主任医师。

潘敏求是我国有影响的中医肿瘤及肝病专家,具有丰富的临床经验和很强的科研能力,是该省中医肿瘤学科的学术带头人之一,培养了该省第一代中医肿瘤硕士研究生。他主持研究的国家中医药管理局重点课题"肝复方治疗肝癌的研究",获1992年度国家中医药管理局中医药科技进步一等奖。他主持研究并发明了我国第一个国家级治疗肝癌的中药三类新药"肝复乐片”，获卫生部新药批准文号，正式投放市场，使中药治疗肝癌上升到了一个新水平，并已引起世界各国的广泛关注。他通过多年的临床和实验研究，打破了几千年中医肝癌治疗的传统法则，创立了“健脾理气，化瘀软坚，清热解毒”治疗肝病的新法则，从而推动了中医肿瘤及肝病治疗学的发展，该项成果获1993年省中医药科技进步三等奖。在国际、国内刊物上发表学术论文10余篇，1990年、1993年、1994年曾先后赴德国、泰国、美国参加学术会议并获奖，其中“中药肝复方与放疗、化疗对比治疗中晚期原发性肝癌112例”一文被国家中医药管理局编著的《建国40年中医药科技成就》一书收录。

王和鸣 男，1943年生，福建省福州市人，1965年毕业于福建医学院。现任福建中医学院副院长、教授。

王和鸣担任硕士研究生导师。与张安桢教授等合作，在我国首先创办中医骨伤科专业，1989年获福建省高校优秀教学成果一等奖与国家级优秀教学成果奖。作为学科带头人之一，福建中医学院骨伤专业于1993年被国家中医药管理局确定为第一批全国重点学科。1992年11月被聘为全国普通高等教育中医药类规划教材编审委员会委员，《中医骨伤科学基础》主编。曾荣获1988～1989年度福州大中专院校“三育人”先进工作者，1989年福建省教委授予“福建省优秀教师”称号。他在研的课题有国家自然科学基金与省教委的科研项目各1项，发表论文30余篇，主编教材与论著4部，参编10部；1988年《骨伤科内伤诊治法》（第二作者）获国家教委科技进步成果二等奖。“股骨上1/3骨折采用中立位牵引的作用机制探讨”获1988年度福建省自然科学优秀论文三等奖。

仲来福 男，1941年生，1964年毕业于大连医学院。历任大连医学院助教、讲师、副教授、教授，现任大连医学院教研室主任兼研究室主任。

仲来福教授是国内有影响的预防医学学术带头人，在预防医学（特别是毒理）与抗瘤药物研究以及科技开发中做出突出贡献，近年获省、市劳动模范，省、市优秀科技工作者、全国优秀教育工作者称号，并获全国“五一”劳动奖章和政府特殊津贴，被欧洲毒理协会接纳为唯一中国籍会员。曾承担2项“七五”重点科技攻关及6项省（部）级重点科研项目。在国内外学术刊物发表论文40余篇，获4项科研成果，其中3项获省级科技进步奖。他在国际上首次发现普鲁卡因能预防抗瘤药顺铂肾毒性；中毒性肝 病机理及检测研究成果达到国际先进水平；接触苯工人淋巴细胞亚群改变研究成果居国内先进水平；还发现一种有临床应用前景的抗瘤药NMDA。研制成功3种保健品，2种已投放市场，获得显著的社会效益和经济效益。他参加编写过国家规划教材《卫生学》和试用教材《卫生毒理学》。

焦东海 男，1938年生，浙江省人，1962年毕业于上海医科大学。现任上海市香山中医医院中西医结合科大黄研究室主任、主任医师。

焦东海对疑难危重病症总结出11种中西医结合治疗方法，用附子、生地、人参为主治疗难治性心力衰竭、房室传导阻滞、尿毒症的疗效优于同类中（西）药。创用大黄为主中西医结合治疗急性胃十二指肠出血、胰腺炎、胆囊炎、肝内胆汁郁积性黄疸的疗效优于同类中（西）药，可减少手术率、降低死亡率，故获部、市级科技成果一、二等奖6项，用大黄为主中西医结合治疗肥胖症的疗效居国内领先水平，减肥3公斤以上达3 700例，1993年创造减肥62.5公斤的全国新纪录。历时8年研制成一种大黄新制剂，1992年获三类新药证书。发表论文125篇，出版书5本。负责举办三次全国学术交流会，应邀出国讲学7次。

曹月敏 男，1940年生，河北省宁晋县人，1967年毕业于中国协和医科大学。现任河北省人民医院院长兼普外科主任、主任医师。

曹月敏在理论研究上有创造性成果，他主编了我国第一部《乳腺外科学》72万字，荣获1991年度北方十省市（区）优秀科技图书一等奖，是我国第一部《康复医学》62万字的主要编著者之一。他精通本专业基础理论，具有丰富的临床经验，对甲状腺癌颈淋巴结切除术、胃癌扩大根治术、脾腔静脉分流及门厅静脉断流术、巨大胸内甲状腺的经颈分段切除术、胰头癌的胰十二指肠切除术、肝巨大肿瘤的半肝及肝三叶切除术等大型手术，改进了术式，减少了术后并发症，提高了治愈率。近年来在国家级及省级刊物发表论文48篇。

温进坤 男，1954年生，河北省泊头县人，1990年毕业于日本信州大学。历任河北医学院助教、讲师、副教授、教授。

温进坤多年潜心于基因表达调控研究，在分子生物学研究方面具有系统的理论知识和坚实的实验功底，掌握多种先进的分子生物学实验技术，在国外留学期间，在分子水平上阐明了无过氧化氢酶血症的发病机理，为世界医学填补一项空白。回国后致力于心血管病发病机理的分子生物学研究，四年来，负责主持国家和河北省自然科学基金及省科委资助课题多项，参加国家重点项目1项，1994年荣获卫生部优秀青年科技人才专项基金资助，在国家级杂志上发表论文30多篇，获省卫生厅科技进步一等奖（第一作者）1项，二等奖（主研人）1项。1992年被北京医科大学心血管基础研究所聘为兼职教授，1994年初被国务院学位委员会批准为博士生导师。

王应太 男，1944年生，河南省人，1968年毕业于河南医学院。现任河南省人民医院医学遗传研究所所长、副主任医师。

王应太发表论文50多篇，其中6篇发表在国外杂志上，发现32种世界首报染色体异常核型，研究的染色体高分辨技术达国际先进水平，关于鱼鳞病、猫叫综合征基因定位在国际上处领先地位。获成果奖6项，出版专著4本，其中一项列入国家“八五”重点图书。1993年承担的省重点攻关项目“胎儿出生前疾病的诊断研究”，为产前诊断开辟了新的途径，这对于提高人口素质，实现优生有着极其重要的科学价值。

李曰庆　男，1946年生，山东省章丘人，1970年毕业于北京中医学院。现任东直门医院副院长、副教授、副主任医师。

李曰庆长期从事普外、泌尿外科、男科的临床医疗工作，擅长应用中西医两法诊治泌尿男科疾病，疗效较好。他主编了《男子不育》、《实用中西医结合泌尿男科学》、《中西医结合不育与不孕研究新进展》、《中医外科学题解》等7部专著，并担任《中医传统性医学》、《中医性医学大辞典》编审，在其他各种学术杂志上发表论文40余篇。他牵头成立了高等中医临床教育研究会，为提高临床教学质量，更好地培养中医人才做出了贡献。他本人负责的"临床系列声像试题的制作与研究"课题，获北京市高校优秀教学成果二等奖。现任部局级课题"前列栓治疗慢性前列腺炎的临床与实验研究"的主持人。

唐步坚　男，1945年生，江苏省盐城人，1967年毕业于广西医学院。现任广西肿瘤研究所副所长、副主任医师。

唐步坚积极参加科研工作，作为主要参加者完成的女性内生殖器雌、孕激素受体研究获1992年度广西医学院科技进步二等奖。1984年他在区内首先将腹腔镜检技术应用于妇科肿瘤的诊断，随后又完成了区科委攻关课题"腹腔镜结合肿瘤标记物联合检测在卵巢癌诊断上的应用"，明显地提高了卵巢癌的诊断水平，取得了良好的社会和经济效益，论文发表在《中华妇产科杂志》等杂志上，该成果荣获1994年度广西高校科技进步二等奖和自治区科技进步二等奖。他在国内外率先开展了电化学治疗妇科肿瘤的系统研究，治疗了66例中晚期宫颈癌患者，取得了有效率92.4%的好成绩，学术论文分别在第一、二届国际电化学治癌大会上宣读，该成果荣获1994年度广西卫生科技进步二等奖和自治区科技进步二等奖。

裴国献　男，1954年生，河南省临颖人，1974年毕业于济南军医学校。现任第153医院手外科主任、主任医师。

裴国献具有较高的学术技术水平和科研能力。几年来开展新业务、新技术63项，三次参加国际学术会议，发表学术论文30多篇，主编专著2部；作为第一研究者共获军队科技进步奖12项，其中二等奖3项，三等奖5项，四等奖4项，有多项经美国MEDLINE光盘检索，分别达到了国际或国内先进水平，创造了多项世界首例与国内首创。开展的"四肢同时离断再植成活"属世界首例，填补了国内空白；主持的"双手10指完成离断再植成活"属世界第6例，再植时间之短创造了此类手术新的世界纪录；研究的"小腿双蒂平行桥式肌皮瓣移植修复下肢严重创伤"、"带旋髂深血管髂骨为支撑体的阴茎再造研究"等课题，解决了国内外创伤中的疑难问题，填补了国内外创伤外科史上的空白。

樊明文　男，1939年生，湖北省人，1962年毕业于四川医学院。现任湖北医科大学口腔医学院院长、教授。

樊明文对口腔生物学、龋病学有系统研究，并取得了一定成就。近年来共有9项成果通过鉴定，3项获国家级、省部级奖。在国内外专业刊物上发表论文60余篇，综述10余篇，先后主编和参编专著、教材8本。多次出国讲学、进修、考察、合作科研、参加国际学术会议。1987年创建湖北医科大学口腔医学实验中心，培养硕士、博士生40名。其成果获省级教学成果一等奖，国家级教学成果二等奖。1987、1991年分别获得两次国家自然科学基金资助，其中一项已完成，并获省级二等奖，另一项卫生部重大科研课题也已取得系列成果。

毕复海　男，1942年生，籍贯山东，1968年毕业于济南军区军医学校，现任武警山东总队医院骨科主任医师。

毕复海自1980年就潜心钻研小儿麻痹康复治疗技术，他完成科研项目10项，全部通过技术鉴定，其中他主持研制的"多功能矫形延长器"1988年获武警部队科技进步二等奖；"三连杆撑拉支架的研究和临床应用"1992年获武警部队科技进步一等奖；"半闭式股骨髁上截骨术的研究与临床应用"1993年获武警部队科技进步一等奖。撰写了大量的学术论文，其中发表在省级以上学术杂志上35篇，是医院的科技带头人，为医院的正规化建设做出了贡献。他采用国际先进技术为160例脑性瘫痪病人实施手术，效果良好。他多次参加国家和省小儿麻痹 专家医疗队，并担任队长，奔赴甘肃、宁夏等省地巡诊、检查、指导手术，使更多的医院医生掌握其先进的治疗技术，收到了较好的社会效益。

徐群渊　男，1941年生，籍贯江苏武进，1988年研究生毕业于瑞典卡罗琳学院，现任首都医科大学教授、校长。

徐群渊教授是我国神经解剖学学科有影响的专家之一，他70年代研究"脑边缘系统参与运动控制的核团一伏隔核的纤维联系"，80年代研究"参与运动控制和学习的脊髓传入神经通路"，"神经组织变性和再生"，90年代主持"基因治疗巴金森氏动物模型试验研究"。现已公开发表论文综述60余篇。担任中国解剖学会理事及多个全国和北京有关学会，协会的理事，已培养出硕士研究生6名，在读硕士研究生4名，培养副教授3名、讲师多人，是国内外有较高知名度的神经科学工作者。

袁今奇　男，1942年生，籍贯江苏，1963年毕业于江苏盐城医专，现任新疆石河子医学院一附院中医科主任医师。

1963年服从组织需要，从戎西北边陲，至今已30多个春秋，他长期从事中医教学工作，教学效果好。他科研工作成绩突出，发表论文88篇，其中国家级杂志24篇，主编及参编专著10部。获兵团科技进步奖3项，自治区发明银奖、全国星火计划金奖1项，获国际、国家、省优秀论文奖30余项。多次获得自治区及兵团科技荣誉称号，1991年扶贫医疗立三等功。

钟虹光　男，1958年生，籍贯江西南昌，1988年硕士研究生毕业于美国 Otlahoma City 大学，现任江西省南昌市江中制药厂副主任制药师。

钟虹光1985年起担任江中制药厂厂长，任职9年，实现了两次经济腾飞，将一个基础薄弱、人心涣散、面临破产的小厂建设成为一个采用现代化电脑管理，全国知名的制药企业，挤身于全国工业企业500强之列，名列全国校办企业第一，全国制药行业第四，荣获全国“五一”劳动奖章。他重视新产品开发，走科技兴厂的道路，率先在本省推出儿童营养保健品——“宝宝康”系列产品、开发了“复方草珊瑚含片”，人均利税达40万元。

（郝爱军　宋　峻）

1994年逝世的医药卫生界人物

江一真（1915～1994）　原中共中央顾问委员会委员、老红军，1994年3月24日因病在北京逝世，终年79岁。

江一真，男，福建连城人。1927年在闽西长汀县参加反帝大同盟、自卫队和农民暴动。1929年3月参加中国工农红军，1934年加入中国共产党，参加了中央革命根据地一、二、三、四、五次反“围剿”斗争和中央工农红军长征，历任红军师卫生队队长，中央红军总收容队医疗队队长，中央红军总医院医务主任，红军重伤医院院长。抗日战争时期，他历任八路军野战医院院长、白求恩卫生学校校长、晋察冀军区卫生部部长等职。1946年初，他前往华东前线，改作党政工作，历任新四军滨海总队政治委员兼滨海县委书记，华中工委土改队队长兼党委书记，泰州地委副书记。新中国成立后，江一真先后任福建省农林厅厅长，省委农村工作部部长，省委土地改革委员会副主任，省委书记，省政协主席，省长等职。粉碎“四人帮”后，江一真任卫生部部长兼党组书记，中共河北省委第二书记，省人大常委会主任。他衷心拥护、坚决贯彻党的十一届三中全会的路线、方针、政策，大胆拨乱反正，平反冤假错案，积极推进农村改革，得到了党中央的充分肯定。

江一真是中国共产党第八次、第十二次全国代表大会代表，第三、五届全国人民代表大会代表，第五届全国政协常务委员。在中国共产党第十二、十三次全国代表大会上当选为中央顾问委员会委员。

汉斯·米勒（1915～1994）　杰出的国际主义战士、著名医学家、全国政协委员、北京医科大学顾问，1994年12月4日因病在北京逝世，终年79岁。

米勒教授，男，1915年出生于德国杜塞尔多夫。1939年1月获瑞士巴塞尔大学医学博士学位，1939年7月到我国延安参加抗日战争医疗工作，1950年加入中国籍，1957年参加中国共产党。

在抗日战争时期，米勒曾任延安和平医院内科主任、晋东南国际和平医院外科及内科指导医生。18集军团卫生部流动手术队队长兼129师医务顾问。解放战争时期，任冀察热辽军区医院院长、第四野战军医管局卫生主任、长春第三军医大学附属医院院长、教授。建国后，历任沈阳医学院第二附属医院院长兼儿科系主任、北京积水潭医院内科主任、北京医学院副院长等职。

米勒在和中国人民共同战斗生活的55年中，一贯积极参加医疗第一线工作，在战争年代缺医少药、设备简陋的情况下，他经常在烛光下，跪在地上给伤员做手术，在敌机轰炸、敌军追击下，仍冷静指挥伤员转移。即使在十年动乱时期，他仍领导医院恢复业务学习制度，支持科研，使我国首批乙型肝炎疫苗取得成功。

诸福棠（1899～1994）　中国现代儿科医学奠基人、著名儿科专家、中国科学院院士、首都医科大学附属北京儿童医院名誉院长，1994年4月23日因病在北京逝世，终年95岁。

诸福棠教授，男，江苏无锡人。1927年毕业于北京协和医学院，并获美国纽约州立大学医学院博士学位。1942年与吴瑞平、邓金教授一起创建了北平市儿童医院。1945年起兼任北京大学医学院儿科教授。1949年北平解放时，他响应党的号召毅然留在北京。1952年他又与吴、邓两教授主动将医院献给了国家，改称为北京市第二儿童医院。在当时北京市市长彭真、刘仁等领导下开始筹建解放后全国第一所大型儿童医院，并任首届院长直至1981年，1981年后改任名誉院长。

诸福棠教授是我国儿科医学的奠基人。早在30年代在美进修期间就潜心从事胎盘球蛋白预防小儿麻疹的研究，被美国《时代周刊》誉为“儿童福音”。他对小儿维生素C缺乏症的临床和治疗进行深入研究，共发表数十篇论文。60年代，诸老又带领全国七个单位的儿童保健工作者共同研制麻疹减毒活疫苗并推广至全国，降低了麻疹的发病率和病死率，使这一危害儿童健康的主要传染病在我国得到了有效的控制。60多年来他悉心为病儿服务，在儿童医疗、教学、科研、保健等各方面都做出了卓越的贡献。他大力倡导“公慈勤和”的院训、院风，并以自己高尚的医德为广大医务人员树立了榜样。由他主编的《实用儿科学》是我国第一部经典儿科医学专著。该书于1993年获首届全国国家级优秀图书奖一等奖。

诸福棠教授是卫生部医学科学委员会常委，中华医学会常务理事，中国保卫儿童全国委员会副主席，一至六届全国人大代表。

吴　洁（1906～1994）　著名内科学家、一级教授、北京医院原副院长、主任医师，1994年12月23日因病逝世，终年88岁。

吴洁教授，男，河北良乡人。早年毕业于上海圣约翰医学院，获医学博士，解放前曾任南京中央医院医师、美国宾夕法尼亚大学内科研究院硕士、成都中央大学医学院教授、天津中央医院内科主任、北平医院院长，解放后任北京医院内科主任、北京医院第一届工会主席、北京医院副院长。被选为第四、五届北京市人大代表，第三届全国人大代表，第五届全国政协委员。

吴洁教授医术高超，对医学理论有很深的造诣，专长心内科，是国内心脏内科学领域的开拓者之一。他长期从事医疗保健工作，曾担任毛泽东主席医疗组主要成员，为党和国家领导人身体健康贡献了毕生的精力。他严守国家机密，从不泄露党和国家领导人的身体健康状况。1985年2月荣获中央保健委员会颁发的荣誉证书和奖状。

吴洁教授著有《心脏病概论》、《临床心率失常症》、《心动电流图的意义及其门诊上的应用》、《苏联对高血压病治疗的经验》、《心脏病分类法》、《结核病、风湿病、恶急性细菌心内膜炎》、《中医对心脏病的治疗》等论著。

陶桓乐(1907～1994) 著名心血管老年病学家、北京医院一级教授，1994年3月13日因病在京逝世，终年87岁。

陶桓乐教授，男，湖南岳阳人。毕业于上海同济大学医学院，历任南京中央医院内科医生、成都三大学联合医院内科医生，原国防医学院内科教授，上海同济大学医学院内科教授，武汉医学院内科主任，北京医院内科主任。

陶桓乐教授在建国初期参加上海市第一批抗美援朝医疗队，曾立功受奖。1960年调到北京医院，担负党和国家领导人的医疗保健任务。曾担任毛泽东、周恩来、刘少奇、宋庆龄等领导人的医疗保健工作。陶桓乐教授学识渊博，治学严谨，专长心血管疾病和老年医学的研究，在内科心血管疾病和老年医学的研究方面积累了丰富的经验，主编有《医学百科全书》老年医学分册。

吴和光(1910～1994) 著名外科学家、华西医科大学一级教授，博士生导师，1994年9月18日因病逝世，终年84岁。

吴和光教授，男，四川巴县人。1936年毕业于原华西协和大学医学院，并获得该学院和美国纽约州立大学医学博士学位。1947～1949年赴加拿大、美国留学，回国后一直从事外科学医疗、科研、教学工作。历任住院医师、讲师、副教授、教授，四川医学院附属医院院长、四川省政协常委。

吴和光教授50年代就成功地开展了脑外科手术，并在西南地区创建了第一个神经外科学学科，1978年首先开展了急性坏死性胰腺炎经腹膜后引流的新技术，获省科技进步一等奖，达到国际先进水平。主编《Modern Chinese Medicine》(现代中国医学)一、二卷英文版及中文版。

俞恩梅(1903～1994) 妇产科专家，一级教授，四川省医学情报所顾问，1994年3月25日因病逝世，终年91岁。

俞恩梅教授，女，浙江杭州人。1926年毕业于南京金陵大学，1930年毕业于上海协和女子医学院。1933年至1936年先后在美国费城女子医学院、霍普金医院、纽约肿瘤纪念医院及Cornell医疗中心妇产科学习。1946年回国任重庆宽仁医院妇产科主任。解放后，历任重庆宽仁医院妇产科主任、重庆医士学校教师、第七军医大学教授。1982年任四川省医学情报所顾问。担任过四川省政协第五、六届委员、第七届常委，致公党四川省委妇女委员会主任。

俞恩梅教授毕生致力于医疗事业和社会福利事业，尤其在儿童教育和残疾儿童的康复工作上倾注了大量心血。她将珍藏多年的镭针全部捐赠华西医科大学，她利用赴美探亲机会，学习儿童康复方面的知识，筹集资金、物资，选送医务人员出国进修。俞恩梅教授生前生活极为俭朴，却把自己的工资积蓄和亲友赠送的礼金全部捐献给了残疾儿童事业，并将友人赠送的汽车转赠给了四川儿童基金会。

杜琼书(1915～1994) 著名中医骨伤科专家。我国中医骨伤科一大流派—杜氏骨科代表人。1994年3月29日因病逝世，终年79岁。

杜琼书主任医师，女，满族，四川成都人。1931年随父亲(我国著名骨伤科专家杜自民先生)学习中医骨伤科。解放后曾任成都铁路中心医院主治医师、四川省人民医院主治医师、成都中医学院附属医院骨科副主任、副主任医师、四川省中医研究所副所长、顾问，主任医师，四川省中医药研究院顾问等职。

杜琼书主任医师自幼师承其父行医数十年，具有高尚的医德和精湛的医疗技术。从医60余载，治愈了不少中外骨科患者，久负盛名。她生前十分开明，学术上从不保守，乐于把自己的经验传授他人。她先后为国家培养了大批有成就的高级中医骨伤科人才，被成都中医学院聘为名誉教授，是全国500名老中医药专家指导老师之一。她主持编写了《杜氏骨伤讲义》、《杜氏按摩与正骨手法》、《杜氏中医骨科手法治疗图解》等专著。

杜琼书生前担任过三、四、五、六、七届全国人大代表，五、六届四川省人大常委；五、六届政协委员兼医卫组副组长，农工民主党四川省委组织部长、副主任委员、中华全国中医骨伤科学会顾问、四川省满、蒙学会主任委员等职。

万　昕(1896～1994) 我国营养学界老前辈，著名生物化学专家，安徽医科大学二级教授，1994年8月13日因病逝世，终年98岁。

万昕教授，男，早年就读于北京清华学堂，1920年9月至1929年9月先后在美国加州大学、爱俄华农学院、普渡大学获学士学位和硕士学位。1929年回国后在北平协和医学院从医执教。解放后随上海私立东南医学院到安徽，在安徽医科大学任教授。

万昕教授在半个多世纪的医学教育生涯中，为发展我国的生物化学做出了杰出的贡献，他编著的《生理化学》、《实验化学》等论著，是我国第一部生物化学专著。他创办了我国第一个营养学研究所、第一份营养学杂志。50年代他曾带领生化、卫生、临床等方面的科技工作者奔赴大别山区开展地方性甲状腺肿的调查和预防研究，后又在西安指导克山病的防治研究，对我国内地及山区的地方病防治作出了很大的贡献。

万昕先后担任过中国营养学会名誉委员、中国生化学会名誉理事、中国生理学会理事、九三学社顾问，第三、四届全国政协委员等职。

胡汉升(1911～1994) 著名环境卫生、环境工程学家、三级教授、北京医科大学环境卫生教研室原主任，1994年10月30日因病在京逝世，终年83岁。

胡汉升教授，男，1935年毕业于南京中央大学土木工程系，1947年赴美进修卫生和环境工程学，于解放前夕回国。1952年受聘于北京医学院，创立、组建了环境卫生学教研室并任主任。胡汉升从事科研、教学50余年，业绩卓著，多次获得国家奖励。

陈洪权(1914～1994) 公共卫生学家，中国医科大学三级教授，1994年4月30日因病逝世，终年79岁。

陈洪权教授，男，1942年毕业于私立盛京医科大学，留校后任卫生学助教、讲师。解放后到中国医科大学工作，历任副教授、教授、卫生系主任、预防医学系名誉主任。

陈洪权教授从事卫生学、公共卫生教学和科学研究40余年。他所进行的虚弱儿童保健工作，受到省市表彰，并经卫部、教育部、全国总工会通令推广，1956年起进行尘肺的研究，曾发表过多篇论文，他结合实践提出了"没有惰性粉尘和没有良性粉尘"的观点，受到了国内外的重视，1993年获全国少儿卫生、学校卫生奠基奖表彰。

陈洪权教授是辽宁省先进卫生工作者，曾兼任中国民主同盟沈阳市委员会委员、省政协委员，中华医学会沈阳分会副会长，全国职业性肿瘤调查指导组成员。

李树春(1921～1994) 老红军。1994年5月25日因病逝世，享年73岁。

李树春，四川平昌人。1933年8月参加中国工农红军及二万五千里长征。在革命战争年代，历任看护员、看护班长、排长、司药、医生、医务所长。解放后，曾任宁夏回族自治区人民政府卫生处医药科副科长、科长，省干部休养所所长、省卫生厅医疗预防处副处长、处长，药政管理局局长，卫生厅党组成员，他的一生为中国人民的解放事业和人民卫生事业做出了贡献。 (宋峻)

卫生工作纪事

卫生工作纪事

1994年卫生工作纪事

1　月

4日　健康报报道:我国著名医学专家吴阶平教授在比利时参加学术活动期间,比利时皇家医学科学院授予他金质国王奖章,以表彰他在医学领域的杰出成就。

5日　中国地方病协会在京成立,李德生、吴阶平任协会第一届理事会名誉会长,钱信忠、高淑芬分别担任理事会第一任会长和常务副会长。

6日　健康报报道:为了增加医疗收费透明度,自觉接受群众监督,河南省卫生厅决定全省各级各类医疗单位要全面推行住院病人"双卡记帐"制。

10日　卫生部召开反腐倡廉电话会议,部署1994年全国卫生系统反腐倡廉、纠正行业不正之风工作。

▲国家工商局、中国轻工总会、卫生部、国内贸易部和国家技术监督局联合召开新闻发布会,宣布5部门《关于加强食盐市场管理,坚决杜绝非碘盐进入缺碘地区的通知》对食盐的生产、批发单位实行许可证制度。

13日　国家中医药管理局发布1993年度中医药科学技术进步奖项目,共有51个项目获奖,其中一等奖5项,二等奖17项,三等奖29项。

15日　卫生部和农业部就农村工作和农村卫生进行座谈。两部领导人一致表示,为发展农村经济,保障农民健康,要互相理解,互相支持。

25日　全国卫生工作会议在天津召开(25～27日),会议主要议题是,在新的形势下,进一步加强农村卫生工作;深化卫生改革,更好地适应社会主义市场经济体制,为人民服务。国务委员彭珮云在讲话中提出四点意见:坚决贯彻执行卫生工作的基本方针;积极探索如何适应建立社会主义市场经济体制的新形势,深化卫生改革;坚持把医疗卫生重点放到农村;要求各级卫生行政部门加强自身建设。陈敏章部长向大会作了工作报告。

28日　全国中医药工作厅局长会议在天津召开(28～29日),卫生部部长陈敏章、卫生部副部长兼国家中医药管理局局长张文康分别在会议上讲话。1994年中医药工作的重点是:加强农村中医药工作,更好地为广大农民服务;加强中医药队伍和机构内涵建设;加强医德医风教育。

30日　国务院办公厅决定,根据工作需要和机构人事变动情况,调整全国爱国卫生运动委员会组成人员,彭珮云任全国爱卫会主任,副主任分别是卫生部部长陈敏章、解放军总后勤部部长傅全有、国务院副秘书长徐志坚、国家计委副主任郝建秀、农业部副部长洪绂曾、建设部副部长叶如棠、国家环保局局长解振华、爱卫会办公室主任由陈敏章兼任。

2　月

1日　陈敏章部长率团参加由联合国儿童基金会、世界卫生组织、世界银行等在印度召开的全球儿童生存与发展工作小组会议。会议主要讨论90年代儿童生存与发展规划的中期目标执行情况。

8日　健康报报道:首都医务界献爱心送健康活动使24名孤残儿童成功脱残,阜外、安贞、中日友好、天坛、301、309、401、邮电、铁路总院等26家医院分别从北京市儿童福利院接收一名孤残儿童,派出最好的医生、护士为孩子进行脱残手术。

17日　新华社报道:目前我国学者首次推出代表中华民族体质特征的"中国标准人"。身高:男性为1.7米,女性为1.6米;体重:男性为62公斤,女性为52公斤。这项研究为当代中国人提供了身高、体重的参考数据。

▲健康报报道:国家卫生服务总调查中家庭健康询问调查结果显示,我国城乡居民的基本生活条件有较大改善,但城乡居民生活差异明显,农户卫生状况仍待改善,特别是农村自来水饮用率较低,居民的生活方式有待改变,吸烟饮酒率较高,城乡疾病构成有明显差异:农村

疾病发病率除高血压病在第四位外,心脑血管等慢性疾病均未列入前15位,而流感、痢疾、结核病等传染性疾病都在前15位之内。

18日 健康报报道:辽宁省卫生厅最近发布《辽宁省乡(镇)卫生院和村卫生所(室)药品采购管理办法》,加强乡村的药品采购管理。该《办法》规定:凡在该省境内的乡镇卫生院、乡镇辖区内的厂矿卫生所、医务室、村卫生所(室)及个体开业医所需药品,统一由乡镇卫生院采购和管理。

24日 卫生部向全国通报山东省潍坊医学院附属医院发生的一起严重医疗责任事故。1993年12月22日,山东省潍坊医学院附属医院错将患儿刘大龙(5岁,应施扁桃体切除术)当成徐冲(4岁,患法乐四联症,应施心内修补术),进行了心脏手术。通报要求各级各类医疗机构认真对照检查,引以为戒,确保医疗质量。

25日 全国爱卫会第十二次委员扩大会议在京召开。新一届爱卫会主任彭珮云主持会议并对今后工作提出了重要指导意见。

26日 国务院第149号令发布《医疗机构管理条例》。

3 月

1日 中华医学会第21次会员代表大会在京举行。江泽民总书记为大会题词:"依靠科学技术,发展卫生事业,为人民健康服务"。中共中央书记处书记温家宝、全国人大常委会副委员长吴阶平、国务委员彭珮云等出席会议。彭珮云在讲话中希望中华医学会本着团结广大医务工作者,促进医学科技进步,提高人民健康水平的宗旨,积极推动我国医学科学技术的研究、交流、推广和普及,为实现人人享有卫生保健的宏伟目标,为迎接21世纪医学新时代的来临做出更大的贡献。陈敏章部长代表第20届理事会作工作报告。

▲卫生部会同国家中医药管理局召开在京医药卫生界全国人大代表、政协委员座谈会,陈敏章部长、张文康副部长分别介绍了1994年全国卫生工作和中医药工作的主要任务,并听取代表、委员对卫生工作的意见和建议。

2日 第21届中华医学会理事会选举陈敏章任会长,曹泽毅任常务副会长,新当选的副会长有肖梓仁、王镭、巴德年、殷大奎、黄洁夫,秘书长由肖梓仁兼任。

12日 国家主席江泽民会见国际奥比斯组织执行主席奥利弗·傅达。国际奥比斯眼科飞机医院自1992年建立以来,同我国进行了成功的合作。

17日 我国首次承办的第10届全球精神卫生工作协作组会议在京开幕。本次会议将制定下两年度全球精神卫生工作规划,并就目前精神卫生协作项目进行检查。

▲北京市东城城市卫生发展合作中心成立,世界卫生组织西太区主任韩相泰授匾。这是我国继上海虹口区1990年与世界卫生组织建立城市初级保健合作中心之后,与该组织建立的第二个城市卫生发展合作中心。

19日 新华社讯:上海第二军医大学东方肝胆外科研究所与美国凯西西保留地大学合作研制出一种新型疫苗,能使免疫系统识别并杀死肝脏肿瘤细胞。这种疫苗已在大白鼠体内试验成功。

20日 新华社讯:我国首例人体异体小肠移植手术在南京军区南京总医院获得成功。

22日 联合国第47届大会确定,自1993年开始,每年的3月22日为"世界水日",要求各成员国在"世界水日"开展有关水资源保护和开发的具体活动。全国爱卫会办公室要求通过开展"世界水日"活动,把农村改水工作推进一步。

4 月

4日 孙隆椿副部长率队赴湖南省桃园县调查农村卫生工作。

7日 世界卫生日,主题是"健康的生活需要口腔卫生"。首都卫生界举行专题座谈会,全国人大常委会副委员长陈慕华、卫生部部长陈敏章等出席会议并讲话。

9日 国务院办公厅印发卫生部和国家中医药管理局职能配置、内设机构和人员编制方案(国办发〔1994〕49号文件)。该方案经中央机构编制委员会办公室审核,已经国务院批准。

10日 健康报报道:全国人大常委会副委员长吴阶平、国务委员彭珮云日前考察海南省卫生工作时指示,卫生工作要适应市场经济,切实解决农村卫生存在的问题。卫生部部长陈敏章近日在陕西省彬县等地作农村卫生工作调查研究,先后到10个乡镇、20个行政村,与基层干部、农村卫生人员交谈,并到百余户农家倾听对医疗保健工作的意见和建议。陈部长指出,无论有多大困难,实现"防保"目标不能动摇。

14日 人事部和国家医药管理局公布《执业药师资格制度暂行规定》。按照本规定,凡从事药品生产、经营活动的企事业单位,在其关键岗位必须配备有相应的执业药师资格人员。执业药师通过资格考试取得执业资格,并由国家统一颁发《执业药师资格证书》。

15日 巴林国卫生大臣贾瓦德一行访华。两国卫生部签署卫生合作谅解备忘录和执行计划。

19日 何界生副部长率团赴瑞典斯德哥尔摩参加国际化学品安全大会。

▲第三届全国优秀院长评选揭晓,16个部委、工业总公司的108名医院院长榜上有名。全国人大常委会副委员长吴阶平、全国政协副主席钱正英及卫生部等有关部委领导出席颁奖大会。

20日 健康报报道:国家"八六三"计划又传佳音,丁肝病毒全基因组在我国首次克隆成功。

23日 中国红十字第六次全国会员代表大会在北京召开,中国红十字总会聘请国家主席江泽民为中国红十字总会名誉会长,赵朴初、王光英、李沛瑶、钱信忠、崔月犁、陈敏章为名誉副会长。六届一次理事会选举钱正英任会长、顾英奇任常务副会长。江泽民主席在会见会议代表时指出,红十字事业要为和平进步做更大贡献。

▲卫生部、人事部隆重召开表

彰大会,山西省长治市人民医院妇产科主任赵雪芳荣获首枚“白求恩奖章”。李鹏总理等领导为赵雪芳题词。李鹏总理的题词是:“救死扶伤,无私奉献”。

▲中国现代儿科医学奠基人、著名儿科专家、中国科学院院士、首都医科大学附属北京儿童医院名誉院长诸福棠教授在北京逝世,终年95岁。

25日 “全国儿童预防接种宣传日”,今年的主题是:普及儿童免疫,向孩子们献出一片爱心。国务委员彭珮云、卫生部部长陈敏章及有关方面的领导人和有关国际组织的代表赴河北省三河市考察农村计划免疫工作。

27日 卫生部统计信息中心发布1993年我国卫生事业发展情况统计公报:1993年全国各类卫生机构总数19.36万个,比1992年减少1.12万个;全国医院床位总数为279.48万张,比1992年增加5.07万张,增长1.85%,平均每千人口医院床位2.40张。全国卫生人员总数达521.54万人,比上年增加7.25万人,增长1.64%,其中医生数183.17万人,护师、士数105.61万人,平均每千人口医生1.58人,护师、士0.91人。

28日 为推动药品生产质量管理规范(GMP)的实施,中国药品认证委员会在京成立。卫生部副部长张文康任该委员会主任委员,委员均为药品监督检验和药品生产、经营、使用部门的专家。

▲经国务院批准全国爱卫会下发《农村改水改厕工作的请示》。

5 月

1日 山东省曲阜市红十字医院院长姜健被全国总工会授予“全国十大杰出职工”荣誉称号。

2日 第47届世界卫生大会在日内瓦召开,大会的主要议题是:确定到本世纪末人类健康的新目标:与疾病作斗争,延长人类的寿命。卫生部副部长孙隆椿率领中国卫生代表团出席本次大会。

5日 “中国防治碘缺乏病日”,活动的主题是:碘盐与健康,实行食盐加碘,消除碘缺乏病。

8日 健康报报道:山东省近五年来麻风病平均发病率已经降至0.5/10万以下,经卫生部专家组考核,已达到卫生部颁布的基本消灭麻风病指标,从而率先在全国实现基本消灭麻风病。

▲“世界红十字日”,主题是:关心儿童。

12日 国务委员彭珮云、卫生部副部长孙隆椿率团赴新加坡、德国考察医疗保险制度。

13日 健康报报道:我国首创的乙脑减毒活疫苗经实际接种情况观察,免疫作用强,应用效果好。

18日 中宣部、卫生部联合召开以“白求恩奖章”获得者赵雪芳为原型的电视剧《一个医生的故事》观后座谈会,卫生部陈敏章部长、中宣部翟泰丰副部长出席座谈会。

21日 卫生部部长陈敏章在北京医科大学作了关于当前形势和卫生改革情况的报告,勉励学生做人民尊重的医务工作者。

25日 张文康副部长率队赴山东、江苏两省进行农村卫生、中医药工作调查研究。

31日 第7个“世界无烟日”,主题是:大众传播媒介宣传反对吸烟。山西省稷山县卫生局、中国吸烟与健康协会获世界卫生组织1994年烟草或健康奖,世界卫生组织西太区主任韩相泰博士应邀出席颁奖仪式。国务委员彭珮云、卫生部部长陈敏章、韩相泰博士等视察中央电视台等单位举办的关于反吸烟宣传活动。

▲国务院研究室和卫生部在北京联合举办中国预防和控制艾滋病对策研讨会,就1993年以来国务院会同卫生部组织的艾滋病专项研究结果进行报告,并对我国1994年防范艾滋病的对策进行探讨。国务委员彭珮云到会作重要讲话。全国人大常委会副委员长吴阶平、全国政协副主席钱正英、卫生部部长陈敏章、联合国计划开发署及世界卫生组织西太区代表出席会议并讲话。

6 月

2日 全国人大常委会副委员长吴阶平考察国家卫生检疫总所,并出席首届卫生检疫官员法学硕士研究生班开学典礼。

3日 健康报报道:河北省召开全省农村卫生工作会议,进一步明确当前农村卫生工作中几个政策问题:取消达标活动不是取消初级卫生保健工作;减轻农民负担不是不要农民进行健康投入;村级卫生组织应坚持集体办为主的方向。

8日 国务委员彭珮云考察山西省计划生育和地方病防治工作时强调现行人口控制政策不变,人口控制指标不变,要大力加强地方病防治专业队伍建设,依靠科技进步搞好地方病防治工作。

▲我国著名肝胆外科专家、第二军医大学副校长吴孟超荣获1993年度陈嘉庚医药科学奖。

▲健康报报道:卫生部发布1993年全国各级卫生监督部门对劳动卫生、食品卫生、环境卫生、学校卫生和放射卫生监督情况的报告。

10日 首都医学院更名为首都医科大学,李鹏总理为该校题词:“攀登医学高峰,培养优秀人才”。全国人大常委会副委员长吴阶平出席校名启用仪式。

16日 上海第二医科大学教授、上海血液学研究所所长王振义博士因发明治疗白血病的全反式维甲酸新药而获1994年的凯特林医学奖。该奖创设于1978年,是美国国家癌症研究院为纪念著名医药发明家凯特林而设立的,王振义是首位获得这一奖项的中国人。

17日 卫生部部长陈敏章率领中国卫生代表团出席世界卫生组织在法国巴黎召开的预防艾滋病部长级工作会议。会议强调全球紧急动员,阻遏艾滋病流行。

▲健康报报道:国内第一家人类骨库日前在上海市骨伤科研究所成立,并开始向全国各级医院供骨,这标志着我国在大块人骨的保存及临床应用方面已跻身世界先进行列。

20日 卫生部在安徽黄山市召开卫生系统职业道德建设工作会议,会议决定从1994年下半年起全国地市级以上医疗机构在试点的基础上全面开展职业道德建设工作，同时在药政药检、卫生监督、国境卫生检疫等执法监督部门进行职业道德建设试点。

7　月

1日　由全国爱卫会、卫生部、广播电影电视部和农业部联合发起的一个面向我国广大农村的大型活动全国九亿农民健康教育行动开始。这一活动旨在通过向农民普及卫生知识，提高农民的自我保健意识，改变不良卫生习惯，增进健康水平，消除因病致贫，保证农村劳动力。

2日　人民日报刊登袁木和陈敏章合写的文章《加快农村合作医疗保健制度的改革和建议》，文章在分析了重新提出建立和发展农村合作医疗保健制度的必要性和重要性，以及需要借鉴的历史经验和教训的基础上，提出了关于建立农村合作医疗保健制度的政策建议。

7日　全国爱卫会颁布关于命名江阴、张家港市为国家卫生城市并授予梅振铨、沈澍东同志"国家卫生城市市长奖"的决定。

8日　我国生殖医学领域再传捷报，北京医科大学第三医院张丽珠教授主持的我国首例冻融胚胎临床移植并妊娠成功。

10日　联合国儿童基金会执行主任格兰特在来华检查我国《世界儿童权利公约》的执行情况后，对我国在降低儿童死亡率、普及小学教育以及计划生育工作方面所取得的进展表示赞赏，他代表儿基会向中国南方受灾地区捐赠10万美元。

11日　为夺取救灾防病工作的全面胜利，卫生部召开电话会部署救灾防病工作。

12日　健康报报道：我国首批医学博士后王朝晖、董蓉、李鸣等近日在北京医科大学通过工作报告答辩出站。

14日　美国史克必成公司向卫生部捐献价值500万元甲肝疫苗，以帮助洪泛地区人民预防灾后可能爆发的甲型肝炎。中国生物制品总公司向灾区人民捐款100万元。

21日　健康报报道：我国首台全身CT扫描机在东北大学研制成功，并且通过国家科委火炬计划预备项目验收，这项重大科技成果填补了国内医学高科技产品国产化的空白，其主要技术指标达到了国外同类产品水平，并在CT汉字软件系统和CT远程维修诊断系统两项技术上有重大创新。

▲卫生部召开实行公务员制度动员大会，陈敏章部长在会上做了题为《落实"三定"方案，认真实行公务员制度》的讲话。为了配合机构改革，卫生部部分司局做了相应调整，原外事司改为国际合作司，原地方病防治司改为全国地方病防治办公室，原卫生防疫司改为疾病控制司，老干部局改为离退休干部局，原科技司、教育司合并为科教司，原全国爱卫会办公室并入卫生部。

22日　健康报报道：广东省人民政府发出通知，全省各级医疗单位从1994年8月1日起执行新的医疗收费管理办法。新的管理办法规定：国家和集体办的医疗单位为群众提供的服务，分为基本医疗服务和特需医疗服务。

25日　国际奥比斯眼科飞机医院新型飞机首航北京，并将原来的DC—8型飞机赠送我国卫生部。

28日　为推动我国和印度尼西亚政府间医药卫生科技合作协议的签署，展示我国改革开放以来医药卫生科技领域所取得的成就，卫生部在印尼首都雅加达举办'94雅加达中国医药卫生科技成就展览会。卫生部副部长孙隆椿、印尼统筹部部长阿兹瓦尔·安纳斯，卫生部长尤瓦迪出席开幕式。

29日　卫生部举行保护、促进和支持母乳喂养著名医生签字仪式，严仁英、黄醒华等30多位首都妇产科、儿科专家在《医生保证书》上签名，率先响应联合国儿童基金会发起的支持母乳喂养全球性医生签名活动。

8　月

3日　健康报报道：被定为国家职工医疗制度改革试点的江苏镇江、江西九江两城市目前正加快制定试点方案，预计年内起步实施。试点目标是建立社会统筹医疗基金与个人医疗帐户相结合的社会保险制度，并使之逐步覆盖城镇所有劳动者。

7日　第四届世界艾滋病大会在日本横滨召开，包括艾滋病患者和艾滋病病毒感染者在内的128个国家和地区的艾滋病专家、学者代表参加会议。会议重点介绍目前治疗艾滋病的方法和最新的研究成果，我国卫生部副部长殷大奎率团参加了这次会议。

11日　全国爱卫会、卫生部颁布《关于表彰奖励部(委)级爱国卫生科技成果的决定》，1988～1993年度爱国卫生部(委)级科研进步奖成果52项，涉及环境卫生、改水、除四害、健康教育4方面内容。其中双瓮漏斗厕所可行性技术及综合效益的研究等5项成果获一等奖，二等奖16项，三等奖31项。

12日　健康报报道：历时38年，坚持大规模防治，安徽省丝虫病考核验收组确认，安徽省82个县、市、区已经全部达到基本消灭丝虫病标准，已经基本消灭丝虫病。

14日　健康报报道：历时两年的全国消毒药械整顿工作结束，一大批不合格产品被清除，卫生部正在给合格品种换发卫生许可证。列为整顿对象而未获得新卫生许可证的产品，一律不得继续经营和使用。对无证经营、盗用它证及冒用卫生行政部门批准文号等行为，将予以严惩。

15日　卫生部召开暑期部长办公会，主要讨论农村卫生工作问题，部机关机构改革、转变职能问题和1995年全国卫生工作厅局长会议的议题。

22日　英国威康有限公司向我国卫生部捐款150万元人民币，以协助中国政府广泛开展防治艾滋病宣传与教育工作的签字仪式在京举行。卫生部部长陈敏章参加签字仪式。

23日　李鹏总理签署第163号国务院令，发布《食盐加碘消除碘缺乏危害条例》。该条例对碘盐的加工、运输和储存，碘盐的供应、监督和管理，及罚则等做出规定。该条例自1994年10月1日起施行。

25日 健康报报道：卫生部决定从今年下半年起在全国地市级以上医疗机构全面开展职业道德建设工作，同时在药政药检、卫生监督、国境卫生检疫等执法监督部门进行职业道德试点。

28日 全国卫生援藏工作会议在拉萨召开(8月28日至9月1日)，会议强调今后援藏主要形式仍是对口支援，重点是技术支援，增强西藏卫生事业自我发展能力。

9 月

1日 旨在推动海峡两岸卫生经济理论研究与政策发展，增进相互了解与友谊的海峡两岸卫生经济研讨会在北京召开，来自海峡两岸的卫生经济、公共卫生领域的专家教授，对医疗保健制度、卫生经济政策及改革意向等议题进行讨论与交流。

▲国务院179号令《医疗机构管理条例》正式实施，卫生部要求各地积极宣传依法行政。

2日 卫生部部长陈敏章签署第37号部长令，《预防用生物制品生产供应管理办法》发布实施。

3日 应我国卫生部邀请，印度尼西亚卫生部部长苏尤迪率团来华访问，考察我国医疗卫生情况，重点为中医和针灸。两国签署了关于卫生合作谅解备忘录。

5日 国务委员兼国家计划生育委员会主任彭珮云在第三次国际人口与发展大会上呼吁国际社会采取行动，为减缓人口增长速度、消除贫困，承担起应有的责任。

6日 第三届国际传统药物学大会在北京召开，全国人大常委会副委员长李沛瑶、吴阶平，卫生部部长陈敏章，世界卫生组织西太区主任韩相泰等出席会议。40多个国家的300多名专家学者与会讨论开发应用传统药物。

▲第20届国际氟研究协会学术讨论会在北京举行。国务委员陈俊生在开幕式上指出，我国是世界上地方性氟中毒流行最严重的国家，防治任务十分艰巨，急需加强国际间合作与交流，吸收其他国家的成功经验。

8日 北京地区《医疗机构执业许可证》首发式隆重举行。北京市卫生局和北京市中医管理局依据《医疗机构管理条例》的有关规定，经审核注册，首批向24家中央驻京医院及北京市直属医院颁发了《医疗机构执业许可证》。

▲健康报报道：山东省实施“一把手工程”，卫生单位领导要对行风总负责，并对党政主要领导抓职业道德，实现卫生行业作风的根本好转提出了具体要求。

11日 陈敏章部长率团出访新西兰、澳大利亚，并赴马来西亚出席世界卫生组织西太区委员会。

15日 世界卫生组织传统医药合作交流报告会在京举行。卫生部副部长张文康指出，中医药工作不仅要真正成为我国大卫生工作中最具中国特色和优势的重要组成部分，而且要堂堂正正地登上世界卫生大舞台。

18日 1994年度卫生部医药卫生科学技术进步奖揭晓，其中珠蛋白基因小片段红系增强子及关键部位的发现与转B^E珠蛋白基因鼠模型的建立等3项获一等奖，二等奖27项，三等奖101项。

21日 《中华人民共和国护士执业证书》首发式在北京市西城区举行，卫生部副部长殷大奎等有关领导向西城区的152个各级各类医疗机构的5301名护士颁发《护士执业证书》，这标志着我国护理工作开始迈入规范化、法制化管理的轨道。

22日 健康报报道：卫生部“十年百项计划”第四批面向农村和基层推广的十项医药卫生技术项目近日出台，卫生部要求各有关部门制定切实可行的推广计划。

26日 由卫生部、解放军总后卫生部、健康报社联合举办的表彰边远地区优秀医学科技工作者活动在京召开，卫生部决定向西藏、新疆等12个省、自治区和解放军的350人授予“边远地区优秀医学科技工作者”荣誉称号。全国人大常委会副委员长吴阶平、国务委员彭珮云、卫生部部长陈敏章、总后卫生部部长陆增祺为本次活动题词。

▲卫生部和解放军总后勤部联合举行纪念傅连暲诞辰100周年座谈会暨出版《傅连暲同志诞辰100周年纪念集》首发式。

10 月

6日 卫生部、全国人大法制工作委员会、全国人大教科文卫委员会、国务院法制局召开座谈会，纪念《药品管理法》颁布10周年。

7日 经中国爱婴医院最高审批委员会审议批准，今年我国又有740所医院成为爱婴医院。目前全国共有爱婴医院947所，这为实现我国向国际社会承诺的“1995年创建1000所爱婴医院”的中期目标和“2001年使母乳喂养率以省为单位达到80%”的目标迈进了一大步。

11日 第二届世界卫生组织职业卫生合作中心会议(10月11～14日)在京召开，来自世界各职业卫生合作中心的主任、有关国际组织和非政府组织的代表及我国各有关劳动卫生与职业病防治中心的负责人出席会议，会议通过了提交世界卫生组织的《发展全球职业卫生宣言》。

▲国家中医药管理局正式发布我国中医药第一个行业标准——《中医病症诊断疗效标准》，该标准将于1995年1月1日在全国实施。

14日 国务院发出《关于进一步加强药品管理工作的紧急通知》。

▲陈敏章部长签署第38号卫生部部长令，《核事故医学应急管理规定》发布实施。

15日 以在生产环境中保护和促进工人健康为主题的第14届亚洲职业卫生大会在京召开(15～17日)，亚太地区及世界37个国家和地区的近500名学者参加会议。

24日 国务院召开全国贯彻实施《中国2000年消除碘缺乏病规划纲要》和《食盐加碘消除碘缺乏危害管理条例》电话会议，国务委员彭珮云出席会议并作重要讲话。

▲顾英奇副部长率团赴瑞典出席红十字会与红新月国际联合会为红十字国际委员会筹资委员会年度

会议和第4次伊维顿会议。

25日 八届全国人大常委会第十次会议听取卫生部部长陈敏章关于卫生工作情况的报告。

27日 八届全国人大常委会第十次会议通过《中华人民共和国母婴保健法》,江泽民主席签署第33号主席令予以公布。母婴保健法共7章,39条,包括:总则、婚前保健、孕产期保健、技术鉴定、行政管理、法律责任、附则。该法将自1995年6月1日起施行。

28日 全国寄生虫病防治工作会议宣布,目前我国15个丝虫病流行省、自治区、直辖市已全部达到基本消灭丝虫病标准。

31日 国务院召开全国药品管理工作电话会议,学习贯彻《国务院关于进一步加强药品管理工作的紧急通知》,国务委员彭珮云出席会议并作重要讲话。

▲由国务院法制局、全国人大常委会法工委、全国人大教科文卫委、全国政协医卫体委、卫生部等单位组成中央联合检查组分赴河北、吉林、江苏、甘肃、云南、湖南等省,进行《传染病防治法》监督执法情况大检查。

11 月

1日 由卫生部部长陈敏章、北京市副市长何鲁丽及国务院纠风办等负责人组成的卫生行风调查组分别到北京友谊医院,天坛医院和北京市第六医院等医院进行调查。

2日 在中国医学科学院、中国协和医科大学医学年会上,中国医科院药物研究所天然药物结构化学家梁晓天教授以其在研究中草药化学结构方面的杰出成就荣获首届"中国医学科学奖"。该奖由中国医学科学院设立。

5日 1997年北京第十届世界烟草或健康大会新闻发布会在京举行,全国人大常委会副委员长吴阶平、卫生部部长陈敏章到会讲话,希望社会各界关注此事,为办好此次大会,推动我国控制吸烟工作做出贡献。

▲由联合国教科文组织、中华联合国教科文组织全委会和北京大学联合举办的第二届南北人类基因组大会在北京举行。我国人类基因组研究获五大进展,某些方面达到国际先进水平。

▲第四届诸福棠奖颁奖仪式暨创建爱婴医院成绩突出单位表彰大会在北京举行,卫生部妇幼卫生司荣获第四届诸福棠奖,全国人大常委会副委员长吴阶平、国务委员彭珮云、加拿大国务部长陈卓渝及我国卫生部部长陈敏章等出席大会。

7日 上海第二医科大学附属瑞金医院、上海血液学研究所研究员陈竺荣获第二届中国青年科学家奖。该奖由团中央、全国青联和中国青少年发展基金会联合主办。

8日 健康报报道:坚持改水14年,造福农民500万,上海率先实现农村自来水化。湖北省改水工作5年投资10多亿,受益人口逾7成。

10日 张文康副部长率团赴韩国参加世界针联第二次学术大会。

18日 全国血防工作会议(18～20日)在京召开。我国血吸虫病综合防治取得成效,会议要求疫区各级政府进一步加强领导,防止疫情反复,巩固防治成果,中共中央政治局委员、书记处书记姜春云、国务委员彭珮云出席闭幕式并做重要讲话。

25日 由北京、天津、山西、陕西、河北等11个省、自治区、直辖市急救中心和武警部队后勤部卫生部、首都国际机场急救中心等单位组成的院外急救灾害救援学术协作委员会在京成立,标志着我国急救工作向全社会参与的网络化的现代急救模式迈进。

27日 健康报报道,北京市提前六年在全国率先实现国家制定的农村"2000年人人享有卫生保健"的规划目标。市政府表示要继续加强领导,避免滑坡。

30日 健康报报道:天津市在全国率先实现全民食盐加碘。

12 月

1日 "世界艾滋病日",主题是:艾滋病与家庭。控制艾滋病政府首脑会议在法国巴黎召开,会议通过《巴黎宣言》。卫生部部长陈敏章代表中国政府参加会议,陈敏章在会上发言指出,中国高度重视艾滋病预防和控制。

▲上海市政府制定的《上海市公共场所禁止吸烟暂行规定》决定,自今日起,上海市公共场所将全面禁止吸烟。

4日 杰出的国际主义战士、著名医学家、全国政协委员、北京医科大学顾问汉斯·米勒同志因心肌梗塞在北京逝世,终年79岁。

5日 全国开展消灭脊髓灰质炎第二次强化免疫日活动开始。李鹏总理、国务委员彭珮云、卫生部部长陈敏章、北京市市长李其炎等领导为儿童喂服疫苗。李鹏总理为这次活动题词:"全社会都来关心支持儿童计划免疫"。世界卫生组织、联合国儿童基金会、日本国际协力事业团、香港儿童基金会的代表也参加了为儿童喂服疫苗的活动。

8日 健康报报道:云南省人大常委会审议通过并且正式实施《农村医疗卫生工作条例》,保障农村卫生发展。该《条例》界定了农村医疗卫生事业的性质、方针和任务,明确规定了各级政府及有关部门的职责、农村医疗卫生事业的经费投入、卫生队伍的建设、农村合作医疗制度的建立和要求等。

9日 胡熙明副部长率团出访马达加斯加、坦桑尼亚,慰问援外医疗队。

▲全国爱卫会、交通部命名上海港为"全国卫生港"。

13日 健康报报道:全国多数省市实施医疗保险试验,加快医疗制度改革,强化个人费用意识,完善制约管理机制。

14日 首都儿科研究所牵头完成的"1991年中国5岁以下儿童死亡抽样调查"通过鉴定。调查结果表明,1991年我国新生儿死亡率为33.07‰,婴儿死亡率为50.09‰,5岁以下儿童死亡率为61.03‰,城乡差别明显,我国降低儿童死亡率的战略重点是农村和边远地区,调查显示,我国儿童死亡的前3位死因为新生儿病、呼吸系病、意外事故，前5位死亡疾病为肺炎、新生儿窒息、早产、腹泻、意外窒息，共占儿童总死亡数的60%以上。

15日　联合国儿童基金会在全球各大城市发布1995年《全球儿童状况》报告，以动员各国政府及全社会为实现儿童生存、保护和发展的中期目标及2001年目标采取更有力的行动。卫生部副部长孙隆椿出席在京举行的新闻发布会并介绍了我国政府为实现中期目标所采取的一系列有效措施。

16日　健康报报道：上海市卫生行政部门为市区130万60岁以上老人建立个人健康档案卡，提供预防保健系列服务。这项措施对提高老年人群的健康水平起到积极作用。

20日　国家核事故医学应急救援领导小组首次会议在京召开，领导小组组长、卫生部部长陈敏章及国家核事故应急办公室、解放军总后卫生部、国家核工业总公司的有关领导出席会议。

21日　中国医疗器械产品认证委员会成立。为了保障医疗器械产品的质量，同时有利于发展国际间的认证合作及促进国际贸易，我国生产的医疗器械将实行认证制度。

27日　卫生部部长陈敏章在第四次全国乙肝疫苗接种工作会议上强调，发扬愚公移山的精神，把农村的乙肝疫苗免疫接种工作推向深入。

28日　“人民的好医生”赵雪芳荣获由全国总工会组织评选的“全国十佳职业道德标兵”称号。

▲卫生部、农业部、公安部和国家统计局联合召开新闻发布会，公布第三次全国营养调查结果。我国人民膳食结构有了较大改变，肉奶蛋摄入增加，热能供给比合理，但城乡差别依然存在。

（曹荣桂　毛群安）

更　正

本书1994年卷图片辑第17页，“辽宁省马鞍山市”应改为“安徽省马鞍山市”；第326页中栏末行，“彭珣云”应改为“彭珮云”。特此更正并致歉。

《中国卫生年鉴》编辑办公室

卫生统计工作

卫生统计工作

卫生统计信息工作

【卫生统计信息工作】 1994年,各级卫生部门继续贯彻《全国卫生统计工作管理办法》,健全统计机构,加强统计力量。广西、陕西省卫生厅组建统计信息中心,辽宁、吉林等省地(市)及以上一级医院成立统计信息科(室),湖北、湖南、海南、安徽等省卫生厅理顺统计工作关系,充实专职统计干部,以加强本单位统计信息职能。

为协调卫生部各司(局)的统计工作,加强对部机关统计数字的统一管理,以部办公厅名义印发《关于加强部内各司(局)卫生统计数字管理的规定》。四川、陕西等卫生厅(局)参照这一规定采取相应措施,加强本单位统计数字的管理。

按照国家统计局、国务院法制局、监察部联合颁发的《关于开展全国统计法规执行情况大检查的通知》,卫生部向全国各级卫生部门布置检查任务,并组织检查组对北京市部分卫生部门进行抽查。吉林、天津、海南、四川、新疆等15个卫生厅(局)在本地区开展检查工作。

各卫生单位正式填报卫生部制发的《基层卫生单位综合统计表》,从1993年开始,全国卫生综合统计年报汇总工作由过去的脱机联网变为计算机超级汇总。这项工作不仅是统计年报汇总方式的改革,而且为改革卫生统计报表制度打下了基础。卫生综合统计年报超级汇总数据库包括卫生资源,医疗服务、业务收支和医疗设备等内容,既可满足各级各类卫生行政部门的需要,还能在某些方面满足医药、医疗设备生产部门的需要。

卫生部卫生统计信息中心根据国家统计局关于建立国家普查制度改革统计调查体系的思路和“统管而不包揽”的原则,结合卫生工作特点,印发《关于改革〈全国卫生统计报表制度〉有关事宜的通知》。该通知提出卫生统计改革应遵循的基本原则、分工及工作进度。1994年8月,在内蒙古包头市召开全国省级卫生统计干部培训会议,各卫生厅(局)统计干部对卫生部拟定的《改革〈全国卫生统计报表制度〉与统计调查方法的基本设想》进行讨论修改。9月,卫生部组织有天津、河北、辽宁、吉林、陕西卫生厅(局)统计干部参加的改革《全国卫生统计报表制度》调研小组,赴辽宁、吉林两省的沈阳、本溪、长春、吉林市卫生行政部门和6所地(市)及以上一级医院开展调研。通过这些工作,初步解决了基本设想中关于改革卫生综合统计报表的内容结构、调查方法、卫生机构分类、统计口径和调查时期等具体问题。

国际疾病分类第九版(ICD-9)已按“等同原则”编为《中华人民共和国国家标准-疾病分类与代码》,由国家技术监督局发布,于1994年正式实施。1994年6月、10月分别召开全国国际疾病分类医院统计协作组和死因统计协作组工作会议,为在医院住院病人疾病分类统计和死因统计工作中推广使用这一《疾病分类与代码》,提高卫生统计分类国标应用水平。

为配合贯彻执行《医疗机构管理条例》,在1989年卫生部颁发的《全国卫生单位名称代码编制规则》的基础上,1994年8月颁发《关于“医疗机构代码”编制的补充规定》。《补充规定》按照《医疗机构管理条例》关于“私人诊所、城市红十字卫生站、农村村卫生室等基层医疗机构也要进行注册登记”的要求,将这些机构统一编为12位代码。

1994年5月,在湖北省武汉市召开中国第六届医药信息学大会。来自全国卫生、中医药、解放军总后卫生部、电子等有关工业及信息产业部门和台湾、美国的400余人出席会议。陈敏章部长在会上作了“抓住机遇,促进中国医药信息学的新发展”的主题报告。会议交流近几年国内外医药信息学方面新技术及应用的经验。

计算机远程通讯联网在原有点对点通讯的基础上,1994年完成福建省卫生厅应用综合办公自动化软件安装及网络功能的改进工作,建立起部属高等医学院校电子邮件网络。

为进一步推广EPI INFO等计算机软件的应用,卫生部卫生统计信息中心分别为广东、云南省卫生厅,佛山市卫生局,卫Ⅲ、卫Ⅵ项目地区卫生部门举办培训班,加强这些地区卫生部门项目调查资料的开

发工作。　　　(陈育德　毛嘉文)

【全国卫生部门统计法规执行情况大检查】 根据国家统计局、国务院法制局、监察部《关于开展全国统计法规执行情况大检查的通知》要求，卫生部向全国各级卫生部门布置检查任务。1994 年 6～9 月，吉林、天津、海南、四川、新疆等 15 个卫生厅(局)在本地区开展卫生统计执法情况检查，卫生部组织检查组于 6 月 20～23 日对北京市东城区、西城区、通县、大兴县的 10 所卫生单位进行抽查。这次检查主要是针对近几年来卫生统计工作中发生的虚报、瞒报、伪造、篡改统计数据，强迫或授意统计人员弄虚作假，打击报复执法统计人员等违法行为。

经检查，《统计法》颁布以来，北京、上海、山东、新疆等地卫生部门通过宣传和组织学习，提高了各级领导和广大统计人员遵守统计法规的自觉性，进一步认识到统计工作要实事求是，必须严肃统计纪律，依照统计法规执行统计调查。开展检查地区普遍反映各卫生单位都能按照上级部门的要求填写和报送统计报表，未发现虚报、瞒报、伪造、篡改和拒报统计数据的现象，也不存在领导强迫或授意统计人员在统计数据上弄虚作假的行为。江苏、浙江、海南等地卫生单位依据《统计法》及部门统计法规，制定了统计规章制度，把卫生统计工作逐步纳入法制化轨道。检查中了解到，各单位领导重视统计基础建设，配备专职统计人员，辽宁、吉林等省地(市)及以上一级医院建立起统计信息机构，从组织上保证统计工作的顺利进行。检查发现，各单位的法定传染病报告发病、婴儿死亡及医疗工作量等原始记录齐全，数据基本准确。

这次检查暴露出的主要问题是山东、海南等地个别卫生单位迟报统计报表，许多地区卫生防疫部门的新生儿死亡漏报数字仍然较多。浙江等地基层卫生单位反映，由于上级卫生行政部门对统计报表管理不严，造成某些业务报表多、乱，致使基层卫生统计工作负担过重。

(毛嘉文)

【127 个贫困县的基线调查】 利用世界银行贷款进行的“综合性妇幼卫生”合作项目，其目的在于加强中国贫困地区妇幼卫生工作，降低婴儿和孕产妇死亡率，提高妇女儿童的健康水平。项目的第二阶段共涉及江西、青海、甘肃、内蒙古四省区的 127 个贫困县。为能在项目地区顺利地实施所开展的各项工作和对项目执行后的效果进行评价，在项目开展前，对 127 个项目县进行了基线调查，以掌握项目开展前 127 个贫困县的妇幼卫生服务等情况和妇女儿童的健康状况，存在的主要问题。基线调查于 1994 年 4 月开始，10 月结束。主要结果见附表。

附表　127 个贫困县 5 岁以下儿童、孕产妇死亡率及服务情况

省　名	项目县数	婴儿死亡率(‰)	5 岁以下儿童死亡率(‰)	孕产妇死亡率*(1/10 万)	产前检查率(3 次及以上)(%)	产后访视率(1 次及以上)(%)	住院分娩率(%)
青　海	23	103.74	134.83	393.73	8.07	8.96	15.81
江　西	31	73.05	98.08	118.50	21.42	74.60	19.82
内蒙古	42	59.23	65.86	161.85	32.65	33.37	24.72
甘　肃	31	54.20	67.99	226.82	10.90	10.95	17.89

* 孕产妇死亡率：为校正率。

(蒋　烽)

【5 个项目扩展县基线调查】 1994 年中国政府与联合国儿童基金会和人口基金会在原来“加强中国基层妇幼卫生/计划生育服务”项目的基础上又扩展江西、湖南、山西、吉林、安徽 5 省的 5 个县，其目的是在提高基层妇幼卫生服务能力，降低 5 岁以下儿童和孕产妇死亡率，进而提高全民族的健康水平。为了解项目扩展县在项目开展前的一般基层情况和妇幼卫生、计划生育服务情况，妇女儿童利用服务和她们的健康状况，存在的主要问题，以便更好地执行项目、今后评价项目，1994 年 5～8 月对 5 个扩展县进行基线调查。主要结果见附表。

附表 5县基本情况及卫生服务情况

省、县名	人均纯收入（元）	出生率（‰）	节育率*（%）	孕产妇**死亡率（1/10万）	婴儿死亡率（‰）	5岁以下儿童死亡率（‰）	产前检查率（3次及以上）（%）	产后访视率（1次及以上）（%）	住院分娩率（%）
安徽金寨	482	13.95	87.17	23.33	33.69	38.71	91.54	91.54	88.10
吉林和龙	760	8.16	91.03	0	30.50	34.86	95.97	97.17	90.63
江西资溪	854	9.14	95.03	110.13	41.48	53.49	28.71	76.64	33.19
山西左权	498	14.89	88.44	168.49	63.19	70.74	20.94	5.93	26.30
湖南桃源	600	9.27	94.58	202.02	47.77	64.45	63.37	76.58	39.85

*节育率：分母为已婚育龄妇女。

**孕产妇死亡率：为校正率。

（蒋　烽）

【卫生部属高等院校电子信息网络建设】 1994年底，北京医科大学、协和医科大学、上海医科大学、中山医科大学、华西医科大学、山东医科大学、中国医科大学、白求恩医科大学完成计算机联网工作。其中，山东医科大学与上海医科大学已通过此网络经由卫生部统计信息中心中转与INTERNET国际网中的用户建立联系。（周　红）

【国际疾病分类第九版（ICD-9）列入国家标准】 卫生部于80年代初引进国际疾病分类第九版（ICD-9）作为医院疾病分类和居民病伤死亡原因统计分类标准，并于1987年开始在全国县及县以上医院和死因调查点推广使用。经国家技术监督局论证，将国际疾病分类第九版（ICD-9）按"等同原则"改编为《中华人民共和国国家标准-疾病分类与代码》（GB/T14396-93），并于1994年1月1日起正式实施。这是我国卫生统计分类应用的第一项国家标准。（薛　明）

【中国第6届医药信息学大会】 由卫生部主办，于1994年5月在湖北省武汉市召开。全国卫生系统、解放军总后卫生系统及有关行业的专家学者、计算机工程技术人员、医务工作者共400余人参加会议。卫生部部长陈敏章到会，并作专题报告。报告指出，经过十余年努力，计算机技术在我国医药卫生系统的应用已相当广泛。医院信息系统的开发开始进入网络一体化阶段。中国预防医学科学院卫生信息中心，已初步形成覆盖全国各省、自治区及直辖市卫生防疫站的计算机检索系统，具备与国际有关机构进行文献检索、电子邮件交换的功能。中国医学科学院情报所引进美国国立医学图书馆的医学文献检索系统，成为世界第16个国际MEDLARS中心。卫生部安装的VAX6410主机已并入国际电子邮件网络。100多所医学院校已把计算机课程列为本科生必修课。在展望2000年医药信息学的发展前景后，陈部长指出，为赶上现代医学发展的步伐，把计算机技术有效地应用到医药学领域中去已成为我国卫生系统的一项重要任务。

会议就计算机在临床医学、护理学、药学、卫生管理学等多学科、多领域的应用进行学术交流；大会还组织了医院管理信息系统专题研讨会。由卫生部计算机领导小组组织的卫生系统优秀软件评奖结果在大会上揭晓。（高燕婕）

【卫生部VAX机工作总结会议】 1987年由卫生部卫Ⅰ贷款项目购置VAX-700系列小型计算机15台，装备了10所部属医学院校和5个科研单位。1994年9月20日总结会议在华西医科大学召开。会议认为，这批VAX小型计算机自1989年投入使用，发挥了重要作用，推动了我国医学计算机教育的发展，锻炼和培养了一批骨干单位和骨干队伍。利用VAX机，中国预防医学科学院建立了我国疫情信息网；上海寄生虫病研究所建立了我国第一个寄生虫文献检索系统；华西医科大学计算中心为学生和科研人员提供了良好的上机环境。技术力量比较强的单位，VAX机至今仍在发挥作用。

但由于计算机软硬件的迅速发展，原配置的VAX机已趋落伍，需要更新，会议决定：已损坏的VAX机按国有资产处理规定予以报废；仍能发挥作用的建议继续使用。订购VAX机随机配备的两套备件库也已完成使命，自1995年元月起停止使用。所余备件按规定作价给各用户单位。

会议认为信息技术是发展国民经济的关键性技术，各校必须将计算机教育提到战略高度来认识，培养现代化的医学人才。各校应建立独立的计算机教研室，配备足够的计算机教学人员，要解决好计算机教研室的建制与归属。计算机教研室必须配备足够的学生实习用微机。计算机教研室应配合其它教研室进行计算机辅助教育。医学院校教师的计算机应用层次应进一步提高。

关于加强卫生系统计算机网络建设，会议认为必须加快卫生信息的传递和处理。国家正在实施"三金工程"，为此各院校与卫生部要尽快实现联网，部内计算机已与Internet 联网，各校可通过卫生部上 Internet 网，也可单独入网。各校要积极应用电子邮件加强国内外的信息交流，力争按期实现卫生部第三次计算机应用工作会议上制定的"十年发展规划"中所提出的医用计算机教育目标。 （高燕婕）

卫 生 统 计

卫生机构、床位、人员

1994 年全国卫生机构、床位、人员数和构成

	实有数			构成（%）		
	机构（个）	床位（张）	人员（人）	机构	床位	人员
总　　计	**191 742**	**3 133 617**	**5 307 009**	**100.0**	**100.0**	**100.0**
其中：医院合计	67 857	2 831 452	3 933 702	35.4	90.4	74.1
县及县以上医院	14 762	2 050 543	2 839 095	21.8	72.4	72.2
乡卫生院	51 929	732 390	1 029 478	76.5	25.9	26.2
内：无床乡卫生院	6 937	—	48 140	10.2	—	1.2
其他医院	1 166	48 519	65 129	1.7	1.7	1.7
疗养院、所	587	117 893	52 739	0.3	3.8	1.0
门诊部、所	105 984	89 052	475 732	55.3	2.8	9.0
专科防治所、站	1 905	29 769	58 755	1.0	0.9	1.1
卫生防疫站	3 611	972	196 943	1.9	0.0	3.7
妇幼保健所、站	2 857	19 496	77 572	1.5	0.6	1.5
药品检验所、站	1 990	—	23 608	1.0	0.0	0.4
医学科学研究机构	437	6 744	38 443	0.2	0.2	0.7
高等医药院、校	…	708	107 066	…	0.0	2.0
中等医药学校	…	3 891	94 554	…	0.1	1.8
个体开业人员	—	—	174 095	—	0.0	3.3

注：县及县以上医院、乡卫生院和其他医院的机构、床位、人员数构成系医院合计内部构成。

1994年全国卫生机构专业卫生人员数及构成

	人员数(人)	各类人员构成(%) 占总人员	占卫生技术人员		人员数(人)	各类人员构成(%) 占总人员	占卫生技术人员
总　　计	**5 307 009**	**100.0**	—	护　士	497 259	9.4	11.8
卫生技术人员合计	4 199 217	79.1	100.0	助产士	50 721	1.0	1.2
高级卫生技术人员	2 418 993	45.6	57.6	药剂士	138 741	2.6	3.3
内：中医师	257 804	4.9	6.1	检验士	60 019	1.1	1.4
西医师	1 159 434	21.8	27.6	初级卫生技术人员	520 334	9.8	12.4
中西医结合医师	8 137	0.2	0.2	卫技人员合计中：			
护师	596 285	11.2	14.2	医　生	1 882 180	35.5	44.8
药剂师	203 136	3.8	4.8	内：医师	1 425 375	26.9	33.9
检验师	105 031	2.0	2.5	护师、士	1 093 544	20.6	26.0
中级卫生技术人员	1 259 890	23.7	30.0	其他技术人员	116 921	2.2	2.8
内：中医士	78 636	1.5	1.9	管理人员	438 084	8.3	10.4
西医士	354 064	6.7	8.4	工勤人员	552 787	10.4	13.2

注：医生包括中医师、西医师、中西医结合医师、中医士、西医士和其他中医，医师包括中医师、西医师和中西医结合医师。以下各表同。

1994年全国医院机构、床位、人员数

	机构数(个)	床位数(张)	人员数(人)		机构数(个)	床位数(张)	人员数(人)
医院合计	**67 857**	**2 831 452**	**3 933 702**				
县及县以上医院小计	14 762	2 050 543	2 839 095	麻风病院	45	9 984	2 428
综合医院	10 556	1 464 898	2 058 461	职业病院	46	6 997	7 111
中医医院	2 345	202 179	298 942	肿瘤医院	54	14 652	19 608
医学院校附属医院	207	114 136	193 877	康复医院	72	9 956	7 545
内：综合医院	136	89 937	153 865	口腔医院	68	1 781	7 997
中医医院	40	16 836	26 869	眼科医院	26	2 399	2 923
口腔医院	12	930	3 447	耳鼻喉科医院	10	740	1 213
肿瘤医院	5	2 367	3 193	骨科医院	50	5 120	6 364
传染病院	133	27 579	30 049	中西医结合医院	37	8 242	12 040
精神病院	477	96 362	68 618	其他专科医院	114	12 217	14 875
结核病院	105	26 537	24 209	乡卫生院	51 929	732 390	1 029 478
妇幼保健院	333	28 664	51 419	其他医院	1 166	48 519	65 129
妇产医院	49	8 696	13 370	内：综合医院	857	32 168	51 739
儿童医院	35	9 404	18 046	中医医院	72	2 787	2 823

全国卫生机构、床位数

	1949年	1957年	1965年	1975年	1980年	1985年	1990年	1994年
机构数总计(个)	**3 670**	**122 954**	**224 266**	**151 733**	**180 553**	**200 866**	**208 734**	**191 742**
内：医院	2 600	4 179	42 711	62 425	65 450	59 614	62 454	67 857
县及县以上医院	2 600	4 179	5 445	7 757	9 478	11 497	13 489	14 762
疗养院、所	30	835	887	297	470	640	650	587
门诊部、所	769	102 262	170 430	80 739	102 474	126 604	129 332	105 984
专科防治所、站	11	626	822	683	1 138	1 566	1 781	1 905
卫生防疫站	…	1 626	2 499	2 912	3 105	3 410	3 618	3 611
妇幼保健所、站	9	4 599	2 795	2 025	2 610	2 724	2 820	2 857
药品检验所、室	1	28	131	310	1 213	1 420	1 892	1 990
医学科研机构	3	38	94	141	282	323	337	437
床位数合计(万张)	**8.46**	**46.18**	**103.33**	**176.43**	**218.44**	**248.71**	**292.54**	**313.36**
内：医院	8.00	29.47	76.56	159.82	198.22	222.92	262.41	283.15
县及县以上医院	8.00	29.47	62.12	94.85	119.24	148.71	184.71	205.05
疗养院、所	0.39	6.89	9.84	3.72	6.79	10.62	12.30	11.79

全国卫生机构专业卫生人员数(万人)

	1949年	1957年	1965年	1975年	1980年	1985年	1990年	1994年
卫生人员总计	**54.12**	**125.44**	**187.23**	**259.35**	**353.47**	**431.30**	**490.62**	**530.70**
其中：								
卫生技术人员合计	50.50	103.92	153.16	205.71	279.82	341.09	389.79	419.92
中医人员	27.60	33.70	32.14	22.86	26.22	33.62	36.85	36.05
中药人员	…	5.35	7.18	8.62	10.70	15.12	16.97	16.86
高级卫生技术人员	3.89	7.89	20.34	31.85	50.20	75.02	174.75	208.60
内：西医师	3.80	7.36	18.87	29.30	44.73	60.22	105.85	115.94
护　师	…	…	…	…	1.65	6.83	43.15	59.63
西药师	0.05	0.24	0.83	1.28	2.52	3.30	10.38	12.79
中级卫生技术人员	10.33	34.16	61.99	93.84	117.44	133.95	115.30	109.70
内：西医士	4.94	13.57	25.27	35.61	44.38	47.28	33.12	35.41
护　士	3.28	12.82	23.45	37.95	44.93	56.87	54.30	49.73
助产士	1.39	3.58	4.56	6.49	7.08	7.55	5.84	5.07
西药剂士	0.29	1.84	3.72	5.72	8.39	8.97	9.05	7.86
初级卫生技术人员	8.69	22.82	31.50	48.54	75.26	83.38	45.93	48.71
卫生技术人员中：								
医　生	36.34	54.63	76.28	87.77	115.32	141.33	176.31	188.22

注：1. 高、中、初级卫生技术人员数内均不再包括中医和中药人员。　2. 1965年以后中医人数减少，主要是部分中医改为不脱产的赤脚医生，不再计入卫生技术人员中。

全国市、县医院床位数及专业卫生技术人员数

	1949年	1957年	1965年	1975年	1980年	1985年	1990年	1994年
医院床位(万张)	8.00	29.47	76.56	159.82	198.22	222.92	262.41	283.15
市	5.99	22.06	45.77	63.74	76.78	96.21	138.67	170.72
县	2.01	7.41	30.79	96.08	121.44	126.71	123.73	112.43
卫生技术人员(万人)	50.50	103.92	153.16	205.71	279.82	341.09	389.79	419.92
市	17.68	38.19	65.15	95.73	131.35	167.73	218.53	258.94
县	32.83	65.73	88.01	109.98	148.47	173.36	171.26	160.98
医　生(万人)	36.34	54.63	76.28	87.77	115.32	141.33	176.31	188.22
市	6.60	13.81	26.88	36.74	52.68	70.93	97.76	115.04
县	29.74	40.82	49.40	51.03	62.64	70.40	78.55	73.18
护师、士(万人)	3.28	12.82	23.45	37.95	46.58	63.70	97.45	109.35
市	2.36	10.01	17.56	24.00	29.96	39.21	63.40	76.18
县	0.92	2.80	5.89	13.95	16.62	24.49	34.05	33.17

补充资料:1994年医师142.54万人,其中:市94.94万人,县47.60万人。

注:系卫生技术人员中的其中数,以下各表同。

全国平均每千人口医院床位数及专业卫生技术人员数

	1949年	1957年	1965年	1975年	1980年	1985年	1990年	1994年
医院床位(张)	0.15	0.46	1.06	1.74	2.02	2.14	2.32	2.41
市	0.63	2.08	3.78	4.61	4.70	4.54	4.18	3.60
县	0.05	0.14	0.51	1.23	1.48	1.53	1.55	1.61
卫生技术人员(人)	0.93	1.61	2.11	2.24	2.85	3.28	3.45	3.58
市	1.87	3.60	5.37	6.92	8.03	7.92	6.59	5.46
县	0.73	1.22	1.46	1.41	1.81	2.09	2.15	2.30
医　生(人)	0.67	0.84	1.05	0.95	1.17	1.36	1.56	1.60
市	0.70	1.30	2.22	2.66	3.22	3.35	2.95	2.43
县	0.66	0.76	0.82	0.65	0.76	0.85	0.98	1.05
护师、士(人)	0.06	0.20	0.32	0.41	0.47	0.61	0.86	0.93
市	0.25	0.94	1.45	1.74	1.83	1.85	1.91	1.61
县	0.02	0.05	0.10	0.18	0.20	0.30	0.43	0.47

补充资料:1994年平均每千人口医师1.21人,其中:市2.00人,县0.68人。

全国卫生技术人员中获得中级及以上技术职称人数

	1987 年	1988 年	1989 年	1990 年	1991 年	1992 年	1994 年
总　　计	207 603	564 975	696 091	729 070	717 586	726 228	913 909
主任医．药．护．技师合计	7 323	12 186	12 692	11 792	11 378	12 568	25 368
主任医师	6 678	11 123	11 711	10 879	10 535	11 547	23 412
主任护师	120	114	166	116	81	163	218
主任药师	317	572	507	467	433	460	1 074
主任技师	208	377	308	330	329	398	664
副主任医．药．护．技师合计	25 288	75 863	88 955	91 778	89 547	91 951	122 991
副主任医师	22 231	67 387	79 491	82 339	80 628	82 905	109 424
副主任护师	420	1 556	1 870	1 640	1 491	1 569	3 395
副主任药师	1 416	3 713	4 153	4 174	3 928	3 860	5 073
副主任技师	1 221	3 207	3 441	3 625	3 500	3 617	5 099
主治医．药．护．技师合计	174 992	476 926	594 444	625 500	616 661	621 709	765 550
主治(主管)医师	143 302	351 133	436 579	459 030	455 130	460 989	541 169
主管护师	13 235	67 518	86 793	91 664	87 025	83 739	126 786
主管药师	8 554	28 899	37 202	39 689	39 757	41 049	50 630
主管技师	9 901	29 376	33 870	35 117	34 749	35 932	46 965

全国县医院机构、床位、人员数

	单位	1947 年	1957 年	1965 年	1975 年	1978 年	1980 年	1985 年	1990 年	1994 年
实有数										
机构数	个	1 437	2 193	2 276	2 324	2 363	2 377	2 276	2 240	2 062
床位数	张	11 224	69 545	175 409	262 598	298 326	326 335	364 133	388 958	361 423
人员数	人	13 202	86 123	169 281	238 834	288 714	359 350	436 949	477 849	466 907
其中：卫技人员	人	11 000	61 348	131 033	179 654	221 778	277 428	341 278	376 433	366 479
内：医生	人	2 525	20 305	52 033	66 762	85 242	97 750	119 503	137 381	133 151
护师、士	人	3 192	13 415	37 246	50 169	55 815	71 111	101 461	139 452	136 271
平均每院										
床位数	张	7.8	31.7	77.1	113.0	126.2	137.3	160.0	173.6	175.3
人员数	人	9.2	39.3	74.4	102.8	122.2	151.2	192.0	213.3	226.4
其中：卫技人员	人	7.7	28.0	57.6	77.3	93.9	116.7	149.9	168.1	177.7
内：医生	人	1.8	9.3	22.9	28.7	36.1	41.1	52.5	61.3	64.6
护师、士	人	2.2	6.1	16.4	21.6	23.6	29.9	44.6	62.3	66.1

全国农村乡卫生院机构、床位、人员数

	单位	1965 年	1975 年	1980 年	1985 年	1990 年	1994 年
实有数							
机构数	个	36 965	54 026	55 413	47 387	47 749	51 929
床位数	张	132 487	620 281	775 413	720 619	722 877	732 390
人员数	人	245 361	860 773	1 037 543	905 871	889 219	1 029 478
其中：卫生技术人员	人	214 427	749 912	900 400	784 070	776 925	898 428
内：医生	人	109 555	371 198	390 455	313 517	358 770	408 728
护师、士	人	13 096	69 698	66 237	74 731	115 884	136 540
平均每院							
床位数	张	3.6	11.5	14.0	15.2	15.1	14.1
人员数	人	6.6	15.9	18.7	19.1	18.6	19.8
其中：卫生技术人员	人	5.8	13.9	16.2	16.5	16.3	17.3
内：医生	人	3.0	6.9	7.0	6.6	7.5	7.9
护师、士	人	0.4	1.3	1.2	1.6	2.4	2.6

注：由于调整统计口径，1994 年乡卫生院包括 6 937 个无床乡卫生院，其人员数为 48 140 人。

全国中医机构、床位、人员数

	单位	1952 年	1957 年	1963 年	1975 年	1980 年	1985 年	1990 年	1994 年
中医人数	人	306 000	337 022	339 291	228 635	262 185	336 224	368 462	360 545
中医院数	个	19	257	124	160	678	1 455	2 115	2 457
内：县及县以上中医院	个	19	257	124	160	647	1 414	2 037	2 345
中医院床位数	张	224	5 684	9 254	13 675	49 977	102 393	175 655	221 802
内：县及县以上中医院	张	224	5 684	9 254	13 675	49 151	101 418	160 899	202 179
中医药研究院、所	个	—	16	33	29	47	54	55	66

补充资料：1994 年中医人员中：民族医总人数 6 100 人（蒙医 3 537 人，藏医 1 817 人，维医 707 人，傣医 39 人）。

全国卫生防疫、防治机构、人员数

	单位	1952 年	1957 年	1965 年	1975 年	1980 年	1985 年	1990 年	1994 年
机构数合计	个	481	2 505	3 388	3 625	4 276	5 085	5 540	5 888
卫生防疫站	个	147	1 626	2 499	2 912	3 105	3 410	3 618	3 611
专科防治所、站	个	188	626	822	683	1 138	1 566	1 781	1 905
国境卫生检疫所	个	20	21	26	30	33	37	50	78
食品卫生检验所	个	—	—	—	…	…	34	60	54
环境卫生监测站	个	—	—	—	…	…	38	31	21
其他预防保健机构	个	*126	*232	*41	…	…	…	…	219
人员数合计	人	20 504	57 436	77 179	93 025	138 575	194 829	239 976	265 623
其中：卫生技术人员	人	15 750	45 806	63 879	71 746	106 903	151 710	189 317	208 868
内：医生	人	2 155	18 424	42 502	41 237	62 593	85 430	119 647	130 830
护师、士	人	1 030	4 338	3 337	5 049	6 007	8 313	11 736	13 301
平均每所、站人员	人	42.6	25.3	22.4	25.7	32.4	38.3	43.3	45.1
其中：卫生技术人员	人	32.7	20.2	18.5	19.8	25.0	29.8	34.2	35.5
内：医生	人	4.5	8.1	12.3	11.4	14.6	16.8	21.6	22.2
护师、士	人	2.1	1.9	1.0	1.4	1.4	1.6	2.1	2.3

补充资料：1994 年麻风村 435 个，人员数 3 062 人，其中卫生技术人员 2 059 人。

注：1. * 系这三年的防疫队个数；2. 1985 年以前的卫生防疫防治机构及床位数合计中不包括食品卫生检验所、环境卫生监测站及人员数。

全国妇幼卫生机构、床位、人员数

	单位	1949 年	1957 年	1965 年	1975 年	1980 年	1985 年	1990 年	1994 年
妇幼保健院数	个	80	96	115	103	135	272	328	333
床位数	张	1 762	6 794	9 233	8 307	11 013	24 443	32 304	28 664
儿童医院数	个	5	16	28	23	24	26	33	35
床位数	张	139	2 295	4 527	4 546	5 407	6 209	7 866	9 404
妇幼保健所、站	个	9	4 599	2 795	2 025	2 610	2 724	2 820	2 857
妇产科西医师	人	…	4 194	9 218	…	…	44 680	92 359	…
儿科西医师	人	…	4 539	10 281	…	…	36 162	56 661	…
助产士	人	13 900	35 774	45 639	64 875	70 843	75 517	58 397	50 721
农村接生员	人	…	657 335	685 740	615 184	634 858	513 977	470 982	381 171

注：1965 年妇产科、儿科西医师系 1963 年数字。

全国医学科学研究机构、人员数

	单位	1947年	1957年	1963年	1975年	1980年	1985年	1990年	1994年
实有数									
机构数	个	4	38	120	141	282	323	337	437
总人员	人	300	4 512	8 250	12 389	25 107	33 434	38 717	38 443
内：科技人员	人	…	4 299	5 770	8 140	17 596	23 392	28 606	27 778
卫生技术人员	人	…	…	…	6 033	13 971	19 628	23 308	23 091
其他技术人员	人	…	…	…	2 107	3 625	3 764	5 298	4 687
平均每院、所人员	人	75.0	118.7	68.8	87.8	89.0	103.5	114.9	88.0
内：科技人员	人	…	113.1	48.1	57.7	62.4	72.4	84.9	63.6
卫生技术人员	人	…	…	…	42.8	49.5	60.8	69.2	52.8
其他技术人员	人	…	…	…	14.9	12.9	11.7	15.7	10.7

注：1947年4个科学研究机构系指设在南京的中央卫生实验院和设在北京、沈阳、兰州3个中央卫生实验分院。

全国民族自治地方卫生机构、床位、人员数

	单位	1949年	1957年	1965年	1975年	1980年	1985年	1990年	1994年
机构总计	个	361	13 819	25 306	21 575	26 073	30 432	31 973	30 545
内：医　　院	个	230	603	6 275	9 749	10 433	10 061	10 574	12 456
疗养院、所	个	2	17	43	25	34	47	48	65
医院、疗养院(所)床位数合计	张	3 310	22 050	93 229	194 158	245 997	294 945	338 217	391 797
卫生技术人员	人	3 531	65 649	156 889	232 218	324 300	423 733	488 661	553 770

补充资料：1994年民族自治地方卫生技术人员中，其中少数民族卫生技术人员151 939人。

全国卫生部门卫生机构、床位、人员数

	1949年	1957年	1965年	1975年	1980年	1985年	1990年	1994年
机构总数(个)	2 461	26 408	22 323	29 854	34 887	37 955	40 479	44 165
内：医院合计	1 650	3 259	13 768	22 051	23 228	22 904	24 045	29 303
县及县以上医院	1 650	3 259	3 697	4 143	4 635	5 639	6 947	7 499
乡卫生院	—	—	10 071	17 843	18 492	17 157	16 955	21 598
疗养院、所	20	143	184	83	77	84	78	74
门诊部、所	693	15 797	1 507	419	461	2 291	2 892	913
专科防治所、站	11	614	775	622	1 036	1 437	1 638	1 764
卫生防疫站	—	1 563	2 375	2 774	2 931	3 079	3 143	3 132
妇幼保健所、站	9	3 617	2 471	1 981	2 554	2 648	2 697	2 714
药品检验所、室	1	28	131	310	1 212	1 418	1 889	1 987
医学科研机构	3	34	89	135	268	299	309	408
床位总数(张)	44 591	306 217	579 724	1 016 035	1 227 633	1 416 842	1 698 265	1 897 226
内：医院	41 000	239 644	536 246	966 720	1 173 756	1 353 682	1 624 082	1 818 140
人员总数(人)	66 270	490 401	754 886	1 250 066	1 804 815	2 242 982	2 692 751	3 124 793
其中：卫生技术人员	44 389	353 538	562 201	933 752	1 353 885	1 685 280	2 057 389	2 399 332
内：医　生	12 692	115 951	240 598	392 605	565 146	691 040	878 014	1 008 378
护师、士	13 022	76 971	145 538	216 138	281 917	399 367	606 525	707 193

1994年全国卫生部门按隶属关系分县及县以上医院机构、床位、人员数

	机构数(个)	床位数(张)	人员数(人)		机构数(个)	床位数(张)	人员数(人)
总　计	7 499	1 407 144	1 966 941	中医医院合计	2 122	186 294	278 203
卫生部属	56	31 978	63 760	卫生部属	2	1 025	1 994
省、自治区、直辖市属	340	166 824	260 864	省、自治区、直辖市属	20	5 375	9 069
直辖市区、省辖市、地区(自治州、盟)属	1 719	482 307	670 322	直辖市区、省辖市、地区(自治州、盟)属	282	49 630	73 145
省辖市区、地辖市属	1 711	258 149	358 402	省辖市区、地辖市属	461	44 814	69 276
县(旗)属	3 673	467 886	613 593	县(旗)属	1 357	85 450	124 719
综合医院合计	3 928	894 324	1 255 245	其他各类医院合计	1 449	326 526	433 493
卫生部属	4	2 697	7 352	卫生部属	50	28 256	54 414
省、自治区、直辖市属	74	40 416	73 320	省、自治区、直辖市属	246	121 033	178 475
直辖市区、省辖市、地区(自治州、盟)属	746	292 034	435 312	直辖市区、省辖市、地区(自治州、盟)属	691	140 643	161 865
省辖市区、地辖市属	998	192 469	264 430	省辖市区、地辖市属	252	20 866	24 696
县(旗)属	2 106	366 708	474 831	县(旗)属	210	15 728	14 043

全国卫生部门县及县以上医院床位与人员、医护之比

	1952年	1957年	1965年	1975年	1978年	1980年	1985年	1990年	1994年
每张床位与总人员之比									
县以上综合医院	1.06	1.28	1.23	1.28	1.38	1.50	1.54	1.46	1.48
县医院	1.22	1.24	0.97	0.91	0.97	1.10	1.20	1.23	1.29
医学院校附属医院	1.19	1.34	1.25	1.41	1.58	1.68	1.77	1.80	1.70
每名医生与护理人员之比									
县以上综合医院	2.28	1.84	1.35	1.28	1.10	1.17	1.12	1.12	1.11
县医院	1.45	1.19	0.98	0.99	0.87	1.07	1.15	1.11	1.11
医学院校附属医院	2.26	1.92	1.43	1.45	1.23	1.25	1.18	1.12	1.07
每名护理员与护师、士之比									
县以上综合医院	2.10	2.33	5.72	3.69	3.70	3.66	4.88	20.65	26.09
县医院	0.92	1.25	2.75	3.12	2.99	2.10	2.91	10.42	12.12
医学院校附属医院	2.88	3.24	9.18	8.81	9.53	8.06	9.97	44.43	55.61

全国工业及其他部门卫生机构、床位、人员数

	单位	1949年	1957年	1965年	1975年	1980年	1985年	1990年	1994年
机构数	个	404	19 725	44 561	74 161	105 498	118 187	123 388	109 786
内：医院	个	150	500	1 748	3 614	4 502	5 401	6 430	6 971
疗养院、所	个	5	691	692	214	393	553	567	509
门诊部、所	个	76	16 069	41 381	69 552	99 743	111 100	113 811	99 123
床位数	张	9 734	139 322	312 200	423 605	531 677	634 268	769 093	816 204
内：医院	张	9 000	48 119	157 849	310 992	384 978	458 115	560 310	607 843
疗养院、所	张	700	50 536	77 474	23 129	55 072	91 247	107 493	102 120
人员数	人	35 326	189 472	385 855	741 375	1 037 491	1 252 597	1 387 066	1 394 558
其中：卫生技术人员	人	25 880	142 972	294 301	592 470	840 527	998 983	1 096 423	1 090 837
内：医　生	人	9 941	51 827	128 797	236 011	351 265	433 452	524 153	508 896
护师、士	人	10 791	42 986	72 156	125 430	150 781	194 883	292 887	309 946

全国农村村级卫生组织情况

	单位	1985 年	1988 年	1990 年	1991 年	1992 年	1993 年	1994 年
行政村数	个	716 639	734 095	749 963	740 356	735 355	731 755	732 004
设置医疗点的村数	个	625 992	641 076	646 529	649 303	651 031	651 861	649 892
占行政村的比重	%	87.35	87.33	86.21	87.7	88.5	89.1	88.8
村设置的医疗点数	个	777 674	806 497	803 956	794 733	796 523	806 945	813 529
村或群众集体办	个	305 537	287 586	266 137	285 988	294 417	279 382	273 733
乡村医生或(与)卫生员联合办	个	88 803	78 873	87 149	83 629	83 742	94 700	92 211
乡卫生院设点	个	29 769	29 845	29 963	30 340	34 213	34 914	37 647
个体办	个	323 904	369 209	381 844	356 734	350 633	374 296	387 157
其他	个	29 661	40 984	38 863	38 042	33 518	23 663	22 781
乡村医生和卫生员	人	1 293 094	1 247 045	1 231 510	1 253 324	1 269 061	1 325 106	1 323 701
乡村医生	人	643 022	731 653	776 859	794 507	816 557	910 664	933 386
卫生员	人	650 072	515 392	454 651	458 817	452 504	414 442	390 315
其中:女性	人	341 972	309 515	321 225	341 851	344 823	…	…
农村接生员	人	513 977	466 974	470 982	462 436	446 072	414 728	381 171

注:乡村医生是指经过县级卫生行政部门考核,获得乡村医生证书的医生。

1994 年各地区卫生机构、床位数

	机构数(个)				床位数(张)	
	合计	其中 医院	其中 卫生防疫站	其中 妇幼保健所、站	合计	其中:医院
总计	191 742	67 857	3 611	2 857	3 133 617	2 831 452
北京	4 958	624	22	16	67 112	64 416
天津	3 182	419	23	17	38 986	37 157
河北	10 274	4 540	203	166	159 058	137 419
山西	5 996	2 571	146	134	110 649	102 334
内蒙古	4 918	2 000	154	119	67 420	63 381
辽宁	6 849	2 108	130	119	203 947	182 565
吉林	3 920	1 384	89	71	94 723	85 764
黑龙江	7 714	1 986	239	186	128 390	116 626
上海	5 606	497	31	12	71 952	68 092
江苏	12 067	2 555	136	117	174 491	154 219
浙江	8 718	3 453	100	81	105 694	96 508
安徽	6 585	3 253	123	109	119 373	108 220
福建	4 537	1 250	94	67	72 824	64 764
江西	5 432	2 304	119	147	94 372	83 911
山东	10 654	3 113	165	146	198 744	181 339
河南	7 656	2 944	181	143	191 404	174 514

	机构数（个）				床位数（张）	
	合计	其中			合计	其中：医院
		医院	卫生防疫站	妇幼保健所、站		
湖北	9 762	2 146	118	97	161 313	133 977
湖南	9 931	4 314	145	127	148 244	134 218
广东	8 722	2 232	157	69	144 865	134 334
广西	5 564	1 703	113	86	82 632	77 403
海南	1 647	469	28	20	22 658	21 885
四川	19 012	10 296	256	229	259 195	228 178
贵州	3 930	1 662	101	89	59 648	53 796
云南	6 474	2 093	149	143	93 654	83 303
西藏	1 152	838	79	23	5 602	5 333
陕西	6 227	3 040	123	90	98 401	90 709
甘肃	4 134	1 829	105	92	55 611	52 041
青海	1 177	592	59	49	16 896	16 012
宁夏	1 037	369	30	26	13 285	12 307
新疆	3 907	1 273	193	67	72 474	66 727

1994 年各地区卫生机构专业卫生人员数

	卫生人员	其中：卫生技术人员			
		合计	其中：医生	内：医师	护师、士
总计	5 307 009	4 199 217	1 882 180	1 425 375	1 093 544
北京	164 867	116 818	53 865	45 532	36 608
天津	91 931	71 217	33 373	29 695	20 671
河北	245 195	198 284	91 989	70 017	42 575
山西	168 908	139 909	67 510	52 724	32 524
内蒙古	129 101	102 220	48 962	33 038	24 575
辽宁	309 408	232 814	94 859	75 287	73 530
吉林	172 381	132 287	53 866	39 807	40 020
黑龙江	235 334	179 362	74 164	56 064	51 726
上海	153 281	111 970	55 235	44 824	33 514
江苏	308 526	240 500	109 430	83 170	62 763
浙江	179 017	145 034	63 730	44 789	31 996
安徽	182 281	147 819	64 606	49 048	35 350
福建	109 775	91 209	38 037	25 846	24 091
江西	149 247	120 503	54 212	41 278	32 750
山东	333 783	263 713	114 610	95 668	73 356
河南	308 820	251 332	105 490	82 728	55 274
湖北	293 138	228 387	93 795	73 124	66 426
湖南	233 637	189 777	83 881	62 835	47 436

	卫生人员	其中:卫生技术人员			
		合 计	其中:医生	内:医师	护师、士
广 东	277 413	220 166	94 382	68 098	60 772
广 西	144 159	113 358	53 136	40 204	34 799
海 南	39 019	30 961	11 591	7 488	7 914
四 川	402 160	325 310	160 187	115 967	69 204
贵 州	106 441	88 053	40 358	27 593	19 401
云 南	137 167	110 900	57 675	41 892	28 664
西 藏	10 424	8 176	4 760	3 150	1 572
陕 西	155 944	126 044	62 010	45 511	30 306
甘 肃	98 550	81 281	38 087	25 977	18 400
青 海	25 349	20 116	9 571	7 417	5 711
宁 夏	26 639	21 258	10 134	8 071	5 894
新 疆	115 114	90 439	38 675	28 533	25 722

1994年各地区每千人口医院床位、医生、护士数

	医院床位(张)	医生(人)	内:医师(人)	护师.士(人)		医院床位(张)	医生(人)	内:医师(人)	护师.士(人)
总计	2.41	1.60	1.21	0.93	山东	2.10	1.32	1.11	0.85
					河南	1.94	1.17	0.92	0.61
北京	6.03	5.04	4.26	3.43	湖北	2.37	1.66	1.29	1.17
天津	4.15	3.73	3.32	2.31	湖南	2.13	1.33	1.00	0.75
河北	2.16	1.45	1.10	0.67	广东	2.01	1.41	1.02	0.91
山西	3.42	2.26	1.76	1.09	广西	1.74	1.19	0.90	0.78
内蒙古	2.86	2.21	1.49	1.11	海南	3.17	1.68	1.08	1.14
辽宁	4.56	2.37	1.88	1.83	四川	2.06	1.45	1.05	0.62
吉林	3.41	2.14	1.58	1.59	贵州	1.59	1.19	0.82	0.57
黑龙江	3.28	2.08	1.58	1.45	云南	2.17	1.50	1.09	0.75
上海	5.24	4.25	3.45	2.58	西藏	2.30	2.05	1.36	0.68
江苏	2.26	1.60	1.22	0.92	陕西	2.67	1.82	1.34	0.89
浙江	2.22	1.47	1.03	0.74	甘肃	2.21	1.62	1.10	0.78
安徽	1.82	1.09	0.83	0.60	青海	3.55	2.12	1.64	1.27
福建	2.07	1.22	0.83	0.77	宁夏	2.44	2.01	1.60	1.17
江西	2.16	1.39	1.06	0.84	新疆	4.16	2.41	1.78	1.60

1994年省会所在市及百万人口以上市每千人口医院床位、医生、护士数

	医院床位（张）	医生（人）	内:医师（人）	护师.士（人）		医院床位（张）	医生（人）	内:医师（人）	护师.士（人）
*北京	7.17	6.18	5.44	4.38	合肥	7.17	5.72	5.44	3.57
*天津	5.52	4.85	4.41	3.20	*济南	2.08	1.62	1.52	1.08
*石家庄	9.48	6.98	6.39	3.74	*青岛	1.79	1.54	1.45	1.04
*唐山	8.04	4.51	3.60	3.56	*淄博	8.20	4.88	4.09	3.29
*太原	9.91	5.72	4.98	4.23	*郑州	8.58	6.66	6.04	3.97
呼和浩特	8.74	6.56	5.95	4.72	*武汉	6.00	4.61	4.24	3.77
*包头	5.44	4.33	3.80	3.31	*长沙	10.81	6.42	6.02	4.63
*沈阳	8.31	4.84	4.11	4.01	*广州	4.90	4.09	3.67	3.10
*大连	10.34	5.39	4.61	4.42	南宁	3.13	2.55	2.36	1.77
*鞍山	11.02	5.62	4.61	4.83	海口	2.91	1.82	1.68	1.60
*抚顺	8.09	4.31	3.11	3.97	*成都	6.79	5.09	4.75	3.00
*长春	7.71	4.93	4.57	3.83	*重庆	12.23	7.58	6.30	4.52
*吉林	7.83	4.32	3.86	3.79	*贵阳	5.99	5.09	4.69	3.19
*哈尔滨	7.94	4.84	4.52	3.97	*昆明	12.62	8.78	7.86	5.39
*齐齐哈尔	5.85	3.26	2.96	2.91	拉萨	0.74	0.40	0.37	0.32
*上海	7.14	5.79	4.70	3.52	*西安	3.04	1.98	1.70	1.28
*南京	5.61	5.28	4.77	3.59	*兰州	8.23	5.80	5.10	3.80
*杭州	7.82	6.70	5.97	4.20	银川	8.47	6.45	5.88	4.01
*福州	7.07	5.25	4.45	3.74	西宁	4.32	2.40	2.26	1.97
*南昌	10.43	6.55	5.63	4.51	*乌鲁木齐	10.41	5.39	4.95	4.10

注:1.*系指非农业人口在百万以上的城市。2.人口数系指总人口数。3.表中数字系不含县。4.缺拉萨市数字。

各地区农村村级卫生组织情况

	无医疗点村数比重(%)			村设置的医疗点数(个)			平均每村乡村医生和卫生员（人）		
	1985年	1990年	1994年	1985年	1990年	1994年	1985年	1990年	1994年
总计	12.6	13.8	11.2	777 674	803 956	813 529	1.80	1.64	1.81
北京	10.4	8.8	9.5	4 589	4 835	4 797	1.74	1.57	1.70
天津	7.0	6.4	6.2	4 466	4 304	4 962	1.88	2.00	2.16
河北	7.6	5.2	6.8	64 700	65 048	64 969	2.10	1.90	1.88
山西	11.0	10.2	9.9	30 118	29 390	30 418	1.60	1.38	1.74
内蒙古	8.8	15.3	10.1	13 695	14 314	14 563	1.73	1.40	1.63
辽宁	3.0	2.8	2.9	17 790	18 985	19 342	2.10	1.76	1.81
吉林	2.8	7.6	7.3	10 284	9 675	11 259	2.07	2.05	2.30
黑龙江	5.0	3.9	3.7	14 365	14 159	14 061	2.02	1.91	2.07
上海	1.3	3.0	2.8	3 083	2 918	2 828	2.68	2.28	2.34
江苏	4.9	4.9	4.1	35 822	35 239	35 534	2.09	1.95	2.15
浙江	30.4	40.4	38.6	31 997	29 944	27 823	1.00	0.86	0.82
安徽	9.7	5.7	5.5	40 323	44 904	40 975	2.01	1.57	1.87
福建	5.7	4.1	4.1	17 837	22 170	20 016	2.04	1.97	1.96

	无医疗点村数比重(%)			村设置的医疗点数(个)			平均每村乡村医生和卫生员(人)		
	1985年	1990年	1994年	1985年	1990年	1994年	1985年	1990年	1994年
江西	6.1	5.0	4.5	25 545	26 079	28 730	2.04	2.20	1.96
山东	5.0	3.4	3.8	97 480	96 867	92 229	1.66	1.51	1.76
河南	2.4	2.7	2.4	79 740	80 669	80 167	3.25	2.90	2.96
湖北	11.0	16.1	13.3	32 225	30 036	32 281	2.06	1.83	1.87
湖南	24.2	13.5	10.2	42 497	47 789	50 375	1.66	1.27	1.42
广东	8.1	7.8	8.0	30 977	29 815	30 650	1.89	1.72	1.72
广西	6.8	3.7	3.6	21 183	26 015	27 046	2.45	2.70	2.95
海南	—	60.4	17.9	—	2 596	2 902	—	0.42	1.57
四川	17.9	18.8	17.2	67 874	70 942	71 760	1.57	1.44	1.57
贵州	62.5	60.8	36.4	9 203	10 544	17 550	0.72	0.72	1.07
云南	4.2	3.6	2.3	16 436	16 753	17 777	2.33	2.20	2.60
西藏	4.4	82.2	64.8	1 899	1 982	2 039	1.42	0.33	0.59
陕西	15.0	11.4	13.9	31 030	32 438	31 426	1.71	1.60	1.77
甘肃	9.2	9.6	7.4	19 633	21 172	23 386	1.78	1.86	2.01
青海	24.4	13.8	12.3	3 282	3 969	3 706	1.20	1.48	1.47
宁夏	4.1	9.2	7.2	2711	2 729	2 091	2.01	1.70	1.73
新疆	17.4	14.9	15.6	6 881	7 676	7 867	1.36	1.21	1.31

医　疗　服　务

1994年全国医院诊疗人次及入院人数

	诊疗人次数(亿次)		入院人数(万人)	每百诊次的入院人数	
	合计	其中:门、急诊		合计	其中:门、急诊
总计	22.42	21.24	4 992	2.2	2.4
县及县以上医院	12.25	11.44	3 045	2.5	2.7
卫生部门	7.75	7.47	2 344	3.0	3.1
工业及其他部门	4.17	3.65	657	1.6	1.8
集体所有制	0.32	0.31	42	1.3	1.4
私人开业及其他	0.01	0.01	2	3.9	4.1
乡卫生院	9.73	9.38	1 913	2.0	2.1
中心卫生院	2.95	2.85	741	2.5	2.6
乡卫生院	6.78	6.53	1 172	1.7	1.8
其他医院	0.44	0.42	34	0.8	0.8

注:本表的医院诊疗人次及入院人数系全国所有医院的统计数字。

补充资料:1994年全国每万人口入院人数为425.4人。

全国医院病床使用情况

	病床使用率（%）			病床周转次数（次）			出院者平均住院日（日）		
	1985年	1990年	1994年	1985年	1990年	1994年	1985年	1990年	1994年
县及县以上医院合计	82.7	80.9	69.0	18.1	17.6	15.7	15.8	15.9	15.0
卫生部门	87.9	85.6	72.1	19.8	19.2	17.2	15.4	15.5	14.5
综合医院	87.0	85.7	72.6	22.8	22.3	19.5	13.3	13.5	12.9
卫生部属	82.1	89.2	89.9	10.4	11.2	13.4	27.1	28.5	24.1
省、自治区、直辖市属	93.9	97.5	87.5	16.7	15.5	14.0	20.0	22.8	22.2
直辖市区、省辖市(地区)属	92.3	94.6	83.4	20.4	19.3	17.2	15.9	17.5	16.8
省辖市区、地辖市属	85.1	81.8	70.2	20.6	21.4	20.6	14.2	13.5	11.7
县属	84.0	80.2	63.5	25.1	25.1	21.4	11.6	11.0	10.3
中医医院	83.9	73.6	58.9	12.3	13.9	13.9	23.3	18.0	14.4
医学院校附属医院	94.7	98.6	88.6	15.6	15.6	14.8	21.7	22.5	22.1
传染病院	76.9	83.4	63.7	9.2	8.7	8.4	29.5	34.1	27.3
精神病院	98.2	95.3	85.3	3.5	3.6	3.9	92.2	80.9	70.4
结核病院	94.0	86.3	63.9	4.0	4.6	5.1	82.9	67.0	45.5
妇幼保健院	80.6	79.0	64.1	35.7	34.6	30.4	8.0	8.1	7.4
儿童医院	91.6	88.1	67.1	27.6	28.5	23.8	11.9	11.1	9.8
职业病院	88.9	78.9	60.1	4.1	4.6	4.6	63.8	59.1	44.7
肿瘤医院	86.2	96.8	91.9	6.9	8.1	9.3	44.8	42.4	34.9
其他专科医院	90.4	78.7	71.5	11.2	10.6	7.5	28.7	25.2	34.1
工业及其他部门	69.5	69.8	62.0	14.2	13.8	12.1	16.5	17.0	16.5
集体所有制	81.5	69.5	57.8	13.9	13.8	12.3	19.4	16.9	14.8
私人开业及其他	…	…	84.1	…	…	14.6	…	…	19.9
乡卫生院合计	46.0	43.4	40.5	26.4	28.6	29.4	5.9	5.2	4.6
中心卫生院	51.7	48.4	43.1	27.4	28.7	27.6	6.5	5.8	5.3
乡卫生院	40.7	39.5	38.7	36.2	28.3	30.6	5.4	4.8	4.2
其他医院合计	74.4	68.5	57.1	10.3	10.0	8.8	21.4	22.1	20.3

全国卫生部门城市医院住院病人前十位疾病构成(ICD-9)

顺序	1987年 疾病种类	1987年 疾病构成(%)	1990年 疾病种类	1990年 疾病构成(%)	1994年 疾病种类	1994年 疾病构成(%)
1	消化系病	19.89	消化系病	18.16	消化系病	16.20
2	呼吸系病	16.58	呼吸系病	17.70	呼吸系病	15.76
3	妊娠病、分娩病及产褥期并发症	10.59	损伤及中毒	11.37	损伤及中毒	13.83
4	损伤及中毒	8.50	妊娠病、分娩病及产褥期并发症	8.21	妊娠病、分娩病及产褥期并发症	7.62
5	传染病和寄生虫病	6.25	传染病和寄生虫病	6.48	泌尿和生殖系病	6.33
6	泌尿和生殖系病	6.23	泌尿和生殖系病	6.32	传染病和寄生虫病	6.12
7	恶性肿瘤	4.67	心脏病	4.36	恶性肿瘤	5.03
8	心脏病	4.08	恶性肿瘤	4.30	心脏病	4.79
9	良性肿瘤	3.52	良性肿瘤	2.87	神经系统和感觉器官疾病	4.48
10	眼病	2.89	脑血管病	2.53	脑血管病	3.75
	十种疾病合计	83.20	十种疾病合计	82.30	十种疾病合计	83.91

全国卫生部门县医院住院病人前十位疾病构成(ICD-9)

顺序	1987年 疾病种类	1987年 疾病构成(%)	1990年 疾病种类	1990年 疾病构成(%)	1994年 疾病种类	1994年 疾病构成(%)
1	消化系病	23.90	消化系病	21.51	消化系病	18.99
2	呼吸系病	21.20	呼吸系病	19.12	损伤及中毒	18.14
3	损伤及中毒	10.74	损伤及中毒	14.09	呼吸系病	17.74
4	传染病和寄生虫病	10.43	传染病和寄生虫病	9.84	传染病和寄生虫病	8.53
5	妊娠病、分娩病及产褥期并发症	9.03	妊娠病、分娩病及产褥期并发症	8.11	妊娠病、分娩病及产褥期并发症	7.76
6	泌尿和生殖系病	6.10	泌尿和生殖系病	5.35	泌尿和生殖系病	5.56
7	心脏病	2.89	心脏病	3.24	心脏病	3.67
8	恶性肿瘤	1.63	脑血管病	1.92	神经系统和感觉器官疾病	3.21
9	皮肤和皮下组织病	1.47	恶性肿瘤	1.91	脑血管病	2.51
10	良性肿瘤	1.19	良性肿瘤	1.52	恶性肿瘤	2.09
	十种疾病合计	88.58	十种疾病合计	86.61	十种疾病合计	88.28

1994年卫生部门综合医院社会及经济效益情况

	医院总计	卫生部属	省、自治区．直辖市属	直辖市区．省辖市(地区)属	省辖市区．地辖市属	县属
平均每所医院						
业务收入(万元)	1 217.4	9 531.8	5 688.0	2 235.5	872.1	489.6
内：门诊收入(万元)	441.0	3 526.4	2 078.4	815.3	331.2	165.5
住院收入(万元)	659.1	4 634.4	3 060.6	1 239.7	441.9	278.1
差额预算拨款(万元)	113.8	500.6	367.8	189.5	120.1	55.1
专项拨款(万元)	32.1	327.9	208.3	53.5	21.4	9.7
业务支出(万元)	1 176.0	9 684.4	5 422.4	2 194.4	852.5	482.0
平均每一诊疗人次医疗费(元)	29.6	60.2	48.3	33.6	24.9	18.1
内：药费(元)	19.0	41.1	34.4	21.5	16.1	11.3
平均每一出院者住院医疗费(元)	1 273.0	3 929.0	3 079.0	1 721.0	1 038.0	632.0
内：药费(元)	669.2	2 165.7	1 600.5	882.1	549.9	344.0
检查治疗费(元)	311.2	812.2	735.7	448.6	253.8	146.7
出院者平均每天住院医疗费(元)	94.6	181.9	144.6	102.2	87.6	62.1
年内病人欠费率(%)	1.8	1.5	1.5	1.9	2.1	1.8
平均每一医生全年负担						
诊疗人次(次)	1 177.6	1 167.2	1 173.6	1 209.1	1 340.4	1 063.9
住院人数(人)	575.4	508.1	580.0	634.0	536.6	548.1
药品卫生材料周转天数(天)	63.0	42.0	49.0	55.0	70.0	92.0
平均每床占用专业设备金额(元)	15 627	75 503	38 462	18 814	10 554	5 441

统计范围：卫生部门县及县以上综合医院3588个。

卫生部门综合医院社会及经济效益情况

	1990	1992	1993	1994
医院数(个)	2 438	2 604	3 357	3 588
平均每所医院				
业务收入(万元)	484.7	768.5	990.4	1 217.4
内：门诊收入(万元)	187.8	290.4	346.6	441.0
住院收入(万元)	254.0	384.7	505.2	659.1
差额预算拨款(万元)	47.1	62.1	62.6	113.8
专项拨款(万元)	22.8	26.2	30.6	32.1
业务支出(万元)	468.7	724.9	924.5	1 176.0
平均每一诊疗人次医疗费(元)	10.9	17.2	23.3	29.6
内：药费(元)	7.4	11.6	15.2	19.0
平均每一出院者住院医疗费(元)	473.3	737.9	1 021.0	1 273.0
内：药费(元)	260.6	398.6	534.2	669.2
检查治疗费(元)	104.1	161.7	246.9	311.2
出院者平均每天住院医疗费(元)	33.6	49.9	72.2	94.6
平均每一医生每天负担				
诊疗人次(次)	5.5	4.8	4.3	3.8
住院人数(人)	2.1	1.9	1.7	1.6
药品卫生材料周转天数(天)	65.0	63.0	70.0	63.0
平均每床占用专业设备金额(元)	6 464	11 173	12 817	15 627

1994年卫生部门综合医院部分病种出院病人平均住院日和住院医疗费用

		平均住院日(日)			平均住院医疗费(元)		
		总计	卫生部属	省、自治区、直辖市属	总计	卫生部属	省、自治区、直辖市属
病毒性肝炎	公费	30.5	43.8	38.9	2 599.7	6 343.2	5 458.2
	自费	21.1	33.8	32.5	1 531.4	5 077.9	3 608.6
脑血栓	公费	30.2	40.9	30.8	3 622.2	7 305.8	5 052.3
	自费	20.5	26.1	23.1	1 878.0	4 564.6	3 173.5
急性心肌梗塞	公费	29.4	31.2	29.3	5 359.1	10 942.9	7 906.7
	自费	19.0	19.5	21.6	2245.7	8 183.9	4 996.9
肺炎	公费	17.0	26.1	22.0	1 768.6	5 948.6	4031.5
	自费	9.6	15.5	14.3	671.5	3 018.0	2 023.5
慢性肾小球肾炎	公费	29.5	47.9	41.0	3 354.3	10 493.2	5 895.2
	自费	17.1	31.7	30.2	1 538.9	7 904.8	3 732.7
胃及十二指肠溃疡出血	公费	17.6	18.4	21.9	1 960.6	3 156.1	3 433.8
	自费	11.7	18.4	19.5	1212.7	2 728.1	3 002.7
胃癌	公费	31.7	36.9	33.5	6 338.8	12 465.6	9 788.5
	自费	20.4	23.7	25.0	2 828.5	6 822.8	5 344.2
结肠癌	公费	34.9	39.8	39.8	6 709.2	11 413.5	10 384.3
	自费	23.2	26.2	26.3	3 367.0	8 334.7	5 576.4
甲状腺腺瘤	公费	15.9	14.1	15.5	1 626.5	2 123.7	1 985.4
	自费	12.0	13.2	13.0	1 011.8	1 282.2	1 328.7
胃及十二指肠溃疡	公费	18.1	23.1	23.3	2 645.4	5 840.1	5 585.3
	自费	14.0	18.6	18.7	1 557.6	4 953.6	3 766.9
急性阑尾炎	公费	9.6	9.2	9.7	999.5	1 693.5	1 543.5
	自费	8.2	7.7	8.4	812.9	1 250.3	1 126.4
胆囊炎及胆石症	公费	18.4	21.5	21.1	2 599.6	4 791.3	4 127.2
	自费	15.8	19.2	19.9	1 707.4	4 117.4	2 982.4
前列腺增生	公费	27.8	30.8	32.1	3 650.7	5 685.5	5 473.4
	自费	19.8	25.9	27.6	2 002.6	3 964.4	3 773.1
胫腓骨骨折	公费	32.1	38.2	33.7	2 554.2	5 836.5	4 999.6
	自费	27.0	32.4	33.7	2 026.1	4 106.8	4 239.5
子宫肌瘤	公费	19.2	18.9	20.6	2 035.6	2 699.3	3 026.2
	自费	15.7	19.2	17.6	1 398.8	2 128.0	2 269.8
卵巢囊肿	公费	14.7	16.1	17.6	1 602.1	2 411.6	2 628.3
	自费	12.5	15.0	16.0	1 028.9	2 160.6	1 837.7
剖腹产	公费	10.5	11.9	12.6	1 208.8	2 190.9	2 167.7
	自费	10.0	12.1	10.4	1 124.3	2 243.6	1 801.8
小儿支气管肺炎		7.8	10.6	9.9	429.1	1 239.0	795.1
婴儿腹泻		6.2	6.0	7.9	282.5	496.6	466.9
急性肾小球肾炎(儿科)		10.7	20.2	16.4	434.9	1 006.9	1 063.1

注:公费包括劳保医疗。

1994年各地区县及县以上医院病床使用情况

	病床使用率(%)	病床周转次数(次)	平均住院日(日)		病床使用率(%)	病床周转次数(次)	平均住院日(日)
总　计	69.0	15.7	15.0	山　东	71.5	17.2	14.5
				河　南	66.3	15.5	14.0
北　京	78.8	12.0	22.6	湖　北	67.2	17.8	13.2
天　津	70.9	11.3	22.0	湖　南	66.7	14.8	16.1
河　北	71.2	17.9	13.2	广　东	78.1	19.1	14.3
山　西	67.7	13.7	14.2	广　西	73.9	19.4	13.3
内蒙古	65.9	15.9	13.6	海　南	53.5	14.9	12.3
辽　宁	70.5	13.0	17.2	四　川	64.1	14.4	15.2
吉　林	63.5	13.3	15.6	贵　州	63.0	15.4	13.9
黑龙江	62.0	12.5	15.9	云　南	74.3	18.4	14.3
上　海	82.1	11.2	25.4	西　藏	61.4	12.5	17.0
江　苏	76.0	15.9	17.0	陕　西	65.4	15.0	14.9
浙　江	68.2	15.9	15.5	甘　肃	67.2	16.1	13.5
安　徽	68.0	17.3	13.7	青　海	70.1	16.9	17.2
福　建	78.0	23.5	11.4	宁　夏	68.9	16.3	14.6
江　西	59.7	18.4	12.0	新　疆	65.6	16.9	13.7

1994年各地区卫生部门县及县以上医院病床使用情况

	病床使用率(%)	病床周转次数(次)	平均住院日(日)		病床使用率(%)	病床周转次数(次)	平均住院日(日)
总　计	72.1	17.2	14.5	山　东	73.7	18.7	13.9
				河　南	66.7	16.9	12.9
北　京	85.5	13.3	22.6	湖　北	69.4	19.7	12.5
天　津	70.5	11.8	21.1	湖　南	70.0	16.3	15.6
河　北	71.5	19.2	12.5	广　东	81.3	20.7	13.9
山　西	73.8	16.0	12.6	广　西	77.1	20.7	13.2
内蒙古	67.3	16.9	13.2	海　南	66.2	19.3	12.1
辽　宁	69.1	13.0	17.7	四　川	68.3	16.6	14.5
吉　林	65.3	14.2	15.3	贵　州	69.7	17.6	13.4
黑龙江	62.0	13.0	15.1	云　南	79.3	19.9	14.4
上　海	84.3	11.8	25.2	西　藏	61.4	12.5	17.0
江　苏	80.7	17.5	16.6	陕　西	70.4	17.0	14.3
浙　江	68.8	16.3	15.3	甘　肃	68.6	17.8	12.7
安　徽	68.5	18.7	12.9	青　海	68.8	17.7	17.7
福　建	81.6	24.3	11.6	宁　夏	71.2	18.1	14.0
江　西	64.2	19.8	12.3	新　疆	75.8	19.4	14.0

1994年各地区工业及其他部门县及县以上医院病床使用情况

	病床使用率(%)	病床周转次数(次)	平均住院日(日)		病床使用率(%)	病床周转次数(次)	平均住院日(日)
总　计	62.0	12.1	16.5	山　东	64.3	12.6	17.2
				河　南	65.6	11.9	18.2
北　京	65.3	9.5	23.0	湖　北	61.8	13.2	15.7
天　津	72.4	9.0	27.7	湖　南	58.4	10.9	18.0
河　北	70.4	15.1	15.5	广　东	62.7	11.7	16.6
山　西	61.8	11.3	16.9	广　西	56.7	13.2	13.5
内蒙古	63.9	14.0	14.4	海　南	43.2	11.2	12.6
辽　宁	74.0	12.7	17.0	四　川	55.5	10.0	17.4
吉　林	60.5	12.0	16.1	贵　州	51.4	11.4	15.3
黑龙江	62.1	12.0	16.8	云　南	58.9	13.5	14.3
上　海	72.5	7.8	28.0	西　藏	…	…	…
江　苏	60.8	10.2	19.7	陕　西	57.9	11.9	16.2
浙　江	58.0	8.7	22.9	甘　肃	64.5	12.8	15.7
安　徽	67.1	13.0	17.6	青　海	71.4	14.2	16.0
福　建	49.4	12.2	13.9	宁　夏	62.0	10.9	17.7
江　西	47.8	14.9	10.6	新　疆	56.9	14.8	13.2

1994年各地区农村乡卫生院病床使用情况

	病床使用率(%)	病床周转次数(次)	平均住院日(日)		病床使用率(%)	病床周转次数(次)	平均住院日(日)
总　计	40.5	29.4	4.6	山　东	37.3	26.2	4.9
				河　南	41.4	26.7	5.2
北　京	50.7	25.3	6.4	湖　北	36.0	21.9	5.5
天　津	45.0	25.8	6.0	湖　南	35.7	21.8	5.8
河　北	45.9	35.6	4.4	广　东	52.2	38.1	4.6
山　西	38.9	13.5	9.0	广　西	39.1	35.8	3.6
内蒙古	26.6	21.2	4.2	海　南	26.9	29.6	3.3
辽　宁	29.1	29.3	3.2	四　川	36.1	27.9	4.2
吉　林	36.3	39.6	3.0	贵　州	26.7	27.1	3.5
黑龙江	40.6	34.2	3.9	云　南	45.6	29.3	5.0
上　海	65.2	47.7	4.5	西　藏	…	…	…
江　苏	47.9	24.7	6.6	陕　西	36.1	26.6	4.5
浙　江	47.2	29.3	5.6	甘　肃	40.2	25.9	5.2
安　徽	41.2	41.9	3.4	青　海	39.1	23.5	5.4
福　建	37.8	48.4	2.4	宁　夏	34.8	23.7	3.2
江　西	43.2	39.9	3.7	新　疆	50.8	24.1	6.9

人口自然变动及死亡原因

全国人口出生率、死亡率、自然增长率

单位:‰

年份	总计			市			县		
	出生率	死亡率	自然增长率	出生率	死亡率	自然增长率	出生率	死亡率	自然增长率
1949	36.00	20.00	16.00	…	…	…	…	…	…
1952	37.00	17.00	20.00	…	…	…	…	…	…
1957	34.03	10.80	23.23	44.48	8.47	36.01	32.81	11.07	21.74
1965	37.88	9.50	28.38	26.59	5.69	20.90	39.53	10.06	29.47
1970	33.43	7.60	25.83	…	…	…	…	…	…
1975	23.01	7.32	15.69	14.71	5.39	9.32	24.17	7.59	16.58
1978	18.25	6.25	12.00	13.56	5.12	8.44	18.91	6.42	12.49
1980	18.21	6.34	11.87	14.17	5.48	8.69	18.82	6.47	12.35
1985	21.04	6.78	14.26	14.02	5.96	8.06	19.17	6.66	12.51
1987	23.33	6.72	16.61	…	…	…	…	…	…
1989	21.58	6.54	15.04	15.98	5.74	10.24	22.28	6.69	15.59
1990	21.06	6.67	14.39	16.14	5.71	10.43	22.80	7.01	15.79
1991	19.68	6.70	12.98	15.49	5.50	9.99	21.17	7.13	14.04
1992	18.24	6.64	11.60	15.47	5.77	9.70	19.09	6.91	12.18
1993	18.09	6.64	11.45	15.37	5.99	9.38	19.06	6.89	12.17
1994	17.70	6.49	11.21	…	…	…	…	…	…

资料来源:摘自《中国统计年鉴·1994》。

部分市、县婴儿死亡率

	婴儿死亡率(‰)	统计范围
解放前	200左右	
其中:市	120左右	
1954年	138.5	据14个省五万余人的调查
1958年	80.8	北京等19个省、市的大部分市、县
其中:市	50.8	北京、河北等17个省、市的大部分市
县	89.1	河北等18个省、市的大部分县
1973~75年	47.0	全国肿瘤死亡回顾调查
1981年	34.7	全国第三次人口普查
1985年市	14.0	北京等36个市全市或部分市区
县	25.1	上海、江苏等15个省、市的72个县全县或部分乡
1991年市	16.5	北京等40个市全市或部分市区
县	25.4	上海、江苏等15个省、市的88个县全县或部分乡
1993年市	13.5	北京等36个市全市或部分市区
县	21.5	上海、江苏等14个省、市的87个县全县或部分乡
1994年	45.7	卫生部妇幼司监测点数据

1994年部分市前十位主要疾病死亡专率及死亡原因构成

顺位	合计 死亡原因	死亡专率(1/10万)	占死亡总人数的%	男 死亡原因	死亡专率(1/10万)	占死亡总人数的%	女 死亡原因	死亡专率(1/10万)	占死亡总人数的%
1	脑血管病	129.58	22.08	恶性肿瘤	156.01	24.85	脑血管病	121.54	22.35
2	恶性肿瘤	128.08	21.83	脑血管病	137.22	21.86	恶性肿瘤	96.68	18.14
3	呼吸系病	94.40	16.09	呼吸系病	96.05	15.30	呼吸系病	92.66	17.04
4	心脏病	87.94	14.99	心脏病	85.65	13.65	心脏病	90.35	16.61
5	损伤和中毒	39.54	6.74	损伤和中毒	47.82	7.62	损伤和中毒	28.59	5.67
6	消化系病	20.58	3.51	消化系病	23.81	3.79	消化系病	17.18	3.16
7	内分泌.营养.代谢及免疫疾病	13.07	2.23	内分泌.营养.代谢及免疫疾病	10.19	1.62	内分泌.营养.代谢及免疫疾病	16.11	2.96
8	泌尿.生殖系病	8.87	1.51	泌尿.生殖系病	8.89	1.42	泌尿.生殖系病	8.85	1.63
9	精神病	7.01	1.19	肺结核	6.39	1.02	精神病	7.84	1.44
10	神经病	5.09	0.87	神经病	6.22	0.99	神经病	4.60	0.85
	十种死因合计		91.04	十种死因合计		92.12	十种死因合计		89.85

统计范围：包括北京等34个市全市或部分市区资料。

1994年部分县前十位主要疾病死亡专率及死亡原因构成

顺位	合计 死亡原因	死亡专率(1/10万)	占死亡总人数的%	男 死亡原因	死亡专率(1/10万)	占死亡总人数的%	女 死亡原因	死亡专率(1/10万)	占死亡总人数的%
1	呼吸系病	161.57	25.27	呼吸系病	163.87	23.73	呼吸系病	159.18	27.15
2	恶性肿瘤	105.53	16.51	恶性肿瘤	128.50	18.61	脑血管病	99.90	17.04
3	脑血管病	104.53	16.35	脑血管病	108.99	15.79	恶性肿瘤	81.65	13.93
4	损伤和中毒	76.69	11.99	损伤和中毒	89.76	13.00	心脏病	66.36	11.32
5	心脏病	66.55	10.41	心脏病	66.74	9.67	损伤和中毒	63.09	10.76
6	消化系病	30.89	4.83	消化系病	35.88	5.20	消化系病	25.70	4.38
7	*新生儿病	985.20	1.83	肺结核	14.75	2.14	*新生儿病	936.83	1.83
8	肺结核	11.36	1.78	*新生儿病	1028.38	1.83	肺结核	7.84	1.34
9	传染病(肺结核除外)	9.21	1.44	传染病(肺结核除外)	10.73	1.55	传染病(肺结核除外)	7.61	1.30
10	泌尿.生殖系病	8.44	1.32	泌尿.生殖系病	9.51	1.38	泌尿.生殖系病	7.33	1.25
	十种死因合计		91.73	十种死因合计		92.90	十种死因合计		90.30

统计范围：包括北京等101个县的资料。

注：*新生儿病死亡专率系以每十万出生人数为分母计算的。

1994 年部分市、县恶性肿瘤死亡率(1/10 万)

	市			县		
	合　计	男	女	合　计	男	女
合　　计	128.08	156.01	98.68	105.53	128.50	81.65
内：肺　癌	35.36	46.61	23.52	15.83	21.81	9.60
胃　癌	18.99	24.69	12.99	20.76	26.19	15.10
肝　癌	19.98	28.41	11.11	23.59	33.15	13.64
食管癌	8.87	12.45	5.11	17.74	21.93	13.38
肠　癌	8.96	9.16	8.75	5.47	5.64	5.30
白血病	3.35	3.72	2.96	3.43	3.54	3.31
乳腺癌	3.48	—	7.13	1.71	—	3.49

注:本表的统计范围同前面两个表。

传　染　病　报　告

1994 年全国法定报告传染病发病及死亡情况

	发病率(1/10 万)	死亡率(1/10 万)	病死率(%)		发病率(1/10 万)	死亡率(1/10 万)	病死率(%)
总　　计	203.6755	0.4918	0.24	白　　喉	0.0102	0.0010	10.08
				流　　脑	0.5634	0.0319	5.66
鼠　　疫	0.0005	0.0003	50.00	猩红热	2.1273	0.0004	0.02
霍　　乱	3.0573	0.0290	0.95	出血热	5.7290	0.0756	1.32
病毒性肝炎	76.8259	0.0801	0.10	狂犬病	0.0261	0.0254	97.04
痢　　疾	76.8273	0.0444	0.06	钩端螺旋体病	2.4167	0.0876	3.63
伤寒副伤寒	8.7718	0.0135	0.15	布　　病	0.0519	0.0002	0.33
艾滋病	0.0022	0.0019	84.62	炭　　疽	0.1146	0.0030	2.63
淋　　病	11.0495	0.0000	0.00	斑疹伤寒	0.3358	0.0002	0.05
梅　　毒	0.1906	0.0000	0.00	乙　　脑	1.7034	0.0679	3.98
脊　　灰	0.0225	0.0006	2.67	黑热病	0.0126	0.0000	0.00
麻　　疹	7.5429	0.0211	0.28	疟　　疾	5.6041	0.0038	0.07
百日咳	0.6895	0.0040	0.59	登革热	0.0003	0.0000	0.00

全国法定报告传染病的发病及死亡情况

年份	发病率(1/10万)	死亡率(1/10万)	病死率(%)
1980	2076.17	3.07	0.15
1985	872.33	2.00	0.23
1989	337.71	0.76	0.23
1990	292.22	1.15	0.40
1991	287.42	0.85	0.30
1992	235.11	0.54	0.23
1993	189.82	0.47	0.25
1994	203.68	0.49	0.24

注:1990年以前报告的传染病包括鼠疫、副霍乱、白喉、流脑、百日咳、猩红热、麻疹、流感、痢疾、伤寒副伤寒、病毒性肝炎、乙脑、疟疾、黑热病、森林脑炎、恙虫病、出血热和钩端螺旋体病19种;1990～1994年包括的病种见前页。

农　村　改　水

全国农村改水工作情况

	单位	1987年底	1989年底	1991年底	1993年底	1994年底
已改水受益人口数	万人	50 994	61 543	70 555	76 211	77 971
占农村人口比重	%	60.2	70.3	77.0	82.9	84.8
改水形式						
自来水厂、站数	个	204 107	302 096	522 691	591 251	650 103
受益人口	万人	17415	22 725	30 092	35 007	37 005
占改水受益总人口比重	%	34.2	36.9	32.8	38.1	40.2
手压机井数	万台	4 823	3 041	3 607	3 976	3 824
受益人口	万人	13 772	18 398	19 898	20 662	20 805
占改水受益总人口比重	%	27.0	29.9	21.7	22.5	22.6
改良大口井.水窖.水柜等受益人口	万人	19 807	20 422	20 565	20 542	20 161
占改水受益总人口比重	%	38.8	33.2	22.4	22.3	21.9
改水总投资	万元	507 806	867 271	…	…	…
受益群众集资	万元	195 225	383 716	…	…	…
乡镇企业投资	万元	162 325	221 392	…	…	…
地方财政补助	万元	64 218	125 392	…	…	…
有关部门投资	万元	51 602	64 058	…	…	…
银行代款	万元	16 140	34 809	…	…	…
海外侨胞捐款	万元	6 097	8 051	…	…	…
其他	万元	12 199	29 853	…	…	…

注:1.自来水包括水塔、高位水池、压力罐、泉水管道;2.表中数字系累计数。

各地区农村改水情况

	改水受益人口占农村人口%					饮用自来水人口占农村人口%				
	1987	1989	1991	1993	1994	1987	1989	1991	1993	1994
总　计	60.2	70.3	77.0	82.9	84.8	20.6	26.0	32.8	38.1	40.2
北　京	90.4	95.9	98.6	98.7	98.8	75.7	88.0	91.7	93.5	94.8
天　津	98.0	98.0	99.2	99.2	99.2	98.0	85.4	86.3	86.3	87.4
河　北	81.4	87.7	85.2	93.7	94.5	40.3	46.2	56.2	61.7	63.5
山　西	73.0	72.0	79.2	83.7	84.6	54.0	58.9	66.5	69.2	69.6
内蒙古	42.7	52.6	54.6	62.7	62.7	8.2	13.0	14.2	17.8	17.8
辽　宁	83.0	87.4	91.7	95.9	96.9	7.1	20.7	29.7	33.0	33.8
吉　林	72.5	78.1	91.9	93.6	94.4	17.9	21.1	18.9	26.2	24.3
黑龙江	77.5	80.3	87.3	94.0	95.5	31.3	31.0	32.6	36.8	38.7
上　海	81.2	83.8	96.0	99.2	100.0	41.2	59.9	79.6	96.4	99.1
江　苏	57.0	79.5	80.7	86.6	89.7	23.8	31.3	36.1	44.1	48.2
浙　江	67.8	79.4	87.3	90.8	92.7	45.6	54.2	58.7	66.9	70.6
安　徽	69.9	81.0	83.0	89.1	91.9	6.6	8.8	15.3	18.7	20.4
福　建	62.2	71.4	86.2	90.2	92.2	22.6	27.3	39.2	45.2	49.1
江　西	61.9	71.2	89.6	95.2	98.5	11.4	16.1	20.5	22.5	24.6
山　东	71.9	84.8	90.2	97.0	98.0	17.4	23.6	35.2	14.7	43.5
河　南	73.3	83.5	90.4	94.0	95.0	20.4	26.5	33.8	38.7	40.8
湖　北	42.4	56.1	67.2	75.9	78.2	24.6	30.7	35.5	40.7	42.5
湖　南	86.4	71.0	79.7	87.3	89.8	8.9	14.5	19.9	26.1	29.4
广　东	65.9	75.4	89.3	93.0	93.6	34.8	43.5	49.2	56.5	60.0
广　西	43.6	55.7	62.3	70.7	73.7	11.2	15.3	21.1	26.0	27.9
海　南	…	52.8	75.6	82.8	86.2	…	18.9	28.9	31.5	33.0
四　川	40.7	70.7	64.9	73.9	77.6	9.4	14.8	19.5	25.3	27.8
贵　州	25.5	30.4	35.2	43.7	46.9	10.0	12.7	16.1	23.1	25.9
云　南	30.0	38.6	46.2	49.8	53.0	15.0	21.3	28.9	29.6	32.1
西　藏	…	…	…	9.8	9.8	…	…	…	3.3	3.3
陕　西	25.5	36.3	68.6	73.1	73.1	2.1	2.1	27.9	32.5	32.5
甘　肃	26.9	33.5	39.7	41.1	41.1	7.9	9.4	17.9	18.5	18.5
青　海	44.7	47.6	55.3	59.5	59.5	17.0	19.2	26.1	30.2	30.2
宁　夏	56.3	56.9	65.4	65.6	65.6	2.7	4.5	13.8	21.1	21.1
新　疆	15.5	52.4	58.6	56.6	56.6	15.5	25.6	25.0	25.0	25.0

妇 幼 卫 生

全国新法接生、住院分娩百分比（%）

年份	新法接生占接产总次数的比重（%）			住院分娩率（%）		
	总计	市	县	总计	市	县
1977	88.5	98.2	87.6	…	…	…
1978	88.9	97.9	87.9	…	…	…
1980	91.4	98.7	90.3	…	…	…
1983	93.9	98.8	92.9	…	…	…
1984	94.4	98.4	93.4	41.1	74.9	32.8
1985	94.5	98.7	93.5	43.7	73.6	36.4
1986	94.4	98.3	93.4	45.9	73.5	39.1
1987	95.2	98.7	94.2	48.2	75.0	40.9
1988	95.5	98.6	96.1	50.3	75.6	44.3
1989	95.7	…	…	51.5	…	…
1990	94.0	98.6	93.9	50.6	74.2	45.1
1991	93.7	98.1	93.2	50.6	72.8	45.5
1992	84.1	91.2	82.0	52.7	71.7	41.2
1993	83.6	81.1	84.7	56.5	68.3	51.0
1994	—	—	86.3	55.0	70.4	46.6

注：1989年缺西藏数字。1992年全国总计缺黑龙江、广东、四川省数字；全国市、县缺黑龙江、广东、四川、贵州省数字。1993年缺新疆、内蒙古、四川、贵州、宁夏、广西数字。

1989～1993年监测地区城市、农村孕产妇死亡率（1/10万）

年份	全国	城市	农村
1989	94.7	49.9	114.9
1990	88.9	45.9	112.5
1991	80.0	46.3	100.0
1992	76.5	42.7	97.9
1993	67.3	38.5	85.1

地方病防治

1994年全国地方病防治情况

血吸虫病

	流行县、市、区数	流行区人口数(万人)	年底实有病人数	期内治疗病人数	累计达到消灭标准县、市、区数
总　计	386	6 674.2	433 234	351 454	197
上　海	9	285.8	0	0	9
江　苏	53	1 199.2	5 012	3 474	27
浙　江	53	920.2	2 621	229	44
安　徽	40	595.6	7 214	5 464	13
福　建	14	183.3	15	0	14
江　西	35	728.1	91 764	70 891	14
湖　北	52	973.3	202 535	198 085	15
湖　南	24	555.2	112 925	65 855	4
广　东	11	54.6	0	0	11
广　西	19	72.1	0	0	19
四　川	59	962.0	5274	2 971	17
云　南	17	144.9	5 874	4 485	10

注：流行县、市、区数比上年增加2个，原因是湖北省行政区划变动所致。

鼠疫、布鲁氏菌病

	疫源(区)县数	发病人数	基本控制县数	稳定控制县数
鼠　疫	224	7	54	58
布鲁氏菌病	1 307	815	609	383

地方性氟中毒

	病区县数	病区县人口总数(万人)	氟斑牙人数(万人)	氟骨症病例数(万人)	基本控制县数	防治受益人口总数累计(万人)
地方性氟中毒(水型)	1 066	50 620.15	2 752.17	131.09	163	3 097.27
地方性氟中毒(煤烟污染型)	199	8 992.11	1 843.06	141.93	2	494.05

克山病、大骨节病、碘缺乏病

	病区县数	病区县人口总数(万人)	现有病人数(万人)	基本控制县数(累计)
克山病	323	12 713.45	5.50	202
大骨节病	321	9 594.89	108.86	87
碘缺乏病	1 823	72 793.50	818.61	1 382

注：克山病现症病人数为潜、慢性克山病现症病人数。

医学教育和科研

全国高、中等医药院、校数及在校学生数

	单位	1949年	1957年	1965年	1975年	1980年	1985年	1990年	1994年
高等医药院、校	所	22	37	92	88	109	116	122	132
在校学生数	人	15 234	49 107	82 861	86 336	139 569	157 388	201 789	242 741
其中：中医学院数	所	…	5	21	17	22	24	31	30
在校学生数	人	…	1 020	10 155	13 538	25 282	28 450	34 048	39 982
中等医药学校	所	…	182	298	480	555	515	563	551
在校学生数	人	15 387	81 079	88 972	139 113	224 695	220 963	308 394	364 700

注：1. 校数：包括中、西医药院、校，不包括未招生的筹建院校和其他院校所设的医学院、系。
2. 在校学生人数：包括扩大招生人数和其他院校医药专业学生数。
3. 中医学院是1956年开始建立的。

资料来源：摘自国家教委有关年份的《教育统计资料》，下表同。

全国高、中等医药院、校毕业人数

	高等医药院、校	中等医药学校
1950～1952年合计	6 393	31 263
1953～1957年合计	25 918	96 042
1958～1962年合计	60 135	169 545
1963～1965年合计	72 882	69 513
1966～1970年合计	78 246	100 956
1971～1975年合计	44 167	126 437
1976～1980年合计	116 612	256 473
1981～1985年合计	152 054	329 218
1986～1991年合计	223 731	496 137
1992年	45 664	93 883
1993年	47 176	93 813
1994	65 254	127 874

补充资料：1. 1928～1947年高等医药院校毕业生总数为9499人。
2. 解放前中等医药学校毕业生总数为41437人。

医学科研成果

年份	卫生部科技成果			国家	
	一等奖	二等奖	三等奖	发明奖	技术进步奖
1982	23	74	…	4	…
1983	29	68	…	8	…
1984	32	82	…	7	…
1985	19	85	…	6	52
1986	16	66	…	…	…
1987	8	34	76	3	22
1988	8	41	75	4	10
1989	5	22	62	9	12
1990	5	25	70	4	6
1991	11	30	120	3	14
1992	8	28	101	0	15
1993	5	31	92	3	12
1994	3	27	101	—	—

补充资料：1978 年全国科技大会，卫生部门获奖 335 项；卫生部科学大会奖 697 项。

卫　生　经　费

全国各个时期的卫生事业费

	卫生事业费（亿元）	国家财政支出（亿元）	科教文卫事业费（亿元）	卫生事业费	
				占国家财政支出%	占科教文卫事业费%
一五时期	14.55	1 345.68	110.21	1.08	13.20
二五时期	23.34	2 288.67	193.54	1.02	12.11
调整时期	18.84	1 204.98	126.89	1.56	14.85
三五时期	44.50	2 518.60	225.82	1.77	19.71
四五时期	65.62	3919.60	341.98	1.67	19.19
五五时期	113.64	5 247.35	566.73	2.17	20.05
1978 年	22.42	1 111.00	112.66	2.02	19.90
1980 年	30.16	1 212.73	146.26	2.49	20.62
六五时期	215.35	6 952.00	1 171.73	3.10	18.38
1985 年	54.82	1 844.80	316.70	2.97	17.31
七五时期	354.06	13 978.30	2 439.40	2.53	14.51
1989 年	74.40	3 040.20	553.33	2.45	13.45
1990 年	79.47	3 452.20	617.29	2.30	12.87
八五时期					
1991 年	86.40	3813.60	708.00	2.27	12.20
1992 年	103.81	4 389.70	792.96	2.36	13.09
1993 年	119.38	5287.40	957.77	2.26	12.46

注：1. 从 1987 年开始，卫生事业费不再包括中医事业费和医学科研经费；2. 卫生事业费系财政决算数，不含公费医疗经费部分；3. 本表均按当年价格计算，下表同。

资料来源：摘自《中国统计年鉴・1994》，下表同。

全国各个时期的卫生基本建设投资

	卫生基建投资（亿元）	全国基建投资总额（亿元）	科教文卫和社会福利费（亿元）	卫生基建投资	
				占全国基建投资总额%	占科教文卫和社会福利费%
一五时期	6.48	588.47	44.56	1.10	6.88
二五时期	4.85	1 206.09	46.39	0.40	10.45
调整时期	2.67	421.89	24.05	0.63	11.10
三五时期	3.29	976.03	27.44	0.34	11.20
四五时期	9.00	1 763.95	55.45	0.51	16.23
五五时期	18.29	2 342.17	127.82	0.78	14.31
1978 年	3.21	500.99	21.77	0.64	14.75
1980 年	5.78	558.89	44.29	1.03	13.05
六五时期	52.62	3 410.09	353.48	1.54	14.89
1985 年	18.10	1 074.37	120.81	1.68	14.98
七五时期	95.55	7 300.55	748.97	1.31	12.76
1990 年	20.32	1 703.81	155.27	1.19	13.09
八五时期					
1991 年	26.19	2 115.80	170.62	1.24	15.35
1992 年	35.83	3 012.65	221.45	1.19	16.18
1993 年	48.32	4 615.50	304.63	1.05	15.86

附录

附　录

附一、台湾卫生工作

一、人口状况

1. 人口数　1993年底台湾地区总人口数为20 944 006人，其中男性为10 797 061人，女性为10 146 945人，较1992年底增加191 512人，年增长率为9.23%。1994年底总人数为21 197 829人，较1993年增长9.64%。

2. 1993年粗生率为15.59‰，出生总人数为324 944人。粗死亡率为5.30‰，死亡总人数为110 563人。自然增长人口为241 381人，自然增长率为10.28‰。

3. 人口年龄组成　1993年台湾地区年中人口年龄中位数为28.64岁，其中15岁以下者占25.14%，65岁以上者占7.09%，15～64岁的生产年龄人口占67.77%，每100名15～64岁的人口需负担47.56名14岁以下和65岁以上的依赖人口（以上见表1、2）。

二、卫生指标（1993**年**）

1. 婴儿死亡率为4.81‰。

2. 孕产妇死亡率为6.85/10万（1992年）。

3. 有偶妇女生育率为89‰（1992年）

4. 居民平均期望寿命为75.22岁，其中男性为72.0岁，女性为77.42岁。

5. 十大疾病的死亡率及增长率（见表3）。

从1986年到1993年，台湾地区十大死因顺位中前四位均无改变，恶性肿瘤始终占据首位，且死亡率年年有所增长，1993年比1992年增长5.50%。占第二位的是脑血管疾病，死亡率有下降趋势，1993年比1992年下降5.38%。第三、第四位分别是意外事故及不良影响和心脏病，1993年与1992年相比，死亡率均有所下降，分别下降0.05%和4.65%。糖尿病自1989年起上升到第五位，死亡率也逐年上升，1993年比1992年升高8.79%，上升的比率高于恶性肿瘤。慢性肝病及肝硬化从1986年起一直占居第六位，1993年的死亡率比1992年下降0.77%。肾炎、肾病综合征及肾疾病从1986年起由第十一位逐渐上升到第七位，1993年的死亡率比1992年下降3.52%。肺炎由1986年的第九位上升到第八位，但1993年的死亡率比1992年下降4.05%。高血压性疾病则由1986年的第五位下降到第九位，死亡率也逐年下降。第十位死因是支气管炎、肺气肿及哮喘，其顺位由1986年的第八位降到1993年的第十位，死亡率也有明显的下降。

癌症死因的前五位依次为肝癌、肺癌、胃癌、大肠直肠癌、子宫颈癌，与1992年相同。与1992年相比，十大癌症中以乳腺癌的死亡率增加最多，为13.14%。其次是肝癌，1993年的死亡率增加11.23%。食道癌的死亡率则比1992年增加5.21%。台湾当局认为，乳腺癌的增长率最高与台湾妇女晚婚、饮食、哺乳时间的延后，以及母乳喂养比率下降有关，且妇女发现乳腺癌的时间较晚，延误了治疗时机所致。肺癌则与吸烟有关。

1993年男性的癌症死因中肝癌占第一位，且较1992年增加9.77%。女性癌症死因前三位是肺癌、肝癌和宫颈癌，其中肝癌1993年比1992年增高达16.63%。

三、卫生资源

1. 医疗设施　台湾地区医疗院所的总数1993年比上一年增加4.01%，但西医的公立和私立医院有所减少，中医的私立医院则有所增加，主要是各类诊所增加较多（见表4）。

2. 病床数　医疗院所病床数1993年比1992年增加4.41%，私立设施的病床数增加较多（增加8.89%），公立设施的病床数则减少2.22%。1993年平均每万人口病床数比上年稍有增加，从而每一病床服务的人口数也稍有减少（见表5）。此外，各类急性病病床在1993年均有所增加，而慢性病病床却普遍减少，而且幅度较大（见表6）。1993年底每1万人拥有49张病床。

3. 医务人员数　1993年医务人员总数比1992年增加6.22%，以药剂师，检验师和护理师增加最为显著，分别增加9.67%、10.23%和17.32%。助产士人数则减少30.23%（见表7.8）。

四、妇幼卫生及计划生育

1993年有324 944名婴儿出生，较1992年增加1.24%，其中99.34%由医师接生，只有0.52%由开业助产士接生，0.03%由卫生所的助产士接生，其余0.11%不详。1993年新生儿死亡率为1.70‰，婴儿死亡率为4.81‰。

1992年台湾地区一般生育率为57‰(1963年为162‰),有偶妇女一般生育率为98‰(1963年为237‰)。1993年采用宫内避孕器者占76.39%,使用口服避孕药者占8.59%,使用避孕套者占11.89%,手术者占3.13%,其中未满30岁接受手术的男性约占女性的74.50%,但有子女2人或以下的男性接受手术的人数却为女性的2.84倍。

五、传染病防治

1. 艾滋病

(1)到1994年11月底,台湾地区HIV感染人数为746人,其中艾滋病患者159人;有53名中小学生因输血感染HIV。"卫生署"决定对这种带原者按"疫苗伤害救济"办法处理,给予救济、赔偿,并予以保密,以防止影响他们的学习。

(2)"卫生署"制定的艾滋病防治计划第一期计划自1994年到1996年实施,计划成立艾滋病患者中途之家,收容生活困难、无家可归的HIV带原者,并扩大HIV筛检单位,以建立一个全面的艾滋病监视系统。

2. 乙型肝炎 第三期肝炎防治计划从1993年开始执行,将于1997年完成。该期计划的工作重点是预防乙型肝炎感染。1993年有79.81%的孕妇接受了乙型肝炎检查。

六、卫生立法

1. 全民健康保险于1995年3月1日开办。开办前已陆续完成各项法规的制定和审批工作,并公布实施。

(1)1994年8月9日公布《全民健康保险法》。该法共有9章,89条条文。第一章总则中规定全民健康保险的主管机构是"中央"卫生主管机构,并设立全民健康保险监理委员会,负责对保险业务的监理,提供保险政策、法规的研究以及咨询。组成全民健康保险争议审议委员会,负责被保险人、投保单位及保险医疗服务机构对保险人核定的案件发生争议事项。第二章规定保险人、保险对象及投保单位。第三章保险财务,对保险费率的计算方法、各类投保人的保险费率、保险费的缴纳方法等均有明确规定。第四章保险给付,规定给付范围和不予保险给付的范围。第五章医疗费用支付。规定设立医疗费用协定委员会负责协定医疗给付费用总额及其分配方式,最后由主管机构裁决。第六章保险医事服务机构。第七章安全准备及行政经费。第八章罚则。第九章附则。

(2)"卫生署"公布《全民健康保险预防保健实施办法》(草案)、《全民健康保险施行细则》(草案)、《全民健康保险门诊医疗费用抽样审查作业要点》(草案)、《全民健康保险住院医疗费用抽样审查作业要点》(草案)、《全民健康保险门诊、住院医疗费用审查作业流程》(草案)、《全民健康保险重大伤病范围》(草案)、《全民健康保险医事服务机构特约及管理办法》(草案)。

2."卫生署"于1994年9月公布并实施《药事法施行细则》。

3.《残障福利法》改名为《身心障碍者权益保护法》,规定慢性精神病患者可以享受社政单位的照顾和经济补贴。

七、卫生管理

1. 制定《人工协助生殖技术管理办法》、《医事机构聘雇外国人从事医事专门性技术工作许可及管理办法》、《大陆地区卫生专业人士来台从事卫生相关活动许可办法》、《精神复健机构设置管理及奖励办法》等。

2. 完成各区域紧急医疗无线电通讯系统的建设,试办社区精神医疗保健工作。

3. 完成《推行台湾地区新家庭计划第一期计划》,开始实施第二期四年计划。

4. 完成医事人员系统、医事机构系统医事法规检索系统以及医疗资讯查询系统的建设。

5."立法院"通过《"行政院卫生署"中医药委员会组织条例》。《条例》明确委员会负责管理中医、中药各项行政事务和发展工作。委员会的中医组负责中医师的监督和管理、中医医疗广告管理、中医师执业的辅导和奖励等。中药组管理中药政策方案的研拟与策划、中药厂商的辅导与奖励、中药药品制造与品质管理的指导,以及"国家"级标准的审查。研究发展组则负责中医诊断或中医药临床评估的研究与发展,中药制剂及剂型的研究与改进等。资讯典籍组负责有关中医资讯,典籍整理、编纂及中医药年报的编印。

6. 完成医疗资讯网的建设。全民健康保险的保险医疗费用申报工作可以通过连网进行,并达到交换资料的目的。

7."卫生署"公布经过修订的有关肝脏移植手术、单侧肺脏移植手术、心肺移植手术以及胰脏移植手术进行人体试验的医院必需具备的条件,规定具有区域医院以上资格者才能实施。

八、科研与教育

1."卫生署"制定《财团法人"国家卫生研究院"第一期计划》,执行期限为1993年7月1日至1998年6月30日,共5年。成立"国家卫生研究院"的目的是加强医药卫生研究,增进人民健康;协调及整合各医药卫生研究机构的研究工作;研究当前重要疾病及发展医疗技术;促进医药卫生政策及预防保健制度的研究;培训及充分利用医药卫生研究人才;促进国际交流与合作。

2. 国立台北护专于1994年8月改为护理学院,成为台湾地区第一所护理高等学校。该学院设护理、医护管理和婴幼儿保育学等3个学系及研究所。

3. 荣民总医院于1994年成立儿童医学中心,设有12个儿内科系、9个儿外科系,以及麻醉、放射、复健、精神病及急诊等科。

4. 阳明医学院于1994年7月改名为阳明大学,成为台湾第一所单科大学。改名后的阳明大学将由原来的1院5系、19个系所,改为医学、护理、生命科学及医事技术等4个学院。

5. 台湾大学公共卫生学院于1994年8月成立台湾地区第一个流行病学研究所。该所设有流行病学、生物医学统计与社区医学3个组。

(黎壁莹)

表1 台湾地区一般卫生统计资料(1986～1993年)

年份	总人口数	15岁以下	15～64岁	65岁以上	依赖人口指数	性比例(每百名女子占男子数)	粗出生率	粗死亡率	自然增长率	平均期望寿命 男	平均期望寿命 女	人口密度(人/每平方公里)	经济增长	平均每人所得	民间医疗费用占GDP	民间医疗费用占民间消费	卫生经费占政府总支出	消费者物价总指数	医疗保健类指数
	千人	%	%	%	%		‰	‰	‰	岁	岁		%	美元	%	%	%	91年＝100	
1986	19455	28.99	65.73	5.28	52.13	108	15.92	4.89	11.03	70.97	75.88	540.40	12.57	3646	2.41	5.17	3.61	87.19	85.95
1990	20353	27.07	66.72	6.21	49.89	107	16.55	5.21	11.34	71.33	76.75	565.36	5.02	7285	2.50	4.17	3.64	95.51	95.40
1991	20557	26.33	67.15	6.52	48.92	107	15.71	5.18	10.53	71.83	77.15	571.02	7.24	8050	2.68	5.06	3.62	100.00	100.00
1992	20752	25.76	67.44	6.80	48.29	107	15.54	5.33	10.21	71.79	77.22	576.46	6.02	9329	2.90	5.30	3.13	104.47	104.12
1993	20944	25.14	67.77	7.09	47.56	106	15.59	5.30	10.28	72.02*	77.42*	581.78	5.94	9636	3.04	5.47	2.23	107.54	106.48
与上年度比增减(%)	0.93	－2.41	0.49	4.26	－1.51	－0.93	0.32	－0.56	0.69	0.32	0.26	0.92	－2.49	3.29	4.83	3.21	－28.75	2.94	2.27

注：*为预测数

*资料来源为台湾内政部统计处

表2 人口出生、死亡及自然增长(1951～1993年)

年份	出生		死亡		自然增长	
	人数	‰	人数	‰	人数	‰
1951	385 383	49.97	89 259	11.57	296 124	38.40
1961	420 254	37.69	73 823	6.62	346 431	31.07
1971	380 424	25.64	70 954	4.78	309 470	20.86
1975	367 647	22.98	75 061	4.69	292 586	18.28
1981	412 777	22.97	86 848	4.83	325 929	18.14
1985	345 053	18.03	92 011	4.81	253 042	13.22
1986	308 187	15.92	94 711	4.89	213 476	11.03
1987	313 062	16.00	96 033	4.91	217 029	11.09
1988	341 054	17.24	101 786	5.14	239 268	12.09
1989	314 553	15.72	102 975	5.15	211 578	10.58
1990	334 871	16.55	105 322	5.21	229 549	11.35
1991	321 276	15.71	105 933	5.18	215 343	10.53
1992	320 963	15.54	110 140	5.33	210 823	10.21
1993	324 944	15.59	110 563	5.30	214 381	10.28

表3 1986～1993年十大主要死亡原因排列顺位及死亡率(1986～1993年)

年份	恶性肿瘤		脑血管疾病		意外事故及不良影响		心脏疾病		糖尿病		慢性肝病及肝硬化		肾炎、肾病综合征及肾疾病		肺炎		高血压性疾病		支气管炎,肺气肿及哮喘	
	顺位	10万人口死亡率	顺位	10万人口死亡率	顺位	10万人口死亡率	顺位	10万人口死亡率	顺位	10万人口死亡率	顺位	10万人口死亡率	顺位	10万人口死亡率	顺位	10万人口死亡率	顺位	10万人口死亡率	顺位	10万人口死亡率
1986	1	85.55	2	76.78	3	62.96	4	51.42	7	15.34	6	16.63	11	11.02	9	12.29	5	17.30	8	13.66
1987	1	88.64	2	73.99	3	66.57	4	57.30	5	16.80	6	16.66	10	10.80	9	12.44	7	15.76	8	12.81
1988	1	92.14	2	76.14	3	69.38	4	54.76	5	19.62	6	17.85	10	10.43	9	13.08	7	15.88	8	13.47
1989	1	94.36	2	72.28	3	70.22	4	53.48	5	19.33	6	17.75	10	10.47	7	14.83	8	14.73	9	12.75
1990	1	91.63	2	70.06	3	68.85	4	56.87	5	19.57	6	17.82	10	11.39	7	16.60	8	14.79	9	12.25
1991	1	95.97	2	69.11	3	66.66	4	58.79	5	20.58	6	17.60	8	12.35	7	12.93	9	12.18	10	10.64
1992	1	101.47	2	69.35	3	63.68	4	62.91	5	23.66	6	18.15	7	14.21	8	14.07	9	11.14	10	10.09
1993	1	107.05	2	65.62	3	63.65	4	59.99	5	25.74	6	18.01	7	13.71	8	13.05	9	10.96	10	8.89
与上年比增减%		5.50		−5.38		−0.05		−4.64	5	8.79		−0.77		−3.52		−4.05		−1.62		−11.89

表 4　台湾地区医疗机构数（1986～1993 年）

单位：所

年份	合计	医疗机构															基层医疗保健机构		
		医院					诊断												
		合计	西医		中医		合计	西医	中医	牙医	医学中心	区域医院	地区医院	（其中教学医院）	专科教学医院	精神专科医院	卫生所	卫生室	基层保健中心
			公立	私立	公立	私立													
1986	12 037	835	85	689	0	61	11 202	6 911	1 796	2 495	—	—	—	—	—	—	363	496	…
1990	12 902	827	94	647	1	85	12 075	7 223	1 672	3 180	9	41	443	—	—	—	359	522	56
1991	13 661	821	93	636	1	91	12 840	7 538	1 689	3 613	13	44	494	46	10	27	361	522	56
1992	14 468	822	93	632	1	96	13 646	7 948	1 756	3 942	13	44	510	46	10	29	361	522	65
1993	15 048	807	90	616	1	100	14 241	8 194	1 803	4 244	14	46	493	54	11	29	361	500	64
与上年比增减（%）	4.01	−1.82	−3.23	−2.53	—	4.17	4.36	3.10	7.68	7.66	7.69	4.55	−3.33	17.39	10.00	—	—	−4.21	−1.54

表 5　台湾地区医疗院所各类病床数（1989～1993 年）

单位：床

年份	病床数			平均每万人口病床数	每一病床服务人口数
	合计	公立	私立		
1986 年底	80 991	32 124	48 867	41.84	239
1990 年底	89 151	36 131	53 020	43.80	228
1991 年底	92 785	37 915	54 870	45.14	222
1992 年底	96 084	38 697	57 387	46.30	215
1993 年底	100 326	37 839	62 487	47.90	208
与上年比增减（%）	4.41	−2.22	8.89	3.46	−3.26

表 6 台湾地区医疗院所各类病床数(1989～1993 年)

单位:床

年份	总计	急性病床									慢性病床					诊所观察床
		合计	一般病床	加护病床	烧烫伤病床	肾透析病床	婴儿床	急诊观察床	急性精神病床	其他	合计	慢性精神病床	慢性病床	结核病床	麻风病床	
1989 年底	86 693	63 651	53 855	1 744	125	1 073	4 180	1 698	…	976	18 012	11 209	5 471	1 332	…	5 030
1990 年底	89 151	66 335	55 376	1 945	150	1 325	4 512	1 936	…	1 091	17 398	10 011	6 119	1 268	…	5 418
1991 年底	92 785	68 909	57 058	2 132	201	1 605	4 584	2 177	…	1 152	17 732	11 115	5 574	1 043	…	6 144
1992 年底	96 084	71 282	58 890	2 432	223	1 840	4 547	2 250	…	1 100	18 699	11 928	5 806	965	…	6 103
1993 年底	100 326	75 191	59 269	2 544	226	2 388	4 964	2 251	1 820	1 729	16 594	10 443	4 450	731	970	8 541
与上年比增减(%)	4.41	5.48	0.64	4.61	1.35	29.78	9.17	0.04	…	57.18	－11.26	－12.45	－23.36	－24.25	…	39.95

表 7 台湾地区执业医务人员数(1986～1993 年)

单位:人

年份	总计	医师	中医师	牙医师	药剂师	药剂生	检验师	检验生	医用X线技师(士)	护理师	护士	助产士	镶牙生
1986	69 339	15 767	2 057	3 739	8 506	7 724	1 908	306	736	5 192	20 823	2 458	125
1990	91 153	19 921	2 372	5 449	9 879	8 065	3 265	392	1 431	12 708	25 649	1 891	131
1991	96 921	21 115	2 514	5 983	10 581	7 989	3 320	380	1 500	15 203	26 553	1 649	134
1992	102 977	22 365	2 616	6 448	10 499	8 000	3 530	406	1 700	16 951	28 911	1 439	112
1993	109 384	23 435	2 701	6 533	11 514	7 848	3 891	432	1 664	19 887	30 354	1 004	121
与上年比增减(%)	6.22	4.78	3.25	1.32	9.67	−1.90	10.23	6.40	−2.12	17.32	4.99	−30.23	8.04
各类人员所占比例(%)	100	21.42	2.47	5.97	10.53	7.18	3.56	0.39	1.52	18.18	27.75	0.92	0.11

表8 台湾地区平均每万人口执业医务人员数(1986～1993年)

单位:人

年份	合计	医师	中医师	牙医师	药师	检验师(生)	护理师(护士)	助产士	药剂生	镶牙生	医用X线技师(士)
1986年底	35.82	8.15	1.06	1.93	4.39	1.14	13.44	1.27	3.99	0.07	0.38
1990年底	44.79	9.79	1.17	2.68	4.85	1.79	18.84	0.93	3.96	0.06	0.70
1991年底	47.15	10.27	1.22	2.91	5.15	1.80	20.31	0.80	3.89	0.07	0.73
1992年底	49.62	10.77	1.26	3.10	5.05	1.90	22.10	0.69	3.85	0.05	0.81
1993年底	52.23	11.19	1.29	3.12	5.50	2.07	23.99	0.48	3.75	0.06	0.79
与上年比增减(%)	5.26	3.90	2.38	0.65	8.91	8.95	8.55	−30.43	−2.60	20	−2.47

附二、全国人口数

年份	实有数(万人)			比重(%)		性比例
	总计	男	女	男	女	
1949	54 167	28 145	26 022	52.0	48.0	108.2
1957	64 653	33 469	31 184	51.8	48.2	107.3
1965	72 538	37 128	35 410	51.2	48.8	104.9
1970	82 992	42 686	40 306	51.4	48.6	105.9
1975	92 420	47 564	44 856	51.5	48.5	106.0
1980	98 705	50 785	47 920	51.5	48.5	106.0
1985	105 851	54 725	51 126	51.7	48.3	107.0
1990	114 333	58 904	55 429	51.5	48.5	106.3
1991	115 823	59 466	56 357	51.3	48.7	105.3
1992	117 171	59 811	57 360	51.1	48.9	104.3
1993	118 517	60 472	58 045	51.0	49.0	104.2
1994	119 850	…	…	…	…	…

注:本表包括大陆30个省、自治区、直辖市人口数和现役军人数字。

资料来源:《1994年中国统计年鉴》。

附三、全国国民生产总值、国民收入、财政收支情况

	国民生产总值（亿元）	国民收入（亿元）	人均国民收入（元）	财政收入（亿元）	财政支出（亿元）
1957 年	…	908	142	310	304
1960 年	…	1 220	183	572	654
1965 年	…	1 387	194	473	466
1970 年	…	1 926	235	663	649
1975 年	…	2 503	273	816	821
1978 年	3 588	3 010	315	1 121	1 111
1980 年	4 470	3 688	376	1 085	1 213
1985 年	8 558	7 020	668	1 866	1 845
1987 年	1 1301	9 313	859	2 369	2 448
1988 年	14 068	11 738	1 066	2 628	2 707
1989 年	15 993	13 176	1 178	2 948	3 040
1990 年	17 695	14 384	1 267	3 313	3 452
1991 年	20 236	16 557	1 439	3 611	3 814
1992 年	24 379	20 223	1 736	4 153	4 390
1993 年	31 342	24 882	2 111	5 088	5 287

注：1. 本表数字均按当年价格计算。
资料来源：《1994 年中国统计年鉴》。

索引

索 引

图书在版编目(CIP)数据

中国卫生年鉴　1995／《中国卫生年鉴》编辑委员会编辑. 一北京:人民卫生出版社,1995
ISBN　7-117-02303-1

Ⅰ. 中…　Ⅱ. 中…　Ⅲ. 卫生工作-中国-年鉴-1995　Ⅳ. R1.54

中国版本图书馆 CIP 数据核字（95）第 12839 号

中国卫生年鉴

1995

《中国卫生年鉴》编辑委员会　编

人民卫生出版社出版
（北京市崇文区天坛西里10号）
人民卫生出版社印刷厂印刷
新华书店北京发行所发行

787×1092毫米 16开本　26 $\frac{1}{2}$印张　14插页　960千字
1995年11月第1版　　1995年11月第1版第1次印刷
印数:00 001—3 500

ISBN 7-117-02303-1/R・2304　定价:68.00元